黄河文明与河洛文化丛书

主编 罗子俊 副主编 王东洋

汉唐间河洛地区社会生活研究

薛瑞泽 著

人民出版社

责任编辑:邵永忠
封面设计:黄桂月

图书在版编目(CIP)数据

汉唐间河洛地区社会生活研究/薛瑞泽 著. —北京:人民出版社,2022.11
(黄河文明与河洛文化丛书/罗子俊 主编;王东洋 副主编)
ISBN 978-7-01-024199-9

Ⅰ.①汉… Ⅱ.①罗… ②王… ③薛… Ⅲ.①社会生活-研究-河南-汉代-
唐代 Ⅳ.①K296.1

中国版本图书馆 CIP 数据核字(2021)第 251241 号

汉唐间河洛地区社会生活研究

HANTANG JIAN HELUO DIQU SHEHUI SHENGHUO YANJIU

薛瑞泽 著

人民出版社 出版发行
(100706 北京市东城区隆福寺街 99 号)

北京九州迅驰传媒文化有限公司印刷 新华书店经销

2022 年 11 月第 1 版 2022 年 11 月北京第 1 次印刷
开本:710 毫米×1000 毫米 1/16 印张:31.75 字数:510 千字

ISBN 978-7-01-024199-9 定价:140.00 元

邮购地址 100706 北京市东城区隆福寺街 99 号
人民东方图书销售中心 电话 (010)65250042 65289539

《黄河文明与河洛文化丛书》
总　序

河流是陆地表面经常或间歇流动的天然水体，它为人类生存及文明发展提供了丰富的淡水资源。黄河和长江是中国最大的两条河流。江河纵横奔腾的流域，因有充沛的淡水供应和便利的水运条件，成为文明的发祥地。黄河和长江是中华文明的摇篮，黄河流域和长江流域是中华文明的两大发祥地。

"君不见黄河之水天上来，奔流到海不复回。"这是李白《将进酒》中的诗句。黄河在中国古代被称为"四渎之宗"、百水之首。它纵横流淌的北温带80万平方公里的黄土高原和冲积平原，曾经是林草丰茂、自然生态良好的地域。先民在黄河诸支流（如湟水、汾河、渭水、洛水等）流经的台地采集、狩猎，进而发展农耕业，奠定了文明根基，又创造了辉煌的青铜和礼乐文明。20世纪初，中国的现代田野考古在黄河流域起步，发现了仰韶、大汶口、龙山等新石器文化遗址，发掘了安阳殷墟、成周洛邑等商周故城，与《尚书》《左传》《史记》等传世史典对史前及夏商周三代文化在黄河流域繁衍的记述相印证，证明了黄河流域是中华文明的发祥地。

黄河文明延续数千年而不断，至南宋以前黄河中下游地区一直是中华文明的核心地区。黄河文明包括物质文明、政治文明与精神文明，也可称作物质文化、制度文化与精神文化。黄河孕育了河湟文化、关中文化、河洛文化、齐鲁文化，哺育着中华民族，塑造了中华民族自强不息的民族品格。

2019年9月18日，习近平总书记在郑州主持召开黄河流域生态保护和高质量发展座谈会并发表重要讲话，指出："黄河文化是中华文明的重要组成部分，是中华民族的根和魂。要推进黄河文化遗产的系统保护，深入挖掘黄河文化蕴含的时代价值，讲好'黄河故事'，延续历史文脉，坚定文化自信，为实现中华民族伟大复兴的中国梦凝聚精神力量。"

河洛地区是黄河与其支流伊洛河交汇之地，处于黄河中游及中下游之交。司马迁在《史记》里曾说："昔三代之居，皆在河洛之间。"河洛地区被古人称作"天下之中"，历史上长期是我国政治、经济、文化的中心。河洛文化是植根于河洛地区的历史文化，是黄河文化的源头和核心，也是中华民族最为古老的传统文化，被学者称为中华文明之源、中华文化之根。

河南科技大学位于十三朝古都洛阳，是研究河洛文化的重镇之一。此前已有多部河洛文化研究成果面世，在省内外产生了较大影响。如今又"更上一层楼"，推出本套《黄河文明与河洛文化丛书》。丛书内容大体可分为以下四个方面：

文物考古方面有两种：《石刻文献与河洛文化论稿》一书选取河洛地区出土的重要石刻，如汉魏石经、西晋《辟雍碑》、北宋富弼家族墓志等，探讨它们与河洛文化传承的关联，发掘其所涉及的时代和史事，如都城迁徙、制度改革、家族兴衰、思想风俗等，视角独特，颇具新意。毡帐是游牧文化的重要标志，公元4世纪由北方草原传入中原。《胡风东渐与族群互动——魏晋至隋唐时期帐篷形象的考古学研究》一书广泛收集与毡帐相关的考古文物资料，区分其系统，考察其源流，并探讨载帐骆驼俑的发展演变，以揭示中古时期中国北方的族群互动和文化交流，再现胡风东渐下的中原社会生活场景。

社会生活和规范方面有两种：《汉唐间河洛地区社会生活研究》一书从衣、食、住、行和民间娱乐五个方面阐述河洛地区居民的社会生活，诸如食物品种、饮食器具、饮食习惯，纺织品生产销售与服饰演变，居住环境、建筑风格与住宅类型、室内布局，交通工具、道路修建与出行习俗，节令习俗与游艺活动等，可谓应有尽有，并指出河洛地区的社会生活代表着中国北方社会生活的整体水平，居民的生活方式与理念体现了时代发展的方向。《河洛民间契约与地方社会秩序》一书在系统整理河洛地区民间契约文书的基础上，结合地方文献，从微观和宏观两个方面，对土地房产契约、钱债契约、婚书、继嗣文书、分家文书、养老契约、金兰谱等契约文书进行深入探讨，揭示其与田宅交易规范、借贷习俗、婚姻习俗、析产习俗、养老习惯及结义习俗的关系，可以加深人们对河洛地区社会规范和社会秩序的认识。

文学方面也有两种：《孔颖达与〈诗经〉学研究》一书以黄河文明和河洛文化为背景，从文学和经学两个角度对《诗经》学进行溯源性考察。《诗经》是黄河文明的产物，风、雅、颂中的很多篇什产生于以洛阳为中心的河洛地区，"三百篇"在东周洛阳做了最后的集结。唐初，李世民秦王幕府"十八学士"之一的著名经学家孔颖达，奉唐太宗之命对唐前《诗经》学进行集大成式的整理，是为《毛诗正义》。《孔颖达与〈诗经〉学研究》即是对孔颖达《诗经》学进行的拓展和深化研究：文学方面包括《诗经》的文本构成、风格审美和主题阐释，经学方面则对孔颖达的著述、学行进行考证，分析其《诗经》学的体系、价值取向及思想内涵。作者认为，《诗经》文学之美就是黄河最生动的历史映像，孔颖达经学思想的理性与担当就是黄河彰显出来的民族精神。《隋唐洛阳文学研究》一书不是单纯按文学体裁诗歌、辞赋、散文、小说等进行研究，而是紧密结合东都洛阳的历史文化进行阐述，通过文学作品探讨洛阳城的风貌，如寓居洛阳的文人群体的闲适生活、对洛阳风景名胜的咏赞、对洛阳四时节令习俗的考察等，颇具特色。

文化传承创新方面有《河洛文化循迹》一书，该书从时间和空间两个维度，展现河洛文化的历史与现实。时间层面上，追溯河洛文化的历史脉络和文化价值，呈现河洛文化的现代传承与形态转换；空间层面上，切实考察河洛山水城镇的地域空间，深入探究河洛文明的特色文化空间。该书作者通过走访洛阳的城市、乡村、特色民族村寨，考察博物馆、实体书店以及古代书院遗址，探讨河洛文化的历史传承与现代转型，揭示河洛文明既源远流长又与时俱进的精神力量。

本丛书洋洋二百万言，内容丰富。著者多为富于学养的中青年学者，且有先期研究成果。书稿选题新颖，史料翔实，研究深入，观点持之有故，言之成理，有助于人们系统、全面认识河洛文化和黄河文化，挖掘其蕴含的时代价值；有利于推进文化遗产的系统保护，延续历史文脉，坚定文化自信，可谓"开卷有益"。丛书即将由人民出版社梓行，以惠学林，可喜可贺，遂草成以上推介文字，聊以充序。

程有为

2022 年 3 月 20 日于郑州文化路洛崤斋

编者的话

2019 年 9 月，习近平总书记在郑州主持召开黄河流域生态保护和高质量发展座谈会，提出"黄河文化是中华文明的重要组成部分，是中华民族的根和魂"，作出"保护、传承、弘扬黄河文化"的重要指示。黄河流域长期是中国古代政治、经济和文化的中心，孕育了河湟文化、河洛文化、关中文化与齐鲁文化等丰富多彩的地域文化。

河洛文化根植于河洛地区，由生活在河洛地区的华夏部族、汉民族及其他民族的人民群众共同创造，并在与周边地域文化的交流中不断发展完善，最终成为中原文化、黄河文化的核心，成为中华传统文化的主根和主源。以洛阳为中心的河洛地区，横跨黄河中游南北两岸，是中华文明的重要发源地。这里成为"最早的中国"，是五帝时代以迄唐宋时期古代中国的首善之区。唐宋以后，伴随着中国政治、经济中心的转移，尽管河洛地区有所衰落，但其在中华文明进程中仍发挥着不可替代的作用。新中国成立后，古都洛阳焕发出新的生机，是"一五"时期全国八个重点建设的工业城市之一，为我们留下了宝贵的工业遗产与民族记忆。研究河洛文化，探寻黄河文明，是历史担当和时代呼唤，关乎沿黄区域经济与社会发展，更关乎中华民族的文化自信与伟大复兴！

河南科技大学坐落于古都洛阳，具备开展黄河文明与河洛文化研究得天独厚的区位优势。人文学院的教学与科研以河洛文化为特色，逐渐形成文、史、哲、法各学科协同发展的新格局，在全省乃至全国具有一定地位和影响。近年来人文学院获批近 20 项国家社科基金项目，大都与黄河文明或河洛文化密切相关。围绕黄河文明与河洛文化，凝练科研方向，回答时代问题，优化科研团队，培养后备人才，积极打造更高级别的科研平台，是人文学院教学与科研的重点方向。

《黄河文明与河洛文化丛书》坚持以习近平新时代中国特色社会主义思想为指导，贯彻习近平总书记关于"保护、传承、弘扬黄河文化"的重要指示精神，推进黄河文化遗产的系统保护，深入挖掘黄河文化蕴含的时代价值，讲好"黄河故事"，延续历史文脉，坚定文化自信，为实现中华民族伟大复兴的中国梦凝聚精神力量！本丛书注重河洛文化、黄河文明与中华文明的内在学理研究，以河洛文化研究为抓手，深化黄河文明的研究阐释；以河洛文化的繁荣兴盛，助推华夏文明的传承创新！

《黄河文明与河洛文化丛书》出版得到中央支持地方高校改革发展资金项目"河南丝绸之路文化资源保护发展研究院"（17010002-2020）资助，谨致谢忱！以洛阳为中心的隋唐大运河，沟通了陆上丝绸之路与海上丝绸之路，河洛文化由陆上与海上丝绸之路传播至海内外，成为古代中国与丝路沿线诸国文明交融、文化交流的重要形式，在中外文化交流史上居于重要地位。

本丛书也是河南科技大学人文学院主持的河南高等教育教学改革研究与实践项目"'一带一路'视域下河洛文化教育资源的整合与利用"（2019SJGLX259）的成果之一。坚持教学与科研双轮驱动，注重科研反哺教学，是我们矢志不渝的教育理念。

《黄河文明与河洛文化丛书》编委会

2022 年 2 月 16 日

目　　录

绪　　论

一、研究现状及研究意义

目前国内外学术界没有"汉唐间河洛地区社会生活"主题的研究专著，但有一些论文散见于学术刊物。社会生活史研究是近年来的一个热门课题，学术界也出版了一些相关论著，如中国社会科学出版社《中国古代社会生活史丛书》、上海古籍出版社《中国社会民俗史丛书》、上海文艺出版社《中国风俗通史》、山西人民出版社《中国社会通史》等。这些论著全面、宏观地论述了不同时期社会生活的内容，但是对于某些特定区域，如关中地区、河洛地区等中国历史上首善之区的论述虽然有所涉及，但因侧重点不同而稍显简略。这种状况对区域社会史研究提出了新的课题。近年来，史学界对河洛地区社会生活史的研究虽然呼声甚高，但是截至目前尚未有真正全面系统的研究。这无疑与全国学术界的研究步伐不一致，也明显落后于其他方面的研究速度和水平。因此，选择这样一个课题进行研究，自然具有重要的学术意义。

从事本课题研究，既有利于总结汉唐间河洛地区居民社会生活的经验，汲取其积极的生活理念，提高居民社会生活的质量；亦有利于从微观视野研究中国广博的社会民俗由来和传播过程，了解现代民俗的形成，向世人展示河洛地区民俗中的经典部分；更有利于丰富河洛文化研究的内容，重现河洛地区先民们丰富多彩的社会生活。

本课题的学术价值主要体现在丰富了史学研究的内容，使社会史研究更加细化和具体化；其社会价值主要体现在有利于今人更好地传承古人积极的生活理念，对提升人们的生活质量具有重要现实意义。同时，对古代一些传统技艺的发掘也有助于提高人们的生活水平。

二、基本问题

研究汉唐间河洛地区的社会生活就要先厘清基本概念，只有弄清研究的基本概念才能够使研究的内容准确而充实。具体到本书来讲，首先要弄清时间界限，其次是地域范围，最后是主要内容。如果不弄清这些基本问题势必影响后期的研究。

（一）时间界限

就时间界限来讲，选取由汉朝至唐朝时间段，是因为汉唐时期是中国历史上的盛世，这一历史时期是中国文治武功达到鼎盛的历史时期，无论是社会经济还是文化生活，乃至对外交往都呈现出繁盛的景象。在这一时段内，也是河洛地区在中国历史上最为辉煌的时期。如果说在汉代以前河洛地区的发展可以作为中国历史的风向标的话，那么进入汉代以后，河洛地区的发展在某种意义上可以代表中国历史发展的总体方向，成为中国历史发展的缩影，达到了其社会发展的顶峰，而唐代以后，特别是宋朝南迁以后，河洛地区的发展急转直下，已经难以再现昔日的雄风，无论社会生活，抑或是经济发展都难以代表中国历史发展的主流，所以以汉唐作为研究的时间段是有着深刻的历史意义的。

（二）地域范围

界定河洛地区的地域范围，有利于更好地限定取材范围，不至于取材超出地域范围，或遗漏，造成遗珠之憾。综观以往的研究成果，虽然不少学者就河洛地区的地域范围发表了看法，但极少有人就此作出论证。学术界曾经提到关于河洛地区范围的诸多观点，其中早期的模糊说因为时间短而流传不广，四至说则为大多数学者所接受，即河洛地区是指以洛阳为中心，东至郑州、中牟一线，西抵潼关、华阴，南以汝河、颖河上游的伏牛山脉为界，北跨黄河以汾水以南的济源、焦作、沁阳一线为界。[①] 对河洛地区东、西、南、北诸界限的明确界定，有助于本课题的研究。这里需要附带提及的是，作为一个文化区域，其范围不是一成不变的。随着文化中心影响力的变化，文化区域的范围呈现出或大或小的扩张或收缩，这一看法也适用于汉唐时期河洛地区社会生活史的研究。用僵化的观点看待文化区域的范围只能阻碍研究工作的正常进行。

鉴于区域历史研究材料的限制，本书在研究过程中有时即不可避免地使用了相邻地区的材料，如关中地区与黄河下游地区的一些资料。由于相关地区与河洛地区相毗邻，社会生活习惯相类似，在资料短缺的情况下，为了说明问题偶尔使用了这些材料。有时为了追溯某一事项的渊源也会涉及其他地区的材料运用。

（三）主要内容

本书的研究内容主要是指"社会生活"。现代意义上的社会生活概念有狭义和广义之分，广义的社会生活包含人类全部的政治生活、经济生活、文化生活和宗教生活，有时还包括人的处事能力，而狭义的社会生活则仅仅与饮食有关。无论哪一种概念都无法包括本书所论述的内容，因此有必要对主要内容加以框定。本书的研究内容介于二者之间，包括饮食文化、服饰文化、人居环境与建筑、交通与社会，以及节俗、游艺与民间信仰。

---

① 薛瑞泽、许智银：《河洛文化研究》，民族出版社 2007 年版，第 64—74 页。

饮食文化研究从粮食作物黍、稷、稻、麻、麦、豆入手，考察主食品种，然后从炊具、饮食器具变化和用具者身份考察饮食文化的社会性。通过不同阶层宴会方式研究封建社会等级观念在饮食方面的表现。对汉唐饮食变迁研究探讨饮食文化演变的内在规律。服饰文化从纺织品的生产与销售研究入手，考察服饰样式的变迁，弄清服饰的传承与进步，特别是少数民族服饰对河洛地区服饰的影响。关于居住环境与建筑的基本情况，通过对山地、平原居住条件考察河洛地区居住条件千差万别的现象。通过普通住宅、大型院落以及地主庄园和楼房等住宅类型的研究，明确住宅所反映的社会基本状况。考察建筑结构、室内用品、室内家具可以看出当时家庭生活的基本水平。关于交通与社会问题，马牛驴开始用于交通并随着时代的变迁遍及社会多个行业，车辆用于交通显示了社会的等级化渐趋明显。交通网络的形成表明交通道路更加便捷。交通习俗也呈现出多样化的色彩。汉唐时期是民间游艺活动的一个鼎盛时期，许多游艺活动在这一时期形成并流传至今，河洛地区因为位居天下中心的地理位置使其成为民间游艺活动的中心之一。信仰是社会生活的重要内容，除了传统的五帝信仰外，随着佛教的传入、道教的产生，宗教信仰也成为河洛地区重要的社会信仰，这其中既有本土所产生的城隍信仰，亦有来自域外的佛教、火祆教、大秦教以及摩尼教的传播。

汉唐间河洛地区作为全国的重要地区，河洛地区居民的社会生活在当时全国来看具有较高的水平，代表了当时中国社会生活的主流，对周边地区产生了较大的影响。全方位展现汉唐间河洛地区多姿色彩的社会生活，不仅可以认识多彩民俗的形成与发展，而且可以从侧面明了中华文化的传承关系。

第一章　饮食文化

作为社会生活的重要组成部分，河洛地区的饮食文化颇具特色，并在相当长的历史时期代表着中国饮食文化的水平，引领中国饮食文化的方向。兹以汉唐时期河洛地区生活的最基本内容——饮食文化作为研究对象，对其主要内容作一剖析，以揭示河洛地区饮食文化的历史地位。

第一节　食物品种

汉唐间河洛地区所食用的粮食既有传统的"五谷"，即黍、稷、菽、麦、稻，也有肉类的食用，所食用的动物既有家畜，也有捕获来的野兽。在这一时段，人们所食用的食物没有太大的变化，但因为洛阳为都的原因，漕运江南地区的粮食到河洛地区导致人们饮食结构发生了一些变化。

黍作为谷类植物在中国的种植开始较早，大约在仰韶、龙山文化遗址中已经发现谷类的遗物。在洛阳关林皂角树遗址所发现的属于二里头文化时期的黍碳化物，说明河洛地区黍的种植历史悠久。此后，商、周关于黍类的种植频频见诸史籍的记载，人们食用黍的记载也渐渐多了起来。这从《诗经》的相关篇目即可略知一二。

进入汉代以后，河洛地区黍的种植和食用在史书中频频出现，就连皇帝祭祀也用黍类，还有贷给百姓黍的种子的记载。《汉书》卷四《文帝纪》记述，汉文帝二年（前178）春正月丁亥下诏："夫农，天下之本也，其开藉田，朕亲率耕，以给宗庙粢盛。民谪作县官及贷种食未入、入未备者，皆赦之。"颜师古释"粢盛"云："黍稷曰粢，在器曰盛。"释"种食"云："种者，五谷之种也。食者，所以为粮食也。"① 编纂于汉代的《礼记》中也多有黍类被用于祭祀的记载，《礼记》曰："天子籍田千畮，以事天地，繇是言之，宜有黍稷。天地用牲一，燔燎瘗薶用牲一，高帝、高后用牲一。天用牲左，及黍稷燔燎南郊；地用牲右，及黍稷瘗于北郊。"② 今本《礼记》未载此条，应当是《礼记》佚文。这说明汉代无论祭祀天地，抑或是祭祀先祖均用黍稷等粮食作物，足以显示出这些粮食的珍贵。《汉书仪》曰："春始东耕于藉田，官祠先农。先农即神农炎帝也。祠以一太牢，百官皆从，大赐三辅二百里孝悌、力田、三老帛。种百谷万斛，为立藉田仓，置令、丞。谷皆以给祭天地、宗庙、群神之祀，以为粢盛。皇帝躬秉耒耜而耕，古为甸师官。"贺循曰："所种之谷，黍、稷、穜、稑。稑，早也。穜，晚也。"干宝《周礼》注曰："穜，晚谷，秔稻之属。稑，早谷，黍稷之属。"③ 这里多次提到了黍稷，虽然是用作祭祀的，但是在以农业文化为主的汉民族中，这种宗教性的祭奠所具有的意义正说明了黍、稷等粮食的重要性，反映了在日常生活中应用的广泛，可以说东汉皇帝将与居民生活密切相关的黍稷等粮食作为贡品，祭祀炎帝、先祖以及上天，正说明了黍稷种植与食用的普遍。西汉时期，《淮南子》卷四《地形训》总结河洛地区粮食作物云："汾水濛浊而宜麻，涑水通和而宜麦，河水中浊而宜菽，雒水轻利而宜禾……平土之人慧而宜五谷。"④ 刘安指出了

---

① （汉）班固：《汉书》卷四《文帝纪》，中华书局1962年版，第117页。

② 《汉书》卷二十五《郊祀志下》，第1265页。（宋）王钦若等编纂，周勋初等校订：《册府元龟》卷五百七十三《掌礼部·奏议》，凤凰出版社2006年版，第6600页。

③ （晋）司马彪撰，刘昭注补：《续汉书·礼仪志上》"耕条"，中华书局1965年版，第3106页。（南朝宋）范晔：《后汉书》卷二《显宗孝明帝纪》，中华书局1965年版，第107页。

④ 何宁：《淮南子集释》，中华书局1998年版，第350—351页。

河洛地区广泛生产以五谷为代表的粮食作物。针对当时河洛地区特殊的自然状况，人们总结了数千年来种植谷物的经验："种谷必杂五种，以备灾害。田中不得有树，用妨五谷。力耕数耘，收获如寇盗之至。"师古曰："岁月有宜，及水旱之利也。种即五谷，谓黍、稷、麻、麦、豆也。"① 这是根据河洛地区平原、山地、丘陵的地形特征，以及水旱不均的气候特点，奉劝百姓种植不同的农作物，以防御不同的自然灾害。这可以说是具有一定的科学理念在内。为了更好地种植谷类，当时在河洛地区还推行过赵过发明的代田法，河洛地区的河东、弘农的"民皆便代田，用力少而得谷多"②，代田法可以保证土壤的肥力与墒情，虽然前期劳动量大，而后期则明显受益。从先秦以来，河洛地区所在的豫州、兖州均以盛产五谷、六畜而受到关注。班固云："河南曰豫州：其山曰华，薮曰圃田，曰荥、洛，寖曰波、溠。其利林、漆、丝枲。民二男三女。畜宜六扰，其谷宜五种。"何谓"六扰"？师古曰："马、牛、羊、豕、犬、鸡也。谓之扰者，言人所驯养也。"何谓"五种"？师古曰："黍、稷、菽、麦、稻。"在言及河东地区时也说："其畜宜六扰，谷宜四种。"师古曰："马、牛、羊、豕、犬、鸡，黍、稷、稻、麦也。"③ 这是明显地总结了河洛地区自然环境与农林牧业的彼此协调发展的关系，传统的养殖业也为居民提供了充足的肉食来源。

东汉时期，河洛地区的粮食品种没有大的变化，依然是以黍、稷、麦、麻、菽为主。光武帝即位后，天下尚未太平，派岑彭镇守河内，"朱鲔大出军，欲击彭。时天雾，鲔以为彭已去，令其兵皆获黍，彭乃进击，大破之"④。粮食成为当时战争争夺的对象，朱鲔派遣军队收获黍，结果被岑彭打败。永平十年（67）四月，孝明帝下诏："昔岁五谷登衍，今兹蚕麦善收，其大赦天

---

① 《汉书》卷二十四上《食货志上》，第 1119 页。
② 《汉书》卷二十四上《食货志上》，第 1139 页。
③ 《汉书》卷二十八上《地理志上》，第 1540 页。
④ 《后汉书》卷十七《岑彭传》李贤注引《续汉书》，第 654 页。

下。方盛夏长养之时，荡涤宿恶，以报农功。百姓勉务桑稼，以备灾害。吏敬厥职，无令怠堕。"郑玄注《周礼》云："五谷，黍、稷、麦、麻、菽也。"① 当时五谷在人们的心中有很高的地位，《融家传》曰："客言于进曰：'孔文举于时英雄特杰，譬诸物类，犹众星之有北辰，百谷之有黍稷，天下莫不属目也。'"② 这里虽然是在赞美孔融的人品高洁，但也可以由此看出人们心目中谷类作物在日常生活中的地位。正因为五谷的重要性，所以人们非常重视农作物的生产，傅毅曾经有"农夫不怠，越有黍稷"③ 之说。汉代求雨过程也多处用到黍。《续汉书·礼仪志下》"大丧条"记载："东园武士执事下明器。筲八盛，容三升，黍一，稷一，麦一，粱一，稻一，麻一，菽一，小豆一。瓮三，容三升，醯一，醢一，屑一。黍饧。载以木桁，覆以疏布。甒二，容三升，醴一，酒一。"④ 光武帝即位告天时所用的食物，"皆用黍稷及乐"。《孝经》说郊祀之礼曰："燔燎扫地，祭牲茧栗，或象天酒旗坐星，厨仓具黍稷布席，极敬心也。"⑤ 从汉代河洛地区粮食品种的使用范围可以看出，食用、祭祀都是使用以五谷为主的粮食作物，可见河洛地区的主要食物仍以上述作物品种为主，正体现出饮食品种的传统性。

在曹魏统治下的河洛地区，农作物种植的品种也没有太大的变化，因而河洛地区的食物依然没有太大的变化。魏文帝曹丕死后，曹植所作的悼念《耒》中有："回回凯风，祁祁甘雨，稼穑丰登，我稷我黍。"⑥ 赞美曹魏统治区内以稷、黍为代表的农作物生长茂盛景象。黄初四年（223），曹植朝京都，在所上的疏中有"芒芒原隰，祁祁士女，经彼公田，乐我稷黍"⑦ 之句，也提

① 《后汉书》卷二《显宗孝明帝纪》，第113页。
② 《后汉书》卷七十《孔融传》李贤注引，第2262页。
③ 《后汉书》卷八十上《文苑传上·傅毅》，第2612页。
④ （晋）司马彪撰，刘昭注补：《续汉书·礼仪志下》，第3146页。
⑤ （晋）司马彪撰，刘昭注补：《续汉书·祭祀志上》"郊条"，第3157、3161页。
⑥ （晋）陈寿撰，（宋）裴松之注：《三国志》卷二《魏书·文帝纪》裴注引，中华书局1982年版，第87页。
⑦ 《三国志》卷十九《魏书·曹植传》，第564页。

到了黍、稷生长的喜人景象。曹植《赠丁翼》描述初秋季节，霖雨连绵，造成"黍稷委畴陇，农夫安所获"① 凄惨景象，仍然是河洛地区盛产黍稷的真实写照。河间人沐并，少孤苦，袁绍父子时，始为名吏，"有志介，尝过姊，姊为杀鸡炊黍而不留也"。姐姐用鸡和黍做的饭来招待弟弟，他却并未留下享用。沐并为人公正果断，不畏强暴，曾被曹操召署军谋掾。黄初年间，沐并任成皋（今河南省荥阳市汜水镇）令，"校事刘肇出过县，遣人呼县吏，求索槀谷。是时蝗旱，官无有见。未办之间，肇人从入并之阁下，吼呼骂吏。并怒，因躧履提刀而出，多从吏卒，欲收肇。肇觉知驱走，具以状闻"。因魏文帝听信了刘肇的谗言，沐并被治罪。② 刘肇能向成皋的地方官沐并"求索槀谷"说明这里产谷物且为主要食物品种。曹魏末年，相传裴楷"家炊黍在甑，或变如拳，或作血，或作芜菁子"③。这里清楚地指出了人们食用的粮食为黍，且用甑来蒸熟。晋武帝太康年间，束皙所在阳平郡（今河北省大名县）的"郡界大旱，皙为邑人请雨，三日而雨注，众谓皙诚感，为作歌曰：'束先生，通神明，请天三日甘雨零。我黍以育，我稷以生。何以畴之？报束长生。'"④ 束皙求雨在今天看来虽然有些荒诞不经，但民众因此解除了旱灾，使农作物黍稷得以生长，阳平郡不在河洛地区，但作为黄河中下游地区的名郡自然环境与河洛地区差异不大，黍稷的种植广泛不言而喻。泰始四年（268），晋武帝亲耕藉田，潘岳作《藉田赋》赞美其事有云"黍稷馨香，旨酒嘉栗"之句，潘岳《闲居赋》描述田园中有"巨黍"⑤。太康三年（282）潘岳《在怀县作诗二首》之一有"瓜瓞蔓长苞。姜芋纷广畦。稻栽肃芊芊。黍苗何离离"⑥之句，通过潘岳的描述可以看出在怀县（今河南省武陟县）田野生长的农作

① （魏）曹植著，赵幼文校注：《曹植集校注》，人民文学出版社1984年版，第129页。
② 《三国志》卷二十三《魏书·常林传》裴注引《魏略》，第661页。
③ （唐）房玄龄等：《晋书》卷三十五《裴楷传》，中华书局1974年版，第1050页。
④ 《晋书》卷五十一《束皙传》，第1427页。
⑤ 《晋书》卷五十五《潘岳传》，第1501、1505页。
⑥ 王增文校注：《潘黄门集校注》，中州古籍出版社2002年版，第57、278页。

物，有瓜类、生姜和芋头以及黍稷等，显然这些都是日常生活的食品。陆云《赠郑曼季诗四首·鸣鹤》之一云："嗟我怀人，惟馨黍稷。"[1] 则说到了黍稷做成饭食的馨香。陆云的四言失题诗还有"有澹萋萋，甘雨未播。黍稷方华，中田多稼"[2] 之句，描述原野黍稷生长的茂盛景象。潘尼《赠司空掾安仁诗》第七章有"何以备肴，杀鸡为黍"[3] 之句，是以杀鸡作黍饭招待客人。西晋末年，"河东大蝗，唯不食黍豆。靳准率部人收而埋之，哭声闻于十余里，后乃钻土飞出，复食黍豆"[4]。自然灾害使不食黍豆的蝗虫也开始食之。魏晋时期，河洛地区黍稷作为粮食作物种植颇为普遍，显现出其作为食品的必然性。

北魏隋唐时期，延续了魏晋的传统，河洛地区的黍稷食用也颇为流行。杨衒之《洛阳伽蓝记序》描述在汉魏城的废墟之上，"农夫耕老，艺黍于双阙"[5]，表明农夫在汉魏故城上进行黍的种植。贾思勰《齐民要术》中有黍稷等粮食作物在黄河中下游地区广泛种植的记录，河洛地区正是黍稷种植的重点地区。隋代初年，河洛地区的家族聚会，黍仍然是重要食物。李士谦家族即是如此，"李氏宗党豪盛，每春秋二社，必高会极宴，无不沉醉喧乱。尝集士谦所，盛馔盈前，而先为设黍。谓群从曰：'孔子称黍为五谷之长，荀卿亦云食先黍稷，古人所尚，宁可违乎。'"当时参加宴会的人"少长肃然，无敢弛惰"[6]。由此可以看出，黍稷作为食物，在酒宴开始前食黍是春秋战国以来的饮食传统。因为黍作为主要食物，是民众日常饮食的必备食物，当时还出现了盗黍之事，李士谦"望见盗刈禾黍者，默而避之。其家僮尝执盗粟者，士谦慰喻之曰：'穷困所致，义无相责。'遽令放之"[7]。之所以有盗粟的事件发生，还是因为粟为主要粮食。绛州龙门人王绩，看透了隋末社会动荡的现

---

[1] （晋）陆云撰，黄葵点校：《陆云集》，中华书局1988年版，第59页。

[2] （晋）陆云撰，黄葵点校：《陆云集》，第26页。

[3] 蒋洪冰：《潘尼集校注》，东北师范大学2004年硕士论文，第65页。

[4] 《晋书》卷一百二《刘聪载记》，第2673页。

[5] （魏）杨衒之撰，周祖谟校释：《洛阳伽蓝记校释》，中华书局1963年版，第7页。

[6] （唐）魏徵等：《隋书》卷七十七《隐逸传·李士谦》，中华书局1973年版，第1752页。

[7] （唐）李延寿：《北史》卷三十三《李士谦传》，中华书局1974年版，第1233页。

实，不愿参与政治，乃回乡隐居，"有田十六顷在河渚间"，"绩有奴婢数人，种黍，春秋酿酒，养凫雁，莳药草自供"①。这说明黍作为粮食可以用来酿酒。唐德宗贞元六年（790）二月初一日，"百僚进《兆人本业》三卷，司农献黍粟各一斗"②，说明《兆人本业》应当是有关黍粟种植的农书。唐永昌年间，"华州敷水店西南坡，白昼飞四五里，直抵赤水，其坡上树木禾黍，宛然无损"③。谷物种植在河洛地区非常普遍，从各地所征收的赋税都可证明谷类作为食物的实际情况。在《新唐书·礼乐志》中多次出现用黍来行使礼的内容，亦可证明黍作为主要粮食品种重要性。

除了上述所引的材料证明河洛地区黍类种植广泛外，还有稻的广泛种植。《战国策》卷一《东周》曾记载了这样一个故事：

> 东周欲为稻，西周不下水，东周患之。苏子谓东周君曰："臣请使西周下水可乎？"乃往见西周之君曰："君之谋过矣！今不下水，所以富东周也。今其民皆种麦，无他种矣。君若欲害之，不若一为下水，以病其所种。下水，东周必复种稻，种稻而复夺之。若是，则东周之民可令一仰西周，而受命于君矣。"西周君曰："善。"遂下水。苏子亦得两国之金也。④

这里虽然是对当时的游说之士的赞美，但反映了洛阳附近稻谷的种植，这也是河洛地区沿河两岸水利便利之处水稻种植的真实反映。周朝还设立了专门管理水稻种植中用水的官员。《周礼》卷二《地官司徒》云："稻人，上士二人，中士四人，一士八人，府二人，史四人，胥十人，徒百人。""稻人，掌稼下地。以潴蓄水，以防止水，以沟荡水，以遂均水，以列舍水，以浍写水，以涉扬其芟作田。凡稼泽，夏以水殄草而芟荑之，泽草所生，种之芒种。旱

---

① （宋）欧阳修、宋祁：《新唐书》卷一百九十六《隐逸传·王绩》，中华书局1975年版，第5594页。

② （后晋）刘昫等：《旧唐书》卷十三《德宗纪下》，中华书局1975年版，第369页。

③ 《旧唐书》卷三十七《五行志》，第1350页。

④ 缪文远：《战国策新校注》，巴蜀书社1998年版，第8页。

暵，共其雩敛。丧纪，共其苇事。"① 《礼记》卷一《曲礼》云："天子之六府，曰司土、司木、司水、司草、司器、司货。"孔颖达疏云："司草，四也，于周为稻人也，掌稼下种及除草莱。"② 可见在周代已有专门管理水稻种植的官员，亦是先秦时期水稻作为食物真实反映。

汉晋时期，河洛地区水稻种植仍然很普遍。汉顺帝阳嘉年间，崔瑗任汲县（今河南省卫辉市）令，"在事数言便宜，为人开稻田数百顷。视事七年，百姓歌之"③。这是利用黄河及其支流进行水稻种植的，崔瑗因为勤政，开垦了数百顷的稻田，扩大了水稻种植面积，使水稻成为汲县民众的主要食物品种。东汉应劭曾经说前人在瀼水（今山西省临猗县西）流域"壅其流以为陂，种水稻，东西二百步，南北一百余步"④，形成了小范围的水稻种植。桓彬《七设》云："新城之粳，雍丘之粱，重穋代熟，既滑且香。精粺细面，芳糜异粮。"⑤ 新城（今河南伊川县一带）粳米、雍丘（今河南杞县）小米的芳香被人们为文赞扬，充分说明了人们食用的讲究。汉章帝即位之初下诏曰："冬十月五谷成，故骨肉合饮食于祖庙，谓之殷祭。四时正祭外，有五月尝麦，三伏立秋尝黍盛酎，十月尝稻等，谓之间祀。"⑥ 这说明了在农历十月五谷丰收的季节，家人要在祖庙举行宴会，名为殷祭。除了四季举行正祭之外，五月、三伏立秋、十月都要分别举行"尝麦""尝黍盛酎""尝稻"等"间祀"活动，祭祀活动中有麦、稻谷等粮食作物。汉和帝死后，邓皇后下诏："自非

① （汉）郑玄注，（唐）贾公彦疏：《周礼注疏》，李学勤主编《十三经注疏》整理本，北京大学出版社1999年版，第235、412—413页。

② （汉）郑玄注，（唐）孔颖达疏：《礼记正义》，李学勤主编《十三经注疏》整理本，北京大学出版社1999年版，第129—131页。

③ 《后汉书》卷五十二《崔瑗传》，第1724页。

④ （北魏）郦道元原注，陈桥驿注释：《水经注》卷四《河水》，浙江古籍出版社2001年版，第53页。

⑤ （隋）虞世南：《北堂书钞》卷一百四十二《酒食部一·总篇》，天津古籍出版社1988年版，第634页。《北堂书钞》卷一百四十四《酒食部三·饭篇》，第642页。

⑥ 《后汉书》卷三《肃宗孝章帝纪》李贤注引《续汉书》，第130页。

供陵庙，稻粱米不得导择，朝夕一肉饭而已。"① 可见用稻米作为供奉先祖陵庙的举措，足以显示稻粱米与肉饭是食物的重要品种，邓皇后下诏日常饮食不应精选稻米以示清廉。晋武帝时期，对父亲去世后，是否守丧三年，朝廷内部曾经有过争论，为此晋武帝曾诏曰："每感念幽冥，而不得终苴绖于草土，以存此痛，况当食稻衣锦，诚诡然激切其心，非所以相解也。"② 食稻作为生活较好的象征，在晋武帝在诏书中表露了出来。在咸宁元年（275）十二月，晋武帝诏曰："出战入耕，虽自古之常，然事力未息，未尝不以战士为念也。今以邺奚官奴婢著新城，代田兵种稻，奴婢各五十人为一屯，屯置司马，使皆如屯田法。"③ 这是延续东汉新城种稻的传统，晋武帝专门下诏让军队在这里种植，可见稻米也是河洛地区的主要粮食。有的官员利用手中的权力广为占有稻田，史书记载"骑都尉刘尚为尚书令裴秀占官稻田"，受到司隶校尉李憙的弹劾。④ 李憙上言："故立进令刘友、前尚书山涛、中山王睦、故尚书仆射武陔各占官三更稻田，请免涛、睦等官。陔已亡，请贬谥。"⑤ 史家记录的是魏末晋初权贵侵占官田的事实，但从另一个侧面也反映了当时河洛地区广泛种植稻谷的事实。《晋书》卷三十三《石崇传》云："初，崇家稻米饭在地，经宿皆化为螺，时人以为族灭之应。有司簿阅崇水碓三十余区，苍头八百余人，他珍宝货贿田宅称是。" 石崇在洛阳以食稻谷为荣，说明稻谷成为日常生活的主食，还有三十余区稻谷加工工具水碓，也从侧面说明稻谷种植广泛。齐王司马攸"居文帝丧，哀毁过礼，杖而后起。左右以稻米干饭杂理中丸进之，攸泣而不受"⑥。司马攸被随从强行进食稻米，亦可证稻谷种植的广泛性。正因为稻谷在人们日常生活中占有很大分量，所以袁甫曰："人各有能

---

① 《后汉书》卷十上《皇后纪上·和熹邓皇后》，第422页。
② 《晋书》卷二十《礼志中》，第614页。
③ 《晋书》卷二十六《食货志》，第787页。
④ 《晋书》卷三十五《裴秀传》，第1039页。
⑤ 《晋书》卷四十《李憙传》，第1189页。
⑥ 《晋书》卷三十八《宣五王传·齐王司马攸》，第1130页。

有不能。譬缯中之好莫过锦，锦不可以为幨；谷中之美莫过稻，稻不可以为畜。"① 从人们对稻谷作为食品的赞美，亦明稻谷种植的广泛。

北魏隋唐时期，稻谷在北方地区仍然是备受重视的主食之一，北魏汝南王元悦因信奉佛教，又"有崔延夏者，以左道与悦游，合服仙药松术之属。时轻与出采芝，宿于城外小人之所。遂断酒肉粟稻，唯食麦饭"②。这正说明其日常生活中是以"酒肉粟稻"为主食，因为信佛才改食粗茶淡饭。隋文帝开皇年间，杨尚希任蒲州刺史，"尚希在州，甚有惠政，复引瀵水立堤防，开稻田数千顷，人赖其利"③。这是利用黄河支流的灌溉便利条件种植水稻。开元二十二年（732）七月甲申，"遣中书令张九龄充河南开稻田使"④。张九龄在为相时，"始议河南开水屯，兼河南稻田使"⑤。"又教河南数州水种稻，以广屯田。"⑥ 在唐代中期，河南境内大范围种植水稻，并且专设河南稻田使管理水稻种植。在宇文融任汴州刺史时，"又上表请用《禹贡》九河旧道，开稻田以利人"⑦。开元六年（718），姜师度任同州刺史，"又于朝邑、河西二县界，就古通灵陂，择地引雒水及堰黄河灌之，以种稻田，凡二千余顷，内置屯十余所，收获万计"⑧。水稻在这一地区的广泛种植反映了人们食用数量巨大，亦反映了唐代河洛地区的饮食结构可能已经发生了变化，稻米成为主食之一。

汉唐间河洛地区麦类种植和食用也较为普遍。西汉时期，从众多皇帝所下的诏书可以看出，河洛地区小麦广泛种植并作为食物的事实。汉武帝元狩

---

① 《晋书》卷五十二《袁甫传》，第 1454 页。
② （北齐）魏收：《魏书》卷二十二《孝文五王传·汝南王元悦》，中华书局 1974 年版，第 593 页。
③ 《北史》卷七十五《杨尚希传》，中华书局 1974 年版，第 2580 页。
④ 《旧唐书》卷八《玄宗纪上》，中华书局 1975 年版，第 201 页。
⑤ 《新唐书》卷一百二十六《张九龄传》，中华书局 1975 年版，第 4428 页。
⑥ 《旧唐书》卷九十九《张九龄传》，第 3099 页。
⑦ 《旧唐书》卷一百五《宇文融传》，第 3221 页。
⑧ 《旧唐书》卷一百八十五下《良吏传下·姜师度》，第 4816 页。

三年（前120）秋天，"山东大水，民多饥乏"①，在水灾减退之后，朝廷"遣谒者劝有水灾郡种宿麦"。师古曰："秋冬种之，经岁乃熟，故云宿麦。"② 这应当是包括河洛地区在内的一些郡县在遭受水灾之后广泛种植冬小麦。汉武帝末年，黄河中下游地区频繁遭受旱灾，所以汉昭帝即位之初，始元二年（前86）秋八月，汉昭帝诏曰："往年灾害多，今年蚕麦伤，所振贷种、食勿收责，毋令民出今年田租。"③ 初元二年（前47）因关东地区遭受自然灾害，所以秋七月，汉元帝在所下诏中有"岁比灾害，民有菜色"，"今秋禾麦颇伤"之语。永光元年（前43）三月在所下诏书中说："是月雨雪，阴霜伤麦稼，秋罢。"颜师古注引《五行志》云："永光元年三月阴霜杀桑，九月二日阴霜杀稼，天下大饥。言伤麦稼，秋罢，是也。"颜师古曰："秋者，谓秋时所收谷稼也。今俗犹谓麦豆之属为杂稼。云秋罢者，言至秋时无所收也。"④ 可见黄河中下游地区频繁发生的水旱霜灾对小麦生长的影响尤甚。为了减轻灾害的威胁，汉代也总结出了一系列"杂种"的种植经验，即所谓"种谷必杂五种，以备灾害。田中不得有树，用妨五谷"。师古曰："岁月有宜，及水旱之利也。种即五谷，谓黍、稷、麻、麦、豆也。"⑤ 因小麦遭受旱灾而歉收的现象也时有发生，"河平元年三月，旱，伤麦，民食榆皮"⑥。从西汉针对黄河中下游地区包括河洛地区在内小麦种植的一系列诏书，正反映了小麦作为日常食物的真实情况。

东汉时期，河洛地区的小麦种植非常普遍，再次证实了小麦作为粮食作物的历史情况。建武五年（29）五月，光武帝曾经下诏："久旱伤麦，秋种未

① （宋）司马光编著，（元）胡三省音注，标点资治通鉴小组校点：《资治通鉴》卷十九《汉纪十一·世宗孝武皇帝中之上》，中华书局1956年版，第635页。
② 《汉书》卷六《武帝纪》，第177页。
③ 《汉书》卷七《昭帝纪》，第220页。
④ 《汉书》卷九《元帝纪》，第288页。
⑤ 《汉书》卷二十四上《食货志上》，第1120页。
⑥ 《汉书》卷二十六《天文志》，第1310页。

下，朕甚忧之。"①永平四年（61）二月汉明帝下诏云："京师冬无宿雪，春不燠沐，烦劳群司，积精祷求。而比再得时雨，宿麦润泽。"干旱对小麦的生长造成威胁必然会影响到粮食的收成并进而造成作物食物的短缺，故而光武帝与汉明帝下诏关注小麦的生长与收成。永平十年四月戊子，汉明帝诏曰："昔岁五谷登衍，今兹蚕麦善收，其大赦天下。方盛夏长养之时，荡涤宿恶，以报农功。百姓勉务桑稼，以备灾害。吏敬厥职，无令愆堕。"永平十八年四月己未，汉明帝又诏曰："自春已来，时雨不降，宿麦伤旱，秋种未下，政失厥中，忧惧而已。"②汉明帝通过一系列诏书试图解决危害小麦生长的旱灾问题，其实还是关心百姓的粮食问题。此后，东汉历代皇帝都对威胁小麦生长的水旱灾害予以关注。汉章帝在建初五年（80）二月的诏书中表达了"久旱伤麦，忧心惨切"③的忧虑。永元五年（93）二月针对粮食歉收的状况，汉和帝下诏："去年秋麦入少，恐民食不足。其上尤贫不能自给者户口人数。往者郡国上贫民，以衣履釜鬵为赀，而豪右得其饶利。诏书实核，欲有以益之，而长吏不能躬亲，反更征召会聚，令失农作，愁扰百姓。若复有犯者，二千石先坐。"④汉和帝为了解决因小麦歉收而造成农业不稳，甚而采取问责官员的措施，可见粮食安全已经成为政权稳定的关键。汉安帝即位不久，延平元年（106）十月，"四州大水，雨雹。诏以宿麦不下，赈赐贫人"。永初三年（109）七月，"诏长吏案行在所，皆令种宿麦蔬食，务尽地力，其贫者给种饷"。四年，洛阳附近遭受蝗灾，使汉安帝深深感到心痛，所以在次年三月闰月所下的诏书中提到此次蝗灾，"重以蝗虫滋生，害及成麦，秋稼方收，甚可悼也"⑤。反复出现的旱蝗灾害，使汉安帝颇感忧虑，不断发诏书救灾。汉质帝即位之初的五月，即下诏："自春涉夏，大旱炎赫，忧心京京，故得祷祈明

---

① 《后汉书》卷一上《光武帝纪上》，第39页。
② 《后汉书》卷二《显宗孝明帝纪》，第107、113、123页。
③ 《后汉书》卷三《肃宗孝章帝纪》，第139页。
④ 《后汉书》卷四《孝和帝纪》，第175页。
⑤ 《后汉书》卷五《孝安帝纪》，第205、213、217页。

祀，冀蒙润泽。前虽得雨，而宿麦颇伤。比日阴云，还复开霁。寤寐永叹，重怀惨结。"① 郎𫖯曾经指出："连月无雨，将害宿麦。若一谷不登，则饥者十三四矣。"② 这种连续的旱灾对小麦的生长造成严重影响。延熹六年（163），汉桓帝到广成苑校猎，陈蕃上疏谏曰："又秋前多雨，民始种麦。今失其劝种之时，而令给驱禽除路之役，非贤圣恤民之意也。"③ 民间邻里交往也有以小麦互赠的现象。袁山松《书》曰："（范）冉去官，尝使儿捃麦，得五斛。邻人尹台遗之一斛，嘱儿莫道。冉后知，即令并送六斛，言麦已杂矣，遂誓不敢受。"④ 虽然是赞美范冉的高尚品质，但反映了居民以麦为食。

西晋时期，河洛地区的小麦种植颇具规模，但自然灾害对小麦生长带来了不利影响。咸宁三年（277）三月晋武帝"帝将射雉，虑损麦苗而止"。太康三年（282）四月"河东、高平雨雹，伤秋稼。""三河、魏郡、弘农雨雹，伤宿麦。"太康六年，"三月，郡国六陨霜，伤桑麦"。太康九年六月"郡国三十二大旱，伤麦"⑤。咸宁三年六月"雨雹，陨霜，伤秋麦千三百余顷。八月庚子，河南、河东、弘农又雨雹，兼伤秋稼三豆。太康元年三月，河东、高平霜雹，伤桑麦。四月，河南、河内、河东、魏郡、弘农雨雹，伤麦豆"⑥。通过西晋时期河洛地区不断发生的自然灾害可对小麦生长的严重影响，可知小麦作为粮食的重要性。北魏时期，河洛地区的小麦种植依然很普遍，《齐民要术》有专门小麦种植技术的相关记载。在与北魏有关的记述中也有许多河洛地区小麦种植情况的反映。神龟元年（518）夏，崔光上表中有"播麦纳菽，秋春相因"⑦。神龟二年二月，孝明帝在诏书中指出："农要之月，时泽弗

---

① 《后汉书》卷六《质帝纪》，第278页。
② 《后汉书》卷三十下《郎𫖯传》，第1074页。
③ 《后汉书》卷六十六《陈蕃传》，第2162页。
④ 《后汉书》卷八十一《独行传·范冉》李贤注引，第2189页。
⑤ 《晋书》卷三《武帝纪》，第67、71、72、76、78页。
⑥ 《晋书》卷二十九《五行志下》，第873页。
⑦ 《魏书》卷六十七《崔光传》，第1495页。

应，嘉谷未纳，三麦枯悴。"① 可见旱灾已经影响到了河洛地区的小麦生长，故而孝明帝下诏祈雨。永熙末年，卢元明居洛阳东缑山，曾作《幽居赋》描述所见"麦穟半垂"②。正光年间，于时冀、定数州，频遭水害，崔楷上疏指出："华壤膏腴，变为写卤；菽麦禾黍，化作蘆蒲。"③ 可见在北魏时期，水旱灾害仍然是小麦种植的重大危害，严重威胁到民众的食粮问题。

隋唐时期，河洛地区小麦种植依然很普遍，成为人们关注的重点。隋文帝仁寿末年废除学校后，河东人张文诩回到故乡，灌园为业，"尝有人夜中窃刈其麦者，见而避之，盗因感悟，弃麦而谢"④。张文诩作为隐居故乡的隐逸之士，躲避偷窃小麦的人，其目的是为了感化偷窃之人。小麦在生长过程中出现的多头分蘖现象也引起人们的高度重视。唐德宗时，"陕虢李泌献瑞麦，一茎五穗"⑤。"一茎五穗"的小麦无一不是政通人和、农业丰收的象征而载于史书。然而，河洛地区的水旱灾害，对小麦的生长也带来的严重威胁。永淳元年（682）七月，"东都大雨，人多殍殕"。而在此之前已有童谣曰："新禾不入箱，新麦不入场。"暗示雨涝灾害对小麦收获的影响。贞元元年（785）春，大饥荒波及东都、河南、河北等地，出现了"米斗千钱，死者相枕"。贞元二年五月，又发生了"麦将登而雨霖"的雨灾，再次出现了"米斗千钱"的现象。⑥ 自然灾害对小麦收成造成了严重的影响，进而威胁到民众的食粮问题。自然灾害对小麦生长与收成造成严重影响，故而在当时拥有一定数量的小麦就是富有的象征，曾经流传着"田舍子剩获十斛麦，尚欲更故妇"⑦ 的说法。

综上所述，汉唐间河洛地区主要的粮食作物还是当时北方地区所种植的

---

① 《魏书》卷九《孝明帝纪》，第229页。
② （唐）徐坚等：《初学记》卷二十九《兽部·鼠》，中华书局1962年版，第720页。
③ 《魏书》卷五十六《崔楷传》，第1253页。
④ 《隋书》卷七十七《隐逸传·张文诩》，第1760页。
⑤ 《旧唐书》卷十三上《德宗纪上》，第358页。
⑥ 《新唐书》卷三十五《五行志二》，第919、898页。
⑦ 《新唐书》卷二百二十三上《奸臣传上·许敬宗》，第6336页。

五谷。虽然说粮食作物的品种变化不大，但在魏晋南北朝时期，黍类是粮食的主要品种。稻谷作为主要粮食作物，种植的区域多分布在沿河两岸水资源的便利之处。在水稻生产过程中还出现了精品稻谷，如"新城之粳"。小麦作为三年两熟的粮食作物，种植面积也较广。由于常常遭受水旱灾害的威胁，再加上人们抵御自然灾害能力的低下，一旦遇上灾荒，粮食作物种植受到严重的影响，食物也受到严重影响。

第二节　饮食器具

汉唐间河洛地区饮食文化中所用的器具，主要包括炊具、食器，以及从器具变化和使用者的身份来考察饮食文化中的社会等级性。河洛地区作为汉唐间重要的政治、文化中心之一，云集了众多的达官贵人、文人骚客、贩夫走卒，乃至域外使节、商客，各种人物的汇集，使以洛阳为中心的河洛地区成为一个国际化的大都市，而封建社会特有的等级制度使不同的人在饮食器具的使用上都有所差别，弄清不同人使用饮食器具的类别，不仅能够明了饮食器具上所反映的文化的丰富多彩，而且也可以看出由饮食器具由所体现的社会等级性。

一、箸与匕等取食器

箸即今天用的筷子。箸作为日常饮食所用的器具历史悠久，相传"纣始为象箸"，箕子叹曰："彼为象箸，必为玉杯；为杯，则必思远方珍怪之物而御之矣。舆马宫室之渐自此始，不可振也。"[1] 象箸与玉杯乃"食用之物"，《帝王纪》曰："纣作象箸，箕子为父师，叹曰：'象箸不施于土簋，不盛于菽

---

① 《史记》卷三十八《宋微子世家》，第1609页。

藿，必须犀玉之杯，食熊蹯豹胎。'"① 箕子所感叹的食具有象箸、土簋与玉杯，食物有菽藿与熊蹯豹胎。《帝王世纪》曰："纣为玉箸，箕子曰：'玉箸必食熊蹯豹胎。'散宜生献纣黑豹。"② 这说明殷纣王又有使用玉箸的记载。西晋时潘尼《乘舆箴》也说殷纣王"糟丘酒池，象箸玉杯。厥肴伊何？龙肝豹胎"③，这两条史料的真实性虽然有待证实，但说明了筷子应用得较早，也可以看出象箸属于象牙制作的贵重的筷子，主要还是统治阶层使用。至于说菜肴中的珍品"熊蹯豹胎""龙肝豹胎"，这些应当是野生动物烹制的菜肴中的珍品。上述箸的出现虽早，但大多是后世文献的记述。

公元前 318 年，楚、魏、燕等五国进攻秦国后，雕刻的《诅楚文》有"箸石章以盟大神之威神"④ 之句，这是最早记述箸的文献。《说文》云："箸：饭攲也。从竹，者声。"⑤《方言》曰："箸筩，陈楚宋魏之间谓之筲，或谓之籝，自关而西谓之桶㯡。"⑥ 这是装筷子的小笼。《礼》曰："饭黍无以箸，羹之有菜者用挟，其无菜者不用挟。郑玄曰：挟犹箸也。今人或谓箸为挟提也。"⑦《广雅·释器》云："筴，谓之箸。"⑧ 这其实是筷子最初的演变历史。

扬雄《方言》曰："匕谓之匙。"清代钱绎笺疏云："《说文》：'匕亦所以用比取饭，一名柶。'又《木部》云：'《礼》有柶。柶，匕。'所以取饭。又

---

① 《后汉书》卷八十七《西羌传》李贤注引，第 2901 页。《韩非子》卷七《喻老》云："昔者纣为象箸而箕子怖。以为象箸必不加于土铏，必将犀玉之杯；象箸玉杯必不羹菽藿，则必旄象豹胎，旄象豹胎必不衣短褐而食于茅屋之下，则锦衣九重，广室高台。吾畏其卒，故怖其始。"语见王先谦撰，钟哲点校《韩非子集解》，中华书局 1993 年版，第 162—163 页；《韩非子》卷七《说林上》，第 179 页。

② （宋）李昉等：《太平御览》卷八百九十二《兽部四·豹》，中华书局 1960 年版，第 3962 页。

③ 《晋书》卷五十五《潘尼传》，第 1514 页。

④ （清）严可均辑：《全上古三代秦汉三国六朝文》卷十四，中华书局 1958 年版，第 102 页。

⑤ （汉）许慎撰，（清）段玉裁注，许惟贤整理：《说文解字注》，凤凰出版社 2015 年版，第 343 页。

⑥ （清）钱绎撰集，李发舜、黄建中点校：《方言笺疏》卷五，中华书局 1991 年版，第 189 页。

⑦ （宋）李昉等：《太平御览》卷七百六十《器物部五·箸》引，第 3373 页。

⑧ （清）王念孙撰，张靖伟等点校：《广雅疏证》卷七下《释器》，上海古籍出版社 2018 年版，第 1131 页。

《皀部》云：'匕，所以扱之。'又云：'匙，匕也。'引《通俗文》：'匕或谓之匙。'"曹魏张揖《广雅·释器》云："柶、匙，匕也。"王念孙《疏证》云："古者匕，或以匕黍稷，或以匕牲体，吉事用棘匕，丧事用桑匕。"① 从《方言》及后世所做的疏证可知，匕即匙，又名柶。其用途可以用来匕黍稷，也可以用来匕牲体。《仪礼·少牢馈食礼》："廪人概甑、甗、匕与敦于廪爨。"② 可见匕作为饮食器具的专门用途，而且根据不同场合使用不同材质的匕，"吉事用棘匕，丧事用桑匕"，《诗经·大东》中亦有"有饛簋飧，有捄棘匕"之语。除了上述棘、桑材质外，还有用动物角做的匕，《周礼·天官冢宰》曰："大丧，共含玉、复衣裳、角枕、角柶。"郑玄注云："角柶，角匕也，以楔齿。"③ 可见至少到汉代已经有了各种材质的匕，即汤勺。

汉代箸与匕在饮食生活中的使用非常广泛。汉高祖三年（前204），刘邦与项羽在荥阳对阵，刘邦与郦食其共同商议来谋立六国之后以削弱楚王的权力，张良听此谋坚决反对，他对刘邦说"臣请借前箸以筹之"，即借用箸来比喻这件事。张晏曰："求借所食之箸用指画也。或曰，前世汤武箸明之事，以筹度今时之不若也。"④ 这件事情发生在河洛地区的荥阳，张良能够使用筷子比画此事，足以说明筷子使用的普遍，应当是顺手即得的手边物品。汉景帝后元年（前143）八月，"景帝居禁中，召条侯，赐食。独置大胾，无切肉，又不置櫡"。櫡又称作梜，《索隐》云"《礼》曰'羹之有菜者用梜'。梜亦箸之类，故郑玄云'今人谓箸为梜'是也。"汉景帝之所以宴请周勃不放筷子，正反映了他的不满。《集解》孟康曰："设胾无箸者，此非不足满于君所乎？嫌恨之。"如淳曰："非故不足君之食具也，偶失之。"师古曰："孟说近之。

---

① （清）钱绎撰集，李发舜、黄建中点校：《方言笺疏》卷十三，第506页。
② （汉）郑玄注，（唐）贾公彦疏：《仪礼注疏》，李学勤主编《十三经注疏》整理本，北京大学出版社1999年版，第905页。
③ （汉）郑玄注，（唐）贾公彦疏：《周礼注疏》，李学勤主编《十三经注疏》整理本，第156—157页。
④ 《史记》卷五十五《留侯世家》，第2040页。

帝言赐君食而不设箸，此由我意于君有不足乎？"① 汉文帝对周亚夫很不满意，认为他不是可以辅佐幼主的大臣，故而有此举以表达不满的情感。除了上述玉箸之外，还有用铁箸现象，王莽天凤六年（19），有奇士名为巨毋霸者，"以铁箸食"②，引发政坛恐慌。东汉永初年间（107—113），张骥在都城亡故后，司马茂前往哭丧，隐约可见张骥"凭几而坐，以箸刺粔籹食之"。本注云："粔籹，膏环也。"③ 可见粔籹是用蜜和米面煎制而成的环形糕饼，张骥用箸插粔籹而食。董卓之乱时，俘虏了数百个北地人，采取残酷的刑罚杀死他们，当时"施帐幔饮"，"会者战栗，亡失匕箸"。④ 这是因为害怕而丢掉了"匕箸"的食具。这种"失匕箸"也曾发生在刘备与曹操宴饮之时，曹操从容对刘备说："今天下英雄，唯使君与操耳。本初之徒，不足数也。"闻听此言，刘备"方食，失匕箸"。其实这是刘备内心恐惧的缘故，对"失匕箸"这件事，刘备自会掩饰，裴注引《华阳国志》云："于时正当雷震，备因谓操曰：圣人云'迅雷风烈必变'，良有以也。一震之威，乃可至于此也。"⑤ 这虽然反映了曹操和刘备二人斗智的细节，但用箸则是不争的事实。河洛地区的汉墓中也多有筷子出土，在洛阳市涧西区七里河的东汉墓发掘中，在一个陶案上摆放着羊头、筷子、碗、铜刀等与饮宴有关的器物。⑥ 1972 年，在河南省灵宝市张湾村汉墓中出土陶勺 5 件，其中墓 3：54 的 1 件，为泥质灰陶，饰红彩，刀削柄较直，全长 20 厘米。另 4 件为绿釉，把柄弯曲，通长 11—16 厘米。另有绿釉陶碗 2 件。⑦ 2014 年，在郑州市登封市大金店镇金东村东汉墓 2014ZDDM7 中出土 1 件陶灶，灶面上釜眼四周模印出各种食材和厨房用具，食材有鱼、鸡、禽、龟、螃蟹、猪头、羊头等，厨房用具有板凳、案、帚、

① 《史记》卷五十七《绛侯周勃世家》，第 2078 页。《汉书》卷四十《周亚夫传》，第 2061 页。
② 《汉书》卷九十九下《王莽传下》，第 4157 页。
③ （南朝宋）刘敬叔撰，范宁校点：《异苑》卷六，中华书局 1996 年版，第 59 页。
④ 《后汉书》卷七十二《董卓传》，第 2330 页。
⑤ 《三国志》卷三十二《蜀书·先主传》，第 875 页。
⑥ 洛阳博物馆：《洛阳涧西七里河东汉墓发掘简报》，《考古》1975 年第 2 期。
⑦ 河南省博物馆：《灵宝张湾汉墓》，《文物》1975 年第 11 期。

勺、削、钩、箸等，可以窥见东汉时期的厨房及饮食器具中有多种，箸是其一。[①] 2014 年，在郑州登封袁村东汉墓（2014ZDYM2）发掘中出土陶灶 1 件，灶面中部设置两釜，釜周围模印宰杀过的鹅、鸡、鱼及钩、削、板凳、笼屉、水池、勺、箸、帚等，其中板凳下有一水桶，水池中漂浮着宰杀后的禽类。[②] 出土实物也证明了汉代河洛地区箸与匕食具使用的普遍。

西晋时期士族地主奢侈腐化，宴饮时"无下箸处"被士族上层作为炫富的象征。何曾"厨膳滋味，过于王者。每燕见，不食太官所设，帝辄命取其食。蒸饼上不坼作十字不食。食日万钱，犹曰无下箸处"[③]。又有"何劭以公子奢侈，每食必尽四方珍馔，（任）恺乃逾之，一食万钱，犹云无可下箸处"。被免去官职后，任恺"乃纵酒耽乐，极滋味以自奉养"[④]。何曾、任恺等人所食是山珍海味，以"无可下箸处"表现其生活的奢靡。当时还出现酒后折箸现象，相传"山涛酒后哺啜，折箸不休"[⑤]，折箸应当是饮酒之后微醉状态下不自觉的行为，亦是内心纠结的一种反映。北魏太武帝宠爱崔浩，"或仓卒不及束带，奉进疏食，不暇精美。世祖为举匕箸，或立尝而旋"[⑥]。这是崔浩受到太武帝宠信的真实记录。北魏末年，杨椿兄弟亲密有礼，"椿每近出，或日斜不至，津不先饭，椿还，然后共食。食则津亲授匙箸，味皆先尝，椿命食，然后食"[⑦]。杨椿兄弟在饮食过程中，杨津为其兄长"亲授匙箸"，可见二人之间长幼有序、兄友弟恭的亲敬关系。崔赡性格简傲，以"才地自矜"，与他交往的人，"皆一时名望"。即使在御史台任职，"恒宅中送食，备尽珍羞，别

---

① 郑州市文物考古研究院、登封市文物保护管理局：《河南郑州登封金东村东汉墓发掘简报》，《考古与文物》2019 年第 1 期。

② 郑州市文物考古研究院、登封市文物保护管理局：《郑州登封袁村东汉墓（2014ZDYM2）发掘简报》，《洛阳考古》2015 年第 2 期。

③ 《晋书》卷三十三《何曾传》，第 998 页。

④ 《晋书》卷四十五《任恺传》，第 1287 页。

⑤ （唐）冯贽编，张力伟点校：《云仙散录·酒后折箸》引《酒中玄》，中华书局 2008 年版，第 103 页。

⑥ 《魏书》卷三十五《崔浩传》，第 818 页。

⑦ 《魏书》卷五十八《杨逸传》，第 1302 页。

室独餐，处之自若。有一河东人士姓裴，亦为御史，伺赡食，便往造焉。赡不与交言，又不命匕箸。裴坐观赡食罢而退。明日，自携匕箸，恣情饮啖"①。这则故事虽意在反映崔赡、裴氏不同的处事风格，但也说明了当时人们已经普遍使用匕箸。颜之推曾经说"圣人之教，箕帚匕箸"，并言及这是圣人教诲的礼仪，有明确的规范，在《礼经》上"皆有节文，亦为至矣"②。关于"匕箸"的使用，《礼记·曲礼上》有"饭黍毋以箸"的记载。这可以看出匕箸的使用应与所食用的食物有关。

隋唐时期，筷子的使用更加普遍。于琮曾与永福公主结婚，"主与帝食，怒折匕箸"，宣宗说："此可为士人妻乎?"唐宣宗让于琮与其他公主结婚才了结此事。③ 此事《新唐书》卷一百四《于琮传》云："初尚永福公主，主未降，食帝前，以事折匕箸，帝知其不可妻士大夫，更诏尚广德公主。"永福公主因不愿下嫁，竟在皇帝吃饭时当面弄折筷子。唐中期"牛李党争"时，韦陟因为受李林辅和杨国忠的排挤，在政治上不得志，故而"穷治馔羞，择膏腴地藝谷麦，以鸟羽择米，每食视庖中所弃，其直犹不减万钱，宴公侯家，虽极水陆，曾不下箸"④。可见古代的奢侈腐化官僚阶层大多使用了筷子，否则史籍中不会大量出现。随着时代的推进，还出现了更多水生动物形状的箸与匙，《枢要录》曰："向范待客，有漆花盘、科斗箸、鱼尾匙。"⑤ 这里出现了科斗箸、鱼尾匙，应当是根据蝌蚪与鱼尾的形状制作的箸与匙。唐玄宗时期还出现了金箸。宋璟为宰相受到朝野上下的赞扬，唐玄宗在春宴上，"以所用金箸令内臣赐璟"，宋璟虽然接受了赏赐的金箸，却不知原因，不敢向唐玄宗陈谢，唐玄宗曰："所赐之物，非赐汝金。盖赐卿之箸，表卿之直也。"当

---

① 《北史》卷二十四《崔赡传》，第 876 页。

② （北齐）颜之推撰，王利器集解：《颜氏家训集解》卷二《风操》，上海古籍出版社 1980 年版，第 69 页。

③ 《新唐书》卷八十三《宣宗十一女传》，第 3672 页。

④ 《新唐书》卷一百二十二《韦陟传》，第 4353 页。

⑤ （唐）冯贽编，张力伟点校：《云仙散录·漆花盘》，第 65 页。

得知唐宣宗赏赐金箸是赞扬自己的正直后，宋璟"遂下殿拜谢"①。由此可知，金箸为皇帝所用的食具。杜甫《丽人行》有"犀箸厌饫久未下"之句，描述箸为犀牛角制作而成。乾元元年（758）冬，杜甫从华州到东都洛阳，途径阌乡（今河南省灵宝市西），受到姜七少府的热情款待，杜甫《阌乡姜七少府设脍戏赠长歌》中的"放箸未觉金盘空"②，也是以箸食鱼之后的感悟。在中唐时期，洛阳地区的墓葬中常常见到银筷子、银勺、银碗等饮食器具③，正是饮食器具的真实反映。

箸与匕作为饮食的器具，经过数千年的发展，到汉唐时期已经定型，成为饮食文化的重要组成部分。其质地从传统的木、竹到动物角，乃至金属，显现出饮食器具的多样化。其形状勺头在保持不变的情况下，柄饰有多种形状，其中水生动物形状最具特色。不同材质箸与匕进入生活领域也显示出使用者的社会身份，体现出饮食器具所反映的社会等级差别。

二、碗、盂等盛食器

作为饮食器具，碗与盂的使用也很早。《尸子》曰："君如杅，民如水，杅方则水方，杅圆则水圆。"李贤注云："杅，椀属也，音于。字亦作盂。"④《方言》卷五云："盂，宋、楚、魏之间或谓之盌。盌谓之盂，或谓之铫锐。盌谓之櫂，盂谓之柯。海、岱、东齐、北燕之间或谓之盎。"⑤《方言》卷十三云："盂谓之櫨。河、济之间谓之盗盨。椀谓之盍。盂谓之铫锐。椀谓之梋块。"⑥ 张衡《四愁诗》："何以报之青玉案。"⑦ 此案非字面意义的案，而是

---

① （五代）王仁裕撰，曾贻芬点校：《开元天宝遗事》卷上《开元·赐箸表直》，中华书局2006年版，第12页。

② （唐）杜甫撰，（清）仇兆鳌注：《杜诗详注》卷六《醉歌》，中华书局2015年版，第420页。

③ 徐殿魁：《洛阳地区隋唐墓的分期》，《考古学报》1989年第3期。

④ 《后汉书》卷七十八《宦者传·吕强》，第2530页。

⑤ （清）钱绎撰集，李发舜、黄建中点校：《方言笺疏》卷五，第174页。

⑥ （清）钱绎撰集，李发舜、黄建中点校：《方言笺疏》卷十三，第507页。

⑦ （汉）张衡著、张震泽校注：《张衡诗文集校注》，上海古籍出版社1986年版，第3页。

碗。杭世骏云："案，古盌字，是青玉盌，非玉几也。否则梁鸿举案齐眉，义难通矣。"① 这里出现了青玉碗，说明其珍贵。两汉时期，河洛地区碗的使用非常广泛。淮南王刘厉叛乱失败后，有关官员在研究如何处理他时建议："请处蜀严道邛邮，遣其子、子母从居，县为筑盖家室，皆日三食，给薪菜盐炊食器席蓐。"师古曰："炊器，釜鬲之属。食器，杯碗之属。"② 即供给最基本的生活用品。汉明帝死后遗诏曰："万年之后，埽地而祭，杅水脯糒而已。"李贤注引《说文》曰："杅，饮器。"《方言》曰："盌谓之盂。"③ 前文所引考古资料中，灵宝市张湾村汉墓中出土绿釉陶碗5件。由此可见，碗、盂等器皿在河洛地区的普遍使用。

魏晋以后，碗的材质更加多样。除了上述青玉之外，还有以车渠石制作的碗。崔豹《古今注·杂注》曰："魏武帝以玛瑙石为马勒，以车渠石为酒杯（碗）。"④ 车渠石是延续至今的四大宝石之一，曹操以车渠石制作碗，其工艺价值应当远超实用价值。制作碗的车渠石应当来自大秦，《魏略·西戎传》记载，大秦出车渠石。⑤ 曹丕《车渠椀赋》云："车渠，玉属也。多纤理缛文，生于西国，其俗宝之。小以系颈，大以为器。"⑥ 还有琉璃碗也是珍贵的艺术品，常常被朝廷用来作为赏赐所用。《晋咸康起居注》曰："诏赐辽东段辽等琉璃碗。"孙琼《与从祖虞光禄书》有"赐琉璃碗"之句。因为琉璃碗珍贵，所以使用者大多是社会上层。《文士传》曰："潘尼与同僚饮，主人有琉璃碗，使客赋之，尼于座立成于手。"⑦ 正因为琉璃碗珍贵，故而有主人让同僚作赋

---

① （清）杭世骏撰，陈抗点校：《订讹类编·续编》卷六《杂物讹·玉案非几》，中华书局1997年版，第207页。

② 《汉书》卷四十四《淮南厉王刘长传》，第2142页。

③ 《后汉书》卷二《显宗孝明帝纪》，第123页。

④ （晋）崔豹撰，牟华林校笺：《〈古今注〉校笺》，线装书局2015年版，第193页。（宋）李昉等：《太平御览》卷七百六十《器物部五·碗》引《古今注》云："魏帝以车渠石为酒碗。"第3372页。

⑤ 《三国志》卷三十《魏书·倭传》，第865页。

⑥ 魏宏灿校注：《曹丕集校注》，安徽大学出版社2009年版，第122页。

⑦ 李昉等：《太平御览》卷七百六十《器物部五·碗》，第3372页。

颂扬。《世说新语·纰漏》记载，王敦与晋武帝女儿舞阳公主结婚，如厕返回时，"婢擎金澡盘盛水，琉璃盌盛澡豆，因倒著水中而饮之，谓是干饭"①。从潘尼到王敦均为权贵阶层，使用琉璃碗还是因为有较高的社会地位。作为琉璃制品，应当是来自域外琉璃加工而成。潘尼《琉璃碗赋》云："览方贡之彼珍，玮兹碗之独奇。济流沙之绝险，越葱岭之峻危。其由来也阻远，其所托也幽深。""取琉璃之攸华，诏旷世之良工。纂玄仪以取象，准三光以定容。"②从潘尼所描述的情况来看，琉璃碗是进入内地加工而成。在孙吴时期有用银碗的记录，孙吴与曹魏在濡须交战时，孙权特赐米酒菜肴，甘宁乃将米酒菜肴让手下百余人食，"食毕，宁先以银盌酌酒，自饮两盌，乃酌与其都督。都督伏，不肯时持。宁引白削置膝上，呵谓之曰：'卿见知于至尊，熟与甘宁？甘宁尚不惜死，卿何以独惜死乎？'都督见宁色厉，即起拜持酒，通酌兵各一银盌"③。《江表传》曰："孙亮使黄门以银椀并盖就中藏吏取交州所献甘蔗饧。"④ 在孙吴出现了银碗，较之经济发达的河洛地区使用银碗当属必然。另有玉碗，一般的情况下是作为艺术品出现的。石崇《奴券》中称在洛阳市场上购买"金案玉碗"。如果按照前文的解释，金案应当是金碗，说明洛阳市场上有可供出售的金碗与玉碗。庾阐《断酒戒》中提到"于是椎金罍，碎玉碗。破兕觥，捐觚瓒"⑤，庾信《春赋》有"芙蓉玉碗，莲子金杯"⑥ 之句，表明魏晋南北朝时期包括河洛地区在内的南北方均有以玉碗作为饮酒器。唐代中期，张尚书任弘农郡太守时，抓获了一批盗墓者，据供述在卢氏南川的尧女

①　徐震堮：《世说新语校笺》，中华书局1984年版，第485页。

②　（唐）欧阳询撰，汪绍楹校：《艺文类聚》卷八十四《宝玉部下·琉璃》，上海古籍出版社1982年版，第1442页。

③　《三国志》卷五十五《吴书·甘宁传》，第1294页。

④　《三国志》卷四十八《吴书·孙亮传》裴注引，1154页。

⑤　（唐）欧阳询撰，汪绍楹校：《艺文类聚》卷七十二《食物部·酒》，第1250页。

⑥　（北周）庾信撰，许逸民校点：《庾子山集注》，中华书局1980年版，第76页。

冢被盗，墓中"获一大朱并玉碗，人亦不能计其直，余宝器极多，世莫之识也"[1]。这一玉碗是作为随葬品而引起关注。李白《雉朝飞》诗云"心倾美酒尽玉碗"，《客中作》有"兰陵美酒郁金香，玉碗盛来琥珀光"[2] 名句，也是玉碗使用的情景，且多用在饮酒的场合。

碗作为日常生活的食具，在考古发掘中多有出土。2009 年，在洛阳孟津卅里铺东汉墓发掘中出土陶碗 1 件。[3] 2009 年，在洛阳孟津曹休墓出土陶碗 13 件，均为圆唇，弧腹，分为 2 型。[4] 1990 年，在洛阳北郊的西晋墓中出土 2 件陶碗，陶勺 1 件。[5] 2001 年，在洛阳谷水晋墓（FM38）出土小碗 1 件，敞口，圆唇，腹内收，平底。[6] 2016 年，在三门峡上村佳苑唐墓 M53 发掘中也出土 1 件陶碗。2007 年，在温县南张羌西晋墓出土陶碗 7 件，形制相同。敞口，圆唇，腹弧收，平底内凹。内壁由上至下刻画数周密集的篦点纹。[7] 2009 年，在洛阳孟津朱仓发掘了 23 座北魏墓，墓葬中出土 10 件陶碗，分为 A、B、C 三种类型，2 件瓷碗，还有 1 件铜盂。[8] 2011 年，在洛阳纱厂西路北魏 HM555 墓中出土碗 1 件，侈口，圆唇，深弧腹，低圈足。口径 11.3、底径 5.2、高 6 厘米。[9] 2012 年，在洛阳涧西衡山路北魏墓出土陶碗 3 件，青瓷碗 1 件。[10] 2011 年，在巩义市王沟新村唐墓 M5 中出土黑瓷碗 1 件，白黏土胎，变形严重。侈口，圆唇，唇下微束，弧腹，假圈足。内、外壁施黑釉，外壁半釉。口径

① （唐）韦绚撰，阳羡生校点：《刘宾客嘉话录·附编》，载上海古籍出版社编《唐五代笔记小说大观》，上海古籍出版社 2000 年版，第 808 页。

② 郁贤皓校注：《李太白全集校注》，凤凰出版社 2015 年版，第 321、2702 页。

③ 洛阳市文物考古研究院：《洛阳孟津卅里铺东汉墓发掘简报》，《文物》2016 年第 11 期。

④ 洛阳市第二文物工作队：《洛阳孟津大汉冢曹魏贵族墓》，《文物》2011 年第 9 期。

⑤ 洛阳市文物工作队：《洛阳北郊西晋墓》，《文物》1992 年第 3 期。

⑥ 洛阳市第二文物工作队：《洛阳谷水晋墓（FM38）发掘简报》，《文物》2002 年第 9 期。

⑦ 安阳师范学院历史与文博学院、河南省文物局南水北调文物保护办公室、温县文物管理所：《河南温县南张羌西晋墓发掘简报》，《考古与文物》2020 年第 6 期。

⑧ 洛阳市文物考古研究院：《洛阳孟津朱仓北魏墓》，《文物》2012 年第 12 期。

⑨ 洛阳市第二文物工作队：《洛阳纱厂西路北魏 HM555 发掘简报》，《文物》2002 年第 9 期。

⑩ 洛阳市文物考古研究院：《洛阳涧西衡山路北魏墓发掘简报》，《文物》2016 年第 7 期。

20.8 厘米，腹径 20 厘米，底径 10.4 厘米，高 12.4 厘米。[①] 在河洛地区的墓葬中，碗的出土比较多，有陶碗、施釉陶碗、（青）瓷碗等不同质地，从其大小尺寸来看，更接近生活实物，可以看出其作为日常生活用具使用的普遍性。

从汉唐时期河洛地区碗的种类来看，因为质地的不同，从而分出青玉碗、车渠石碗、琉璃碗、银碗、金碗、玉碗、陶碗、瓷碗等，从上述不同质地的碗来看，用玉以及金银制作的碗，更多的是作为艺术品而存在，陶、瓷质地的碗用于日常生活的较多。

三、釜、锅等炊煮器

先秦时期河洛地区炊煮器器型和种类繁多，制作技术已经达到较高的水平。《古史考》曰："黄帝始造釜、甑。"[②] 这一记述其实反映了釜、甑是社会发展到一定阶段的产物。《诗经·召南·采蘋》有"维锜及釜"之句，郑玄笺云："锜，釜属，有足曰锜，无足曰釜。"《诗经·匪风》有云："谁能亨鱼？溉之釜鬵。"郑玄笺云："溉，涤也。鬵，釜属。亨鱼烦则碎。"[③] 《左传·隐公三年》云："筐筥锜釜之器。"杜预注云："方曰筐，员曰筥，无足曰釜，有足曰锜。"[④] 《尔雅·释器》曰："鼎绝大谓之鼐，圆弇上谓之鼒；附耳外，谓之釴，款足者谓之鬲。齍谓之鬵。鬵，鉹也。"[⑤] 炊煮器种类的划分，其实是先秦时期制作炊煮器水平的彰显。在秦汉以后，随着生产力的发展，易于加工食物的小铜釜开始出现，以小巧轻薄、导热快为特色。《方言》卷五云：

① 郑州市文物考古研究院、巩义市文物管理局：《河南巩义王沟新村唐墓 M5 发掘简报》，《文物春秋》2016 年第 3 期。

② （宋）李昉等：《太平御览》卷七百五十七《器物部二·釜》，第 3359 页。

③ （汉）郑玄笺，（唐）孔颖达疏：《毛诗正义》，李学勤主编《十三经注疏》整理本，北京大学出版社 1999 年版，第 73、466 页。

④ （汉）孔安国传，（唐）孔颖达疏：《春秋左传正义》，李学勤主编《十三经注疏》整理本，北京大学出版社 1999 年版，第 76 页。

⑤ （晋）郭璞注，（宋）邢昺疏：《尔雅注疏》，李学勤主编《十三经注疏》整理本，北京大学出版社 1999 年版，第 146 页。

"鍑，或谓之镬。注鍑，釜属也。北燕、朝鲜洌水之间，或谓之錪，或谓之鉼，江、淮、陈、楚之间谓之锜，注或曰三脚釜也。或谓之鎌。吴、扬之间谓之鬲。釜，自关而西或谓之釜，或谓之鍑。注鍑，亦釜之总名。甑，自关而东谓之甗，或谓之鬹，注梁州呼鉹。或谓之酢馏。"[1]《说文》曰："鍑，如釜而大口，釜也。一曰：鼎大上小下若甑曰鬹，三足釜也。"上述诸多解释均说明汉代不同地域使用炊煮器的名称有差异。

汉代河洛地区以釜为代表炊煮器的使用展示了民间日常食物加工的场景。刘邦在故乡时，常常带客人回家吃饭，引起其嫂子的不满，"嫂厌叔与客来，阳为羹尽，轑釜，客以故去。已而视釜中有羹，由是怨嫂"。所以刘邦在称帝以后，封其侄子刘交为"羹颉侯"以示对其嫂子的不满。[2] 秦末农民起义中，在巨鹿之战前，项羽渡过漳水，"皆湛船，破釜甑，烧庐舍"[3]。甑为蒸食的炊器，类似今天所用的带箄子的蒸锅，二者合称表示炊煮器，项羽此举表达了破釜沉舟有进无退，一定要夺取胜利的决心。汉昭帝元凤元年（前80），"燕王宫永巷中豕出圂，坏都灶，衔其鬴六七枚置殿前"。师古曰："都灶，众炊之大灶也。"晋灼曰："鬴，古文釜字。"[4] 反映了官府曾经养有数量可观的猪，猪圈被毁坏以后，猪又弄坏了烹饪的锅灶。西汉末年在讨伐王莽时，刘伯升"乃陈兵誓众，焚积聚，破釜甑，鼓行而前"，李贤注云："破釜甑，示必死也。"[5] 刘伯升也效法项羽破釜沉舟战斗到底的决心。上述诸多例证虽然不属于河洛地区，但都发生在黄河中下游地区，与河洛地区的生活环境相类似，故而作为例证以弥补河洛地区资料不足，并借以说明问题。

东汉初年，梁鸿在洛阳太学求学，当时在太学生均需自己做饭，与他同学者"先炊已"，就让梁鸿"及热釜炊"，梁鸿曰："童子不因人热者也！"乃

---

① （清）钱绎撰集，李发舜、黄建中点校：《方言笺疏》卷五，第171—173页。
② 《汉书》卷三十六《楚元王刘交传》，第1922页。
③ 《汉书》卷三十一《项籍传》，第1804页。
④ 《汉书》卷二十七中之下《五行志中之下》，第1436页。
⑤ 《后汉书》卷十四《宗室四王三侯传·齐武王刘縯》，第550页。

"灭灶，更燃火"，以表示君子清廉不借助他人之照顾。① 宋躬《孝子传》曰：
"陈遵母好食铛底焦饭。"② 此明陈遵家中用铛做饭，且出现饭烧焦的情况，铛
为有足与耳的锅。永元五年（93）二月丁未日，汉和帝发布诏书称："往者郡
国上贫民，以衣履釜鬶为赀，而豪右得其饶利。"李贤注："贫人既计釜甑以
为资财，惧于役重，多即卖之，以避科税。豪富之家乘贱买，故得其饶利。"③
釜甑作为基本生活用具，被地方官作为资产统计进去，百姓为了躲避繁重的
徭役，多将其出卖，结果豪强势力趁机贱买，获取利润。党锢之祸发生后，
范冉因受牵连而穷困潦倒十余年，以至于民间里巷有歌谣云："甑中生尘范史
云，釜中生鱼范莱芜。"④ 虽然这是赞扬范冉的特立独行，但也从侧面反映了
甑、釜均为当时流行的烹煮器皿这一社会现实。荀淑与陈寔神交已久，在荀
淑拜访陈寔时，陈寔让两个儿子"令元方侍侧，季方作食"。两人交谈使吃饭
推迟，季方跪着对父亲说："向闻大人与荀君言，甚善，窃听之，甑坏饭廉。"
虽然甑烂饭浪费了，但陈寔得知儿子听懂了谈话内容，仍然非常高兴。⑤ 曹操
《上献帝表》曰："臣祖腾有顺帝赐器。今上四石铜铟四枚，五石铜铟一枚，
御物有钝银粉铫一枚。"⑥ 铟、铫均为食物加热所用炊具。建安年间，魏国初
建，文帝在东宫，赐钟繇五熟釜。⑦ 而曹植的《七步诗》中"煮豆燃豆萁，
豆在釜中泣"的诗句，无疑是用釜煮食的记录。西晋时，石崇与王恺比富，
"恺以粘澳釜，崇以蜡代薪"⑧。王恺用米汤洗锅足以表明其畸形的斗富心态。
杜预与贾彝还曾就平底釜、尖底釜的优劣有过争论，起因是身为尚书的杜预

---

① （宋）李昉等：《太平御览》卷七百五十七《器物部二·釜》引《东观汉记》，第3359页。

② （宋）李昉等：《太平御览》卷七百五十七《器物部二·釜》引，第3360页。

③ 《后汉书》卷四《和帝纪》，第175页。

④ 《后汉书》卷八十一《独行传·范冉》，第2689页。

⑤ （宋）李昉等：《太平御览》卷七百五十七《器物部二·甑》引袁山松《后汉书》，第3361页。

⑥ （宋）李昉等：《太平御览》卷七百五十七《器物部二·铫》引，第3360—3361页。

⑦ 《三国志》卷十三《魏书·钟繇传》，第394页。

⑧ 《晋书》卷三十三《石崇传》，第1007页。

"欲为平底釜"，他认为平底釜"于薪火为省"，黄门郎贾彝在晋武帝面前质疑杜预曰："釜之尖下，以备沃洗；今若平底，无以去水。"面对贾彝的质疑，"亦不能折之"①。虽然在今天看来这其中优劣非常明显，但在那个时代杜预与贾彝的争论则说明使用的大多是尖底釜。元康元年（291），裴楷家中曾经发生了一件怪异的事情，"家炊黍在甑，或变如拳，或作血，或作芜菁子"②，殊不可解，这是用甑蒸饭。武攸绪在其姑武则天当政后，隐居在龙门与少室山之间，对武则天"所赐金银鬲鬶、野服"，皆"不御"也。③ 鬲鬶是一种圆口，三只空心足的炊器。安史之乱时，郭子仪居蒲州，其子郭晞驻扎在邠州，士兵白日进入市场强行索取，如不满足，"辄击伤市人，椎釜鬲瓮盎盈道，至撞害孕妇"④。郭晞的士兵为所欲为，妨害一方，毁坏市场上出卖的炊具。杜牧家中曾发生"炊将熟而甑裂"的现象，被认为是不祥之兆。⑤ 这极有可能是甑的质量较差造成的破裂。

河洛地区流行的三种类型的饮食器具，体现了从食物加工到饮食器具一应俱全。由于社会等级的差异，精美的饮食器具多为社会上层使用，普通百姓多使用陶制或木制的饮食器具。饮食器具所反映的等级差异正是河洛地区社会生活的真实写照。除了上述三种类型的饮食器具外，当然还有其他一些，如盆、缶、瓮、罂、坩、瓶、甒、魁、盘、簠簋、瑚琏、敦牟、俎豆、筥、椸、铫、钵、洼、瓯、杯、桊、檏、机、毕、饭帚、炙函、饭函、淅箕、筐、箪、爵等，因篇幅所限，略而不考。

---

① （宋）李昉等：《太平御览》卷七百五十七《器物部二·釜》引《晋诸公赞》，第3359页。
② 《晋书》卷三十五《裴楷传》，第1050页。
③ 《新唐书》卷一百九十六《隐逸传·武攸绪》，第5599页。
④ 《新唐书》卷一百五十三《段秀实传》，第4849页。
⑤ 《旧唐书》卷一百四十七《杜牧传》，第3986页。

第三节　宴饮方式

由于客观环境的差异，每个地区都会有不同的饮食方式，每个时代也会有风格各异的饮食文化。汉唐间河洛地区的饮食习惯究竟发生了哪些变化，学术界没有作出确切的论证。虽然说学术界对于全国范围内的饮食方式作过研究，但是这种宏观的研究往往会出现以全概偏，以普遍性代替特殊性的弊病，无法使人真正了解河洛地区饮食文化中的习惯性因素。因此，有必要继续进行探索，以便弄清河洛地区饮食方式的发展变化。

一、皇室宴会

作为人际交往的重要场合，宴会在中国具有悠久的历史，是人们交往的重要途径。《说文》云："宴，安也。从宀，晏声。"[1] 后从形容词"安逸"演变为名词"宴会"以及动词"以酒食款待宾客"，这里所述即是宴会演变之后的过程。

宴饮之乐在先秦典籍中有许多记述。《易经·象》曰："云上于天，需。君子以饮食宴乐。"王弼注云："童蒙已发，盛德光亨，饮食宴乐，其在兹乎!"[2] 宴饮已经成为君子修身养性的重要方式。《诗经·小雅·頍弁》云："乐酒今夕，君子维宴。"朱熹《诗集传》认为这是"燕兄弟亲戚之诗"[3]，说明亲人之间宴饮对融洽亲情的重要性。《左传·文公四年》云："卫甯武子来聘，公与之宴，为赋《湛露》及《彤弓》。"[4] 这件事虽然发生在鲁国，但鲁

---

[1]　（汉）许慎撰，（清）段玉裁注，许惟贤整理：《说文解字注》，第594页。

[2]　（魏）王弼注，（唐）孔颖达疏：《周易正义》，李学勤主编《十三经注疏》整理本，北京大学出版社1999年版，第43页。

[3]　（宋）朱熹注，王华宝整理：《诗集传》，凤凰出版社2007年版，第188页。

[4]　（汉）孔安国传，（唐）孔颖达疏：《春秋左传正义》，李学勤主编《十三经注疏》整理本，第503页。

文公宴请卫国宁武子则是当时诸侯国普遍的礼节。作为臣下，在国君宴上敬酒也有一定的规矩，《左传·宣公二年》云："秋，九月，晋侯饮赵盾酒，伏甲将攻之。其右提弥明知之，趋登，曰：'臣侍君宴，过三爵，非礼也。'遂扶以下，公嗾夫獒焉，明搏而杀之。盾曰：'弃人用犬，虽猛何为。'斗且出，提弥明死之。"① 这里提到"臣侍君宴，过三爵，非礼也"，虽然是托词，却说明当时应当有这种规定。作为过分讲究社会等级的春秋时期，王室宴会上会摆上"折俎"成为定制。《左传·宣公十六年》云：

> 冬，晋侯使士会平王室。定王享之，原襄公相礼。殽烝。武子私问其故。王闻之，召武子曰："季氏，而弗闻乎？王享有体荐，宴有折俎。公当享，卿当宴，王室之礼也。"武子归而讲求典礼，以修晋国之法。②

杜预注："享则半解其体而荐之。"孔颖达疏："《传》言体荐即房蒸也。"由此可知，在宴会时，王要杀牲肢解，而后置于俎上，后引申为美食。这说明先秦时期宴会举行颇为讲究。

汉唐时期，作为河洛地区饮食文化重要内容的宴会在社会生活中具有重要的地位。从社会上层到民间都有不同类型的宴会，代表了不同社会群体的社交方式。洛阳长期为都的历史背景，使社会上层的宴会颇有特色，代表了当时最高的宴会水平。

皇帝举办的酒宴往往与朝廷政治活动紧密联系在一起，是皇帝贯彻和推行政治意图的重要手段。汉高祖五年（前202）五月，"高祖置酒雒阳南宫"宴请群臣，他的宴请是有一定的政治目的的，是为了与群臣讨论汉灭项羽的原因，对于高起、王陵所总结项羽灭亡的原因不足，刘邦留下了千古名言：

---

① （汉）孔安国传，（唐）孔颖达疏：《春秋左传正义》，李学勤主编《十三经注疏》整理本，第596—597页。

② （汉）孔安国传，（唐）孔颖达疏：《春秋左传正义》，李学勤主编《十三经注疏》整理本，第674—676页。

"夫运筹策帷帐之中，决胜于千里之外，吾不如子房。镇国家，抚百姓，给馈饷，不绝粮道，吾不如萧何。连百万之军，战必胜，攻必取，吾不如韩信。此三者，皆人杰也，吾能用之，此吾所以取天下也。"① 可见这种宴会只是刘邦的政治手段之一，使群臣真心实意地归附于他。汉高祖六年三月，针对众将领中的不稳定因素，刘邦听从张良的建议，在南宫"上置酒，封雍齿"。当酒会结束后，群臣都认为刘邦最不喜欢的雍齿尚且能够封侯，"吾属亡患矣!"② 这种酒宴具有稳定下属情绪的作用。刘邦即位后，多次打算废掉太子，虽然因大臣劝谏而刘邦假装答应，但仍然心存废太子之意，后来刘邦"及宴，置酒，太子侍"，四皓直接"从太子"③。因四皓通过此次宴会表明了辅佐太子的意愿，所以汉惠帝的位置才得以保住。

东汉定都洛阳，皇帝所举办的宴会次数更加繁多。有的将士因为立有战功而被奖赏宴请。建武三年（27），邓晨立功卓著，光武帝"征晨还京师，数宴见，说故旧平生为欢"④。建武六年，在实现对洛阳周边地区割据势力清除之后，二月，光武帝在欢迎众将士返回京师时，"置酒赏赐"⑤。与此同时，冯异朝京师时，光武帝"后数引宴见，定议图蜀，留十余日，令异妻子随异还西"⑥。这是通过宴请贤臣谋划天下统一的大计。同年冬，光武帝还征召岑彭返回京师，"数召宴见，厚加赏赐"⑦，以示对岑彭的重视。建武八年，光武帝西征隗嚣，窦融"率五郡太守及羌虏小月氏等步骑数万，辎重五千余两"予以配合，并派人询问拜见礼仪，光武帝非常高兴，"乃置酒高会，引见融等，待以殊礼"⑧。窦融军队与光武帝的军队合击隗嚣军，隗嚣从此一蹶不振。光

---

① 《史记》卷八《高祖本纪》，第 380 页。
② 《汉书》卷一《高帝纪下》，第 61 页。
③ 《史记》卷五十五《留侯世家》，第 2046 页。
④ 《后汉书》卷二十四《邓晨传》，第 583 页。
⑤ 《后汉书》卷一下《光武帝纪下》，第 48 页。
⑥ 《后汉书》卷十七《冯异传》，第 649 页。
⑦ 《后汉书》卷十七《岑彭传》，第 659 页。
⑧ 《后汉书》卷二十三《窦融传》，第 805 页。

武帝族兄刘赐"忠""有恩信",光武帝乃"故亲厚之,数蒙宴私,时幸其第,恩赐特异"①,以显示亲敬。汉章帝时,贾宗"兼通儒术",汉章帝"每宴见,常使与少府丁鸿等论议于前"②,这是通过宴会讨论儒学问题。汉和帝永元初年(89),鲁恭多关心朝廷政事,"其后拜为《鲁诗》博士,由是家法学者日盛。迁侍中,数召宴见,问以得失,赏赐恩礼宠异焉"③。鲁恭受到朝廷宴请,足以显示对其重视。汉和帝皇后邓绥非常低调,"每有宴会,诸姬贵人竞自修整,簪珥光采,袿裳鲜明,而后独著素,装服无饰"④。这说明即使身份高贵的皇室女性,参加皇帝举办的宴会着装也颇为讲究。邓绥的低调着装,正体现了自己的谦卑。永初元年(107),因与羌族作战失败,在冬季来临之际,邓骘被征召返回洛阳,凭借外戚的身份邓骘官拜大将军,"军到河南,使大鸿胪亲迎,中常侍赍牛酒郊劳,王、主以下候望于道。既至,大会群臣,赐束帛乘马,宠灵显赫,光震都鄙"⑤。朝廷一方面以牛酒犒劳;另一方面又大会群臣,虽未明言宴请,但汉安帝举办宴会迎接当属必然。汉灵帝末年喜好经商,光和四年(181),"是岁,帝作列肆于后宫,使诸采女贩卖,更相盗窃争斗。帝著商估服,饮宴为乐"⑥。汉灵帝的"饮宴为乐",实际上是其腐化生活的真实写照。董卓之乱发生后,关东地区的诸侯联合进攻董卓,董卓则打算鸩杀弘农王。弘农王不得已,"乃与妻唐姬及宫人饮宴别",在宴别"酒行"过程中,弘农王与唐姬悲歌而别。⑦ 这种宴会没有欢悦,只留下了无尽的悲伤。汉献帝脱离董卓军队的控制逃至安邑,对随从者封官许愿,甚或出现了"或赍酒肉就天子燕饮",李贤注引《魏书》曰:"乘舆时居棘篱中,门户无关闭,天下与群臣会,兵士伏篱上观,互相镇压以为笑。诸将或遣婢诣省问,

---

① 《后汉书》卷十四《宗室四王三侯传·安成孝侯刘赐》,第656页。

② 《后汉书》卷十七《贾复传》,第667页。

③ 《后汉书》卷二十五《鲁恭传》,第878页。

④ 《后汉书》卷十上《皇后纪上·和熹邓皇后》,第419页。

⑤ 《后汉书》卷十六《邓骘传》,第614页。

⑥ 《后汉书》卷八《孝灵帝纪》,第346页。

⑦ 《后汉书》卷十下《皇后纪下·灵思何皇后》,第450页。

或赍酒送天子，侍中不通，喧呼骂詈。"① 汉献帝已经被群臣玩弄于股掌之上，这种宴会丝毫体现不出皇帝的尊严。汉代在每年的年初，皇帝要举行重要的欢宴仪式，《续汉书·礼仪志中》云："百官贺正月。二千石以上上殿称万岁。举觞御坐前。司空奉羹，大司农奉饭，奏食举之乐。百官受赐宴飨，大作乐。其每朔，唯十月旦从故事者，高祖定秦之月，元年岁首也。"② 这种宴会更多的带有一种仪式感，是万象更新的纪念仪式。光武帝在位期间还恢复了大合祭饮酒的传统。建武二十六年（50），张纯上奏说："祫祭以冬十月，冬者五谷成熟，物备礼成，故合聚饮食也。斯典之废，于兹八年，谓可如礼施行，以时定议。"③ 光武帝采纳了他的建议，利用大合祭之机，"合聚饮食"。刘秀恢复集合远近祖先神主于太祖庙的大合祭的仪式，再次展现了宏大的政治抱负。

魏晋南北朝时期，河洛地区和平与战乱交替存在，在和平的环境下，皇帝举办的宴会也构成社会生活具有典型意义的内容。在南北对峙期间，孙吴的使者出使曹魏，魏文帝宴请使节时，代表国家层面的宴会，其中所蕴含的政治外交风云云谲波诡。孙吴郎中令陈化出使魏国，"魏文帝因酒酣"嘲弄陈化，结果却难以如愿，自讨没趣。④ 黄初三年（222）八月，蜀国大将黄权率众投降，魏文帝"置酒设乐，引见于承光殿"⑤，赏赐丰厚，以示惜才之心。魏明帝在与吴蜀对峙期间，前方将士立下了汗马功劳，面对诸葛亮急攻陈仓，魏明帝急招张郃进京商讨对策，在张郃临行前，"帝自幸河南城，置酒送郃，遣南北军士三万及分遣武卫、虎贲使卫郃"⑥。魏明帝的置酒相送，既是送行酒，也是以重任相托。蜀汉被灭后，蜀后主被押往洛阳，并封为安乐公，司

---

① 《后汉书》卷七十二《董卓传》，第2340页。

② （晋）司马彪撰，刘昭注补：《续汉书·礼仪志中》，第3130页。

③ 《后汉书》卷三十五《张纯传》，第1195页。

④ 《三国志》卷四十七《吴书·吴主传》裴注引《吴书》，第1131页。

⑤ 《三国志》卷二《魏书·文帝纪》裴注引《魏书》，第80页。

⑥ 《三国志》卷十七《魏书·张郃传》，第527页。

马昭在宴请蜀后主时，"为之作故蜀技，旁人皆为之感怆，而禅喜笑自若"，还留下了"此间乐，不思蜀"千古名言。① 究其实，在当时的情况下，刘禅又能如何回答呢？这种宴会充满了羞辱，也正是忍受了这种羞辱，使其免遭杀身之祸。咸宁元年（275），杜预在富平津修建河桥成后，晋武帝"帝从百僚临会，举觞属预"②。这是晋武帝举办大型宴会庆祝河桥修建成功。西晋时，成公绥《正旦大会行礼歌》描述这一宴会上有"嘉会置酒，嘉宾充庭"，"丰羞万俎，旨酒千钟"，更加具有规模性。乐详《忌月设乐议》云："正日旦受朝贡，群臣奉贽。后五日，乃大宴会作乐。"③ 王沈《宴嘉宾赋》云："朝阳曜景，天气和平。君臣合德，礼仪孔明。酌羽觞以交欢兮，接敬恭以申诚。嘉膳备其八珍兮，丝竹献其妙声。乐用遍舞，金奏克谐。锺仪之听，南风是哀。"④ 这种皇家宴会往往带有重大的仪式感，所以呈现出隆重的场景，形式大于内容。

北魏时期，皇家宴会的举办往往具有多种复杂的因素，对亲近人员的笼络是皇室宴会举办的重要内容。北魏皇家宴会往往有专门人员加以记述，"元魏置起居令史，每行幸宴会，则在御左右，记录帝言及宾客酬对。后别置修起居注二人，多以余官兼掌"⑤。为了记录君臣在宴席间的言行，北魏专设起居令史，这一官员的设置使君臣在宴会上的言行有所顾忌。孝文帝去世后，东阳王元丕从代京来洛阳奔丧，宣武帝对元丕礼敬有加，并"宴于华林都亭，特令二子扶侍坐起"⑥，以示对老者的尊仰。广阳王元嘉"好饮酒，或沉醉，在宣武前言笑自得，无所顾忌"，宣武帝因其年老，"常优容之"。元嘉因此

---

① 《三国志》卷三十三《蜀书·后主传》裴注引《汉晋春秋》，第901页。
② 《晋书》卷三十四《杜预传》，第1028页。（唐）欧阳询撰，汪绍楹校：《艺文类聚》卷七十二《食物部·酒》引干宝《晋纪》曰："杜豫作河桥成，武帝幸桥宴，举觞劝豫。"第1247—1248页。
③ （梁）沈约：《宋书》卷十四《礼志一》，中华书局1974年版，第332页。
④ （唐）徐坚等：《初学记》卷十四《礼部下·飨燕》，第349页。
⑤ （唐）刘知幾撰，（清）浦起龙释：《史通》卷十一《史官建置》，上海古籍出版社1978年版，第320页。
⑥ 《北史》卷十五《魏诸宗室传·东阳王丕》，第556页。

"与彭城、北海、高阳诸王，每入宴集，极欢弥夜，数加赏赐"①。这是宣武帝通过宴会对家族年老者予以优容的例证。延昌初年，宣武帝信任于忠，"尝因侍宴，赐之剑杖"，并且"举酒属忠"，以嘉奖其忠心耿耿。② 胡国珍为胡太后之父，熙平初年，"灵太后、肃宗率百僚幸其第，宴会极欢"③。熙平二年（517）八月戊戌，孝明帝"宴太祖以来宗室年十五以上于显阳殿，申家人之礼"④。江阳王元继为其子元乂娶灵太后之妹，受到灵太后的重视，"数与肃宗幸继宅，置酒高会，班赐有加"⑤。胡太后把持朝政，曾在华林苑与孝明帝"宴群臣于都亭曲水，令王公已下各赋七言诗"。胡太后赋诗曰："化光造物含气贞。"孝明帝赋诗曰："恭己无为赖慈英。"后来孝明帝朝见胡太后于西林园，"宴文武侍臣，饮至日夕"，朝政更加混乱。⑥ 元乂发动政变囚禁胡太后，及其反政之后，其侄子胡虔征为吏部郎中，"太后好以家人礼与亲族宴戏，虔常致谏，由是后宴谑多不预焉"⑦。孝明帝与胡太后曾在华林苑宴请群臣，"举觞谓群臣"，对袁翻赞美有加。⑧ 胡太后把持朝政，这些宴会的举办更显示了朝政的腐败。

孝文帝宴请近臣多在清徽堂举行，表明清徽堂所具有的标志性意义。孝文帝曾"宴侍臣于清徽堂，日晏，移于流化池芳林之下"。君臣之间因酒宴而逐步融洽，孝文帝说："向宴之始，君臣肃然，及将末也，觞情始畅，而流景将颓，竟不尽适。恋恋余光，故重引卿等。"⑨ 通过孝文帝所言可以看出宴会

---

① 《北史》卷十六《道武七王传·元嘉》，第 616 页。
② 《魏书》卷三十一《于忠传》，第 742 页。
③ 《魏书》卷八十三下《外戚传下·胡国珍》，第 1833 页。
④ 《魏书》卷九《肃宗纪》，第 226 页。
⑤ 《魏书》卷十六《道武七王传·江阳王元继》，第 402 页。
⑥ 《北史》卷十三《后妃传上·宣武皇后》，第 504 页。《魏书》卷十六《道武七传王传·元乂》云："后灵太后与肃宗宴于西林园，日暮还宫，右卫将军奚康生复欲图乂，不克而诛。"第 404 页。
⑦ 《魏书》卷八十三下《外戚传下·胡虔》，第 1836 页。
⑧ 《魏书》卷六十九《袁翻传》，第 1544 页。
⑨ 《魏书》卷二十一下《献文六王传·彭城王勰》，第 571 页。

交流使北魏君臣之间的交情之深。宣武帝为太子期间，李冲备受重视，孝文帝曾"宴于清徽堂"。孝文帝曰："皇储所以纂历三才，光昭七祖，斯乃亿兆咸悦，天人同泰，故延卿就此一宴，以畅忻情。"李冲也向孝文帝表达了"得预此宴，庆愧交深"的感激之言。① 孝文帝曾"宴群臣于流化池"，对仆射李冲曰："崔光之博，李彪之直，是我国家得贤之基。"② 孝文帝在流化池宴请群臣是为了奖赏李彪。太和二十一年（497），杨椿"从济州来朝，在清徽堂豫宴"，孝文帝举酒相敬。③ 孝文帝在清徽堂宴请大臣正说明了宴会的重要性。

皇室的宴会因为与争权夺利联系在一起，故而政治色彩明显。广平王元怀因为是宣武帝之弟，宣武帝初年，邢晏"为与广平王怀游宴，左迁郏县令"④，崔休为吏部郎中时，因"爱才好士，多所拔擢"，后来"广平王怀数引谈宴，世宗责其与诸王交游，免官"⑤。当时，宣武帝严禁元怀"不通宾客者久之"，"后因宴集"，元怀凭借着皇亲国戚的身份，欲欺凌崔亮，被严词拒绝。⑥ 永安二年（529）七月乙亥，孝庄帝"宴劳天柱大将军尔朱荣、上党王天穆及北来督将于都亭"⑦。孝庄帝之所以设宴慰劳尔朱荣等人，是因为在宫廷斗争中尔朱荣对孝庄帝有恩。孝庄帝因为高道穆勤王有功，在宴请尔朱荣等人时，对尔朱荣说曰："前若不用高黄门计，则社稷不安。可为朕劝其酒令醉。"⑧ 可见孝庄帝也是让尔朱荣劝高道穆酒以表达感激之意。中兴二年（532）五月，孝武帝"幸华林都亭，宴群臣，班赉有加"⑨。这种宴请更加显示了其所具有的清新特色。

---

① 《魏书》卷五十三《李冲传》，第1186页。
② 《魏书》卷六十二《李彪传》，第1390页。
③ 《魏书》卷五十八《杨椿传》，第1290页。
④ 《魏书》卷六十五《邢晏传》，第1448页。
⑤ 《魏书》卷六十九《崔休传》，第1526页。
⑥ 《魏书》卷六十六《崔亮传》，第1477页。
⑦ 《魏书》卷十《孝庄帝纪》，第263页。
⑧ 《魏书》卷七十七《高道穆传》，第1716页。
⑨ 《魏书》卷十一《出帝平阳王纪》，第282页。

隋唐时期，虽然全国的政治经济中心在关中地区，但河洛地区是仅次于关中地区的重要地区，对其居民社会生活应当放在更为广阔的地域进行观察。隋代关于皇室举办宴会的相关规定颇为繁杂，即使皇帝举办的宴会，从车辆、服饰等颜色以及音乐都有详细的规定。皇室举办的宴会宴请的是各色人等，有时域外朝贡的少数民族也会受到宴会招待。大业十年（614），隋炀帝在洛阳积翠亭宴请樊子盖、苏威、宇文述，"帝亲以金杯属子盖酒"，并且说："良算嘉谋，俟公后动，即以此杯赐公，用为永年之瑞。"① 以示对众人的感激。大业十一年，"射匮可汗遣其犹子，率西蕃诸胡朝贡"，隋炀帝令裴矩"宴接之"②，以示重视。隋唐时期，皇室举办的宴会往往是宴请群臣的居多，群臣陪皇帝宴会有许多有趣的故事。唐太宗在洛阳"宴群臣于积翠池"，在"酒酣"之际，唐太宗令大家"各赋一事"，唐太宗"赋《尚书》"，"魏徵赋西汉"，在所作的赋中建议唐太宗"终藉叔孙礼，方知天子尊"。唐太宗感叹道："魏徵每言，必约我以礼。"③ 可见这种酒宴对皇帝为政具有积极的影响。在陪宴过程中留下了为数众多的诗文，在《全唐诗》中有数量可观的"侍宴"诗，展现了君臣之间宴会的场景，融洽了君臣的情谊。这类侍宴诗在《全唐诗》中有60卷，如上官昭容、宋之问、崔湜、姚崇、崔融、武三思、张说、沈佺期等人在洛阳都留下了侍宴诗，展示了当时宏大的场景。宋之问曾将众人留下的侍宴诗编辑成册，并有《早秋上阳宫侍宴序》记述其事。武则天在位期间，也多次在洛阳举办宴请群臣的宴会。天授二年（691），武则天举办"内宴"，宴请群臣，并"赐群臣高头巾子"，被呼为"武家诸王样"，不久这种高

① 《隋书》卷六十三《樊子盖传》，第1492页。

② 《隋书》卷六十七《裴矩传》，第1582页。

③ （唐）刘肃撰，许德楠、李鼎霞点校：《大唐新语》卷八《文章》，中华书局1984年版，第123页。（唐）王方庆集：《魏郑公谏录》卷五《太宗幸积翠池赐宴赋诗》云："太宗幸积翠池，赐贵臣宴。太宗曰：'今兹年谷既登，边方静息，因此农隙，与公举酒，酒酣各咏一事。'公得西汉，其词曰：'受降临轵道，争长赴鸿门。驱传渭桥上，观兵细柳屯。夜宴经柏谷，朝游出杜原。终藉叔孙礼，方知皇帝尊。'太宗曰：'魏徵所言，必约我以礼。此语意极好，特宜记录。'"中华书局1985年版，第55—56页。

头巾子流行开来，"相效为雅制"①。证圣元年（694）正月十六日，洛阳城内的佛堂与明堂被烧毁，又发生响雷，武则天认为是为政之失，遭受天谴，宰相姚璹指出此非天灾，武则天"诏十七日御端门，赐酺宴"，并令群臣上密封的奏章谈论为政之失。② 开元二十三年（735），幽州刺史张守珪在抵御突厥进攻中立功卓著，"传屈剌、可突干等首于东都，枭于天津桥之南"。张守珪亲自"诣东都献捷，会籍田礼毕酺宴，便为守珪饮至之礼，上赋诗以褒美之"③。这是唐玄宗对张守珪战功的特殊嘉奖。唐玄宗曾经在洛阳举行大规模宴会。《明皇杂录》卷下《唐玄宗大酺》云：

> 唐玄宗在东洛，大酺于五凤楼下，命三百里内县令、刺史率其声乐来赴阙者，或谓令较其胜负而赏罚焉。时河内郡守令乐工数百人于车上，皆衣以锦绣，伏厢之牛，蒙以虎皮，及为犀象形状，观者骇目。时元鲁山遣乐工数十人，联袂歌《于蔿》。《于蔿》，鲁山文也。玄宗闻而异之，征其词，乃叹曰："贤人之言也。"其后上谓宰臣曰："河内之人其在涂炭乎？"促命征还，而授以散秩。④

唐玄宗到洛阳的时间应当是开元年间发生的时期，在五凤楼举行大规模宴会，并让洛阳周围的县令、刺史带领乐工表演杂技。因为河内郡守所组建的数百人的表演队伍，结果引起唐玄宗的不满，认为其行苛政，将郡守召回。通过这次宴会，唐玄宗了解了民情。天祐元年（904）五月初二日，唐昭宗"宴朱全忠及百官于崇勋殿，既罢，复召全忠宴于内殿。"胡三省注："时以洛阳宫

---

① 《旧唐书》卷四十五《舆服志》，第1953页。（宋）王溥：《唐会要》卷三十一《巾子》，中华书局1955年版，第579页。

② 《旧唐书》卷二十二《礼仪志二》，第865页。（宋）王溥：《唐会要》卷十一《明堂制度》，第278页。

③ 《旧唐书》卷一百三《张守珪传》，第3195页。

④ （唐）郑处诲撰，田廷柱点校：《明皇杂录》，中华书局1994年版，第26页。《新唐书》卷一百九十四《卓行传·元德秀》云："玄宗在东都，酺五凤楼下，命三百里县令、刺史各以声乐集。是时颇言帝且第胜负，加赏黜。河内太守辇优伎数百，被锦绣，或作犀象，瑰谲光丽。德秀惟乐工数十人，联袂歌《于蔿于》。《于蔿于》者，德秀所为歌也。帝闻，异之，叹曰：'贤人之言哉！'谓宰相曰：'河内人其涂炭乎？'乃黜太守，德秀益知名。"第5564页。

前殿为贞观殿，内朝为崇勋殿。"① 从崇勋殿到内殿不同场合的宴请，显示出唐昭宗对朱全忠的依赖。

综上所述，我们可以看出汉唐时期皇帝宴请的人大多是朝中大臣，这些人辅佐皇帝治理天下，皇帝对这些人依赖有加。宴请这些人使他们对皇帝能够忠心耿耿，为国家政权的稳定出谋划策，同时也有利于对其进行控制。这一方式的宴请虽然群体较小，但因为政治地位高，故而史书中往往多这一方面的记载。

二、权贵宴会

权贵的宴会似乎不受官府禁止民间聚会的限制，可以随时举办。汉武帝时，李少君"常从武安侯宴，座中有年九十余老人，少君乃言与其大父游射处，老人为儿从其大父，识其处，一坐尽惊"②。武安侯田蚡宴会所请者有九十余岁的老人，也有世外高人，说明田蚡因为身份特殊可以随意举办宴会。汉成帝在为太子时，"其后幸酒，乐燕乐"，晋灼曰："幸酒，好酒也。乐燕，沉宴也。"③ 贵为皇太子因嗜酒而沉湎于酒宴之中，殊为奇葩。汉哀帝时，陈遵为河南太守，其弟陈级被任命为荆州牧，在赴任前，"过长安富人故淮阳王外家左氏饮食作乐"，被司直陈崇弹劾，指责他"始遵初除，乘藩车入闾巷，过寡妇左阿君置酒歌讴，遵起舞跳梁，顿仆坐上，暮因留宿，为侍婢扶卧。遵知饮酒饫宴有节，礼不入寡妇之门，而湛酒混淆，乱男女之别，轻辱爵位，羞污印韨，恶不可忍闻"，陈遵被免职返回长安。④ 这种官员举办的宴会带有庆祝的意味，但因有失礼仪，结果被弹劾免职。上述权贵举办的宴会虽然不在河洛地区，但作为黄河中游地区这种宴会应当是很普遍的。

---

① （宋）司马光编著，（元）胡三省音注，标点资治通鉴小组校点：《资治通鉴》卷二百六十五《唐纪八十一·昭宗圣穆景文孝皇帝下之下》，中华书局 1956 年版，第 8633 页。
② 《汉书》卷二十五《郊祀志上》，第 1216 页。
③ 《汉书》卷十《成帝纪》，第 301 页。《汉书》卷九十八《元后传》，第 4016 页。
④ 《汉书》卷九十二《游侠传·陈遵》，第 3712 页。

东汉时期，河洛地区权贵举办的宴会更加频繁，成为河洛地区的一种独特现象。邓骘身为外戚，权倾一时，但对于具有"高节"气质的李充，"每卑敬之"，"尝置酒请充，宾客满堂，酒酣"，求其举荐"天下奇伟"之士。① 这是身为权贵的邓骘宴请李充等贤德之士，以求得社会声誉。袁弘在进入京师太学学习时，其从父袁逢为太尉，召唤袁弘相见，"遇逢宴会作乐"，袁弘借口头疼，"不听音声而退，遂不复往"②。虽然这是赞扬袁弘高洁的品质，但袁逢作为三公之一在家中宴会作乐，说明社会上层举办宴会的日常性。周景在任豫州刺史和河内太守期间，"好贤爱士，其拔才荐善，常恐不及"。在每年的岁末常常"延请举吏入上后堂，与共宴会，如此数四，乃遣之"③，表现出对属下的体恤。永和六年（141）三月上巳日，梁商"大会宾客，宴于洛水"，在宴会举办过程中，梁商"与亲昵酣饮极欢，及酒阑倡罢，继以《薤露》之歌，座中闻者，皆为掩涕"。这是梁商在上巳日于洛水旁举办宴会，宴请亲朋好友。周举的儿子周勰远离政坛，各级官府征召皆不应，这期间经历了十余年。延熹二年（159），周勰"乃开门延宾，游谈宴乐"④，显示出一种超然物外的人生态度。汉桓帝年间，河内太守周景，"每举孝廉，请之上堂，家人宴饮，皆令平仰，言笑晏晏，如是三四；临发，赠以衣齐，皆出自中"⑤。周景在举荐孝廉时，在家中举办宴会，以平等的身份对待被举荐之人，显现出廉正形象。汉灵帝初年，曹节因为矫诏诛除窦武、陈蕃，并且说窦武"多取掖庭宫人，作乐饮宴，旬月之间，赀财亿计"⑥，从严格意义上来讲，曹节此语属于诬陷之词，却为汉灵帝接受，说明皇帝虽然对权贵随意举办宴会采取默许的态度，但一旦这些官员卷入权力之争，禁止随意举办宴会的诏令则会成

---

① 《后汉书》卷八十一《独行传·李充》，第2685页。
② 《后汉书》卷四十五《袁闳传》李贤注引《谢承书》，第1526页。
③ 《后汉书》卷四十五《周景传》，第1538页。
④ 《后汉书》卷六十一《周举传》，第2028、2031页。
⑤ （汉）应劭撰，王利器校注：《风俗通义校注》卷五《十反》，中华书局2010年版，第235页。
⑥ 《后汉书》卷六十六《陈蕃传》，第2170页。

为约束这些人的法令条文。董卓之乱发生后，关东地区的诸军阀联合起来讨伐董卓，但因为各心怀鬼胎，所以当曹操到达酸枣（今河南省延津县）后，发现"诸军兵十余万，日置酒高会，不图进取"。曹操对他们的这种观望行为予以指责，并提出进攻董卓的建议，却没有被采纳。① 由此可见，东汉权贵阶层举办的宴会内容较为复杂，正是东汉政治生活的反映。

东汉末年，孔融在朝中不受重视，建安十三年（208），复任太中大夫，由于"好士，喜诱益后进"，所以担任闲职后，宾客盈门，常叹曰："座上客恒满，尊中酒不空，吾无忧矣。"有一与好友蔡邕长相相似者，故而孔融每次"酒酣"时常常回忆与蔡邕交往的往事。② 蔡邕在《与袁公书》中写道："朝夕游谈，从学宴饮，酌麦醴，燔乾鱼，欣欣焉乐在其间矣。"③ 蔡邕的生活状况道出了乱世中文人的生活常态。刘桢与曹操的几个儿子私交甚好，"其后太子尝请诸文学，酒酣坐欢，命夫人甄氏出拜"。当时参与宴请的人都不敢平视，唯有刘桢"平视"甄氏。曹操认为刘桢此举"不敬"，"乃收桢，减死输作"④。这是曹操对参加宴会的人不懂得规矩的惩罚。曹丕《典论·自叙》记述，汉代桓灵之间，有虎贲王越擅长剑术，河南人史阿在与王越交往中学会了剑术，曹丕又跟随史阿学习剑术，颇为精熟，在"与平虏将军刘勋、奋威将军邓展等共饮"时，"酒酣耳热，方食芋蔗，便以为杖"，切磋以为笑乐。⑤ 曹植《娱宾赋》将自己日常生活中宴请高朋场景描述得绘声绘色，"盛夏日之炎景兮，游曲观之清凉。遂衍宾而高会兮，丹帷晔以四张。辨中厨之丰膳兮，作齐郑之妍倡。文人骋其妙说兮，飞轻翰而成章。谈在昔之清风兮，总贤圣之纪纲。欣公子之高义兮，得芬芳其若兰。扬仁恩于白屋兮，逾周公之弃餐。

---

① 《三国志》卷一《魏书·武帝纪》，第 7 页。
② 《后汉书》卷七十《孔融传》，第 2277 页。
③ （隋）虞世南：《北堂书钞》卷一百四十八《酒食部七·酒》，第 670 页。
④ 《三国志》卷二十一《魏书·应玚刘桢传》裴注引《文士传》，第 601 页。
⑤ 《三国志》卷二《魏书·文帝纪》裴注引，第 90 页。

听仁风而忘忧兮，美酒清而肴甘"①。《娱宾赋》仅存残篇，但从曹植赋中所留部分内容可以看出当时宴会的场景。炎热的夏日，在清凉曲观游览时，遂与高宾举办宴会，红色的帷帐设置的鲜艳夺目。宴会之上菜品丰富，倡伎的演艺精湛。宴会之上文人精言妙句迭出，精彩华章飞快撰成。其所谈论的内容高雅，使人有如沐春风之感。这篇描绘宴会的赋不同于其他赋作，更多的是以赋展示文人之间的情谊。曹植的另一首《公宴》则以"公子爱敬客，终宴不知疲"② 作为首联，描述宴会之后游园的情景，从中可见建安年间，曹丕、曹植作为贵公子招邀文章之士，游览苑囿，流连诗酒的快意人生。建安二十三年，曹丕给吴质写信，其中谈到与众文人交往的场景，"昔日游处，行则同舆，止则接席，何尝须臾相失！每至觞酌流行，丝竹并奏，酒酣耳热，仰而赋诗"，谁知突然降临的瘟疫，夺去了"徐、陈、应、刘"等人的性命，使人倍感世事无常。③ 上述诸事例可以看出汉末以来士人的游宴生活之丰富多彩。景初二年（238）正月，魏明帝派遣司马懿率军讨伐辽东公孙渊，亲自送出洛阳西明门，并让其弟司马孚与其子司马师送过其故乡温县，为了彰显对司马懿的重视，魏明帝"赐以谷帛牛酒，敕郡守典农以下皆往会焉"。在家乡逗留期间，司马懿"见父老故旧，宴饮累日"，感慨万千。④ 魏明帝不仅赏赐牛酒，还令郡守典农以下的官员前往聚会。成公绥《延宾赋》云："延宾命客，集我友生。高谈清宴，讲道研精。訚訚侃侃，娱心肆情。"⑤ 这种宴会可见文人之间相聚宴会清谈的乐趣。王粲《公宴诗》云："高会君子堂，并坐荫华榱。嘉肴充圆方，旨酒盈金罍。管弦发徽音，曲度清且悲。合坐同所乐，但诉杯行迟。常闻诗人语，不醉且无归。今日不极欢，含情欲待谁？"⑥ 通过

① （魏）曹植著，赵幼文校注：《曹植集校注》卷一，第47页。
② （魏）曹植著，赵幼文校注：《曹植集校注》卷一，第49页。
③ 《三国志》卷二十一《魏书·吴质传》裴注引《魏略》，第610页。
④ 《晋书》卷一《宣帝纪》，第10页。
⑤ （唐）徐坚等：《初学记》卷十四《礼部下·飨燕》，第349页。
⑥ 吴云、唐绍忠校注：《王粲集校注》，中州书画社1984年版，第19页。

王粲的描述，可知曹操所举办的宴会极具奢华，不仅有美酒佳肴而且有管弦奏乐，足见其规格至高。曹丕《善歌行》的第三首与第四首均是当时宴会场景的描写，第三首云："朝日乐相乐，酣饮不知醉。悲弦激新声，长笛吐清气。弦歌感人肠，四坐皆欢悦。"这说明是宴会饮乐的相伴而行。第四首云："朝游高台观，夕宴华池阴。大酋奉甘醪，狩人献嘉禽。齐倡发东舞，秦筝奏西音。"① 这首诗是对当时晚宴场景的真实反映，可知宴会上既有美酒，也有野禽肉，还有歌舞艺人的表演，宴会的奢华可见一斑。陈琳《宴会诗》则云："凯风飘阴云，白日扬素晖。良友扫我游，高会宴中闱。玄鹤浮清泉，绮树焕青葱。"陈琳并没有过多的宴会场面的描述，但从宴会的场地则可以看出其所具有的雅致情调。刘桢《公宴诗》所描绘的内容似乎与宴会没有关系，但正是这种顾左右而言他的诗文，描述了宴会之外的思想情感。应玚《公宴诗》有云："巍巍主人德，佳会被四方。开馆延群士，置酒于斯堂。辨论释郁结，援笔兴文章。穆穆众君子，好合同安康。促坐褰重帷，传满腾羽觞。"② 应玚的诗文也将宴会场合的文人交往描述得栩栩如生。

魏晋时期，因为门阀士族的兴起，宴饮见诸记载的多了起来。阮咸不顾人情世故，"惟共亲知弦歌酣宴而已"，"诸阮皆饮酒，咸至，宗人间共集，不复用杯觞斟酌，以大盆盛酒，圆坐相向，大酌更饮。时有群豕来饮其酒，咸直接去其上，便共饮之"③。这虽然是阮氏家族放荡不羁的生活方式，却也看出权贵阶层宴饮的随意性。作为社会上层在酒宴中发生争执是司空见惯的现象。贾充"尝宴朝士"，庾纯迟到，遭到了贾充的讥笑，却被庾纯回怼，贾充又想找补回来，"及纯行酒，充不时饮"，庾纯又进一步讥讽贾充，结果差点儿被贾充周围人抓起来，最后庾纯向贾充承认"司空公贾充请诸卿校并及臣。臣不自量，饮酒过多。醉乱行酒，重酌于公，公不肯饮，言语往来"，最后庾

① 魏宏灿校注：《曹丕集校注》，第24—26页。
② 郁贤皓、张采民笺注：《建安七子诗笺注》，巴蜀书社1988年版，第165、193、245页。
③ 《晋书》卷四十九《阮咸传》，第1363页。

纯被免官。① 可见这种官场的酒宴因言行不当也有凶险的因素。也有利用酒宴的场合弥合两人之间不和的典型案例。八王之乱时，赵王伦被杀后，原来所任命的梁州刺史皇甫商投奔河间王颙，司马颙"慰抚之甚厚"，李含劝谏河间王颙说皇甫商作为赵王伦的信臣，"不宜数与相见"。皇甫商回洛阳时，司马颙"置酒饯行"，在酒会上，皇甫商与李含因此发生争执，司马颙"和释之"②。河间王颙出于大局的考虑，调和皇甫商与李含的矛盾，显现出其政治智慧。

西晋时期，世家大族的斗富在宴会上也有所体现。《世说新语·汰侈篇》云："石崇每要客燕集，常令美人行酒；客饮酒不尽者，使黄门交斩美人。王丞相与大将军尝共诣崇，丞相素不能饮，辄自勉强，至于沈醉。每至大将军，固不饮以观其变，已斩三人，颜色如故，尚不肯饮。丞相让之，大将军曰：'自杀伊家人，何预卿事！'"③ 石崇在宴会上斩杀服侍的美人，王恺也是如此，"恺尝置酒"，宴请王敦与王导，"有女伎吹笛小失声韵，恺便驱杀之"。有一天，王敦造访王恺，王恺"使美人行酒，以客饮不尽，辄杀之"，在随后美人行酒过程中，当轮到王敦时，"敦故不肯持，美人悲惧失色，而敦傲然不视"。王导"素不能饮"，当轮到王导时，"恐行酒者得罪，遂勉强尽觞"④。这说明官员之间的宴会有专门的人员服侍，还有这种残忍的行酒令。为了与王恺斗富，石崇招待客人时，"为客作豆粥，咄嗟便办"。之所以有如此快速的做法，他的随从答云："豆至难煮，豫作熟末，客来，但作白粥以投之耳。韭萍齑是捣韭根杂以麦苗耳。"⑤ 可见西晋士族为了斗富无所不用其极。司马师妻子的从父弟羊琇"性豪侈"，生活奢侈腐化，"屑炭和作兽形以温酒，洛下豪贵咸竞效之"，喜好交游饮宴，"以夜续昼，中外五亲无男女之别，时人

---

① 《晋书》卷五十《庾纯传》，第 1398 页。
② 《晋书》卷六十《李含传》，第 1643 页。
③ 徐震堮：《世说新语校笺》，第 467—468 页。
④ 《晋书》卷九十八《王敦传》，第 2553 页。
⑤ 《晋书》卷四十九《石崇传》，第 1007 页。

讥之"[①]。这种宴会彰显了豪门的奢侈生活方式。

魏晋时期，士人的宴会除了上述多种复杂的政治因素外，通过宴会加深感情则显示了宴会的主要功能。傅玄《宴会诗》云："日之既逝，情亦既渥。宾委余欢，主容不足。乐饮今夕，温其如玉。"他的另一首诗亦云："鸾鸟晞凤皇，望舒继白日。千秋遘嘉会，来升君子室。华樽享清酤，珍肴自盈溢。"[②]傅玄的诗有一种细腻的情感因素夹杂其中，使人产生无限的联想。石崇《思归引》描述在河阳的金谷园"宴华池，酌玉觞"。欧阳建《答石崇赠诗》说到两人饮酒时，"纵酒嘉宴，自明及昏"[③]，石崇与欧阳建的诗文则展现了宴会的奢华与纵情。何劭在送别王氏《洛水祖王公应诏诗》有"游宴绸缪，情恋所亲。薄言饯之，于洛之滨"之句，因为是应诏所作，"我后飨客，鼓瑟吹笙。举爵惟别，闻乐伤情。嘉宴既终，白日西归"。可见这种饯行酒宴一直持续到太阳西斜，这种场合也有奏乐，但更多的是"伤情"。潘尼《皇太子集应令诗》云："圣朝命方岳，爪牙思北邻。皇储延笃爱，设饯送远宾。谁应今日宴，具惟廊庙臣。置酒宴猷庭，击鼓灵沼滨。羽觞飞醽醁，芳馔备奇珍。巴渝二八奏，妙舞鼓铎振。长袂生回飘，曲裾扬轻尘。"[④] 这也看出饯行酒宴所蕴含的无限情谊。

北魏时期，河洛地区官宦家族的宴会所呈现出的场景各具特色。元辑"凶率好酒，曾于妇氏饮宴，小有不平，手刃其客"[⑤]。元辑因为生性野蛮，竟然在宴会上杀死一同饮酒者。夏侯夬的宴饮活动则显出其生活的奢华，"夬性好酒，居丧不戚，醇醪肥鲜，不离于口。沽买饮啖，多所费用。父时田园，货卖略尽，人间债负数犹千余匹，谷食至常不足，弟妹不免饥寒"，夏侯夬"与南人辛谌、庾道、江文遥等终日游聚"，在"酣饮之际"，他甚至说："人

---

① 《晋书》卷九十三《外戚传·羊琇》，第 2411 页。
② （唐）徐坚等：《初学记》卷十四《礼部下·飨燕》，第 348 页。
③ （唐）欧阳询撰，汪绍楹校：《艺文类聚》卷三十一《人部十五·赠答》，第 552 页。
④ （唐）欧阳询撰，汪绍楹校：《艺文类聚》卷二十九《人部十三·别上》，第 516—518 页。
⑤ 《魏书》卷四十七《卢元明传》，第 1061 页。

生局促，何殊朝露，坐上相看，先后之间耳。脱有先亡者，当于良辰美景，灵前饮宴。傥或有知，庶其歆飨。"所以当夏侯夬死后，"三月上巳，诸人相率至夬灵前酌饮"①，显现出好友聚宴的生活情感。宣武帝末年，中尉王显府宅建成，"集僚属飨宴"，在酒酣耳热之际，王显询问阳固这一住宅的风水如何，阳固答曰："晏婴湫隘，流称于今；丰屋生灾，著于《周易》。此盖同传舍耳，唯有德能卒。愿公勉之。"② 阳固的回答妙处在于"惟吾德馨"赞扬王显之意。与王显的住宅简陋相比，赵修凭借宣武帝的宠幸建起的豪宅，且在其中豪饮的场景正是北魏后期朝政混乱的再现。赵修早年"给事东宫，为白衣左右，颇有膂力"，在宣武帝即位后，"旬月之间，频有转授，历员外通直散骑常侍、镇东将军、光禄卿"，在频繁升职期间，宣武帝都"亲幸其宅，诸王公卿士百僚悉从"，还亲见其母，赵修"能剧饮，至于逼劝觥爵，虽北海王详、广阳王嘉等皆亦不免，必致困乱"③。这是凭借与宣武帝早年的交往而娇宠过度。从上述诸多事例可以看出，北魏时期达官显贵在洛阳的宴饮方式也是多种多样，从侧面反映了社会生活的重要内容。

隋唐时期，河洛地区是仅次于关中地区的重心之一，其社会生活丰富多彩，展现了社会精神风貌。官僚群体的生活方式一仍前代的传统，奢华的生活方式占据社会生活的主流，在饮食方面更是如此。隋代侯白《启颜录·千字文语乞社》谈到富有家族宴会的场景：

> 某人等，并"景行维贤"，"德建名立"，遂乃"肆筵设席"，"祭祀蒸尝"，"鼓瑟吹笙"，"弦歌酒宴"。"上和下睦"，"悦豫且康"，"礼别尊卑"，"乐殊贵贱"，酒则"川流不息"，肉则"似兰斯馨"，非直"菜重芥姜"，兼亦"果珍李柰"，莫不"矫首顿足"，俱

① 《魏书》卷七十一《夏侯夬传》，第1584页。
② 《魏书》卷七十二《阳固传》，第1604页。
③ 《魏书》卷九十三《恩幸传·赵修》，第1993页。

共"接杯举筋",岂徒"感谢欢招",信乃"福缘善庆"。①

侯白所记述的富有家族宴会的场面,既有社会等级的讲究,也有酒菜的丰盛,虽是对社官、三老等基层官员的调侃,但也反映了基层社会生活的侧面。《剧谈录》卷下《洛中豪士》记载洛阳豪贵的饮食极为奢侈,"乾符中,洛中有豪贵子弟,承藉勋荫,物用优足,恣陈锦衣玉食,不以充诎为戒,饮馔华鲜,极口腹之欲",并且"每见其饮食,穷极水陆滋味,常馔必以炭炊,往往不惬其意",侯白认为这属于"骄逸成性"②。这种饮食的奢华正反映了富豪家族的饮食状况。杜甫《丽人行》有云:"紫驼之峰出翠釜,水晶之盘行素鳞。犀箸厌饫久未下,鸾刀缕切空纷纶。黄门飞鞚不动尘,御厨丝络送八珍。"③ 这首诗约作于唐天宝十二载(753),这首诗饮食中山珍海味体现出社会上层的生活水平,展示了杨国忠兄妹的奢华生活。李白《行路难》三首之一有云:"金尊清酒斗十千,玉盘珍羞直万钱。停杯投箸不能食,拔剑四顾心茫然。欲渡黄河冰塞川,将登太行雪暗天。"④ 从李白打算渡过黄河登太行山之前所描述的饮食情景,反映了其面对美食的复杂心境。乾元元年(758)冬,杜甫从华州返回洛阳,途径阌乡,受到姜七少府的热情款待,在《阌乡姜七少府设脍戏赠长歌》则描绘了烹调鱼的过程,"姜侯设脍当严冬,昨日今日皆天风。河冻未渔不易得,凿冰恐侵河伯宫。饔人受鱼鮫人手,洗鱼磨刀鱼眼红。无声细下飞碎雪,有骨已剁觜春葱。偏劝腹腴愧年少,软炊香饭缘老翁。落砧何曾白纸湿,放箸未觉金盘空。新欢便饱姜侯德,清觞异味情屡极。东归贪路自觉难,欲别上马身无力。可怜为人好心事,于我见子真颜色。不恨我衰子贵时,怅望且为今相忆"⑤。这首诗虽然是杜甫感激姜七少府热情款待,但从侧面展现了杀鱼、烧鱼、吃鱼的过程,具有浓郁的生活情调。文人之间通

① (隋)侯白撰,曹林娣、李泉辑注:《启颜录》,上海古籍出版社1990年版,第65—66页。
② (唐)康骈:《剧谈录》卷上《洛中大水》,古典文学出版社1958年版,第42页。
③ (唐)杜甫撰,(清)仇兆鳌注:《杜诗详注》,第137页。
④ 郁贤皓校注:《李太白全集校注》,第274页。
⑤ (唐)杜甫撰,(清)仇兆鳌注:《杜诗详注》卷六《醉歌》,第420页。

过宴会交流感情是唐代典型的社交方式。《唐摭言》卷十三《惜名》云：

> 裴令公居守东洛，夜宴半酣，公索联句，元白有得色。时公为破题，次至杨侍郎曰："昔日兰亭无艳质，此时金谷有高人。"白知不能加，遽裂之曰："笙歌鼎沸，勿作此冷淡生活！"元顾曰："白乐天所谓能全其名者也。"①

通过裴度的描写可见酒宴已经不占主导地位，反而是文人之间联句诗创作中的趣事。权贵乃至士人阶层宴会被赋予了更多的文化内涵。丁公著曾经对唐穆宗说："前代名士，良辰宴聚，或清谈赋诗，投壶雅歌，以杯酌献酬，不至于乱。"② 这说明了唐代文士聚宴颇为讲究儒雅风度。唐宣宗也有敕令："自进士放榜后，杏园任依旧宴集，有司不得禁制。"③ 这是对士人特地网开一面。由此可见进入唐代以后，因为文化昌盛、诗运盛行，文人雅士之间的聚会宴饮成为一时风尚。

三、民间聚会

官方允许民间聚会饮酒应当是从战国时期开始的。赵惠文王三年（前306），灭中山国，实现了"北地方从，代道大通"的交通便利，为此赵惠文王在返回后，"行赏，大赦，置酒酺五日"④。《索隐》按："赵武灵王灭中山，酺五日，是其所起也。"⑤ 这说明允许百姓聚会饮酒是起源于赵灭中山国。秦始皇二十五年（前222），实现了天下统一，五月，"天下大酺"。《正义》云："天下欢乐大饮酒也。秦既平韩、赵、魏、燕、楚五国，故天下大酺也。"秦始皇二十六年，在设立郡县之后，更民名为"黔首"，令百姓"大酺"。⑥ 这

---

① （五代）王定保：《唐摭言》，中华书局1959年版，第149页。
② 《旧唐书》卷十六《穆宗纪》，第485页。
③ 《旧唐书》卷十八下《宣宗纪》，第617页。
④ 《史记》卷四十三《赵世家》，第1813页。
⑤ 《史记》卷十《孝文本纪》，第417页。
⑥ 《史记》卷六《秦始皇本纪》，第234—235、239页。

是秦代允许百姓聚会饮酒的两件事例，如果说前者显现秦始皇统一天下之后与民同乐的政治意味，那么后者则说明郡县制施行后，民众的身份也发生了变化。

汉代禁止民间无故聚会，汉律规定百姓不能无故聚饮，民间聚饮多是在官府允准的情况下进行。汉文帝即位时，下诏令天下大酺五日。《集解》文颖曰："汉律，三人以上无故群饮酒，罚金四两，今诏横赐得令会聚饮食五日也。"① 师古曰："酺之为言布也，王德布于天下而合聚饮食为酺。"② 可以说汉文帝即位之初令天下百姓连续五天聚会庆祝。是后，文景二帝多次下诏允许百姓聚会宴饮。孝文帝前十七年（前163），获得玉杯，其上刻曰"人主延寿"，孝文帝改元乃"令天下大酺"③。汉景帝后元年（前163）四月，"大酺五日，民得酤酒"④。后二年正月，汉景帝又令天下百姓"酺五日"⑤。可以说到文景之治时期，社会经济经过数十年的恢复，已经走出物资短缺的窘境，所以文景二帝多次借喜事让百姓聚会，显现出政通人和的宽松气象。经过文景之治，汉代国力大为增强，史称"众庶街巷有马，仟伯之间成群，乘牸牝者摈而不得会聚"。孟康曰："皆乘父马，有牝马间其间则蹄啮，故斥出不得会同。"师古曰："言时富饶，故耻乘牸牝，不必以其蹄啮也。"⑥ 民间聚会乘坐牝马参与聚会即被人看不起。贾谊有"一人耕之，十人聚而食之，欲天下亡饥，不可得也"⑦ 之语，反映了奢侈风俗在饮食文化上的体现。汉武帝在位期间，于元光二年九月、元朔三年秋、元鼎元年五月、太初二年三月，太始

---

① 《史记》卷十《孝文本纪》，第417页。
② 《汉书》卷四《文帝纪》，第108页。
③ 《史记》卷十《孝文本纪》，第430页。《汉书》卷四《文帝纪》记载，孝文帝前十六年，"秋九月，得玉杯，刻曰'人主延寿'。令天下大酺"。第128页。两书记载年代略有差异，前后差了一年。
④ 《汉书》卷五《景帝纪》，第150页。
⑤ 《史记》卷十一《孝景本纪》，第447—448页。
⑥ 《汉书》卷二十四上《食货志上》，第1135页。
⑦ 《汉书》卷四十八《贾谊传》，第2243页。

三年二月等五次下诏"令民大酺五日"①。汉武帝之所以多次令百姓大酺五日，是因为汉代或取得对外战争的胜利，如元朔三年（前126）秋"罢西南夷，城朔方城"，或外出巡幸，如太初二年（前103）三月"行幸河东，祠后土"，施惠百姓。元凤四年（前77）正月，因为汉昭帝"加元服"，行成人礼，赏赐包括百官乃至普通百姓"牛酒"、民爵，"毋收四年、五年口赋"，并免除此前未收上来的口赋，同时"令天下酺五日"②。这说明天下百姓因为汉昭帝举行的成人礼而享受"酺五日"的待遇。五凤三年（前55）三月，汉宣帝也因为"行幸河东，祠后土"，在减天下百姓口赋钱，赐民爵，又"女子百户牛酒。大酺五日"③。虽然西汉时期皇帝颁发的"令天下大酺五日"的诏令更多的指向性是针对全国，但其中两次是因为"行幸河东，祠后土"，其所具有的地域色彩更加明显，河洛地区是汉武帝关注的重点地区。

　　东汉时期，河洛地区民间宴会更是风靡一时，展现出社会生活的丰富多彩。永平十五年（72）四月，汉明帝也曾下令"令天下大酺五日"。李贤注云：《汉律》："三人已上无故群饮，罚金四两。""今恩诏横赐，得令聚会饮食五日。酺，布也。言天子布恩于天下。"④ 这仍然是继承了西汉的"大酺"传统。正因为饮酒聚会，常常会发生酒后失态斗殴的现象。《续汉书》曰："时圣公聚客，家有酒，请游徼饮，宾客醉歌，言'朝亨两都尉，游徼后来，用调羹味'。游徼大怒，缚捶数百。"⑤ 这是因饮酒时言语不当引起争斗，不过这还属于社会上层。元和二年（85）五月，汉章帝颁布诏书，言及因为"乃者凤皇、黄龙、鸾鸟比集七郡，或一郡再见，及白乌、神雀、甘露屡臻"，在"其赐天下吏爵，人三级；高年、鳏、寡、孤、独帛，人一匹"之后，特别强调"加赐河南女子百户牛酒，令天下大酺五日。赐公卿已下钱、帛各有差；

────────────

① 《汉书》卷六《武帝纪》，第163、171、181、200、206页。
② 《汉书》卷七《昭帝纪》，第229页。
③ 《汉书》卷八《宣帝纪》，第266页。
④ 《后汉书》卷二《显宗孝明帝纪》，第119页。
⑤ 《后汉书》卷十一《刘玄传》李贤注引，第467页。

及洛阳人当酺者布，户一匹，城外三户共一匹"①。这里专门提到了河南、洛阳，可见其地域性颇为明显，是对当地的百姓聚会赏赐酒以供宴饮。永元三年（91）正月甲子，汉和帝"加元服"行成人礼，除了赏赐社会上层之外，在"赐民爵及粟帛各有差，大酺五日"，庚辰日，又"赐京师民酺，布两户共一匹"②。这与汉昭帝"加元服"时允准天下百姓"大酺五日"何其相似。这是经过官府允许举办的民间宴会，其数量有限，也是为了体现出封建皇恩浩荡的普适性。

在西晋统一全国后，为了彰显天下统一的壮举，晋武帝"大赦，改元，大酺五日，恤孤老困穷"③，这是魏晋以来首次全国性聚会饮酒的个案。此前仅有延康元年（220）四月，"赐饶安田租，勃海郡百户牛酒，大酺三日"。这是小范围的而非全国性的，主要原因是"饶安县言白雉见"④。饶安县发现白色野鸡被看作吉祥的征兆，故而特令勃海郡百姓大酺三日。而晋武帝实现了天下的统一，故而普惠全国，百姓享受"大酺五日"恩惠。晋惠帝时，因为更多的原因，明令百姓可以聚会。永康元年（300）十一月甲子，"立皇后羊氏，大赦，大酺三日"。这是因为立皇后而下令允许百姓聚会。永宁元年（301）四月，因为剪除了赵王司马伦的势力，晋惠帝大赦，改元，"孤寡赐谷五斛，大酺五日"。这是针对特殊的情况所采取的与民同乐的举动。太安元年（302）五月，因为立清河王遐子覃为皇太子，故特"赐孤寡帛，大酺五日"。永兴元年（306）三月，由于立成都王司马颖为皇太弟、都督中外诸军事，丞相如故，乃"大赦，赐鳏寡高年帛三匹，大酺五日"⑤。可见晋惠帝在位期间颁行四次"大酺"之事，是复杂的政治原因造成的。

虽然有官府严控百姓聚会的诏令，但在民间也存在着不经官府允准的聚

① 《后汉书》卷三《肃宗孝章帝纪》，第 152 页。
② 《后汉书》卷四《孝和帝纪》，第 171 页。
③ 《晋书》卷三《武帝纪》，第 71 页。
④ 《三国志》卷二《魏书·文帝纪》裴注引《魏书》，第 59 页。
⑤ 《晋书》卷四《惠帝纪》，第 96、98、99、102 页。

会存在。《后汉书》卷八十一《李充传》云：

> 李充字大逊，陈留人也。家贫，兄弟六人同食递衣。妻窃谓充
> 曰："今贫居如此，难以久安，妾有私财，愿思分异。"充伪酬之曰：
> "如欲别居，当酤酒具会，请呼乡里内外，共议其事。"妇从充置酒
> 宴客。充于坐中前跪白母曰："此妇无状，而教充离间母兄，罪合遣
> 斥。"便呵叱其妇，遂令出门，妇衔涕而去。坐中惊肃，因遂罢散。

李充召集邻里设宴请客，似乎也没有受到限制。这一方面可能是这种宴会对于维护社会秩序有积极的作用；另一方面有可能是相对偏远的地方朝廷政令无法得到彻底的贯彻执行，也有可能民间举行宴会得到官府的默许。王粲《酒赋》曾经说到民间酒宴的特色，"苾芬享祀，人神式宴。曲蘖必时，良工从试。辩其五齐，节其三事。醍沈盎泛，清浊各异。章文德于庙堂，协武义于三军。致子弟之孝养，纠骨肉之睦亲。成朋友之欢好，赞交往之主宾"[1]。这说明民间酒宴具有融洽亲情的关系。曹植《酒赋》谈到民间宴会的热闹场面，"献酬交错，宴笑无方。于是饮者并醉，从横喧哗，或扬袂起舞，或叩剑清歌。或嗔蹴辞觞，或奋爵横飞。或叹骊驹既驾，或称朝露未晞"。因为喝酒使人感觉忘却尊卑、冤仇，"于斯时也，质者或文，刚者或仁；卑者忘贱，窭者忘贫。和睚眦之宿憾，虽怨雠其必亲"[2]。曹植绘声绘色地描述了酒宴后众生之态。曹植《名都篇》描述京洛少年打猎归来后，"归来宴平乐，美酒斗十千。脍鲤臇胎虾，寒鳖炙熊蹯。鸣俦啸匹侣，列坐竟长筵"[3]。曹植将民间少年宴饮的场景描绘得形象逼真，宴席之上山珍海味齐全，展现了京洛少年的奢华生活。应璩《与尚书诸郎书》写道因窘迫而无法享受宴饮之乐，"夫秋节凉和，霖雨清间，正高会之盛时，饮宴之良日也"。虽然秋雨连绵是举办宴会的好时节，但因为家境贫穷无法实现，"而陋巷之居，无高密之宇；壁立之

---

[1] 吴云、唐绍忠校注：《王粲集校注》，第53页。
[2] （魏）曹植著，赵幼文校注：《曹植集校注》，第125页。
[3] （魏）曹植著，赵幼文校注：《曹植集校注》，第484页。

室，无旬朔之资。流潦浸于北堂，隙漏沾于衣服。藁蒸单竭，檐石倾罄，中馈告乏，役者莫兴"①。应璩的描述则体现了社会下层难以举办宴会的实况。

北魏迁都洛阳之后，民间聚会宴饮成为日常生活的重要内容。在洛阳城西大市有退酤、治觞二里，"里内之人多酝酒为业"。其中河东人刘白堕擅长酿酒，所酿之酒"饮之香美而醉，经月不醒"，因为保质期长，可以运销到千里之外，因而获得了"鹤觞""骑驴酒"等美名，又因南青州刺史毛鸿宾携带酒路逢盗贼，"盗饮之即醉，皆被擒获"，因而又得擒奸酒之名。② 在洛阳大市西有退酤里、治觞里专门从事酿酒，其消费者显然不仅仅是社会上层，更多的是普通的民众。文人墨客的聚宴在北魏时也颇有特色，与南朝不相上下。高闾曾拜访胡叟，"值叟短褐曳柴，从田归舍，为闾设浊酒蔬食，皆手自办集。其馆宇卑陋，园畴褊局，而饭菜精洁，酱调美"③。虽然居住环境差，但食物精美，体现了文人聚宴的雅致。

隋唐时期，随着社会的逐渐稳定，民间饮食呈现出多样化态势。首先，民间聚会的限制逐步取消，路旁或市场上开设饭店成为常态。隋末，杨玄感之变失败后，李密被抓，在押往隋炀帝所在的河北高阳时，出了关中后，"防禁渐弛，密请通市酒食，每宴饮喧哗竟夕，使者不以为意"④。出关沿线设市场卖酒食，可以聚宴欢呼，说明民间聚宴的普遍。民间也因此形成了不同类型的名宴。《妆楼记》云："洛阳人有妓乐者，三月三日结钱为龙为帘，作钱龙宴。四围则撒真珠，厚盈数寸，以斑螺令妓女酌之，仍各具数，得双者为吉。妓乃作'双珠宴'以劳主人。又各令作饧绥带，以一丸饧舒之，可长三尺者，赏金菱角；不然，罚酒。"⑤ 这里提到了"钱龙宴""双珠宴""饧绥

---

① （唐）欧阳询撰，汪绍楹校：《艺文类聚》卷三十五《人部十九·贫》引应璩《与尚书诸郎书》，第630页。
② （魏）杨衒之撰，周祖谟校释：《洛阳伽蓝记校释》，第159页。
③ 《魏书》卷五十六《胡叟列传》，第1151页。
④ 《隋书》卷七十《李密传》，第1626页。
⑤ （后唐）冯贽编，张力伟点校：《云仙散录·钱龙宴》，第126页。

带"，还有"竹粉汤"，如《洛都要纪》云："夏侯铖谒卢怀慎，坐终日，得竹粉汤一盏。"① 这些不同名称的宴名应当是宴会食品的记录。《宴名》曰："大相识、次相识、小相识，闻喜、樱桃、月灯、打球、牡丹、看佛、牙关宴。" 这是不同类型的宴席名称。在宴请的程序中，也有一些具有典型意义的记载。《洛都要记》曰："陈无咎宴客，一客用一婢典斟，必十二斟而后使满，以尽诚敬之道。"② 让婢女专门斟酒，且须斟满十二斟，以表达对客人的诚心与尊敬。《承平旧纂》曰："进士不第者，亲知供酒肉费，号买春钱。"③ 这是对科举不中者亲人的慰藉之举。《唐余录》曰："洛阳梨花时，人多携酒其下，曰：'为梨花洗妆。'或至买树。"④《金门岁节》曰："洛阳人家，正旦造丝鸡蜡□、燕粉荔枝。正月十五日造火蛾儿、玉粱糕。寒食装万花舆，煮杨花粥。端午，术羹、艾酒，以花丝楼阁插髩，赠遗辟瘟扇梳。乞巧使蜘蛛结万字，造明星酒，装同心脍。重九则迎凉脯、羊肝饼，佩癭木符。冬至煎饧彩珠，戴一阳巾。除夜则铜刀刻门，埋小儿砚，点水盆灯。腊日造脂花唅。"⑤ 可见不同的宴会方式是因节日的不同而略有差异。李白《酬中都小吏携斗酒双鱼于逆旅见赠》云："鲁酒若琥珀，汶鱼紫锦鳞。山东豪吏有俊气，手携此物赠远人。意气相倾两相顾，斗酒双鱼表情素。双鳃呀呷鳍鬣张，蹳剌银盘欲飞去。呼儿拂几霜刃挥，红肌花落白雪霏。为君下箸一餐饱，醉著金鞍上马归。"⑥ 开元九年（721）正月，"改蒲州为河中府，置中都"。七月，"罢中都，依旧为蒲州"⑦。通过李白对社会下层饮食场景的描述，展示出唐代基层民众的生活。

上述所列的三种宴会方式，反映了汉唐间河洛地区宴饮方式的不同。宴

---

① （后唐）冯贽编，张力伟点校：《云仙散录·竹粉汤》，第114页。
② （后唐）冯贽编，张力伟点校：《云仙散录·十二斟》，第98页。
③ （后唐）冯贽编，张力伟点校：《云仙散录·买春钱》，第48页。
④ （后唐）冯贽编，张力伟点校：《云仙散录·洗妆酒》，第22页。
⑤ （后唐）冯贽编，张力伟点校：《云仙散录·脂花馂》，第26—27页。
⑥ 郁贤皓校注：《李太白全集校注》，第2297页。
⑦ 《旧唐书》卷八《玄宗纪上》，第181—182页。

会主要是社会上层举行的，皇帝举办的酒宴往往与朝廷政治活动紧密联系在一起，是皇帝贯彻和推行政治意图的重要手段。权贵的宴会似乎不受官府禁止民间聚会的限制，可以随时举办。民间宴会的举办往往是得到皇帝的诏令才可以举行。汉代为了防止民众的聚众谋反，严格规定了饮食人数的限制，魏晋隋唐以后，随着社会经济的恢复与发展，对民间举办宴会的限制逐渐减少。汉唐间河洛地区宴会方式层级化的表现，正是封建社会的等级观念在饮食文化上的反映。

第四节　调味品的制作

孔子曰："天子袒而割牲，执酱而馈，执爵而酳，冕而总干，所以教诸侯之悌也。"[1] 大体表现出烹调在社会生活中的地位，因而有天子行烹调的仪式以教育天下人懂得孝悌。在汉代也有皇帝在行养老礼时，"侯王设酱，公卿馈珍"，皇帝"亲袒割，执爵而酳"。给受赐的老人的赏赐也很丰厚，"赐天下三老酒人一石，肉四十斤"[2]。在当时善于酿造调味品也会获利颇丰，凡在"通邑大都，酤一岁千酿，醯酱千瓨，浆千甔……蘖曲盐豉千答"，其经济地位"此亦比千乘之家"[3]。西汉有"张氏以卖酱而险侈"[4] 的记载，足见调味品消耗之大。

一、关于酱的制作

两汉时期人们饮食结构中发生最大变化的就是调味品增多，食品日渐丰

[1]　《史记》卷二十四《乐书》，第 1230 页。
[2]　《后汉书》卷二《显宗孝明帝纪》，第 103 页。
[3]　《史记》卷一百二十九《货殖列传》，第 3274 页。两汉时期，关于天子行敬老之礼，人们的认识非常深刻。颍川人贾山《至言》云："天子之尊，四海之内，其义莫不为臣。然而养三老于太学，亲执酱而馈，执爵而酳。"见《汉书》卷五十一《贾山传》，第 2330 页。
[4]　《汉书》卷九十一《货殖传》，第 3694 页。

富。《盐铁论·散不足》云："古者，燔黍食稗，而捭豚以相飨。其后，乡人饮酒，老者重豆，少者立食，一酱一肉，旅饮而已。及其后，宾婚相召，则豆羹白饭，綦脍熟肉。今民间酒食，殽旅重叠，燔炙满案，臑鳖脍鲤，麛卵鹑鷃橙枸，鲐鳢醢醢，众物杂味。"① 从古人简单的饮食到汉代普通人的饮食，再到婚宴饮食，可以显示出饮食品种的丰富多彩。建武二十六年（50），光武帝赏赐给匈奴单于的东西内就有"太官御食酱"②。在京师洛阳，身为高官而饮食简单，食用酱菜也成为人们赞颂的对象。建宁三年（170），汝南西平人李咸自大鸿胪拜太尉，"自在相位，约身率下，常食脱粟饭、酱菜而已"③。贵为三公而食用酱菜被看作廉洁的象征。

关于酱的制作在当时也积累了一些经验。首先，容器要密闭，以免生虫。"鱼肉腐臭有虫，醯酱不闭有虫，饭温湿有虫。"④ "世讳作豆酱恶闻雷，一人不食，欲使人急作，不欲积家逾至春也。"⑤ 虽然这一忌讳有迷信的因素在内，亦是劳动人民对酱制作过程的总结。《风俗通义·佚文》曰："俗说：雷鸣不得作酱，雷已发声作酱，令人腹内雷鸣。"⑥ 虽然说雷鸣是自然现象，但以雷鸣作为酱制作过程中的物候反应当是真实可信的。时人已经认识到酱的特性，故而有"酱成于盐而咸于盐，夫物之变，有时而重"⑦ 的说法。因为南北交流的扩大，人们视野逐渐开阔，南方地区的物产也开始传到北方，南方的一些制作酱的方法和原料也传到北方。早在汉武帝建元六年（前135）之前，"蜀枸酱"已经传到夜郎、南越。《汉书音义》曰："枸木似榖树，其叶如桑叶。用其叶作酱酢，美，蜀人以为珍味。"⑧ 这是用当地植物制作的酱。除了枸酱

① 马非百注释：《盐铁论简注》，中华书局1984年版，第229页。
② 《后汉书》卷八十九《南匈奴传》，第2943页。
③ 《后汉书》卷四十四《胡广传》李贤注引《谢承书》，第1510页。
④ （汉）王充：《论衡》卷十六《商虫篇》，上海人民出版社1974年版，第253页。
⑤ （汉）王充：《论衡》卷二十三《四讳篇》，第360页。
⑥ （汉）应劭撰，王利器校注：《风俗通义校注·佚文下·释忌》，第563页。
⑦ （汉）应劭撰，王利器校注：《风俗通义校注·佚文·嘉号》，第616页。
⑧ 《史记》卷一百十六《西南夷列传》，第2994页。

外，橙子皮也可以酿造成酱，应劭《风俗通》曰："橙皮可为酱齑。"① 虽然我们无法确定这些南方地区酱的制作方法或成品是否传播到河洛地区，但根据南北方经济文化交流的基本状况可以推定，酱作为调味品在北方的使用还是很普遍的。

酱不仅有用植物所作的酱，还有肉做的肉酱。《盐铁论》中所说的"醓醢"即是用鱼肉做的酱，亦作"醓醢"。以鱼肉作酱从先秦时期已经开始出现，《周礼·秋官·掌客》云："米八十筥，醓醢八十瓮。"② 《仪礼·聘礼》云："醓醢百瓮。"③ 《礼记·郊特牲》云："醓醢之美，而煎盐之尚，贵天产也。"④ 醓即醋，说明酱的制作加进了醋。汉桓帝时，野王令刘梁《七举》描述烹调过程要"酤以醓醢，和以蜜饴"⑤。桓谭《新论·谴非》曰："鄙人有得鮏酱而美之，及饭，恶与人共食，即小唾其中，共者怒，因涕其酱，遂弃而俱不得食焉。"⑥ 这是害怕同食者用酱作调味品，唾于酱中，与其同食者做得更绝，将鼻涕直接甩进酱中，结果只得扔掉都不能吃。《四民月令》曰：正月"可作诸酱：上旬䴲豆，中旬煮之。以碎豆作'末都'；至六七月之交，分以藏瓜。可以作鱼酱、肉酱、清酱"⑦。二月，"是月也，榆荚成。及青收，乾以为旨蓄；色变白，将落，可收为酱醑酱。随节早晏，勿失其适。"本注云："［䴲］—音牟—［醑］—音头—［酱］皆榆酱者。"⑧ "四月立夏后……取鮦子作酱。""是月四日，可作醓酱。"⑨ 五月份，在天气渐热后，"可作䴲酱及醓

① （汉）应劭撰，王利器校注：《风俗通义校注·佚文·嘉号》，第 616 页。

② （汉）郑玄注，（唐）贾公彦疏：《周礼注疏》，李学勤主编《十三经注疏》整理本，第 1038 页。

③ （汉）郑玄注，（唐）贾公彦疏：《仪礼注疏》，李学勤主编《十三经注疏》整理本，第 413 页。

④ （汉）郑玄注，（唐）孔颖达疏：《礼记正义》，李学勤主编《十三经注疏》整理本，第 808 页。

⑤ （梁）萧统编，（唐）李善注：《文选》卷三十五《七下·七命八首》注引，上海古籍出版社 1986 年版，第 1609 页。

⑥ （汉）桓谭撰，朱谦之辑：《新辑本桓谭新论》，中华书局 2009 年版，第 19 页。

⑦ （汉）崔寔原著，石声汉校注：《四民月令校注》，中华书局 1965 年版，第 16 页。

⑧ （汉）崔寔原著，石声汉校注：《四民月令校注》，第 21 页。

⑨ （汉）崔寔原著，石声汉校注：《四民月令校注》，第 31—33 页。

酱"①。这说明东汉时期洛阳地区以四五月份是酿醋的最佳时机。用鱼做酱应当是对先秦以来做酱技艺的传承，并且形成了理论总结。这说明除了传统的植物果实做酱外，肉酱也逐渐多起来。东汉时期郫县的鱼酱在黄河中下游地区也颇为有名，曹操《四时食制》曾经说："郫县子鱼，黄鳞赤尾，出稻田，可以为酱。"② 郫县在今四川省成都市，其鱼酱的制作方法及成品传到北方，无疑不是南北方交流和社会交往领域扩大的结果，否则曹操不会专门记述郫县的鱼酱。

北魏时期，贾思勰总结的黄河中下游地区各种类型酱的做法已经颇为全面。首先是豆酱的做法。豆酱的制作时间，"十二月、正月为上时，二月为中时，三月为下时"。所用的器皿，"用不津瓮，置日中高处石上"，将其晒干。豆酱制作选用黑豆为原料，"用春种乌豆，于大甑中燥蒸之。气馏半日许，复贮出更装之，回在上者居下，气馏周遍，以灰覆之，经宿无令火绝。啮看：豆黄色黑极熟，乃下，日曝取干。临欲春去皮，更装入甑中蒸，令气馏则下，一日曝之。明旦起，净簸择，满臼春之而不碎。簸拣去碎者。作热汤，于大盆中浸豆黄。良久，淘汰，挼去黑皮，漉而蒸之。一炊顷，下置净席上，摊令极冷"。这是对选用的黑豆通过蒸晒去皮，露出黄色的豆瓣。第二步是在此前预先准备的盐、曲料的选用及将其与豆瓣混合的操作方法。"预前，日曝白盐、黄蒸、草薷、麦曲，令极干燥。大率豆黄三斗，曲末一斗，黄蒸末一斗，白盐五升，薷子三指一撮。豆黄堆量不概，盐、曲轻量平概。三种量讫，于盆中面向'太岁'和之，搅令均调，以手痛挼，皆令润彻。亦面向'太岁'内著瓮中，手挼令坚，以满为限；半则难熟。盆盖，密泥，无令漏气。"第二步将盐、曲与豆瓣融合在一起，使其发酵。第三步经过一段时间的酿造后开封，"腊月五、七日，正月、二月四、七日，三月三、七日"，"熟便开之，当纵横裂，周回离瓮，彻底生衣。悉贮出，搦破块，两瓮分为三瓮。日未出前汲井

---

① （汉）崔寔原著，石声汉校注：《四民月令校注》，第46页。
② （宋）李昉等：《太平御览》卷九百三十六《鳞介部八·鲤鱼》，第4160页。

花水，于盆中以燥盐和之，率一石水，用盐三斗，澄取清汁。又取黄蒸于小盆内减盐汁浸之，按取黄渖，漉去滓。合盐汁泻著瓮中"。这些酱料经过三到七日的酝酿发酵后，将酱料瓮打开，舀出豆料，然后用新配比的盐水浸泡豆料，将其柔碎，取得豆料中的黄汁，过滤渣滓，然后合着盐水倒入瓮中做酱。第四步将瓮中的酱暴晒做成成品。"仰瓮口曝之。十日内，每日数度以杷彻底搅之。十日后，每日辄一搅，三十止。雨即盖瓮，无令水入。每经雨后，辄须一搅。解后二十日堪食；然要百日始熟耳。"① 这可以说是较为详尽的豆酱制作方法。此外，还有做榆子酱法："治榆子人一升，捣末，筛之。清酒一升，酱五升，合和。一月可食之。"② 详尽的制作方法具备极强的操作性，有利于后人传承。

其次是肉酱制作方法。肉酱可以分为普通肉酱制作方法与快速肉酱制作方法两种。贾思勰云："肉酱法：牛、羊、獐、鹿、兔肉皆得作。取良杀新肉，去脂，细剉。晒曲令燥，熟捣，绢筛。大率肉一斗，曲末五升，白盐两升半，黄蒸一升，盘上和令均调，内瓮子中。泥封，日曝。寒月作之。宜埋之于黍穰积中。二七日开看，酱出，无麹气，便熟矣。买新杀雉煮之，令极烂，肉销尽，去骨取汁，待冷解酱。"③ 肉酱的制作是选取牛、羊、獐、鹿、兔新鲜肉，去掉脂肪，切块。然后将曲晒干、捣碎、筛过。随后将肉与曲、盐、黄蒸（发酵剂）按照一定的比例拌匀，放在瓮中，密封。然后放在太阳下暴晒，寒冷的季节埋在黍穰堆发酵。最后再买野鸡煮烂，将冷却的汤汁倒入瓮中调和。另一种是速成肉酱法，其制作方法因快捷而颇受民众喜爱，此处从略。

最后是鱼酱制作方法。贾思勰云作鱼酱法，"去鳞，净洗，拭令干，如脍法，披破，缕切之，去骨。大率成鱼一斗，用黄衣三升，白盐二升，干姜一

① 缪启愉、缪桂龙：《齐民要术译注》卷八《作酱法》，上海古籍出版社 2006 年版，第 535 页。
② 缪启愉、缪桂龙：《齐民要术译注》卷八《作酱法》，第 543 页。
③ 缪启愉、缪桂龙：《齐民要术译注》卷八《作酱法》，第 539 页。

升，橘皮一合，和令调均，内瓮子中，泥密封，日曝。熟，以好酒解之"①。
鱼酱制作方法相对较为简单，主要是去刺、去腥，其中姜、橘皮和酒是去腥
的主要调料。此外，还有做干鲐鱼酱法。同样是制作鱼酱，方法也可以不同，
又"鱼酱法：成脍鱼一斗，以曲五升，清酒二升，盐三升，橘皮二圳，合和，
于瓶内封。一日可食。甚美"。也有"作虾酱法：虾一斗。饭三升为糁，盐二
升，水五升，和调。日中曝之。经春夏不败"②。上述鱼、肉酱的制作时间也
颇为讲究，"凡作鱼酱、肉酱，皆以十二月作之，则经夏无虫"。贾思勰总结
的制酱方法是对千百年来鱼、肉酱制作经验的总结，充分反映了制酱技术的
日益提高，为后世调味品的生产提供了技术支持，同时也从一个侧面反映了
国人自古以来的酱食情结。

隋唐时期，酱的食用更加普遍，制作技术进步明显。北齐时期，皇帝行
养老礼拜三老时，有"执酱以馈，执酱以酳"③的仪式。隋代还留存有《北
方生酱法》一卷④，应当是黄河中下游地区制酱经验的总结。唐代酱的制作多
在秋冬季进行，韩鄂在《四时纂要》中有较为详细的记录。在农历七月收藏
酱较好，"藏瓜、桃：酱、糟并佳"。在这一月有"十日酱法"与"要合酱"
两种酱的制作。十日酱法制作方法，"豆黄一斗，净淘三遍，宿浸，漉出，烂
蒸。倾下，以面二斗五升相和拌，令面悉裹却豆黄。又再蒸，令面熟，摊却
大气，候如人体，以谷叶布地上，置豆黄于其上，摊，又以谷叶布覆之，不
得令大厚。三四日，衣上，黄色遍，即晒干收之"。这是用黄豆蒸熟，随后用
面裹黄豆再蒸，然后经过反复晾晒、发酵，最终晒干收藏。要合酱的制作方
法，"要合酱，每斗面豆黄，用水一斗盐五升并作盐汤，如人体，澄滤，和豆
黄入瓮内，密封。七日后搅之，取汉椒三两，绢袋盛，安瓮中。又入熟冷油

---

① 缪启愉、缪桂龙：《齐民要术译注》卷八《作酱法》，第540页。
② 缪启愉、缪桂龙：《齐民要术译注》卷八《作酱法》，第540—543页。
③ 《隋书》卷九《礼仪志四》，第189页。
④ 《隋书》卷三十四《经籍志三》，第1043页。

一斤，酒一升，十日便熟。味如肉酱。其椒三两月后取出，晒干，调鼎尤佳"①。要合酱是一种用面与豆黄混合制成的面酱，用盐水浸泡后捞出密封在容器中，经过七日发酵后，加入花椒、酒、油等调料。冬季十二月是造酱和肉酱制作的最好时节，其中"造酱：将炒黄浸一宿后，入釜中煮令软硬得所，漉出。将煮黄水澄。取每豆黄一斗，用黄衣末六升，神曲四升，盐五升半，煮黄水调和匀后，封闭。如干厚，即入熟水相添"。造酱的制作方法是"豆黄簸去碎恶者。磨细一石黄衣。一石豆黄，净淘一遍，又淘之。取再淘豆水，盛于瓮中，即入豆黄，次下黄衣，熟打，封闭。三日后，入盐一斗。其盐曝乾，筛去泥土。正月已后，渐渐更入盐，直至四月酱熟，都入盐九斗，即足矣。寒食时，入熟油及馅头之类，甚佳"。上述两种均为豆酱，只是因制作方法不同而有不同的名称。此外，还有鱼酱的制作方法，"鱼酱：鲻鱼、鲹鱼第一，鲤、鲫、鳢鱼次之。切如鲙条子一斗，摊曝，令去水脉。即入黄衣末五升，好酒少许，盐五升，和，如肉酱法。腹腴之处最居下。寒即曝之，热即凉处。可以经夏食之。《月录》云：'用曲末'，恐不停久，宜减之。"韩鄂在鱼酱制作中首先提到了选取不同的鱼，然后将处理后的鱼晾干，随后加入黄衣、酒、盐等调味品，经过腌制即成。兔酱的制作方法与肉酱制作方法差异不大，"到兔取肉，切如鲙。脊及颈骨，细锉，相和肉。每一斗，黄衣末五升，盐五升，汉椒五合，去子。盐须干。方：下好酒，和如前法，入瓷瓮子中，又以黄衣末盖之，封泥。五月熟。骨与肉各别作，亦得"②。这是对兔肉处理之后，用黄衣、盐、花椒、酒等涂抹兔肉，然后封泥密封，经过五个月最后成熟。

---

① （唐）韩鄂原编，缪启愉校释：《四时纂要校释》卷四《秋令》，农业出版社 1981 年版，第 179、185 页。

② （唐）韩鄂原编，缪启愉校释：《四时纂要校释》卷五《冬令》，第 244—245 页。

二、关于醋的制作

关于醋的酿造，前文中"醯醢"中的醯即是醋，可知醋作为调味品的历史久远。《周礼·天官》有"醯人，奄二人、女醯二十人、奚四十人"的记载，其职掌为："醯人掌共五齐七菹，凡醯物。以共祭祀之齐菹，凡醯酱之物。宾客亦如之。王举，则共齐菹醯物六十瓮，共后及世子之酱齐菹。宾客之礼，共醯五十瓮。凡事，共醯。"① 《史记·货殖列传》也讲到了酿醋可以获得丰厚的利润。司马迁曾说在"通邑大都"，有"醯酱千瓨"的买卖，其收入"亦比千乘之家，其大率也"②。这说明从事酿醋也可以获取丰厚的利润。关于醋的制作，《四时食制》还记载了用鱼做的酢（醋），"鳣鱼大如五斗奁，长丈，口颔下，常三月中从河上，常于孟津捕之，黄肥，唯以作酢；淮水亦有。"③ 桓荣的重孙桓鸾"常著大布褞袍，粝食醋餐"④。华佗为人治病时，曾让病人"向来道边有卖饼家蒜齑大酢，从取三升饮之，病自当去"⑤。这说明当时以蒜、醋为调料。王逸注宋玉《招魂》"辛甘行些"句云："辛，谓椒姜也。甘，谓饴蜜也。言取豉汁和以椒姜，咸酢和以饴蜜，则辛甘之味，皆发而行也。"⑥ 用醋作为调料足以显示出到汉魏之际河洛地区的人们已经非常注意饮食的滋味。北魏时期，贾思勰《齐民要术》有专门的《作酢法》，记述了各种类型的醋的制作方法。根据贾思勰记述的醋的做法有"作大酢法"多种，"秫米神酢法""秫米酢法""大麦酢法""烧饼作酢法""回酒酢法""动酒酢法"两种、"神酢法""作糟糠酢法""酒糟酢法""作糟酢法"⑦ 等，之所

---

① （汉）郑玄注，（唐）贾公彦疏：《周礼注疏》，李学勤主编《十三经注疏》整理本，第142页。
② 《史记》卷一百二十九《货殖列传》，第3274页。
③ （宋）李昉等：《太平御览》卷八百五十五《饮食部十三·齑》，第3808页。
④ 《后汉书》卷三十七《桓鸾传》，第1259页。
⑤ 《三国志》卷二十九《魏书·方技传·华佗》，第801页。
⑥ （汉）刘向辑，（汉）王逸注，（宋）洪兴祖补注，孙雪霄校点：《楚辞》，上海古籍出版社2015年版，第267页。
⑦ 缪启愉、缪桂龙：《齐民要术译注》卷八《作醋法》，第547—553页。

以有如此多的制作方法，有的是因为原料不同，有的是因为酿造工艺差异。

唐代《四时纂要》也有醋的做法的记载。四月"造醋：四日为良日"。在七月是酿醋的最佳月份，酿造的醋有主要根据原料不同而加以区分。其一为败酒作醋："春酒停贮失味不中饮者，但一斗酒，以一斗水合和，入瓮中，置日中曝之，雨即盖，晴即去盖；或生衣，勿搅动，待衣沉，则香美成醋。"如果酒味不浓，"凡酿酒失味不中者，便以热饭投之，密封泥，即成好醋"。这种是用酿酒失败或酒味不浓的酒酿醋。其二为米醋法："又，先六月中取糙米三五斗，炊了，细磨，取苍耳汁和溲，踏作曲，一如麦曲法。又取三五斗糙米，炊了，隔宿于瓮中热汤浸，来日早蒸，蒸了，摊开，蒿覆如黄衣法。至造醋时，人炒糙米三五斗，向星露下，以沸汤泼，经宿，来日蒸之，亦无剩水，依常炊饭。候熟，每斗用汤一斗，亦蒸米了，便下汤中。待如人体，即下黄衣及曲末，大约每斗米用黄衣、曲末共二斤。三七日成。放至四十九日成，更佳。"这种用糙米酿造的醋，颇为复杂，严格意义上来讲，韩鄂所记述的米醋法是《齐民要术》中米醋制作方法的承袭。其三为暴米醋："糙米一斗，炒令黄，汤浸软后，熟蒸。水一斗，曲末一升，搅和。下洁净瓮器，稍热为妙。夏一月，冬两月。密封头。日未足，不可开。"这是一种简单而快速的酿醋法，应当是新的创造。其四为麦醋："取大麦一石，舂取一糙——取一半完人，一半带皮便止。取五斗烂蒸，罨黄，一如作黄衣法。五斗炒令黄，熟浸一宿，明日烂蒸，摊如人体，并前黄衣一时入瓮中，以蒸水沃之，拌令匀。其水于麦上深三五寸即得。密封盖。七日便香熟。即中心著刍取之，头者别收贮。余以水淋，旋吃之。"这里韩鄂所记述的麦醋酿造与贾思勰的酿造方法极大不同，并且指出了贾思勰的方法不妥之处。其五为暴麦醋："大麦一斗，熟舂插，炒令香、焦、黄，磨中掣破。水拌湿后，熟水一斗五升冷如人体，以曲一升搅和，入罂瓮中，封头断气。二七日熟。淋如前法。"[①] 这种醋

---

① （唐）韩鄂原编，缪启愉校释：《四时纂要校释》卷四《秋令》，第 177—178 页。

的酿造方法与普通的方法又有所不同，应当属于简便快捷的方法。

三、葱姜蒜的使用

除了酱、醋之外，蒜、姜、葱也是重要的调味品。这些均是有辛味的蔬菜，在贫乏的岁月里，它们可以为粗茶淡饭调味；在富足的年代，它们可以给鱼、肉增香。关于蒜有中原地区本土所产的小蒜，也有传自西域的胡蒜，即大蒜。《尔雅·释草》云："蒚，山蒜。"郭璞注云："今山中多有此菜，皆如人家所种者。"① 即小蒜、泽蒜。《古今注》卷下《草木》云："蒜，卵蒜也，俗谓之为小蒜。胡国有蒜，十许子共为一株，二箨幕裹之，为名胡蒜，尤辛于小蒜，俗亦呼之为大蒜。"② 传统的本土所产的小蒜作为菜肴从先秦时期已经开始。《夏小正》"十二月"有"纳卵蒜"的传统。何谓卵蒜？"卵蒜也者，本如卵者也。"东汉时期，小蒜成为重要蔬菜种植，《四民月令》记载，正月可种杂蒜，四月条云："布谷鸣，收小蒜。"八月"种大、小蒜"③。《玉篇》云："蟠，百合蒜也。"④ 这应当是胡蒜。孙恼《唐韵》云："张骞使西域，始得大蒜种归。"王逸曰："张骞周流绝域，始得大蒜、葡萄、苜蓿。"《博物志》曰："张骞使西域，得大蒜、胡荽。"延笃曰："张骞大宛之蒜。"潘尼曰："西域之蒜。"⑤ 众多资料表明大蒜是西汉时期张骞传入内地的。随着大蒜传入内地，开始在黄河中下游地区大范围种植。北魏时期，《齐民要术》卷三《种蒜》中对大蒜、小蒜在内地种植的方法作了详细的阐释。

汉唐间大蒜作为佐料在饮食生活中的使用非常广泛。弘君举《食檄》曰："大市覆罂之蒜，东里独姥之醯、大盐杂以姜、椒，叛奴使之舂薤。"⑥ 由此可

---

① （晋）郭璞注，（宋）邢昺疏：《尔雅注疏》，李学勤主编《十三经注疏》整理本，第230页。
② （晋）崔豹撰，牟华林校笺：《〈古今注〉校笺》，第181页。
③ （汉）崔寔原著，石声汉校注：《四民月令校注》，第13、33、62页。
④ （魏）吴普等述，（清）孙星衍、孙冯翼辑：《神农本草经》卷中，科学技术文献出版社1996年版，第62页。
⑤ 缪启愉、缪桂龙：《齐民要术译注》卷三《种蒜》，第186页。
⑥ （宋）李昉等：《太平御览》卷八百五十五《饮食部十三·薤》引，第3808页。

知，洛阳市场上不仅有蒜，也有专门卖醋商户，姜、椒也成为居民生活的重要调味品。太原人闵仲叔为高节之士，他的同乡周党也是高节之士，看到他吃饭时仅用"含菽饮水"作为作料而无菜，乃"遗以生蒜"，结果闵仲叔却"受而不食"①。周党以生蒜送给闵仲叔是让他用来下饭的，表明当时蒜作为作料的情况。前文所引述的"卖饼家蒜齑大酢"，表明蒜作为佐料的实际情况。曹植《鹖雀赋》形容鹖雀"头如蒜颗"②，用"蒜颗"来形容鹖雀头已从侧面说明蒜食用的普遍。甄皇后《塘上行》曰："莫以鱼肉贱，弃捐葱与薤。"③亦明葱、薤为鱼肉烹调过程中必备的调味品。郤诜在母亲去世后，凭借"养鸡种蒜"获得的收益，才将母亲安葬。④ 建武元年（304）八月，晋惠帝与成都王司马颖从邺城狼狈逃往洛阳，途中饥寒交迫，"宫人有持升余粝米饭及燥蒜盐豉以进帝"⑤，燥蒜与盐豉成为晋惠帝食用的米饭的作料。王廙《春可乐》云："濯茆兮菹韭，齿蒜兮擗鲊。缥醪兮浮蚁，交觞兮并坐。"⑥ 对春日来临之际，乡邻聚会中场景的描写，其中提到的菜品有菹韭、蒜、鲊等属于调味使用。到了北魏时期，贾思勰《齐民要术》记述了多种菜品烹调中间使用蒜的事实。如"马芹子，可以调蒜齑"⑦。马芹子为野茴香或胡芹，用蒜齑调味食用清爽可口。最为典型的是调味品中八和齑的制作，其中八种原料最为重要的是蒜，"蒜一，姜二，橘三，白梅四，熟栗黄五，粳米饭六，盐七，酢八"。在八和齑调制过程中，八种原料的挑选颇为讲究，其加工的过程也有先后次序，"先捣白梅、姜、橘皮为末，贮出之。次捣栗、饭使熟；以渐下生

----

① 《后汉书》卷五十三《序传》，第 1740 页。

② （魏）曹植著，赵幼文校注：《曹植集校注》，第 303 页。

③ （唐）欧阳询撰，汪绍楹校：《艺文类聚》卷四十一《乐部一·论乐》，第 748 页。

④ 《晋书》卷五十二《郤诜传》，第 1443 页。

⑤ 《晋书》卷四《孝惠帝纪》，第 103 页。（宋）李昉等：《太平御览》卷九百七十七《菜茹部·蒜》引《晋四王起（遗）事》云："成都王颖奉惠帝还洛阳。道中于客舍作食，宫人持斗余粳米饭，以供至尊，大蒜盐豉。到获嘉，市粗米饭，瓦盂盛之，天子啖两盂，燥蒜数株，盐豉而已。"第4329 页。

⑥ （宋）李昉等：《太平御览》卷五百三十二《礼仪部十一·社稷》，第 2417 页。

⑦ 缪启愉、缪桂龙：《齐民要术译注》卷三《种襄荷·芹·蘧》，第 217 页。

蒜，舂令熟；次下湆蒜。齑熟，下盐复舂，令沫起。然后下白梅、姜、橘末复舂，令相得。下醋解之。"八和齑是调和用来食用脍的齑，其他食品的八和齑薄一些①。在制作猪肉鲊做法中，所用的调料为"蒜、齑、姜、酢，任意所便"②。这些记载可以看出蒜作为调味品在烹调食品中应用的广泛。

隋唐时期，大蒜的食用遍及社会生活的各个层面。显庆年间，长安城西路侧店煮羊肉时，"余人贪料理葱蒜饼食"③。这是用葱蒜作为配料的饼食。大蒜在日常饮食中只能作为配料而不能单独食用。唐高宗末年，杨德幹历任泽、齐、汴、相四州刺史，"治有威名"。四郡流传着"宁食三斗蒜，不逢杨德幹"④的俗语，可见蒜在日常中不可单独食用，只能作为调味品使用。咸亨四年（673），洛州司户唐望之曾经请一个僧人食脍，此僧云："看有蒜否？"家人云："蒜尽也。"僧人打算离去，唐望之竭力挽留，对僧人曰："蒜尽，遣买即得。"僧云："蒜尽，不可更住。"唐望之虽然再三挽留，僧人也坚持离开⑤。这则故事从一个侧面反映出当时民间的一种共识，"食脍不可不放蒜"。这些都是日常生活中以蒜作为调料的事实。

关于汉晋时期其他蔬菜的食用，在相关典籍中多有记载。司马迁曾说种植"千畦姜韭：此其人皆与千户侯等"。《集解》徐广曰："千畦，二十五亩。"刘熙注《孟子》云："今俗以二十五亩为小畦，五十亩为大畦。"⑥姑且不论"千畦"所包含面积的大小，种植姜、韭两种经济作物，可以获取丰厚的利润，亦明其为居民生活的必需品。到了西汉中期，贤良文学之士描述达官贵人饮食奢侈，有"今富者逐驱歼罔置，掩捕麑鷇，耽湎沈犹，铺百川。鲜羔挑，幾胎肩，皮黄口。春鹅秋雏，冬葵温韭，浚茈蓼苏，丰薷耳菜，毛果

---

① 缪启愉、缪桂龙：《齐民要术译注》卷八《八和齑》，第571—572页。
② 缪启愉、缪桂龙：《齐民要术译注》卷八《作鲊》，第581页。
③ （唐）释道世撰，周叔迦、苏晋仁校注：《法苑珠林》卷七十三《感应缘·唐京城西路店上人杀羊验》，中华书局2003年版，第2178页。
④ 《旧唐书》卷一百九十《文苑传上·杨炯》，第5004页。
⑤ （宋）李昉等：《太平御览》卷八百五十五《饮食部十三·齑》引《广五行记》，第3808页。
⑥ 《史记》卷一百二十九《货殖列传》，第3271页。

虫貉"①。这里提到了达官贵人的饮食奢华，特别说到了"冬葵温韭"，上述两种蔬菜均是温室培育出来，这是中国最早关于温室促成栽培技术的记载，在描述当时富人奢侈生活的同时，也是生产力发展到较高程度的标志。崔寔《四民月令》"八月"条曰："收韭菁；作捣虀。"② 这里出现了将韭菜捣为碎末的现象，极像今天黄河中下游地区的韭花酱。还出现了蔬菜腌制的现象，如《通俗文》曰："淹韭曰虀，淹薤曰齑。"③ 这说明韭菜、薤（小蒜）等都出现了腌制品。《世说新语·汰侈篇》记载，石崇为了与王恺斗富，"恒冬天得韭萍虀"。为了弄清石崇为何冬天能够食用韭菜，王恺收买石崇的亲近，得知石崇的"韭萍虀是捣韭根，杂以麦苗尔"④。石崇之所以在王恺面前显摆冬天可以食韭菜，是为了显示自己更加富有。这也从侧面说明虽然汉代已经有了韭菜冬天种植的技术，但可能并未推广，故而石崇所食就显得特别珍贵。在春夏季节，韭菜种植较为普遍。潘岳《闲居赋》曰："菜则葱韭蒜芋，青笋紫姜；堇荠甘旨，蓼荽芬芳；饲荷依阴，时藿向阳；绿葵含露，白薤负霜。"⑤ 可见除了葱韭蒜调味蔬菜外，其他菜在达官贵人菜园中种植得也很多。《晋令》甚至规定："居洛阳内，园菜欲课以当者，听其引长流，灌紫葱，丁各三亩。"⑥ 这也说明洛阳城内有专门种植调味菜的菜园。《晋书后略》曰："成都王围京邑，城中无菜，采陈韭芥，以为善菜。"⑦ 在八王之乱中，成都王司马颖包围洛阳城，洛阳城内缺乏蔬菜，只得采撷韭菜与芥菜作为好菜。北魏时期，李崇因为生性"俭吝"，只吃韭菜之类，传为京城的笑柄。《洛阳伽蓝记》卷三《城南》"高阳王寺"条云：

> 崇为尚书令仪同三司，亦富倾天下，僮仆千人。而性多俭吝，

① 马非百注释：《盐铁论简注·散不足第二十九》，第221页。
② （汉）崔寔原著，石声汉校注：《四民月令校注》，第61页。
③ （宋）李昉等：《太平御览》卷八百六十二《饮食部二十·胘》引《广五行记》，第3830页。
④ 徐震堮：《世说新语校笺》，第470页。
⑤ 王增文校注：《潘黄门集校注》，第75页。
⑥ （唐）欧阳询撰，汪绍楹校：《艺文类聚》卷八十二《草部下·葱》，第1418页。
⑦ （宋）李昉等：《太平御览》卷九百七十六《菜茹部一·韭》引《晋书后略》，第4327页。

> 恶衣粗食，亦常无肉，止有韭茹韭菹。崇客李元佑语人云："李令公
> 一食十八种。"人问其故，元佑曰："二九一十八。"闻者大笑，世人
> 即以为讥骂。①

李崇因为吝啬，日常只以炒韭菜与腌制的韭菜佐食，受到客人李元佑的讥笑，也因此成为京城的笑料。

唐代韭菜是朝廷供给"亲王已下常食料"之一。唐代宫中的膳部供应"凡亲王已下常食料各有差"，包括"葱、韭、豉、蒜、姜、椒之类各有差"，还供应"三品已上常食料九盘"，包括"盐、豉、葱、姜、葵、韭之类各有差"。较低品级的"六品已下、九品已上常食料五盘"，也包括"酱三合，醋三合，豉、盐、葵、韭之类各有差"②。虽然这是皇室的供应，但也从一个侧面反映出包括河洛地区在内的调味品使用情况。乾元二年（759），杜甫从洛阳回华州途中，遇卫八处士，卫八热情招待杜甫，杜甫在临别之际，作《赠卫八处士》，其诗云："问答未及已，驱儿罗酒浆。夜雨剪春韭，新炊间黄粱。"③ 为了招待杜甫，主人卫八冒着夜雨剪韭菜，新蒸黄粱请杜甫。卢仝《寄男抱孙》中也提到"新宅锄藜莠""园里耨葱韭""蒲池种莲藕"④ 等田园生活方式。

上述所列主要是汉唐时期调味品的制作以及作为调味品的葱蒜姜的食用情况，虽然为了完整地再现河洛地区的调味品制作与食用全貌，不可避免地使用了超出区域范围的材料，但从总体来看，这些现象发生的地区均在黄河中下游，与河洛地区有相同的自然环境，因此在一定程度上可以一窥河洛地区调味品的使用和葱姜蒜的种植、食用概况。

---

① （魏）杨衒之撰，周祖谟校释：《洛阳伽蓝记校释》，第138页。

② （唐）李林甫撰，陈仲夫点校：《唐六典》卷四《尚书礼部》，中华书局1992年版，第128—129页。

③ （唐）杜甫著，（清）仇兆鳌注：《杜诗详注》卷六，第428页。

④ （清）彭定求等奉敕编，中华书局编辑部点校：《全唐诗》卷三百八十七，中华书局1999年版，第4383页。

第五节　汉晋时期的饮食

饮食讲究滋味在中国有着悠久的传统，孔子就有论及饮食的言论，《论语·乡党》曰："食不厌精，脍不厌细。食饐而餲，鱼馁而肉败，不食。色恶，不食。臭恶，不食。失饪，不食。不时，不食。割不正，不食。不得其酱，不食。肉虽多，不使胜食气。唯酒无量，不及乱。沽酒市脯不食。不撤姜食，不多食。祭于公，不宿肉。祭肉不出三日。出三日，不食之矣。食不语，寝不言。虽疏食菜羹瓜，祭，必齐如也。席不正，不坐。乡人饮酒，杖者出，斯出矣。"① 孔子在这里提出了许多饮食理论，涉及饮食时的诸多讲究，既有饮食的态度，也有食品的质量，还有饮食的品种以及调味品等。汉晋时期河洛地区作为中国的政治经济中心之一，成为八各荟萃之地，正如《傅子》曰："河南尹内掌帝都，外统京畿，兼古六乡六遂之土。其民异方杂居，多豪门大族，商贾胡貊，天下四会，利之所聚。"② 人员的复杂使河洛地区饮食更加丰富多彩，成为中国饮食文化的典范。

一、关于饮酒食肉

在传统农耕社会环境下，解决温饱问题成为人们的基本需求，至于说饮酒食肉则是社会的理想追求，所谓"鸡豚狗彘毋失其时，女修蚕织，则五十可以衣帛，七十可以食肉"③ 说的就是这个意思。西汉初年，宣曲任氏家族的"家约"规定："非田畜所出弗衣食，公事不毕则身不得饮酒食肉。"这种做法的目的是"以此为闾里率"④。正因为严格的家约，家族因此富有并受到皇帝

① （魏）何晏等注，（宋）邢昺疏：《论语注疏》，李学勤主编《十三经注疏》整理本，北京大学出版社 1999 年版，第 135 页。
② 《三国志》卷二十一《魏书·傅嘏传》，裴注引，第 624 页。
③ 《汉书》卷二十四上《食货志上》，第 1120 页。
④ 《史记》卷一百二十九《货殖列传》，第 3280 页。

的重视。除了节日饮酒食肉外，汉晋时期在日常生活中饮酒食肉要受到许多限制。颍川人贾山曾给孝文帝上《至言》，其中言及在有人亡故后，"未敛不饮酒食肉"①。贾山作为河洛人，向汉文帝建议所列举的成规，必然是根据河洛地区的风俗而来，即人去世后未入殓，亲属不能饮酒食肉。正因为当时有这一不成文的规定，汉文帝临死前下遗诏："毋禁取妇嫁女祠祀饮酒食肉者。"②汉文帝有此遗诏，可能是想到如果按照传统的规定，在他死后禁止饮酒食肉，必然会对百姓生活造成一定的影响，故而下此诏书以显示体恤百姓的情怀。

东汉时期礼的规定，"既葬，释服"③。所以汝南人戴良在母亲死后，"食肉饮酒，哀至乃哭"④，虽然引起世人的不满，但对其也无法从礼法方面加以惩治，恐怕就是这方面的原因。曹操的族子曹休在母亲死后，哀毁过礼，曹丕"使侍中夺丧服，使饮酒食肉"⑤。到了西晋时期，因为司马氏强调以孝治天下，所以对于汉文帝以来的简约规定大加反驳。阮籍"居丧无礼"，何曾在司马昭面前告发阮籍，"公方以孝治天下，而听阮籍以重哀饮酒食肉于公座。宜摈四裔，无令污染华夏"⑥。王戎也与阮籍一样，"以母忧去职。性至孝，不拘礼制，饮酒食肉，或观弈棋，而容貌毁悴，杖然后起"。和峤"亦居父丧，以礼法自持，量米而食，哀毁不逾于戎"。晋武帝对刘毅说："和峤毁顿过礼，使人忧之。"刘毅则答道："峤虽寝苦食粥，乃生孝耳。至于王戎，所谓死孝，陛下当先忧之。"⑦从上述诸事例可以看出，在魏晋名士看来，食肉与尽孝是两码事，和峤之流的孝是做给别人看的，而阮籍、王戎的孝则是发自内心的。

作为食品类的饮品还有清酒。酒作为饮品在中国起源甚早，汉代酒的品

---

① 《汉书》卷五十三《贾山传》，第2334页。
② 《史记》卷十《孝文本纪》，第434页。
③ （晋）司马彪撰，刘昭注补：《续汉书·礼仪志下》，第3143页。
④ 《后汉书》卷八十三《逸民传·戴良》，第2773页。
⑤ 《三国志》卷九《魏书·曹休传》裴注引《魏书》，第279页。
⑥ 《晋书》卷三十三《何曾传》，第995页。
⑦ 《晋书》卷四十三《王戎传》，第1233页。

种更加繁多，清酒作为品种之一在社会生活中被广泛饮用。早在秦昭王时，与西南地区的板楯蛮夷结盟，盟约云："秦犯夷，输黄龙一双。夷犯秦，输清酒一钟。"① 虽然《后汉书》成书较晚，但毕竟去秦汉未远，所记当能反映出当时社会生活的基本样貌。由此记载当说明清酒首先在蛮夷地区出现。董仲舒曾经说到西汉《请雨祝》的仪式中有"玄酒，具清酒膊脯"② 作为祭品的现象；在《止雨祝》中，针对"淫雨太多，五谷不和"现象，亦有"敬进肥牲清酒，以请社灵，幸为止雨"③ 之语。辛延年《羽林郎》诗说到冯子都，"就我求清酒，丝绳提玉壶。就我求珍肴，金盘脍鲤鱼"④。东汉永平年间，郑众在论及百官婚礼《礼物》中有"清酒、白酒"，是因为"清酒降福，白酒欢之由"⑤。曹魏时期，平原人管辂人称少年奇才，琅琊太守单子春为了试探管辂，在管辂拜见单子春时提出："府君名士，加有雄贵之姿，辂既年少，胆未坚刚，若欲相观，惧失精神，请先饮三升清酒，然后言之。"当闻听管辂要求后，"子春大喜，便酌三升清酒，独使饮之"。饮酒之后，管辂与群儒激辩，获得了神童称号。⑥ 青年才俊管辂因才思敏捷，舌战群儒而获得美誉。赤乌四年（241），诸葛瑾去世后，其子诸葛恪因已封侯，次子诸葛融继承其爵位，驻扎在公安，"或有博弈，或有摴蒲，投壶弓弹，部别类分，于是甘果继进，清酒徐行，融周流观览，终日不倦"⑦，饮清酒成为诸葛融奢华生活的一部分。曹魏大墓中作为随葬品的"清酒一斗，月瓶受"和"墨涞画，酒盘二"⑧ 石

---

① 《后汉书》卷八十六《南蛮传·板楯蛮夷》，第 2842 页。
② （晋）司马彪撰，刘昭注补：《续汉书·礼仪志中》，第 3117 页。
③ 苏舆撰，钟哲点校：《春秋繁露义证》卷十六《止雨》，中华书局 1992 年版，第 437 页。
④ 吴冠文、谭蓓芳、章培恒汇校：《玉台新咏》卷一《羽林郎》，上海古籍出版社 2014 年版，第 61—62 页。
⑤ （唐）杜佑撰，王文锦等点校：《通典》卷五十八《礼典十八·公侯大夫士婚礼》，中华书局 1988 年版，第 1650 页。
⑥ 《三国志》卷二十九《魏书·方技传·管辂》裴注引《辂别传》，第 812 页。
⑦ 《三国志》卷五十二《吴书·诸葛融传》，第 1235 页。
⑧ 洛阳文物考古研究院编：《洛阳曹魏大墓出土石牌文字》（内部资料），洛阳市文物考古研究院 2017 年。

牌。应当是符合当时社会的饮酒习俗的。清酒作为日常饮品深深融入民众的生活之中，陆机《百年歌》之六多次反复吟咏"清酒将炙奈乐何"①，反映了清酒在日常生活中的普遍。陆云《左元放》有"清酒一壶，百朋具醉"②，描述饮酒的场景。潘尼《献长安君安仁诗》云："嘉肴纷错，清酒百壶。饮者未醒，宴不及娱。"③ 这是赞美潘岳的诗，描述在饯行的宴会上，美酒佳肴，因酒醉而无法尽情娱乐。

关于家庭内部的饮食《礼记》有许多规定，应当反映了当时人们的设想。作为全国首善之区，这些规定对河洛地区应当也发挥了一定的作用。首先，父母有病期间，饮酒食肉应当有所节制。《礼记·曲礼上》记载"父母有疾"时，子女"食肉不至变味，饮酒不至变貌"。其次，有丧在身，即行"居丧之礼"期间，"有疾则饮酒食肉，疾止复初"。不胜丧，"乃比于不慈不孝"，所以老年人要"五十不致毁，六十不毁，七十唯衰麻在身，饮酒食肉，处于内"④。最后，《礼记·檀弓下》又规定，吊丧时，"行吊之日，不饮酒食肉焉"⑤。在《礼记·丧大记》中还规定了服丧期间的饮食。该书云：

> 既葬，主人疏食水饮，不食菜果，妇人亦如之，君、大夫、士一也。练而食菜果，祥而食肉。食粥于盛，不盥，食于篡者盥。食菜以醯、酱，始食肉者，先食干肉，始饮酒者，先饮醴酒。期之丧，三不食。食疏食水饮，不食菜果。三月既葬，食肉饮酒。期，终丧不食肉，不饮酒。父在，为母为妻。九月之丧，食饮犹期之丧也。食肉饮酒，不与人乐之。五月、三月之丧，一不食，再不食，可也。比葬，食肉饮酒，不与人乐之。叔母、世母、故主、宗子，食肉饮

---

① 金涛声点校：《陆机集》，中华书局1982年版，第84页。
② （晋）陆机、陆云著：《陆机文集·陆云文集》，上海社会科学院出版社2000年版，第282页。
③ 蒋洪冰：《潘尼集校注》，东北师范大学硕士论文2004年，第95页。
④ （汉）郑玄注，（唐）孔颖达疏：《礼记正义》，李学勤主编《十三经注疏》整理本，第66—67、76页。
⑤ （汉）郑玄注，（唐）孔颖达疏：《礼记正义》，李学勤主编《十三经注疏》整理本，第257页。

酒。不能食粥，羹之以菜可也。有疾、食肉饮酒可也。五十不成丧。

七十唯衰麻在身。既葬，若君食之，则食之，大夫、父之友食之，

则食之矣，不辟粱肉，若有酒醴则辞。①

《礼记·丧大记》的规定虽然是针对社会上层而言的，但社会上层的表率作用无疑对于普通民众还是有一定影响的。食肉还有禁忌。汉景帝曾说："食肉毋食马肝，未为不知味也。"师古曰："马肝有毒，食之憙杀人，幸得无食。"②《论衡》卷二十三《言毒篇》云："火困而气热，血毒盛，故食走马之肝杀人，气困为热也。"③ 汉武帝时，为汉武帝寻求长生不老药的文成就是食马肝而死，汉武帝曾对栾大说："文成食马肝死耳。"但是马肝并非不可食，颜师古曾说："今人食马肝马肠者，犹合勺药而煮之。"④ 在当时人看来这可能是为了去除其毒性。其实马肝并未有毒，只是味道甜中带苦味，故而被认为有毒。当时甚至发生了饭后疾走造成呕吐的"迵风"病，被误认为是食用马肝的缘故。汉文帝时，齐国淳于司马对自己所得的"迵风"病认识不足，向太仓公陈述得病原因时说："我之王家食马肝，食饱甚，见酒来，即走去，驱疾至舍，即泄数十出。"淳于司马将得病的原因归于"食马肝"，而不知是"饮食下嗌辄后之，病得之饱食而疾走"⑤ 的原因，即饭后快跑的缘故。战国秦汉以来还流传着千里马的马肝味道甜美的说法。燕太子丹与荆轲"共乘千里马"，荆轲对燕太子丹说："闻千里马肝美。"燕太子丹即满足荆轲的要求，"即杀马进肝"⑥。这只是荆轲试探燕太子丹的诚心而已。马肝虽然不可食用，但猪肝食用则见诸记载。闵仲叔客居安邑，"老病家贫，不能得肉，日买猪肝一片，屠者或不

①　（汉）郑玄注，（唐）孔颖达疏：《礼记正义》，李学勤主编《十三经注疏》整理本，第1259—1261 页。

②　《汉书》卷八十八《儒林传·辕固》，第 3612 页。

③　（汉）王充：《论衡》，第 350 页。

④　《汉书》卷五十七上《司马相如传上》，第 2544 页。

⑤　《史记》卷一百五《仓公列传》，第 2809—2810 页。

⑥　程毅中点校：《燕丹子》卷下，中华书局 1985 年版，第 12 页。

肯与，安邑令闻，敕吏常给焉"①。闵仲叔虽然因贫穷食不起肉，但在县令的关照下得以满足自己的口腹之欲，所以当他知道真相后离开了这里。

关于当时河洛地区的肉食消费数量，在史书中也有所反映。司马迁记述在汉代的市场上，曾有人"屠牛羊彘千皮"，获利"比千乘之家"②的说法，反映了肉食消费的大体状况。《盐铁论·散不足》中，贤良大夫描述汉代社会对肉食消费的情况时说："今富者逐驱歼罔置，掩捕麛觳，耽湎沈犹，铺百川。鲜羔䱥，䴵胎扁，皮黄口。春鹅秋雏，冬葵温韭，浚茈蓼苏，丰弈耳菜，毛果虫貉。""今民间酒食，殽旅重叠，燔炙满案，臑鳖脍鲤，麑卵鹑鷃橙枸，鲐鳢醢醯，众物杂味。""今宾昏酒食，接连相因，析酲什半，弃事相随，虑无乏日。""今闾巷县佰。阡伯屠沽，无故烹杀，相聚野外。负粟而往，挈肉而归。夫一豕之肉，得中年之收，十五斗粟，当丁男半月之食。""今熟食遍列，殽施成市，作业堕怠，食必趣时。杨豚韭卵，狗膈马朘，煎鱼切肝，羊淹鸡寒，蜩马酪日，寒捕庸脯，胹羔豆赐，觳膹雁羹，自鲍甘瓠，热粱和炙。"③ 贤良大夫通过古今的对比赞扬上古时期君主的廉政，但由此我们也可以看出汉代社会肉类消费的群体已经由社会上层而遍及社会下层。虽然这里没有特指河洛地区，但从当时社会群体的消费水平来看，河洛地区无疑是这种现象存在的重要地区，故而贤良大夫有此总结。东汉洛阳市场肉食售卖可以看出居民消费的基本状况。《论衡》卷十四《寒温篇》云："帝都之市，屠杀牛羊，日以百数。"④ 这大概反映了东汉洛阳市场上牛羊肉的消费量。随着食肉消费量的增加，汉晋时期人们对肉的分类也更加详细。《说文解字》中由"肉"演变而来一类"月"字旁的字就有：肫、肌、脈、胆、育、肾、肺、脾、肝、胆、胃、脬、肠、膏、肪、膺、肛、背、肋、膀、胕、肋、肿、胲、

---

① 《后汉书》卷五十三《序》，第1740页。
② 《史记》卷一百二十九《货殖列传》，第3274页。
③ 马非百注释：《盐铁论简注》，第221、229、230—231、235页。
④ （汉）王充：《论衡》，第221页。

肩、胳、胈、臂、臑、肘等数十个字，虽然其中有的是针对人来讲的，但许多是专门指牲畜而言的。如"肉，胾肉。""肌，肉也。""肴，杂肉也。""腌，渍肉也""膰，宗庙火孰肉。"《榖梁传》也记载了肉的分类。所谓"脤者，何也？俎实也，祭肉也。生曰脤，熟曰膰。"① 《尔雅·释器》云："肉曰脱之，鱼曰斮之。""肉谓之羹，鱼谓之鮨。肉谓之醢，有骨者谓之臡。"② 从上述肉的分类也可以反映出汉代人食肉的广泛。

肉食现象也体现了社会公平的意义。陈平的故乡，"里中社，平为宰，分肉食甚均"③。社日里中分肉，反映了相对公平的邻里关系。建武十一年（35）马援任陇西太守，在征西羌时，"流矢贯胫"，光武帝"以玺书劳之，赐牛羊数千头，援尽班诸宾客"④。马援将牛羊分与部下，让部下改善生活，也体现了马援体贴将士，与大家有福同享的观念。虽然说这些牲畜不一定来自河洛地区，但至少说明这种与部下同甘共苦的精神是可贵的。有一定地位的人家，肉食烹饪颇为讲究。谢承《后汉书》曰："陆续诣诏狱，其母至京师饷食。续对饷泣曰：'续母来。'使者问其故，答曰：'续母作羹，截肉未尝不方，断葱寸寸无不同，是以知母来。'"⑤ 陆续从母亲烹饪过程"截肉未尝不方，断葱寸寸无不同"看出母亲的烹饪手艺来，故而对饭食而泣。《太康起居注》曰："尚书郭弈有疾，日赐酒米各伍升，猪羊肉各一斤。石崇，崔亮母疾，日赐清酒、粳米各伍升、猪羊肉各一斤半。"⑥ 作为社会上层，郭弈、石崇、崔亮在有疾病时能够获得晋武帝的赏赐，足以说明猪羊肉是主要肉食。《世说新语·言语篇》云："陆机诣王武子，武子前置数斛羊酪，指以示陆曰：'卿江东无

①　（晋）范宁集解，（唐）杨士勋疏：《春秋榖梁传注疏》，李学勤主编《十三经注疏》整理本，北京大学出版社 1999 年版，第 331 页。

②　（晋）郭璞注，（宋）邢昺疏：《尔雅注疏》，李学勤主编《十三经注疏》整理本，第 145 页。

③　《史记》卷五十六《陈丞相世家》，第 2052 页。

④　《后汉书》卷二十四《马援传》，第 835 页。

⑤　（宋）李昉等：《太平御览》卷八百六十一《饮食部十九·羹》，第 3824 页。

⑥　（宋）李昉等：《太平御览》卷八百六十三《饮食部二十一·肉》，第 3834 页。

敌此？'陆云：'有千里莼羹，但未下盐豉耳。'"① 这些都是发生在洛阳饮食中含有猪羊肉的真实案例。《世说新语·汰侈篇》记载，王济（字武子）曾向晋武帝供馔，"蒸㹠肥美，异于常味"，而这种㹠是"以人乳饮㹠"后加工而成，结果晋武帝"甚不平，食未毕，便去"②。可见当时士族门阀对饮食的讲究已经到了极致，要想尽一切办法满足自己的口腹之欲，但这种变态的烹饪方式还是引起了晋武帝的不满，故而不等食用完毕即离席。王隐《晋书》曰："愍怀太子令人屠肉，已自分齐，手揣轻重，斤两不差，云其母本屠家之女也。"③ 愍怀太子作为皇太子能够手揣肉的斤两，从一个侧面显示出他生活基础的深厚，或许与母亲家族的影响有关，无论如何较之于晋惠帝作为太子时，当百姓都饿死时，尚云"何不食肉糜"④ 要贴近实际生活。

北魏时期，河洛地区的食肉问题随着鲜卑族迁都洛阳而迅速普及开来。贾思勰《齐民要术》列出《作鲊》《作脯腊》《作羹臛》《蒸缹法》《脏、腤、煎、消法》《菹绿》等涉及鲤鱼、牛、羊、獐、鹿、野猪、家猪肉，鹅、雁、鸡、鸭、鸧、鸹、凫、雉、兔、鹌鹑、生鱼等不同动物及禽类的制作方法，具有许多可操作性的制作方法。

肉食中需要提及的还有羹，与粥有相同的地方，在制作方法上相类似，都需要经过熬制方能增加其香味，不同的地方在于制作的原料差异，粥是用植物籽实作为原料，而羹则是以动物肉作为原料。《尔雅·释器》曰："肉谓之羹，鱼谓之鲊。肉谓之醢，有骨者谓之臡。"⑤ 作为肉的加工，制作羹是其方式之一。《尚书·说命下》云："若作和羹，尔惟盐梅。"孔安国《传》云："盐，咸。梅，醋。羹须咸醋以和之。"⑥ 这说明肉羹的熬制需要以盐、醋调

---

① 徐震堮：《世说新语校笺》，第48页。
② 徐震堮：《世说新语校笺》，第469页。
③ 李昉等：《太平御览》卷八百六十三《饮食部二十一·肉》，第3834页。
④ 《晋书》卷四《孝惠帝纪》，第108页。
⑤ （晋）郭璞注，（宋）邢昺疏：《尔雅注疏》，李学勤主编《十三经注疏》整理本，第145页。
⑥ （汉）孔安国传，（唐）孔颖达疏：《尚书正义》，李学勤主编《十三经注疏》整理本，北京大学出版社1999年版，第253页。

制,才能去腥气,促软烂。《诗经·鲁颂·閟宫》言及秋祭时,有"白牡骍刚,牺尊将将。毛炰胾羹,笾豆大房"之句,郑玄《笺》云:"毛炰,豚也。胾,肉也。羹,大羹、铏羹也。"① 赞美周人先祖加工肉制品的花色品种,其中有肉羹。在先秦最为值得人们关注的是殷纣王在"醢九侯","脯鄂侯"之后,对于周文王之子伯邑考的处罚,"纣烹为羹,赐文王"②,以摧毁周文王的反叛意志,但事与愿违,商最终被周所灭。无独有偶,在楚汉相争之时,当项羽以刘邦的父亲为人质,甚至威胁刘邦"今不急下,吾烹太公"。刘邦则针锋相对说我们二人结拜为兄弟,我的父亲即是您的父亲,"必欲烹而翁,则幸分我一杯羹"③。虽然项羽听从项伯的建议没有最终烹刘邦之父,但在先秦时期将人烹为羹则显现出政治斗争的残酷。地皇三年(22)夏,关东地区流民数十万人涌入关中,为了救济灾民,王莽"乃置养赡官禀食之",然而使者与小吏共同盗取禀食,并欺骗王莽"市所卖粱饭肉羹",百姓遭受更大的苦难。④前文引述谢承《后汉书》记载陆续母亲探监时所制作的羹明显就是肉羹,因为陆续说他母亲制作羹时"截肉未尝不方",可见陆续的母亲在熬制肉羹之前将生肉切成小丁然后下锅。张衡《东京赋》有"毛炰豚胉,亦有和羹"⑤,亦是在肉汤中间加入蔬菜。还有水产品做的羹,桓麟《七说》云:"河鼋之羹,齐以兰梅,芳芬甘旨,未咽先滋。"⑥ 这是说用大鳖在熬制肉汤时,将兰梅加入作为调料,鳖汤就会散发出芬芳甘甜的味道,使人有未咽而醇香满口。汉桓帝时,崔骃《七依》也云:"□中鼋□,膳史信羹,甘酸得适,齐和有方。"⑦ 再次说明用鳖熬制的汤,需要加入兰梅等香料增香去腥。汉灵帝熹平五年(176),刘宽为太尉,生性宽缓,他的妻子曾经试图激怒他,在一次上

---

① (汉)郑玄笺,(唐)孔颖达疏:《毛诗正义》李学勤主编《十三经注疏》整理本,第1413页。
② 《史记》卷三《殷本纪》,第106页。
③ 《史记》卷七《项羽本纪》,第327页。
④ 《汉书》卷九十九下《王莽传下》,第4177页。
⑤ (汉)张衡著,张震泽校注:《张衡诗文集校注》,第133页。
⑥ (宋)李昉等:《太平御览》卷八百六十一《饮食部十九·羹》,第3826页。
⑦ (隋)虞世南:《北堂书钞》卷一百四十四《酒食部三·羹篇》,第644页。

朝前，当刘宽"装严已讫，使侍婢奉肉羹，翻污朝衣"。刘宽不仅没生气，反而询问侍婢说："羹烂汝手？"① 肉羹烫手是日常生活中的常见现象，刘宽不是责备侍婢将汤洒在自己的衣服上，而是关心侍婢的手是否被汤烫伤，显现出宽厚仁爱的胸怀。王粲《七释》亦云"鼋羹蠵臛"，表明鳖汤与海龟羹食用的普遍。东汉时期，皇室举行的正月朝受贺礼仪，"司空奉羹，大司农奉饭，奏食举之乐"②，显然这种羹也应当是肉羹。西晋也继承了这一传统。《咸宁注》云："太官令持羹跪授司徒，持饭跪授大司农，尚食持案并授持节，持节跪进御坐前。"③ 潘尼《恶道赋》提到"羊羹八特"④，再次显示出羊羹在日常生活中的普遍。

先秦时期，除了肉羹之外，还有菜羹，亦作"藜藿之羹"，属于一般家庭所食用。何谓"藜藿之羹"？《正义》云："藜，似藿而表赤。藿，豆叶也。"⑤ 张仪说韩国环境恶劣，"韩地险恶山居，五谷所生，非菽而麦，民之食大抵菽饭藿羹"⑥，以显示韩国生活的艰辛。刘邦早年在故乡活动时曾经请同伴回家吃饭，但是他的嫂子"佯为羹尽，栎釜"，客人不得不离去，刘邦回头"视釜中尚有羹"，心中怨恨嫂子，所以在他称帝后分封兄弟时，唯独不分封兄长之子，甚至在其父亲出面询问时，刘邦曰："某非忘封之也，为其母不长者耳。"看在其父的面子上，"于是乃封其子信为羹颉侯"。《索隐》云："羹颉，爵号耳，非县邑名，以其栎釜故也。"⑦ 根据秦末刘邦家庭的经济状况，极有可能釜中熬制的是菜羹。汉顺帝在位期间，崔瑗文名颇高，加之好客，在招待客人时，常常"盛脩肴膳，单极滋味，不问余产"，而平时则颇为节俭，"居常蔬食菜羹而已"。李贤注引《华峤书》曰"瑗爱士，好宾客，盛脩肴膳。或言

①《后汉书》卷二十五《刘宽传》，第888页。
②（晋）司马彪撰，刘昭注补：《续汉书·礼仪志中》，第3130页。
③《晋书》卷二十一《礼志下》，第649页。
④ 蒋洪冰：《潘尼集校注》，东北师范大学2004年硕士论文，第57页。
⑤《史记》卷一百三十《太史公自序》，第3290页。
⑥《史记》卷七十《张仪列传》，第2293页。
⑦《史记》卷四十九《楚元王世家》，第1987页。

其太奢。瑗闻之怒，敕妻子曰：'吾并日而食，以供宾客，而反以获讥，士大夫不足养如此。后勿过菜具，无为诸子所蚩也。'终不能改，奉禄尽于宾飨也。"① 这可能是崔瑗的一种生活方式。缪袭《祭仪》云："夏祀调和羹，芼以葵；秋祀调和羹，芼以葱；春祀调和羹，芼以韭。"② 这些用葵、葱、韭均是菜羹。应贞《释左杂论》云："极芍药之羹，爽口之食。"③ 这是用芍药加进羹中，使羹非常爽口。

酒类消费与居民生活紧密相连，在日常饮食中多有饮酒现象，但对于亲人亡故饮酒有限制，有一定的礼仪规定。酒类消费最为值得关注的是清酒的饮用。肉类食物作为居民饮食的主要食品，从先秦以来就已进入河洛地区居民的生活，从肉食消费的种类来看，肉羹作为制作后的肉食品种，说明肉食消费的广泛性，肉食消费体现了社会生活的多样化色彩。

二、关于蔬食

汉晋时期，河洛地区社会上层的饮食结构是以肉食为主的，而普通的民众更多的是以蔬食作为日常生活的饮食。所谓蔬食是指以草菜为食。

关于蔬食，在河洛地区的历史上记载比较多。相对于肉食来讲，蔬食是普通百姓日常饭桌的标配。老子关于蔬果的储藏有这样的见解，"是以群生以长，万物蕃殖，春伐枯槁，夏收百果，秋蓄蔬食，冬取薪蒸，以为民资"④。《论语·述而》说颜回"饭蔬食饮水，曲肱而枕之，乐亦在其中矣"。《论语·乡党》又云："虽蔬食菜羹瓜祭，必齐如也。"⑤《墨子》卷十五《杂守》云："取疏，令民家有三年畜蔬食，以备湛旱、岁不为常。令边县豫种畜芫、芸、

---

① 《后汉书》卷五十二《崔瑗传》，第 1724 页。
② （隋）虞世南：《北堂书钞》卷一百四十四《酒食部三·羹篇》，第 644 页。
③ （隋）虞世南：《北堂书钞》卷一百四十二《酒食部一·总篇一》，第 634 页。
④ 李定生、徐慧君校释：《文子校释》卷十《上仁》，上海古籍出版社 2004 年版，第 396 页。
⑤ （魏）何晏等注，（宋）邢昺疏：《论语注疏》，李学勤主编《十三经注疏》整理本，北京大学出版社 1999 年版，第 91、135 页。

乌喙、袟叶，外宅沟井可填塞，不可，置此其中。"①《荀子·正名》亦说："蔬食菜羹而可以养口。"②《墨子》《荀子》的思想反映了春秋战国时代对蔬食的态度。西汉盐铁之争时，贤良大夫曾经说："邹、鲁、周、韩，藜藿蔬食。"③ 上述周、韩之地正是河洛地区的范围，可见百姓饮食以蔬食为主。由于史料杂糅在一起较多，故而将蔬菜食用一并论述，究其实蔬食与食用蔬菜是有差异的。

《四民月令》曾经提到过许多蔬菜种植，亦反映了以田庄经济为代表的河洛地区蔬菜种植的情况，虽非蔬食之证，但亦可证蔬菜在日常生活中食用的普遍。在《四民月令》中种菜的规定细节详尽而真实。正月，"可种瓜、瓠、芥、葵、𦵔、大小葱、蓼、苏、牧宿子及杂蒜、芋。可别韭、芥"。"三月三日可种瓜"。清明节"节后十日，封生姜。至立夏后，芽生，可种之"。"四月立夏节后，蚕大食，可种生姜……收芜菁及芥、亭历、冬葵、蒆茹子。布谷鸣，收小蒜"。六月，"是月六日可种葵。中伏后，可种冬葵；可种芜菁、冬蓝、小蒜、别大葱"。"大暑中伏后，可畜瓠，藏瓜，收芥子，尽七月止。"七月，"是月也，可种芜菁及芥、牧宿、大小葱子、小蒜、胡葱。别韭。藏韭菁"。八月，"可断瓠作蓄，乾地黄。作末都。刈萑苇及刍葵。收韭菁；作捣齑。……种大小蒜、芥"④。通过《四民月令》关于蔬菜的种植的详细时令记述，可以看出东汉时期河南境内蔬菜种植技术的成熟。汉灵帝永兴元年因为水旱连绵不断，所以次年六月，汉灵帝下诏"其令所伤郡国种芜菁以助人食"⑤。从汉代居民所食亦可以看出菜在居民生活中所具有的文化意义，食用蔬菜成为家庭清贫和官员廉洁的象征。《东观汉记》记载：汉顺帝永和初年(136)，京城因"饥年谷贵民馁"，梁商"辄遣苍头去帻着巾，车载米盐菜钱

---

① 吴毓江撰，孙启治点校：《墨子校注》，中华书局1993年版，第976页。

② 王先谦撰，沈啸寰、王星贤点校：《荀子校注》，中华书局1988年版，第432页。

③ 马非百注释：《盐铁论简注·通有第三》，第23页。

④ (汉)崔寔原著，石声汉校注：《四民月令校注》，第13、26、31—33、51—52、56页。

⑤ 《后汉书》卷七《孝桓帝纪》，第299页。

于四城门与贫乏"①。梁商既然能够将数量颇大的蔬菜给予贫民，说明梁商在京城有大量的土地可供种菜之用，或许有成规模的菜园，可见当时黄河流域地主的田庄都有专门的菜园。

蔬食作为普通民众日常生活所食用，在灾荒之年，官府往往号召民众蔬食。东汉时期汉和帝和汉安帝曾经多次发布诏书，号召民众蔬食度过灾年。永元五年（93）九月，汉和帝发布诏书："令郡县劝民蓄蔬食以助五谷。其官有陂池，令得采取，勿收假税二岁。"永元十二年春二月，汉和帝又下诏："诏贷被灾诸郡民种粮。赐下贫、鳏、寡、孤、独不能自存者，及郡国流民，听入陂池渔采，以助蔬食。"②汉安帝在永初三年（109）七月，"诏长吏案行在所，皆令种宿麦蔬食，务尽地力，其贫者给种饷"③。这些蔬食是较之于普通食物更加低劣的食品，其目的是为了帮助灾民度过灾荒。汉安帝时期的这次灾荒波及黄河中下游地区，当时在关中地区的窦章，举家迁往陈留郡的外黄县，"居贫，蓬户蔬食，躬勤孝养，然讲读不辍"，最后入东观为校书郎。④这是身处逆境而自强不息的典型例证。

社会上层能够坚持蔬食而为之，可以作为廉洁的象征。东汉历史上曾留下大量为官清廉者以蔬食而被赞扬的典型事例。弘农人杨震虽然官至涿郡太守，但其子弟在故乡仍然"常蔬食步行"⑤。宣秉虽贵为司隶校尉，然"性节约，常服布被，蔬食瓦器"，受到光武帝的称赞。⑥汉桓帝时，朱穆为官数十年，"蔬食布衣"，延熹六年（163）死后"家无余财"，"公卿共表穆立节忠清，虔恭机密，守死善道，宜蒙旌宠。策诏褒述，追赠益州太守"⑦。汉桓帝时，李固被宦官迫害致死，其门人董班"乃星行奔赴，哭泣尽哀"，并以"恶

---

① （宋）李昉等：《太平御览》卷四百七十六《人事部一百一十七·施恩上》，第2184页。
② 《后汉书》卷四《孝和帝纪》，第177、186页。
③ 《后汉书》卷五《孝安帝纪》，第213页。
④ 《后汉书》卷二十三《窦章传》，第821页。
⑤ 《后汉书》卷五十四《杨震传》，第1760页。
⑥ 《后汉书》卷二十七《宣秉传》，第927页。
⑦ 《后汉书》卷二十七《朱穆传》，第1473页。

衣蔬食"① 的方式表达哀痛。曹操为司空丞相时，毛玠与崔琰共同主持官员选拔，毛玠虽居显位，"常布衣蔬食，抚育孤兄子甚笃，赏赐以振施贫族，家无所余"②。毛玠清廉的形象骤然清晰明了。东汉末年，交趾人黄豪为外黄令，"豪均己节俭，粗衣蔬食，所得俸秩，悉赐贫民，一县称平，当时邻县蝗虫为灾，而独外黄无有，岁皆丰熟，民先流移者，悉归附之"③。作为外黄县令能够廉洁自律，与百姓共甘苦，因而赢得了百姓的好评。魏晋时期，河洛地区廉洁的官员层出不穷。曹魏时，国渊为太仆，"居列卿位，布衣蔬食，禄赐散之旧故宗族，以恭俭自守"④。再如华歆，官拜司徒，非常廉洁，连魏文帝也感叹："今太官重膳，而司徒蔬食，甚无谓也。"因而"特赐御衣，及为其妻子男女皆作衣服"⑤。晋武帝时，华恒官至左光禄大夫、开府，然而他"清恪俭素，虽居显列，常布衣蔬食，年老弥笃。死之日，家无余财，唯有书数百卷，时人以此贵之"⑥。邓攸在任吏部尚书时，"蔬食弊衣，周急振乏"⑦。在社会财富极度短缺的魏晋时代，这些蔬食的清廉官员展示了那个时代社会正直观念的文化风貌。

除了上述现象之外，蔬食也是守丧之人日常所食的食物。因为这一现象历代没有太大变化，也非河洛地区所独有，兹略而不论。

三、关于面食

作为传统的饮食品种，"饼"作为食品在秦汉之际已经出现，相传汉高祖的父亲太上皇迁居长安后，"凄怆不乐"，当刘邦问其原因时，"答以平生所好

---

① 《后汉书》卷六十三《李固传》李贤注引《楚国先贤传》，第 2088 页。
② 《三国志》卷十二《魏书·毛玠传》，第 375 页。
③ （唐）欧阳询撰，汪绍楹校：《艺文类聚》卷一百《灾异部·蝗》引《广州先贤传》，第 1731 页。
④ 《三国志》卷十一《魏书·国渊传》，第 340 页。
⑤ 《三国志》卷十三《魏书·华歆传》，第 403 页。
⑥ 《晋书》卷四十四《华恒传》，第 1263 页。
⑦ 《晋书》卷九十《良吏传·邓攸》，第 2340 页。

皆屠贩少年，酤酒卖饼，斗鸡蹴鞠，以此为欢，今皆无此，故不乐"。为了满足父亲的需要，汉高祖"乃作新丰，徙诸故人实之"，太上皇"乃悦"①。以刘邦故乡沛县而言，至少从秦代开始已有"卖饼"者，刘邦迁往新丰的"故人"到来，必然会将制作饼的技术带到长安，使饼的食用范围进一步推广。汉昭帝时，汉宣帝作为皇室成员得以"时会朝请"，居住在"长安尚冠里"，"每买饼，所从买家辄大雠，亦以是自怪"②。这是民间以"饼"为食的典型例证。王莽称帝后，所任用的人员中亦有卖饼出身的。始建国元年（9）正月初一日，王莽称帝，辅臣皆封拜，其中京兆人王盛为前将军，崇新公，其出身有"王盛者，卖饼"之说。当时王莽的心腹甄丰被迁任更始将军，就"与卖饼儿王盛同列"，成为西汉末年的政治奇闻。③秦汉时期，掌握"掌山海池泽之税，以给共养"的少府，其属官中有汤官一职，师古曰"汤官主饼饵"④。以此而论，西汉时期的"饼"应当包括两种，即类似面条的汤饼与蒸饼（蒸馍）。虽然说上述史实都无河洛地区食用饼的确证，但至少从沛县到关中地区饼的西移过程是经过河洛地区的，应当说黄河中下游地区饼的食用极为普遍。

东汉时期，饼作为面食之一，在日常生活中也是多次出现在史书中。建武二十九年（53），第五伦以淮阳国医工长身份到达洛阳，受到光武帝的召见。光武帝与第五伦开玩笑曰："闻卿为市掾，人有遗母一笥饼者。卿从外来见之，夺母笥，探口中饼，信乎？"⑤虽是光武帝的玩笑话，但说明在第五伦曾经担任长安市掾期间，市场上有专门卖饼的人。汉质帝因为不满梁冀的骄横，说他是跋扈将军，引起梁冀的憎恨，"遂令左右进鸩加煮饼"⑥，毒害汉质

---

① 《史记》卷八《高祖本纪》张守节《正义》引《括地志》，第 387 页。
② 《汉书》卷八《宣帝纪》，第 237 页。
③ 《汉书》卷九十九中《王莽传中》，第 4101、4123 页。
④ 《汉书》卷十九上《百官公卿表上》，第 731 页。
⑤ 《后汉书》卷四十一《第五伦传》，李贤注引《华峤书》，第 1397 页。
⑥ 《后汉书》卷三十四《梁冀传》，第 1179 页。

帝。汉质帝饮鸩之后，对赶来的李固说："食煮饼，今腹中闷，得水尚可活。"① 汉质帝可能至死都没有想到是梁冀下毒，以为是吃煮饼而死。汉桓帝时期，朝政腐败，中常侍唐衡兄长唐玹借其弟威势为京兆虎牙都尉，民众"以玹进不由德，皆轻侮之"。京兆长陵人赵岐与从兄赵袭"又数为贬议"，使唐玹对赵岐兄弟非常痛恨。延熹元年（158），唐玹为京兆尹，赵岐担心祸及，乃逃离京城，辗转江、淮、海、岱各地，"自匿姓名，卖饼北海市中"，当时安丘孙嵩就看出赵岐"非卖饼者"②。关于赵岐在北海市场所卖之饼，《世语》曰：赵岐"转诣北海，著絮巾布袴，常于市中贩胡饼"③。汉末，华佗路遇"病咽塞者"，告诉病人曰："向来道隅有卖饼人，萍虀甚酸，可取三升饮之，病自当去。"④ 这里说的应当是有汤水相伴的汤饼。

从秦汉以来，饼的品种有汤饼、胡饼等品种，可以说是不同的面食技术加工而成，汤饼、煮饼类似今天的面条，而胡饼究竟是哪一种，从洛阳曹魏大墓出土石牌文字中有"胡饼炉"来分析，可以说是烤饼的一种。甚至还有"面一斗"文字，应当是制作"饼"的原料。石牌文字中还有"饼"，"煮饼"等文字⑤，足见饼的种类以及饼食用的普遍。

面食中还有粥，粥的食用非常普遍。战国时期，赵孝成王元年（前265），面对秦人的不断进攻，赵国向齐国求援，齐国要求只要以赵惠文王之子长安君为质子方可出兵，赵威后严词拒绝，并且不听大臣的劝告，左师触龙在劝说时曾询问："食得毋衰乎？"赵威后曰："恃粥耳。"触龙借此引出话题，最终成功将长安君派往齐国作为质子。⑥ 由此可以看出，粥是适合老年人所用的

---

① 《后汉书》卷六十三《李固传》，第2085页。
② 《后汉书》卷六十四《赵岐传》，第2122页。
③ 《三国志》卷十八《魏书·阎温传》裴松之注引，第554页。
④ 《后汉书》卷八十二下《方术传·华佗》，第2737页。《三国志》卷二十九《魏书·方技传·华佗》，第801页。
⑤ 洛阳文物考古研究院编：《洛阳曹魏大墓出土石牌文字》（内部资料），洛阳市文物考古研究院2017年。
⑥ 《史记》卷四十三《赵世家》，第1822页。

食物。《礼记·月令》又云：仲秋之月，"养衰老，授几杖，行糜粥饮食。"糜粥因为香糯而适合老年人食用。《礼记·问丧》记载，在父母去世后，孝子"水浆不入口，三日不举火，故邻里为之糜粥以饮食之"。孔颖达疏云："糜厚而粥薄，薄者以饮之，厚者以食之。"① 这说明汉代糜粥食用是社会各阶层的普遍食品。正因为糜粥食用的普遍，汉代出现了"施糜"之神，《索隐》郑氏云："主施糜粥之神。"② 因粥出现了糜粥之神足以说明粥在饮食中占据重要的地位。王莽末年，面对汹涌而起的农民起义军，无计可施，乃听从崔发的建议，在南郊大哭以去灾避难，他甚至令"诸生小民会旦夕哭，为设飧粥，甚悲哀及能诵策文者除以为郎，至五千余人"③。这些"诸生小民"为了在饥荒时获得"飧粥"而助哭，个别表演逼真者甚至获得郎的身份。

东汉时期，粥仍然是河洛地区的主要饮食之一。首先，粥是孝子在悲伤情境下的主要饮食。光武帝的表兄弟樊鯈"事后母至孝，及母卒，哀思过礼，毁病不自支"。在这种情况下，光武帝"常遣中黄门朝暮送馔粥"④，使其能够合理饮食。这也符合《礼记·问丧》关于孝子的饮食规定。汝南慎阳人戴良兄弟在母亲亡故后，"兄伯鸾居庐啜粥，非礼不行，良独食肉饮酒，哀至乃哭，而二人俱有毁容"⑤。虽然有人对戴良进行指责，但也无法说服他。其次，粥是行养老礼中供给老人的食物，继承了《礼记·月令》的相关规定。《续汉书·礼仪志中》云："年始七十者，授之以王杖，餔之糜粥。"元和元年（84），汉章帝诏告庐江太守、东平相说"议郎郑均，束脩安贫，恭俭节整，前在机密，以病致仕，守善贞固，黄发不怠。又前安邑令毛义，躬履逊让，比征辞病，淳絜之风，东州称仁"。对于庐江人毛义、东平人郑均在位期间的

① （汉）郑玄注，（唐）孔颖达疏：《礼记正义》，李学勤主编《十三经注疏》整理本，第524、1535—1538页。
② 《史记》卷二十八《封禅书》，第1379页。
③ 《汉书》卷九十九下《王莽传下》，第4187页。
④ 《后汉书》卷三十二《樊鯈传》，第1122页。
⑤ 《后汉书》卷八十三《逸民传·戴良》，第2773页。

良好形象，要求二郡的父母官对二位老人予以关照，"其赐均、义谷各千斛，常以八月长吏存问，赐羊酒，显兹异行"①。章和元年（87）秋，"令是月养衰老，授几杖，行糜粥饮食。其赐高年二人共布帛各一匹，以为醴酪"②。元初四年（117）七月，汉安帝根据《月令》"仲秋养衰老，授几杖，行糜粥"的规定准备行养老礼，然而因为当时发生了"京师及郡国十雨水"的水灾，结果却出现了"虽有糜粥，糠秕相半，长吏怠事，莫有躬亲，甚违诏书养老之意"。他进一步强调："其务崇仁恕，赈护寡独，称朕意焉。"③ 这是在河洛地区全面实行养老礼中以粥供养老年人。再次，粥在灾荒之年也是救人的最好食物。永元四年（92），曹褒为城门校尉、将作大匠，"时有疾疫，褒巡行病徒，为致医药，经理馈粥，多蒙济活"④。永嘉之乱后，京城洛阳发生了严重的粮荒，建兴四年（316）十月，京师发生严重的饥荒，"米斗金二两，人相食，死者太半"。为了供给晋愍帝食物，"太仓有曲数十饼，曲允屑为粥以供帝，至是复尽"⑤。这是将酒曲弄碎成为碎屑熬成粥来供给晋愍帝。贵为皇帝的晋愍帝在窘迫的情况下也以粥为食，普通百姓当更加凄惨。最后，粥作为与日常饮食中的主食，在文化与政治领域均演绎出精彩的历史活剧。太原人郭泰在洛阳受到河南尹李膺的重视，陈国童子魏昭跟随郭泰学习，"泰尝不佳，命昭作粥，粥成，进泰"。对于魏昭进献粥的过程中没有毕恭毕敬，郭泰呵斥曰："为长者作粥，不加意敬，使不可食！"郭泰"以杯掷地"，再次试探魏昭，"昭更为粥重进，泰复呵之。如此者三，昭姿容无变"。最终感动郭泰，与其成为莫逆之交。⑥ 魏昭为了跟随郭泰学习，谦卑的形象正是学人求学的诚恳态度。而司马懿为了迷惑曹爽在喝粥时假装将粥洒到胸前，使曹爽感到司

①《后汉书》卷二十七《郑均传》，第946页。
②《后汉书》卷三《肃宗孝章帝纪》，第157页。
③《后汉书》卷五《孝安帝纪》，第227页。
④《后汉书》卷三十五《曹褒传》，第1204页。
⑤《晋书》卷五《孝愍帝纪》，第130页。
⑥《资治通鉴》卷五十五《汉纪四十七·孝桓皇帝中》"延熹七年"条，第1770页。

马懿不再是威胁。曹魏正始九年（248），曹爽为了弄清司马懿的病情，派即将出任荆州刺史的李胜前往探察。司马懿见李胜时，"宣王令两婢侍边，持衣，衣落；复上指口，言渴求饮，婢进粥，宣王持杯饮粥，粥皆流出沾胸"，最终骗过李胜，"胜愍然，为之涕泣"①。司马懿以洒粥作为自己病重年老来蒙骗李胜，最终使曹爽放松警惕。这可以说是历史上以粥掩盖政治目的最为完美的表演。西晋时期，在洛阳的官宦人家多以粥来招待客人，如石崇招待客人时，"为客作豆粥，咄嗟便办"。之所以有如此快速的做法，是因为"豆至难煮，豫作熟末，客来，但作白粥以投之耳。韭萍齑是捣韭根杂以麦苗耳"②。豆粥用来招待贵客，显示出这种食品的珍贵。又，傅咸《司隶教》曰："闻南方有蜀妪，作茶粥卖，廉事欧其器具。无为，又卖饼于市。而禁茶粥，以困蜀姥，何哉？"③在洛阳市场上有茶粥出卖，说明来自南方蜀地的茶粥已经传到北方，并且成为人们喜爱的饮食，而市场管理者廉事砸毁其器具，引起傅咸的质问。

由上可见，汉魏时期在河洛地区粥有多种，如糜粥、白粥、豆粥、茶粥、曲粥等不同的类型，这种不同类型的粥是因为原料的不同而差异。粥作为食品在社会各阶层都有食用，体现了这种食品为社会各阶层的喜爱，也展现出河洛地区社会生活中的食物多样性。

第六节　北魏时期的饮食

北魏孝文帝迁都洛阳后，洛阳成为北方地区多民族荟萃的一座城市，各种饮食习俗在这里碰撞、融合，丰富了居民的社会生活。这里既有来自草原地带的肉食品种和传自江南地区的水产品，也有黄河流域已有的传统食品，

---

① 《三国志》卷九《魏书·曹爽传》裴注引《魏末传》，第286页。
② 《晋书》卷四十九《石崇传》，第1007页。
③ （宋）李昉等：《太平御览》卷八百六十七《饮食部二十五·茗》，第3844页。

琳琅满目的各种食品构成了河洛地区居民生活的重要内容，体现了河洛地区容纳各方饮食习俗的文化品格。

一、来自草原地区和江南地区的饮食

鲜卑族作为一个草原民族，进入河洛地区以后，不仅顺应了河洛地区的饮食习惯，而且带来了草原地区的肉食习俗，使北魏时期以洛阳为中心的河洛地区饮食文化丰富多彩。

鲜卑族早期以狩猎为主要生活方式，"畜牧迁徙，射猎为业"即其谓也。[1]拓跋珪、明元帝多次"纵士校猎"。太武帝曾经多次在河西、南山、广川"校猎"。为了狩猎的便利，文成帝在和平二年（461）三月，"发并、肆州五千人治河西猎道"。此后，虽然仍有狩猎的记载，但是皇帝限制狩猎过度的诏书也开始出现。和平四年八月，文成帝在河西狩猎时下诏："朕顺时畋猎，而从官杀获过度，既殚禽兽，乖不合围之义。其敕从官及典围将校，自今已后，不听滥杀。其畋获皮肉，别自颁赏。"[2] 太和六年三月，孝文帝在虎圈狩猎时也曾下诏："虎狼猛暴，食肉残生，取捕之日，每多伤害。既无所益，损费良多，从今勿复捕贡。"这样就使滥捕野兽的现象得到遏制。史书还记载孝文帝"至年十五，便不复杀生，射猎之事悉止"[3]。以孝文帝生于皇兴元年（467），至太和六年（482）正好15岁。这说明随着鲜卑族进入黄河流域后逐渐接受了汉族的饮食习惯，不再以狩猎所获为食品主要来源，但是鲜卑族的肉食习惯在迁都洛阳以后仍然有所保留，在河洛地区的鲜卑族饮食习惯中仍有食肉饮奶的习俗。

北魏迁都洛阳以后为了照顾南迁的鲜卑族在饮食习俗方面的习惯。首先在河洛地区设置了大规模的牧场，《魏书》卷四十四《宇文福传》云：

---

① 《魏书》卷一《序纪》，第1页。
② 《魏书》卷五《高宗纪》，第121页。
③ 《魏书》卷七下《高祖纪下》，第187页。

> 时仍迁洛，敕福检行牧马之所。福规石济以西、河内以东，拒
> 黄河南北千里为牧地。事寻施行，今之马场是也。及从代移杂畜于
> 牧所，福善于将养，并无损耗，高祖嘉之。①

为了满足鲜卑族的肉食需要，北魏政府在迁都洛阳以后，就着手黄河以北建设大规模的牧场，以满足鲜卑族的肉食需要。关于河阳牧场的状况，《魏书》卷一百一十《食货志》亦云："高祖即位之后，复以河阳为牧场，恒置戎马十万匹，以拟京师军警之备。每岁自河西徙牧于并州，以渐南转，欲其习水土而无死伤也，而河西之牧弥滋矣。正光以后，天下丧乱，遂为群寇所盗掠焉。"② 以此而论，河阳牧场建立的初衷是为了解决京师洛阳的战略马匹所需，而畜产品只是其副产品。孝文帝的太子元恂曾有"谋欲召牧马，轻骑奔代"③的想法。在洛阳附近也有"苑牧公田"的分布，宣武帝在延昌二年（513）闰二月，曾"以苑牧之地赐代迁民无田者"。迁洛之后的官员也有"检行田牧"的举动。④ 李坚在孝文帝迁都洛阳后，被委任为太仆卿，"检课牧产，多有滋息"⑤。所有这些国营畜牧业在解决骑兵所用马匹之外，更主要的是为了满足来自代京的鲜卑族及其后裔的肉食需要。正光年间，"有司又奏内外百官及诸蕃客禀食及肉悉二分减一，计终岁省肉百五十九万九千八百五十六斤"⑥。这样看来，在北魏迁都洛阳以后，从孝文帝至孝明帝正光之前，每年用于官府消费的肉食就有一百多万斤，足见其消耗之大。北魏统治者在赏赐给臣子的物品中也以牲畜为多。

当鲜卑族进入黄河流域后，将草原地区的荤食生活习惯传入河洛地区，使当地居民的生活发生了很大的变化，食用畜产品逐渐成为河洛地区居民日

---

① 《魏书》卷四十四《宇文福传》，第 1000 页。
② 《魏书》卷一百一十《食货志》，第 2857 页。
③ 《北史》卷十九《废太子元恂传》，第 713 页。
④ 《魏书》卷二十一上《献文六王传·咸阳王元禧》，第 538 页。
⑤ 《魏书》卷九十四《阉官传·李坚》，第 2026 页。
⑥ 《魏书》卷一百一十《食货志》，第 2861 页。

常生活习惯。阉官高平人王琚跟随孝文帝从平城迁到洛阳后，"常饮牛乳，色如处子"①。冯翊李润镇羌人王遇为宦官，"又长于人事，留意酒食之间，每逢僚旧，具设肴果，肴膳精丰"②。王超"性豪华，能自奉养，每食必穷水陆之味"③。《北史》卷十七上《元太兴传》云：

> 初，太兴遇患，请诸沙门行道，所有资财，一时布施，乞求病愈，名曰散生斋。及斋后，僧皆四散，有一沙门方云乞斋余食。太兴戏之曰："斋食既尽，唯有酒肉。"沙门曰："亦能食之。"因出酒一斗，羊脚一只。食尽，犹言不饱。及辞出后，酒肉俱在。出门追之，无所见。太兴遂佛前乞愿："向者之师，当非俗人。若此病得差，即舍王爵入道。"未几便愈，遂请为沙门。表十余上，乃见许。④

这条材料说明了食肉是鲜卑族人的饮食传统。僧人饮酒食肉当属特例，但也看出当时社会上饮酒食肉之普遍。鲜卑族人食肉的习俗也影响到南来投奔北魏的士人，最为典型的事件是王肃改变原有饮茶食鱼的生活习惯而逐步适应了鲜卑族食肉饮奶的饮食习惯。《洛阳伽蓝记》卷三《城南》云：

> 肃初入国，不食羊肉及酪浆等物，常饭鲫鱼羹，渴饮茗汁。京师士子道肃一饮一斗，号为漏卮。经数年已后，肃与高祖殿会，食羊肉酪粥甚多。高祖怪之，谓肃曰："卿中国之味也，羊肉何如鱼羹？茗饮何如酪浆？"肃对曰："羊者是陆产之最，鱼者乃水族之长。所好不同，并各称珍。以味言之，甚是优劣。羊比齐鲁大邦，鱼比邾莒小国。唯茗不中与酪作奴。"

正因为王肃此言，此后，北魏显贵甚至以饮茶为酪奴。当时给事中刘缟羡慕王肃之风范，"专习茗饮"，结果被人耻笑。"自是朝贵宴会虽设茗饮，皆耻不

---

① 《魏书》卷九十四《阉官传·王琚》，第2015页。
② 《魏书》卷九十四《阉官传·王遇》，第2024页。
③ 《魏书》卷九十四《恩幸传·王超》，第1994页。
④ 《北史》卷十七上《元太兴传》，第632页。

复食，唯江表残民远来降者好之"①。两种不同的饮食风俗在交融过程中，因鲜卑族强大的社会舆论导向，饮茶风气在北魏没有得到大的发展，而食肉习俗则感染了南来之人。有时人们甚至以鲜卑人的饮食奢华来与汉族人的饮食清淡相比较，如前文云高阳王元雍，"嗜口味，厚自奉养，一食必以数万钱为限。海陆珍羞，方丈于前"，而陈留侯李崇虽然富倾天下，童仆千人，"而性多俭吝，恶衣粗食。亦常无肉，止有韭茹、韭菹"，世人因此讥笑他。② 咸阳王元禧谋反被抓后，被羁押在华林都亭严加看管，当时天甚热，"禧渴闷垂死，敕断水浆。侍中崔光令左右送酪浆升余，禧一饮而尽"。崔光在元禧饥渴难耐之时，送上了他最喜爱的饮品。③ 宣武帝时，元弼"入嵩山，以穴为室，布衣蔬食"。而元弼之子元晖业，在北魏末年"以时运渐谢，不复图全，唯事饮啖，一日三羊，三日一犊"④。肉食习惯并没有改变。孝明帝时，孝文帝之子汝南王元悦因与道士崔延夏交往，"合服仙药松术之属，时轻与出采之，宿于城外小人之所。遂断酒肉粟稻，唯食麦饭"⑤。这是因为特殊的价值取向改变了原有的生活方式，而转向河洛地区普通民众的饮食方式。在南朝人投奔北朝时，不食肉就引起人们的关注，萧宝夤投奔北魏后，"居处有礼，不饮酒食肉，辍笑简言，一同极哀之节"⑥。萧宝夤作为降将按照礼节行事，"不饮酒食肉"，表明他深知自己政治处境。

　　随着鲜卑族人的进入，一些来自鲜卑族的食品进一步与河洛地区的食品融合发展，如《齐民要术》卷九《饼法》记载的髓饼法："以髓脂、蜜，合和面。厚四五分，广六七寸。便着胡饼炉中，令熟。勿令反复。饼肥美，可经久。"髓饼因为掺杂进了牲畜的骨髓，再加以蜜其味道较之于原来传自西域

① （魏）杨衒之撰，周祖谟校释：《洛阳伽蓝记校释》卷三《城南》，第 125—127 页。
② （魏）杨衒之撰，周祖谟校释：《洛阳伽蓝记校释》卷三《城南》，第 138 页。
③ 《北史》卷十九《咸阳王元禧传》，第 691 页。
④ 《北史》卷十七上《景穆十二王传·元晖业》，第 637 页。
⑤ 《北史》卷十九《孝文六王传·汝南王元悦》，第 718 页。
⑥ 《魏书》卷五十九《萧宝夤传》，第 1313 页。

的胡饼更加好吃。至于肉食的加工方法，在《齐民要术》[1] 中有详细的记载，有许多即是来自草原地区民族的肉食加工方法。这一点学术界多有论述，兹不赘述。[2]

河洛地区的水域为南方投降北魏的人提供了生活的便利，也使南方地区的饮食习惯进入河洛地区。洛阳周围的黄河、伊水、洛水、瀍水、涧水等河流为鱼类的生长提供了广阔的水域，而且在这些水域中盛产鲤鱼、鳟鱼、鲂鱼、黄鱼等，其中黄河鲤鱼是当时的名产。[3] 随着南北方的交往，南方地区一些人逃到北方，在河洛地区生活下来，也带来了江南地区的生活习俗。《洛阳伽蓝记》卷二《城东》云：

> 景明年初从萧宝夤归化，拜羽林监，赐宅城南归正里，民间号
>
> 为吴人坊，南来投化者多居其内。近伊洛二水，任其习御。里三千
>
> 余家，自立巷市，所卖口味，多是水族，时人谓为鱼鳖市也。[4]

在当时洛阳城市内也有不少达官显贵有养鱼的经历。在城内的翟泉，"水犹澄清，洞底明静，鳞甲潜藏，辨其鱼鳖"[5]。这个水域可能属于官府养鱼，用于观赏居多。在洛水南另立一市，"号曰四通市。民间谓永桥市。伊洛之鱼，多于此卖，士庶须脍，皆诣取之。鱼味甚美。京师语曰：'洛鲤伊鲂，贵于牛羊。'"[6] 在洛阳大市西北有土山鱼池，相传为东汉梁冀所建。养鱼业如此普遍，为鱼类进入河洛地区的饮食序列提供了条件。《齐民要术》卷八《作鱼鲊》详细列举了鱼的烹调方法。这些烹调方法有可能是南方来的逸民所传，记述详细，便于操作。

---

① 缪启愉先生在《齐民要术校释》（农业出版社1982年版）一书中认为，《齐民要术》所讨论的地理范围，主要在黄河中下游地区，大致包括山西东南部、河北中南部、河南的黄河北岸和山东。我认为从该书记载的实际情况来看，可能也包括了河南黄河南岸的部分内容。

② 王玲：《〈齐民要术〉与北朝胡汉饮食文化的融合》，《中国农史》2005年第4期。

③ 薛瑞泽：《汉唐间河洛地区经济研究》，陕西人民出版社2001年版，第102—113页。

④ （魏）杨衒之撰，周祖谟校释：《洛阳伽蓝记校释》卷二《城东》，第104页。

⑤ （魏）杨衒之撰，周祖谟校释：《洛阳伽蓝记校释》卷一《城内》，第66页。

⑥ （魏）杨衒之撰，周祖谟校释：《洛阳伽蓝记校释》卷三《城南》，第132—133页。

二、河洛地区原有饮食的改进

北魏迁都洛阳后，河洛地区原有的饮食习惯因受来自草原地区和江南地区饮食的冲击，特别是鲜卑族的饮食习俗因社会上层的引导而对河洛地区的饮食习俗产生了较大的影响，但是因传统的农业民族仍然是河洛地区的主体，所以其饮食习惯一仍其旧，传统的饮食在这里仍然延续着。

《齐民要术》卷二记载了河洛地区多种作物的种植方法，其中有谷、穄、粱、秫、大豆、小豆、大麦、小麦、燕麦、水稻、旱稻等。当时的民众多以粟为主食，这从封建统治者在赏赐、赈济以及官员俸禄的支付等方面都可以看出来。孝文帝迁都洛阳后，无论赏赐鳏寡孤独者，或是赏赐老年人，都以粟作为赏赐物，且每次赏赐的量都较大，或五斛、五石。宣武帝延昌元年，因天旱在赈济百姓时也以粟为主。三月，"以京师谷贵，出仓粟八十万石以赈贫者"。四月，"诏以旱故，食粟之畜皆断之"。五月，"又诏天下有粟之家，供年之外，悉贷饥民"。六月，再次"诏出太仓粟五十万石，以赈京师及州郡饥民"。[①] 从洛阳官仓中所储存的粮食多为粟来看，当时民众当是以粟为主食。即使当时赏赐给大臣的物品也多以粟为主。元禧任司州牧时，孝文帝"赐帛二千匹、粟五千斛"[②]。元略出使萧梁归来，孝明帝"赐帛三千匹，宅一区，粟五千石"[③]。樊子鹄"遭母忧去职，前废帝闻其在洛无宅，凶费不周，赉绢四百匹、粟五百石，以本官起之"[④]。由此可见，朝廷赏赐给官员的粟的数量是很庞大的。城阳王元徽因朝廷库存空虚之际，愿意一次"以军旅之费，上国封绢二千匹、粟一万石以助军用"[⑤]。官员的俸禄也是以粟来支付的，元雍

---

① 《魏书》卷八《世宗纪》，第212页。
② 《魏书》卷二十一上《献文六王传·咸阳王元禧》，第535页。
③ 《魏书》卷十九中《景穆十二王传·东平王元略》，第507页。
④ 《魏书》卷八十《樊子鹄传》，第1778页。
⑤ 《魏书》卷十九下《景穆十二王传·元徽》，第511页。

在与元叉执政期间，"禄万余，粟至四万"①。北魏迁都洛阳后，通过黄河水道将各地征收来的粟等粮食运送到洛阳，成为北魏后期的重要财政来源。从上述有关材料可以看出，北魏迁都洛阳以后河洛地区的传统食品粟也成为鲜卑族的主要食品。稻谷的种植与食用在河洛地区是作为奢侈品来看待的，且多是南方来的逸民食用。杨元慎曾说南来的逸民在北方食用"稻粱"②。在粟、稻的食用制作方法上，《齐民要术》卷九记载有多种方法，仅面饼的品种花样就有多种，有白饼法、烧饼法、髓饼法、膏环、鸡鸭子饼、细环饼、截饼、水引、馎饦、切面粥、粉饼法、豚皮饼法、治面砂𥮹法等。米的制作方法有粽子、作粟飧法、折粟米法、寒食浆法、粳米糗糒法、粳米枣糒法、菰米饭法、胡饭法等。用米做的汤有白饧、黑饧、琥珀饧、煮铺法等。

在副食方面，河洛地区以食用蔬菜为主，根据《齐民要术》卷三的记录，当时人们食用的蔬菜有葵菜、蔓菁、蒜、葱、韭、蜀芥、芸薹、芥子、胡荽、兰香、荏、蓼、姜、蘘荷、芹、堇、胡葸、苜蓿等，这些蔬菜有的是做调味菜来使用的。在该书卷九《素食》中，还有许多蔬菜的烹调方法，计有葱韭羹法、瓠羹、油豉、膏煎紫菜、薤白蒸、籇托饭、蜜姜、缹瓜瓠法、缹汉瓜法、缹菌法、缹茄子法等，所用的蔬菜也是河洛地区常见的蔬菜，除了从上述烹调的菜名可知一二外，具体来讲河洛地区的蔬菜有葱、韭菜、胡芹（芹菜）、紫菜、虾米、薤、冬瓜、越冬、瓠、菘菜、芜菁、肥葵、苋菜、菌、茄子等，所用的调味品有油、豉汁、盐、浑豉、白盐、椒末、香酱、麻油、蜜等，为了烹调中味道鲜美，还可以加入猪肉、肥羊肉、鸡肉等荤菜。

在饮品方面，河洛地区汇聚了当时黄河流域的主要饮品，其中以酒的制作和消费最具代表意义。河洛地区酒的制作与饮用非常普遍。在《齐民要术》卷七中就有多处记述了各种酒的制作方法。酒的品种有秫米酒、黍米酒、糯

---

① 《魏书》卷二十一上《献文六王传·高阳王元雍》，第556页。
② （魏）杨衒之撰，周祖谟校释：《洛阳伽蓝记校释》卷二《城东》，第107页。

米酒等，并且销路广阔。① 这里需要着重提及的是当时河洛地区的中心城市洛阳，酒的生产与销售很有特色。《洛阳伽蓝记》卷四《城西》记载洛阳大市时，说到大市周围的情况：

> 市西有退酤、治觞二里，里内之人多酝酒为业。河东人刘白堕善能酿酒。季夏六月，时暑赫晞，以罂贮酒，暴于日中，经一旬，其酒不味动。饮之香美，醉而经月不醒。京师朝贵多出郡登藩，远相饷馈，逾于千里。以其远至，号曰鹤觞。亦名骑驴酒。永熙年中南青州刺史毛鸿宾赍酒之藩，路逢贼盗，饮之即醉，皆被擒获，因此复名擒奸酒。游侠语曰："不畏张弓拔刀，唯畏白堕春醪。"②

可以说洛阳作为全国的政治中心、经济中心，酒的生产与销售非常发达，名酒迭出。洛阳城内达官贵人饮酒成风。河间王元琛在任秦州刺史时，曾经向西域收集了大量珍贵的酒器，"自余酒器，有水晶钵、玛瑙琉璃碗、赤玉卮、数十枚，作工奇妙，中土所无，皆从西域而来"③。从酒器的收藏可以看出他的嗜好，也反映了社会上层为了饮酒对酒器的品质极为讲究。

在日常的交往过程中，饮酒也成为一种习俗。太和十九年十二月，广陵王元羽任青州刺史，孝文帝在华林园为他饯行，并下诏告诫他"唯酒唯田，可不戒欤"。④ 孝文帝在临别之际以酒宴为元羽送行，又告诫他不要沉湎于饮酒和田猎。孝文帝也曾告诫南安王元桢不要"饮酒游逸"。⑤ 永安二年，萧衍派遣主书陈庆之送北海王入洛阳即帝位，陈庆之任侍中。车骑将军张景仁因早年跟随萧宝夤归顺北魏，被赐宅孝义里，张景仁"在南之日与庆之有旧，遂设酒引邀庆之过宅。司农卿萧彪、尚书右丞张嵩并在其坐"。这是原来梁朝的旧臣相聚后饮酒共叙友情。在喝酒过程中，因为陈庆之趁酒醉当着萧彪等

---

① 薛瑞泽：《汉唐间河洛地区经济研究》，第 254—263、350—353 页。

② （魏）杨衒之撰，周祖谟校释：《洛阳伽蓝记校释》卷四《城西》，第 159—160 页。

③ （魏）杨衒之撰，周祖谟校释：《洛阳伽蓝记校释》卷四《城西》，第 165 页。

④ 《魏书》卷二十一上《献文六王传·广陵王元羽》，第 550 页。

⑤ 《魏书》卷十九下《景穆十二王传·南安王元桢》，第 493 页。

人的面侮辱北魏，引起当时作陪的中大夫杨元慎、给事中大夫王昫等中原士族的不满，受到杨元慎的驳斥。杨元慎"性嗜酒，饮至一石，神不乱"，所以能在国家受到侮辱时挺身而出维护国家的尊严。[①] 孝文帝与群臣聚会时也以酒助兴。孝庄帝在杀尔朱荣时，也是"连索酒饮之，然后行事"[②]，表明其以酒壮胆。在城西西阳门外的宝光寺，"京邑士子，至于良辰美日，休沐告归，征友命朋，来游此寺。雷车接轸，羽盖成阴。或置酒林泉，题诗花圃，折藕浮瓜，以为兴适"。人们在一起饮酒题诗，这里成为当时的文人荟萃之所。文人相聚饮酒赋诗过程中，也有罚酒的现象。临淮王元彧曾经与文人作诗，"荆州秀才张裴常为五言，有清拔之句云：'异林花共色，别树鸟同声。'或以蛟龙锦赐之。亦有得绯绸绯绫者。唯河东裴子明为诗不工，罚酒一石。子明饮八斗而醉眠，时人譬之山涛"[③]。饮酒赋诗也成为人们表达心声的手段。普泰二年（532）正月，中书舍人元翙献酒肴，节闵帝与元翌及薛孝通等宴饮，"因使元翌等嘲，以酒为韵"[④] 赋诗。

通过上面的论述可以看出，北魏时期河洛地区因为人文荟萃，各种文化现象在这里碰撞、融合。饮食文化作为社会生活的重要内容，因为民族交融、南北交往等原因，河洛地区的饮食文化在北魏时期进一步得到了丰富，成为河洛文化的重要组成部分。

第七节　隋唐时期的饮食

隋唐时期是中国社会最为兴盛的历史时期，河洛地区成为全国各地人们聚集的重要地区，也同时成为来自西域、东亚和东南亚地区人们的集结地，

① （魏）杨衒之撰，周祖谟校释：《洛阳伽蓝记校释》卷二《城东》，第105—109页。
② （魏）杨衒之撰，周祖谟校释：《洛阳伽蓝记校释》卷四《城西》，第147页。
③ （魏）杨衒之撰，周祖谟校释：《洛阳伽蓝记校释》卷四《城西》，第153、157页。
④ 《北史》卷三十六《薛孝通传》，第1334页。

带来全国各地不同的民风民俗的同时，也引起了河洛地区社会风俗及生活习惯的变化。河洛地区饮食的多样化，进一步丰富了中国饮食文化的宝库。

一、河洛地区的主食

隋唐时期，河洛地区的主要粮食生产仍以麦、黍、稻为主。无论晋南地区的蒲州，还是河内地区乃至陆浑山一带都有稻谷生产。① 小麦的生产使居民多面食，黍的生产是人们多食粥，稻谷的生产可能是社会上层消费较多。

以小麦加工而成的面粉进入人们生活领域后，饼就成为和黄河流域人们的主食。关于饼的相关记载较多。西魏时，王罴在镇守河东时，"尝有台使至，罴为设食，使乃裂去薄饼缘"。对于朝廷使者的浪费行为，王罴批评曰："耕种收获，其功已深，舂爨造成，用力不少，尔之选择，当是未饥。"于是"命左右撤去之。使者愕然大惭"②。王罴的举动实际上深深体会到劳动人民种植小麦的艰难。在东西魏之争时，河东人樊深在逃难途中，"于后遇得一箪饼，欲食之，然念继母老瘠，或免虏掠，乃弗食。夜中匍匐寻觅，母得见，因以馈母"③。史家在这里主要是为了歌颂樊深对长辈的孝顺，但由此我们也可以看出饼是当时人们的主食之一。隋文帝之侄子蔡王杨智积在任同州刺史时，延纳的侍读公孙尚仪和府佐杨君英、萧德言等人，"并有文学"，杨智积对这些人非常敬重，"时延于座，所设唯饼果，酒才三酌"④。贵为王子的杨智积在招待客人时仅用"饼果"，足以显示出饼这种食品的普及。隋末王世冲占据洛阳城，"仓粟日尽，城中人相食"，为了活命，"或握土置瓮中，用水淘汰，沙石沉下，取其上浮泥，投以米屑，作饼饵而食之，人皆体肿而脚弱，枕倚于道路"⑤。在危急关头，人们赖以活命的仍然是饼，虽然说这种饼是掺

① 薛瑞泽：《汉唐间河洛地区经济研究》，第 48 页。
② 《北史》卷六十二《王罴传》，第 2203 页。
③ 《北史》卷八十二《儒林传下·樊深》，第 2743 页。
④ 《隋书》卷四十四《蔡王智积传》，第 1225 页。
⑤ 《旧唐书》卷五十四《王世充传》，第 2233 页。

杂了太多浮泥的饼，但仍然可以看出人们以饼为食物的事实。唐末黄巢起义后，京师长安的百姓四处逃散，"朝士皆往来同、华，或以卖饼为业，因奔于河中"①。逃亡同州、华州的朝中高官们为了活命不得不以卖饼为生。

　　唐王朝冬至祭祀时的食品中有白饼、黑饼。《酉阳杂俎》卷七《酒食》记述当时饼的名称有樱桃䭔、蝎饼、阿韩特饼、凡当饼、疏饼、锑糊饼。"饼谓之托，或谓之馎饨。"当时作赍字五色饼法："刻木莲花，藉禽兽形，按成之。合中累积五色，竖作道，名为斗钉。色作一合者，皆糖蜜副起判法：汤胘法、沙棋法、甘口法。"蒸饼法："用大例面一升，练猪膏三合。"此外还有肺饼、草皮索饼等。②段成式在这里所列举的不同类型饼的制作方法，具有实际的可操作性。还有名为银饼者，"馅食之甚美"，"银饼馅，皆乳酪膏腴所制也。"③银饼可能是在制作馅过程掺进了"乳酪膏腴"的原因。姚汝能《安禄山事迹》卷上记载，唐玄宗曾"赐禄山金鞔花大银胡饼四"④。长安城中有"沽浆卖饼之家"⑤。虽然说这些都不是发生在河洛地区，但从关中地区与河洛地区生态环境与物产相类似，生活情态相差无几而论，这些饼作为河洛地区的饮食也是可以肯定的。唐宣宗时，高少逸出任陕虢观察使，"中人责硖石驿吏供饼恶，鞭之，少逸封饼以闻。宣宗怒，召使者责曰：'山谷间是饼岂易具邪?'谪隶恭陵，中人皆敛手"⑥。硖石在今河南省三门峡市境内，当时两京之间的驿站吏供给往来的宦官饼的质量较差而被宦官鞭打，被高少逸告发到唐宣宗那里，宦官被贬往恭陵守陵，使朝中宦官受到打击，不敢为非作歹。在蒲陕

　　①　《旧唐书》卷二百下《黄巢传》，第5394页。
　　②　（唐）段成式撰，许逸民校笺：《酉阳杂俎校笺》，中华书局2015年版，第581、602、604页。
　　③　（五代）王定保：《唐摭言》卷十五《杂记》，第161页。
　　④　（唐）姚汝能撰，曾贻芬点校：《安禄山事迹》，中华书局2006年版，第80页。
　　⑤　《新唐书》卷五十二《食货志二》，第1358页。
　　⑥　《新唐书》卷一百七十七《高少逸传》，第5286页。（宋）王谠撰，周勋初校正《唐语林校正》卷二《政事下》云："高尚书少逸为陕州观察使。有中使于石硖驿怒饼黑，鞭驿吏见血，少逸封饼以进，中使亦自言。上怒曰：'高少逸已奏来。深山中如此食，岂易得也？'遂谪配恭陵，复令过陕赴洛。"中华书局1987年版，第92页。

一带，段维"声名籍甚"，"而乃性嗜煎饼，尝为文会，每个煎饼才熟，而维一韵赋成"①，也传为美谈。长庆元年（821），在陕府有僧人法照，在逆旅中过午未食，"乃咄遣童子买彘肉煮，夹胡饼数枚，粗食略尽，且无耻愧，旁若无人"，结果引起周围人不满，"客皆诟骂，少年有欲驱者"②。法照因为作为僧人食用猪肉，故而引起人们的不满。

北朝以后，流行人日即正月初七食煎饼的习俗。煎饼作为便捷食品社会各阶层都在食用，《云笈七签》卷一百二十一《灵验部五·马敬宣为妻修黄箓道场验》记载："马敬宣者，怀州武陟人也。开元六年春，授司农寺丞，移家入京。妻亡，有二男一女，亦皆幼小。后妻姓谢，前室儿女多被抑挫，衣食不足，鞭楚异常，敬宣皆不得知。因夜作煎饼，前室女，方七岁，饥甚，窃而食之，谢氏候敬宣不在，以热火箸刺其手掌。不经旬日，女乃致死，数日，谢亦无疾而卒。"③ 我们撇开此故事所含的因果报应因素，从社会生活视域来观察，唐玄宗开元六年（718）马敬宣入京城，与其后妻在夜晚做煎饼，说明煎饼是黄河中下游地区民众喜食的食品。唐德宗至唐文宗时期活跃在长安的商人窦乂用煎饼诱使儿童填坑建立酒店的故事则说明煎饼是黄河流域较为重要的食品。《北梦琐言》卷十《窦家酒炙地》记载，窦乂在京城的空地被掌握大权的宦官所侵占，窦乂则借宦官的威势，在江淮一带做生意，赚了三千缗，回到长安后利用东市的一块低洼地建起酒店，"东市有隙地一片，窒下渟污。乃以廉值市之，俾妳姬将煎饼盘就彼诱儿童，若抛砖瓦中一纸标，得一个饼。儿童奔走抛砖瓦博煎饼，不久，十分填其六七，乃以好土填之，起一店，停波斯，日获一缗"④。窦乂通过以煎饼诱使幼儿投掷瓦块中纸标的方式，使其

①　（五代）王定保：《唐摭言》卷十《海叙不遇》，第 112 页。（五代）王定保《唐摭言》卷十三《敏捷》云："段维晚富辞藻，敏赡第一。常私试八韵，好吃煎饼，凡一个煎饼成，一韵粲然。"第145 页。

②　（宋）释赞宁撰，范祥雍校注：《宋高僧传》卷二十五《唐陕府法照传》，中华书局 1987 年版，第 636 页。

③　（宋）张君房纂辑，蒋力生等校注：《云笈七签》，第 765 页。

④　（五代）孙光宪撰，贾二强点校：《北梦琐言》，中华书局 2002 年版，第 226—227 页。

填坑而建立起酒店。因煎饼要用麦面制作，在黄河流域小麦产量有限的情况下，有人甚至编出了"煎饼招鬼"谎言，以恐吓幼童。"夜作煎饼，多招鬼神。有儒生出通衢，云：'昨夜崇福院僧作煎饼肉羹，被我番其鼎器，其肉羹和灰埋花栏中。'又一鬼于人家不得煎饼，推其小婢落火。复一鬼至，云：'我能医火烧疮，尔但与我煎饼。'因教之。有姬夜作煎饼，窗中忽露一青手，遗饼而没"①。这则鬼神故事反映煎饼已经成为人们喜爱的食品，但因煎饼制作需要麦面，故而人们编出这个故事。皇甫枚《三水小牍》卷下《刘刺夫家怪异》云："彭城刘刺夫，会昌中进士上第。大中年授鄂县尉，卒，妻王氏，归其家，居洛阳敦化里第堂之后院。咸通丁亥岁，夜聚诸子侄藏钩食煎饼。厨在西厢，小童秆儿持器下食。时月晦云惨，指掌莫分。秆儿者忽失声仆地而绝，秉炬视之，则体冷面黑，口鼻流血矣。擢发灸指，少顷而苏，复令数夫束缊火循廊之北，于仓后得所持器，仓西则大厕，厕上得一煎饼，溷中复有一饼焉。"② 可见煎饼已经成为人们日常的食品，但从上述诸多典故来看，时人可能禁止夜晚吃煎饼，否则会召鬼，应当是粮食紧张的缘故所致。

在流传下来的唐代诗文中，也有不少涉及河洛地区饼的消费情况。白居易《寄胡饼与杨万州》云："胡麻饼样学京都，面脆油香新出炉。寄与饥馋杨大使，尝看得似辅兴无。"③ 这首诗作于洛阳。有人认为白居易诗中的"胡麻饼"就是今天新疆所流行的"烤馕"。果真如此，那么在唐代洛阳也有这种食品了。白居易说自己的午餐颇为简单，"午斋何俭洁，饼与蔬而已"④。白居易《社日谢赐酒饼状》云："右，今日蒙恩，赐臣等酒及蒸饼、环饼等。伏以时维秋社，庆属年丰，颁上尊之酒浆，赐大臣之饼饵，既非旧例，特表新恩。

① （五代）孙光宪撰，贾二强点校：《北梦琐言·再补》，第459页。
② （唐）皇甫枚撰，中华书局上海编辑所编辑：《三水小牍》，第26—27页。
③ （唐）白居易著，顾学颉校点：《白居易集》卷十八《寄胡饼与杨万州》，中华书局1979年版，第382页。
④ （唐）白居易著，顾学颉校点：《白居易集》卷三十六《晚起闲行》，第824页。

空荷皇慈，岂伸丹慊，谨奉状陈谢。"① 正因为饼饵为日常食品，所以白居易对社日赐饼颇为感激。他还有《宰相谢恩赐酒脯饼果等状》描述宰相送给他饼食。元和五年（810），韩愈《上留守郑相公启》还记述了当时冒充士兵卖饼现象："坐坊市卖饼，又称军人，则谁非军人也？愚以为此必奸人以钱财赂将吏，盗相公文牒，窃注名姓于军籍中，以陵驾府县。此固相公所欲去，奉法吏所当嫉，虽捕系杖之，未过也。"② 韩愈对冒充军人售卖饼现象深恶痛绝。之所以有此现象，应当是卖饼者获益丰厚。会昌五年（845）春，李商隐《上郑州李舍人状一》："伏奉荣示，伏蒙赐及麦粥饼啖饧酒等，谨依捧领讫。"③ 可见李商隐在郑州受到李舍人颇多关照。罗隐《郑州献卢舍人》有"鸡省露浓汤饼熟"。题注云："时本官王令公收复两京后。"④ 中和四年（884），义成节度使（领滑、颍、郑三州）王铎收复两京，罗隐兴奋之余赋诗赠送卢舍人，表达对卢舍人受唐僖宗宠信的羡艳。从唐诗中可见河洛地区饼作为日常生活的饮食，为社会各阶层所喜爱。

唐太宗时，李勣为司空，也发生了类似西魏时王罴教训客人不懂得珍惜粮食的做法。《朝野佥载》卷五云：

> 英公时为宰相，有乡人尝过宅，为设食。食客裂却饼缘，英公曰："君大少年。此饼犁地两遍熟，概下种锄耨收刈打扬讫，砣罗作面，然后为饼。少年裂却缘，是何道？此处犹可，若对至尊前，公作如此事，参差研却你头。"客大惭悚。⑤

已经身为宰相的李勣，看到年轻的同乡将饼缘弄裂扔掉，浪费粮食，心中极为不满，当面教育他要珍惜粮食。高彦休《唐阙史》卷上《荥阳公清俭》则记述了郑浣教育子孙爱子粮食的故事。

---

① （唐）白居易著，顾学颉校点：《白居易集》卷五十九《社日谢赐酒饼状》，第 1263 页。

② 屈守元、常思春主编：《韩愈全集校注》，四川大学出版社 1996 年版，第 1786 页。

③ 刘学锴、余恕诚：《李商隐文编年校注》，中华书局 2002 年版，第 1051 页。

④ 雍文华校辑：《罗隐集·甲乙集》，中华书局 1983 年版，第 43 页。

⑤ （唐）张鷟撰，赵守俨点校：《朝野佥载》卷五，中华书局 1979 年版，第 112 页。

荥阳公尚书郑浣，以清规素履，嗣续门风。尹正圻南日，有从父昆弟之孙自覃怀来谒者，力农自赡尔，未尝干谒，拜揖甚野，冠带亦古。郑公之子弟仆御，皆笑其疏质，而公心独怜之。问其所欲，则曰："某为本邑以民待久矣，思得承乏一尉，乃锦游故乡里也。"公深然之。而公之清誉重德，为时所归，或致书于郡守，犹臂之使指也。将脂辖前一日，召甥侄与之会。食有蒸而为饼者，郑孙擘去其皮，然后食之。公大嗟，怒曰："皮之与中，何以异耶？仆常病浇态讹俗，骄侈自奉，思得以还淳返朴，敦厚风俗，是独怜子力用弊衣，必能知艰难于稼穑，奈何嚣浮有甚于五侯家绮纨乳臭儿耶？"因引手请所弃饼表，郑孙错愕失据，器而承之，公则尽食所弃。遂揖归宾闼，赠以束帛，斥归乡里。①

郑浣此举实际上反映了官员深知稼穑之艰难，教育后代要珍惜粮食，但也由此可以看出官员之家也食用饼的事实。武则天时，阎知微因勾结突厥进攻赵、定等州，后来阎知微到洛阳朝拜，武则天将其家满门抄斩，"小儿年七八岁，驱抱向西市，百姓哀之，掷饼果与者，相争夺以为戏笑"②。这里投向阎氏家族人的"饼果"显然带有对其于国不忠的嘲弄。武则天时期的侍御史侯思止，"醴泉卖饼食人也"③。醴泉县属于长安近郊的京畿之地，侯思止作为卖饼者能够进入政坛足以显示出政坛的独特风貌。武周时期，大臣中有不顾身份在大街上随意买饼吃也会被弹劾免职。《朝野金载》卷四云：

周张衡，令史出身，位至四品，加一阶，合入三品，已团甲。因退朝，路旁见蒸饼新熟，遂市其一，马上食之，被御史弹奏。则天降敕："流外出身，不许入三品。"遂落甲。④

---

① （唐）高彦休撰，阳羡生校点：《唐阙史》，载上海古籍出版社编《唐五代笔记小说大观》，上海古籍出版社 2000 年版，第 1130 页。

② （唐）张鷟撰，赵守俨点校：《朝野金载》卷一，第 11 页。

③ （唐）张鷟撰，赵守俨点校：《朝野金载》卷二，第 32 页。

④ （唐）张鷟撰，赵守俨点校：《朝野金载》，第 94 页。

张衡因在路边买了一个蒸饼骑在马上吃被认为有失官员的体统，被赶出朝廷。宋人钱易《南部新书》庚卷云：

> 房光庭，尝送亲故葬，出定鼎门，际晚且饥，会鬻蒸饼者，与同行数人食之。素不持钱，无以酬付。鬻者逼之，房命就我取直，鬻者不从。房曰："乞你头衔，我右台御史也，可随取直。"时人赏其放逸。[①]

房光庭因食饼无钱闹出这样的笑话，但有以权压人的迹象。甚而发生过大臣上朝携带饼馈赠同僚的现象，《常朝记》曰："于琼班中有时袖饼而食，或以遗同列。"[②] 于琼不仅上朝时以袖带饼，而且将饼分给同僚食用。开元年间，洛阳县令杨场曾在定鼎门外以自己所作的"饼啖与壶酒"供往来行人食用。[③]唐懿宗咸通年间，"洛师大饥，谷价腾贵，民有殍于沟塍者"。桑叶也多为虫所食，致使桑叶价钱很高，"叶一斤直一镪"。当时，"新安县慈涧店北村民王公直者，有桑数十株，特茂盛荫翳"。为了卖掉桑叶他们夫妻二人将所养的数箔蚕埋掉，"明日凌晨，荷桑叶诣都市鬻之，得三千文。市彘肩及饼饵以归"[④]。蚕农在灾荒之年埋掉蚕举动实属无奈之举。在唐代汴州西板桥店还发生过极为诡异的事件。《河东记》记载，元和年间，"许州客赵季和将诣东都，过是宿焉"，店主三娘子，在客人早晨离去之前，"取面作烧饼数枚"，客人食后变为驴。赵季和由东都返回途中设计使店主三娘子食用了其所做的烧饼，结果店主三娘子也变为驴。[⑤] 虽然这是含有因果报应的色彩，但由此也可以看出在今中牟一带有专门卖烧饼的店面。在唐东京故城也有卖胡饼的店，"东平

---

① （宋）钱易撰，黄寿成点校：《南部新书》，中华书局2002年版，第99—100页。
② （后唐）冯贽编，张力伟点校：《云仙散录·袖饼》，第81页。
③ （唐）戴孚撰，方诗铭辑校：《广异记·杨场》，中华书局1992年版，第72页。
④ （唐）皇甫枚撰，中华书局上海编辑所编辑：《三水小牍》卷上《埋蚕受祸》，中华书局1958年版，第5页。
⑤ （宋）李昉等：《太平广记》卷二百八十六《幻术三·板桥三娘子》，中华书局1961年版，第2280页。

尉李麿初得官，自东京之任，夜投故城。店中有故人卖胡饼为业"①，说明沿街有设店卖饼的现象。

关于主食饼的制作，唐代李筌《神机制敌太白阴经·预备·宴设音乐篇》云："白米，一人五合，六十二石五斗。薄饼，一人两个，二万五千个。每一斗面作二十个，计面一百二十五石。馒头，一人一枚，一万二千五百枚。一斗面作三十枚，用面四十一石六斗七升。蒸饼，一人一枚，一万二千五百枚。一斗面作一百枚。散子，一人一枚，一万二千五百枚。一斗面作三十枚，用面四十一石六斗七升。每面一斗，使油二十二斤。饆饠，一人一枚，一万二千五百枚。一斗面作八十个，用面一十五石六斗二升五合。糕糜，一人三合，糯米三十七石五斗。"②虽然说李筌所记述的唐代主食所用料的数量，可以窥见每一种主食所用面的数量，普通居民所消费的大概也是这样的。

除了上述诸多制作饼的方法外，面食制作中还有类似捞面条的做法。《河东备录》曰："河东并、代人喜嗜面，切以吴刀，淘以洛酒，漆斗贮之，击鼓集老幼，自以多寡取之至饱。"③这里所述的河东地区南部应当属于河洛地区的北部地区，居民喜食面食，这种调制方法颇似捞面条或者热干面的做法，至今是否流传尚不知。还有一种用面制作的枣形面食，《河中记》曰："杨埏游王鉷家，食一物如枣核而中空，其实面也。埏询其法，笑而不言。"④这是用面粉制作的带有特色的面食。

二、河洛地区的副食

汉晋时期，河洛地区居民以肉食和蔬食两种饮食为主。在隋唐时期，河洛地区的两种饮食习惯仍然存在。肉食以羊、牛肉为主，其调料有盐、酱、

---

① （唐）戴孚撰，方诗铭辑校：《广异记·李麿》，第218页。
② （唐）李筌著，王军译：《李筌的军事智慧：神机制敌太白阴经》，东北师范大学出版社2012年版，第131页。
③ （唐）冯贽编，张力伟点校：《云仙散录·吴刀切面》，第164页。
④ （唐）冯贽编，张力伟点校：《云仙散录·面如枣核》，第113页。

醋、椒、姜、葱等。

沈佺期《洛阳道》中有"乘羊稚子看"①，表明洛阳附近居民养羊。贺朝《赠酒店胡姬》："玉盘初鲙鲤，金鼎正烹羊。"② 这首诗反映了洛阳胡姬所开的酒店中有鲙、鲤和羊所烹制的菜品，将河洛地区胡人所开酒店中鱼类与羊肉作为宴席的主菜描绘的色味俱佳。储光羲《田家即事》"杏色满林羊酪熟"③，大概也体现了春季食品中的羊奶制品。戎昱《苦哉行五首》题注云："宝应中过滑州洛阳后同王季友作"中有"百步牛羊膻"④ 之句，亦正反映了牛羊肉的味道。韩愈《寄卢仝》中有"买羊沽酒谢不敏"之句，题注云："宪宗元和六年河南令时作。"⑤ 韩愈用羊肉与酒招待客人。卢仝《冬行三首》中有"别座夸羊酒"⑥，赞美洛阳一带的饮食。李贺《长平箭头歌》中"酪瓶倒尽将羊炙"⑦，正反映了宴会上烤羊。白居易《二年三月五日斋毕开素当食偶吟赠妻弘农郡君》云："忆同牢卺初，家贫共糟糠。今食且如此，何必烹猪羊。"⑧ 薛能《洛下寓怀》中亦有"尚嫌身累爱猪肝"⑨。从唐诗中有关家畜被食用的诗歌，也可以反映出河洛地区居民生活中的肉食现象。

水产类消费在河洛地区也具有一定的影响。元和三年（808），韩愈《崔十六少府摄伊阳以诗及书见投因酬三十韵》之二十三云："况住洛之涯，鲂鳟可罩汕。"⑩ 从韩愈诗可以看出他还是十分向往洛水之中的鲂鳟等美味。李贺

① （唐）沈佺期、宋之问撰，陶敏、易淑琼校注：《沈佺期宋之问集校注》，中华书局2001年版，第228页。

② （清）彭定求等奉敕编，中华书局编辑部点校：《全唐诗》卷一百十七，第1182页。

③ （清）彭定求等奉敕编，中华书局编辑部点校：《全唐诗》卷一百三十九，第1416页。

④ 臧维熙注：《戎昱诗注》，上海古籍出版社1982年版，第6页。

⑤ 屈守元、常思春主编：《韩愈全集校注》，第541页。

⑥ （清）彭定求等奉敕编，中华书局编辑部点校：《全唐诗》卷三百八十八，第4393页。

⑦ （唐）李贺著，（清）王琦注，王步高、刘林辑校汇评：《李贺全集》，珠海出版社2002年版，第327页。

⑧ （唐）白居易著，顾学颉校点：《白居易集》卷三十六《二年三月五日斋毕开素当食偶吟赠妻弘农郡君》，第825页。

⑨ （清）彭定求等奉敕编，中华书局编辑部点校：《全唐诗》卷五百五十九，第6536页。

⑩ 屈守元、常思春主编：《韩愈全集校注》，第465页。

《潞州张大宅病酒遇江使寄上十四兄》云："椒桂倾长席，鲈鲂斫琨筵。"① 白居易《饱食闲坐》云："红粒陆浑稻，白鳞伊水鲂。庖童呼我食，饭热鱼鲜香。箸箸适我口，匙匙充我肠。八珍与五鼎，无复心思量。"② 这是白居易在洛阳履道坊居住期间的生活，伊洛河所产的鲂鱼成为诗人的最爱。《二年三月五日斋毕开素当食偶吟赠妻弘农郡君》有云："鲂鳞白如雪，蒸炙加桂姜。稻饭红似花，调沃新酪浆。佐以脯醢味，间之椒薤芳。老怜口尚美，病喜鼻闻香。"③ 这是会昌二年（842）白居易作诗赞美妻子的厨艺。通过诗文描述可以看出白居易的妻子为他烹饪的丰盛馔肴，有鱼脍、蒸炙菜、脯醢、酪浆及香饭等，鱼肉具备，营养齐全。王维《洛阳女儿行》中有对"侍女金盘脍鲤鱼"④ 的奢华生活场景的描写。权德舆《送许著作分司东都》云："宾朋争漉酒，徒御侍巾车。异日始离抱，惟思烹鲤鱼。"⑤ 可见洛阳的鲤鱼菜品在权德舆心中念念不忘。这些诗人通过自己的笔触展示了河洛地区的水产品。不仅如此，在饭店中销售的鱼类食品也颇为引人注目。

除了民间养殖牲畜供食用外，官府也养有一些牲畜供皇宫所用。武则天时，曾下诏"市河南河北牛羊"，张廷珪针对朝廷与民争利的现象，指出了河南内连续发生牛疫，耕牛大量死亡，如果官府出面购买，无异于掠夺，因而建议朝廷"不可射利"，武则天因此而止。⑥ 唐哀帝曾经下《停河南监牧诸司敕》："牛羊司牧管御厨羊并乳牛等御厨物料，元是河南府供进，其肉便在物料数内。续以诸处送到羊，且令牛羊司逐日送纳。今知旧数已尽，官吏所縻多总逃去。其诸处续进到羊，并旧管乳牛，并送河南府牧管。其牛羊司官吏

---

① （唐）李贺著，（清）王琦注，王步高、刘林辑校汇评：《李贺全集》，第202页。
② （唐）白居易著，顾学颉校点：《白居易集》卷三十《饱食闲坐》，第675页。
③ （唐）白居易著，顾学颉校点：《白居易集》卷三十六《二年三月五日斋毕开素当食偶吟赠妻弘农郡君》，第825页。
④ （唐）王维撰，陈铁民校注：《王维集校注》，中华书局1997年版，第4页。
⑤ （唐）权德舆撰，郭广伟校点：《权德舆诗文集》卷四，上海古籍出版社2008年版，第65页。
⑥ 《新唐书》卷一百一十八《张廷珪传》，第4261页。

并宜停废。"① 从这一诏书可以看出此前河南监牧一直担负着京师的肉食供应以及奶品的供应。虽然从这一诏书我们看不出居民消费的情况，但可以知道从北魏以来饮用奶已经成为社会的重要消费品。《神机制敌太白阴经·预备·宴设音乐篇》云："羊，一口分为二十节，六百二十五口。牛肉，代羊肉，一人二斤，二万五千斤。……羊头、蹄，六百二十五具，充羹。酱羊肚、肝，六百二十五具，并四等充羹。"② 从这些记载可以看出羊肉的消费情况。一些官员还因嗜好吃肉而闹出笑话。《朝野佥载》卷三云："洛州司金严升期摄侍御史，于江南巡察，性嗜牛肉，所至州县，烹宰极多。事无大小，入金则弭，凡到处金银为之踊贵，故江南人谓为'金牛御史'。"严升期嗜好吃牛肉，必然是在洛阳已经形成的习惯，到江南以后依然故我，故而被人呼为"金牛御史"③。在唐代汝州附近还流传着"世有吃牛肉者"，会被夜叉欺侮的传言。④这大概反映了民众反对宰杀耕牛的心声。因为在农耕社会，耕牛是百姓最为依赖的农业资料，将耕牛宰杀，势必影响到农田的耕作。

副食中的蔬食在普通居民的生活中占据着绝大多数的比例。蔬食最先被人食用的是服丧者。韩觊之妻洛阳于氏，在丈夫战死后，"蔬食布衣，不听声乐，以此终身"⑤。而普通的民众所食用的蔬食多是在灾荒之年。咸亨二年（671），唐高宗驾幸东都，留下太子李弘监国，当时关中大旱，李弘"令取廊下兵士粮视之，见有食榆皮蓬实者，乃令家令等各给米使足"⑥。隋朝在朝中设司农寺，其职责"掌仓市薪菜，园池果实"⑦。到隋炀帝迁都洛阳后，又设

---

① （清）董诰编，孙映逵等点校：《全唐文》卷九十四，山西教育出版社 2002 年版，第 589 页。《旧唐书》卷二十下《哀帝纪》云：唐哀帝天祐三年十一月，"丙子，废牛羊司。御厨肉河南府供进，所有进到牛羊，便付河南府收管"。第 808 页。

② （唐）李筌著，王军译：《李筌的军事智慧：神机制敌太白阴经》，第 130 页。

③ （唐）张鷟撰，赵守俨点校：《朝野佥载》，第 77—78 页。

④ （唐）段成式撰，许逸民校笺：《酉阳杂俎校笺》卷十四《诺皋记上》，中华书局 2015 年版，第 1036 页。

⑤ 《隋书》卷八十《列女传·韩觊妻》，第 1806 页。

⑥ 《旧唐书》卷八十六《高宗诸子传·孝敬皇帝李弘》，第 2829 页。

⑦ 《隋书》卷二十七《百官志中》，第 756 页。

"司苑，掌园囿种植，蔬菜瓜果"①。唐高宗时，"时尚方监裴匪躬检校京苑，将鬻苑中果菜以收其利"。苏良嗣对这一现象进行了批驳，裴匪躬随停止了这种将西苑菜卖出求利的举动。②唐高宗咸亨四年（673），洛阳城内还发生了一件因买蒜引发的怪异事件，前引《广五行记》曾记述洛州司户唐望之为了招待上门僧人，派人到市场买鱼，又打算让人到市场买蒜。从这一事件我们可以看出，在客人来之后，方才到市场上购买蔬菜，说明买菜是很方便的。即使到后来也有许多贪官卖公廨园中菜以求利的现象。唐代宗时王昂任职刑部，"性贪吝，无愧苟得，乃鬻公廨园菜，收其钱以润屋，甚为时论所丑"③。虽然说王昂所发生的事不在河洛地区，但卖菜求利的现象与裴匪躬的想法是一样的，即利用官府的菜园种菜牟利。在河洛地区也有"鬻蔬灌园"的现象。④作为苦菜之一的荠菜，在唐代两京消费也很可观。上元元年（760）八月，高力士被李辅国诬陷，发配黔中道，高力士至巫州，"地多荠而不食"，因感伤而咏之曰："两京作斤卖，五溪无人采。夷夏虽不同，气味终不改。"⑤这足以反映出两京蔬菜消费的水平。后唐庄宗长兴二年（931）六月，河南府《议覆收买京城坊户菜园条例奏》，后唐庄宗准敕："'京城坊市人户菜园，许人收买。'窃虑本主占佃年多，以鬻蔬为业，固多贫窭，岂办盖造？恐资有力，转伤贫民。"⑥这是针对租佃洛阳城内菜园有可能被收买而造成贫户无法生存而颁行的诏令，从侧面反映出蔬菜消费在居民生活中占有较大的比重。

① 《隋书》卷三十六《后妃传》，第1107页。
② 《旧唐书》卷七十五《苏良嗣传》，第2630页。
③ 《旧唐书》卷一百一十八《王昂传》，第3415页。
④ （清）董诰编，孙映逵等点校：《全唐文》卷三百九十八王利器《对举抱瓮生判》云："河南东道持斧举抱瓮生。或告云：矫。州科生妄罪，不伏。"第2406页。《全唐文》卷六百二十二马翊《对举抱瓮生判》亦云："河南东道持斧举，抱瓮生，或告云：矫。州科生妄罪。不伏。"第3708页。其中提到"鬻蔬灌园"。《全唐文》卷三百九十八平伾《对受田兼种五菜判》云："丁受田兼种五菜，吏税之。丁云：在外田稼不善，诣郡科吏，吏固执合税，久莫能决。廉察使按郡守令不行。"第2409页。这里所述是河阳之事。
⑤ 《旧唐书》卷一百八十四《宦官传·高力士》，第4759页。
⑥ （清）董诰编，孙映逵等点校：《全唐文》卷九百七十一，第5954页。

通过隋唐时期蔬菜的消费可以看出，作为全国经济文化最为发达的地区之一，河洛地区各色人等云集，使蔬菜的消费量也大增，从蔬菜的种植、买卖乃至于消费，都体现了河洛地区社会生活的具体层面，对于认识河洛地区的饮食文化具有重要意义。

需要附带提及的是，从先秦以来河洛地区的饮食禁忌特色明显。作为饮食文化的重要方面，饮食禁忌是饮食文化的重要内容之一。饮食禁忌表现在多个层面，首先，饮食受社会环境等多重因素的影响，在社会物质财富短缺的情况下，政府往往会颁布相关禁令，禁止百姓饮酒食肉。先秦时期，已有"未敛不饮酒食肉"①的传统，虽然表达的是对逝者的敬仰，但也是饮食禁忌的方式之一。西汉初年，"秦燔书籍，率意而行，亢上抑下。汉祖草创，因而不革。乃至率天下皆终重服，旦夕哀临，经罹寒暑，禁塞嫁娶饮酒食肉，制不称情"②。这是汉高祖在西汉初年继续沿袭先秦以来的传统，所以在汉文帝临死之前遗诏有"毋禁取妇嫁女祠祀饮酒食肉者"③，显然是放宽了这一禁令。宣曲任氏的"家约"颇有代表性，"任公家约，非田畜所出弗衣食，公事不毕则身不得饮酒食肉"，故而得到皇帝的重视，"以此为闾里率，故富而主上重之"④。先秦时期居丧不能饮酒作乐在魏晋隋唐时期被进一步强化，阮籍因为"负才放诞，居丧无礼"，何曾当着司马昭的面指责他，并且对司马昭说："公方以孝治天下，而听阮籍以重哀饮酒食肉于公座。宜摈四裔，无令污染华夏。"⑤虽然司马昭最后宽宥了阮籍，但仍可以看出社会价值观念的影响。唐律规定："匿父母夫丧"，"参预吉席"，谓遇逢礼宴之席参预其中者"各杖一百"。可见在家有丧事的同时，不能举办或参加宴席，以表达对先人的哀思。

---

① 《汉书》卷五十一《贾山传》，第 2334 页。
② 《晋书》卷二十《礼志中》，第 621 页。
③ 《史记》卷十《孝文本纪》，第 434 页。
④ 《史记》卷一百二十九《货殖列传》，第 3280 页。
⑤ 《晋书》卷三十三《何曾传》，第 995 页。

亦有"父母被囚禁嫁娶","依令，不得宴会。"① 这是针对父母遭受刑罚而作的特别规定。

其次，食用马肉时不能饮酒，马肝更不能食用。秦穆公时，岐山之下三百人盗食其"善马"，秦穆公曰："君子不以畜产害人。吾闻食善马肉不饮酒，伤人。"秦穆公"乃皆赐酒而赦之"。这里秦穆公为了赦免三百人，借用了当时流传的食马肉不饮酒的说法，救了这些人，使其成为后来营救他的关键力量，这些人确是为了"以报食马之德"②，后来在秦穆公面临窘境时，是这些"食马"之人救了他。汉武帝时，文成食马肝而死，汉景帝曾说："文成食马肝死耳。"《索隐》案："《论衡》云'气热而毒盛，故食走马肝杀人'。《儒林传》云'食肉无食马肝是也。'"③ 这应当是当时的饮食禁忌，我在前文已经作了详细的梳理。关于此项禁忌在汉唐时期河洛地区都有流行，但前期的禁忌较为明显。

唐代河洛地区饮食中的禁忌更加全面，展现出饮食习惯的多样化色彩。唐代韩鄂《四时纂要》有多处食忌的记载，其中正月"食忌：此月勿食虎、豹、狸肉，令人伤神。勿食生葱，令人起游风。勿食蓼"。二月，"食忌：是月勿食蓼，伤肾。勿食兔，伤神。勿食鸡子，令人恶心。九日勿食鲜鱼，仙家大忌"。三月，"食忌：是月勿食脾，土王在脾故也。勿食鸡子，令人一生昏乱。勿食鸟兽五脏及百草，仙家大忌。此月庚寅日，勿食鱼，大凶"。四月，"食忌：勿食雉，令人气逆。勿食鲜鱼，害人。勿食蒜，伤气损神"。六月，"食忌：是月勿食生葵，宿疾尤不可食。食露葵者，犬噬，终身不差。勿食诸脾，勿饮泽水，令人病鳖症；六日勿起土。仙家大忌"。七月，"食忌：此月勿食茱，是月蜀虫著上，人不见。勿食生蜜，令人发霍乱"。八月，"食忌：此月勿食姜、蒜，损寿减智。勿食鸡子，伤神"。十月，"食忌：勿食猪

---

① 刘俊文：《唐律疏议笺解》卷十三《户婚》，中华书局 1996 年版，第 1028 页。
② 《史记》卷五《秦本纪》，第 188 页。
③ 《史记》卷二十八《封禅书》，第 1389 页。

肉，发宿疾。勿食椒，损心"。十一月，"食忌：是月勿食龟、鳖，令人水病。勿食陈脯。勿食鸳鸯，令人恶心。勿食生菜，患同九月"。十二月，"食忌：是月勿食葵，发痼疾。勿食薤。勿食蟹。勿食诸脾。勿食龟、鳖，必害人。勿食牛肉。凡乌牛自死者，若北首死者，害人。构枝及桑柴炙牛肉者，并令人生虫。食自死豕肉，令人体痒"①。上述关于全年内不同月份的饮食禁忌，应当是长期生活经验的总结，虽然有的今天看来有迷信的成分在内，但在当时无疑对居民日常饮食具有积极的作用。唐代还流行着上元夜不食牛肺的习俗，"元夜食牛肺，犯天枢巡使"。只有"夜行祷谢，可免"②，方可破解。当然这种破解方法并没有科学依据。

再次，酒宴过程不能强迫客人过量饮食。《风俗通》记载了一个"骥马唊宾客"的故事，"宴食已阙，主意未尽，欲复饮酒，余无所施，更出脯鲊，椒姜盐豉"。因为在宴请的食品已经缺乏的情况下，主人迅速端出"脯鲊椒姜盐豉"，使宴会能够进行下去，故而有"言其速疾如骥马之传命"的说法。③ 在宴会过程中先吃什么食物也有讲究，《风俗通》曰："今宴饮大会，皆先黍臛。"④ 黍臛为一种杂以黍米的肉羹。这种在宴会前先食的现象，在后世也有记载，《祢衡别传》曰："十月，朝黄祖，在艨冲舟上，会设黍臛。衡年少在座，黍臛至，先自饱食毕，抟以弄戏，其轻慢如此。"⑤ 在宴请宾客时，主客之间还有较为严格的礼仪。李尤《堂铭》云："因邑制宅，爰兴殿堂。夏屋渠渠，高敞清凉。家以师礼，修奉蒸尝。延宾西阶，主近东厢。宴乐嘉客，吹笙鼓簧。"⑥ 李尤将堂作为宴请宾客的地点，主客的位置各有定制，然后鼓乐奏响，宴会开始。

---

① （唐）韩鄂原编，缪启愉校释：《四时纂要校释》，农业出版社1981年版，第18、49、77、170、193、222、237、243页。
② （唐）冯贽编，张力伟点校：《云仙散录·天枢巡使》，第111页。
③ （汉）应劭撰，王利器校注：《风俗通义校注·佚文·阴教》，第609页。
④ （汉）应劭撰，王利器校注：《风俗通义校注·佚文·阴教》，第611页。
⑤ （宋）李昉等：《太平御览》卷八百四十二《百谷部六·黍》，第3763页。
⑥ （唐）欧阳询撰，汪绍楹校：《艺文类聚》卷六十三《居处部三·堂》，第1137页。

最后，李商隐《义山杂纂》列举了许多具体的吃饭禁忌，颇具时代意义。如"卧吃食""露顶吃食""未食碗中先插匙箸"都是吃饭中的禁忌。此外，"醉客逃席"必不来，不嫌"饥得粗食""渴饮冷浆""久贫得薄酒"；不得已"忍病饮酒"，"说食鲙恰好，必是少"，"鲙醋不中"不快意，"花间喝道""果园种菜"均属于煞风景。属于恶模样的有"对大僚食""筵上乱叫唤""作客踏翻台桌""嚼残鱼肉置盘上，横箸在羹碗上"，而"筵上包弹品味""筵上啜醋声"则属于"不达时宜"。至于说无所知则是"食后不起妨主人。问主人。鱼肉价。与寡妇认亲往来。吃他饮食不谦让。……作客自呼宾。暑月排筵久坐"，而"闷损人请贵客不来。恶客不请自来。被醉人缠住不放。酒醉喝人"则属于闷损人，"弃家耽酒。图他酒食作证人"是愚昧，"抛撒饮食。爱赌博饮酒"会"须贫"。"主人未揖食先举箸。众食未了先卸箸"属于"失去就"。"不得饮酒至醉"属于十戒之一，"和匙把箸"属于"少知尘俗"[①]。在用餐时，还有"坐不移樽"的约定，因为"俗说凡宴饮者，移转樽酒，令人讼诤"[②]。这说明在宴会上或者用餐过程中，多有许多约定俗成的规矩。

河洛地区的饮食文化显现出独有的特色，具体而言，有以下几个方面。

其一，河洛地区的饮食内涵折射出了中国社会经济发展变化的轨迹。人们的社会生活水平离不开社会经济的发展程度，社会生产力发展达到什么水平就会有相应的生活水平。自古迄今，没有超越当时生产力发展水平的生活方式，也没有远远低于生产力发展水平之下的生活方式。汉唐时期，河洛地区社会经济仍然是以小农经济为主导的自然经济，这一时期的生活水平就与此密切相关，从我们上面所考证出来的食物品种即可得以反映。

其二，河洛地区饮食文化的发展水平与中国整个社会饮食文化关系密切。汉唐时期，河洛地区长期作为首善之区，饮食文化发展与全国的影响不无关系，有些风尚就是受全国的影响而产生的。有些河洛地区的饮食文化风尚凭

---

① （唐）李商隐：《义山杂纂》，岳麓书社 2005 年版，第 1—28 页。

② （宋）李昉等：《太平御览》卷七百六十一《器物部六·樽彝》，第 3379 页。

借核心区域的影响力影响到其他地区。西晋时期，全国范围内士族的奢侈风尚影响了洛阳士族的饮食风尚，而洛阳附近的士族奢侈风尚对于全国范围内的士族奢侈风尚起了推波助澜的作用。北魏时期，河洛地区的饮食文化深受来自少数民族地区饮食习惯的影响，无论饮食习惯，抑或是饮食结构都发生了较大的变化，其中肉食成为居民生活的重要内容。

其三，河洛地区饮食文化反映了人们的价值取向。饮食文化的风尚与人们的价值取向有着密切的关联。两汉时期，全国范围的对奢靡之风的抨击，使社会上层不敢过分奢侈，而到魏晋时期，社会风气与社会环境的交互作用使饮食文化上出现了食不厌精的现象，各种特色食品也不断出现。到了隋唐时期，虽说在隋炀帝时期的奢靡风气对饮食文化有所影响，但到了唐代初年，社会上一直在总结隋亡的教训，所以饮食文化上所呈现的节俭的风气也是一改往昔的气象。唐代中后期，随着社会经济的发展，饮食又渐趋奢靡，呈现出周期性的变化。

其四，河洛地区特殊的地理位置使河洛地区的饮食文化也呈现出开放的风气。广为吸纳，广为传播，融合东西，撒播全国，成为河洛地区饮食文化最为显著的特色。

第二章　服饰文化

纺织业进步在居民消费上的体现，表现为用于服饰的纺织品种类增加。作为居民社会生活的重要内容，汉唐时期河洛地区的服饰无论花色品种、面料，抑或是服饰的样式都发生了一定的变化。随着时间的推移，这种变化也昭示了服饰所反映的社会等级。对服饰演变的特点进行总结，尤其是少数民族入主中原后风俗习惯对河洛地区服饰样式所产生的影响，是研究河洛地区服饰文化关注的重点。

第一节　先秦两汉纺织品的生产与销售

河洛地区的纺织品生产起源较早，早在先秦时期已经深入居民的社会生活。西周时期，河洛地区的纺织业已经很有特色，一些纺织品的质地已经达到比较高的水平。

先秦时期，河洛地区纺织品的相关文化遗存多有出土。1952年，在洛阳东郊摆驾路殷遗民的墓葬中，发现了许多纺织品的遗迹。第2号墓的二层台四角残留有布质画幔痕迹，当日画幔在椁顶应当全部相属连，今皆破坏，只余四角。四角所余的画幔残痕，都画有几何形图案，以黑白黄红四色用柔毛绘制而成，间带有笔锋，线条古朴，显示出殷人葬俗的特点。在下瑶村西区殷遗民墓葬群都有纺织品的出土，在 159 号墓南二层台发现麻绳碎片数片。沿墓室北壁，自距墓口 0.7 米处起到二层台止，断断续续发现彩绘丝织物的痕迹。织纹作红色条纹地，另饰黑白线条，经纬作十字形交互组织，分明可见，应是北壁垂挂的帐幔的残迹。161 号墓北壁有黑色布纹，西壁有红黄色布纹，二层台西端有红绿白三色彩绘痕。164 号墓中有衣服痕迹。169 号墓有丝织品痕迹。① 在洛阳林校的西周车马坑中发现的 3 件瓷器上有布掩盖的痕迹。在墨 C3M230：116 的盖上残留有丝织物的痕迹。在铜制品牛面行饰 C3M230：122 的器物表面残存有丝织物的痕迹。② 1997 年在洛阳东郊西周墓葬出土的 1 件骨饰，竹节形，中间有一宽槽，槽内有绳革勒痕，表面因铜锈染成翠绿色。③ 在浚县辛村西周墓中，木椁顶盖上也发现了几片麻布，在 1 件铜尊口部发现了丝织品的痕迹，属于丝织品中的平纹织物。1986 年在平顶山北滍村发现的西周宣王时期的一号墓地中，出土了 1 件八层透雕铜片，在第一层铜片上面和第八层铜片下面发现有麻织物和细密织物的纹理痕迹。另外，还有一些长条形、月牙形和不规则形的残边铜片，上面大多有压印纹，有的边缘和拐角处往往有一至二个穿孔。在它们挨着椁板的一面常有织物纹理痕迹。④ 在平顶山应国 95 号墓地中发现玉缀饰 4 件（只编一个标本号，即标本 M95：117），均为长条形薄片，原缀于丝织品的表面。大小不一，最大者长 1.7、宽 0.8、厚 0.15 厘米；最小者长 1.4、宽 0.5、厚 0.1 厘米。该墓的年代大致可推定为西周晚期偏早阶段。⑤ 在三门峡虢国墓地 2001 号墓葬中也有纺织品出土，如外棺上覆有一层丝织物，内棺上面铺有一层红色丝织物。在棺内随葬品一组玉器之下，铺有红色或黄色丝织物数十层，其色泽鲜艳、触之富有弹性，厚约 3—5

① 郭宝钧、林寿晋：《一九五二年秋季洛阳东郊发掘报告》，《考古学报》1955 年，第九册。

② 洛阳市文物工作队：《洛阳林校西周车马坑》，《文物》1999 年第 3 期。

③ 洛阳市文物工作队：《洛阳东郊西周墓》，《文物》1999 年第 9 期。

④ 河南省文物研究所、平顶山市文管会：《平顶山市北滍村两周墓地一号墓发掘简报》，《华夏考古》1988 年第 1 期。

⑤ 河南省文物研究所、平顶山市文物管理委员会：《平顶山应国墓地九十五号墓的发掘》，《华夏考古》1992 年第 3 期。

厘米。随葬品器物的背面一般都有丝织物的纹理印迹，当是死者入葬时的殓服。死者身下铺有六七厘米厚的黄色粉末状物，触之富有弹性，疑为丝织品腐朽而成，但未经化验，质地不明。1 件玉茎铜芯铁剑，剑身外包裹一层丝织品，被装在用皮革精心制作的鞘内。1 件玉螟目，由制成眉、目、耳、鼻、口、面颊、胡须、下腭、印堂等部位形状的玉片为主体组合连缀而成。当缀于丝织品的上面覆盖于死者面部。[①] 1990 年至 1991 年，在三门峡虢国墓地第九号虢仲墓 M2009 共出土文物 3600 多件（套），特别是出土的一套完整的麻织品衣物，也是我国同期考古中仅见的。[②] 纺轮等纺织工具在西周遗址中继续出土。如在洛阳北窑西周铸铜遗址中曾出土过纺轮。

春秋战国时期，纺织业已经迈上了一个新的台阶，已经能够生产质地优良的丝织品。从文献记载来看，《周礼》中有关丝的生产、交易与管理的记载更多地反映了春秋战国社会的总体状况。《天官冢宰》云："典丝，下士二人，府二人，史二人，贾四人，徒十有二人。"太宰之职"以九职任万民"，其中"嫔妇，化治丝枲"。典丝的职责为："典丝掌丝入而辨其物，以其贾楬之。掌其藏与其出，以待兴功之时。颁丝于外内工，皆以物授之。凡上之赐予，亦如之。及献功，则受良功而藏之，辨其物而书其数，以待有司之政令，上之赐予。凡祭祀，共黼画组就之物。丧纪，共其丝纩组文之物。凡饰邦器者，受文织丝组焉。岁终，则各以其物会之。""典枲掌布缌缕纻之麻草之物，以待时颁功而授赉。及献功，受苦功，以其贾楬而藏之，以待时颁。颁衣服，授之，赐予亦如之。"另外还有染人一职，"染人掌染丝帛。凡染，春暴练，夏纁玄，秋染夏，冬献功。掌凡染事"。《冬官考工记》将"或治丝麻以成之"

---

① 河南省文物研究所、三门峡市文物工作队：《三门峡上村岭虢国墓地 M2001 发掘简报》，《华夏考古》1992 年第 3 期。

② 侯俊杰、王建明：《三门峡虢国墓地 2009 号墓获重大考古成果》，《光明日报》1999 年 11 月 2 日第 2 版。

提到国之六职之一的位置，"治丝麻以成之，谓之妇功"①，可见妇女担任着纺织业的重任。《周礼》所述只能看作春秋战国时期带有理想化的成分在内的纺织业。《诗经》所反映的河洛地区丝织品的诗歌开始进入人们的视野。《诗经·召南》有"素丝"的记载，《邶风·绿衣》有"绿兮丝兮"之句，《鄘风·干旄》中"素丝纰之""素丝组之""素丝祝之"等一系列排比虽然有写作的考虑，但更多的是反映了鄘地丝织品的纺织情况。至于说《卫风·氓》的"抱布贸丝"则真实地再现了丝作为商品在民间进行交易的情况。还有描述丝织品精美状况的诗句，如《卫风·硕人》云："硕人其颀，衣锦褧衣。"《郑风·丰》有"衣锦褧衣，裳锦褧裳""裳锦褧裳，衣锦褧衣"等诗句，都反映了精美丝织品的使用情况。战国时期周人白圭的经营之道中有"夫岁孰取谷，予之丝漆。茧出取帛絮，予之食"②，反映了丝在河洛地区居民生活中所占据的重要地位。

如果说丝织品的使用仅仅局限在社会上层的话，那么在《诗经》中关于河洛地区麻的种植和麻布的制作有不少记载。《王风·丘中有麻》中有"丘中有麻"之句，说明洛阳一带有麻的种植。《陈风·东门之池》言及东门之池，"可以沤麻"，"可以沤纻"，"可以沤菅"。"麻""纻"都是麻，在东门的护城河内浸泡麻之后，才可以剥皮，很显然这是对收获的麻的最初加工。当麻皮被剥下来之后，经过加工可以用于纺织，因而《东门之枌》中批评纺织女"不绩其麻"，反而"市也婆娑"，即到集市上跳舞，可见正常情况下纺织女要从事纺织。另外，还有葛作为纺织原料的种植与采集的记载。《邶风·旄丘》以"旄丘之葛兮，何诞之节兮"起兴，旄丘在今河南濮阳县，由此可见旄丘一带葛的生长状况。《王风·采葛》云："彼采葛兮，一日不见，如三月兮!"谈到了女性采葛的情况。郑玄笺云："葛所以为绤绤也。"这些诗文都说明了

---

① （汉）郑玄注，（唐）贾公彦疏：《周礼注疏》，李学勤主编《十三经注疏》整理本，第21、32、199—201、210、1057页。

② 《史记》卷一百二十九《货殖列传》，第3258页。

河洛地区及周边有关纺织原料的丰富以及纺织业的发展状况。在《郑风》中还出现了茹藘的植物染料，《东门之墠》云："东门之墠，茹藘在阪。"郑玄笺云："茹藘，茅蒐，蒨草也。"李巡曰："茅蒐，一名茜，可以染绛。"可见用茹藘作为染料已经在战国时期开始流行。《出其东门》有"缟衣茹藘"描述衣服的颜色。[1] 可以看出春秋战国时期纺织业已经达到较高的水平。

河洛地区考古发现的纺织品遗存很多，更加真实地反映了春秋战国时期河洛地区纺织业发展的状况。在洛阳西郊发掘的战国时期四号墓，其棺木覆以丝织品。该墓出土的遗物铜舟底有丝织物遗迹。[2] 1992 年在洛阳中州中路东周墓编号为 C1M3732 出土的 1 口剑，剑身有丝织物包裹，茎首有木灰及束丝缠绕痕迹。1996 年至 1997 年在洛阳针织厂东周墓葬清理中，在泥土中发现有大量丝织物的痕迹。其中Ⅱ式剑 1 件和Ⅲ式剑 1 件，出土时茎上均有保存完好的丝质紫色缠镤，镤为辫绳状。[3] 1972 年在洛阳中州路的战国车马坑发现的 2 组错银铜镦，一组管内朽木缠绕粗麻，麻宽 0.5 厘米，在另一组铜镦的乙管器表有缠裹丝织品的痕迹。[4] 在剑上缠裹丝织品表明剑的珍贵与丝织品使用的广泛。在 1976 年发掘的 62 号粮窖中出土陶纺轮 14 件。1974 年在东周王城内也发现 1 枚陶纺轮，呈圆形，中有孔。同年在洛阳东周王朝古窑址内出土纺轮印模 1 件，可能是批量生产陶纺轮的模具。[5] 纺织业所使用的陶纺轮在春秋战国时期仍然大量出土，足以显示纺织业在社会生活中占据重要的地位。这些纺织遗存的发现再次证明了河洛地区纺织业的历史悠久。

秦代对全国经济的掠夺性政策，使河洛地区纺织品的生产经营受到严重

---

[1] 程民生：《河南经济简史》，中国社会科学出版社 2005 年版，第 38—39 页。

[2] 洛阳市文物工作队：《洛阳西郊四号战国墓发掘简报》，《文物资料丛刊》（9），文物出版社 1985 年版。

[3] 洛阳市文物工作队：《洛阳针织厂东周墓（C1M5269）的清理》，《文物》2001 年第 12 期。

[4] 洛阳博物馆：《洛阳中州路战国车马坑》，《考古》1974 年第 3 期。

[5] 洛阳市文物工作队：《洛阳东周王城内的古窑址》，《考古与文物》1983 年第 3 期。

的破坏，甚至出现了"女子纺绩不足于帷幕""女子纺绩不足于盖形"① 的现象。楚汉战争时，两军相持于巩、洛之间，郦食其在向刘邦谈到当时战争的形势时说："农夫释耒，工女下机。"② 可见战争对当时纺织业的发展所产生的严重影响。西汉虽然定都长安，但河洛地区仍然是中央政府所仰仗的重要经济区域，河洛地区的社会稳定对经济的发展所产生的影响依然非常明显。

汉高祖八年（前199）三月，刘邦到洛阳巡视，看到洛阳的商人生活浮华，而民众则生活艰难，甚至有的商人利用雄厚的经济实力左右地方政治，因而下诏："贾人毋得衣锦绣绮谷绵纻罽，操兵，乘骑马。"师古曰："贾人，坐贩卖者也。绮，文缯也，即今之细绫也。纻，细葛也。纻，织纻为布及疏也。罽，织毛若今毾㲪及氍毹之类也。"③ 从刘邦禁止商人所穿用的服饰面料来看，当时河洛地区能够生产如此种类众多的纺织品，足以显示河洛地区纺织业的水平。此外，贾谊《新书》卷三《孽产子》云：

> 民卖产子，得为之绣衣、丝履偏诸缘，入之闲中，是古者天子后之服也，后之所以庙而不以燕也，而众庶得以衣孽妾。白縠之表，薄纨之里，缉以偏诸，美者黼绣，是古者天子之服也，今贵富人大贾召客者得以被墙。古者以天下奉一帝一后而节适，今贵富人大贾屋壁得为帝服，贾妇优倡下贱同产子得为后饰，然而天下不屈者，殆未有也。且帝之身自衣皂绨，而靡贾侈贵，墙得被绣；帝以衣其贱，后以缘其领，孽妾以缘其履：此臣之所谓蹄也。④

从贾谊所描述的情况可以看出，在汉代文帝之时，"白縠之表，薄纨之里，缉以偏诸，美者黼绣"的服饰，也开始为经济实力雄厚的商贾所服用，这些服饰是用多种纺织品做成。汉景帝后二年（前142）夏四月，诏曰："雕文刻镂，

---

① 《史记》卷一百一十一《平津侯主父列传》，第2954页。《史记》卷一百一十八《淮南衡山列传》，第3085页。

② 《史记》卷九十七《郦生列传》，第2694页。

③ 《汉书》卷一下《高帝纪下》，第65页。

④ 王洲明、徐超校注：《贾谊集校注》，人民文学出版社1996年版，第104—105页。

伤农事者也。锦绣纂组，害女红者也。"应劭曰："纂，今五采属绦是也。组者，今绶纷条是也。"臣瓒曰："许慎云'纂，赤组也'。"师古曰："瓒说是也。绦，会也。会五彩者，今谓之错彩，非纂也。"① 从汉景帝所下的诏书以及后人的解释，可以看出奢侈化的商业消费给民众造成了严重的损伤，也由此看出纺织业发展的盛况。西汉中后期河洛地区在汉代社会经济发展中占据重要的地位，纺织业所生产的名品琳琅满目，司马相如《子虚赋》描述郑地女子云："于是郑女曼姬，被阿锡，揄纻缟，杂纤罗，垂雾縠。襞积褰绉，纡徐委曲，郁桡溪谷；纷纷裶裶，扬袘恤削，蜚纤垂髾。扶与猗靡，翕呷萃蔡，下摩兰蕙，上拂羽盖，错翡翠之威蕤，缪绕玉绥；缥乎忽忽，若神仙之仿佛。"② 通过司马相如所描述的楚武王夫人郑国曼姬的服饰可以看出，司马相如所提到的纺织品都是汉代的流行品，并在河洛地区社会上层受到关注。如阿锡在汉代被多次提及和使用，《郊祀歌》中有"被华文，厕雾縠，曳阿锡，佩珠玉"。何谓"阿锡"，如淳曰："阿，细缯。锡，细布也。"③ 虽然说西汉中期以后河洛地区受到的关注降低，但因社会稳定，河洛地区的经济得到了长足的发展，纺织业的生产与销售依然很旺盛。永始四年（前13）六月，针对豪门贵戚"奢侈逸豫，务广第宅，治园池，多畜奴婢，被服绮縠，设钟鼓，备女乐，车服嫁娶葬埋过制"的现象，导致"吏民慕效，浸以成俗"，汉成帝下诏禁止奢侈服饰，但对民间"青绿民所常服，且勿止"④。汉成帝时已及于西汉末期，王莽把持朝政。这种禁止穿用奢华纺织品的禁令并没有被严格执行。李贤曾经说："成帝下诏，务崇俭约，禁断绮縠、女乐，嫁娶葬埋过制，唯青绿人所常服不禁。哀帝初即位，易帷帐，去锦绣，乘舆席缘绨缯而已。成帝以赵飞燕，哀帝以董贤，为俭并不终。"⑤ 西汉末年，洛阳作为全国五座

① 《汉书》卷五《景帝纪》，第151页。
② 《史记》卷一百一十七《司马相如列传》，第3011页。
③ 《汉书》卷二十二《礼乐志》，第1052页。
④ 《汉书》卷十《成帝纪》，第325页。
⑤ 《后汉书》卷二十四《马廖传》李贤注，第853页。

著名的工商业城市，纺织业的发展更为生产和销售提供了广阔的前景。因而，王莽在全国设立了包括洛阳在内的"五均司市师"，除了管理洛阳市场上的物价外，还管理"众民卖买五谷、布帛、丝绵之物"，这就是说纺织品经营被管起来。王莽所任用的商人有"洛阳薛子仲、张长叔"等人①，表明这些工商业主进入了权力机构，进一步加强了对纺织品生产与销售的管理。

东汉时期，洛阳成为全国的政治中心，也引起了封建政府对河洛地区的重视。河洛地区纺织品的生产、销售与使用均呈现出上升的趋势。东汉初年，社会经济经过恢复与发展，消费品市场开始呈现出上升趋势，但封建统治者依然重视勤俭。如汉明帝马皇后，"常衣大练，裙不加缘。朔望诸姬主朝请，望见后袍衣疏粗，反以为绮縠，就视，乃笑。后辞曰：'此缯特宜染色，故用之耳。'六宫莫不叹息"。马皇后还"置织室"，亲自纺织。马皇后诏曰："吾为天下母，而身服大练，食不求甘，左右但著布，无香薰之饰者，欲身率下也。"虽然马皇后带头节俭，但其兄弟家则奢侈异常，"仓头衣绿褠，领袖正白"。在汉明帝死后，"诸贵人当徙居南宫，太后感析别之怀"，赐"白越三千端、杂帛二千匹"②，可见包括马皇后在内的封建统治者对纺织品的推崇和需求。汉和帝死后，其邓皇后"减大官、导官、尚方、内者服御珍膳靡丽难成之物……又御府、尚方、织室锦绣、冰纨、绮縠、金银、珠玉、犀象、玳瑁、雕镂玩弄之物，皆绝不作"③，以示对奢侈品需求的遏制。元初五年（111），针对京师洛阳"嫁娶送终，纷华靡丽，至有走卒奴婢被绮縠，著珠玑"的现象，汉安帝质问道："京师尚若斯，何以示四远？"因而下诏禁止奢侈服饰。④虽然汉安帝禁止社会上的奢侈服饰，但他本人则仍然继续了这一奢侈现象。

---

① 《汉书》卷二十四下《食货志下》，第 1183 页。
② 《后汉书》卷十《皇后纪上·明德马皇后》，第 409—411 页。
③ 《后汉书》卷十《皇后纪上·和熹邓皇后》，第 422 页。《后汉书》卷四《孝殇帝纪》，第 197 页。
④ 《后汉书》卷五《孝安帝纪》，第 228 页。

《拾遗记》云："安帝好微行，于郊坰或露宿，起帷宫，皆用锦罽文绣。"① 这种严以律人、宽以待己的行为正是东汉时期奢侈难以禁止的重要原因。为了满足皇室的丝织品的需求，朝廷在皇宫中设置织室，有织室丞一人管理，由宦官担任。

除了皇帝消费大量纺织品外，其他官员的服饰所用的纺织品也很可观。这从西汉时期已经开始。《礼记·月令》记载，在仲秋之月，"乃命司服，具饬衣裳，文绣有恒，制有小大，度有长短。衣服有量，必循其故。"② 这是对皇帝服饰的规定。《汉官仪》曰："虎贲中郎将，古官，衣纱縠单衣，虎文锦裤。余郎亦然。"③ 这是朝中关于虎贲中郎将服饰的用料，以丝绸为主。司马相如《长门赋》描述汉武陈皇后的居处曰："张罗绮之幔帷，垂楚组之连纲。"④ 这足以显示出其住处之奢华。《陈留风俗传》曰："襄邑县，南有涣水，北有睢水。传曰：睢、涣之间文章，故有黼、黻、藻、锦、日、月、华、虫，以奉天子宗庙御服焉。"⑤ 襄邑县作为著名的丝绸产地，纺织品的质地花纹非常精美。精美的丝绸成为社会上层奢侈所用的消费品。《东观汉记》曰："马融博洽通儒，教养诸生千数。融好侈饰，常施绛纱帐，前授生徒，后列女乐。"⑥ 马融作为东汉中后期著名的经学家，用绛纱帐将所教授的生徒与女乐隔开，可见他在日常活动中极为奢侈。贵重的纺织品成为达官贵人争相追逐的对象。《士纬》曰："丝俱生于蚕，为缯则贱，为锦则贵。"⑦ 《释名》卷四《释采帛》曰："锦，金也，作之用功重，其价如金。"⑧ 在这种情况之下，服

---

① （晋）王嘉撰，（梁）萧绮录，齐治平校注：《拾遗记》卷六《后汉》，中华书局 1981 年版，第 143 页。

② （汉）郑玄注，（唐）孔颖达疏：《礼记正义》，李学勤主编《十三经注疏》整理本，第 524—525 页。

③ （宋）李昉等：《太平御览》卷八百一十五《布帛部二·锦》，第 3622 页。

④ （梁）萧统编，（唐）李善注：《文选》卷十六《哀伤·长门赋》，第 715 页。

⑤ （唐）李昉等：《太平御览》卷八百一十五《布帛部二·锦》，第 3621—3624 页。

⑥ （唐）李昉等：《太平御览》卷八百一十六《布帛部三·纱》，第 3629 页。

⑦ （唐）李昉等：《太平御览》卷八百一十四《布帛部一·丝》，第 3617 页。

⑧ （汉）刘熙撰，（清）毕沅疏证，王先谦补：《释名疏证补》，中华书局 2008 年版，第 150 页。

用高等级的纺织品也成为一种身份的象征。张衡《四愁诗》曰："美人赠我貂襜褕，何以报之明月珠。""美人赠我锦绣段，何以报之青玉案。"① 张衡通过前后对比，可知锦绣丝织品作为男女互赠的定情物，足显其珍贵。蔡邕《女诫》曰："礼：女始行，服纁。纁，绛也，上正色也。红紫不以为亵服，缃绿不以为上，缯贵厚而色尚深，为其坚纽也。"② 蔡邕关于女性服饰的礼的规定，是先秦沿袭下来的传统，《论语·乡党》有"红紫不以为亵服"的记载。《舆服志》云："公主、贵人、妃以上嫁娶，得服锦绣罗縠，十二色绿袍。"③ 无论女子出嫁抑或女子赠送情人的礼品，所送的物品均为名贵的纺织品。这说明拥有名贵的纺织品成为两汉时期河洛地区人们的追求，项羽就曾说："富贵不归故乡，如衣锦夜行。"④ 这也是当时全国人的一种追求。

董卓之乱时，将从洛阳掳掠走的财物聚集在郿坞中，其中"锦绮缋縠纨素奇玩，积如丘山"⑤。这是从洛阳府库中转移而来的珍贵丝织品。东汉中后期宦官专政时，"南金、和宝、冰纨、雾縠之积，盈仞珍臧"⑥，表明洛阳府库中已经库存了大量精美丝织品。《潜夫论》卷三《浮侈篇》云："今京师贵戚，衣服、饮食、车舆、庐舍，皆过王制，僭上甚矣。从奴仆妾，皆服葛子升越，筩中女布，细致绮縠，冰纨锦绣。"⑦ 王符所记述洛阳城中的达官贵人服饰已经呈现出僭越的现象，即使其随从仆人也穿着精美的丝织品缝制的衣服。张衡《七辨》云："交阯缅绤，筒中之绠，京城阿缟，譬之蝉羽。制为时服，以适寒暑。"⑧ 这里提到的交阯、筒中和京城均为地名，其中京城是指河南尹所辖的京县。魏文帝《典论》曰："洛阳郭珍居财巨亿，每暑夏召客，侍婢数

①　（汉）张衡著，张震泽校注：《张衡诗文集校注》，第 3 页。
②　（唐）李昉等：《太平御览》卷八百一十四《布帛部一·彩》，第 3619 页。
③　（唐）李昉等：《太平御览》卷六百九十三《服章部十·袍》，第 3093 页。
④　《汉书》卷三十一《项籍传》，第 1808 页。
⑤　《后汉书》卷七十二《董卓传》，第 2332 页。
⑥　《后汉书》卷七十八《宦者传》，第 2510 页。
⑦　（汉）王符撰，（清）汪继培笺：《潜夫论》，上海古籍出版社 1978 年版，第 149 页。
⑧　（汉）张衡著，张震泽校注：《张衡诗文集校注》，第 300 页。

十，盛装饰，披罗縠，使之进酒。"[1] 由此可以看出洛阳富人消费罗縠的情况。河内人张奉，"立精舍教授"，"太傅袁隗以女妻奉，送女奢丽，奴婢百人皆被罗縠，辎軿光路"。在嫁给张奉后，"妇入门数年，奉住精舍，有如路人"。后来 "妻悉彻玩饰、被服、奴婢，着缦帛，执纺绩具，奉然后纳之"[2]。从娘家陪嫁的嫁妆丰厚，到后来 "执纺绩具"，说明张奉妻从早期的消费者到生产者的过程。

在两汉时期民间通过机杼纺织而作为家用也很普遍。西汉末年，与王丹同郡的陈遵为河南太守，他的友人丧亲后，陈遵 "为护丧事，赙助甚丰"，当时王丹 "乃怀缣一匹，陈之于主人前"，并且说："如丹此缣，出自机杼。"陈遵闻听此言面露 "惭色"。[3] 王丹在他人的丧礼上送去缣一匹，而且申明是通过纺织而获得的。再如河南乐羊子之妻为了教育乐羊子，在他远行求学无果返回后，妻乃引刀趋机而言曰："此织生自蚕茧，成于机杼，一丝而累，以至于寸，累寸不已，遂成丈匹。今若断斯织也，则捐失成功，稽废时月。"[4] 乐羊子妻为了教育丈夫努力求学，持之以恒，以机杼纺织作比喻，可见纺织已经成为普通居民的日常家庭手工业的重要经济支柱。《四民月令》中有一些关于纺织的记载。正月，"命女红趣织布"。二月，"蚕事未起，命缝人浣冬衣，彻复为袷。其有嬴帛，遂为秋制"。三月，可 "买布"。四月，"茧既入簇，趣缲；剖绵，具机杼，敬经络"。五月，"收敝絮及布帛"。六月，"命女红织缣缚。……可烧灰，染青、绀诸杂色"。七月，"处暑中，向秋节，浣故制新，作袷薄，以备始寒"。八月，"凉风戒寒，趣练缣帛，染采色。擘绵，治絮，制新，浣故。及韦履贱好，豫买，以备隆冬栗烈之寒"。十月，"可析麻，趣

---

① （唐）李昉等：《太平御览》卷四百七十二《人事部一百一十三·富下》，第 2166 页。
② （唐）李昉等：《太平御览》卷五百二《逸民部二·逸民二》引谢沈《后汉书》，第 2295 页。
③ 《后汉书》卷二十七《王丹传》，第 931 页。
④ 《后汉书》卷八十四《列女传·乐羊子妻》，第 2792 页。

128

绩布缕。作'白履''不惜'。卖缣、帛、敝絮。"① 通过《四民月令》所记述的一年中每个月的纺织情况，以及纺织品用于出卖的记述，可以反映出家庭纺织业作为家庭的重要经济收入来源，是由女性来完成的。

两汉时期，纺织技术的进步呈现出快速的趋势。西汉时期，巨鹿陈宝光家的织机最为先进，并进行了不断改革。《西京杂记》卷一《霍显为淳于衍起第赠金》云：

> 霍光妻遗淳于衍蒲桃锦二十四匹，散花绫二十五匹。绫出钜鹿
>
> 陈宝光家，宝光妻传其法。霍显召入其第，使作之，机用一百二十
>
> 镊，六十日成一匹，匹直万钱。②

陈宝光的妻子使用的织机为一百二十镊，是当时最为先进的织机。东汉末年，马钧在洛阳对纺织机具进行了改革，大大提高了工作效率。傅玄曰：

> 马先生，天下之名巧也，少而游豫，不自知其为巧也。当此之
>
> 时，言不及巧，焉可以言知乎？为博士居贫，乃思绫机之变，不言
>
> 而世人知其巧矣。旧绫机五十综者五十蹑，六十综者六十蹑，先生
>
> 患其丧功费日，乃皆易以十二蹑。③

马钧所进行的织机改革，是两汉时期织机改革的重大举措。马钧在陈宝光妻子织机的基础上所进行的改革大大提高了工作效率，由原来的一百二十镊改为每综一镊，即"五十综者五十蹑，六十综者六十蹑"，经过改进后，变为"十二镊"，大大节省了劳动力。可以说织机改革主要表现在镊数经过改良后减少，适应了纺织业发展的需要。正因为劳动人民在生产实践中需要这样的改革，才出现了如马钧等能工巧匠，完成了这一伟大实践。

西汉时期，绸缎消费已经引起人们的重视。《新书》卷三《瑰玮》云：

---

① （汉）崔寔原著，石声汉校注：《四民月令校注》，第9、21、33、46、49—51、58、60—61、69页。

② （晋）葛洪撰：《西京杂记》，中华书局1985年版，第4页。

③ 《三国志》卷二十九《魏书·方技传·杜夔》裴注引，第807页。

"黼黻文绣纂组害女工。且夫百人作之，不能衣一人，方且万里不轻能具天下之力，势安得不寒？世之俗侈相耀，人慕其所不如，悚迫于俗，愿其所未至，以相竞高，而上非有制度也。今虽刑余鬻妾下贱，衣服得过诸侯，拟天子，是使天下公得冒主而夫人务侈也。冒主务侈，则天下寒而衣服不足矣。故以文绣衣民而民愈寒；以褍民，民必暖而有余布帛之饶矣。"① 贾谊所述正是西汉前期奢侈纺织品极端消费的共性特征。这一现象在西汉中后期表现得更为明显。西汉末年，丧礼上对纺织品的消费越来越大，《说苑》卷十九《修文》云："天子束帛五匹，玄三、纁二，各五十尺；诸侯玄三、纁二，各三十尺；大夫玄一、纁二，各三十尺；元士玄一、纁一，各二丈；下士彩缦各一匹；庶人布帛各一匹。"② 社会各阶层在丧礼上对丝绸消费数量庞大。

东汉时期，嫁娶消费绸缎有一定的规定，《续汉书·舆服志》云："公主、贵人、妃以上嫁娶，得服锦绣罗縠，十二色绿袍。"虽然说河洛地区纺织品的生产与销售量都很大，但奢侈消费对纺织品的冲击很厉害。王符曾经指出："今察洛阳……一妇桑，百人衣之。"③ 此种现象在东汉时期因为豪强地主和富商的急剧膨胀，使高级奢侈品的消费快速增长，因而导致社会上高等级纺织品供不应求，加剧了社会矛盾。

河洛地区所产的丝织品不仅供应河洛地区所需，还远供其他偏远地区。《居延汉简释文合校》303·5 号简云："出河内廿两帛，八匹一丈三尺四寸，大半寸，直二千九百七十八，给佐使一人。元凤三年正月尽九月积，八月少半日俸。"509·8 号简云："受六月，余河内廿两帛，卅六匹二丈二尺二寸，少半寸，直万三千五十八。"第 513·24 号简也记载"今毋余河内廿两帛"④。这说明至少从汉昭帝元凤三年（前 78）开始河内郡的丝织品已经开始供应居

① 王洲明、徐超校注：《贾谊集校注》，第 101 页。
② （汉）刘向撰，向宗鲁校正：《说苑校正》，中华书局 1987 年版，第 492 页。
③ （汉）王符撰，（清）汪继培笺：《潜夫论》卷三《浮侈篇》，第 137 页。
④ 谢桂华、李均明、朱国炤：《居延汉简释文合校》，文物出版社 1987 年版，第 409、615、623 页。

延地区的戍卒所需。至于说这些纺织品是政府调配还是商品流通，从简文看，调配的可能性更大一些。河内郡作为东汉政府所依赖的重要地区，自东汉王朝建立伊始对河内郡的经济依赖就已经引起东汉统治者的重视。东汉一朝，洛阳城市消费的纺织品绝大多数来自河内郡。本初元年（146），朱穆劝谏梁冀时曾说："而京师之费十倍于前，河内一郡尝调缣素绮縠才八万余匹，今乃十五万匹。官无见钱，皆出于民，民多流亡，皆虚张户口，户口既少，而无赀者多，当复割剥，公赋重敛。"① 从本初元年所记载的情况可以看出，有东汉初年在河内郡征调八万余匹，发展到现在十五万匹，几乎增加了一倍。这说明东汉京师纺织品消费的数量之大。

两汉时期，洛阳的纺织品销售，因为社会需求量大，所以丝、绵、布帛的买卖都很发达。居民将纺织品上缴官府户税后，也将纺织品用于市场上的出卖。秦末汉初，"颍阴侯灌婴者，睢阳贩缯者也"②。再如朱儁"少孤，母尝贩缯为业"，当"同郡周规辞公府，当行，假郡库钱百万，以为冠帻费，而后仓卒督责，规家贫无以备"时，朱儁甚至"窃母缯帛，为（周）规解对"③。从朱儁与周规因缯帛结下了深厚的友谊。两汉时期关于布帛的买卖首先见于官府的规定。《礼记·王制》云："布帛精粗不中数，幅广狭不中量，不粥于市。奸色乱正色，不粥于市。锦文珠玉成器，不粥于市。衣服饮食，不粥于市。"④ 这里要求但凡出卖的布帛都要符合政府的规定，这可能是针对当时市场的布帛尺寸不够所作的规定，其目的是要达到"禁民以俭"的目的，但通过前文的相关现象可以看出，政府的这一规定几乎形同虚设。当商业经济发展达到一定水平以后，商人特别是大商人的出现，他们以自己雄厚的经济实力对高级纺织品的需求，进一步刺激了市场的畸形化发展。王莽改制时

① （汉）袁宏撰，张烈点校：《后汉纪》卷二十《孝质皇帝纪》，中华书局 2017 年版，第 388 页。
② 《史记》卷九十五《灌婴列传》，第 2667 页。
③ 《后汉书》卷七十一《朱儁传》，第 2368 页。
④ （汉）郑玄注，（唐）孔颖达疏：《礼记正义》，李学勤主编《十三经注疏》整理本，第 413 页。

规定："众民卖买五谷、布帛、丝绵之物，周于民用而不雠者，均官有以考检厥实，用其本贾取之，毋令折钱。万物卬贵，过平一钱，则以平贾卖与民。其贾氏贱，减平者，听民自相与市，以防贵庚者。"[①] 王莽是想通过改制实现五谷、布帛、丝绵与居民生活密切相关的纺织品价位平稳。在王莽始建国四年（12），"群公奏请募吏民人马布帛绵，又请内郡国十二买马，发帛四十五万匹，输常安，前后毋相须。至者过半"[②]。这种临时性的征发于民的举动，正反映了王莽政策的不稳定性和王莽改制的随意性，但从这一规定也可以看出包括河洛地区在内的诸郡县的纺织业发展状况。到东汉章帝元和年间，甚至出现了"一取布帛为租"的现象。正因为布帛的经济功能日益凸显，所以两汉时期皇帝以布帛赏赐官员或百姓的记载频频见诸史书的记载。如东汉宣秉虽然官至司隶校尉，但生性节俭，"常布服被"，建武四年（28），光武帝"即赐布帛帐帷什物"[③] 以示奖励。《东观汉记》曰："郑据，建初五年辟司徒府，拜侍御史。上疏，诏书下官府，赐据素六十匹。"[④] 针对汉代奢侈纺织品的消费浪潮，到了建安年间曹操在当政时竭力倡导廉洁的风气，"后宫衣不锦绣，侍御履不二采，帷帐屏风，坏则补纳，茵蓐取温，无有缘饰"[⑤]。通过曹操后宫衣履、帷帐屏风、茵褥等物品，可以看出在汉末纺织品的使用情况。

从两汉时期河洛地区纺织品的生产与销售以及人们对纺织品的穿用来看，两时期社会经济的发展为纺织业的发展奠定了坚实的基础，而纺织业的发展又进一步促进了居民消费水平的提高。从皇帝到达官贵人，从富商大贾到普通民众，都将拥有高品位的纺织品作为一种物质追求，他们或通过强权渠道霸占纺织品，或通过强大的经济实力购买纺织品，或者通过自己的辛勤纺织拥有纺织品，显示了两汉时期河洛地区巨大的消费市场已经成熟。这也是两

---

① 《汉书》卷二十四《食货志下》，第 1181 页。
② 《汉书》卷九十九中《王莽传中》，第 4131 页。
③ 《后汉书》卷二十七《宣秉传》，第 928 页。
④ （唐）李昉等：《太平御览》卷八百一十四《布帛部一·素》，第 3617—3618 页。
⑤ 《三国志》卷一《魏书·武帝纪》裴注引《魏书》，第 54 页。

汉时期河洛地区纺织品消费如此庞大的重要原因。当然，作为居民社会生活的重要内容，从纺织品的生产与销售的状况，也可以看出这种消费所代表的社会价值取向，就是社会对丝织品的占有促使了这种风气的形成。这种现象的形成，虽然体现了经济的发展，但对奢侈品的过度追求，带给社会经济的危害也是很明显的，必然造成消费价值观念的改变，这从社会上层以及富商对高档纺织品的极度占有即可显现出来。

第二节　魏晋时期纺织品与服饰

魏晋南北朝时期是中国社会发生剧烈变化的历史时期，在这一时期自然经济抬头，商品生产与销售受到很大的干扰。河洛地区作为黄河中游最为发达的经济区，其社会经济的发展受政治环境的影响非常明显。纺织业作为与居民社会生活息息相关的行业，在魏晋南北朝时期虽然受自然经济的影响，没有达到秦汉时期那样发达的水平，但是在一些特定的环境下，河洛地区纺织品的生产与销售仍然呈现出持续发展的势头。

一、汉末曹魏纺织品的生产与消费

汉末曹魏时期河洛地区纺织品的生产首先受到政府的重视，出台了一系列的措施鼓励纺织业的发展。建安十年（205）九月，曹操下令："其收田租亩四升，户出绢二匹、绵二斤而已，他不得擅兴发。"[1] 这是在战乱之后，社会经济逐步恢复之时，曹操所颁布的征收纺织品的法令。之所以征收数量较少，其目的是为了纺织业的继续恢复和发展。建安十八年五月，汉献帝在册封曹操为魏公时，颁布诏书称赞曹操："君劝分务本，稼人昏作，粟帛滞积，大业惟兴。"可见经过八年时间的发展，纺织业已经取得了辉煌的成就，实现

---

① 《三国志》卷一《魏书·武帝纪》裴注引《魏书》，第26页。

了"粟帛滞积，大业惟兴"，因而有"仓府衍于谷帛"①之说。在当时动荡不安，社会急需纺织品的情况下，即使贵为王妃也勤于纺织。如曹操的丁夫人被曹操赶回娘家后即勤于纺织，曹操在看望丁夫人时，"夫人方织"，对曹操不予理睬，"夫人踞机如故"，曹操只得作罢。②甄皇后在幼年时因喜好读书，引起兄长的不满，认为"汝当习女工"③，可见在时人的心目中女性从事纺织是天经地义的。太和二年（228），中山王曹衮就国后，"尚约俭，教敕妃妾纺绩织纴，习为家人之事"④。至于说官员家庭勤于纺织者更是史不绝书。裴潜在洛阳任职时，"妻子贫乏，织藜芘以自供"⑤。曹魏时期官府有专门的女工从事纺织，甚而发生了"有盗官练置都厕上者，吏疑女工，收以付狱"的事件，后经大理正司马芝的劝解，曹操方才免去女工之罪。⑥

在纺织业逐步恢复的情况下，统治阶级对纺织品的消费迅速扩大。首先，皇帝大婚和其他王子、公主结婚都要动用大量纺织品。建安十八年（213）七月，汉献帝聘娶曹操三个女儿为妃，《献帝起居注》曰："使使持节行太常大司农安阳亭侯王邑，赍璧、帛、玄纁、绢五万匹之邺纳聘，介者五人，皆以议郎行大夫事，副介一人。"⑦建安年间，只有汉献帝娶曹操三个女儿为妃花费数量庞大纺织品的例证，但由此也可以看出，到这一时期曹魏所控制的黄河流域纺织业恢复的迅速。这种规格颇高的聘礼恐怕只有皇帝才能够办得到。曹操生性节俭，"后宫衣不锦绣，侍御履不二采，帷帐屏风，坏则补纳，茵蓐取温，无有缘饰"，甚而"公女适人，皆以皂帐"⑧。但到曹魏后期仍有在纺织品使用上的奢侈现象开始出现，王粲因"骠骑将军曹洪女有美色，粲于是

---

① 《三国志》卷二十三《魏书·和洽传》，第657页。
② 《三国志》卷五《魏书·后妃传·武宣卞皇后》裴注引《魏书》，第156页。
③ 《三国志》卷五《魏书·后妃传·文昭甄皇后》裴注引《魏书》，第159页。
④ 《三国志》卷二十《魏书·武文世王公传·中山恭王衮》，第583页。
⑤ 《三国志》卷二十三《魏书·裴潜传》裴注引《魏略》，第673页。
⑥ 《三国志》卷十二《魏书·司马芝传》，第387页。
⑦ 《三国志》卷一《魏书·武帝纪》裴注引，第42页。
⑧ 《三国志》卷一《魏书·武帝纪》裴注引《魏书》，第55页。

娉焉，容服帷帐甚丽，专房欢宴"①。正因为帷帐在社会生活中应用广泛，曹魏的王室成员曹植甚而派人到外地买布做帷帐。曹植曾上表曰："欲遣人到邺，市上党布五十匹，作车上小帐帷，谒者不听。"② 从帷帐的使用可以看出当时纺织品在统治阶层使用的不同情况。

其次，曹魏统治者赏赐群臣也动用大量的纺织品。由于曹魏政权建立前后经济形势发展较快，再加之赏赐对象的差异，有动辄赏赐万匹的，也有数百匹，还有数量不明的现象。为了笼络归附者，从曹操到魏明帝均有赏赐归附者布帛的记载。田畴跟随曹操后，"太祖赐畴车马谷帛，皆散之宗族知旧"③，以示笼络，但田畴将曹操赏赐的布帛分给"宗族知旧"。黄初三年（222）八月，蜀汉大将黄权投降，魏文帝"赐权金帛、车马、衣裘、帷帐、妻妾，下及偏裨皆有差"④。魏文帝对黄权的赏赐具有树立榜样的作用，其目的是吸引更多的蜀汉将领投奔曹魏。为了奖赏用于征战的将士，曹魏统治者也不惜动用纺织品予以奖赏。魏文帝即位之初，对跟随曹操征战的张辽赏赐了数量可观的帛，《魏书》曰："王赐辽帛千匹，谷万斛。"⑤ 这种赏赐更具有激励士气的作用。魏明帝以后，赏赐给大臣布帛的理由更加多样。景初末年，田豫在任并州刺史时，能够使边境地区的少数民族归附，魏明帝"即赐绢五百匹"以示奖赏。嘉平五年（253）八月，为了褒扬中郎郭脩刺杀费祎的功劳，齐王芳不仅允许其子袭爵，而且"赐银千饼，绢千匹"，其目的是为了"以光宠存亡，永垂来世焉"⑥。孙礼在与孙吴于芍陂作战时"奋不顾身，贼众乃退"，司马懿代表曹魏政府"赐绢七百匹"以示慰劳，而孙礼"皆以绢付亡者家，无以入身"⑦，孙礼的做法更是赢得人们的尊敬。对于有恩于己者，

① 《三国志》卷十《魏书·荀恽传》裴注引《晋阳秋》，第319页。
② （唐）李昉等：《太平御览》卷八百二十《布帛部七·布》，第3651页。
③ 《三国志》卷十一《魏书·田畴传》，第343页。
④ 《三国志》卷二《魏书·文帝纪》裴注引《魏书》，第80页。
⑤ 《三国志》卷十七《魏书·张辽传》裴注引，第520页。
⑥ 《三国志》卷四《魏书·三少帝纪·齐王芳》，第126页。
⑦ 《三国志》卷二十四《魏书·孙礼传》，第691页。

曹魏统治者也不惜以布帛予以奖赏。兴平末年，曹操大军至新郑，新郑县长杨沛将收藏的千余斛干桑葚送给曹操，使其解决了燃眉之急。所以后来曹操"赐其生口十人，绢百匹，既欲以励之，且以报干椹也"①。为了报答杨沛解决军粮问题的恩德，曹操不惜一次拿出百匹绢对杨沛予以奖赏。陈留王曹奂对扶持其登上皇位的司马昭，除了加九锡之礼外，司马氏家族的"诸群从子弟，其未有侯者皆封亭侯，赐钱千万，帛万匹，文王固让乃止"②。司马昭扶持曹奂登上皇帝宝座，并行"九锡之礼"，实际上是夺权的先兆，曹奂此举实是被逼无奈。对于廉洁官员的奖赏也时有出现。华歆身为司徒非常廉洁，魏文帝"特赐御衣，及为其妻子男女皆作衣服"③。和洽早年追随曹操，在任太常以后，因"清贫守约，至卖田宅以自给"，魏明帝闻知后，"加赐谷帛"④。这其实也是对廉洁官员的奖赏。到曹丕掌握政权之后，出现了动辄赏赐大臣上千匹布帛的现象。延康元年（220）二月，曹丕即魏王位后，"赐诸侯王将相已下大将粟万斛，帛千匹，金银各有差等"⑤。这其实是曹丕为了平弥大臣的不满情绪，以达到拉拢追随者的目的。此外，曹魏统治者对文人雅士的赏赐也是以布帛为主。颖川人邯郸淳作《投壶赋》献给魏文帝，"文帝以为工，赐帛千匹"⑥。邯郸淳因为赋作得好而获得千匹帛的赏赐。焦先作为河东地区的高士，"河东太守杜恕尝以衣服迎见，而不与语"⑦。可见曹魏统治者还用纺织品迎聘隐士。曹魏统治者将数量可观的丝绸纺织品赏赐给近臣，应当是在社会经济逐步恢复之后，政府征收的绢帛在满足军国需求的同时，开始有了剩余。

再次，曹魏的统治者还用布帛赏赐百姓，以显示皇恩浩荡。《魏书》曰：

---

① 《三国志》卷十五《魏书·杨沛传》，第 487 页。
② 《三国志》卷四《魏书·三少帝纪·陈留王曹奂》，第 147 页。
③ 《三国志》卷十三《魏书·华歆传》，第 403 页。
④ 《三国志》卷二十三《魏书·和洽传》，第 657 页。
⑤ 《三国志》卷二《魏书·文帝纪》裴注引《魏书》，第 58 页。
⑥ 《三国志》卷二十一《魏书·邯郸淳传》，第 602 页。
⑦ 《三国志》卷十一《魏书·胡昭传》裴注引《高士传》，第 366 页。

"（卞）太后每随军征行，见高年白首，辄住车呼问，赐与绢帛。"① 太和六年（232）三月，魏明帝东巡，"所过存问高年鳏寡孤独，赐谷帛"②。陈留王曹奂即位后，"赐民爵及谷帛各有差"③。曹魏统治者赏赐给普通百姓的事例相对较少，应当是曹魏统治者为了显示仁政而采取的体恤民众措施。

最后，曹魏的统治者还将纺织品用于对周边地区少数民族或国家的赏赐。景初二年（238）六月，"倭女王遣大夫难升米等诣郡，求诣天子朝献，太守刘夏遣吏将送诣京都"。难升米带来了倭所产的"班布二匹二丈"，而魏明帝则回赐河洛地区底色为绛地、蒨绛、绀青、绀地等精美丝织品，"今以绛地交龙锦五匹、绛地绉粟罽十张、蒨绛五十匹、绀青五十匹，答汝所献贡直。又特赐汝绀地句文锦三匹、细班华罽五张、白绢五十匹"④ 等丝织品和其他物品。魏明帝在所下的诏书中明确指出"郑重赐汝好物也"。从这些精美的纺织品可以看出河洛地区的纺织技术已经达到很高的水平。青龙年间，乌丸"阿罗槃等诣阙朝贡，封其渠率二十余人为侯、王，赐舆马缯彩各有差"⑤。这种现象在西晋代魏之后，晋武帝也曾赏赐给孙吴政权丝织品。干宝《晋纪》曰："孙皓遣使，诏书赐班罽五十张，绛罽二十张，紫、青罽各十五张。"⑥ 魏晋统治者赏赐域外以及孙吴统治者丝绸类的纺织品，是为了向外界表明柔远怀迩的政治策略。

对于统治者大量赏赐纺织品并进而造成浪费的现象，已经引起有识之士的高度重视，多有劝谏之语。魏明帝景初元年（237）七月，高堂隆曾经上疏切谏曰："谷帛者，乃士民之命也。谷帛非造化不育，非人力不成。是以帝耕以劝农，后桑以成服，所以昭事上帝，告虔报施也。"而国家的稳固，"非人

---

① 《三国志》卷五《魏书·后妃传·武宣卞皇后》，第157页。
② 《三国志》卷三《魏书·明帝纪》，第99页。
③ 《三国志》卷四《魏书·三少帝纪·陈留王曹奂》，第147页。
④ 《三国志》卷三十《魏书·倭传》，第857页。
⑤ 《三国志》卷二十八《魏书·毌丘俭传》，第762页。
⑥ （宋）李昉等：《太平御览》卷八百一十六《布帛部三·罽》，第3631页。

力不成，非谷帛不立"。为了建陵云台等工程，魏明帝又减少官员的俸禄，对此高堂隆也指出："且夫禄赐谷帛，人主所以惠养吏民而为之司命者也，若今有废，是夺其命矣。"[①] 嘉平初年（249），王昶向司马懿提出的五条治国方略中第五条就是："欲绝侈靡，务崇节俭，令衣服有章，上下有叙，储谷畜帛，反民于朴。"[②] 这可以说随着河洛地区逐渐远离战火的侵扰，绢帛纺织品产量迅速增加，挑动了社会上层内心深处的奢侈情感，故而出现了大量浪费纺织品的现象。

东汉末年的战乱，使汉代长期流行的五铢钱退出流通领域，所以曹魏统治者对用钱或实行以货易货的贸易方法之间曾经做过艰难的选择。《晋书》卷二十六《食货志》云：

> 献帝初平中，董卓乃更铸小钱，由是货轻而物贵，谷一斛至钱数百万。至魏武为相，于是罢之，还用五铢。是时不铸钱既久，货本不多，又更无增益，故谷贱无已。及黄初二年，魏文帝罢五铢钱，使百姓以谷帛为市。至明帝世，钱废谷用既久，人间巧伪渐多，竞湿谷以要利，作薄绢以为市，虽处以严刑而不能禁也。司马芝等举朝大议，以为用钱非徒丰国，亦所以省刑。今若更铸五铢钱，则国丰刑省，于事为便。魏明帝乃更立五铢钱，至晋用之，不闻有所改创。[③]

从这里可以看出魏晋时期钱、谷帛交替使用的情况。正因为绢帛在当时的情况下起着一般等价物的作用，即使贵为王公也对布帛非常看重。前文所述的帝王赏赐给王公大臣数量庞大的布帛，实际上相当于给王公赏赐了巨额的钱币。正因为布帛有此功能，故而在王公之间借贷布帛也很困难，"文帝在东

---

① 《三国志》卷二十五《魏书·高堂隆传》，第715页。
② 《三国志》卷二十七《魏书·王昶传》，第749页。
③ 《晋书》卷二十六《食货志》，第794页。

宫，尝从（曹）洪贷绢百匹，洪不称意"①。曹爽当政时，甚而用河洛地区的优质布帛与孙吴进行贸易获利。《世语》曰："（夏侯）经字彦纬，初为江夏太守。大将军曹爽附绢二十匹令交市于吴，经不发书，弃官归。"② 虽然夏侯经没有为曹爽与孙吴进行交易，但不排除曹爽利用权力让其他人与孙吴交易。当时还有直接以布帛作为交易物媒介的记载。《三国志》卷二十七《魏书·胡威传》裴注引《晋阳秋》云：

> 威字伯虎。少有志尚，厉操清白。质之为荆州也，威自京都省之。家贫，无车马童仆，威自驱驴单行，拜见父。停厩中十余日，告归。临辞，质赐绢一疋，为道路粮。威跪曰："大人清白，不审于何得此绢?"质曰："是吾俸禄之余，故以为汝粮耳。"威受之，辞归。每至客舍，自放驴，取樵炊爨，食毕，复随旅进道，往还如是。质帐下都督，素不相识，先其将归，请假还家，阴资装百余里要之，因与为伴，每事佐助经营之，又少进饮食，行数百里。威疑之，密诱问，乃知其都督也，因取向所赐绢答谢而遣之。③

虽然这一记载是赞扬胡质父子清正廉洁，但从这一故事中看出以下历史事实。其一，从洛阳到荆州之间有驿路联系，在此路上有客舍（旅店）供往来客人住宿。其二，官员的俸禄是以绢帛充当的。其三，从洛阳到荆州之间所有行程的花费需要一匹绢的价格。因为布帛金贵，还出现了官员盗窃官布的现象。建安二十二年（217），鲍勋任魏郡西部都尉，"太子郭夫人弟为曲周县吏，断盗官布，法应弃市"④。正因为纺织品代替货币发挥了一般等价物的交换功能，故而盗窃官布就如同盗窃国库一样，受到弃市的处罚。

除了帷帐在社会上多被使用外，其他用布做的日常生活用品也频频见诸

① 《三国志》卷九《魏书·曹洪传》裴注引《魏略》，第 278 页。
② 《三国志》卷九《魏书·夏侯玄传》裴注引，第 304 页。
③ 《三国志》卷二十七《魏书·胡威传》裴注引《晋阳秋》，第 743 页。
④ 《三国志》卷十二《魏书·鲍勋传》裴注引，第 384 页。

记载。《傅子》曰：

> 汉末王公，多委王服，以幅巾为雅，是以袁绍、崔钧之徒，虽
> 为将帅，皆著缣巾。魏太祖以天下凶荒，资财乏匮，拟古皮弁，裁
> 缣帛以为帢，合于简易随时之义，以色别其贵贱，于今施行，可谓
> 军容，非国容也。①

这里提到了巾作为包头之用，以防头发散乱。《博物志》卷六《服饰考》云：
"汉中兴，士人皆冠葛巾。建安中，魏武帝造白帢，于是遂废，唯二学书生犹
著也。"② 以葛巾包头从东汉开始兴起，到曹操创造出白帢后废弃，只有太学
的学生用以包头。白帢即便帽。状如弁而缺四角，用缣帛缝制。到北魏时期，
这种便帽仍然存在。《后魏书》曰："宋游道与顿丘李奖一面便善……既而奖
为河南尹，辟游道为中正，使者相属，以衣帢待之，握手欢谑。"③《博物志》
还记载魏文帝曹丕"善弹棋，能用手巾角"。当时有"时有一书生，又能低头
以所冠著葛巾角撇棋"④。这说明用巾包头的普遍。曹操攻占邺城后，俘虏了
袁熙的妻子甄氏与袁绍的妻子刘氏，在命运难保的关头，刘氏"顾揽发髻，
以巾拭面，姿貌绝伦"，后曹丕纳以为妻。⑤ 这里所说的巾应是手巾之类。青
龙四年（236），徐宣死前，"遗令布衣疏巾，敛以时服"⑥。可见虽然曹操创
造出白帢，但幅巾并没有彻底退出人们生活。在日常生活中许多方面都用纺
织品，如殓衣（老衣）。曹操"常以送终之制，袭称之数，繁而无益，俗又过
之，故预自制终亡衣服，四箧而已"⑦。

日常生活服饰在史书中也不乏记载，如裤子。张衡《文士传》曰：

> 孔融数荐衡于太祖，欲与相见，而衡疾恶之，意常愤懑。因狂

---

① 《三国志》卷一《魏书·武帝纪》裴注引《傅子》，第54页。
② （晋）张华撰，范宁校证：《博物志校正》，中华书局1980年版，第75页。
③ （宋）李昉等：《太平御览》卷六百八十八《服章部五·帢》，第3071页。
④ 《三国志》卷二《魏书·文帝纪》裴注引，第89页。
⑤ 《三国志》卷五《魏书·后妃传·文昭甄皇后》裴注引《世语》，第160页。
⑥ 《三国志》卷二十二《魏书·徐宣传》，第646页。
⑦ 《三国志》卷一《魏书·武帝纪》裴注引《魏书》，第55页。

疾不肯往，而数有言论。太祖闻其名，图欲辱之，乃录为鼓史。后
至八月朝，大宴，宾客并会。时鼓史击鼓过，皆当脱其故服，易着
新衣。次衡，衡击为渔阳参挝，容态不常，音节殊妙。坐上宾客听
之，莫不慷慨。过不易衣，吏呵之，衡乃当太祖前，以次脱衣，裸
身而立，徐徐乃著裈帽毕，复击鼓参挝，而颜色不怍。……至十月
朝，融先见太祖，说"衡欲求见"。至日晏，衡著布单衣，練布履，
坐太祖营门外，以杖捶地，数骂太祖。①

这一典故虽然有赞扬祢衡之意，但从中也可以看出当时的穿衣习俗。《三国
志》卷二十三《裴潜传》裴注引《文章叙录》曰：

黄初中，为尚书郎，尝以职事当受罚于殿前，已缚，束杖未行。
文帝辇过，问："此为谁？"左右对曰："尚书郎勃海韩宣也。"帝追
念前临淄侯所说，乃寤曰："是子建所道韩宣邪！"特原之，遂解其
缚。时天大寒，宣前以当受杖，豫脱裤，缠裈面缚；及其原，裈腰
不下，乃趋而去。②

裈，即满裆裤，以别于无裆的套裤而言。《魏略》曰："（许）允闻李丰等被
收，欲往见大将军，已出门，回遑不定，中道还取裤，丰等已收讫。"③《中华
古今注》卷中《裈》云："裈，三代不见所述。周文王所制裈长至膝，谓之弊
衣，贱人不可服，曰良衣，盖良人之服也。至魏文帝赐宫人绯交裆，即今之
裈也。"④ 通过上述相关文献记载可以看出曹魏时期纺织品的生产与消费在战
乱之后逐步恢复过来并开始发展，这与河洛地区社会经济具有很强的自我修
复能力有很大的关系，也进一步昭示了河洛地区的历史文化传统。

---

① 《三国志》卷十《魏书·荀彧传》裴注引张衡《文士传》，第 312 页。
② 《三国志》卷二十三《裴潜传》裴注引《文章叙录》，第 675 页。
③ 《三国志》卷九《魏书·夏侯玄传》裴注引，第 304 页。
④ （五代）马缟撰，李成甲校点：《中华古今注》，辽宁教育出版社 1998 年版，第 24 页。

二、西晋时期河洛地区纺织品的生产与消费

西晋取代曹魏只是政权层面的更替，对社会经济的发展影响不大，更没有对社会产生深远的影响。因为河洛地区的中心城市人口迅速增多，纺织品的生产与销售乃至使用的规模都在逐步增大。

关于西晋时期纺织业的基本情况，史书中有零星记载。晋武帝即位后，尊其母为皇太后，"后虽处尊位，不忘素业，躬执纺绩，器服无文，御浣濯之衣，食不参味"①。这里所说的"素业"自然是她在家庭中的本业，其中包括"纺绩"。她所穿的"浣濯之衣"是指洗过多次的旧衣服。郑袤妻曹氏"事舅姑甚孝，躬纺绩之勤，以充奉养"，即使郑袤为司空，其子默等又显朝列，她也如同皇太后一样，"服浣濯之衣"②。晋武帝皇后杨艳早年"闲于女工"，杨艳死后，左芬为其作诔称颂她说："亦既青阳，鸣鸠告时。躬执桑曲，率导滕姬。修成蚕蔟，分茧理丝。女工是察，祭服是治。"可见杨艳在未做皇后之前确实"闲于女工"③。社会上层女性从事纺织仅有上述数例，大多数社会上层女性已经不知道纺织之事。唐代史臣评价西晋上层妇女曰："其妇女，庄栉织纴皆取成于婢仆，未尝知女工丝枲之业，中馈酒食之事也。"④ 这说明社会上层女性已经不知道纺织缝纫之事。民间女性从事纺织是最为辛劳之事，魏晋之际，杨泉《织机赋》虽然是以织机为题，但也反映了织女从事纺织的辛劳及贡献。

西晋所制定的制户调之式规定："丁男之户，岁输绢三匹，绵三斤，女及次丁男为户者半输。其诸边郡或三分之二，远者三分之一。夷人输賨布，户一匹，远者或一丈。"⑤ 普通百姓向政府所缴纳的"岁输绢三匹，绵三斤"明显

---

① 《晋书》卷三十一《后妃传上·文明王皇后》，第950页。
② 《晋书》卷九十六《列女传·郑袤妻曹氏》，第2511页。
③ 《晋书》卷三十一《后妃传上·武元杨皇后》，第952页。
④ 《晋书》卷五《孝愍帝纪》，第136页。
⑤ 《晋书》卷二十六《食货志》，第790页。

比曹魏时期所缴纳的"户绢二匹而绵二斤"增加了一半，一方面说明了社会经济在恢复之后有了很大的发展，居民纺织品生产量扩大；另一方面反映了官府对纺织品的需求量明显增大。在某些遭受灾害的年份，政府也会减免百姓应缴纳的纺织品。如太康六年（285）八月，"减百姓绵绢三分之一"①。永平元年（291）五月，晋惠帝下诏"除天下户调绵绢"②。这些仅仅是特殊年份的临时性减免，而从宏观层面上看，官府所收缴百姓的纺织品是呈递增态势的。

民众缴纳给官府的纺织品，更多的时候是被官府用作给官员的赏赐，或者作为官员的俸禄而送给相关人员。从赏赐方面来看，多给皇帝亲近的大臣。一种是给退休的大臣赏赐纺织品。晋武帝即位后，王祥不久退休，晋武帝给王祥赏赐"绢五百匹，床帐簟褥"。王祥死后，其子王馥继承其爵位，"咸宁初，以祥家甚贫俭，赐绢三百匹，拜馥上洛太守"③。泰始九年（273），郑冲退休时，晋武帝也赏赐给他"绢五百匹，床帷簟褥"④。何曾要求退休时，晋武帝赏赐其"赐钱百万，绢五百匹及八尺床帐簟褥自副"⑤。晋武帝末年，杨骏专权，迫使卫瓘退休，晋武帝对卫瓘仍然"给厨田十顷、园五十亩、钱百万、绢五百匹"⑥。晋武帝在上述数人退休时赏赐绢三百至五百匹不等，说明在西晋初年给退休大臣赏赐的绢并不多，主要是一种安慰。

西晋初年，朝廷给作战有功之臣的赏赐绢的数量往往较多，特别是在灭吴战争中立功的将领往往给予六千至一万匹绢的赏赐。杜预在灭吴时功勋卓著，晋武帝除了增加其封户外，一次性"赐绢八千匹"⑦。晋武帝在制定灭吴大计时，张华赞同晋武帝的决策，并且以张华"为度支尚书，乃量计运漕，

① 《晋书》卷三《武帝纪》，第76页。
② 《晋书》卷四《孝惠帝纪》，第91页。
③ 《晋书》卷三十三《王祥传》，第990页。
④ 《晋书》卷三十三《郑冲传》，第992页。
⑤ 《晋书》卷三十三《何曾传》，第997页。
⑥ 《晋书》卷三十六《卫瓘传》，第1059页。
⑦ 《晋书》卷三十四《杜预传》，第1030页。

决定庙算"，所以在灭吴后，晋武帝一次性给张华"赐绢万匹"①。在平吴之役中，琅琊王司马伷"率众数万出涂中，孙晧奉笺送玺绶，诣伷请降"，晋武帝因此"其封子二人为亭侯，各三千户，赐绢六千匹"②。参与灭吴之役的王浑，晋武帝"赐绢八千匹"，王濬被晋武帝"赐绢万匹，又赐衣一袭"，唐彬被"赐绢六千匹"，在其死后，又被"赐绢二百匹"③。王戎在灭吴作战中，"督大军临江"，迫使"吴牙门将孟泰以蕲春、邾二县降"，吴国平定后，"增邑六千户，赐绢六千匹"④。在灭吴过程中，周浚"与（王）浑共行吴城垒，绥抚新附"，"以功进封成武侯，食邑六千户，赐绢六千匹"⑤。荀勖虽然不赞同晋武帝的灭吴策略，但"以专典诏命，论功封子一人为亭侯，邑一千户，赐绢千匹"⑥。灭吴作为晋朝历史上的大事，对于有功之臣的赏赐表现出晋武帝的政治敏锐性。同时，赏赐给有功之臣绢帛，在自然经济的状态之下，其实就是赏赐给他们钱财。

除了战功赏赐绢之外，在国家政治生活中发挥作用的大臣，皇帝也予以绢的赏赐。贾充因为在制定新法律上立功，晋武帝"于是赐充子弟一人关内侯，绢五百匹"。贾充"后代裴秀为尚书令，常侍、车骑将军如故。寻改常侍为侍中，赐绢七百匹"。后来晋武帝病重，贾充与齐王司马攸和荀勖共同选药，所以晋武帝病愈后，"赐绢各五百匹"⑦。何攀因为协助诛杨骏之功，"封西城侯，邑万户，赐绢万匹"，何攀"固让所封户及绢之半，余所受者分给中外宗亲，略不入己"⑧。八王之乱时，卢志护送晋惠帝至洛阳，因为他的努力，"奔散者多还，百官粗备"。晋惠帝很高兴，"赐志绢二百匹、绵百斤、衣一

---

① 《晋书》卷三十六《张华传》，第 1070 页。
② 《晋书》卷三十八《宣五王传·琅琊王司马伷》，第 1121 页。
③ 《晋书》卷四十二《王浑传》《王濬传》《唐彬传》，第 1202、1215、1219—1220 页。
④ 《晋书》卷四十三《王戎传》，第 1232 页。
⑤ 《晋书》卷六十一《周浚传》，第 1658 页。
⑥ 《晋书》卷三十九《荀勖传》，第 1154 页。
⑦ 《晋书》卷四十《贾充传》，第 1167—1169 页。
⑧ 《晋书》卷四十五《何攀传》，第 1291 页。

袭、鹤绫袍一领"①。这些赏赐绢的数量往往较少，不超过一千匹。

西晋时期，还有一种是将纺织品赏赐给王室成员的。安平王司马孚愿做曹魏纯臣，晋武帝在逼曹奂禅让后，晋武帝因司马孚"内有亲戚，外有交游，惠下之费，而经用不丰，奉绢二千匹"②。杨骏之弟杨珧害怕杨氏家族"一族二后"难以保全性命，乃请求晋武帝允许自己逊位，晋武帝"赐钱百万、绢五千匹"③。《晋贾皇后乳母美人徐（义）氏之铭》记载，徐氏"元康元年拜为美人。赏绢千匹，赐御者廿人"④。徐氏因为是贾皇后的乳母得"赏绢千匹"。

廉洁奉公的大臣皇帝也赏赐绢以示激励。魏舒虽然先后担任宜阳、荥阳二郡太守以及冀州刺史，最后入朝为侍中，"武帝以舒清素，特赐绢百匹"⑤。李憙在任仆射时，曾建议晋武帝对西北凉州地区少数民族严加防范，虽然后来凉州被少数民族攻占，但晋武帝对李憙依然感激，"以憙清素贫俭，赐绢百匹"⑥。卢钦虽然"入为尚书仆射，加侍中、奉车都尉，领吏部"，官居高位，但家中贫穷，晋武帝"以清贫，特赐绢百匹"⑦。对廉洁的官员赏赐百余匹绢，虽然数量很少，但对于西晋奢侈消费是一种警示。

在官员死后，朝廷往往也有百余匹绢赏赐给家属办理丧事。如唐彬死后，其家被赏赐二百余匹绢办理丧事。郑袤在泰始九年死后，晋武帝"赐秘器、朝服一具、衣一袭、钱三十万、绢布各百匹，以供丧事"⑧。汝南王司马亮在八王之乱时被楚王司马玮所杀，司马玮被诛后，朝廷"追复亮爵位，给东园

---

① 《晋书》卷四十四《卢志传》，第 1258 页。
② 《晋书》卷三十七《宗室传·安平献王司马孚》，第 1084 页。
③ 《晋书》卷四十《杨珧传》，第 1180 页。
④ 河南省文化局文物工作队第二队：《洛阳晋墓的发掘》，《考古学报》1957 年第 1 期。
⑤ 《晋书》卷四十一《魏舒传》，第 1186 页。
⑥ 《晋书》卷四十一《李憙传》，第 1190 页。
⑦ 《晋书》卷四十四《卢钦传》，第 1255 页。
⑧ 《晋书》卷四十四《郑袤传》，第 1251 页。

温明秘器，朝服一袭，钱三百万，布绢三百匹"①。给予过世官员的家庭数百匹绢布，数量不多，但显示了朝廷对其一生功绩的肯定。贾皇后乳母美人徐氏死后，朝廷给予"赐钱五百万，绢布五百匹，供备丧事"②。这其实对徐氏乳养自己的感恩之举。

除了赏赐一定数量的绢之外，皇帝还有时赏赐给臣下以帛、绵，仅晋武帝时就九次赏赐给群臣以帛，有时是因为俸禄少而赐予群臣，有时是因为律令制作完成，有时是因为行乡饮酒之礼，有时是因为皇太子行冠礼，有时是因为皇后行亲蚕之礼，有时是因为皇帝病愈。无论如何，晋武帝在国库大量充盈之后开始以不同的方式赏赐给群臣纺织品以显示皇恩浩荡。

朝廷官员的俸禄也给予一定数量的绢、绵。《晋书》卷二十四《食货志》对西晋官员享受一定数量的绢、绵作为俸禄有一定的规定。

> 诸公及开府位从公者，品秩第一，食奉日五斛。太康二年，又给绢，春百匹，秋绢二百匹，绵二百斤。

> 特进……太康二年，始赐春服绢五十匹，秋绢百五十匹，绵一百五十斤。

> 光禄大夫与卿同秩中二千石……太康二年，始给春赐绢五十匹，秋绢百匹，绵百斤。

> 三品将军秩中二千石者……食奉、春秋赐绵绢、菜田、田驺如光禄大夫诸卿制。

> 尚书令……太康二年，始给赐绢，春三十匹，秋七十匹，绵七十斤。

> 太子太傅、少傅……太康二年，始给春赐绢五十匹，秋绢百匹，绵百斤。

不同品级的官员给予不同数量的绵、绢，既显示出官员的等级，同时也进一

---

① 《晋书》卷四十九《汝南王司马亮传》，第 1593 页。
② 河南省文化局文物工作队第二队：《洛阳晋墓的发掘》，《考古学报》1957 年第 1 期。

步说明了绵绢作为等价物的价值。在钱币退出流通领域之后，赏赐给群臣及亲近的纺织品实际上就相当于赏赐给钱币一样，这些纺织品可以发挥市场交换的作用。

皇室的婚礼也用一定数量绢、绵。"魏氏王娶妃、公主嫁之礼，用绢百九十匹。晋兴，故事用绢三百匹。"西晋皇室婚娶，"惟纳征羊一头，玄��用帛三匹，绛二匹，绢二百匹"①。这较之于汉献帝纳曹操三个女儿为妃所花费的绢帛要少得多。洛阳市场上也有丝织品销售的迹象。《河南志·晋城阙古迹》"白社里"云："董京字威辇。初至洛阳，被发而行，逍遥吟咏。常宿白社中，时乞于市。残碎缯絮，结以自覆。金帛佳绵，则不肯受。"② 董京在洛阳市场上乞讨，所获得物品中就有残碎缯絮，而对他人所赠送的金帛佳绵则不愿意接受，这说明洛阳市场上有专门经销纺织品的商人。齐王司马攸曾说："都邑之内，游食滋多，巧伎末业，服饰奢丽，富人兼美。"③ 这表明商业市场上纺织品的销售非常火爆，就连商人也穿上了华美的服饰。

三、魏晋时期服饰的演变

魏晋时期，衣冠承于东汉，在一秉东汉追求华美、奢丽风格的同时，又表现出轻松、飘逸和优雅。随着民族间战乱频仍，各民族在服饰上相互渗透和交融，又使魏晋服饰展现出一种多样性。从《晋书》卷二十五《舆服志》所记载的"冠"可以看出当时服饰的多样化。

通天冠，本秦制。高九寸，正竖，顶少斜却，乃直下，铁为卷梁，前有展筒，冠前加金博山述，乘舆所常服也。

平冕，王公、卿助祭于郊庙服之。王公八旒，卿七旒。以组为缨，色如其绶。王公衣山龙以下九章，卿衣华虫以下七章。

---

① 《晋书》卷二十四《职官志下》，第668页。
② （清）徐松辑，高敏点校：《河南志》，中华书局1994年版，第77页。
③ 《晋书》卷三十八《宣五王传·齐王攸》，第1132页。

远游冠，傅玄云秦冠也。似通天而前无山述，有展筒横于冠前。皇太子及王者后、帝之兄弟、帝之子封郡王者服之。诸王加官者自服其官之冠服，惟太子及王者后常冠焉。太子则以翠羽为緌，缀以白珠，其余但青丝而已。

缁布冠，蔡邕云即委貌冠也。太古冠布，齐则缁之。缁布冠，始冠之冠也。其制有四形，一似武冠，又一似进贤，其一上方，其下如帻颜。其一刺上而方下。行乡射礼则公卿委貌冠，以皂绢为之。形如覆杯，与皮弁同制，长七寸，高四寸。衣黑而裳素，其中衣以皂缘领袖。其执事之人皮弁，以鹿皮为之。

进贤冠，古缁布遗象也，斯盖文儒者之服。前高七寸，后高三寸，长八寸，有五梁、三梁、二梁、一梁。人主元服，始加缁布，则冠五梁进贤。三公及封郡公、县公、郡侯、县侯、乡亭侯，则冠三梁。卿、大夫、八座尚书，关中内侯、二千石及千石以上，则冠两梁。中书郎、秘书丞郎、著作郎、尚书丞郎、太子洗马舍人、六百石以下至于令史、门郎、小史，并冠一梁。汉建初中，太官令冠两梁，亲省御膳为重也。博士两梁，崇儒也。宗室刘氏亦得两梁冠，示加服也。

武冠，一名武弁，一名大冠，一名繁冠，一名建冠，一名笼冠，即古之惠文冠。或曰赵惠文王所造，因以为名。亦云，惠者蟪也，其冠文轻细如蝉翼，故名惠文。或云，齐人见千岁涸泽之神，名曰庆忌，冠大冠，乘小车，好疾驰，因象其冠而服焉。汉幸臣闳孺为侍中，皆服大冠。天子元服亦先加大冠，左右侍臣及诸将军武官通服之。侍中、常侍则加金珰，附蝉为饰，插以貂毛，黄金为竿，侍中插左，常侍插右。胡广曰："昔赵武灵王为胡服，以金貂饰首。秦灭赵，以其君冠赐侍臣。"应劭《汉官》云："说者以为金取刚强，百炼不耗。蝉居高饮清，口在掖下。貂内劲悍而外柔缛。"又以蝉取清高饮露而不食，貂则紫蔚柔润而毛采不彰灼，金则贵其宝莹，于义亦有所取。或以为北土多寒，胡人常以貂皮温额，后世效此，遂以附冠。汉貂用赤黑色，王莽用黄貂，各附服色所尚也。

高山冠，一名侧注，高九寸，铁为卷梁，制似通天。顶直竖，不斜却，无山述展筒。高山者，《诗》云"高山仰止"，取其矜庄宾远者也。中外官、谒者、谒者仆射所服。胡广曰："高山，齐王冠也。传曰'桓公好高冠大带'。秦灭齐，以其君冠赐谒者近臣。"应劭曰："高山，今法冠也，秦行人使官亦服之。"而《汉官仪》云"乘舆冠高山之冠，飞翮之缨"，然则天子亦有时服焉。《傅子》曰："魏明帝以其制似通天、远游，故改令卑下。"

法冠，一名柱后，或谓之獬豸冠。高五寸，以纵为展筒。铁为柱卷，取其不曲挠也。侍御史、廷尉正监平，凡执法官皆服之。或谓獬豸神羊，能触邪佞。《异物志》云："北荒之中，有兽名獬豸，一角，性别曲直。见人斗，触不直者。闻人争，咋不正者。楚王尝获此兽，因象其形以制衣冠。"胡广曰："《春秋左氏传》晋侯观于军府，见钟仪，曰'南冠而絷者谁也'？南冠即楚冠。秦灭楚，以其冠服赐执法臣也。"

长冠，一名齐冠。高七寸，广三寸，漆纚为之，制如版，以竹为里。汉高祖微时，以竹皮为此冠，其世因谓刘氏冠。后除竹用漆纚。司马彪曰："长冠盖楚制。人间或谓之鹊尾冠，非也。救日蚀则服长冠，而祠宗庙诸祀冠之。此高祖所造，后世以为祭服，尊敬之至也。"

建华冠，以铁为柱卷，贯大铜珠九枚，古用杂木珠，原宪所冠华冠是也。又《春秋左氏传》郑子臧好聚鹬冠，谓建华是也。祀天地、五郊、明堂，舞人服之。汉《育命舞》乐人所服。

方山冠，其制似进贤。邓展曰："方山冠，以五采縠为之。"汉

《大予》《八佾》《五行》乐人所服，冠衣各如其行方之色而舞焉。

巧士冠，前高七寸，要后相通，直竖。此冠不常用，汉氏惟郊天，黄门从官四人冠之。在卤簿中，夹乘舆车前，以备宦者四星。或云，扫除从官所服。

却非冠，高五寸，制似长冠。官殿门吏仆射冠之。负赤幡，青翅燕尾，诸仆射幡皆如之。

却敌冠，前高四寸，通长四寸，后高三寸，制似进贤。凡当殿门卫士服之。

樊哙冠，广九寸，高七寸，前后出各四寸，制似平冕。昔楚汉会于鸿门，项籍图危高祖，樊哙常持铁楯，闻急，乃裂裳苞楯，戴以为冠，排入羽营，因数羽罪，汉王乘间得出。后人壮其意，乃制冠象焉。凡殿门司马卫士服之。

术氏冠，前圆，吴制，差池四重。赵武灵王好服之。或曰，楚庄王复雠冠是也。

鹖冠，加双鹖尾，竖插两边。鹖，鸟名也，形类鹞而微黑，性果勇，其斗到死乃止。上党贡之，赵武灵王以表显壮士。至秦汉，犹施之武人。①

这里所胪列的相关材料可以看出，朝中官员所戴的冠的种类就有如此之多，至于说民间的冠的品种虽然相对比较简单，但消费量非常大。一般的民众则以巾包头。"巾，以葛为之，形如帕而横著之，古尊卑共服也。故汉末妖贼以黄为巾，世谓黄巾贼。""帽名犹冠也，义取于蒙覆其首，其本缌也。古者冠无帻，冠下有缌，以缯为之。后世施帻于冠，因或裁缨为帽。自乘舆宴居，下至庶人无爵者皆服之。"② 冠饰的多样化，特别是社会上层冠饰的类型之繁杂，表明社会上层等级的严格化趋势正在加强。

---

① 《晋书》卷二十五《舆服志》，第 766—770 页。
② 《晋书》卷二十五《舆服志》，第 771 页。

魏晋时期还有一些特殊的服饰。因这些服饰一反常规，不符合人们的消费习惯，有的被后人认为是一种怪异现象。如尚书何晏喜好服妇人之服，傅玄曰："此妖服也。夫衣裳之制，所以定上下殊内外也。……若内外不殊，王制失叙，服妖既作，身随之亡。末嬉冠男子之冠，桀亡天下。何晏服妇人之服，亦亡其家，其咎均也。"① 魏明帝也喜好女性服饰，将天子之冕前后旒的白玉珠"改以珊瑚珠。晋初仍旧不改"。晋咸宁《起居注》曰："大医司马程据，上雉头裘一领，诏据，此裘非常衣服，消费功用，其于殿前烧之，敕外内有造异服，依礼治罪。"② 魏晋时期，朝廷对奇装异服采取严厉措施予以禁止，有的是因为其不符合传统的价值观，有的是因为造价太高。

魏晋时期，魏明帝对服饰进行了改革，"以公卿衮衣黼黻之饰，疑于至尊，多所减损，始制天子服刺绣文，公卿服织成文。及晋受命，遵而无改"③。这是规定了从皇帝到公卿大臣服饰的花纹，以示区别。从皇帝到官员，服饰中首先要提到的就是袍。袍是作为外衣穿用的服饰，下摆长，束腰带。皇帝"释奠先圣"时，要穿"皂纱袍，绛缘中衣，绛裤袜，黑舄"；皇帝的朝服为"通天冠高九寸，金博山颜，黑介帻，绛纱袍，皂缘中衣"；皇帝拜陵时的服饰"黑介帻，单衣"；皇帝的杂服有"青赤黄白缃黑色，介帻，五色纱袍，五梁进贤冠，远游冠，平上帻武冠"④。皇帝服饰中袍的颜色有皂、五色等。皇帝的素服为白帢单衣。皇帝仪仗队卤簿中有绛袍将一人。晋惠帝就曾经赏赐卢志鹤绫袍一领。袍在社会生活中穿用很普遍。曹毗《正朝诗》中有"佳袍忽已故"⑤ 之句，感叹袍已变旧。黄初年间，薛夏为秘书丞，"帝每与夏推论书传，未尝终日也。每呼之不名，而谓之薛君。夏居甚贫，帝又顾其衣薄，

① 《晋书》卷二十七《五行志上》，第822页。
② （唐）欧阳询撰，汪绍楹校：《艺文类聚》卷六十七《衣冠部·裘》，第1191页。
③ 《晋书》卷二十五《舆服志》，第765—766页。
④ 《晋书》卷二十五《舆服志》，第765页。
⑤ （唐）欧阳询撰，汪绍楹校：《艺文类聚》卷四《岁时中·元正》，第59页。

解所御服袍赐之"①。魏文帝以御袍赏赐给薛夏以示关心。《魏志》曰："王粲观人围棋，局坏，粲复为之，棋者不信，以袍盖局，使更以他局为之，用相比校，不误一道。"② 王粲以袍覆棋局显示出其过人的记忆，但也说明袍穿用之普遍。《晋书》曰："郑冲字文和，以儒雅为业，箪食瓢饮，布衾缊袍，不以为忧。"③ 郑冲用"布衾缊袍"表明甘于清贫，成为士人的楷模。王隐《晋书》曰："孙登，杨骏逼迎之，与语不答，赐布袍，登借刀截断弃门中。"④ 杨骏赐予孙登袍是为了拉拢孙登，而孙登拒绝是显示自己的公正。

在河洛地区的服饰中还有襌衣，为社会上层所穿的单层罩衣，又称单衣。《释名》卷五《释衣服》曰："襌衣，言无里也。"⑤《方言》曰："襌衣，江、淮、南楚之间谓之褋，关之东西谓之襌衣。有裵者，赵、魏之间谓之袏衣。无裵者，谓之裎衣。古谓之深衣是也。"⑥ 魏晋时期，除了前文皇帝服饰中有单衣外，皇太子的服饰中也有单衣，"若讲，则著介帻单衣；释奠，则远游冠，玄朝服，绛缘中单，绛裤袜，玄舄。若未加元服，则中舍人执冕从，介帻单衣玄服"⑦。士大夫衣服中穿单衣也有此类现象。《抱朴子·内篇》"佚文"云："魏武收左慈，慈走入市。吏传言慈一目眇，葛巾单衣。于是一市皆然也。"⑧ 左慈逃入人员稠密的市场，穿着"葛巾单衣"，而一市之人都是这样的装束，"葛巾单衣"应当是普通男子的日常穿着。"孝怀帝永嘉中，士大夫竞服生笺单衣。"这被当时有识之士看作"服妖"，并且指出："此则古者穗衰，诸侯所以服天子也。今无故服之，殆有应乎。"此后果然发生了政局动

① 《三国志》卷十三《魏书·王郎传》裴注引《魏略》，第420页。
② （宋）李昉等：《太平御览》卷七百五十三《工艺部十·围棋》，第3341页。
③ （宋）李昉等：《太平御览》卷二百三十八《职官部三十六·大将军》，第1125页。
④ （宋）李昉等：《太平御览》卷五十三《地部十八·阪》，第258页。
⑤ （汉）刘熙撰，（清）毕沅疏证，王先谦补：《释名疏证补》，第170页。
⑥ （清）钱绎撰集，李发舜、黄建中点校：《方言笺疏》卷四，第139页。
⑦ 《晋书》卷二十五《舆服志》，第773页。
⑧ （宋）李昉等：《太平御览》卷七百四十《疾病部三·盲》，第3284页。

荡，"其后遂有胡贼之乱，帝遇害焉"①。可见在时人观念中，"生笺单衣"是丧服，平日不穿，社会群体都在穿用这种服饰是不正常的现象。王戎生性俭啬，"从子将婚，戎遗其一单衣，婚讫而更责取"②。虽然这里是揭露王戎的俭省吝啬，但也由此可知男子服饰以单衣为主。干宝《晋纪》曰："初，洛中名服有白石绮。织者尤之曰：'石非缯彩之称。'"这是赞扬洛阳所生产的绮像白石一样透亮。西晋时期，对于官员单衣都有详细的规定。《齐职仪》曰："晋令，博士祭酒，掌国子生师事祭酒，执经，葛巾单衣，终身致敬。"③《晋令》曰："第三品已下，得服杂杯之绮；第六品已下，得服七彩绮。"《东宫旧事》曰："太子纳妃，有七彩杯文绮被一、绛石杯文绮被一、七彩杯文绛裤、长命杯文绮裤。"④ 元康元年，晋惠帝诏曰："著作郎旧隶中书，大兴二年依汉故事，召陈郡王隐待诏著作。"其服饰为"单衣介帻，朝朔望于著作班次，依佐郎也"⑤。这说明晋代对官员服饰不仅规定了穿着者的身份，而且规定了面料的使用。《晋惠帝起居注》曰："愍怀以体上白绢单衣一领寄与妃。"《晋东宫旧事》曰："太子纳妃，有白縠、白纱、白绢衫，并紫玉綏。"⑥ 从西晋时期在河洛地区的服饰中单衣被社会上层所穿用的记述，说明单衣的广泛适用性。

河洛地区的服饰中还有袴褶（裤褶）。这是从先秦时期传承下来的服饰，上穿褶，下着裤，外不加裘裳。《中华古今注》卷中《袴》云：

> 盖古之裳也。周武王以布为之，名曰褶。敬王以缯为之，名曰

---

① 《晋书》卷二十七《五行志上》，第 825 页。（晋）干宝撰，汪绍楹校注《搜神记》卷七《生笺单衣》云："永嘉中，士大夫竞服生笺单衣。识者怪之，曰：'此古练缠之布，诸侯所以服天子也。今无故服之，殆有应乎？'其后杯、愍晏驾。"中华书局 1979 年版，第 104 页。

② 《晋书》卷四十三《王戎传》，第 1234 页。又徐震堮《世说新语校笺·俭啬》云："王戎俭啬，其从子婚，与一单衣，后更责之。"（第 465 页）

③ （唐）欧阳询撰，汪绍楹校：《艺文类聚》卷四十六《职官部二·祭酒》，第 830 页。

④ （宋）李昉等：《太平御览》卷八百一十六《布帛部三·绮》，第 3628 页。

⑤ （唐）徐坚等：《初学记》卷十二《职官部下·著作郎》，第 299 页。

⑥ （宋）李昉等：《太平御览》卷六百九十三《服章部十·衫》，第 3095 页。

袴，但不缝口而已，庶人衣服也。至汉章帝以绫为之，加下缘，名
曰口。常以端午日赐百官水纹绫袴，盖取清慢而理人。若百官母及
妻妾等承恩者，则别赐罗纹胜袴，取其曰胜。今太常二人，服紫绢
袴褶，绯衣，执永钥以舞之。又时黄帝讲武之臣近侍者，朱章袴褶。
以下属于鞋。①

黄帝时期已经有袴褶当属传说，西周时期出现袴褶当是事实，并因面料的差
异而有不同的名称。汉武帝时期，匈奴人因喜好汉族所生产的缯絮食物，为
了防止匈奴人被汉族同化，中行说劝说匈奴单于云："匈奴人众不能当汉之一
郡，然所以强者，以衣食异，无仰于汉也。今单于变俗好汉物，汉物不过什
二，则匈奴尽归于汉矣。其得汉缯絮，以驰草棘中，衣袴皆裂敝，以示不如
旃裘之完善也。得汉食物皆去之，以示不如湩酪之便美也。"② 中行说通过劝
说单于将汉族地区的衣裤毁坏来抵制文化上的融合。汉昭帝因荒淫无度，导
致身体极度虚弱，霍光为了上官皇后专宠，"左右及医皆阿意，言宜禁内，虽
宫人使令皆为穷绔，多其带，后宫莫有进者。"服虔曰："穷绔，有前后当，
不得交通也。"师古曰："使令，所使之人也。绔，古袴字也。穷绔即今之绲
裆裤也。"③ 穷绔是汉代袴的另一种形式，即前后裆连在一起，固着紧密的裤
子。东汉时期河东人贾逵，"少孤家贫，冬常无袴，过其妻兄柳孚宿，其明无
何，著孚袴去，故时人谓之通健"④。穷困之人连裤子都没有，反而被看作黠
达有作为。《释名》卷五《释衣服》曰："绔，跨也，两股各跨别也。褶，袭
也。覆上之言也。"⑤ 晋代裤褶有较为规范："裤褶之制，未详所起，近世凡车
驾亲戎、中外戒严服之。服无定色，冠黑帽，缀紫摽，摽以缯为之，长四寸，

---

① （五代）马缟撰，李成甲校点：《中华古今注》，第24页。
② 《史记》卷一百十《匈奴列传》，第2899页。
③ 《汉书》卷九十七《外戚传上·孝昭上官皇后》，第3960页。
④ 《三国志》卷十五《魏书·贾逵传》裴注引《魏略》，第479页。
⑤ （汉）刘熙撰，（清）毕沅疏证，王先谦补：《释名疏证补》，第170页。

广一寸，腰有络带以代鞶。中官紫摽，外官绛摽。"① 褶作为上身穿的服饰，裤褶装扮因为紧身而首先在驾车者以及军队中流行。李琢光云："上服褶而下缚裤，其外不复用裳裳，故谓袴褶。名起于汉末，便于骑乘，为军中之服。魏晋至南北朝，上下通用，为军服及行旅之服，北朝尤为盛行，以作常服和朝服，至施于妇女。唐末渐废，宋代仅仪卫中尚服之。"② 李琢光总结袴褶来源于军服，在魏晋隋唐盛行的状况。《世说新语·汰侈篇》记载，晋武帝曾经到王济府上，看到王济生活奢侈，在宴会期间，其用于服侍的女子穿着奢华，"婢子百余人，皆绫罗绔襹，以手擎饮食"③。在晋都洛阳，达官显贵的奢侈生活已经成为一种社会风尚，就连晋武帝也倍感无奈。外戚杨骏的弟弟杨济为太子太傅，"济有才艺，尝从武帝校猎北芒下，与侍中王济俱著布裤褶，骑马执角弓在辇前"，接连射杀两只猛兽，受到晋武帝的重视。④ 由此可见，袴褶是社会各阶层通用的服饰，因紧身便于行动而备受喜爱。

汉晋时期，河洛地区所流行的服饰还有襜褕。襜褕是一种较长的单衣，有直裾和曲裾二式，为男女通用的非正朝之服，因其宽大而长作襜襜然状，故名。司马相如《子虚赋》中有"拽独茧之褕袘"之句，《集解》徐广曰："拽音曳。襜褕。"《索隐》："褕袘。张揖云：'褕，襜褕也。袘，袖也。'郭璞曰：'独茧，一茧丝也。'《埤苍》云：'袘，衣长貌也。'"⑤ 从后世的解释可以看出襜褕是丝绸制作的稍长衣物。扬雄《方言》卷四曰："襜褕，江淮南楚谓之褈襡，自关而西谓之襜褕，其短者谓之裋褕。以布而无缘，敝而紩之，谓之褴褛。自关而西谓之䘺褘，其敝者谓之致。"⑥ 作为非正式场合所穿的服装，一旦在正式场合穿用就会被认为不符合礼法的规定，甚至被治罪。元朔

---

① 《晋书》卷二十五《舆服志》，第772页。
② 李琢光编：《文史辞源》，天成出版社1984年版，第2822页。
③ 徐震堮：《世说新语校笺》，第469页。
④ 《晋书》卷四十《杨济传》，第1181页。
⑤ 《史记》卷一百十七《司马相如列传》，第3040页。
⑥ （清）钱绎撰集，李发舜、黄建中点校：《方言笺疏》，第140页。

三年（前 126），"武安侯（田蚡）坐衣襜褕入宫，不敬"。《正义》："《尔雅》云'衣蔽前谓之襜'。郭璞云'蔽膝也'。《说文》《字林》并谓之短衣。"①田蚡仗着身份高贵，入宫穿着随便，结果被治以"不敬"罪。从《尔雅》到郭璞再到晋人吕忱的《字林》可以看出襜褕为及膝的上衣。《汉书》卷七十一《隽不疑传》云："始元五年，有一男子乘黄犊车，建黄旐，衣黄襜褕，著黄冒，诣北阙，自谓卫太子。"师古曰："襜褕，直裾禅衣。"这一穿襜褕的男子最后被隽不疑押送诏狱，也是胡乱穿衣所造成的。汉哀帝时，侍中王林卿因与侠客相通，犯法被释放后，其宾客图谋作乱，"并自从吏兵追林卿。行数十里，林卿迫窘，乃令奴冠其冠被其襜褕自代，乘车从童骑，身变服从间径驰去"②。师古曰："襜褕，曲裾禅衣也。"这是穿着"襜褕"而逃命的典型例证。由此可见，分为直裾与曲裾两种类型。襜褕作为黄河中游地区的服饰，为社会各阶层所穿用。西汉末年，更始农民起义军衣服杂乱，"服妇人衣，诸于绣镼"。李贤注："《前书音义》曰：'诸于，大掖衣也，如妇人之袿衣。'字书无'镼'字，《续汉书》作'裾'，音其物反。……郭璞注云：'俗名裾掖。'据此，即是诸于上加绣裾，如今之半臂也。"③这是指短袖上衣。《后汉书》卷十一《刘玄传》记述当时农民起义军"多着绣面衣、锦袴、襜褕、诸于"等。更始二年（24），鲍永在征河东时，"车服敝素，为道路所识"。李贤注引《东观记》曰："永好文德，虽行将军，常衣皂襜褕，路称鲍尚书兵马。"④鲍永因为以文德服人，穿着简单，以皂色"襜褕"示人，赢得人们的喜爱。王朗反叛时，光武帝从中山前线星夜驰援耿纯，耿纯"与从昆弟䜣、宿、植共率宗族宾客二千余人，老病者皆载木自随，奉迎于育"。李贤注引《续汉书》曰"皆衣缣襜褕绛衣"也。《东观汉记》曰："耿纯率宗族宾客二

---

① 《史记》卷一百七《魏其武安侯列传》，第 2854 页。又见《史记》卷十九《惠景闲侯者年表》："元朔三年，侯梧坐衣襜褕入宫廷中，不敬，国除。"第 1024 页。

② 《汉书》卷七十七《何并传》，第 3266 页。

③ 《后汉书》卷一上《光武帝纪上》，第 10 页。

④ 《后汉书》卷二十九《鲍永传》，第 1018 页。

千人皆缣襜褕、绨巾迎上。"① 二千余人穿着襜褕迎接光武帝足见其场面宏大。桓谭《新论·见征》曰："余自长安归沛，道病，蒙絮被绛罽襜褕，乘驿马，宿东亭。"② 由此可见，襜褕是社会各阶层的服饰。襜褕之中似乎绛色较为贵重，王阜任益州太守时，"大将军窦宪贵盛，以绛罽襜褕与阜，阜不授"。"段颎灭羌，诏赐颎钱十万，绛襜褕一领。"③ 中平三年（186），羊续为南阳太守，"其资藏唯有布衾、敝祗裯，盐、麦数斛而已"④。祗裯即襜褕，可见襜褕也成为廉洁官员的服饰。

裲裆是一种背心，多为布帛所制。《释名》卷五《释衣服》云："裲裆，其一当胸，其一当背也。"⑤ 裲裆有夹有绵，男女皆可服用，妇女穿的常饰采绣。西晋时期流行，"武帝泰始初，衣服上俭下丰，著衣者皆厌腰。……至元康末，妇人出两裆，加乎交领之上，此内出外也。"⑥ 从这一记载可以看出裲裆作为内衣在女性穿用时出现了内衣外露的现象，引起了时人的批评。《玉篇》云："裲裆，其一当背，其一当胸。"朱谋㙔《骈雅》："裲裆，胸背衣也。"流传于晋、宋、齐时期的八首《上声歌》中，其中六至八首为："新衫绣两裆，迮著罗裙里。行步动微尘，罗裙随风起。""裲裆与郎着，反绣持贮里。汗汗莫溅浣，持许相存在。" "春月暖何太，生裙迮罗袜。暖暖日欲冥，从侬门前过。"⑦ 这说明在晋至南齐时期裲裆衫的流行，且女性穿上之后使其显得婀娜多姿。裲裆因为穿上使人有一种干练的感觉，故而士兵也作为军服使用。孔琳之《建言便宜》："至于袍袄裲裆，必俟战阵。"⑧ 这就是说裲裆大约相当于今天的背心。这时出现的另一种护腹的衣服名曰袙腹（复）。当时有

① 《后汉书》卷二十一《耿纯传》，第 762 页。
② （汉）桓谭撰，朱谦之校辑：《新辑本桓谭新论》，第 17 页。
③ （宋）李昉等：《太平御览》卷六百九十三《服章部十·襜褕》，第 3096 页。
④ 《后汉书》卷三十一《羊续传》，第 1110 页。
⑤ （汉）刘熙撰，（清）毕沅疏证，王先谦补：《释名疏证补》，第 172 页。
⑥ 《晋书》卷二十七《五行志上》，第 823 页。
⑦ （宋）郭茂倩编：《乐府诗集》卷四十五《清商曲辞二》，中华书局 1979 年版，第 656 页。
⑧ 《宋书》卷五十六《孔琳之传》，第 1562 页。

民谣曰："著布袑腹，为齐持服。"① 也有人认为裲裆即袑腹。② 王筠《行路难》云："千门皆闭夜何央，百忧俱集断人肠。探揣箱中取刀尺，拂拭机上断流黄。情人逐情虽可恨，复畏边远乏衣裳。已缲一茧催衣缕，复捣百和薰衣香。犹忆去时腰大小，不知今日身短长。裲裆双心共一袜，袑复两边作八撮。襻带虽安不忍缝，开孔裁穿犹未达。胸前却月两相连，本照君心不照天。愿君分明得此意，勿复流荡不如先。含悲含怨判不死，封情忍思待明年。"③ 萧驎《咏袑复》云："的的金弦净，离离宝撮分。纤腰非学楚，宽带为思君。"诗题注引《诗纪》云："疑即袑服，女有胁衣也。又云：丹铅余录作禄复裙。"④ 这说明男女均有护腹的服饰。袑腹在唐代仍有穿用，段成式在《嘲飞卿七首》第四首中就有"见说自能裁袑腹，不知谁更著哨头"⑤ 之句，其中涉及袑腹与哨头两种服饰，说明袑腹穿用的持久广泛性。

半袖衫作为一种简便的服饰，为社会各阶层所喜爱，但因为半袖衫不符合礼法的规定，所以作为君王穿着会受到臣子的批评。杨阜"常见明帝著绣帽，被缥绫半褒"，杨阜对魏明帝穿着随便，乃询问魏明帝曰："此于礼何法服也？"魏明帝颇为尴尬，"自是不法服不以见阜"⑥。因为魏明帝这次穿半褒衣服影响较大，所以此间史书反复记述这件事情。《晋书》卷二十七《五行志上》云：

> 魏明帝著绣帽，披缥纨半袖，常以见直臣杨阜，谏曰："此礼何
> 法服邪。"帝默然。近服妖也。夫缥，非礼之色。亵服尚不以红紫，

---

① 《晋书》卷五十九《齐王司马冏传》，第1610页。

② （清）永瑢等：《四库全书总目提要》卷一百一十九《子部二十九·杂家类三·（明）徐爌〈笔经〉》云："他若以铁裲裆为马鞍之饰，不知裲裆为袑腹，《广雅》本有明文。"中华书局1965年版，第1027页。

③ （宋）郭茂倩编：《乐府诗集》卷七十《杂曲歌辞十》，第1004页。

④ 吴冠文、谈蓓芳、章培恒汇校：《玉台新咏汇校》卷十，上海古籍出版社2014年版，第810页。

⑤ （唐）段成式著，元锋、烟照编注：《段成式诗文辑注》，济南出版社1995年版，第29页。

⑥ 《三国志》卷二十五《魏书·杨阜传》，第704页。

况接臣下乎？人主亲御非法之章，所谓自作孽不可禳也。帝既不享

永年，身没而禄去王室，后嗣不终，遂亡天下。①

《宋书》卷三十《五行志一》也记述了这件事情，说明半袖衫不是帝王应穿的正式场合衣服，但作为非正式的衣服是允许私下穿着的。唐彦谦《汉代》云："半袖笼清镜，前丝压翠翘。"② 这也是对汉魏时期流行半袖衫的形象写照。

在魏晋时期还流传着幂䍦。《魏都赋》曰："薄戍绵幎，无异蛛蝥之网。"③《晋书》卷九十七《四夷传·吐谷浑》云："其男子通服长裙，帽或戴幂䍦。"这是一种用障蔽尘沙的巾，类似于今天的纱巾，用薄纱做成，晋代河洛地区流行。

随着少数民族进入河洛地区也开始流行，靴子和与靴有关的袜也进入人们的生活。《中华古今注》卷中《袜》云："三代及周著角袜，以带系于踝。至魏文帝吴妃，乃改样以罗为之，后加以彩绣画，至今不易。至隋炀帝宫人，织成五色立凤朱锦袜鞾。"④ 早期袜子男女都穿用，并非仅仅局限于女性。公元前470年，"卫出公饮，大夫不解袜，公怒，即攻公，公奔宋"⑤。大夫不脱袜，结果引发朝政动荡。由袜子引发的这场宫廷动荡，《左传·哀公二十五年》云：

> 二十五年夏五月庚辰，卫侯出奔宋。卫侯为灵台于藉圃，与诸大夫饮酒焉。褚师声子袜而登席。公怒。辞曰："臣有疾，异于人。若见之，君将毃之。是以不敢。"公愈怒。大夫辞之，不可。褚师出，公戟其手，曰："必断而足。"闻之，褚师与司寇亥乘，曰："今日幸而后亡。"⑥

---

① 《晋书》卷二十七《五行志上》，第822页。

② （清）彭定求等奉敕编，中华书局编辑部点校：《全唐诗》卷六百七十二，第7758页。

③ （梁）萧统编，（唐）李善注：《文选》卷六《赋丙·京都下》，第295页。

④ （五代）马缟撰，李成甲校点：《中华古今注》，第24页。

⑤ 《史记》卷十五《六国年表》，第690页。

⑥ （汉）孔安国传，（唐）孔颖达疏：《春秋左传正义》，李学勤主编《十三经注疏》整理本，第1708页。

卫出公之所以对褚师比不脱袜上席非常恼怒，是因为"古者见君解袜"，褚师却穿着袜子登席，卫出公认为是对他不敬，故而非常恼怒。褚师比连忙解释因有脚疾，"不敢解袜"，如果脱袜脚气会使卫出公呕吐。卫出公不仅不领情，反而威胁要弄断褚师比的脚，结果引起诸大夫愤怒，共同将卫出公赶走。汉魏时期，袜子也多是男子穿用。廷尉张释之在汉景帝即位后担心被杀，用王生计躲避过灾祸。后来有一次王生被汉景帝"尝召居廷中，公卿尽会立"。当着公卿大臣的面，王生曰"吾袜解"，并且回过头对张释之说"为我结袜！"张释之当着众人的面为王生"跪而结之"。当有人询问王生为何当众羞辱张释之时，王生曰："吾老且贱，自度终亡益于张廷尉。廷尉方天下名臣，吾故聊使结袜，欲以重之。"[1] 张释之为王生"结袜"使其赢得众人的敬重。汉成帝驾崩在天将亮时，汉成帝"傅裤袜欲起，因失衣，不能言，昼漏上十刻而崩"[2]。"裤袜"两词相连表明裤袜应当是连接在一起的，或者是配套的装束。东汉时期，多有皇帝赏赐给大臣"履袜"的现象。永元十一年（99），贾逵向汉和帝举荐中散大夫鲁丕，在朝会之时，汉和帝"召见诸儒"，鲁丕与侍中贾逵、尚书令黄香等人"相难数事"。汉和帝因赞同鲁丕的说法，"特赐冠帻履袜衣一袭"[3] 以示奖赏。蔡文姬为了救丈夫，冒险拜见曹操。曹操大为感动，"时且寒，赐以头巾履袜"[4]，以表达对蔡文姬的敬佩之情。在东汉朝服中一些官员穿用"绛裤袜"，是作为礼服来用的。在每月初举行祭日仪式时，"执事者冠长冠，衣皂单衣，绛领袖缘中衣，绛裤袜，以行礼，如故事"[5]。这是朝廷中专门管理祭日仪式官员所穿的服饰。作为皇帝服饰中礼服也有裤袜的装饰，皇帝祭祀宗庙时，"皆服袀玄，绛缘领袖为中衣，绛裤袜，示其赤心奉神也。五郊，衣帻裤袜各如其色"。在祭祀宗庙以下，"祠祀皆冠长冠，皂缯袍

---

① 《汉书》卷五十《张释之传》，第 2312 页。

② 《汉书》卷九十七下《外戚传下·孝成赵皇后》，第 3989 页。

③ 《后汉书》卷二十五《鲁丕传》，第 884 页。

④ 《后汉书》卷八十四《列女传·董祀妻》，第 2801 页。

⑤ （晋）司马彪撰，刘昭注补：《续汉书·礼仪志上》，第 3101 页。

单衣，绛缘领袖中衣，绛裤袜，五郊各从其色焉"①。作为祭祀所穿的绛裤袜也是服饰中的标配。魏晋在洛阳的宗庙祭祀中也遵循了上述的传统。②

随着汉魏以来少数民族进入河洛地区，少数民族的装饰开始影响到内地女性的装饰，使与服饰有关的女性装饰增添了许多新元素，体现出社会生活的多样化色彩。汉魏时期的女性发髻也开始了新的变化。《东观记》曰："明帝马皇后美发，为四起大髻，但以发成，尚有余，绕髻三匝。眉不施黛，独左眉角小缺，补之如粟。常称疾而终身得意。"③ 马皇后的四起大髻应当是利用稠密的头发梳成多层次的大髻。这大约是从西汉时期延续下来的风俗。随着社会风俗的流传，社会上层的头饰对全社会产生了广泛的影响，如西汉长安流传着"城中好高髻，四方高一尺。城中好广眉，四方且半额。城中好大袖，四方全匹帛"的谚语。④ 这说明女性梳高髻，画粗眉，在汉代都城中非常流行，是当时流行的一种潮妆。这正如王筠《游望》所云"愁眉仿戚里，高髻学城中"⑤。东汉时期，梁冀的妻子孙寿描的"愁眉"、梳的"堕马髻"风靡洛阳城。孙寿"色美而善为妖态，作愁眉，啼妆，堕马髻，折腰步，龋齿笑，以为媚惑"。李贤注引《风俗通》曰："愁眉者，细而曲折。啼妆者，薄拭目下若啼处。堕马髻者，侧在一边。折腰步者，足不任体。龋齿笑者，若齿痛不忻忻。始自冀家所为，京师翕然皆仿效之。"⑥ 这里出现的堕马髻是侧在一边的发型，因为梁冀的妻子孙寿的原因，在京城洛阳很快风靡起来。《续汉书·五行志一》"服妖条"云："桓帝元嘉中，京都妇女作愁眉、啼妆、堕马髻、折要步、龋齿笑。所谓愁眉者，细而曲折。啼妆者，薄拭目下，若啼处。堕马髻者，作一边。折要步者，足不在体下。龋齿笑者，若齿痛，乐不

---

① （晋）司马彪撰，刘昭注补：《续汉书·舆服志下》，第3663、3677页。
② 《晋书》卷二十五《舆服志》，第765页。
③ 《后汉书》卷十上《皇后纪上·明德马皇后》，第408页。
④ 《后汉书》卷二十四《马廖传》，第853页。
⑤ 吴冠文、谈蓓芳、章培恒汇校：《玉台新咏汇校》卷八，第492页。
⑥ 《后汉书》卷三十四《梁冀传》，第1180页。

欣欣。始自大将军梁冀家所为，京都歙然，诸夏皆仿效。"刘昭注补《梁冀别传》曰："冀妇女又有不聊生髻。"① 孙寿因为其显赫的地位，让她发明的愁眉、堕马髻、不聊生髻等装扮成为当时的一种时尚，让爱美的女子趋之若鹜，竞相模仿。关于孙寿所引发的女性发髻、眉饰的变化，《中华古今注》卷中《梁冀盘桓钗》云："盘桓钗，梁冀妇之所制也。梁冀妻改翠眉为愁眉，长安妇女好为盘桓髻，到于今其法不绝。堕马髻，今无复作者。倭堕髻，一云堕马之余形也。"② 孙寿将翠眉改为愁眉，甚而堕马髻也以倭堕髻留下了其装饰的样式，可见影响深远。女性的发型还吸收了少数民族的样式，如梁鸿的妻子孟氏为了迎合梁鸿的意愿，"乃更为椎髻，著布衣，操作而前"③。椎髻这种发饰秦汉之际在南越地区流行，南越王赵佗就接受了越人"椎髻箕坐"的习俗，椎髻由此成为南越人的代称，山东人程郑被迁往临邛后，"贾椎髻之民"，《索隐》："魋结之人。上音椎髻，谓通贾南越也。"④ 河洛地区流行的椎髻极有可能来自少数民族的影响。《事物原始》云："孙寿为堕马髻，赵合德入宫卷发，号新兴髻，孟光为椎髻。"⑤ 可见汉代的堕马髻、新兴髻、椎髻是河洛地区流行的女性发型。到了唐代，周肪的纨扇仕女图亦属于这类发型。拧旋式变化一般有侧拧、交拧、叠拧等几种形式。

魏晋时期，女性的发式非常有特色。《中华古今注》卷中所记述的河洛地区女性的装扮独具特色，其中以后宫之中的女性为代表，展示出女性的多姿风采。以眉饰、发髻而论，在眉饰、发髻新样式方面多有创新。《魏宫人长眉蝉鬓》云："魏宫人好画长眉，令作蛾眉、惊鹤髻。魏文帝宫人绝所爱者，有莫琼树、薛夜来、陈尚衣、段巧笑，皆日夜在帝侧。琼树始制为蝉鬓，望之

① （晋）司马彪撰，刘昭注补：《续汉书·五行志一》，第3270页。
② （五代）马缟撰，李成甲校点：《中华古今注》，第21页。
③ 《后汉书》卷八十三《逸民传·梁鸿》，第2766页。
④ 《史记》卷一百二十九《货殖列传》，第3278页。
⑤ （明）徐炬辑：《新镌古今事物原始全书》卷二十一《髻》，载《续修四库全书》编纂委员会编《续修四库全书》第1238册，上海古籍出版社2002年版，第64页。

缥缈如蝉翼,故曰蝉鬓。巧笑始以锦衣丝履,作紫粉拂面。尚衣能歌舞。夜来善为衣裳。皆为一时之冠绝。"《头髻》云:"魏文帝令宫人梳百花髻、芙蓉归云髻。"① 通上所述,曹魏女性眉饰有长眉、蛾眉的区分。到魏文帝娶甄皇后又出现了一种新的发髻。《采兰杂志》云:"甄后既入魏宫,宫廷中有一绿蛇,每日后梳妆则盘结一髻,形于后前,后异之,因效而为髻,故后髻每日不同,号为灵蛇髻。"② 曹魏女性发髻有惊鹤髻、灵蛇髻,还有蝉鬓,如蝉翼般缥缈动人。

西晋时期,女性的发式更为复杂。皇后的发型有"首饰则假髻,步摇,俗谓之珠松是也,簪珥。步摇以黄金为山题,贯白珠为支相缪"。贵人、夫人、贵嫔等三夫人有"太平髻,七镈蔽髻,黑玳瑁,又加簪珥"。公主也留"太平髻,七镈蔽髻"等发型。③ 关于蔽髻,成公绥《蔽髻铭》云:"诗美首弁,班有□□。或造兹蔽,南京翠翼。明珠星列,繁华致饰。"④ 成公绥仕魏为博士,历秘书郎,转丞,迁中书郎,司马昭时拜骑都尉。入晋官爵未详。他所描述的蔽髻应当是魏末晋初的发髻,因为《晋令》中有"步摇、蔽髻,皆为禁物"⑤ 的规定。元宝髻其梳编法是将发拢结于顶,再置木或将假发笼蔽,呈元宝状。到东晋海西公以后,又出现假髻现象,"晋海西公太和以来,大家妇女,缓鬓倾髻,以为盛饰。用发既多,不恒戴。乃先作假髻,施于木上,呼曰'假头'。人欲借,名曰'借头',遂布天下"⑥。正因为假髻的流

---

① (五代)马缟撰,李成甲校点:《中华古今注》,第20页。(宋)李昉等《太平御览》卷三百七十三《人事部一十四·鬓》引崔豹《古今注》曰:"魏文帝宫人绝所爱者,有莫琼树、薛夜来、陈尚衣、陈巧笑。琼树始制为蝉鬓,望之缥缈如蝉翼,故曰蝉鬓。"第1722页。(清)郎瑛《七修类稿》卷二十二《辩证类·女人缠足蝉鬓》云:"女人缠足,起于后唐后主宫人窅娘,蝉鬓始于魏帝宫女莫琼树。"上海书店出版社2009年版,第270页。

② (清)王士祺《香祖笔记》卷七引《邺中记》云:"魏宫中有绿蛇,口有赤珠,若梧子大。甄后每梳妆,则盘结一髻形于后前。因效而为髻,号灵蛇髻。"商务印书馆1934年版,第63页。

③ 《晋书》卷二十五《舆服志》,第774页。

④ (隋)虞世南:《北堂书钞》卷一百三十《服饰部四·假髻》,第588页。

⑤ (宋)李昉等:《太平御览》卷七百七十五《服用部十七·步摇》引《晋令》,第3175页。

⑥ 《宋书》卷三十一《五行志二》,第903页。

行，甚或有"假头""借头"的不雅说法，故而《晋令》规定："士卒百工，不得着假髻。"① 西晋时期洛阳还流行流苏髻，张华《瑯环记》云："轻云鬓发甚长。每梳立于榻上……作同心带垂于二肩，以珠翠饰之，谓之流苏髻，于是富家女子，多以青丝效其制。"女子流苏髻装饰复杂，但为民众所效仿。贾南风所梳理的颉子髻也曾风靡一时，王隐《晋书》曰："贾后作颉子髻。太子见颉子象。"干宝《晋纪》曰："初，贾后造首紒，以缯缚其髻，天下化之，名颉子髻也。"②《搜神记》卷七《撷子髻》曰："晋时，妇人结发者，既成，以缯急束其环，名曰撷子髻。始自宫中，天下翕然化之也。"③ 从西晋时期女性发髻的变化可以看出，皇宫中女性的发髻往往具有引领潮流的作用，随后才普及到民间，为社会上广大女性所接受。

作为头上所戴的头饰，除了女性外，男性头饰也见诸记载。男性头饰更加复杂，有供隐士专用的头饰，有供普通男性的头饰，还有作为丧服的头饰。

云冕：冕本为大夫所戴的头饰，而云冕则为隐士所戴的头饰。陆机《幽人赋》曰："世有幽人，渔钓乎玄渚，弹云冕以辞世，披宵褐而延伫。"④ 这种冠饰较少有人戴用。

露冕：此亦为隐士所戴头饰。《晋书》卷七十六《郗隆传》史臣曰："露冕为饰，援高人以同志，抑惟大隐者欤。"⑤

角巾：此亦为隐士所戴头饰。《管辂传》曰："明日于南陌上伺，当有一角巾诸生，驾黑牛故车，必引留，为设宾主，此能消之。"⑥ 羊祜尝与从弟琇书曰："既定边事，当角巾东路，归故里，为容棺之墟。以白士而居重位，何能不以盛满受责乎。疏广是吾师也。"⑦ 亦即在边境安定后，退隐田园当隐士。

---

① （宋）李昉等：《太平御览》卷七百十五《服用部十七·假髻》引《晋令》，第 3175 页。
② （宋）李昉等：《太平御览》卷三百七十三《人事部一十四·髻》，第 1723 页。
③ （晋）干宝撰，汪绍楹校注：《搜神记》，第 96 页。
④ 金涛声点校：《陆机集》卷三《赋三》，第 22 页。
⑤ 《晋书》卷七十六《郗隆传》，第 1808 页。
⑥ 《三国志》卷二十九《魏书·方技传·管辂》，第 828 页。
⑦ 《晋书》卷三十四《羊祜传》，第 1020 页。

王濬自认为讨伐孙吴有功而被王浑所压抑，心中常常愤愤不平，其外亲范通劝解说："卿旋旆之日，角巾私第，口不言平吴之事。若有问者，辄曰：'圣主之德，群帅之力，老夫何力之有焉。'如斯，颜老之不伐，龚遂之雅对，将何以过之。蔺生所以屈廉颇，王浑能无愧乎。"① 范通是为了劝解王濬像隐士一样大隐隐于市。王导面对庾亮的逼迫，说："吾与元规休戚是同，悠悠之谈，宜绝智者之口。则如君言，元规若来，吾便角巾还第，复何惧哉。"② 王导的意思是退隐江湖，不再过问朝事，以避免庾亮的逼迫。杜夷在临死前，遗命其子杜晏曰："吾少不出身，顷虽见羁录，冠冕之饰，未尝加体，其角巾素衣，敛以时服，殡葬之事，务从简俭，亦不须苟取矫异也。"③ 杜夷虽然是庐江人，但早年"寓居汝颍之间，十载足不出门"，永嘉初年受到朝廷重视，深受河洛文化的影响，所以他所提出的以"角巾素衣"入殓，备受时人关注。慕容德在慕容宝的逼迫下，产生了退隐之意，他对属下说："卿等前以社稷大计，劝吾摄政。吾亦以嗣帝奔亡，人神旷主，故权顺群议，以系众望。今天方悔祸，嗣帝得还，吾将具驾奉迎，谢罪行阙，然后角巾私第，卿等以为何如？"④ 慕容德所言是政治形势逼迫下不得已作出的选择，不过从慕容德所言，可见角巾是官员私下所戴的头饰，平民化的意义非常明显。《七修类稿》卷二十七《辩证类·巾帻冠帽》云：

> 近世士夫私居多用巾易帽，以为古雅；而贫贱者则以易办亦皆戴巾，以为可笑不知古者士夫冠、庶人巾也。按《仪礼》：二十成人，士冠，庶人巾。《汉书》曰："卑贱者所服。"《傅子》曰："古贱者服也。"故曰：庖人绿巾。士人戴之，起于汉末，若郭林宗折角巾，袁绍战败幅巾渡河，晋轻浮则有接䍦、漉酒之称矣。蔡邕《独

① 《晋书》卷四十二《王濬传》，第1216页。
② 《晋书》卷六十五《王导传》，第1753页。
③ 《晋书》卷九十一《儒林传·杜夷》，第2354页。
④ 《晋书》卷一百二十七《慕容德载记》，第3164页。

断》曰:"元帝额有壮发,不欲使人见,始进帻服之。"故王莽头秃,乃施巾。时人云:"王莽秃,帻施屋。"是皆包巾,故《方言》:"覆髻谓之帻也。"①

通过明人郎瑛对角巾之类冠饰的描述,可以看出角巾的发展过程,最初主要是普通民众戴的冠饰,因为便捷从最初的庶人巾演变为士大夫都用的头饰。

幞头:《中华古今注》卷中《幞头》云:"本名上巾,亦名折上巾,但以三尺皂罗后裹发,盖庶人之常服。沿至后周武帝,裁为四脚,名曰幞头。"②从《中华古今注》所记载的魏晋时期男性装束的内容,可以看出这一时代男性的服饰追求。《唐书》曰:"贞观中,太宗初服翼善冠,赐贵臣进德冠,因谓侍臣曰:'幞头起自周武帝,盖以便于军容。今四海无虞,息武事,此冠颇彩古样,兼类幞头,乃宜常服,可与袴褶通用。'"③唐太宗认为幞头起源于周武帝是不准确的。《老学庵笔记》卷九云:"《孙策传》张津常著绛帕头。帕头者,巾帻之类,犹今言幞头也。"④说明至少东汉末年已经有幞头了。唐代张彦远《历代名画记》卷二《论传授南北时代》云:"幅巾传于汉、魏,冪离起自齐、隋,幞头始于周朝拆上巾军旅所服,即今幞头也。用全帽皂向后幞发,俗谓之幞头。自武帝建德中裁为四角也。巾子创于武德,胡服靴衫,岂可辄施于古象?衣冠组绶,不宜长用于今人。"⑤张彦远对汉魏以来头饰幅巾、冪离、幞头、巾子创始的总结,说明每一个时代都有创新。《通典》卷五十七《礼十七·幅巾》云:"后汉末,王公名士以幅巾为雅,是以袁绍、崔钧之徒虽为将帅,皆著缣巾。时有妖贼,以黄为巾,时谓之黄巾贼。按巾,六国时,赵、魏之间,通谓之承露。袁绍战败,幅巾渡河。按此则庶人及军旅

① (明)郎瑛:《七修类稿》,第295页。
② (五代)马缟撰,李成甲校点:《中华古今注》,第25页。
③ (宋)李昉等:《太平御览》卷六百八十四《服章部一·总叙冠》,第3054页。
④ 陆游撰,高克勤校点:《老学庵笔记》,载上海古籍出版社编《宋元笔记小说大观》,上海古籍出版社2001年版,第3534页。
⑤ (唐)张彦远著,俞剑华注释:《历代名画记》,上海人民美术出版社1964年版,第32页。

皆服之。用全幅皂而向后幞发，谓之头巾，俗人谓之幞头。"① 依此而论，幞头起源甚早，后世不过有所变异而已。

布巾：布巾是古代丧礼中覆盖死者及祭器之巾。《晋书》卷二十《礼志中》云：

> 泰始四年，皇太后崩。有司奏："前代故事，倚庐中施白缣帐、蓐、素床，以布巾裹块草，辒辌、版舆、细犊车皆施缣里。"诏不听，但令以布衣车而已，其余居丧之制，不改礼文。②

文中所说的"前代"是指曹魏。《新唐书》卷二十《礼乐志十》言及诸臣之丧时，云："设奠于东堂下，甒二，实以醴、酒，觯二，角柶一，少牢、腊三，笾、豆俎各八。设盆盥于馔东，布巾。赞者辟脯醢之，奠于尸床西南。"③可见在唐代大臣的丧礼中布巾仍有应用。布巾还指古代服丧期间所戴的布头巾。《宋书》卷十七《礼志四》云："魏时会丧及使者吊祭，用博士杜希议，皆去玄冠，加以布巾。"④ 这种丧服中布巾是取代玄冠。

此外，布巾在唐代也作为乐人的演出服，"隋乐每奏九部乐终，辄奏《文康乐》，一曰《礼毕》。太宗时，命削去之，其后遂亡。及平高昌，收其乐。有竖箜篌、铜角，一；琵琶、五弦、横笛、箫、觱篥、答腊鼓、腰鼓、鸡娄鼓、羯鼓，皆二人。工人布巾，夹袍，锦襟，金铜带，画绔。舞者二人，黄袍袖，练襦，五色绦带，金铜耳珰；赤靴。自是初有十部乐"⑤。由此可见，布巾演化过程中，更多地融入了时代因素。

无颜帢：《晋书》卷二十七《五行志上》云："初，魏造白帢，横缝其前以别后，名之曰颜帢，传行之。至永嘉之间，稍去其缝，名无颜帢，而妇人束发，其缓弥甚，紒之坚不能自立，发被于额，目出而已。无颜者，愧之言

---

① （唐）杜佑撰，王文锦等点校：《通典》，第 1622 页。
② 《晋书》卷二十《礼志中》，第 616 页。
③ 《新唐书》卷二十《礼乐志十》，第 449 页。
④ 《宋书》卷十七《礼志四》，第 485 页。
⑤ 《新唐书》卷二十一《礼乐志十一》，第 470—471 页。

也。覆额者，惭之貌也。其缓弥甚者，言天下亡礼与义，放纵情性，及其终极，至于大耻也。永嘉之后，二帝不反，天下愧焉。"① 这说明无颜帢是蕴含着民族仇恨的一种服饰，是在演变过程中逐步形成的文化内涵。

接䍦：接䍦也是一种头巾。《世说新语·任诞》云："山季伦为荆州，时出酣畅。人为之歌曰：'山公时一醉，径造高阳池，日莫倒载归，茗芋无所知。复能乘骏马，倒着白接䍦，举手问葛强，何如并州儿？'高阳池在襄阳。强是其爱将，并州人也。"② 此事后来被《晋书》所收录。《山简传》云："简每出嬉游，多之池上，置酒辄醉，名之曰高阳池。时有童儿歌曰：'山公出何许，往至高阳池。日夕倒载归，茗芋无所知。时时能骑马，倒著白接篱。举鞭向葛强："何如并州儿？"'强家在并州，简爱将也。"③ 《襄阳耆旧传》也曾记载此事。

从魏晋时期纺织品的生产与销售可以看出，当河洛地区逐步摆脱战争的阴霾，社会经济快速恢复之后，纺织品作为与居民生活密切相关的产业，政府对其发展颇为关注。从曹操早期征收量较少来看，说明政府对产业恢复的重视。到西晋以后，政府征收量的增加表明了河洛地区的纺织品生产已经逐步恢复。因为自然经济在相当长的时期存在，官员的俸禄、皇帝的赏赐都以纺织品作为重要内容，也就是变相地给官员以用于交换的一般等价物，纺织品在一定程度上代替了货币的职能。而到社会经济全面恢复以后，纺织品自然要让位于货币，这就是西晋时期开始推行货币的重要原因。

随着社会经济的恢复、纺织业的发展，也为居民生活提供了更为丰富的纺织品用于消费，使社会消费量迅速增加。除了统治阶级消费外，普通居民的消费量也在增加。在这一时期，纺织品的花色品种迅速增多，用纺织品制作的服饰种类也很多，单就统治阶层所戴的帽子种类就有 16 种之多，衣服有

---

① 《晋书》卷二十七《五行志上》，第 825 页。
② 徐震堮：《世说新语校笺》，第 396 页。
③ 《晋书》卷四十三《山简传》，第 1229 页。

单衣、袴褶、襦褕、裲裆、半袖衫等。与装饰有关的男女头饰的种类所呈现的多样化，进一步表明社会生活的丰富多彩。

魏晋时期纺织品与服饰所发生的一系列变化，其原因是复杂的。首先，魏晋时期是一个自由和开放的社会，社会风尚的自由激发了人们的创造热情，使魏晋时期在服饰的花色品种方面呈现出增多的趋势。其次，魏晋时期政局的动荡不定使颓废没落的情绪蔓延在文人阶层，他们的服饰或一反传统，或转向异性，使服饰的演变走向另类。最后，随着少数民族与河洛地区的交流逐渐频繁，边远地区的纺织品和服饰也进入河洛地区，影响了河洛地区的服饰，这从众多传自少数民族的服饰品种得以体现。总之，魏晋时期是服饰文化飞跃的历史时期，也是中国服饰文化内涵日趋丰富的重要时期。

第三节　十六国北朝纺织品与服饰

西晋灭亡以后，河洛地区陷于少数民族的控制之下，出现了所谓十六国时期，少数民族带来了北方草原地区的风俗文化，对河洛地区的服饰变化产生了一定程度的影响，使河洛地区的服饰更多地融合了少数民族的文化因素。

一、纺织品的生产与销售状况

西晋灭亡后，河洛地区先后被少数民族占领。战争破坏了河洛地区已经形成和发展的社会秩序，使河洛地区陷于空前的战乱，纺织业的发展也受到严重阻碍。

西晋末年的八王之乱，使"边陲无备豫之储，中华有杼轴之困"[1]。黄河流域的纺织业因此而陷于停顿。北魏占领黄河流域以后，对纺织业的恢复起了重要作用。鲜卑族拓跋部对黄河流域所产的丝织品早已认识。曹魏时期，

---

① 《晋书》卷六十一《刘乔传》，第1675页。

沙漠汗以质子的身份在洛阳，双方"聘问交市，往来不绝，魏人奉遗金帛缯絮，岁以万计"。第二次沙漠汗回部落时，"晋遗帝锦、罽、缯、彩、绵、绢、诸物，咸出丰厚，车牛百乘"。因为鲜卑族地处北方荒漠，纺织品非常珍贵，甚而发生了许谦虽然贵为士人，但仍然盗窃纺织品的事件。"时国中少缯帛，代人许谦盗绢二匹，守者以告，帝匿之，谓燕凤曰：'吾不忍视谦之面，卿勿泄言，谦或惭而自杀，为财辱士，非也。'"① 这里虽然是歌颂什翼犍仁厚，但也由之看出纺织品的珍贵。永兴三年（411）二月，明元帝下诏："非夫耕妇织，内外相成，何以家给人足矣。其简宫人非所当御及执作伎巧，自余悉出以配鳏民。"② 将有"执作伎巧"的宫人配给民间无妻者，其目的就是让这些具有"执作伎巧"的宫人成为普通民众妻子，发展民间纺织业。神瑞二年（415），明元帝下敕令曰："不蚕者衣无帛，不绩者丧无衰。"督促民众勤于纺织。③ 延兴三年（473）七月，孝文帝"诏河南六州之民，户收绢一匹，绵一斤，租三十石"。太和四年（480）四月，针对廷尉、籍坊二狱囚犯太多的现象，孝文帝在所下的诏书中首先论述了重视农耕和纺织的重要性，"一夫不耕，将或受其馁。一妇不织，将或受其寒"，随后令对犯罪者，"宜随轻重决遣，以赴耕耘之业"④。这一诏书将女性纺织与男子农耕放到同等重要的地位。随着纺织业的发展，还出现了纺织品尺寸混乱的现象。《魏书》卷一百一十《食货志》云："旧制，民间所织绢、布，皆幅广二尺二寸，长四十尺为一匹，六十尺为一端，令任服用。后乃渐至滥恶，不依尺度。高祖延兴三年秋七月，更立严制，令一准前式，违者罪各有差，有司不检察与同罪。"通过法律来规定民间纺织品的尺寸。在太和八年颁行"百官之禄"之前，"天下户以九品混通，户调帛二匹、絮二斤、丝一斤、粟二十石。又入帛一匹二丈，委之州库，

---

① 《魏书》卷一《序纪》，第 16 页。
② 《魏书》卷三《太宗纪》，第 51 页。
③ 《魏书》卷一百一十《食货志》，第 2850 页。
④ 《魏书》卷七上《高祖纪上》，第 148 页。

以供调外之费"。到太和八年之后，"户增帛三匹，粟二石九斗，以为官司之禄。后增调外帛满二匹。所调各随其土所出"。其中河洛地区的"洛、豫、怀"和其他16州，"贡绵绢及丝"。太和十年采纳李冲建议的租佣调制："其民调，一夫一妇帛一匹，粟二石。民年十五以上未娶者，四人出一夫一妇之调。奴任耕，婢任绩者，八口当未娶者四。耕牛二十头当奴婢八。其麻布之乡，一夫一妇布一匹，下至牛，以此为降。大率十匹为公调，二匹为调外费，三匹为内外百官俸，此外杂调。"① 张普惠也曾指出孝文帝"知军国须绵麻之用，故云幅度之间，亿兆应有绵麻之利，故绢上税绵八两，布上税麻十五斤"②。从北魏太和改革以后所征收的租庸调来看，北魏在黄河流域所征收的租调较之于魏晋时期有所加重。在北魏孝文帝时期还有一种旧制，"天下之民绢布一匹之外，各输绵麻八两"③，以增加国家的收入。孝文帝还采取了一些专门的措施发展纺织业。太和十一年十月，"诏罢起部无益之作，出宫人不执机杼者"。十一月，"诏罢尚方锦绣绫罗之工，四民欲造，任之无禁。其御府衣服、金银、珠玉、绫罗、锦绣，太官杂器，太仆乘具，内库弓矢，出其太半，班赉百官及京师士庶，下至工商皂隶，逮于六镇戍士，各有差"④。在北魏还有一些特例，如孝明帝时，汝阳郡因发生水灾，太守辛穆请减免租税，孝明帝"遂敕汝阳一郡，听以小绢为调"⑤。胡太后当政时，张普惠还对"天下民调，幅度长广，尚书计奏，复征绵麻"的现象不满，上奏胡太后，指出当时所存在的问题。"不思库中大有绵麻，而群官共窃之"，"今宫人请调度，造衣物，必度忖秤量。绢布，匹有尺丈之盈，一犹不计其广。丝绵，斤兼百铢之剩，未闻依律罪州郡。若一匹之滥，一斤之恶，则鞭户主，连三长，此所以教民以贪者也。今百官请俸，人乐长阔，并欲厚重，无复准极。得长阔

① 《魏书》卷一百一十《食货志》，第2855页。
② 《魏书》卷七十八《张普惠传》，第1736页。
③ 《魏书》卷三十一《于忠传》，第743页。
④ 《魏书》卷七下《高祖纪下》，第163页。
⑤ 《魏书》卷四十五《辛穆传》，第1028页。

厚重者，便云其州能调，绢布精阔且长，横发美誉，以乱视听。"① 在北魏后期朝政腐败的情况下，张普惠的建议已经无法实行。北魏时期从游牧民族转为农耕民族以后，对于纺织业的发展更为重视，从许多人论述引用前代"一女不织，或受其寒"分析，说明纺织业与居民的社会生活息息相关。即使到北齐时期，魏收依然认为"夫妇人之事，存于织纴组紃、酒浆醯醢而已"②。北魏末年还发生了官员在家里私下纺织的事情。毕僧明在任京畿地区官员时，"私藏工匠，家有十余机织锦"，结果被禁止为官，后又获释。③ 虽然这是一个特例，但从这一例证可以看出纺织业在当时应当获利颇丰，否则毕僧明不可能冒丢官的危险而私下织锦。

在北魏早期因为仍然处在自然经济盛行时期，绢帛所起的货币职能仍很明显。《魏书》卷五十二《赵柔传》云：

> 出为河内太守，甚著仁惠，柔尝在路得人所遗金珠一贯，价直数百缣，柔呼主还之。后有人与柔铧数百枚者，柔与子善明鬻之于市。有从柔买，索绢二十匹，有商人知其贱，与柔三十匹，善明欲取之。柔曰："与人交易，一言便定，岂可以利动心也。"遂与之。

在文成帝时期，北魏社会经济的发展依然较为落后，在物品交换方面以物易物现象还存在着，从赵柔用于交换的物品的媒介是缣，在这里缣就起着一般等价交换物货币的作用。再如刘芳"常为诸僧备写经论，笔迹称善，卷直以一缣，岁中能入百余匹，如此数十年，赖以颇振"④。僧人支付刘芳的报酬也是缣，可见缣在北魏早期确实发挥着货币的职能。这说明在孝文帝"始诏天下用钱"之前，缣发挥着货币的职能。

纺织品成为财富的象征，也引起了统治阶级对其无尽的追逐。在北魏早

---

① 《魏书》卷七十八《张普惠传》，第 1736 页。
② 《魏书》卷九十二《列女传》，第 1977 页。
③ （唐）李百药：《北齐书》卷四十七《酷吏传·毕义云》，中华书局 1972 年版，第 658 页。
④ 《魏书》卷五十五《刘芳传》，第 1219 页。

期，统治者赏赐给群臣的绢帛往往数量较少，大约在百匹之间徘徊。而到北魏中后期，特别是迁都洛阳以后随着社会经济的日益发展，奢侈风俗的影响日益激烈，赏赐给群臣的纺织品数量在逐步增多。在北魏早期，赏赐的纺织品较少，如延和年间，东境部落帅车伊洛"恒修职贡"，太武帝"赐绢一百匹，绵一百斤，绣衣一具，金带靴帽"。兴安二年（453）车伊洛死后，文成帝"赐绵绢杂彩五百匹，衣二十七袭"①。太和三年（479）五月，"今赐国老各衣一袭，绵五斤，绢布各五匹"。次年"以绸绫绢布百万匹及南伐所俘赐王公已下"②。高允为三朝老臣，在孝文帝时有参与律令的制定，孝文帝"诏朝哺给膳，朔望致牛酒，衣服绵绢，每月送给"，在他死后，"诏给绢一千匹、布二千匹、绵五百斤、锦五十匹、杂彩百匹、谷千斛以周丧用"。因而史家称"魏初以来，存亡蒙赉者莫及焉，朝廷荣之"③。在孝文帝迁都洛阳以后，因为河南境内的经济全面恢复，皇帝给臣下的赏赐数量开始增多。南平王元霄在太和十七年死后，孝文帝"赐朝服一具、衣一袭、东园第一秘器、绢千匹"，后又向其家"赐帛五百匹"④。裴叔业死后，朝廷"给东园温明秘器、朝服一袭、钱三十万、绢一千匹、布五百匹、蜡三百斤"。再如胡太后对其父外戚胡国珍"又赐绢岁八百匹，妻梁四百匹，男女姊妹兄弟各有差，皆极丰赡"⑤。达官贵人凭借权势占有了大量纺织品。如崔光韶"绫绢钱布，匮篚充积"。河间王元琛家中的府库，"锦罽珠玑，冰罗雾縠，充积其内。绣缬、绸绫、丝彩、越葛、钱绢等不可数计"⑥。高阳王元雍在灵太后当政时，以司州牧的身份上表请求："王公以下贱妾，悉不听用织成锦绣、金玉珠玑，违者以违旨论。奴婢悉不得衣绫绮缬，止于缦缯而已。奴则布服，并不得以金银为钗带，

---

① 《魏书》卷三十《车伊洛传》，第 723 页。
② 《魏书》卷七上《高祖纪上》，第 148 页。
③ 《魏书》卷四十八《高允传》，第 1090 页。
④ 《魏书》卷十六《道武七王传·元霄》，第 400 页。
⑤ 《魏书》卷八十三《外戚传下·胡国珍》，第 1833 页。
⑥ （魏）杨衒之撰，周祖谟校释：《洛阳伽蓝记校释》卷四《城西》，第 165 页。

犯者鞭一百。"虽然灵太后答应了元雍的奏请，"而不能久行也"①。奢侈之风使纺织品的需求急速增加。

为了占有纺织品，在北魏还闹出过笑话。《魏书》卷十三《皇后传·宣武灵皇后胡氏》云：

> （胡太后）后幸左藏，王公、嫔、主已下从者百余人，皆令任力负布绢，即以赐之，多者过二百匹，少者百余匹。唯长乐公主手持绢二十匹而出，示不异众而无劳也。世称其廉。仪同、陈留公李崇，章武王融并以所负过多，颠仆于地，崇乃伤腰，融至损脚。时人为之语曰："陈留、章武，伤腰折股。贪人败类，秽我明主。"

虽然这是赞美长乐公主的清廉，但也看出国库中丝绸织品的丰富。朝廷内部闹出这类笑话，在朝廷外部也有贪占纺织品的情况。宋鸿贵押送士兵到荆州前线，"坐取兵绢四百匹，兵欲告之，乃斩十人"，后伏法。以至于"时人哀兵之苦，笑鸿贵之愚"②。这是明显的贪污军用物资，为了掩人耳目，宋鸿贵不得不杀死欲告密者以自保。

二、纺织品的种类

十六国北魏时期，河洛地区纺织品的种类较之于以前更为丰富。除了前代已有的纺织品外，新的纺织品品名不断涌现，丰富了服饰的面料，也给居民的社会生活增添了新的异彩。据梁满仓统计，北魏后期，在河洛地区见到的纺织品，"已经有布、缦缯、绫、绮、缬、锦绣、罗、縠绸、彩、越葛、绢、缣等数十种。其中罽是西南少数民族的毛织品，其技术被汉族吸收，织成锦罽。越葛是南方织物，其技术也传到北方"③。上述纺织品有的是从前代

---

① 《魏书》卷二十一《献文六王传上·高阳王元雍》，第556页。
② 《魏书》卷六十三《宋鸿贵传》，第1418页。
③ 梁满仓：《北魏洛阳地区纺织品的生产、使用及西传》，载洛阳市地方史志编纂委员会编《洛阳——丝绸之路的起点》，中州古籍出版社1992年版，第363页。

延续下来，如早在盛乐时代，沙漠汗从西晋返回，"晋遗帝锦罽、缯、彩、绵、绢诸物，咸出丰厚"[①]。有的是其他地区传入的，兹选择几种具有典型意义的纺织品作一论述。

缬：缬是带有花纹的丝织品。除了前文元雍向胡太后所奏的奏章中提到缬这种纺织品外，即元飏向胡太后奏请："王公以下贱妾，悉不听用织成锦绣、金玉珠玑，违者以违旨论；奴婢悉不得衣绫绮缬，止于缦缯而已；奴则布服，并不得以金银为钗带，犯者鞭一百。"[②]在孝明帝时，"荥阳郑云诣事长秋卿刘腾，赀腾紫缬四百匹，得为安州刺史"[③]。郑云通过购买四百匹腾紫缬贿赂刘腾，即获得安州刺史，足以显示这种缬的珍贵。与北魏同时的西北地区，高昌国女子也"著锦缬缨珞环钏"[④]。此后，缬开始在黄河流域普遍被作为服饰而使用。如北齐武成帝后宫数百人，"裤衣悉罗缬锦绣珍玉，织成五百一段"[⑤]。宇文护的母亲给其写信曰："汝时著绯绫袍、银装带，盛洛著紫织成缬通身袍、黄绫裹。"[⑥]可见社会上层服饰的奢华。

锦罽：锦罽是丝织品和毛织品，最早出现在东汉，马韩人"不贵金宝锦罽，不知骑乘牛马，唯重璎珠，以缀衣为饰，及县颈垂耳"[⑦]。这说明至少在东汉时期已经出现了锦罽。东汉末年，东北边境的夫余人"出国则尚缯绣锦罽，大人加狐狸、狖白、黑貂之裘，以金银饰帽"[⑧]。随着与北方边境地区少数民族的接触，河洛地区工匠可能很快掌握了锦罽纺织方法。到了正始元年（240），建忠校尉梯儁等奉诏书印绶到倭国，拜假倭王，"并赍诏赐金、帛、

---

① 《魏书》卷一《序纪》，第4页。
② 《魏书》卷二十一上《献文六王传·元雍》，第556页。
③ 《魏书》卷三十二《封回传》，第761页。
④ （唐）姚思廉：《梁书》卷五十四《西北诸戎传·高昌》，中华书局1973年版，第811页。
⑤ 《北齐书》卷四十五《文苑传·颜之推》，第624页。
⑥ （唐）令狐德棻等：《周书》卷十一《晋荡公护传》，中华书局1971年版，第170页。
⑦ 《后汉书》卷八十五《东夷传》，第2819页。
⑧ 《三国志》卷三十《魏书·夫余传》，第841页。《晋书》卷九十七《四夷传》，第2532—2533页。

锦罽、刀、镜、采物"①。曹魏景元末年，肃慎氏"贡楛矢、石砮、弓甲、貂皮"，曹魏以"锦罽、绵帛"回赐。②这种锦罽极有可能是河洛地区的工匠织成。北魏早在平城时代已经有将锦罽赏赐的现象。永兴三年（411）七月，明元帝"赐附国大人锦罽衣服各有差"。永兴五年正月，"颉拔大、渠帅四十余人诣阙奉贡"，明元帝"赐以缯帛锦罽各有差"③。宇文泰曾经在同州，"与群公宴集，出锦罽及杂绫绢数段，命诸将樗蒲取之"。说明在北魏末年，河洛地区的锦罽等丝织品在逐步增多。

越葛：葛布本为南方地区的特产。《禹贡锥指》卷六云："葛越，南方布名，用葛为之。"④ 从汉代以来逐步在北方地区流行，曹操被封为魏王时，汉献帝手诏："今以君为魏王，青、绛、皂、黄、白葛各二匹，越葛一端，往钦哉！"⑤ 越葛仍然是质地优越的葛布。《魏文帝诏》曰："江东为葛，宁比罗纨绮縠？"曹丕用越葛与北方的丝织品相比较，这说明葛布质量的优异。即使在江东地区葛布仍然非常受人喜爱，建安年间，孙策送给纵横江淮之间的刘勋"越葛"以麻痹其注意力，趁刘勋进攻上缭之机抄其后路，使刘勋不得不投奔曹操。⑥ 左思《吴都赋》云："蕉葛升越，弱于罗纨。"司马昭控制曹魏政权期间，石苞令孙楚给孙皓写信，其中提到公孙渊与孙吴交易往来，有"外通南国，乘桴沧海，交酬货贿，葛越布于朔土，貂马延于吴会"⑦ 之语，公孙渊利用海上交通的便利，将江东地区的"葛越布"贩运到北方，再次说明越葛的珍贵。

绵绢：绵绢作为黄河中下游地区的主要纺织品原料与丝织品，在河洛地区进入社会生活领域与客观环境的变化有很大的关系。建安五年（200），曹

---

① 《三国志》卷三十《魏书·倭传》，第857页。
② 《晋书》卷九十七《四夷传》，第2535页。
③ 《魏书》卷三《太宗纪》，第51—52页。《北史》卷一《魏纪》，第28页。
④ （清）胡渭著，邹逸麟整理：《禹贡锥指》，上海古籍出版社2006年版，第187页。
⑤ （宋）李昉等：《太平御览》卷八百十九《布帛部六·絺绤》，第3646页。
⑥ 《三国志》卷十四《魏书·刘晔传》，第444页。
⑦ 《晋书》卷五十六《孙楚传》，第1540页。

操灭袁绍后，下令"其收田租亩四升，户出绢二匹、绵二斤而已，他不得擅兴发"①。何夔任长广太守时，曹操"始制新科下州郡，又收租税绵绢"②。从汉代的田租、口钱、算钱到征收田租、绵绢是实物征收，绵绢是最为普通的东西。西晋灭吴后，颁行户调式，在全域内的户调征收，较之于曹魏增加了1/3。魏晋皇帝多次以绵绢赏赐群臣，表明绵绢是黄河中下游地区的主要纺织品。北魏时期，绵绢作为重要的服饰原料在赋税征收以及买卖交易中都有较多的反映。北魏早期实行的是九品混通之法，太和八年，"户增帛三匹，粟二石九斗，以为官司之禄。后增调外帛满二匹。所谓各随其土所出"，较之于九品混通法增加了一半，其中司州、洛州、陕州等河洛地区的州郡均以丝绸织品作为户调征收。③到了宣武帝末年，三门都将薛钦上书指出用绵绢布匹作为等价交换物支付运费，耗费巨大。④正因为朝廷以绵绢作为户调征收，所以，赈济灾民也是以绵绢作为赈灾物，延昌二年（513）四月庚子，"出绢十五万匹，赈恤河南饥民"。这次灾祸可以说是水旱灾害接踵而至，"自元年二月不雨至六月雨，大水"⑤。从天旱到雨水成涝，故而朝廷动用十五万匹绢赈济灾民，甚而出现了卖官也以丝绸织品支付。宣武帝末年，元晖在任吏部尚书时公然卖官，"纳货用官，皆有定价，大郡二千匹，次郡一千匹，下郡五百匹，其余官职各有差，天下号曰'市曹'"⑥。元澄曾下令"禁造布绢不任衣者"⑦，可以看出随着丝绸作为等价交换物，质量在逐步下降，所以元澄颁布禁令，是禁止劣质丝绸生产，保证丝绸的质量。

---

① 《三国志》卷一《魏书·武帝纪》裴注引《魏书》，第26页。《晋书》卷二十六《食货志》云："及初平袁氏，以定邺都，令收田租亩粟四升，户绢二匹而绵二斤，余皆不得擅兴，藏强赋弱。"第782页。

② 《三国志》卷十二《魏书·何夔传》，第380页。

③ 《魏书》卷一百十《食货志》，第2852页。

④ 《魏书》卷一百十《食货志》，第2862页。

⑤ 《魏书》卷一百五之二《天象志二》，第2375页。《魏书》卷一百五之四《天象志四》，第2434页。

⑥ 《魏书》卷十五《昭成子孙传·元晖》，第379页。

⑦ 《魏书》卷十九中《元澄传》，第473页。

三、服饰的种类

十六国北朝河洛地区的服饰种类日渐丰富，随着少数民族入主河洛地区，河洛地区的服饰进一步融合进了少数民族的服饰因素，使服饰样式之下所蕴含的内涵更加丰富。下面分头饰、上衣、下裳和鞋类等方面对十六国北朝服饰加以研究。

（一）头饰

北魏政权建立后，对黄河流域封建政权所形成的礼制很重视，其表现在冠服上就体现了统治者对冠及冠饰的重视。关于北魏时期冠制的演变，《隋书》卷十一《礼仪志六》云：

> 自晋左迁，中原礼仪多缺。后魏天兴六年，诏有司始制冠冕，各依品秩，以示等差，然未能皆得旧制。至太和中，方考故实，正定前谬，更造衣冠，尚不能周洽。及至熙平二年，太傅、清河王怿、黄门侍郎韦廷祥等，奏定五时朝服，准汉故事，五郊衣帻，各如方色焉。及后齐因之。河清中，改易旧物，著令定制云。

由此可见，北魏时期的冠服有一个演变过程，其中有三个时间点，即天兴六年、太和年间、熙平二年，这三个时间是北魏冠服转变的关键点。北魏时期皇帝的冠服，"平冕，黑介帻，垂白珠十二旒，饰以五采玉，以组为缨，色如其绶，黈纩，玉笄"①。皇帝还有通天金博山冠、进贤五梁冠、远游五梁冠、武弁冠等。这些定制的形成是在北魏迁都洛阳以后所完成的。

孝文帝太和六年（482）十一月，北魏制定了"祭服冠屦牲牢之具"的"大魏七庙之祭"礼仪，规定了祭祀祖先的服饰。太和十四年在祭祀太后时，孝文帝"缟冠、皂朝服、革带、黑屦；侍臣各易以黑介帻、白绢单衣、革带、

---

① 《隋书》卷十一《礼仪志六》，第238页。

乌履"；所穿的祭服"缟冠素纰、白布深衣、麻绳履"。在孝文帝迁都洛阳之前的太和十五年十一月初一，孝文帝至太和庙祭祀，"帝冠黑介帻，素纱深衣"，"帝冠通天，绛纱袍，临飨礼"①。十二月，"颁赐刺史已下衣冠"。太和十九年五月，迁都洛阳不久，即为"皇太子冠于庙"。孝文帝曾对元恂说："夫冠礼表之百代，所以正容体，齐颜色，顺辞令。容体正，颜色齐，辞令顺。故能正君臣，亲父子，和长幼。然母见必拜，兄弟必敬，责以成人之礼。"② 十二月，又"引见群臣于光极堂，班赐冠服"③。这其实是北魏孝文帝改革所推行的一系列改革的重要部分。"高祖太和中，始考旧典，以制冠服，百僚六宫，各有差次"④ 说的就是冠制开始的情况。

由《隋书》可知皇帝的冠有四种。太和十九年（495）五月，在为皇太子元恂加冠礼，因为不符合礼的规定，孝文帝引用司马彪的话指出："汉帝有四冠：一缁布，二进贤，三武弁，四通天冠。"⑤ 孝文帝提出了汉代皇帝所戴的四种冠，其目的就是表明北魏时期皇帝的冠的是对汉代冠制的继承和发展。皇太子"皇太子平冕，黑介帻，垂白珠九旒，饰以三采玉，以组为缨，色如其绶"。诸王子的冠制也有规定："远游三梁，诸王所服。其未冠，则空顶黑介帻。开国公、侯、伯、子、男及五等散爵未冠者，通如之。"而普通大臣的冠既有对前代的继承，也有所变化。"诸公卿平冕，黑介帻，青珠为旒，上公九，三分八，诸卿六，以组为缨，色如其绶。"⑥ 到后来北魏统治者对冠礼也更加重视，每一个帝王或王子都有加冠礼的仪式，因而有"肃宗加元服，（元）雍兼太保，与兼太尉崔光摄行冠礼"⑦。前文曾引孝文帝"帝冠通天，绛纱袍，临飨礼"。不同身份、不同场合所戴冠帽有严格规定，帝王在参加祭

① 《魏书》卷一百八之一《礼志一》，第2749页。
② 《魏书》卷二十二《孝文五王传·元恂》，第587页。
③ 《魏书》卷七下《高祖纪下》，第179页。
④ 《魏书》卷一百八之四《礼志四》，第2817页。
⑤ 《魏书》卷一百八之四《礼志四》，第2810页。
⑥ 《隋书》卷十一《礼仪志六》，第239—240页。
⑦ 《魏书》卷二十一上《献文六王传·元雍》，第556页。

祀大典的时候要戴冕冠；在朝会和宴会上，帝王一般戴通天冠；长冠是参加祭祀时官员所戴的冠帽。武冠是各级武职人员在朝会时所戴的礼冠。

1. 步摇冠。该冠起源于汉武帝时期江充。江充拜见汉武帝时，"衣纱縠禅衣，曲裾后垂交输，冠禅纚步摇冠，飞翮之缨"。服虔曰："冠禅纚，故行步则摇，以鸟羽作缨也。"① 到十六国时期步摇冠在燕代地区流行。崔鸿《十六国春秋》卷二十三《前燕录》记载，慕容廆曾祖父慕容跋，"见燕代少年多冠步摇冠，跋意甚好之，乃敛发袭冠。诸部因呼之为步摇，其后音讹而为慕容，遂以慕容为氏"②。慕容氏的来源与步摇冠相联系在《晋书》中也有披露。《晋书》卷一百八《慕容廆载记》云："时燕代多冠步摇冠，莫护跋见而好之，乃敛发袭冠，诸部因呼之为步摇，其后音讹，遂为慕容焉。"③ 可见步摇冠的起源与鲜卑族慕容氏有关。步摇冠在后世仍有存在，白居易《霓裳羽衣歌（和微之）》描述为唐宪宗跳舞者，"案前舞者颜如玉，不著人家俗衣服。虹裳霞帔步摇冠，钿璎累累佩珊珊"④。步摇冠在这里是作为演出人员所戴的冠饰。

2. 平上冠。《十六国春秋·前燕录》记载，元玺四年（355），慕容儁下书曰："周礼冠冕体制，君臣略同。中世以来，亦无常体。今特制燕平上冠，悉赐廷尉以下，使瞻冠思事，刑断详平。诸公冠悉颜里屈竹锦缠作公字，以代梁处，施之金瑱，令仆，尚书置瑱而已，秘监令别施珠瑱，庶能敬慎威仪，示民轨则。"⑤ 可见平上冠是朝廷专供廷尉一下官员戴用。

3. 进贤冠。《晋书》卷二十五《舆服志》云："进贤冠，古缁布遗象也，斯盖文儒者之服。前高七寸，后高三寸，长八寸，有五梁、三梁、二梁、一梁。人主元服，始加缁布，则冠五梁进贤。三公及封郡公、县公、郡侯、县

① 《汉书》卷四十五《江充传》，第 2176 页。
② （清）汤球：《十六国春秋辑补》，中华书局 1985 年版，第 175 页。
③ 《晋书》卷一百八《慕容廆载记》，第 2803 页。
④ （唐）白居易著，顾学颉校点：《白居易集》卷二十一，第 459 页。
⑤ （清）汤球：《十六国春秋辑补》，第 207 页。

侯、乡亭侯，则冠三梁。卿、大夫、八座尚书，关中内侯、二千石及千石以上，则冠两梁。中书郎、秘书丞郎、著作郎、尚书丞郎、太子洗马舍人、六百石以下至于令史、门郎、小史，并冠一梁。"① 到北魏初期发生了变化，可能仅为文舞者所戴。《魏书》卷一百九《乐志》云："今圣朝乐舞未名，舞人冠服无准，称之文、武舞而已。……文舞者进贤冠、黑介帻、生黄袍、单衣白合幅裤。"② 到孝文帝重新制定冠制则规定："进贤冠，文官二品已上，并三梁，四品已上，并两梁，五品已下，流外九品已上，皆一梁。" 到隋朝又恢复了汉晋时期的进贤冠的功能。事见《隋书》卷十一《礼仪志》。进贤冠专门为文官和儒士所佩戴。

4. 委貌冠。《通典》云："汉制，委貌以皂缯为之，形如委縠之貌，上小下大，长七寸，高四寸，前高广，后卑锐，无笄有缨。行大射礼于辟雍，诸公卿大夫行礼者冠之。"③ 北魏时期，"依魏景初三年以来衣服制，其祭天地宗庙：武舞执干戚，著平冕、黑介帻、玄衣裳、白领袖、绛领袖中衣、绛合幅裤袜、黑韦鞮。文舞执羽龠，冠委貌，其服同上"④。委貌冠往往赏赐给有声望的大臣。游明根在年老致仕时，孝文帝 "赐青纱单衣、委貌冠、被褥、锦袍等物"⑤。太和十五年，高丽王高琏死，孝文帝在下的诏书中云："古者同姓哭庙，异姓随其方，皆有服制。今既久废，不可卒为之衰，且欲素委貌、白布深衣，于城东为尽一哀，以见其使也。"⑥ 《隋书》卷十一《礼仪志》云："致事者，通著委貌冠。" 这说明地方上报情况的官员也要戴委貌冠。

5. 笼冠。笼冠为武冠的又一称呼，从古代惠文冠演变而来。汉代的武弁大冠，是形如覆杯、前高后锐，以白鹿皮所做的弁和帻的复合体。但汉代武

---

① 《晋书》卷二十五《舆服志》，第 767 页。

② 《魏书》卷一百九《乐志》，第 2841 页。

③ （唐）杜佑撰，王文锦等点校：《通典》卷五十七《礼十七·君臣冠冕巾帻等制度》，第 1607 页。

④ 《魏书》卷一百九《乐志》，第 2841 页。

⑤ 《魏书》卷五十五《游明根传》，第 1215 页。

⑥ 《魏书》卷一百八之三《礼志三》，第 2789 页。

弁大冠不用鹿皮制作，而用很细的穗制作，然后再涂以漆，内衬赤帻。北朝戴笼冠的人物，在《女史箴图》《洛神赋图》、北朝各石窟礼佛图、供养人像，陶俑中都可见到。《魏书》卷一百一十二《灵征志下》云：

> 肃宗孝昌二年十月，扬州刺史李宪表云："门下督周伏兴以去七月患假还家，至十一日夜梦渡肥水，行至草堂寺南，遥见七人，一人乘马著朱衣，笼冠，六人从后。兴路左而立，至便再拜。问兴何人。兴对曰：'李公门下督，暂使硖石。'其人语兴：'君可回，我是孝文皇帝中书舍人，遣语李宪，勿忧贼堰，此月破矣。'兴行两步，录兴姓字，令兴速白。兴寤，晓遂还城，具言梦状。七月二十七日，堰破。"①

这说明笼冠作为头饰使用的广泛。正因为这种类型冠饰使用的广泛，引起了人们的批评，天监元年（502）六月，河南人褚緭居建康期间因为官场失意投奔北魏，对于投奔而来的褚緭，北魏打算重用他。适逢正月元会之日，群臣云集殿下，褚緭看着北魏群臣穿着汉服，却与梁朝的汉服不同，他感到颇为滑稽，就当众作诗戏谑曰："帽上著笼冠，袴上著朱衣，不知是今是，不知非昔非。"② 对于褚緭的嘲弄，宣武帝非常恼怒，将褚緭外放为始平太守，后来坠马而死。褚緭所言，其实是对孝文帝改革易汉服后穿戴不伦不类的嘲弄。笼冠在考古中也有发现。1965 年，洛阳市老城区盘龙冢元邵墓出土彩绘笼冠骑马俑，马站立于长方形底板上，通体朱彩。马头饰三花、辔头，背有鞍具、障泥和鞘系。马背上坐一男俑，头戴笼冠，身穿右衽宽袖短袍，腰系带，下着缚袴。左手平抬，右手残损，当持有礼乐器，为一仪仗俑。③ 1990 年，在河南省偃师市两座北魏墓葬发掘中，在联体砖厂二号墓（90YNLTMZ）中出土笼冠侍吏俑 4 件，头戴笼冠，着宽袖衫，束百褶裙。眉、目、冠、靴涂墨色，

---

① 《魏书》卷一百一十二《灵征志下》，第 2956 页。
② 《梁书》卷二十《褚緭传》，第 315 页。
③ 洛阳博物馆：《洛阳北魏元邵墓》，《考古》1973 年第 4 期。

衣、裙涂红彩镶白边。笼冠俑的风格与元邵墓出土彩绘笼冠骑马俑极为相似。① 1979 年，在永宁寺塔基发掘中，出土的女吏头像，面容清秀，顶束发髻，戴笼形冠，也与元邵墓出土彩绘笼冠相似。② 在荥阳北周村东魏造像碑碑侧分别线刻供养人像四组。右侧，上三组均刻二人，头戴笼冠，身着宽袖长袍，腰束带，足穿圆头履，手持长茎莲蕾，间刻榜题。在碑阴碑身刻供养人四排，每排 8—10 人不等，均头戴笼冠，褒衣博带，足着云头履，手持莲花做行进状，身后一丫髻童子擎伞盖随行。③ 由此可见，笼冠除了军士所戴外，普通的民众也可戴笼冠。

此外，低级官吏和其他官员的冠制也有规定。《隋书》卷十一《礼仪志六》云：

> 致事者，通著委貌冠。主兵官及侍臣，通著武弁。侍臣加貂珰。御史大理著法冠。诸谒者、太子中导客舍人，著高山冠。宫门仆射、殿门吏、亭长、太子率更寺、宫门督、太子内坊察非吏、诸门吏等，皆著却非冠。羽林、武贲，著鹖。录令已下，尚书以上，著纳言帻。又有赤帻，卑贱者所服。救日蚀，文武官皆免冠，著赤介帻，对朝服。贱者平巾，赤帻，示威武，以助于阳也。止雨亦服之。请雨则服缃帻，东耕则服青帻，庖人则服绿帻。④

这里所记述的主要是五品以下官员和普通民众的冠服。从上述所引的材料可以看出冠的颜色也是很多的，有皂（黑）、赤（红）、青、缟（白）、素等。宋文帝第九子刘昶逃到北魏后，"入国历纪，犹布衣皂冠，同凶素之服"⑤。作为叛臣，刘昶在逃到北魏后戴皂冠以示自己的身份与心情。辛绍先"有至性，

① 偃师商城博物馆：《河南偃师两座北魏墓发掘简报》，《考古》1993 年第 5 期。
② 中国社会科学院考古研究所洛阳工作队：《北魏永宁寺塔基发掘简报》，《考古》1981 年第 3 期。
③ 李广新：《浅析荥阳北周村东魏造像碑》，《中原文物》2017 年第 4 期。
④ 《隋书》卷十一《礼仪志》，第 240 页。
⑤ 《魏书》卷五十九《刘昶传》，第 1308 页。

丁父忧，三年口不甘味，头不栉沐，发遂落尽，故常著垂裙皂帽"①。可见皂色是当时流行的颜色。在冠上还有装饰，如缨。《后魏书》曰："李彪尝使齐，着大头缨，缨裙至腰。张融笑之曰：'北国士大夫帽裾亦有等级不？'彪曰：'上士至腰，中士至颈，下士之徒盖发而已。'"② 从李彪答复张融的话可知，帽子上的饰物缨的长短可以显示出社会等级。如果帽饰不符合时尚的规定也会被取消。再如女性帽饰上加貂蝉。《后魏书》曰："神龟元年，诏加女侍中貂蝉，同外侍中之饰。任城王澄上表谏曰：'高祖、世宗皆有女侍中官，未见缀金蝉于象珥，极髡貂于须发。江南伪晋穆何后有女尚书而加貂珰，此乃衰乱之世、妖妄之服。请依常仪追还前诏。'帝从之。"③ 貂蝉即貂尾和金蝉，一般是指在侍中、中常侍所戴之礼帽上，特别加了两种装饰：一是貂尾；另一是刻有蝉形花纹的黄金片，合称貂蝉。这里加到女侍中官作为帽饰，因不符合规定，被元澄上表要求取消。到北周时期缨也发生了变化。宣政元年三月，宇文邕 "初服常冠。以皂纱为之，加簪而不施缨导，其制若今之折角巾也"④。可见到北周时期冠制发生了一些变化。

（二）衣服

这里所说的衣服是指上衣下裳。关于十六国北朝时期朝服的规定在《隋书》卷十一《礼仪志》中有详细的规定，兹不赘述。

北魏孝文帝改革彻底改变了鲜卑族原来服饰的样式。自北魏进入中原后，鲜卑族的服饰开始添加了河洛地区的文化因素。从太武帝以来，"稍僭华典，胡风国俗，杂相揉乱"⑤，这只能看作北魏初步接触到河洛地区的服饰。在孝文帝迁都河洛地区后所进行的一系列改革，逐步废除了鲜卑族的服饰。

---

① 《魏书》卷四十五《辛绍先传》，第1025页。
② （宋）李昉等：《太平御览》卷六百八十六《服章部三·缨》引，第3061页。
③ （宋）李昉等：《太平御览》卷六百八十八《服章部五·貂蝉》引，第3070页。
④ 《周书》卷六《武帝纪下》，第106页。
⑤ （梁）萧子显撰：《南齐书》卷三十八《魏虏传》，中华书局1972年版，第990页。

孝文帝迁都洛阳后所进行的一系列改革，是他和冯太后在平城改革的继续。迁都洛阳以后，在平城改革所遭遇的守旧势力已经大不如从前，所以孝文帝改革所遇到的阻力相对较小，这就保证了他所进行的汉化改革能够取得成功。孝文帝在洛阳服饰改革的主要内容就是改穿汉服。太和十八年（494）十二月初二日，"革衣服之制"。《魏书》卷二十一上《咸阳王元禧传》记载，孝文帝引见王公卿士，指责留京的官员说："昨望见妇女之服，仍为夹领小袖。我祖东山，虽不三年，既离寒暑，卿等何为而违前诏？"① 关于孝文帝雷厉风行禁穿胡服之事，《魏书》卷十九中《元澄传》记述得颇为详尽。兹将有关文字摘录如下：

> 高祖还洛，引见公卿。高祖曰："营国之本，礼教为先。朕离京邑以来，礼教为日新以不？"澄对曰："臣谓日新。"高祖曰："朕昨入城，见车上妇人冠帽而著小襦袄者，若为如此，尚书何为不察？"澄曰："著犹少于不著者。"高祖曰："深可怪也。任城意欲令全著乎？一言可以丧邦者，斯之谓欤？可命史官书之。"②

《资治通鉴》将此事系于永元元年（太和二十三年），在孝文帝推行服饰改革五年以后洛阳城尚有妇女戴帽、穿窄袖的衣服，"此代北妇人之服也。乘车妇人，皆贵臣之家也"（胡三省语），说明社会习俗改革之艰难。孝文帝欲从根本上杜绝鲜卑族服饰在黄河流域流行，其目的就是为了吸纳汉族服饰，从生活习俗上汉化。胡三省评曰："史言魏主汲汲于用夏变夷。"③ 其实，孝文帝迁都洛阳后所进行的服饰汉化改革，只不过是他在平城所进行的服饰改革的继续。早在太和十年四月初一，孝文帝就"始制五等公服"。八月，"给尚书五等品爵已上朱衣、玉珮、大小组绶"④，对官员的服饰进行汉化。迁都洛阳只

---

① 《魏书》卷二十一上《献文六王传·元禧》，第 536 页。
② 《魏书》卷十九中《景穆十二王传·元澄》，第 469—470 页。
③ 《资治通鉴》卷一百四十二《齐纪八·东昏侯上》，第 4434 页。
④ 《魏书》卷七下《高祖纪》，第 161 页。

不过是将原来官员穿汉服普及到所有鲜卑人都穿汉服。北齐时期，因为高欢作为鲜卑化的汉人，在社会上大力推进鲜卑化的运动，胡服又得到了复兴。沈括曾经指出："中国衣冠，自北齐以来，乃全用胡服。窄袖、绯绿短衣、长靿靴、有蹀躞带，皆胡服也。窄袖利于驰射。短衣、长靿，皆便于涉草。胡人乐茂草，常寝处其间。"① 沈括对北齐恢复胡服的描述，反映了服饰改革的历史反复。

综合以上的论述可以看出，北魏迁都洛阳以后，服饰的变化是以鲜卑族的服饰融合了河洛地区所流行的服饰结合起来，以汉族的服饰元素为主，构成了改革之后服饰的样式。现将当时社会上流行的服饰加以考述。

1. 裤褶。这是在北魏孝文帝改革之前鲜卑族所流行的戎服。大约流行于北部沿边地区。太武帝时，宋刘义恭"献皮裤褶一具"②。文成帝时，北方还有"乌皮裤褶"③。在北方地区流行皮裤褶应当与代北地区的气候寒冷有关。胡叟因家贫，常穿"弊韦裤褶而已"，即破裤褶，有时还"衣褐""短褐"，其二妾"衣布穿弊"④。可见裤褶也是一种简洁的服饰。太和年间，文明太后死后，南齐武帝萧赜遣其散骑常侍裴昭明、散骑侍郎谢竣等来吊，对于是否穿吊服争论不休，裴昭明曾说："希主人裁以吊服，使人唯赍裤褶，比既戎服，不可以吊，幸借缁衣帽，以申国命。"后来孝文帝"仍敕送衣帽给昭明等"⑤。这场争论实际上是北魏是否接受黄河流域服饰习惯的一场争论。裤褶作为戎服在来自南朝的士大夫心目中是不能作为吊服的，最后孝文帝也以衣帽令裴昭明穿用，可见裤褶作为戎服在外交时的失礼，这恐怕是孝文帝后来进行服饰改革的重要原因之一，即废除戎服。但是即使孝文帝进行了相对较为彻底的改革，在北魏末年，裤褶依然存在。正光二年（521）正月，蠕蠕主

① （宋）沈括：《梦溪笔谈》卷一《故事一》，时代文艺出版社 2001 年版，第 4 页。
② 《魏书》卷五十三《李曾传》，第 1169 页。
③ 《魏书》卷七十《傅灵越传》，第 1556 页。
④ 《魏书》卷五十二《胡叟传》，第 1152 页。
⑤ 《魏书》卷七十九《成淹传》，第 1752 页。

阿那瓌等五十四人请辞，孝明帝赏赐给其大量物品，其中服饰有"五色锦被二领，黄绸被褥三十具；私府绣袍一领并帽，内者绯纳袄一领。绯袍二十领并帽，内者杂彩千段。绯纳小口裤褶一具，内中宛具。紫纳大口裤褶一具，内中宛具。百子帐十八具，黄布幕六张"①。小口裤褶、大口裤褶两种服饰赫然在列。尔朱荣发动叛乱时，尔朱世隆入宫时，仍被"令王著白纱高顶帽，短小黑色，侯从皆裙襦裤褶，握板，不似常时服章"②。这说明仍然有残余存在，抑或是经过改良后的裤褶。

2. 两当：又作两裆、裲裆。这是从前代沿袭下来的服饰，即半臂，类似今天的背心。元嘉二十七年（450），薛安都在与北魏在弘农作战时，薛安都"乃脱兜鍪，解所带铠，唯著绛纳两当衫，马亦去具装，驰奔以入贼阵，猛气咆勃，所向无前，当其锋者，无不应刃而倒"③。这种两裆服装在隋代依然是作为武士所穿用。《隋书》卷十二《礼仪志七》云："直阁将军、诸殿主帅，朱服，武冠。正直绛衫，从则裲裆衫。左右卫、左右武卫、左右武候大将军、领左右大将军的侍从则平巾帻，紫衫，大口裤褶，金玳瑁装两裆甲。左右卫、左右武卫、左右武候将军、领左右将军、左右监门卫将军、太子左右卫、左右宗卫、左右内等率、左右监门郎将及诸副率的侍从则平巾帻，紫衫，大口裤，金装两裆甲。直阁将军、直寝、直斋、太子直阁的侍从则平巾帻，绛衫，大口裤褶，银装两裆甲。"④ 两当作为单衣穿着给人一种干练的印象，所以成为北魏统治者用于军士的服饰。

3. 襦。《说文》："襦，短衣也。"《释名》卷五《释衣服》云："襦，暖也，言温暖也。"⑤ 北魏时期的襦可能是杂糅了黄河流域原有的襦和草原地区的服饰风格而做成。孝文帝南征归来看到洛阳城中女性的服饰，对元澄说：

---

① 《魏书》卷一百三《蠕蠕传》，第 2300 页。
② 《魏书》卷七十五《尔世隆传》，第 1670 页。
③ 《宋书》卷七十七《柳元景传》，第 1984 页。
④ 《隋书》卷十二《礼仪志七》，第 260 页。
⑤ （汉）刘熙撰，（清）毕沅疏证，王先谦补：《释名疏证补》，第 170 页。

"朕昨入城，见车上妇人冠帽而著小襦袄者，若为如此，尚书何为不察？"① 这里所记载的鲜卑族女性所穿用小襦袄应是棉衣。在汝南民间还有穿皂襦的人，这当是单衣。② 正光年间，唐永任北地太守四年间，"临阵常著帛裙襦，把角如意以指麾处分，辞色自若"③。虽然在河洛地区禁止穿用裙襦之类服饰，但在边地因特殊的气候环境和作战的要求，这种服饰还在穿用。前文所记载的尔朱世隆的"侯从皆裙襦裤褶"。北魏末年，魏孝武帝对穿衣无良者曾经予以指责。《魏书》卷十九上《元忠传》云：

> 出帝泛舟天渊池，命宗室诸王陪宴。忠愚而无智，性好衣服，遂著红罗襦，绣作领，碧绸裤，锦为缘。帝谓曰："朝廷衣冠，应有常式，何为著百戏衣？"忠曰："臣少来所爱，情存绮罗，歌衣舞服，是臣所愿。"帝曰："人之无良，乃至此乎。"④

元忠穿衣不讲究被孝武帝指责，根据前后文分析，这应当是单衣。高澄怀疑温子昇参与谋反，将其囚禁在晋阳狱，"食弊襦而死"⑤。长孙俭在宴请梁朝的使节时，"著裙襦纱帽，引客宴于别斋"⑥。北齐武成帝时，孟业之子以门荫得为平原王段孝先相府行参军，"乃令作今世服饰绮襦纨裤"，孟业知而不禁，"素望颇贬"⑦。从上述诸多材料可以看出，在北朝时期，襦作为一种服装，有不同的类别，既有单衣，也有棉衣。孝文帝改革虽然禁止了小襦袄在河洛地区的流行，但在其他地区仍然存在，特别是边地因特殊的需要而依然被穿用。

4. 衫。作为社会各阶层都可以穿用的服饰，在北朝时期流行颇广。宣武帝每天在华林园练习射箭，京兆王元愉"衣衫骑从，往来无间"⑧。这是贵为

---

① 《魏书》卷十九中《景穆十二王传上·元澄》，第469页。
② 《魏书》卷三十七《司马悦传》，第858页。
③ 《北史》卷七十六《唐永传》，第2354页。
④ 《魏书》卷十九上《景穆十二王传上·元忠》，第452页。
⑤ 《魏书》卷五十八《文苑传·温子昇》，第1877页。
⑥ 《周书》卷二十六《长孙俭传》，第428页。
⑦ 《北史》卷八十六《循吏传·孟业》，第2876页。
⑧ 《魏书》卷二十二《孝文五王传·元愉》，第589页。

王子穿用衫的例证。李平因击退萧衍的军队有功，宣武帝"赐平缣帛百段、紫纳金装衫甲一领、赐奖缣布六十段、绛袗袄一领"①。这是赏赐给将士的高级衫的例证。北魏时期，朝中武士也穿绛衫、裲裆衫和紫衫等。

5. 袍。袍为社会各阶层都可以穿用的服饰。袍多有里，内着丝绵，具有保温作用，而贫穷之人因为没有钱财装丝绵，只好在里子内装破絮和乱麻，故又称为缊袍。文成帝曾到高允家中，看到"惟草屋数间，布被缊袍，厨中盐菜而已"，在慨叹其清贫的同时，"即赐帛五百匹、粟千斛"② 以示慰问。孝文帝在游明根致仕时，曾"赐青纱单衣、委貌冠、被褥、锦袍等物"③。赏赐给游明根锦袍说明其备受重视。尔朱兆进攻洛阳时，骑兵叩宫门，宿卫才发觉，"弯弓欲射，袍拨弦，矢不得发，一时散走"④。这是武士穿着袍，因为袍阻挡了箭矢的发射，反而不便。

6. 褠。褠一指袖窄而直，形状如沟的单衣。《释名》卷五《释衣服》云："褠，禅衣之无胡者也；言袖夹直，形如沟也。"⑤ 汉明帝马皇后，"前过濯龙门上，见外家问起居者，车如流水，马如游龙，仓头衣绿褠，领袖正白，顾视御者，不及远矣。"⑥ 李贤注云："褠，臂衣，今之臂韝，以缚左右手，于事便也。"《汉旧仪》曰："太官，（主饭、肉、汤、官酒。）皆令丞治，太官、汤官、奴婢三千，大置酒，皆缇褠、蔽膝、缘帻。"⑦ 《续汉书·礼仪志下》"大丧条"云："走卒皆布褠帻。"《汉末英雄记》曰："公孙瓒，字伯珪，举上计吏。郡太守刘其以事犯法，槛车征。伯珪褠衣平帻，御车到洛阳。"⑧ 由此可见，东汉时期已经有原始袖套的使用，且多限于社会下层。《邺中记》

---

① 《魏书》卷六十五《李平传》，第1453页。
② 《魏书》卷四十八《高允传》，第1076页。
③ 《魏书》卷五十五《游明根传》，第1215页。
④ 《魏书》卷七十五《尔朱兆传》，第1662页。
⑤ （汉）刘熙撰，（清）毕沅疏证，王先谦补：《释名疏证补》，第171页。
⑥ 《后汉书》卷十上《皇后纪上·明德马皇后》，第411页。
⑦ （宋）李昉等：《太平御览》卷二百二十九《职官部二十七·太官令》，第1090页。
⑧ （宋）李昉等：《太平御览》卷五百二十六《礼仪部五·祭礼下》，第2388页。

曰："石季龙官婢数十，尽著皂襦，头著神弁，如今礼先冠。"① 慕容儁时给事黄门侍郎申胤曾经说："绛襦始于秦汉，迄于今代，遂相仍准。"② 由此可见，襦作为单衣的一种一直为民众所喜爱，并相沿不断。北魏太和年间，崔僧渊从薄骨律镇归来，"高祖闻其有文学，又问佛经，善谈论，敕以白衣赐襦帻，入听于永乐经武殿"③。这件事虽然发生在平城，表明北魏时期鲜卑族已经接受了汉族的服饰传统。北魏还规定："流外五品已下，九品已上，皆著襦衣为公服。"④ 襦一指臂衣，如同今天的袖套，其目的是防止衣物污损。到北魏时期已经普及到了全社会各阶层穿用。

7. 单衣。主要是指没有里子的衣服。《魏书》卷七下《高祖纪下》云："文明太后以帝聪圣，后或不利于冯氏，将谋废帝。乃于寒月，单衣闭室，绝食三朝。"⑤ 甚至有废而立咸阳王元禧的想法。在寒冬令孝文帝穿单衣并被关在房间中有惩治之意。文明太后死后，孝文帝在祭祀仪式上也曾令"侍臣各易以黑介帻、白绢单衣、革带、乌履"⑥。孝文帝曾赐游明根青纱单衣。太和十九年（495）二月，司徒冯诞死后，在冯诞墓地，孝文帝"使彭城王勰诏群官脱朱衣，服单衣介帻，陪哭司徒，贵者示以朋友，微者示如僚佐"⑦。在农历的二月天气尚寒冷，孝文帝此举是为了显示对贤者的敬仰。神龟元年（518）九月，高皇太后死后，相关官员建议"内外群官，权改常服，单衣邪巾，奉送至墓，列位哭拜，事讫而除"⑧。北魏祭天地宗庙是的服饰规定："武舞执干戚，著平冕、黑介帻、玄衣裳、白领袖、绛领袖中衣、绛合幅裤袜、黑韦鞮。文舞执羽籥，冠委貌，其服同上。其奏于庙庭：武舞，武弁、赤介

① （唐）徐坚等：《初学记》卷二十六《器物部·弁第二》，第623页。
② 《晋书》卷一百十《慕容儁载记》，第2836页。
③ 《魏书》卷二十四《崔僧渊传》，第631页。
④ 《隋书》卷十一《礼仪志六》，第243页。
⑤ 《魏书》卷七下《高祖纪下》，第186页。
⑥ 《魏书》卷一百八之三《礼志三》，第2788页。
⑦ 《魏书》卷八十三上《外戚传上·冯诞》，第1822页。
⑧ 《魏书》卷一百八之四《礼志四》，第2808页。

帻、生绛袍、单衣绛领袖、皂领袖中衣、虎文画合幅裤、白布袜、黑韦鞮。文舞者进贤冠、黑介帻、生黄袍、单衣白合幅裤，服同上。"[1] 由此可见，单衣是社会各阶层穿用的衣服，且适用于丧服、祭服。

8. 假种。即披风。因其形似钟而得名，为南北方所有的人所喜爱。周弘正曾"绿丝布裤，绣假种，轩昂而至"，因而这种衣服被称为"险衣"[2]。关于此事，《齐书》亦曰："刘显将之寻阳，朝贤毕祖道，显悬帛十匹，约曰：'俭衣来者以赏之。'众人竞改常服，不过长短之间。显曰：'将有甚于此矣！'既而周弘正绿丝布裤绣假种轩昂而至，折标取帛。"[3] 以此而论，披风增添了穿着者的气质，故而备受人们喜爱。

(三) 鞋类

十六国北朝时期，新出现的足履和传统足履的使用较多，兹论证如下。

1. 靴子。为北方游牧民族所穿，多用丝织品和皮革制成。《晋书》卷一百六《石季龙载记上》云："季龙常以女骑一千为卤簿，皆着紫纶巾、熟锦袴、金银镂带、五文织成靴，游于戏马观。"[4] 石虎的仪仗队中女性穿着丝织品做成的靴子。前燕被苻坚灭后，其家族被迁往长安，慕容永因此至长安，"家贫，夫妻常卖靴于市"[5]。这说明黄河流域少数民族的鞋类的市场需求。前文曾引车伊洛在延和年间归附后，太武帝曾"赐绢一百匹，绵一百斤，绣衣一具，金带靴帽"。在北魏孝文帝改革以后，河洛地区少数民族很少再穿此类鞋子，但到北齐时期，因胡化现象严重，靴子再次被人们重视。天保三年（552），慕容俨在镇守郢州城时，面对梁军的包围，"城中食少，粮运阻绝，无以为计，唯煮槐楮、桑叶并纻根、水萍、葛、艾等草及靴、皮带、角等物

---

① 《魏书》卷一百九《乐志》，第 2841 页。
② 《南史》卷三十四《周弘正传》，第 897 页。
③ （宋）李昉等：《太平御览》卷八百一十八《布帛部五·帛》，第 3640 页。
④ 《晋书》卷一百六《石季龙载记上》，第 2777 页。
⑤ 《魏书》卷九十五《慕容永传》，第 2063 页。

食之"①。很显然，可以用来煮食的靴子自然而然是皮靴。史书中还记载了当时有名的紫绽靴、吉莫靴。再如，赵彦深在尚书令司马子如家写书时，"隐靴无毡，衣帽穿弊"②。这可能是丝做的靴子。北齐后主高纬天统三年（567），甚至有人强行换取他人的新靴，引起官司。《北史》卷五十一《齐宗室诸王上·任城王高湝传》云：

> 天统三年，拜太保，并州刺史，别封平正郡公。时有妇人临汾水浣衣，有乘马人换其新靴驰而去者，妇人持故靴诣州言之。湝召居城诸妪，以靴示之，绐曰："有乘马人于路被贼劫害，遗此靴，焉得无亲属乎？"一妪抚膺哭曰："儿昨着此靴向妻家。"如其语，捕获之，时称明察。③

从男子换取女性的靴子，说明女性也穿靴子。也有可能是靴子的价值很高，而发生了男子强行换取女子靴子的事情。北齐武成帝之子琅琊王俨被齐后主高纬杀死时，"不脱靴，裹以席，埋于室内"④。北周虽然胡化较轻，但穿用靴子也见诸记载。王罴在镇守河东时，"尝有吏挟私陈事者，罴不暇命捶扑，乃手自取靴履，持以击之"⑤。周武帝在灭北齐时，"见军士有跣行者，帝亲脱靴以赐之"⑥。由此可见，北朝时期靴子的穿用也经过了一个复杂的过程。

2. 屦。单底鞋，多衣麻、葛、皮制成。《说文》曰："屦，履也。一曰鞮也。"文明太后死后，"侍中、南平王冯诞跣奏请易服，进缟冠、皂朝服、革带、黑屦；侍臣各易以黑介帻、白绢单衣、革带、乌履"⑦。孝文帝"纳菅屦，徒行至陵，其反亦如之"⑧，以显示自己的孝心。而在亲人去世之后，穿屦即

---

① 《北齐书》卷二十《慕容俨传》，第 281 页。
② 《北齐书》卷十八《赵彦深传》，第 505 页。
③ 《北史》卷五十一《齐宗室诸王传上·任城王高湝》，第 1865—1866 页。
④ 《北齐书》卷十二《琅琊王高俨传》，第 163 页。
⑤ 《周书》卷十八《王罴传》，第 293 页。
⑥ 《周书》卷六《武帝纪下》，第 107 页。
⑦ 《魏书》卷一百八之三《礼志三》，第 2788 页。
⑧ 《魏书》卷一百五之四《天象志四》，第 2426 页。

是太和六年（482）十一月所制定的"祭服冠屦牲牢之具"①重要内容，这说明北魏已经接受了汉族的屦作为丧服的穿用。

3. 屐、舄。《释名》卷五《释衣服》曰："屐，搘也。为雨，足搘以践泥也。"毕沅云："搘者，柱砥，所以承柱，使不陷入地中，屐以搘足，使可践泥，虽雨甚泥泞，不陷入泥中也。"②屐最早在南方开始出现。东汉时北方开始出现木屐使用。《东观汉记》记载，范升奏云："伏见太原周党、东海王良、山阳王戎，使者三到，乃肯就车，脱衣解屐，升于华毂。"③这说明在乘坐华美的车子时需要脱掉木屐，以免弄脏车子。这种木屐显然是并不是在下雨天穿用，而是平时穿用。《风俗通》记载，延嘉年间，"京师长者，皆著木屐。妇女始嫁，作漆画屐，五彩为系"。党锢之祸发生后，士人家族，"九族拘系，及所过历，长幼妇女，皆被桎梏，应木屐像矣"④。这一现象风靡一时，穿木屐的年长者不绝于时，女性也开始穿木屐。《语林》亦载，郑玄早年在马融门下求学，在学成之后辞归，"融心忌之。郑玄亦疑有追，乃坐桥下，据屐。融果转式逐之"。一些隐士也穿木屐，汝南慎阳人戴良嫁女，"疏裳布被，竹笥木屐以遣之"⑤。皇甫谧《高士传》曰："袁闳字夏甫，汝南人也。筑室于庭，首不着布，身无单衣，足着木屐。"⑥可见到了东汉时期，男女穿用的木屐进入社会生活领域，在汝南郡流行男女穿木屐，应当与这一地方多雨有关。西晋时期洛阳城中也有穿着木屐者的踪迹。《搜神记》卷七《方头屐》曰："初作屐者，妇人圆头，男子方头。盖作意欲别男女也。至太康中，妇人皆方头屐，与男无异。"⑦马缟《中华古今注》卷上《舄》："舄者，以木置履

---

① 《魏书》卷一百八之一《礼志一》，第 2740 页。
② （汉）刘熙撰，（清）毕沅疏证，王先谦补：《释名疏证补》，第 178 页。
③ （宋）李昉等：《太平御览》卷六百九十八《服章部十五·屐》，第 3114—3116 页。
④ （汉）应劭撰，王利器校注：《风俗通义校注·佚文·服妖》，第 567—568 页。《续汉书·五行志一》云："延熹中，京都长者皆著木屐。"第 3271 页。
⑤ 《后汉书》卷八十三《逸民传·戴良》，第 2773 页。
⑥ （宋）李昉等：《太平御览》卷六百九十八《服章部十五·屐》，第 3114—3116 页。
⑦ （晋）干宝撰，汪绍楹校注：《搜神记》，第 96 页。

下，乾腊不畏泥湿也。天子赤舄，凡舄色皆象裳也。"① 马缟所总结的木屐穿用的现象，应当包括多种类型的木屐，其中女性的木屐应当经过装饰，皇帝则穿红色的木屐。在东晋南朝时多为士大夫所穿。北齐时，宗道晖"好着高翅帽、大屐，州将初临，辄服以谒见，仰头举肘，拜于屐上，自言学士比三公"，宗道晖的大屐与当时的显公钟、宋公鼓、李洛姬肚并称冀州四大。② 可见当时黄河流域民众穿木屐的并不多。

4. 鞮。《说文》曰："鞮，鞮属也。鞮，革履也。"也就是今天所说的皮鞋。关于魏晋北朝人们穿用革鞮的记载较少，也可能是普通民众都可以穿用此种鞋子，没有什么特色，故人们略而不记，倒是有很多倒鞮出迎欢迎某人、弃某人如脱鞮的记载。甚至某些僧人也穿鞮。景明二年（501），裴衍归附北魏，向宣武帝请求到嵩山出家，其所上表中有"荷衣葛屦，裁营已整。摇策纳鞮，便陟山途"之句。③ 真正提到革鞮的仅有真腊王"足履革鞮"④，大约是南方地区很少这种鞋，故特别予以记载。

5. 屩。亦作"鞒"，草鞋。汉武帝时，任命卜式为郎，"布衣屩而牧羊"，"布衣中蹻而牧羊"。师古曰："蹻，即今之鞋也，南方谓之蹻。字本作屩。"⑤ 屩既然是草鞋，在南方地区穿用较多。干宝认为："夫屩者，人之贱服，处于劳辱，黔庶之象也。"这已经道明了屩是普通民众所穿。晋惠帝元康、太安之间，出现了"江淮之域有败屩自聚于道，多者至四五十量，人或散投坑谷，明日视之复如故"的怪现象。⑥ 东晋初年，刘惔与母亲从洛阳寓居京口，"家贫，织芒屩以为养，虽荜门陋巷，晏如也"⑦。这说明刘惔应当很早即会织屩，从此意义上分析，河洛地区的民众也有可能穿用草鞋。太武帝太平真君末年，

① （五代）马缟撰，李成甲校点：《中华古今注》，第16页。
② 《北史》卷八十二《儒林传下·熊安生》，第2745页。
③ 《魏书》卷七十一《裴衍传》，第1574页。
④ 《北史》卷九十五《蛮传·真腊》，第3162页。
⑤ 《汉书》卷五十八《卜式传》，第2626页。
⑥ 《晋书》卷五十七《五行志上》，第824页。
⑦ 《晋书》卷七十五《刘惔传》，第1990页。

李孝伯与刘宋张畅阵前对话，李孝伯问"君南土士人，何为著屩？君而著此，将士云何？"① 意即作为统帅尚且穿草鞋，普通的将士会怎样。萧宝夤被萧衍迫害，在逃往北魏的过程中，"蹑屩徒步，脚无全皮"②。这说明屩作为草鞋主要是供社会下层人所穿用。

从十六国北朝时期河洛地区有关服饰的历史变化可以看出，在这一时期因为民族关系复杂，少数民族进入中原地区以后，带来了该地区新的文化元素，这就是以"胡风"为代表的服饰进入生活领域，改变了过去相对单一的汉族服饰内涵。在这一变化中，文化的冲击力因为社会的激烈动荡而显现出快速的现象。推行或禁止以"胡风"为代表的服饰都有历史的快捷性。随着南北文化交流的快速进行，河洛地区成为容纳各种文化的渊薮。在服饰方面，既有中原地带一直流行的传统服饰，也有来自北部边域和江南地区的服饰，因而使服饰文化更加丰富多彩。

魏晋南北朝时期，服饰穿用作为河洛地区日常生活的重要内容，随着少数民族服饰样式与穿着习惯的传入，开始融合进了河洛地区服饰穿用之中，并形成自己的特色，这就是既有原来的服饰样式以及所蕴含的文化内涵，也有来自北方草原地区的民族文化因素。正是新的服饰因素的出现，使服饰的文化内涵更加丰富。

第四节　隋唐时期纺织品与服饰

隋唐时期是中国社会的盛世，在这一历史发展过程中，河洛地区发挥了重要的作用。因为社会长期太平，加上河洛地区特殊的地理位置，这里的纺织业和服饰的发展变化都呈现出多样化的发展趋势，研究河洛地区的纺织业和服饰的历史，对于认识河洛地区居民社会生活具有重要的历史意义。

---

① 《魏书》卷五十三《李曾传》，第1170页。
② 《魏书》卷五十九《萧宝夤列传》，第1313页。

一、隋唐时期河洛地区的纺织业

隋唐时期，河洛地区纺织业迅速发展，从该地区所纳户调即可略知一二。《隋书》卷二十四《食货志》记载开皇二年颁布新令，规定："丁男一床，租粟三石，桑土调以绢绝，麻土以布，绢绝以匹，加绵三两。布以端，加麻三斤。单丁及仆隶各半之。未受地者皆不课。……开皇三年正月……减调绢一疋为二丈。"① 从这一规定可以看出，不同的土地即"桑土""麻土"所缴纳的纺织品有"绢绝"和"布"的区别，在此之外，还要分别加收"绵三两"和"麻三斤"。就是说，在河洛地区政府所认定的不同的土地要缴纳的纺织品是不一样的，但都贯彻了官府征收纺织品的精神。当然，根据魏晋时期河洛地区所缴纳的纺织品来看，这一地区所缴纳的纺织品应主要是绢绝（粗绸）。因为该地区纺织业所提供的纺织品数量庞大，也因此成为官府的重要纺织品依赖地区。根据《隋书》卷三十《地理志中》所在该区户口数量，可以将该区所产丝绸数量大致推算如表2—1所示。

表2—1　隋代河洛地区应缴纳的纺织品数量

郡名	户数	开皇二年应纳数		开皇三年后纳绢数（单位：丈）
		绢（单位：匹）	绵（单位：两）	
河南郡	202230	202230	606690	404460
荥阳郡	160964	160964	482892	31928
弘农郡	27466	27466	82398	54932
河内郡	133606	133606	400818	267212
河东郡	157078	157078	471234	314156
绛　郡	71876	71876	215628	143752

说明：在表2—1，单丁与仆隶应当缴纳的纺织品数量没有归入计算，所以，所得出的各郡应当缴纳的绢、绵数量并不十分准确，但基本上可以反映河洛地区隋代纺织业的情况。

---

① 《隋书》卷二十四《食货志》，第680—681页。

因为纺织品的珍贵，如同前代一样，纺织品往往成为官府巧取豪夺的对象。隋末"东都城内粮尽，布帛山积，乃以绢为汲绠，然布以爨"①。这可以说洛阳城内的布帛应当绝大多数是本地区居民所缴纳的。也许缴纳的纺织品太多而无处存放，隋代一改前代用绢帛作为赎刑的代替，改为以铜来赎刑。隋文帝开皇三年，"秘书监牛弘，表请分遣使人，搜访异本。每书一卷，赏绢一匹，校写既定，本即归主。于是民间异书，往往间出"②。如果说赏赐绢帛给抄书者还有一定的文化意义，那么将绢帛赏赐给大臣只能看作隋政府如同前代政府一样是盘剥一般民众来满足社会上层的奢侈消费，而且所赐的绢帛从数百匹到数千匹乃至万匹不等。最为典型的是出现了类似北魏时期胡太后赏赐臣子绢，有的官员尽力搬取，丑态百出的现象。《隋书》卷七十四《酷吏传·厍狄士文》云：

> （厍狄士文）尝入朝，遇上置酒高会，赐公卿入左藏，任取多少。人皆极重，士文独口衔绢一匹，两手各持一匹。上问其故，士文曰："臣口手俱满，余无所须。"上异之，别加赏物，劳而遣之。③

隋文帝用国库中的绢赏赐公卿，并任由其拿取，结果公卿们都竭尽全力，"人皆极重"，只有厍狄士文取了三匹绢，尽显特立独行的个性，受到隋文帝的重视。隋灭陈后，隋文帝以国库所藏的大量绢帛赏赐功臣，"帝亲御朱雀门劳凯旋师，因行庆赏。自门外，夹道列布帛之积，达于南郭，以次颁给。所费三百余万段。"④ 可见经过十年左右的恢复，隋代经济呈现出快速发展的局面，表现在纺织业方面，丝织品已经能够满足社会上层的需要。

唐代河洛地区的纺织业的发展已经达到很高的水平，而这一结果的实现是经过了一个漫长的历史阶段。唐代初年，河洛地区与全国一样处在经济的

---

① 《隋书》卷二十四《食货志》，第 698 页。
② 《隋书》卷三十二《经籍志一》，第 908 页。
③ 《隋书》卷七十四《酷吏传·厍狄士文》，第 1692 页。
④ 《隋书》卷二十四《食货志》，第 682 页。

恢复时期，纺织业的发展也处在恢复阶段。经过贞观之治，河洛地区的纺织业已经步入快速发展的道路，特别是武则天定都洛阳后，因政治中心迁移到河洛地区，纺织业的发展迎来了一个黄金时期。可以说到唐玄宗开元盛世时期，河洛地区的纺织业一直引领着全国纺织业的发展方向，而到安史之乱后，因为全国政治形势陷于动荡不安的状态，纺织业的发展开始走下坡路。在唐代纺织业的发展仍然分为官营和私营两种，官营纺织业一般不对外销售，产品主要供给宫廷、贵族、官僚、官府的消费和使用，而私营纺织业在自用和纳税有剩余时，也拿到市场出售。

唐代河洛地区私营纺织业都是在家庭内部从事纺织。卢坦在任寿安令时，"时河南尹征赋限穷，而县人诉以机织未就；坦请延十日，府不许。坦令户人但织而输，勿顾限也，违之不过罚令俸耳。既成而输，坦亦坐罚，由是知名"①。这表明民间为了完成官府的绢绝缴纳任务而很急迫。杨巨源《古意赠王常侍》云："绣户纱窗北里深，香风暗动凤凰簪。组䌷常在佳人手，刀尺空摇寒女心。欲学齐讴逐云管，还思楚练拂霜砧。东家少妇当机织，应念无衣雪满林。"② 这首诗应当作于长安或者他的故乡河中，虽然作者的主旨是寻求王常侍的提携，但其中的"组䌷""楚练""机织"无不与纺织联系在一起，足见纺织业已经深入生活领域，故而作者有此借用以表达心意。张籍《离妇》中有"昼夜常纺织，不得事蛾眉"③ 之句，虽然全诗是描述弃妇的酸楚心理，但也由之可以看出女性从事纺织的辛劳。另外，郑愔《秋闺》"机杼夜蛩催"，王维《宿郑州》"虫思机杼悲"④，崔国辅《怨诗二首》之一的"织锦犹未成，虫声入罗幕"⑤ 诗句，虽然其描述的重点不在织女夜织，但通过上述诗句则透

---

① 《旧唐书》卷一百五十三《卢坦传》，第4092页。《新唐书》卷一百五十九《卢坦传》云："河南赋限已穷，县人诉机织未就，坦诣府请申十日，不听。坦谕县人弟输，勿顾限，违之不过罚令俸尔。由是知名。"第4959页。

② （清）彭定求等奉敕编，中华书局编辑部点校：《全唐诗》卷三百三十三，第3728页。

③ （唐）张籍著，李冬生注：《张籍集注》，黄山书社1989年版，第10页。

④ （唐）王维撰，陈铁民校注：《王维集校注》，第39页。

⑤ （清）彭定求等奉敕编，中华书局编辑部点校：《全唐诗》卷二十，第250页。

露出织女日夜织锦的辛劳。

河洛地区官营纺织品的生产在当时可以说是占据纺织品生产中的重要地位，是名品和供应官府所需的主要生产机构。武则天垂拱元年所设尚方监，下辖"绫锦坊巧儿三百六十五人，内作使绫匠八十三人，掖庭绫匠百五十人，内作巧儿四十二人，配京都诸司诸使杂匠百二十五人"。可以说国家掌握了大量为皇宫从事纺织的人。在少府下辖的织染署"掌供冠冕、组绶及织纴、色染。锦、罗、纱、縠、绫、绸、绝、绢、布，皆广尺有八寸，四丈为匹。布五丈为端，绵六两为屯，丝五两为绚，麻三斤为緶。凡绫锦文织，禁示于外。高品一人专莅之，岁奏用度及所织"①。唐玄宗曾下《禁用珠玉锦绣诏》，其中规定："妇人衣服各随其夫子。其已有锦绣衣服，听染为皂，成段者官为市取。……造作锦绣珠绳、织成帖絁二色绫绮罗、作龙凤禽兽等异文字及坚捆锦文者，决杖一百，受雇工匠降一等科之。两京及诸州旧有官织锦坊悉停。"②可见在东都洛阳及各州都有官营的纺织机构。开元二年（714）七月，唐玄宗"焚锦绣珠玉及为刻镂器玩、珠绳帖绦服者"，又"废织锦坊"③。"罢两京织锦坊。"④《卢氏杂说》云：

> 唐卢氏子不中第，徒步及都城门东。其日风寒甚，且投逆旅。俄有一人续至，附火良久，忽吟诗曰："学织缭绫功未多，乱投机杼错抛梭。莫教官锦行家见，把此文章笑杀他。"又云："如今不重文章事，莫把文章夸向人。"卢愕然，忆是白居易诗，因问姓名。曰："姓李，世织绫锦，离乱前，属东都官锦坊织官锦巧儿，以薄艺投本行。皆云：'如今花样，与前不同。'不谓伎俩儿以文采求售者，不重于世，且东归去。"⑤

① 《新唐书》卷四十八《百官志三》，第1269—1271页。
② （清）董诰编，孙映逵等点校：《全唐文》卷二十六，第177页。
③ 《新唐书》卷五《玄宗纪》，第123页。
④ 《资治通鉴》卷二百一十一《唐纪二十七·玄宗至道大圣大明孝皇帝上之中》，第6702页。
⑤ （宋）李昉等：《太平广记》卷二百五十七《嘲诮五·织锦人》，第2005页。

由此记载可以看出，在安史之乱前河洛地区官营纺织业的发达程度，而战乱的摧残使该地区的纺织业几乎陷于停顿，因而原来从事纺织的锦巧儿只得离开洛阳准备回故乡。温庭筠《杨柳枝八首》之八云："织锦机边莺语频，停梭垂泪忆征人。"① 反映的是织锦女思念远征边地丈夫。鲍溶《上阳宫月》中"学织机边娥影静，拜新衣上露华沾"②，也反映了织女学习纺织的场景。王建《织锦曲》"大女身为织锦户，名在县家供进簿"③，则反映了官府控制着专门从事织锦的人户。

唐代河洛地区纺织业的发展还可以从纺织品作为贡赋的缴纳得以证明。《新唐书》卷三十八《地理志二》记载，河南道共有29州，其中陕、郑、虢、汝等，"厥赋：绢、绝、绵、布。厥贡：丝布、葛、席、埏埴盎缶"。《地理志三》记述河东地区的赋布、襦。厥贡有布。河内地区的赋为丝、绢、绵。厥贡：罗、绫、绸、纱。关于河洛地区所供纳官府纺织品的数量我曾经做过考证，并得出每一郡所缴纳的丝、绢、绵、绝、布的数量，具有一定的参考价值。《唐六典》卷三《尚书户部》记载河南道28州中属于河洛地区的河南府、陕、汝、郑等，"厥赋绢、绝、绵、布"。本注云："陈、许、汝、颍州调以绝、绵，唐州麻布，余州并以绢及绵。""厥贡绸、绝、文绫、丝葛。"本注云："郑、汴、许、陈、亳、宋、曹、濮、郓、徐等州绢，汝州绸、绝，陕、颍、徐三州绸、绝，仙、滑二州方纹绫，豫州鸡鶒绫、双丝绫、蓍草、棋子，颍州绵，兖州镜花绫，齐州丝葛，淄、兖、齐等州防风，青州仙文绫。"河东道的19州中有绛、蒲、虢等三州属于河洛地区。"厥赋布、祢。"本注云："蒲州调以祢，余州并用麻、布。"河北道的25州怀、卫属于河洛地区，本注云："相州调兼以丝，余州皆以绢、绵。""厥贡罗、绫、平绸、丝布、锦

---

① 刘学锴：《温庭筠全集校注》，中华书局2007年版，第859页。
② （清）彭定求等奉敕编，中华书局编辑部点校：《全唐诗》卷四百八十七，第5572页。
③ （唐）王建著，尹占华校注：《王建诗集校注》，巴蜀书社2006年版，第87页。

绸。"① 唐代还根据丝织品的"精粗"将天下所产的绢分为八等，布分为九等。其中郑州的绝属于二等，卫、绛所产绢为三等，颍州的绢属于五等。② 开元二十五年敕："关辅既寡蚕桑，每年庸、调并宜折纳粟造米支用。其河南、河北不通水运州，宜折租造绢，以替开中。"③ 从《唐六典》所记载的河洛地区所供的赋调的纺织品可以看出绢、绝、绵、布产量之大。虽然作为贡品的数量有限，如唐代规定："按令文，诸郡贡献皆尽当土所出，准绢为价，不得过五十疋，并以官物充市。"但至少说明当地所产的贡品为天下名品，其中河洛地区所贡的纺织品有以下几种。河东郡：贡绫绢扇四面；绛郡：贡……白毂五百匹；荥阳郡：贡绢二十匹；临汝郡：贡绝二十匹；颍川郡：贡绢十匹；河内郡：贡平纱十疋；汲郡：贡绵三百两。④ 从河洛地区各地所产的知名纺织品可以反映出这里是纺织品的重要产地。

河洛地区作为全国最重要的纺织品产地，其所生产的纺织品除供应本地区所需和作为贡赋供给长安外，还行销西北地区，在西北地区的沙州、交河郡、河西豆卢军都发现了河南府、陕郡和蒲陕州所产的绝的销售情况，而且因质量的不同而价格各有差异。⑤

二、隋唐河洛地区纺织品的销售

在洛阳龙门石窟 1504 窟龛外壁有《北市丝行像龛铭记》，1896 号窟龛有《北市彩帛行净土堂造像记》⑥，这两个题记表明在洛阳北市的市场上已经出现了专门从事纺织品买卖的行会组织"丝行"与"彩帛行"。针对官府政策扰乱市场的行为，商户还可以出面予以申诉。《全唐文》卷九百八十四阙名《对断

① （唐）李林甫等撰，陈仲夫校注：《唐六典》卷三《尚书户部》，第 65—67 页。
② （唐）李林甫等撰，陈仲夫校注：《唐六典》卷二十《太府寺》，第 541 页。
③ （唐）李林甫等撰，陈仲夫校注：《唐六典》卷三《尚书户部》，第 65 页。
④ （唐）杜佑撰，王文锦等点校：《通典》卷六《食货典六·赋税下》，第 112—116 页。
⑤ 薛瑞泽：《汉唐间河洛地区经济研究》，第 230 页。
⑥ 刘景龙、李玉昆主编：《龙门石窟碑刻题记汇录》，中国大百科全书出版社 1998 年版，第 553、596 页。

锦绣判》序文云：“河南府准敕断锦绣违式之物，遂并断布帛精粗之异者。市胥诉云：妨商旅。御史劾府扰人。”而本对则认为：“市胥以妨商薄言，御史以扰人致劾。随时之义，抑即有之；经邦大体，宜从府见。”① 这一事例反映出御史与市胥对经商者的不同态度，甚而发生了商人因在市场内烧灰曝布而被官员打死的现象。《全唐文》卷九百五十八令狐绍先《对街内烧灰判》序文云：“令月望日，西市商人街内烧灰曝布。署令梅登以其犯禁，决三十致死。家人诉：滥刑。”而本判则云：“商人徇利，小子鬻贾……焚灰上路，曝布长衢。既触阴科，且乱阳禁。躔次有累于干纪，草木不滋于殖丰。梅登所守，薄有笞刑，精气为物，颓龄俄谢。论辜不知于内外，定罪须凭于绳墨。家人虽诉，须审而行。”② 虽然没有偏袒的意思，但也可以看出商人地位的低下。

唐代河洛地区作为丝绸之路的中心之一，丝绸的买卖规模很大。既有来自域外的商人，也有本土的商人在此经营。武则天垂拱年间，太学进士郑生遇美女汜人并与之同居，“生居贫，汜人尝出轻绡一端卖之，有胡人酬千金”③。一端轻绡可卖千金，足以说明丝绸织品的价位之高。开元二十五年，在寿安连曜宫，知汤前官被知汤中使勒索钱物已经十缣，唐玄宗“诏高力士召知汤中使赏绢于竿下谢之”。虽然如此，知汤前官仍然自杀而死。④ 唐代贞元年间，长安人贾昌的次子归德“贩缯洛阳市，来往长安间，岁以金帛奉昌”⑤。这说明贾归德通过在长安—洛阳之间进行丝绸的买卖谋生。欧阳詹《南阳孝子传》：“贞元九年，某旅行虢州，税于村店。有一党先止焉，老翁一人，丈夫一人，妇人一人，孩幼两三人。丈夫出绢两疋卖，其囊裹衣服，非称有其绢者。视绢有字，乃故人郑师俭手题其名焉。”⑥ 丈夫在虢州村店中出

---

① （清）董诰编，孙映逵等点校：《全唐文》，第 6021 页。

② （清）董诰编，孙映逵等点校：《全唐文》，第 5876—5877 页。

③ （宋）李昉等：《太平广记》卷二百九十八《神八·太学郑生》引《异闻集》，第 2372 页。

④ （宋）钱易撰，黄寿成点校：《南部新书》戊卷，第 65 页。

⑤ （宋）李昉等：《太平广记》卷四百八十五《杂传记二》引陈鸿撰《东城小父传》，第 3992—3995 页。

⑥ （清）董诰编，孙映逵等点校：《全唐文》卷五百九十八，第 3574 页。

卖绢属于临时买卖，其目的是为了凑足盘缠。还有卖卜求帛者。《酉阳杂俎》卷六《艺绝》云："天宝末，术士钱知微尝至洛阳，遂榜天津桥表柱下卖卜，一卦帛十疋。历旬，人皆不诣之。一日，有贵公子意其必异，命取帛如数卜焉。"① 以十匹帛作为占卜的报酬，说明了卖卜者要价之高。

三、隋唐时期河洛地区的服饰

隋唐时期河洛地区因成为各方人员的荟萃之地，这里的服饰也融合了多方文化因素，呈现出丰富多彩的风貌。兹将主要服饰作考述如下。

（一）头饰

头饰可以分为男性头饰和女性头饰两种，不同性别的头饰有一定的差别。男性头饰多种多样，既有少数民族的辫饰，也有幞头、乌纱帽和通天冠之类，显示出头饰变化的多样性。

1. 辫饰。编发是来源于少数民族地区的一种发式，因北朝时期少数民族入主中原，编发现象在社会上开始蔓延开来。宣武帝时，张彝上表称："海东杂种之渠，衡南异服之帅，沙西毡头之戎，漠北辫发之虏，重译纳贡，请更称藩。"② 由张彝所论可知漠北地区的少数民族以辫发为头饰。魏收指出太武帝时的文治武功使"辫发之渠，非逃则附"③。随着归附的少数民族进入河洛地区，这种编发习俗也传入河洛地区。《隋书》卷十二《礼仪志七》云：

> （开皇）三年正月朔旦，大陈文物。时突厥染干朝见，慕之，请袭冠冕，帝不许。明日，率左光禄大夫、褥但特勤阿史那职御，左光禄大夫、特勤阿史那伊顺，右光禄大夫、意利发史蜀胡悉等，并拜表，固请衣冠。帝大悦，谓弘等曰："昔汉制初成，方知天子之

---

① （唐）段成式撰，许逸民校笺：《酉阳杂俎校笺》，第 535 页。
② 《魏书》卷六十四《张彝传》，第 1429 页。
③ 《魏书》卷九十五《序》，第 2042 页。

贵。今衣冠大备，足致单于解辫，此乃卿等功也。"①

突厥羡慕黄河流域的文明，愿意改变原有的生活习惯以适应黄河流域的生活方式受到隋文帝的赞扬。开皇十六年，许善心作《神雀颂》，其中有文云"解辫请吏，削衽承风"②，再次称颂了隋朝统一后对周边地区的影响。因为梳理发辫被看作周边地区少数民族的风俗习惯，所以以辫发说人是最大的羞辱。大业初年，隋炀帝至榆林，宇文化及与其弟宇文智及"违禁与突厥交市"，隋炀帝非常恼怒，"还至青门外，欲斩之而后入城，解衣辫发，以公主故，久之乃释"③。隋炀帝是欲以少数民族的发式来羞辱宇文化及。而在民间辫发的习俗久而未改。武德二年（619），唐高祖平定王世充、窦建德后，"大赦天下，既而责其党与，并令配迁"。孙伏伽上表劝谏："在东都城内及建德部下，乃有与陛下积小故旧，编发友朋，犹尚有人败后始至者。此等岂忘陛下，皆云被壅故也。"④ 可见在隋末唐初辫发习俗与李唐王朝创始时依然存在，不过大多是小儿为之。即使到唐太宗时，他的儿子也继续着辫发的风气。唐太宗的长子常山愍王李承乾，"学胡人椎髻，翦彩为舞衣，寻橦跳剑，鼓鞞声通昼夜不绝"，他甚至说："使我有天下，将数万骑到金城，然后解发，委身思摩，当一设，顾不快邪！"⑤ 这足以显示出社会习俗的影响。而这种编发的习俗形成与李唐王朝的兴起也有很大的关系。李渊在即位诏书中就称："惩边荒之辫发，辑兆庶之离心。"⑥ 这大概反映了他的心声。

2. 幞头。关于幞头在唐朝前中期的演变，封演《封氏闻见记》卷五《巾幞》云：

> 近古用幅巾，周武帝裁出，脚向后幞发，故俗谓之"幞头"。至

---

① 《隋书》卷十二《礼仪志七》，第 279 页。
② 《隋书》卷五十八《许善心传》，第 1425 页。
③ 《隋书》卷八十五《宇文化及传》，第 1888 页。
④ 《旧唐书》卷七十五《孙伏伽传》，第 2637 页。
⑤ 《新唐书》卷八十《太宗诸子传·常山王李承乾》，第 3564—3565 页。
⑥ （唐）温大雅撰，李季平、李锡厚点校：《大唐创业起居注》卷三，上海古籍出版社 1983 年版，第 58 页。

尊、皇太子、诸王及仗内供奉，以罗为之，其脚稍长。士庶多以绝缦而脚稍短。幞头之下，别施巾，象古冠下之帻也。

巾子制，顶皆方平；仗内即头小而圆锐，谓之"内样"。开元中，燕公张说，当朝文伯，冠服以儒者自处。玄宗嫌其异已，赐内样巾子，长脚罗幞头。燕公服之入谢，玄宗大悦。因此令内外官僚百姓并依此服。

自后巾子虽时有高下，幞头罗有厚薄，大体不变焉。①

封演活动在唐玄宗和唐德宗之间，他在书中所记述的幞头的演变当是唐代前中期幞头演变的轨迹，不同社会身份的人所戴幞头有脚长短的差异。刘肃《大唐新语》卷十《厘革》云："昔袁绍与魏武帝战于官渡，军败，复巾渡河，递相仿效，因以成俗。初用全幅皂向后幞发，谓之'幞头'。周武帝才为四脚；武德以来，始加巾子。至贞观八年，太宗初服翼善冠，赐贵臣进德冠，因谓侍臣曰：'幞头起自周武帝，盖取便于军容。今四海无虞，当息武事。此冠颇采古法，兼更类幞头，乃宜常服，可取服。'裤褶通用，此冠亦寻废矣。"② 根据刘肃的描述，从汉末到北周，再到贞观年间，幞头从复巾演变成为幞头，周武帝对其改进，加上四脚，唐初又加上巾子，变为幞头。可见这种帽饰是从武将的作战帽饰而来，随着唐代社会逐步稳定，幞头退出帽饰领域。对于幞头演变的历史程序，《新唐书》卷二十四《车服志》云：

太宗尝以幞头起于后周，便武事者也。方天下偃兵，采古制为翼善冠，自服之。又制进德冠以赐贵臣，玉璪，制如弁服，以金饰梁，花趺，三品以上加金络，五品以上附山云。自是元日、冬至、朔、望视朝，服翼善冠，衣白练裙襦。常服则有裤褶与平巾帻，通

---

① （唐）封演撰，赵贞信校注：《封氏闻见记校注》，中华书局 2005 年版，第 45—46 页。（宋）王谠撰，周勋初校正《唐语林校正》卷四《容止》亦云："开元中，燕公张说当朝文伯，冠服以儒者自处。玄宗嫌其异己，赐内样巾子，长脚罗幞头，燕公服之入谢，玄宗大喜。"第 346 页。

② （唐）刘肃撰，许德楠、李鼎霞点校：《大唐新语》卷十《厘革》，第 148—149 页。

用翼善冠。进德冠制如幞头，皇太子乘马则服进德冠，九璪，加金饰，犀簪导，亦有绣褾，燕服用紫。其后朔、望视朝，仍用弁服。……行六品者，冠去璪珠，五品去鞶囊、双佩，幞头用罗縠。①

《新唐书》所记述幞头的演变与《大唐新语》所记述的内容大同小异，唐太宗对幞头的改进，使其有了一个新的名字——翼善冠。李世民不仅以此作为自己的帽饰，还让三品、五品的官员以改进的进德冠作为帽饰。从进德冠如同幞头的样子，可以看出它应当是脱胎于翼善冠。武则天时大兴告密之风。左司员外霍献可曾经以头撞玉阶，请求武则天杀狄仁杰和自己的亲舅裴行本，"既损额，以绿帛裹之幞头下，常令露出，冀则天见之"②。霍献可用绿帛裹头，然后戴上幞头，并特意露出绿帛，目的是引起武则天的注意。唐僖宗时，洛阳幞头曾经呈现一时兴盛的现象，"乾符五年，雒阳人为帽，皆冠军士所冠者。又内臣有刻木象头以里幞头，百官效之，工门如市，度木斫之曰：'此斫尚书头，此斫将军头，此斫军容头。'近服妖也"③。虽然民众以斫尚书头，斫将军头，斫军容头为语，其实反映了洛阳百姓对战乱频仍的不满，以为是这些官员和军队造成百姓的颠沛流离，所以对流行的"刻木象头以里幞头"的现象称作"服妖"。

3. 乌纱帽。乌纱帽的帽饰，主要是局限于社会上层的使用，从上至皇帝到社会皇太子及官员戴用。《隋书》卷十二《礼仪志七》云："开皇初，高祖常著乌纱帽，自朝贵已下，至于冗吏，通著入朝。今复制白纱高屋帽，其服，练裙襦，乌皮履。宴接宾客则服之。"④ 可见从隋文帝到普通朝廷官员在上朝时都要戴乌纱帽。《大唐新语》卷十《厘革》也载："隋代帝王贵臣，多服黄纹绫袍、乌纱帽、九环带、乌皮六合靴。百官常服，同于走庶，皆着黄袍及

① 《新唐书》卷二十四《车服志》，第527—528页。
② （唐）刘肃撰，许德楠、李鼎霞点校：《大唐新语》卷十二《酷忍》，第185页。
③ 《新唐书》卷三十四《五行志一》，第879页。
④ 《隋书》卷十二《礼仪志七》，第266页。

衫，出入殿省。后乌纱帽渐废，贵贱通用折上巾以代冠，用靴以代履。折上巾，戎冠也；靴，胡履也，咸便于军旅。"① 可见隋代"帝王贵臣"以及"百官"皆以乌纱帽作为常服。唐代继承了乌纱帽的传统，皇太子的服饰中有乌纱帽。《旧唐书》卷四十五《舆服志》记载："《武德令》，皇太子衣服，有衮冕、具服远游三梁冠、公服远游冠、乌纱帽、平巾帻五等。贞观已后，又加弁服、进德冠之制。"乌纱帽作为皇太子所戴也有讲究，"乌纱帽，白裙襦，白袜，乌皮履，视事及宴见宾客则服之"。这说明皇太子头戴乌纱帽要搭配的"白裙襦，白袜，乌皮履"。除了皇太子外，"书算学生、州县学生，则乌纱帽，白裙襦，青领"。书算学生、州县学生头戴乌纱帽要配以"白裙襦，青领"②。从皇太子以及书算学生、州县学生的服饰搭配，可以明显看出其中的不同。而根据《新唐书》卷二十四《车服志》记载，乌纱帽是皇帝的 14 种帽子之一，"白纱冒者，视朝、听讼、宴见宾客之服也。以乌纱为之，白裙、襦，白韈，乌皮履"③。乌纱帽也是皇太子的 6 种帽子之一，还是臣子 21 种帽子之一，至于书算学生所戴与《旧唐书》所载无异。《中华古今注》卷中《乌纱帽》云："武德九年十一月，太宗诏曰：'自今已后，天子服乌纱帽，百官士庶皆同服之。'"④ 由此可见，乌纱帽作为帽饰从唐太宗即位之后，已经不再是社会上层的专用帽饰，而是普及到社会各个阶层。

4. 通天冠。在汉代已经有之，是皇帝的四冠（缁布、进贤、武弁、通天）之一。隋建立后，采取北齐制度，"乘舆衮冕，垂白珠十有二旒，以组为缨，色如其绶，黈纩充耳，玉笄"。皇帝所戴的帽子"通天冠，加金博山，附蝉，十二首，施珠翠，黑介帻，玉簪导"，所用的场合也是在"独天子元会临

---

① （唐）刘肃撰，许德楠、李鼎霞点校：《大唐新语》卷十《厘革》，第 148 页。《旧唐书》卷四十五《舆服志》云："隋代帝王贵臣，多服黄文绫袍，乌纱帽，九环带，乌皮六合靴。百官常服，同于匹庶，皆着黄袍，出入殿省。天子朝服亦如之，惟带加十三环以为差异，盖取于便事。其乌纱帽渐废，贵贱通服折上巾，其制周武帝建德年所造也。晋公宇文护始命袍加下襕。"第 1951 页。

② 《旧唐书》卷四十五《舆服志》，第 1940—1946 页。

③ 《新唐书》卷二十四《车服志》，第 516 页。

④ （五代）马缟撰，李成甲校点：《中华古今注》，第 24—25 页。

轩服之"①。唐代通天冠作为皇帝的 12 种帽子之一，"通天冠，加金博山，附蝉十二首，施珠翠，黑介帻，发缨翠绥，玉若犀簪导。绛纱里，白纱中单，领，襈，朱襈、裾，白裙，白裙襦，亦裙衫也。绛纱蔽膝，白假带，方心曲领。其革带、佩、剑、绶、袜、舄与上同。若未加元服，则双童髻，空顶黑介帻，双玉导，加宝饰。诸祭还及冬至朔日受朝、临轩拜王公、元会、冬会则服之"。通天冠与其他服饰配套形成了更为烦琐的服饰制度，不过较之于隋代所使用的场合有进一步的扩大，在"诸祭还及冬至朔日受朝、临轩拜王公、元会、冬会则服之"。到开元十一年冬，遵从中书令张说的建议，"自是元正朝会依礼令用衮冕及通天冠"②。唐高宗永淳二年，在准备十一月封禅于嵩岳，商议高宗所戴的帽子时，就决定"通天冠服一具，回服之"③。据《新唐书》卷十六至卷十八的记载，皇帝戴通天冠还要在接待少数民族首领的"宾礼"上，在解严时的"军礼"上，在皇太子加元服礼上，在"临轩醮戒"礼上，在元正、冬至受群臣朝贺时都要戴通天冠，可见这种冠是非常正式的、级别最高的一种冠。另据《开元礼纂》，唐代皇帝戴通天冠还有皇帝冬至祀圜丘时斋戒、銮驾出宫、銮驾还宫等。另外，皇帝享于太庙时斋戒，皇太子释奠于孔子时斋戒，皇帝巡狩告圜丘时銮驾还宫，皇帝巡狩时銮驾还行宫，皇帝封祀泰山时銮驾还行宫，皇帝加元服后见太后，皇帝正至受群臣朝贺，皇帝于明堂读五时令时銮驾出宫，临轩册命诸王大臣，临轩命宾赞，皇太子纳妃时皇帝临轩与妃朝见，公主出降时册公主，蕃主奉见，皇帝亲征告于太庙时解严等都要戴通天冠。④ 通过《开元礼纂》所记载的佩戴通天冠的各种详细规定，可见通天冠是重要的皇冠。

5. 幂䍦、帷帽。马缟《中华古今注》卷中《幂䍦》云："幂䍦者，唐武

---

① 《隋书》卷十二《礼仪志七》，第 254、265 页。

② 《旧唐书》卷四十五《舆服志》，第 1937—1940 页。

③ 《旧唐书》卷二十三《礼仪志三》，第 890 页。

④ （唐）杜佑撰，王文锦等点校：《通典》卷一百八至卷一百三十二所载之《开元礼纂》，第 2798 页。

德、贞观年中，宫人骑马多著羃䍦，而全身障蔽。至永徽年中后，皆用帷帽，施裙到颈，渐为浅露。至显庆年，百官家口若不乘车，便坐檐子。至神龙末，羃䍦殆绝。其羃䍦之象，类今之方巾，全身障蔽，缯帛为之，若便于事，非乘车舆及坐檐子，即此制诚非便于时也。开元初，宫人马上著胡帽，靓妆露面，士庶咸效之。至天宝年中，士人之妻著丈夫靴、衫、鞭、帽，内外一体也。"①马缟将羃䍦向帷帽转变的历史叙述得非常清楚。在隋唐历史上，戴羃䍦的记载很多。这一习俗本来自吐谷浑，"其俗丈夫衣服略同于华夏，多以羃䍦为冠，亦以缯为帽"②。北朝时期在西域的附国其男子也戴羃䍦。隋末唐初，河洛地区流行戴羃䍦的现象。隋炀帝即位后，汉王谅反叛，以丘和为蒲州刺史，"谅使兵士服妇人服，戴羃䍦，奄至城中，和脱身而免"③，说明羃䍦成为掩饰工具的作用。武德元年（618）九月，李渊率军征李密，在桃林县李密的部下王伯当"乃简骁勇数十人，著妇人衣，戴羃䍦，藏刀裙下，诈为妻妾，自率之入桃林县舍。须臾，变服突出，因据县城，驱掠畜产，直趣南山，乘险而东，遣人驰告张善相，令以兵应接"④。在桃林县王伯当化装成女人戴羃䍦，可见

① （五代）马缟撰，李成甲校点：《中华古今注》，第19页。《旧唐书》卷四十五《舆服志》云："武德、贞观之时，宫人骑马者，依齐、隋旧制，多著羃䍦，虽发自戎夷，而全身障蔽，不欲途路窥之。王公之家，亦同此制。永徽之后，皆用帷帽，拖裙到颈，渐为浅露。寻下敕禁断，初虽暂息，旋又仍旧。咸亨二年又下敕曰：'百官家口，咸预士流，至于衢路之间，岂可全无障蔽。比来多著帷帽，遂弃羃䍦，曾不乘车，别坐檐子。递相仿效，浸成风俗，过为轻率，深失礼容。前者已令渐改，如闻犹未止息。又命妇朝谒，或将驰驾车，既入禁门，有亏肃敬。此并乖于仪式，理须禁断，自今已后，勿使更然。'则天之后，帷帽大行，羃䍦渐息。中宗即位，宫禁宽弛，公私妇人，无复羃䍦之制。开元初，从驾宫人骑马者，皆著胡帽，靓妆露面，无复障蔽。士庶之家，又相仿效，帷帽之制，绝不行用。俄又露髻驰骋，或有著丈夫衣服靴衫，而尊卑内外，斯一贯矣。"第1957页。《新唐书》卷三十四《五行志》云："唐初，宫人乘马者，依周旧仪，著羃䍦，全身障蔽，永徽后，乃用帷帽，施裙及颈，颇为浅露，至神龙末，羃䍦始绝，皆妇人预事之象。"第878页。（唐）王溥《唐会要》卷三十二《舆服下》云："武德初，袭齐、隋旧制，妇人多著羃䍦，虽发自戎夷，而全身障蔽。至永徽已后，皆用帷帽，拖裙到颈，即渐为浅露矣。龙朔三年，有敕禁断。初虽暂息，旋又仍旧。咸亨二年八月二十二日，又敕下：'百官家口，咸预士流，至于衢路之间，岂可全无障蔽。比来多著帷帽，遂弃羃䍦，曾不乘车，别坐檐子。递相仿效，浸成风俗，过为轻率，深失礼容。前者已令渐改，如闻犹未止息，理须禁断，自后不得更然。'"第585页。
② 《周书》卷五十《异域传下·吐谷浑》，第913页。
③ 《旧唐书》卷五十九《丘和传》，第2324页。
④ 《旧唐书》卷五十三《李密传》，第2223页。

当时戴冪䍠已经成为女人的标志。

6. 其他帽子。"帽，古野人之服也。"在南北朝时期，帽类发展变化较快。"宋、齐之间，天子宴私，著白高帽，士庶以乌，其制不定。或有卷荷，或有下裙，或有纱高屋，或有乌纱长耳。后周之时，咸著突骑帽，如今胡帽，垂裙覆带，盖索发之遗象也。"隋代帽子种类更多，仅颜色就有紫、青、绛等颜色，如皇帝在"视朝、听讼及宴见宾客，皆服"白纱帽。[①]

唐代的帽子种类繁多。根据《武德令》所载，仅皇帝就有 12 种，"有大裘之冕、衮冕、鷩冕、毳冕、绣冕、玄冕、通天冠、武弁、黑介帻、白纱帽、平巾帻、白帢，凡十二等"[②]。皇太子的帽子"有衮冕、具服远游三梁冠、公服远游冠、乌纱帽、平巾帻五等。贞观已后，又加弁服、进德冠之制"。诸位侍臣的帽子"有衮、鷩、毳、绣、玄冕，及爵弁，远游、进贤冠，武弁，獬豸冠，凡十等"。如衮冕是一品官员的帽子，其他的以此类推。"诸应冠而未冠者，并双童髻，空顶帻。五品已上双玉导，金饰，三品以上加宝饰，六品以下无饰。"从帽子之上的饰物来划分不同的等级，这是社会上层所戴的帽子。还有高山冠、却非冠，"高山冠者，内侍省内谒者及亲王下司合等服之"。"却非冠者，亭长、门仆服之。"[③] 这两种冠应当是在官府服役的人或在官府中政治地位不高的人所戴。

普通民众所戴的帽子种类更为繁杂。主要有搭耳帽、黑纱方帽、豹皮帽、锦帽、䂝绢帽、四缝帽、笠子、减样方平帽、大裁帽、莲花帽、平顶帽、危脑帽、轻纱帽等，其中席帽和胡帽戴的人较多。

席帽：席帽是以藤席为骨架编成的帽，取其轻便，相当于以后的笠帽。

---

① 《隋书》卷十二《礼仪志七》，第 266、254 页。

② 《旧唐书》卷四十四《职官志三》云："凡天子之服冕十有三：一大裘冕，二衮冕，三鷩冕，四毳冕，五黻冕，六玄冕，七通天冠，八武弁，九弁服，十介帻，十一白纱帽，十二平巾帻，十三翼善冠。"第 1864 页。

③ 《旧唐书》卷四十五《舆服志》，第 1944 页。

《资暇集》卷下《席帽》云："永贞之前，组藤为盖，曰席帽，取其轻也。"①
《中华古今注》卷中《席帽》云：

> 本古之围帽也，男女通服之。以韦之四周，垂丝网之，施以朱翠，丈夫去饰。至炀帝淫侈，欲见女子之容，诏去帽，戴幞头巾子帼也，以皂罗为之，丈夫藤席为之，骨鞔以缯，乃名席帽。至马周以席帽油御雨从事。②

佚名《释常谈》卷上《张盖》云："戴席帽谓之张盖。"③ 在席帽上蒙覆油缯的叫"油帽"。席帽常常被用来遮雨。《酉阳杂俎》卷十五《诺皋记下》："独孤叔牙常令家人汲水，重不可转，数人助出之，乃人也。戴席帽，攀栏大笑，却坠井中。汲者揽得席帽，挂于庭树。每雨，所溜雨处辄生黄菌。"④ 这虽然是一则鬼神故事，却反映了席帽戴用的普遍。卢仝《走笔追王内丘》云："忽然夫子不语，带席帽，骑驴去。"⑤ 这大概是卢仝在嵩山隐居时所作。钱起《咏白油帽送客》云："薄质惭加首，愁阴幸庇身。卷舒无定日，行止必依人。已沐脂膏惠，宁辞雨露频。虽同客衣色，不染洛阳尘。"⑥ 钱起对送给客人白油帽的描述形象逼真。

胡帽：胡帽即西域地区引进的"浑脱帽"。唐玄宗开元年间，胡服之风盛行，妇女皆着胡服、戴胡帽。"开元初，从驾宫人骑马者，皆著胡帽，靓妆露面，无复障蔽。士庶之家，又相仿效，帷帽之制，绝不行用。"⑦ 到了天宝年间，此风甚盛，"天宝初，贵族及士民好为胡服胡帽，妇人则簪步摇钗，衿袖窄小"⑧。很显然这是受少数民族帽饰影响而流行的帽子。因为"胡风"甚

---

① （唐）李匡乂撰，张丙戌校点：《资暇集》，辽宁教育出版社1998年版，第31页。
② （五代）马缟撰，李成甲校点：《中华古今注》，第24页。
③ 佚名：《释常谈》，载朱易安等主编《全宋笔记》第九编，大象出版社2018年版，第11页。
④ （唐）段成式撰，许逸民校笺：《酉阳杂俎校笺》，第1064页。
⑤ （清）彭定求等奉敕编，中华书局编辑部点校：《全唐诗》卷三百八十九，第4400页。
⑥ 王定璋校注：《钱起诗集校注》卷五《五言律诗》，浙江古籍出版社1992年版，第132页。
⑦ 《旧唐书》卷四十五《舆服志》，第1957页。
⑧ 《新唐书》卷三十四《五行志一》，第879页。

盛，以至于出现了女子因戴胡帽，呈现出男性化的趋势，"开元初，宫人马上始着胡帽，就妆露面，士庶咸效之。天宝中，士流之妻，或衣丈夫服，靴衫鞭帽，内外一贯矣"①。胡服、胡帽再配以"丈夫服，靴衫鞭帽"，一种洒脱的男性形象跃然纸上，这明显是受少数民族女性装扮的影响，穿紧身衣服显示干练的形象。胡帽一般多用较厚锦缎制成，也有用乌羊毛制作。帽子顶部，略成尖形，有的周身织有花纹，有的还镶嵌有各种珠宝，有的下沿为曲线帽檐，亦有的装有上翻的帽耳，耳上饰鸟羽，还有的在口沿部分饰有皮毛。式样众多，繁简不一。如唐人刘言史《王中丞宅夜观舞胡腾》诗称"织成蕃帽虚顶尖"②，李端《胡腾儿》中亦有"红汗交流珠帽偏"③语。这种帽式流行时间不长，约结束于天宝初年。

(二) 衣服

1. 缺胯。缺胯又写作"缺胯"，即在袍服的两侧开口。在衣服上开衩的习俗来自西域，其时代在北朝时期。在当时的波斯，"其俗：丈夫剪发，戴白皮帽，贯头衫，两厢近下开之，并有巾帔，缘以织成。妇女服大衫，披大帔，其发前为髻，后被之，饰以金银华，仍贯五色珠，络之于膊"④。这里所记载的波斯服饰"两厢近下开之"，即在衣服的两侧开衩。衣服两侧开衩的胡服进入中原后，很快为人们所喜爱。在唐朝初年，"赏朱紫者服于军中，其后军将亦赏以假绯紫，有从戎缺胯之服，不在军者服长袍，或无官而冒衣绿"⑤。可见衣服两侧开缺口首先在军营中实施，其目的是为了行动方便，如骑马上下的方便。到唐太宗时，马周曾经说："开胯者名曰缺胯衫，庶人服之。"可见

---

① （唐）刘肃撰，许德楠、李鼎霞点校：《大唐新语》卷十《厘革》，第 151 页。（五代）马缟撰，李成甲校点《中华古今注》卷中《幂䍠》云："开元初，宫人马上著胡帽，靓妆露面，士庶咸效之。至天宝年中，士人之妻著丈夫靴、衫、鞭、帽，内外一体也。"第 19 页。
② （清）彭定求等奉敕编，中华书局编辑部点校：《全唐诗》卷四百六十八，第 5354 页。
③ （清）彭定求等奉敕编，中华书局编辑部点校：《全唐诗》卷二百八十四，第 3236 页。
④ 《周书》卷五十《异域传下·波斯》，第 919 页。
⑤ 《新唐书》卷二十四《车服志》，第 530 页。

当时开骻服已不仅在军队中实行，而且普及到了民间。为了区别官员与民众的服饰，遵从长孙无忌的建议，"服袍者下加襕，绯、紫、绿皆视其品，庶人以白"①。即通过颜色的区别来分清不同社会身份的服饰。天宝二年（743）正月，陕郡太守韦坚在浐水上修建广运潭后，陕县尉崔成甫率领妇人高唱《得宝歌》，"成甫又作歌词十首，自衣缺骻绿衫，锦半臂，偏袒膊，红罗抹额，于第一船作号头唱之。和者妇人一百人，皆鲜服靓妆，齐声接影，鼓笛胡部以应。余船洽进，至楼下，连樯弥亘数里，观者山积。京城百姓多不识驿马船樯竿，人人骇视"②。崔成甫所穿戏服是来自少数民族服饰改良后的样式。

2. 半臂。半臂衫主要是民间穿用，方便实惠，自魏晋以来，在民间逐渐普及。前文云魏明帝穿用被臣子讥笑。武则天天授年间，来子珣为游击将军、右羽林中郎将，"常衣锦半臂，言笑自若，朝士诮之"③。可能这种半臂衫难登大雅之堂，在唐朝初年并未在社会上层普及。唐玄宗未登基前，王仁皎曾"脱紫半臂易斗面，为生日汤饼"④。而到唐玄宗时这种服饰开始普及起来。前文所提及的陕县尉崔成甫所穿的半臂锦衫虽然有表演的意思，但唐玄宗"又令皇甫询于益州织半臂背子、琵琶捍拨、镂牙合子"，因"苏颋不奉诏书，辄自停织"⑤。这也反映了半臂衫逐渐为社会上层所接受。在《新唐书》卷四十一《地理志》中，记载扬州广陵郡的土贡有"半臂锦"，可能是专门供应皇室作半臂衫所用。关于男子半臂衫的穿用，学术界基本认为多穿在内衣之外，外衣之内，起着垫肩的作用，使男性显得威武。

---

① 《新唐书》卷二十四《车服志》，第527页。

② 《旧唐书》卷一百五《韦坚传》，第3223页。《新唐书》卷五十三《食货志三》云："成甫又广之为歌辞十阕，自衣缺后绿衣、锦半臂、红抹额，立第一船为号头以唱，集两县妇女百余人，鲜服靓妆，鸣鼓吹笛以和之。"第1367页。

③ 《旧唐书》卷一百八十六《酷吏传上·来子珣》，第4847页。

④ 《新唐书》卷七十六《后妃传上·王皇后》，第3291页。

⑤ 《旧唐书》卷一百四十七《李德裕传》，第4513页。《新唐书》卷一百二十五《苏颋传》云：开元八年，"时前司马皇甫恂使蜀，檄取库钱市锦半臂、琵琶捍拨、玲珑鞭，颋不肯予"，并且上书朝廷，玄宗皇帝亦不加罪。第4402页。

3. 袍。袍作为从前代流传下来的服饰，在唐代河洛地区的穿用更为普及。北齐时，"高氏诸帝，常服绯袍。隋代帝王贵臣，多服黄文绫袍。……百官常服，同于匹庶，皆著黄袍"。隋炀帝大业六年（610），规定"复诏从驾涉远者，文武官等皆戎衣，贵贱异等，杂用五色。五品已上，通著紫袍，六品已下，兼用绯绿。胥吏以青，庶人以白，屠商以皂，士卒以黄"①。不仅规定了袍的穿用等级，而且规定了袍的颜色，其目的是为了从服饰上区分不同人群。唐初的服饰规定，"武德初，因隋旧制，天子宴服，亦名常服，唯以黄袍及衫，后渐用赤黄，遂禁士庶不得以赤黄为衣服杂饰"。此后，唐代关于袍的颜色规定的变化较多。到武则天"天授二年二月，朝集使刺史赐绣袍，各于背上绣成八字铭。长寿三年四月，敕赐岳牧金字银字铭袍。延载元年五月，则天内出绯紫单罗铭襟背衫，赐文武三品已上。左右监门卫将军等饰以对师子，左右卫饰以麒麟，左右武威卫饰以对虎，左右豹韬卫饰以豹，左右鹰扬卫饰以鹰，左右玉钤卫饰以对鹘，左右金吾卫饰以对豸，诸王饰以盘龙及鹿，宰相饰以凤池，尚书饰以对雁。"② 对于各州刺史赐予绣袍、铭袍以及绯紫单罗铭襟背衫，使官服显现出不同的级别。值得提及的是锦袍在河洛地区有许多记载。唐睿宗的《景云乐》描述当时的演艺人员有"舞八人，花锦袍，五色绫袴，云冠，乌皮靴"③ 的装扮。宋之问"常扈从游宴。则天幸洛阳龙门，令从官赋诗，左史东方虬诗先成，则天以锦袍赐之。及之问诗成，则天称其词愈高，夺虬锦袍以赏之"④。这就是龙门赋诗夺锦袍的美谈。李白《忆旧游寄谯郡元参军》在回忆起洛阳的往事时，有"持锦袍覆我身"⑤ 之句。白居易《房家夜宴喜雪戏赠主人》"风头向夜利如刀，赖此温炉软锦袍"⑥，反映

---

① 《旧唐书》卷四十五《舆服志》，第 1951—1952 页。
② 《旧唐书》卷四十五《舆服志》，第 1952—1953 页。
③ 《旧唐书》卷二十九《音乐志二》，第 1061 页。
④ 《旧唐书》卷一百九十中《文苑传中·宋之问》，第 5025 页。
⑤ 郁贤皓校注：《李太白全集校注》，第 1621 页。
⑥ （唐）白居易著，顾学颉校点：《白居易集》卷十八《房家夜宴喜雪戏赠主人》，第 393 页。

了他在洛阳的生活。由此可见，袍特别是锦袍在社会上层穿用极为普遍。

4. 襦。为男女共穿的服装，即今之短衣或短袄。唐代朝服、公服中有白裙襦，前文曾云"亦裙衫也"。书算学生、州县学生"则乌纱帽，白裙襦，青领"。唐代的艺人在演出时也穿襦。唐太宗所造《庆善乐》，"舞者六十四人，衣紫大袖裙襦"。《高丽乐》，舞者四人，其中"二人黄裙襦，赤黄裤，极长其袖，乌皮靴，双双并立而舞"。《百济乐》，"舞二人，紫大袖裙襦，章甫冠，皮履"。《天竺乐》，"工人皂丝布头巾，白练襦，紫绫裤，绯帔"①。这些所谓的"工人"即今天所说的演员，所穿的襦都是演出服。在唐代女性穿襦的较多，皇室女性出宫跟随其宫人执扇者，"衣彩大袖裙襦、彩衣、革带、履，分左右"；"执者间彩裙襦、彩衣、革带"②。唐文宗时规定："妇人裙不过五幅，曳地不过三寸，襦袖不过一尺五寸。袍袄之制：三品以上服绫，以鹘衔瑞草，雁衔绶带及双孔雀。四品、五品服绫，以地黄交枝。六品以下服绫，小窠无文及隔织、独织。"③对女性裙、襦、袍袄尺寸、质地、花纹等的规定，其目的还是为了规范社会等级。洛阳民间穿襦者也常见诸记载。王维《杂诗》中有"朝因折杨柳，相见洛阳隅。……对人传玉椀，映烛解罗襦"④。杜甫《新婚别》云："自嗟贫家女，久致罗襦裳。罗襦不复施，对君洗红妆。"这是妻子"既勉其夫，且复自励，乃止乎礼义者也"⑤。描述了新婚之际洛阳女子思念在河阳守卫的丈夫。从唐代诗歌中可以看出襦多冠以锦绣纹样，中晚唐尤多，如李贺《艾如张》"锦襜褕，绣裆襦"⑥，白居易《绣妇叹》"连枝花样绣罗襦"⑦，以及《阿崔》中述及洛阳生活时的"腻剃新胎发，香绷小绣襦"⑧

---

① 《旧唐书》卷二十九《音乐志二》，第 1070—1071 页。

② 《新唐书》卷二十三下《仪卫志下》，第 507 页。

③ 《新唐书》卷二十四《车服志》，第 531 页。

④ （唐）王维撰，陈铁民校注：《王维集校注》，第 578 页。

⑤ （唐）杜甫，（清）仇兆鳌注：《杜诗详注》卷七，第 445 页。

⑥ （唐）李贺著，（清）王琦注，王步高、刘林辑校评：《李贺全集》，第 199 页。

⑦ （唐）白居易著，顾学颉校点：《白居易集》卷二十五《绣妇叹》，第 575 页。

⑧ （唐）白居易著，顾学颉校点：《白居易集》卷二十八《阿崔》，第 632 页。

等，这与中唐以来社会风气普遍追求华丽奢靡恰好相符。

5. 帔。有类似于今天女性的披肩。《中华古今注》卷中《女人披帛》云："古无其制。开元中诏令二十七世妇及宝林御女良人等，寻常宴参侍，令披画披帛，至今然矣。至端午日，宫人相传谓之奉圣巾，亦曰续寿巾、续圣巾，盖非参从见之服。"① 究其实，帔是来自西域的一种女性装饰。北魏时期的波斯，"其王姓波氏，名斯。坐金羊床，戴金花冠，衣锦袍、织成帔，饰以真珠宝物。其俗：丈夫剪发，戴白皮帽，贯头衫，两厢近下开之，亦有巾帔，缘以织成。妇女服大衫，披大帔"②。由此可以看出，帔在波斯是男女都用。南朝所流行的帔多是葛帔。北齐时，李䜣"尝著巾帔，终日对酒，招致宾客，风调详雅"③。可见流传进河洛地区的帔也为社会各阶层所喜爱。到隋代帔已经进入黄河流域的服饰中，赵芬致仕后，"皇太子又致巾帔"④。唐代帔也为"工人"演出时所披。景云二年（711），司马承祯辞别唐睿宗还山时，"仍赐宝琴一张及霞纹帔而遣之"⑤。唐代帔成为女子常服，文有霞彩的称为霞帔，为命妇礼服。

6. 裲裆。隋唐时代，裲裆在文武官吏中仍有穿用。具体情况在《新唐书》卷二十三《仪卫志》中有相关记载。"凡朝会之仗……五曰散手仗，以亲、勋、翊卫为之，服绯绝裲裆，绣野马……亲、勋、翊卫仗……校尉以下翊卫以上三十五人，皆平巾帻、绯裲裆、大口绔，带横刀……殳仗、步甲队……左右厢有主帅三十八人，平巾帻、绯裲裆、大口绔，执仪刀……玄武队建玄武旗，一人执，二人引，二人夹，平巾帻、黑裲裆、黑袜、大口绔……虞候伙飞四十八骑，平巾帻、绯裲裆、大口绔……左金吾卫队正一人，居皮轩车，

① （五代）马缟撰，李成甲校点：《中华古今注》，第 19 页。
② 《魏书》卷一百二《西域传·波斯》，第 2271 页。
③ 《北史》卷三十三《李䜣传》，第 1243 页。
④ 《隋书》卷四十六《赵芬传》，第 1252 页。
⑤ 《旧唐书》卷一百九十二《隐逸传·司马承祯》，第 5128 页。

服平巾帻、绯裲裆。"① "次内给使百二十人，平巾帻、大口绔、绯裲裆……亲王卤簿……府佐六人，平巾帻、大口绔、绯裲裆，骑，持刀夹引。次象路一，驾四马，佐二人立侍，一人武弁、朱衣、革带，居左。一人绯裲裆、大口绔。"② 唐代规定裲裆之制："一当胸，一当背，短袖覆膊。"③ 李贺诗《艾如张》中的"绣裆襦"，陆龟蒙《陌上桑》中亦有"邻娃尽著绣裆襦，独自提筐采蚕叶"④。这里的"裆襦"应是唐代妇女穿着的一种类似裲裆的外袍。

7. 裙。古称下裳，在中国古代男女通用，具有悠久的传统。《中华古今注》卷中《裙衫裙》云：

> 古之前制，衣裳相连。至周文王令女人服裙，裙上加翟，衣皆以绢为之。始皇元年，宫人令服五色花罗裙，至今礼席有短裙焉。衫裙，隋大业中，炀帝制五色夹缬花罗裙，以赐宫人及百僚母妻，又制单丝罗以为花笼裙，常侍宴供奉，宫人所服。后又于裙上剪丝凤缀于缝上，取象古之褕翟。至开元中犹有制焉。⑤

《中华古今注》所述透露出重要的学术信息，周代女性开始穿裙并用野鸡毛作为装饰，秦始皇时宫中女性开始穿五色花罗裙，这是一种短裙。隋炀帝大业年间开始出现了五色夹缬花罗裙、单丝罗花笼裙，并且进一步改进，在裙上剪丝凤缝合在接缝处，象征着周代的野鸡毛装饰，只是较之前代更具装饰意味，使裙服看上去更加华美艳丽。

唐代女性裙装的制作穿用更多样化，其中花间裙最具典型性。永隆二年（681）正月，唐高宗下诏指出社会上"其异色绫锦，并花间裙衣等，靡费既广，俱害女工"。由此可见，花间裙是用两种以上不同颜色的绫锦拼作而成的

---

① 《新唐书》卷二十三上《仪卫志上》，第481—491页。
② 《新唐书》卷二十三下《仪卫志下》，第505页。
③ 《新唐书》卷二十四《车服志》，第478—518页。《新唐书》卷二十四《车服志》，第516—522页。
④ 何锡光校注：《陆龟蒙全集校注》，凤凰出版社2015年版，第1278页。
⑤ （五代）马缟撰，李成甲校点：《中华古今注》，第22页。

裙子。由于这种裙子是用多种丝绸织品拼接而成，裙子呈现出竖行条纹，条纹越多越珍贵，又有"裥色衣"之称。唐高宗说武则天"常著七破间裙"①，"七破"即七幅，七破间裙是用七幅不同颜色的丝织品做成的裙子。针对女性花间裙条纹所用的丝绸品花色种类越来越多，开元十六年（728）六月，唐玄宗敕令"凡裥色衣不过十二破，浑色衣不过六破"②。这应当是对花间裙所造成的奢靡风气的遏制禁令。

唐代流行着襦裙，即短上衣，下裙衣。襦裙在演艺人员中颇为流行，《旧唐书》卷二十九《音乐志》记载，唐代演艺人员的服饰有"紫大袖裙襦""碧轻纱衣，裙襦大袖""黄裙襦"等演出服。③武德元年（618），孙伏伽针对当时朝政不合理现象，向唐高祖进谏，针对"百戏散乐"演出服所存在的问题，他指出："近者，太常官司于人间借妇女裙襦五百余具，以充散妓之服，云拟五月五日于玄武门游戏。"并建议朝廷加以禁止，获得了唐高祖的赞许。④此外，朝廷官员的服饰中，襦裙也比较流行，官员的裙襦有"白练裙襦""白裙襦"⑤等服饰。由此可见，从汉唐以来，裙衣是男女通用的服饰。

唐代还有一些典型的花色的裙子，如五彩云裙。景龙二年（708）二月，"皇后自言衣箱中裙上有五色云起"，唐中宗"令画工图之，以示百僚，乃大赦天下"⑥。唐中宗皇后的裙衣上有五色云彩，命画工画图，应当是裙衣花色独特。还有石榴裙，是石榴花色的裙子，色朱红，颇为艳美，流行于开元天宝年间的仕宦之家，后流传至民间。

唐代最具典型意义的裙装是安乐公主的百鸟毛裙。《朝野佥载》卷三云：

> 安乐公主造百鸟毛裙，以后百官、百姓家效之，山林奇禽异兽，

---

① 《旧唐书》卷五《高宗纪下》，第 107 页。
② （宋）王溥：《唐会要》卷三十一《舆服上》，第 570 页。
③ 《旧唐书》卷二十九《音乐志》，第 1060、1067、1069、1070 页。
④ 《旧唐书》卷七十五《孙伏伽传》，第 2635 页。《新唐书》卷一百三《孙伏伽传》云："近太常假民裙襦五百称，以衣妓工，待玄武门游戏。"第 3996 页。
⑤ 《旧唐书》卷四十五《舆服志》，第 1931—1957 页。
⑥ 《旧唐书》卷五《中宗纪》，第 146—147 页。

搜山荡谷，扫地无遗，至于网罗杀获无数。开元中，禁宝器于殿前，

禁人服珠玉、金银、罗绮之物，于是采捕乃止。①

安乐公主用鸟毛造裙应当是独一无二，但大量捕杀鸟类是极端残忍的，无疑会破坏生态环境。正因为这一事件的独特性，所以在许多史书中都有披露，《旧唐书》卷三十七《五行志》云：

中宗女安乐公主，有尚方织成毛裙，合百鸟毛，正看为一色，旁看为一色，日中为一色，影中为一色，百鸟之状，并见裙中。凡造两腰，一献韦氏，计价百万。又令尚方取百兽毛为鞯面，视之各见本兽形。韦后又集鸟毛为鞯面。安乐初出降武延秀，蜀川献单丝碧罗笼裙，缕金为花鸟，细如丝发，鸟子大如黍米，眼鼻嘴甲俱成，明目者方见之。自安乐公主作毛裙，百官之家多效之。江岭奇禽异兽毛羽，采之殆尽。开元初，姚、宋执政，屡以奢靡为谏，玄宗悉命宫中出奇服，焚之于殿廷，不许士庶服锦绣珠翠之服。自是采捕渐息，风教日淳。②

从《旧唐书》的记载可以看出，上有所好下必甚之，安乐公主、韦皇后均收集鸟毛制作裙装，百官也进而效仿，成为一时的风尚。其实，用鸟毛制作服饰在中国古代多有存在，清代王士禛曰："予按《异物汇苑》，唐安乐公主，使尚方合百鸟毛织为裙，正视旁视，各为一色，日中影中，各为一色，而百鸟之形状皆见，然则古亦有之矣。又《南史》齐文惠太子织孔雀毛为裘，华贵无比，武后有集翠裘以赐幸臣，皆其类也。"③ 以此而论，安乐公主的百鸟毛裙只是其中最为精致的鸟毛服饰。

① （唐）张鷟撰，赵守俨点校：《朝野佥载》，第71页。

② 《旧唐书》卷三十七《五行志》，第1377页。《新唐书》卷三十四《五行志一》云："安乐公主使尚方合百鸟毛织二裙，正视为一色，傍视为一色，日中为一色，影中为一色，而百鸟之状皆见，以其一献韦后。公主又以百兽毛为鞯面，韦后则集鸟毛为之，皆具其鸟兽状，工费巨万。公主初出降，益州献单丝碧罗笼裙，缕金为花鸟，细如丝发，大如黍米，眼鼻嘴甲皆备，了视者方见之。皆服妖也。自作毛裙，贵臣富家多效之，江、岭奇禽异兽毛羽采之殆尽。"第878页。

③ （清）王士禛：《香祖笔记》卷一，第2页。

裙装在社会生活中还留下了生动的历史故事。隋末农民战争爆发后，李密受唐高祖李渊的派遣，到黎阳（今河南省浚县）召集旧部对抗王世充。谁知李密出关至桃林（今河南省灵宝市）后迅速反叛，面对王伯当劝说也拒不听从。王伯当"乃简骁勇数十人，著妇人衣，戴羃䍦，藏刀裙下，诈为妻妾，自率之入桃林县舍"①。很显然王伯当所率领的数十人的敢死队男扮女装，穿着裙子，将武器藏在裙子下面，进入桃林县。

（三）鞋类

1. 线鞋。这是用细丝绳或细麻绳等编织而成的鞋子，以轻便舒适为人所喜爱。无论男女均有着线鞋的现象。隋代侯白云："隋时王德任尚书省员外，为人健忘，从朝堂还入省，遂错上尚书厅，谓为本厅，乃大声唤番官，因即坐尚书床上，令取线鞋来脱靴。其看尚书人曰：'此尚书厅也，尚书在此。'德遂狼狈下阶，而走本厅。"② 王德从朝堂返回，因为健忘，结果误入尚书厅堂，并且让人取线鞋换上。由此可见，线鞋是日常休闲所穿的鞋。线鞋更多的是女性所穿用，"武德来，妇人著履，规制亦重，又有线靴。开元来，妇人例著线鞋，取轻妙便于事，侍儿乃著履"③。由此可见，从武德初年女性穿着线靴，到开元时期女性开始穿线鞋，主要原因还是线鞋"轻妙便于事"。唐人张鷟小说《游仙窟》中有"傍人一一丹罗袜，侍婢三三绿线鞋"④ 的记载，正是社会生活的真实写照。

2. 碧麻鞋。《旧唐书》卷二十九《音乐志二》云："《天竺乐》，工人皂丝布头巾，白练襦，紫绫袴，绯帔。舞二人，辫发，朝霞袈裟，行缠，碧麻

---

① 《旧唐书》卷五十三《李密传》，第2224页。

② 曹林娣、李泉辑注：《启颜录》卷上《昏忘》，第15页。

③ 《旧唐书》卷四十五《舆服志》，第1958页。《新唐书》卷二十四《车服志》："武德间，妇人曳履及线靴。开元中，初有线鞋，侍儿则著履，奴婢服襕衫，而士女衣胡服。"第531页。

④ （唐）张文成撰，李时人、詹绪左校注：《游仙窟》，中华书局2010年版，第10页。

鞋。"① 杜佑《通典》亦云："乐工皂丝布幞头巾，白练襦，紫绫葱，绯帔。舞二人，辫发，朝霞袈裟，若今之僧衣也。行缠，碧麻鞋。"② 可见碧麻鞋是演出所穿鞋的一种。

3. 赤皮鞋。《新唐书》卷二十二《礼乐志》云："扶南乐，舞者二人，以朝霞为衣，赤皮鞋。"③《通典》亦云："扶南乐，舞二人，朝霞衣，朝霞行缠，赤皮鞋。"④ 由此可见赤皮鞋是舞蹈者所穿的红色皮鞋。

4. 鞋韈。即鞋袜。韈，《说文》："韈是足衣。"袜的使用较早，前文引述汉代张释之与王生的交往而留下关于袜子的故事。张释之为王生老人结袜，在他人看来是对张释之的羞辱，而王生老人则通过让张释之系袜，使朝廷对张释之更加重视，因为王生老人作为当时的名人，其做法使张释之名声大增。五代后晋李瀚《蒙求》赞云："子房取履，释之结袜。"⑤《新唐书》卷二十三《仪卫志》中往往"鞋""袜"连用，反映了皇家仪仗队穿鞋袜的事实。《新唐书》卷二十四《车服志》记载了从皇帝到百官都穿袜的情况，根据颜色划分有朱袜、白袜、素袜、青袜等，而且不同的身份穿不同的颜色。《中华古今注》卷中《袜》云："三代及周著角袜，以带系于踝。至魏文帝吴妃，乃改样以罗为之，后加以彩绣画，至今不易。至隋炀帝宫人，织成五色立凤朱锦袜靿。"⑥ 由此可见，隋唐时期从皇宫到民间均有袜子的穿用。

5. 靴。在隋朝皇太子有"紫罗褶，南布裤，玉梁带，长靿靴"。这是作为皇太子的标配打扮。靴的穿着也有讲究。"凡舄，唯冕服及具服著之，履则诸服皆用。唯褶服以靴。靴，胡履也，取便于事，施于戎服。"⑦ 靴子最初起源于少数民族，然后传入内地。《中华古今注》卷上《靴笏》云："靴者，盖

---

① 《旧唐书》卷二十九《音乐志二》，第 528 页。
② （唐）杜佑撰，王文锦等点校：《通典》卷一百四十六《乐六·四方乐》，第 3713 页。
③ 《新唐书》卷二十二《礼乐志》，第 479 页。
④ （唐）杜佑撰，王文锦等点校：《通典》卷一百四十六《乐六·四方乐》，第 3713 页。
⑤ （后晋）李瀚撰，徐子光补注：《蒙求集注》，中华书局 1985 年版，第 124 页。
⑥ （五代）马缟撰，李成甲校点：《中华古今注》，第 24 页。
⑦ 《隋书》卷十二《礼仪志七》，第 276 页。

古西胡也。昔赵武灵王好胡服，常服之。其制短靿黄皮，闲居之服。至马周改制，长靿以杀之，加之以毡及绦，得著入殿省敷奏，取便乘骑也，文武百僚咸服之。至贞观三年，安西国进绯韦短靿靴，诏内侍省分给诸司。至大历二年，宫人锦靿靴侍于左右。"① 从马缟考述可知，靴子最初是"闲居之服"，唐高祖时期，马周对其进行了改造，在其上加上毡与丝绳，便于骑马，让"文武百僚咸服之"。贞观三年（629），从安西国传入的绯韦短靿靴仍然是男性的靴子。到了大历二年（767）宫人开始穿锦靿靴，女性开始穿靴子。靴子在唐代演出时艺人多穿。《旧唐书》卷二十九《音乐志二》云："《景云乐》，舞八人，花锦袍，五色绫袴，云冠，乌皮靴。""自《长寿乐》已下皆用龟兹乐，舞人皆著靴，惟《龙池》备用雅乐，而无钟磬，舞人蹑履。"《西凉乐》，"方舞四人，假髻，玉支钗，紫丝布褶，白大口裤，五彩接袖，乌皮靴"。"《高丽乐》，工人紫罗帽，饰以鸟羽，黄大袖，紫罗带，大口袴，赤皮靴，五色绦绳。舞者四人，椎髻于后，以绛抹额，饰以金珰。二人黄裙襦，赤黄袴，极长其袖，乌皮靴，双双并立而舞。""《扶南乐》，舞二人，朝霞行缠，赤皮靴。""《高昌乐》，舞二人，白袄锦袖，赤皮靴，赤皮带，红抹额。"《疏勒乐》，"舞二人，白袄，锦袖，赤皮靴，赤皮带"。《康国乐》，"舞二人，绯袄，锦领袖，绿绫浑裆袴，赤皮靴，白袴帑。"《安国乐》，"舞二人，紫袄，白袴帑，赤皮靴"②。由上所载可知，唐代演艺人员所穿的靴子有乌皮靴、赤皮靴等。《旧唐书》卷四十五《舆服志》记载，当时皇室男女穿靴者较多。皇帝"其常服，赤黄袍衫，折上头巾，九环带，六合靴，皆起自魏、周，便于戎事。自贞观已后，非元日冬至受朝及大祭祀，皆常服而已"。"靴，武官及卫官陪立大仗则服之。若文官乘马，亦通服之，去两裆腾蛇。"唐初，沿袭齐隋旧制，"乌皮六合靴，贵贱通用"。"武德来，妇人著履，规制亦重，又有线

----

① （五代）马缟撰，李成甲校点：《中华古今注》，第16页。
② 《旧唐书》卷二十九《音乐志二》，第1061—1071页。

靴。开元来，妇人例著线鞋，取轻妙便于事，侍儿乃著履"①。由此可见，六合靴从朝堂之上的皇帝到民间普通人都可以穿用，靴子在民间的广泛穿着正体现了唐代社会生活的开放色彩。

靴作为来自少数民族的鞋类，在河洛地区也为民众所喜爱。白居易《东城晚归》："晚入东城谁识我，短靴低帽白蕉衫。"②《喜老自嘲》："裘轻被白氎，靴暖蹋乌毡。"③ 这是白居易在洛阳居住期间所写的诗句，展现了白居易居洛期间快意的生活，其一为"短靴低帽白蕉衫"低调生活，其二为"靴暖蹋乌毡"融入少数民族服饰因素的奢华装扮。唐诗中还有许多靴子诗文的描述，杜牧《留赠》："舞靴应任闲人看，笑脸还须待我开。"④ 樊宗师《绛守居园池记》："丹碧锦袄，身刀囊靴挝绦，白豹元斑，铁距掌胛，意相得。"⑤ 武则天时，"郑愔为吏部侍郎掌选，赃污狼藉。引铨有选人系百钱于靴带上，愔问其故，答曰：'当今之选，非钱不行。'愔默而不言"⑥。这是武周时官员穿靴的记载。宗楚客因受武则天宠幸，生活奢侈，"著吉莫靴者，行则仰仆"⑦。随着靴子被社会各阶层所喜爱，河洛地区还出现了专门缝靴之人，"道士史崇玄，怀州河内县缝靴人也。后度为道士，侨假人也，附太平为太清观主"⑧。唐建中年间，士人韦生移家汝州，在路上遇一僧人，为防止僧人打劫，韦生"素善弹，乃密于靴中取张卸弹，怀铜丸十余，方责僧"⑨。河洛地区的士人也穿靴子。郑綮《开天传信记》："（裴）宽子谞复为河南尹，素好谈谐，多异笔。尝有投牒，误书纸背。谞判云：'者畔似那畔，那畔似者畔。我不可辞与

---

① 《旧唐书》卷四十五《舆服志》，第1938—1958页。
② （唐）白居易著，顾学颉校点：《白居易集》卷三十四《东城晚归》，第777页。
③ （唐）白居易著，顾学颉校点：《白居易集》卷三十七《喜老自嘲》，第854页。
④ 吴在庆：《杜牧集系年校注》，中华书局2008年版，第1174页。
⑤ （清）董诰编，孙映逵等点校：《全唐文》卷七百三十，第4437页。
⑥ （唐）张鷟撰，赵守俨点校：《朝野佥载》卷一，第6—7页。
⑦ （唐）张鷟撰，赵守俨点校：《朝野佥载》卷三，第70页。
⑧ （唐）张鷟撰，赵守俨点校：《朝野佥载》卷五，第114页。
⑨ （宋）王谠撰，周勋初校正：《唐语林校正·辑佚》，第947页。

你判，笑杀门前着靴汉。'"① 这也是洛阳普通人穿靴的证据。《玄怪录》卷二《崔环》载："安平崔环者，司戎郎宣之子。元和五年夏五月，遇疾于荥阳别业。忽见黄衫吏二人，执帖来追，遂行数百步，入城。城中街两畔，官林相对，绝无人家，直北数里到门，题曰'判官院'。见二吏迤逦向北，亦有林木，袴靴秣头，佩刀头，执弓矢者，散立者，各数百人。"② 这是一则神怪故事，是社会生活在志怪小说中的反映。唐代戴孚《广异记》所记载的鬼怪故事中也有京兆武功人郜澄"尝因选集至东都"，最后在故乡遇鬼入阎罗殿"见一佛廪小胡，头冠毡帽，著麖靴，在厅上打叶钱"③。这些神怪故事在一定程度上是社会生活的映像，说明社会上普通人也可以穿靴。乾元二年（759）十月，李光弼与史思明在河阳三城作战，"及是击贼，常纳短刀于靴中，有决死之志，城上面西拜舞，三军感动"，并趁机收复怀州。④ 靴子的颜色根据《通典》记载，有乌皮靴、赤皮靴等。

6. 履。皇帝的鞋子有乌皮履、赤履。文官则穿黑色履，"诸文官七品以上朝服者……诸舄履并乌色，舄重皮底，履单皮底"⑤。官员也有乌皮履。普通的妇人、侍儿都可以着履。右尚署负责朝廷的"履舄之物"供应。至于说河洛地区民间履的穿用因史料甚少，略而不论。

汉唐时期，河洛地区纺织业迅速发展，体现在技术进步使纺织品的质量得到提升，名品迭出，为服饰制作提供了优质纺织品。服饰的花色品种琳琅满目，满足了社会各阶层的需求，一些名品服饰代代相传，成为河洛地区居民社会生活的必需品。从帽饰到衣裤鞋袜，从裙装到内衣，每一个时代都有传承与进步。由于河洛地区特殊的地理位置，来自北方草原地区的少数民族

---

① （唐）郑綮撰，丁如明校点：《开天传信记》，载上海古籍出版社编《唐五代笔记小说大观》，上海古籍出版社 2000 年版，第 1228 页。
② （唐）牛僧孺撰，程毅中点校：《玄怪录》卷二《崔环》，中华书局 1982 年版，第 28 页。
③ （唐）戴孚撰，方诗铭辑校：《广异记·郜澄》，第 151 页。
④ 《旧唐书》卷一百一十《李光弼传》，第 3309 页。
⑤ 《旧唐书》卷四十五《舆服志》，第 1945 页。

服饰对河洛地区的服饰产生了较大的影响，少数民族的服饰理念深入社会各阶层的服饰内，使河洛地区的服饰也开始向少数民族的样式靠拢。女性服饰从北魏到隋唐呈现出大胆奔放的开放风气。尚武风气的出现使女性服饰也开始出现了许多戎装化的趋势，与此相关的女性服饰的男性化倾向也很明显。

第三章　居住环境与建筑

汉唐时期，河洛地区是全国人口最为集中的地区之一。河洛地区复杂的地理环境对居民生活产生了很大影响，这里既有以普通房屋为主的居住区，也有以窑洞为主的居住区，更有二者过渡交叉的居住区。环境的影响使河洛地区居民的居住条件千差万别。通过对居住环境的考察，对不同环境下居住条件作一论述，以便完整展现河洛地区的社会生活。

第一节　居住环境

河洛地区地处从西部山地向东部平原的过渡地带，属于山地、丘陵、平原相间的地形。复杂的地理环境使河洛地区的居住环境面临许多问题，也因此导致了居住条件的千差万别。

一、山地的居住条件

河洛地区的山地主要分布在今天洛阳市、三门峡市和平顶山市等地市以及晋南的山地。从先秦到汉唐间的逐渐开发，山地的居住条件得到了很大改善，由原始的人烟稀少地区，发展到唐代成为达官贵人"别业"分布的地区。

汉代河洛地区山地的居住条件较先秦时期已经有了很大的改善，开始成为居民生活的重要地区。在汉代发生自然灾害时，皇帝经常发布"弛山泽"之禁的诏令，其目的就是允许民众在自然灾害严重之时，可以到过去为官府所控制的山中采集果实度过灾荒之年，但是山区经常有山崩等自然灾害，对民众生活的影响也是很明显的。如魏文侯二十六年，"虢山崩，壅河"。《正义》引《括地志》云："虢山在陕州陕县西二里，临黄河。今临河有冈阜，似是颓山之余也。"① 这说明临近黄河的山地虢山崩塌，壅塞河流，对人们的居住环境产生影响。

山地居住条件相对恶劣的环境，汉代人有深刻的认识，所谓"云气各象其山川人民所聚积"，正是这种意思的表达。《淮南子》卷四《墜形训》云：

> 土地各以其类生。是故山气多男，泽气多女，障气多喑，风气
> 多聋，林气多癃，木气多伛，岸下气多肿，石气多力，险阻气多瘿，
> 暑气多夭，寒气多寿，谷气多痹，丘气多狂，衍气多仁，陵气多贪，
> 轻土多利，重土多迟，清水音小，浊水音大，湍水人轻，迟水人重，
> 中土多圣人：皆象其气，皆应其类。②

虽然说《淮南子》所记述的情况是当时人们对全国范围整体山区形势的认识，但同样符合对河洛地区居住环境的认识。《史记》卷二十七《天官书》根据环境所总结的各地的居民性格虽然说有迷信的因素在内，但其中所蕴含的合理因素也是很明显的，从一个侧面反映了自然环境对居民居住条件的影响，具有一定的启发意义。

河洛地区对居住环境影响较大的山地有陆浑山、太行山、嵩山等。这些山地既是贫穷的民众居住地，也是隐士的隐居之地，同时也成为盗贼的盘踞地，到了唐代达官贵人多有别业修建。

首先，山地因为生活条件艰苦，多为贫穷的居民居住。张仪对韩王说："韩地险恶山居，五谷所生，非菽而麦，民之食大抵菽饭藿羹。一岁不收，收

---

① 《史记》卷四十四《魏世家》，第 1841 页。
② 何宁：《淮南子集释》，第 338—340 页。

不魇糟糠。地不过九百里，无二岁之食。"① 亦即在伏牛山腹地的韩国有大量的山地居民，因山居不仅食物匮乏，居住条件亦相当艰苦。再如，在春秋时期从敦煌迁到今伊川、嵩县的陆浑戎，所居之地陆浑山为"狐狸所居，豺狼所嗥"之地。山居因为面临巨大生存压力，所以山地居民在与自然环境抗争的同时，也养成了豁达开朗的性格，如郑国"土狭而险"，这里的民众"山居谷汲"，导致"男女亟聚会，故其俗淫"②。这里实际上是指郑国山居的居民在男女交往的过程中风气开放，完全没有平地居住的民众男女大防的严格。当然山居也有自然资源的便利，司马迁曾说："山居千章之材。"③ 亦有"山居千章之萩"之说。如淳云："言任方章者千枚，谓章，大材也。"乐产云："萩，梓木也，可以为辕。"孟康曰："萩任方章者千枚也。"师古曰："大材曰章。"④ 意即山居之人可以利用山地的木材而获利。山地居住的人有时是临时性的，如河南人卜式，"独取畜羊百余，田宅财物尽与弟"，卜式又"入山牧，十余年，羊致千余头，买田宅"⑤。可见在山中畜牧时卜式居住的是临时性的建筑，在放牧取得成功后，才又在平坦之处买田宅。元和四年（809）八月，尹纵之在中条山西峰遇见一王氏女性，"山居闲寂，颇积愁思"⑥。可见山居虽然寂静，但往往使人产生孤寂的情感。

其次，山地居住也成为隐士的理想之地。隐逸之人居住山地追求的是一种精神上的洒脱，而不考虑居住条件的好坏。《晋书》卷九十四《孙登传》云：

> 孙登字公和，汲郡共人也。无家属，于郡北山为土窟居之，夏则编草为裳，冬则被发自覆。好读《易》，抚一弦琴，见者皆亲乐

---

① 《史记》卷七十《张仪列传》，第2293页。
② 《汉书》卷二十八下《地理志下》，第1652页。
③ 《史记》卷一百二十九《货殖列传》，第3272页。
④ 《汉书》卷九十一《货殖传》，第3686页。
⑤ 《史记》卷三十《平准书》，第1431页。《汉书》卷五十八《卜式传》，第2624页。
⑥ （唐）牛僧孺撰，程毅中点校：《玄怪录》卷四《尹纵之》，第111页。

之。性无恚怒，人或投诸水中，欲观其怒，登既出，便大笑。时时
游人间，所经家或设衣食者，一无所辞，去皆舍弃。尝住宜阳山，
有作炭人见之，知非常人，与语，登亦不应。①

孙登在山地的住所条件非常艰苦，"于郡北山为土窟居之，夏则编草为裳，冬
则被发自覆"，孙登居住的山地并不固定，他后来又至苏门山（今河南省辉县
市），阮籍曾在山中遇到孙登，"与商略终古及栖神导气之术"。嵇康也曾在汲
郡山中遇见孙登，"康遂从之游"。后来又遇见王烈，"烈尝得石髓如饴，即自
服半，余半与康，皆凝而为石"②，可见隐居山区的隐士生活之艰苦。北魏宣
武帝时，隐士冯亮"至洛，隐居崧高"。"亮既雅爱山水，又兼巧思，结架岩
林，甚得栖游之适，颇以此闻"。在宣武帝的帮助下所建造的闲居佛寺"林泉
既奇，营制又美，曲尽山居之妙"③。冯亮虽然是隐居者，但因宣武帝的资助
所建造的隐居地已经很舒适了。殷绍描述自己在阳翟（今河南省禹州市）九
崖岩的隐居地"山居险难，无以自供，不堪窘迫"④，可见其居住环境仍然很
差。唐代初年，杜如晦的弟弟杜楚客隐居嵩山，所以在贞观四年（630）唐太
宗曾说"闻卿山居日久，志意甚高"，随即任命他为蒲州刺史。⑤ 王维隐居终
南山期间，作诗赠予隐居嵩山的张諲，《戏赠张五弟諲三首》之二有"张弟五
车书，读书仍隐居"，"闭门二室下，隐居十年余"⑥。张諲早年隐居嵩山，
《唐才子传》亦云："天宝中，谢官归故山偃仰，不复来人间矣。"⑦ 张諲从嵩
山走向官场，又回归嵩山隐居。李白《赠嵩山焦炼师》记述焦炼师"居少室
庐"，有"潜光隐嵩岳，炼魄栖云幄"⑧ 之句。这是焦炼师在嵩山隐居的描

①　《晋书》卷九十四《隐逸传·孙登》，第 2426 页。
②　《晋书》卷四十九《阮籍嵇康传》，第 1362、1370 页。
③　《魏书》卷九十《逸士传·冯亮》，第 1931 页。
④　《魏书》卷九十一《术艺传·殷绍》，第 1955 页。
⑤　《旧唐书》卷六十六《杜楚客传》，第 2470 页。
⑥　（唐）王维撰，陈铁民校注：《王维集校注》卷二，第 198 页。
⑦　孙映逵校注：《唐才子传校注》卷二《张諲传》，中国社会科学出版社 1991 年版，第 180 页。
⑧　郁贤皓校注：《李太白全集校注》，第 508—509 页。

述，山居是其生活场景的真实写照。绛州僧人释僧彻，"于孤山西阿造立堂宇，多树林木，颇得山居形胜"①。及至宋代，叶梦得总结山居的环境云："李翱习之论山居，以怪石、奇峰、走泉、深潭、老木、嘉草、新花、视远七者为胜。"② 这大约是指隐逸之士所选山居最为理想的环境条件。

再次，山地因地理环境险要，常为山贼盘踞之地，对山地居民的生活带来了不利的影响，影响山居民众的正常生活。西汉初年，刘邦定都洛阳，是年五月发布诏书："民前或相聚保山泽，不书名数，今天下已定，令各归其县，复故爵田宅。"③ 这些相聚保山泽的人多是当地地主，他们在山上或许建立起新的居住点。建武初年，"太行山中有剧贼"，鲍昱被任命为高都县长后，"遂讨击群贼，诛其渠帅，道路开通，由是知名"④。太行山中的"剧贼"，自然会对山居百姓生活造成影响。建武九年（33），郭伋任颍川太守，"招怀山贼阳夏赵宏、襄城召吴等数百人，皆束手诣伋降，悉遣归附农"。正因为郭伋的感召，"后宏、吴等党与闻伋威信，远自江南，或从幽、冀，不期俱降，骆驿不绝"⑤。当时为山贼者是贫穷的居民，山居之后必然裹挟山民。建安二十三年（218），陆浑县长张固按照朝廷的命令征调丁夫，当给役汉中。百姓都不愿远离故乡服役，"民孙狼等因兴兵杀县主簿，作为叛乱，县邑残破"。张固率领剩余的十余吏卒，依附胡昭居住，"招集遗民，安复社稷"。孙狼等人又向南依附关羽，关羽"授印给兵，还为寇贼，到陆浑南长乐亭，自相约誓"，不侵犯胡昭。⑥ 孙狼在陆浑山地区叛乱，给当地居民生活带来很大侵扰。隋炀帝大业末年，少林寺"为山贼所劫，僧徒拒之，贼遂纵火焚塔院"⑦。盘

---

① （唐）唐临撰，方诗铭辑校：《冥报记》卷上《唐释僧彻》，中华书局1992年版，第6页。

② （宋）叶梦得撰，徐时仪校点：《避暑录话》卷三，载《宋元笔记小说大观》，上海古籍出版社2001年版，第2632页。

③ 《汉书》卷一《高帝纪下》，第54页。

④ 《后汉书》卷二十九《鲍昱传》，第1021页。

⑤ 《后汉书》卷三十一《郭伋传》，第1092页。

⑥ 《三国志》卷十一《魏书·胡昭传》，第362页。

⑦ （清）董诰编，孙映逵等点校：《全唐文》卷二百七十九裴漼《少林寺碑》，第1686页。

踞在嵩山的山贼侵扰少林寺，塔院被焚，僧人生活受到影响。唐元和十年（815）七月，"李师道遣嵩山僧圆净结山贼与留邸兵，欲焚烧东都，先事败而祸弭"①。嵩山僧人勾结山贼欲进攻洛阳，焚烧东都，侵扰周边地区的居民当属必然。由此可见，山地因为险要的环境也成为聚众造反或者山贼的集结地。

　　最后，达官贵人在浅山丘陵地区优美的环境建立别墅以供修身养性也是山居的一大特色。《文史通义》卷八《外篇三·修志十议》云："若依岩之构，跨水之亭，谓之别业可，谓之正寝则不可。"② 可见达官贵人在浅山丘陵地区修建的别业是供修身养性的临时居住地，是相对于其正规的定居点而言的。唐代河洛地区经过长期开发，达官贵人的别业多分布在风景秀丽的山地。卢怀慎在东都洛阳有别业，唐玄宗幸东都，"车驾还京师，望见怀慎别业，方营大祥斋，悯其贫乏，即赐绢五百疋"③。这是唐玄宗出手帮卢怀慎建别业。狄仁杰为并州法曹，"其亲在河阳别业，仁杰赴任，于并州登太行，南望白云孤飞，谓左右曰：'吾亲所居，近此云下！'悲泣伫立，久之，候云移乃行"④。狄仁杰到并州就任法曹，站在太行山上，禁不住对亲人的挂念，南望河阳双亲的别业，久久不愿离去。唐玄宗开元十二年（724），洛阳人祖咏中进士，人生颠沛流离，后来"移家归汝坟间别业，以渔樵自终"⑤。祖咏《汝坟别业》亦记载自己的隐居生活云："失路农为业，移家到汝坟。独愁常废卷，多病久离群。鸟雀垂窗柳，虹霓出涧云。山中无外事，樵唱有时闻。"⑥ 可见恬适的生活使他身心大为放松。贞元二年（786），窦牟中进士，元和五年

---

① 《旧唐书》卷一百四十五《吴元济传》，第 3949 页。

② （清）章学诚撰，吕思勉评，李永圻、张耕华导读整理：《文史通义》，上海古籍出版社 2008 年版，第 286 页。

③ （唐）刘肃撰，许德楠、李鼎霞点校：《大唐新语》卷三《清廉第六》，第 51—52 页。

④ （唐）刘肃撰，许德楠、李鼎霞点校：《大唐新语》卷六《举贤第十三》，第 92 页。《旧唐书》卷八十九《狄仁杰传》："其亲在河阳别业，仁杰赴并州，登太行山，南望见白云孤飞，谓左右曰：'吾亲所居，在此云下。'瞻望伫立久之，云移乃行。"第 2885 页。

⑤ 孙映逵校注：《唐才子传校注》卷一《祖咏传》，第 110 页。

⑥ （清）彭定求等奉敕编，中华书局编辑部点校：《全唐诗》卷一百三十一，第 1134 页。

(810)，先后任虞部郎中、洛阳令、都官郎中、泽州刺史，最终官至国子司业，晚年跟随昭义军节度使卢从史，"从从史浸骄，牟度不可谏，即移疾归，居东都别业"①，远离政治斗争的尔虞我诈，不失为明智的选择。大中八年（854）八月十八日，相传裴玄静"在温县供道村李氏别业"升天。② 安史之乱后，李憕"丰于产业，伊川膏腴，水陆上田，修竹茂树，自城及阙口，别业相望，与吏部侍郎李彭年皆有地癖"③。从"别业相望"可以看出李憕应当有连续不断的别业群。天宝三载（744），韩朝宗为京兆尹，"于终南山下为苟家嘴买山居，欲以避世乱"，被发现后，从高平太守贬为吴兴别驾。④ 白居易隐居香山，在香山也有自己的别墅。李德裕修建的平泉别墅，留下的《平泉山居草木记》，更增添了山居的别样色彩。李德裕营造这片园林是想为自己更是为后人建造一片隐居养德，参禅避世的世外桃源。平泉山庄是一个物质的世界，这里有他踏遍千山搜罗而来的南方嘉物，但同时也承载着李氏的家族记忆、贬谪足迹、审美情趣、生命体验和对人生进退的思考。当然，达官贵人所选择的山地大都是一些地势相对平坦的、环境相对优越的地方，在这些地方建设别业，以供自己修身养性，显现出别具一格的情怀。

通过山居的情况分类可以看出，因为居住的主体不同，居住的内容与质量自然不一样。从严格意义上来讲，普通的山地居民生存条件较为艰苦，达官贵人在浅山丘陵地区建设别业，条件则相对较好，并在唐宋时期达到较高的水平。

二、平原地区居住条件

河洛地区的平原地区经过长期开发，成为汉唐时期社会经济最为发达的

---

① 孙映逵校注：《唐才子传校注》卷四《窦牟传》，第420页。
② （宋）李昉等：《太平广记》卷七十《女仙十五·裴玄静》引《续仙传》，第434页。
③ 《旧唐书》卷一百八十七下《忠义传下·李憕》，第4889页。
④ 《旧唐书》卷一百五《王铁传》，第3229页。

地方。这里的居住条件较之于山地要优越得多。平原地区的居民聚集点多在交通便利的地方，或集中在水源丰富的地方。至于说萧何"买田宅必居穷辟处，为家不治垣屋"①的思想，则完全是他对政治斗争深刻体悟后的认识。

首先，国家的国都选择多在平坦之处和水资源丰富之处。从先秦周公选择洛邑作为都邑就用古代相宅的理论进行选址。《尚书·周书·召诰》云："成王在丰，欲宅洛邑，使召公先相宅。""惟太保先周公相宅，越若来三月，惟丙午朏。越三日戊申，太保朝至于洛，卜宅。厥既得卜，则经营。越三日庚戌，太保乃以庶殷攻位于洛汭。越五日甲寅，位成。"《周书·洛诰》周公又云："予惟乙卯，朝至于洛师。我卜河朔黎水，我乃卜涧水东，瀍水西，惟洛食；我又卜瀍水东，亦惟洛食。伻来以图及献卜。"②通过相宅决定在洛邑建都。而且洛邑附近有便利的水资源和平坦的地势。"自洛汭延于伊汭，居易毋固，其有夏之居。"③到了西汉末年，王莽决定定都洛阳，"乃遣太傅平晏、大司空王邑之洛阳，营相宅兆，图起宗庙、社稷、郊兆云"④。最为典型的是北魏孝文帝迁都洛阳对都城地址的选择也充分考虑到地形、地貌和水资源的关系。⑤

至于说民间居住地的选择，也很关注地势和水资源的情况。为了选择到良宅，事先都要进行居住地的占卜，即相宅过程。如曹魏时期，魏舒的外祖父家宁氏在建住宅前就请相宅者进行风水观察。魏舒因为少孤，寄养在外家，"宁氏起宅"，让"相宅者"看风水。相宅之人说："当出贵甥。"外家"外祖母以魏氏甥小而慧，意谓应之"，乃着力培养，魏舒也非常争气，向外祖母表达了"当为外氏成此宅相"的决心。⑥此亦明在当事人的认知中，良宅的选择

---

① 《汉书》卷三十九《萧何传》，第 2012 页。

② （汉）孔安国传，（唐）孔颖达疏：《尚书正义》，李学勤主编《十三经注疏》整理本，第389—390、405 页。

③ 《史记》卷四《周本纪》，第 129 页。

④ 《汉书》卷九十九中《王莽传中》，第 4134 页。

⑤ 刘继刚：《北魏孝文帝迁都环境因素考论》，《中州学刊》2018 年第 10 期。

⑥ 《晋书》卷四十一《魏舒传》，第 1185 页。

的重要性。张刚在平定广陵民众反叛后，"亲为卜居宅，相田畴"①。虽然张刚所相之宅在广陵而非河洛地区，但由此可以看出张刚的思想应当是河洛地区的卜居理念在这里的进一步实施，因为张刚的祖籍虽然不在河洛地区，但他本人是在东汉都城洛阳成长起来的。在当时还发生了因卜居而杀人的事件。董宣为北海相，"以大姓公孙丹为五官掾。丹新造居宅，而卜工以为当有死者，丹乃令其子杀道行人，置尸舍内，以塞其咎。宣知，即收丹父子杀之"②。公孙丹作为北海相的属官，为了卜工的相宅之言，公然杀死无辜的行路人以塞咎，殊不知是以自己被处死应验了卜工之言，殊为可悲。由此来看，相宅已经由河洛地区普及到全国。《四民月令》中也有一些关于住宅修建的时间，应当是相宅术的进一步推广，其中，农历三月，"农事尚闲，可利沟渎，葺治墙屋，以待雨；缮修门户"；九月，"治场圃，涂囷仓，修窦窖"；"十月，培筑垣、墙，塞向，墐户"③。这应当是长时期生活经验的总结，因为早在春秋时期，《诗经·七月》篇即有"穹窒熏鼠，塞向墐户"的传统。关于汉代的相宅之术在《论衡》以及今人相关学术著作中都有论述，兹不赘。④

魏晋时期，嵇康曾经建议"若相宅质居，自东徂西"颇为盛行，嵇康说"若相宅质居，自东徂西而得"，乃"性命之宜"⑤。这说明相宅已经成为北方民族特色，即居住在黄河中下游地区的居民皆有相宅的传统。北魏孝文帝迁都洛阳之前的太和十七年（493）二月，天象呈现出火星、土星合于室星，"室星，先王所以制宫庙也，荧惑天视，填为司空，聚而谋之，其相宅之兆也"。且纬曰："人君不失善政，则火土相扶，卜洛之业庶几兴矣。"⑥ 可见相宅之术对北魏迁都也有影响。北魏末年，宦官刘腾"初治宅也，奉车都尉周

---

① 《后汉书》卷五十六《张纲传》，第 1819 页。
② 《后汉书》卷七十七《酷吏传·董宣》，第 2489 页。
③ （汉）崔寔原著，石声汉校注：《四民月令校注》，第 29、65、67 页。
④ （汉）王充：《论衡》卷二十五《诘术篇》，第 383 页。
⑤ 戴明扬校注：《嵇康集校注》卷八，人民文学出版社 1962 年版，第 271 页。
⑥ 《魏书》卷一百五之四《天象志四》，第 2427 页。

特为之筮，不吉，深谏止之，腾怒而不用"，刘腾因为周特占卜不吉，不采纳周特的风水说，结果周特私下对人说："必困于三月、四月之交。"不料一语成谶，刘腾果然在正光四年三月"至是果死"，而当时的住宅尚未完工，"厅事甫成，陈尸其下"①。刘腾因为不听从相宅者之言，也落得暴死的下场，与东汉时期的公孙丹何其相似，再次说明相宅术在时人心目中具有重要的地位。北魏迁都中原后继承了河洛地区的相宅风俗，充分证明了占卜术即相宅对社会生态的影响。隋唐时期，河洛地区的相宅术仍然存在并且在住宅建设方面多有使用。唐代杜审言《泛舟送郑卿入京》其诗有"相宅开基地，倾都送别人"②语，描述了相宅传统在洛阳周围的影响。

从都城的选址到普通居民住宅的选址，都需要占卜决定。相宅术从先秦延续到唐代成为河洛地区的选址传统。这其实是长期生活经验的积累，与农耕社会的价值追求有关，其目的都是为了家族兴旺，国泰民安。

第二节　住宅类型

汉唐时期是河洛地区社会经济迅速发展的时期，也是中国古代建筑走向成熟的时期。从普通住宅到楼房的变化已经不同于先秦时期的建筑形式。汉唐时期河洛地区的建筑类型可以分为庐舍类住宅、大型院落以及地主庄园和楼房等。

一、"庐舍"类住宅

秦汉时期的普通住宅主要是一般的民众所建，在社会上最为普及。普通住宅的特点是简约实用，一般有院落和一座房屋构成，是一堂二内的格局。汉文帝时，晁错建议政府移民北部边塞后，"先为筑室，家有一堂二内，门户

---

① 《魏书》卷九十四《阉官传·刘腾》，第2028页。
② （唐）杜审言著，徐定祥注：《杜审言诗注》，上海古籍出版社1982年版，第32页。

之闭置器物焉，民至有所居，作有所用，此民所以轻去故乡而劝之新邑也"。张晏曰："二内，二房也。"① 可见晁错的建议是将中原地区已经成熟的普通民众的建筑样式移植到边域地区。

汉唐时期，河洛地区的住宅往往以"庐舍"称之。早期的"庐舍"似乎与住宅关系不大，主要是与丧葬有关。《周礼·天官冢宰》云："大丧，则授庐舍，辨其亲疏贵贱之居。"郑玄注云："庐，倚庐也。舍，垩室也。亲者贵者居倚庐，疏者贱者居垩室。《杂记》曰：'大夫居庐，士居垩室。'"② 这显然是建在墓侧供参与大丧的大夫临时休息的场所。周厉王二十六年，大旱，"大旱既久，庐舍俱焚"③。这里的庐舍已经包括民众居住的房屋。汉代以后不同社会阶层庐舍的规模、形制都有严格规定。《潜夫论·浮侈篇》云："今京师贵戚，衣服、饮食、车舆、文饰、庐舍皆过王制，僭上甚矣。"④ 王符针对京师贵戚住宅"庐舍"越制的行为予以批评，显现出这一现象的严重性。其中外戚马防凭借特殊的身份，"多买京师膏腴美田，作大庐，近带城郭，妨困小民"⑤。可以说马防等人在京城洛阳买下大面积肥美的土地，建设超规模的庐舍，正是王符笔下"僭上甚矣"的真实写照。正因为庐舍是通用的住宅，历代官府对庐舍安全非常重视，西晋时期法律规定："贼燔人庐舍积聚，盗赃五匹以上，弃市。"⑥ 这是从法律的层面对"庐舍"等私有财产的保护。唐宪宗在位期间，对藩镇割据战争不休的状况颇为忧虑，曾多次颁布诏书保护庐舍，元和十四年（819）二月初七日，唐宪宗"敕淄青行营诸军，所至收下城

---

① 《汉书》卷四十九《晁错传》，第 2288 页。

② （汉）郑玄注，（唐）贾公彦疏：《周礼注疏》，李学勤主编《十三经注疏》整理本，第 76 页。

③ 王国维：《今本竹书纪年疏证》，载李民等《古本竹书纪年译注》，中州古籍出版社 1990 年版，第 287 页。

④ （汉）王符撰，（清）汪继培笺：《潜夫论》，第 149 页。

⑤ （宋）李昉等：《太平御览》卷八百二十一《资产部一·田》，第 3656 页。（汉）刘珍等撰，吴树平校注：《东观汉记校注》卷十二《马廖传》，中华书局 2008 年版，第 441 页。

⑥ 《晋书》卷三十《刑法志》，第 930 页。

邑，不得妄行伤杀，及焚烧庐舍，掠夺民财，开发坟墓。宜严加止绝。"① 这是对官府军队攻占城邑之后焚烧"庐舍"的约束。会昌三年（843）九月，唐武宗也下诏："其诸道进军，并不得焚烧庐舍，发掘坟墓，擒执百姓以为俘囚。"② 从某种意义上来说，这些诏令的颁布是从法律上解决军事行动不能毁坏庐舍，或借军事行动的名义毁坏庐舍。汉唐间河洛地区"庐舍"在黄河及其支流沿岸多有分布，在夏季洪涝频发的季节，中心城市洛阳附近的伊洛瀍涧等河流的泛滥对庐舍的损害最为严重，也引起历代政府的重视。

作为住宅，城市居民的住宅较之于农村居民住宅并不非常宽敞，显现出当时居民生活的基本状况。如在北魏时期，洛阳城居民的住宅大多比较狭小，"京师东西二十里，南北十五里，户十万九千余。庙社宫室府曹以外，方三百步为一里，里开四门；门置里正二人，吏四人，门士八人，合有二百二十里"③。以此推算，洛阳城内每一里平均住户为 496 户。当然这只是一个平均数，有的里坊平民住户远远超出这一数字。如建阳里"里内士庶二千余户"。有的里坊因达官贵人占据面积较大，里中的户口数就较少。如东安里，"里内有驸马都尉司马悦、济州刺史刀宣、幽州刺史李真奴、豫州刺史公孙骧等四宅"④。可见在京师内部平民住宅所占的面积也很小。住宅作为私有财产，因为种种原出因卖的现象较多。孝文帝太和四年（480），薛虎子曾上书指出因朝廷征调繁多，以至于百姓"或有货易田宅，质妻卖子"⑤ 的现象出现。李安世也上书指出："窃见州郡之民，或因年俭流移，弃卖田宅，漂居异乡，事涉

---

① 《旧唐书》卷十五下《宪宗纪下》，第 466 页。关于唐宪宗颁行的禁止军队士兵焚烧庐舍的诏书，《全唐文》卷五十七《讨吴元济制》、《全唐文》卷五十八《讨王承宗制》、《全唐文》卷六十二《讨淄青禁诸军扰民敕》等，都有收录。《全唐文》卷七十一唐文宗《绝王庭凑进奉诏》《讨王庭凑诏》，卷七十五《讨郑注优赏军士德音》也有禁止焚烧庐舍的诏令。此外，梁太祖《禁用军焚掠制》、后唐庄宗《徇刑洺魏博卫滑诸郡县令》与魏王继岌《喻蜀郡檄》等，均有禁止焚毁庐舍的诏令。

② 《旧唐书》卷十八上《武宗纪》，第 598 页。

③ （魏）杨衒之撰，周祖谟校释：《洛阳伽蓝记校释》卷五《城北》，第 227—228 页。

④ （魏）杨衒之撰，周祖谟校释：《洛阳伽蓝记校释》卷二《城东》，第 83—84 页。

⑤ 《魏书》卷四十四《薛虎子传》，第 997 页。

数世。"① 这足以说明普通民众住宅的不稳定性。即使贵为皇亲国戚，也有出卖田宅的现象，如孝文帝迁都洛阳后，对于鲜卑族的"旧贵"们"遂许冬则居南，夏便居北"。宣武帝时因为听信宠臣的谗言，"外人遂有还北之问，至乃牓卖田宅，不安其居"②。这一现象的存在显然不利于巩固迁都洛阳之后鲜卑民众的心理稳定，后来经过元晖的劝说，宣武帝才打消了这一念头。

在汉代已经形成了居民集中居住，房屋连在一起的现象。王充云："民间之宅，与乡亭比屋相属，接界相连。"③ 王充所言应当是全国普遍的现象。汉武帝初年，"河内失火，延烧千余家，上使（汲）黯往视之。还报曰：'家人失火，屋比延烧。'"④ 大火烧毁千余家的住宅，说明有连片分布的住宅。在汉代有"夫妻男女，赋之田宅，列其室屋"⑤ 之说。汉武帝末年，实行了"十二夫为田一井一屋"的耕作和居住制度。"屋比"而居的现象又称作"比屋"而居。东汉崔骃曾说："比屋为仁。"⑥ 比屋而居的现象在汉唐时期极为普遍。居摄三年（8），王莽在上奏文中有"唐、虞之时，可比屋而封"⑦，表明贤人之多。建武七年（31），杜诗为南阳太守，治理有方，"修治陂池，广拓土田，郡内比室殷足"。李贤注云："比室犹比屋也。"⑧ 正因为杜诗治理有方，史家用"比室殷足"描述境内的普遍丰足。外戚马防虽然独善其身，但教子无方，杨终写信劝诫，其中有"尧、舜之民，可比屋而封；桀、纣之民，可比屋而诛"⑨ 之语，可见从先秦以来集中居住，房屋连接成片的现象早已深

---

① 《魏书》卷五十三《李安世传》，第997页。

② 《北史》卷十五《元晖传》，第571页。

③ （汉）王充：《论衡》卷二十五《诘术篇》，第381页。

④ 《史记》卷一百二十《汲黯列传》，第3105页。

⑤ 《史记》卷一百二十八《龟策列传》，第3232页。

⑥ 《后汉书》卷五十二《崔骃传》，第1713页。

⑦ 《汉书》卷九十九上《王莽传上》，第4089页。《晋书》卷四十八《段灼传》亦云："由尧人可比屋而封也。"第1339页。《晋书》卷八十二《虞溥传》云："唐虞之时，皆比屋而可封。"第2139页。

⑧ 《后汉书》卷三十一《杜诗传》，第1094页。

⑨ 《后汉书》卷四十八《杨终传》，第1599页。

入人心。元嘉元年（151），梁冀因为"有援立之功"，在朝廷飞扬跋扈，爪牙遍布各地，下邳人吴树被任命为宛令，在向梁冀辞行时，梁冀"宾客布在县界，以情托树"。吴树对梁冀说："小人奸蠹，比屋可诛。"① 直接拒绝了梁冀的请托。比屋而的作为乡村居民点的住宅分布现象，是汉代乡村住宅的主要特色。

汉代所形成的比屋而居的传统成为后世农业社会的标志之一，比屋而居成为一种普遍现象。永嘉之乱发生后，出现了"王师累败，府帑既竭，百官饥甚，比屋不见火烟，饥人自相啖食"② 的惨象，人口大量逃亡或灭门绝户，形成乡村比屋空虚的现象。北魏迁都洛阳之后，佛教昌盛引发了一系列社会问题，特别是"民多绝户而为沙门"更是社会的普遍现象。有鉴于此，李瑒上书建议朝廷禁止这种现象，并且强调"若复听之，恐捐弃孝慈，比屋而是"③。李瑒将大量人口出家为僧提升到孝慈的高度来认识，显现出民众对连片居住的认识。到齐后主传为给幼主后，建德六年（577）二月灭北齐之后，周武帝诏书中有"伪齐末政，昏虐实繁，灾甚滔天，毒流比屋"④ 之语，描述齐后主的恶行对百姓的影响，与崔骃"比屋为仁"的现象形成了鲜明的对比。这一系列"比屋"的认识正反映了乡村房屋连片的事实。大业三年（607）六月，隋炀帝在下诏中赞美隋文帝统一天下后，"轻徭薄赋，比屋各安其业"⑤。不过到了隋炀帝时期，为了讨伐高丽"每年兴发，比屋良家之子，多赴于边陲，分离哭泣之声，连响于州县"⑥。这说明进攻高丽对普通民众的影响，使大量农业人口远赴边关参战。通过隋代前后两帝"比屋"两相对比，显现出乡村兴衰的真实境况。唐代普通民众的比屋居住是小农生活的常态。贞观十

① 《后汉书》卷三十四《梁冀传》，第1183页。
② 《晋书》卷二十六《食货志》，第783页。
③ 《魏书》卷五十三《李瑒传》，第1177页。
④ 《周书》卷六《武帝纪下》，第101页。
⑤ 《隋书》卷三《炀帝纪上》，第69页。
⑥ 《隋书》卷二十四《食货志》，第672页。

六年（642），唐太宗下诏云："今省徭赋，不夺其时，使比屋之人，恣其耕稼，此则富矣。"① 唐太宗用"比屋之人"形容农业人口从事农业生产的事实。宝应元年（762）十月，洛阳、郑州、汴州处于回纥与安史叛军交战地带，"比屋荡尽，士民皆衣纸"②。永泰元年（765），韦应物在任洛阳丞期间，目睹经过安史之乱后的河洛大地，赋《登高望洛城作》诗，其中有"膏腴满榛芜，比屋空毁垣"③ 之句，描述战争对农业所带来的摧毁，人口损失严重，通过"比屋"衰败的事实显现出战争对乡村的毁坏。乾宁二年（895）七月，河东节度使李克用进入关中地区讨伐凤翔节度使李茂贞，战争对关中地区造成了严重的影响，韩偓《乱后却至近甸有感》首联"狂童容易犯金门，比屋齐人作旅魂"④，将这场战争对关中地区东部农田荒废、人口锐减描绘得入木三分，可以说"比屋"的民众都变成游荡的孤魂。唐诗中也以"比屋"而居描述居民日常生活，严维《晦日宴游》云："为邦久无事，比屋自熙熙。"⑤ 严维用"比屋自熙熙"描述居民欢乐的生活。罗邺《牡丹》："落尽春红始著花，花时比屋事豪奢。买栽池馆恐无地，看到子孙能几家。"⑥ 罗邺由于名利场上一事无成，通过咏牡丹抒发心中的哀怨之情，但也无不警醒意义。白居易《两朱阁》云："青苔明月多闲地，比屋疲人无处居。"⑦ 这是"刺佛寺浸多也"而作诗，他的另一首《岁暮》有"洛城士与庶，比屋多饥贫；何处炉有火，谁家甑无尘"⑧。白居易通过"比屋多饥贫"将洛阳普通人家的贫穷生存状况展示得淋漓尽致。姚合《庄居野行》云："客行野田间，比屋皆闭户。

---

① （唐）吴兢编：《贞观政要》卷八《务农》，上海古籍出版社1973年版，第238页。

② 《资治通鉴》卷二百二十二《唐纪三十八·肃宗文明武德大圣大宣孝皇帝下之下》，第7135页。

③ （唐）韦应物著，陶敏、王胜友校注：《韦应物集校注》卷七《登眺》，上海古籍出版社1998年版，第423页。

④ （唐）韩偓著，陈继龙注：《韩偓诗注》卷三，学林出版社2000年版，第229页。

⑤ （清）彭定求等奉敕编，中华书局编辑部点校：《全唐诗》卷二百六十三，第2916页。

⑥ 何庆善、杨应芹注：《罗邺诗注》，上海古籍出版社1990年版，第3页。

⑦ （唐）白居易著，顾学颉校点：《白居易集》卷四《两朱阁》，第75页。

⑧ （唐）白居易著，顾学颉校点：《白居易集》卷二十九《岁暮》，第661页。

借问屋中人，尽去作商贾。官家不税商，税农服作苦。居人尽东西，道路侵垄亩。"① 这首诗将商业对农业的冲击作了形象描述。由此可见，唐代普通民众比屋而居是小农居住的常态。

河洛地区的普通民众比屋而居，正体现了农耕社会生存的基本情况。这种居住方式与汉唐城市内的里坊居住方式有相似的地方，但在农村这种比屋而居的方式更加开放，这也是农村生产与生活方式所决定的，也有利于封建统治者的管理。

二、"宅第"类住宅

从西汉开始，朝中权贵往往得赐宅第。这些得赐宅第者有的是皇亲国戚，有的是立有战功，有的则是皇帝宠臣。在封建皇权政治环境下，复杂的政治背景使某些与皇帝亲近的人员如宦官、乳母也得赐宅第，使享有特权的群体进一步扩大。这些特权阶层的宅第往往第门直接对着大道，不由里门出行，有些权贵宅第直接对着北阙。宅第往往有园林建筑相伴，池园美景与住宅合二为一。西汉时期长安达显贵的宅第，开启了东汉洛阳达官显贵宅邸的先河。

东汉时期，诸侯王在京师洛阳建有专门的邸第，"王侯邸第"成为洛阳城的特殊住宅。光武帝的外祖父家，"所起庐舍，皆有重堂高阁"②。有功于朝廷的特殊人物在洛阳也建有府第，窦融家族因在东汉初年助刘秀收复河西走廊有功，光武帝给予其家族颇高的待遇，"自祖及孙，官府邸第相望京邑，奴婢以千数，于亲戚、功臣中莫与为比"。窦融长子窦穆，尚内黄公主后，"拥富资，居大第"。而到汉和帝时，窦融曾孙窦宪、窦笃、窦景、窦瑰兄弟四人为所欲为，"四家竞修第宅，穷极工匠"③。"宪及其弟笃、景并起第宅，骄奢非

---

① （唐）姚合著，刘衍校：《姚合诗集校考》，岳麓书社1997年版，第72页。
② 《后汉书》卷二十三《樊宏传》，第1119页。
③ 《后汉书》卷二十三《窦融传》，第808、818页。

法，百姓苦之"，郅寿"遂因朝会讥刺宪等，厉音正色，辞旨甚切"①。从窦融到窦宪经过祖孙四代人，凭借与皇室的亲密关系，在京城洛阳建起连片宅第，奢华无比。又如外戚马防"大起第观，连阁临道，弥亘街路"②，在"宅第"极为壮观。汉安帝也曾"诏遣使者大为阿母修第"，杨震在上书中指出："伏见诏书为阿母兴起津城门内第舍，合两为一，连里竟街，雕修缮饰，窃极巧伎。今盛夏土王，而攻山采石，其大匠左校别部将作合数十处，转相迫促，为费巨亿。"宦官樊丰也乘安帝东巡岱宗之机，"竞修第宅"③。从汉安帝对阿母大兴土木修建豪宅，竟然形成"合两为一，连里竟街"的规模，皇宫中的宦官也趁机修建宅第。汉顺帝时，梁冀家族也极尽奢侈，"冀乃大起第舍，而寿亦对街为宅，弹极土木，互相夸竞。堂寝皆有阴阳奥室，连房洞户。柱壁雕镂，加以铜漆。窗牖皆有绮疏青琐，图以云气仙灵。台阁周通，更相临望。飞梁石蹬，陵跨水道"。梁冀"又起别第于城西，以纳奸亡。或取良人，悉为奴卑，至数千人，名曰'自卖人'"④。梁冀在京城所建的宅第极尽奢华，也有多处建设新的豪宅。梁冀灭后，宦官在桓帝的庇佑下，"皆竞起第宅，楼观壮丽，穷极伎巧"。汉灵帝时，宦官侯览"前后请夺人宅三百八十一所，田百一十八顷。起立第宅十有六区，皆有高楼池苑，堂阁相望，饰以绮画丹漆之属，制度重深，僭类宫省"，因而有"府署第馆，棋列于都鄙"之说。⑤宦官在洛阳建有府第，为了防止被发现乃欺骗汉灵帝说帝王"不得登高临观"。李贤注云："时宦官并起第宅，拟则宫室。帝尝登永安候台，宦官恐望见之，乃

① 《后汉书》卷二十九《郅寿传》，第 1033 页。《后汉书》卷四十三《何敞传》云："（和帝）诏使者为宪弟笃、景并起邸第，兴造劳役，百姓愁苦。"何畅上疏劝谏曰："盛春东作，兴动大役，元元怨恨，咸怀不悦。而猥复为卫尉笃、奉车都尉景缮修馆第，弥街绝里，臣虽斗筲之人，诚窃怀怪，以为笃、景亲近贵臣，当为百僚表仪。今众军在道，朝廷焦唇，百姓愁苦，县官无用，而遽起大第，崇饰玩好，非所以垂令德，示无穷也。宜且罢工匠，专忧北边，恤人之困。"结果"书奏不省"。第 1484 页。

② 《后汉书》卷二十四《马防传》，第 857 页。

③ 《后汉书》卷五十四《杨震传》，第 1764 页。

④ 《后汉书》卷三十四《梁冀传》，第 1182 页。

⑤ 《后汉书》卷七十八《宦官传》，第 2510 页。

使赵忠等谏曰：'人君不当登高，登高则百姓散离。'自是不敢复登台榭。"①
皇甫嵩在征讨张角起义时，路过邺城，"见中常侍赵忠舍宅逾制，乃奏没入
之"②。从东汉洛阳城内权贵所建的豪宅来看，这些豪宅的修建与使用具有临
时性的特点，随着朝廷政治的复杂化、皇权的更替，原来权贵的宅第随着家
族的覆亡又会重新更换新的主人，而且随着新的权贵的产生，皇帝为了这些
近臣，甚至以皇帝的名义为这些人重新修建新的宅第。当然，也有个别外戚
宅第简陋的情况，如光武帝阴皇后弟弟阴兴"第宅苟完，裁蔽风雨"③。这只
是个例，京城洛阳权贵的宅第还是以奢华居多。

　　魏晋时期，洛阳达官显贵的宅第也非常多。魏明帝时，秦朗深受魏明帝
宠信，"为起大第于京城中"④。魏明帝"思念舅氏不已"，所以"景初末，以
（甄）畅为射声校尉，加散骑常侍，又特为起大第，车驾亲自临之"⑤。这是
皇帝以国家的名义为近臣所建的府第。西晋时王公原则上要建自己的住宅。
晋武帝即位之初，王祥因年老致仕，因京城没有宅第，晋武帝赐王祥"第一
区"，因"家无宅宇，其权留本府，须所赐第成乃出"⑥。这是晋武帝允许王
祥在京城建住宅。除了王祥被赐"第一区"外，郑冲、贾充都获得了这一特
殊的赏赐。晋武帝还出钱为廉洁的官员建造住宅，常芝在晋武帝即位后，"转
镇东将军，晋爵为侯"，晋武帝因常芝"清忠履正"，"素无居宅，使军兵为作
屋五十间"⑦。泰始十年（274），身兼侍中、太尉、代行太子太傅身份的荀颛
死后，晋武帝下诏："太尉不恤私门，居无馆宇……其赐家钱二百万，使立宅
舍。"⑧ 这是皇帝出钱为其建宅第。咸宁四年（278），卢钦死后，晋武帝"以

① 《后汉书》卷八《孝灵帝纪》，第359页。
② 《后汉书》卷七十一《皇甫嵩传》，第2304页。
③ 《后汉书》卷三十二《阴兴传》，第1130页。
④ 《三国志》卷三《魏书·明帝纪》裴注引《魏氏春秋》，第101页。
⑤ 《三国志》卷五《魏书·后妃传》，第163页。
⑥ 《晋书》卷三十三《王祥传》，第988页。
⑦ 《晋书》卷九十《良吏传·鲁芝》，第2329页。
⑧ 《晋书》卷三十九《荀颛传》，第1151页。

钦忠清高洁，不营产业，身没之后，家无所庇，特赐钱五十万，为立第舍"①。太康四年（273），山涛死后，"旧第屋十间，子孙不相容"，晋武帝又重新"为之立室"②。上述所记述的是皇帝出面为大臣修建宅第的典型事例，表明了达官显贵所享受的待遇。

晋武帝灭吴后，进一步规范了王公贵族的住宅标准。"国王公侯，京城得有一宅之处"，"城内无宅城外有者，皆听留之"③。有的人不仅有一处宅第，还可以建多处宅第。如裴楷"尝营别宅，其从兄衍见而悦之，即以宅与衍"④。还有的官员命令属下为其修建宅第，王戎"坐遣吏修园宅，应免官，诏以赎论"⑤。齐王冏辅政时，"大兴第舍，骄奢滋甚"，嵇绍批评他"毁败太乐以广第舍，兴造功力为三王立宅"⑥。刘寔清廉，"虽处荣宠，居无第宅"，永嘉三年，晋怀帝赐"宅一区"⑦。官员修建宅第，有的人还广占田土，侵占他人宅第，太中大夫恬和上表请求加以限制，李重则提出反对意见，认为"人之田宅既无定限"⑧ 的意见。官员还可以根据情况选择宅第的地点。王济被排挤出朝廷后"于是乃移第北芒山下"⑨。毌丘俭谋反失败后，其女所嫁的仲武"出其妻，娶王氏，生陶，仲武为毌丘氏别舍而不告绝"⑩。官员还可以在住宅附近建造一些附属设施，如华廙因迕旨被免官，"与陈勰共造猪栏于宅侧"，又经营首蓿园，"阡陌甚整"⑪。普通官员虽然住宅简单，但多有庭院供晾晒衣物所用。如阮籍家族，"咸与籍居道南，诸阮居道北，北阮富而南阮贫。七月七

① 《晋书》卷四十四《卢钦传》，第 1255 页。
② 《晋书》卷四十三《山涛传》，第 1227 页。
③ 《晋书》卷二十六《食货志》，第 790 页。
④ 《晋书》卷三十五《裴楷传》，第 1048 页。
⑤ 《晋书》卷四十三《王戎传》，第 1232 页。
⑥ 《晋书》卷九十八《忠义传·嵇绍》，第 2299 页。
⑦ 《晋书》卷四十一《刘寔传》，第 1197 页。
⑧ 《晋书》卷四十六《李重传》，第 1310 页。
⑨ 《晋书》卷四十而《王济传》，第 1206 页。
⑩ 《晋书》卷二十《礼志中》，第 639 页。
⑪ 《晋书》卷四十四《华廙传》，第 1261 页。

日，北阮盛晒衣服，皆锦绮粲目，咸以竿挂大布犊鼻于庭，人或怪之，答曰：'未能免俗，聊复尔耳。'"① 虽然这是阮咸等人洒脱的一种表现，但也反映了官员的住宅之简单。又如嵇康"性绝巧而好锻。宅中有一柳树甚茂，乃激水圜之，每夏月，居其下以锻"②。庭院还通水说明其环境之优雅。西晋时弘农湖人王濬"尝起宅，开门前路广数十步"。当有人指出其所建的路太宽时，他说："吾欲使容长戟幡旗。"结果引起众人的耻笑。③

北魏时期，一些官员在洛阳的宅第富丽堂皇，堪与皇宫媲美。太和末年，北海王元详倚仗权势，"建饰第宇，开起山池，所费巨万矣。又于东掖门外，大路之南，驱逼细人，规占第宅"，甚至"丧枢在堂，请延至葬而不见许，乃令舆榇巷次，行路哀嗟"④。李彪曾针对官员住宅豪奢的景象，指出"广宅高宇"危害颇大，"臣愚以为第宅车服，自百官以至于庶人，宜为其等制，使贵不逼贱，卑不僭高，不可以称其侈意，用违经典"⑤，建议朝廷加以遏制。到宣武帝即位后，官员的住宅修建愈加奢华，造成了社会上奢侈风俗的进一步盛行。宣武帝为宠臣赵修"广增宅舍，多所并兼，洞门高堂，房庑周博，崇丽拟于诸王"⑥。神龟年间，宦官刘腾"既权重，吞并邻宅，增广旧居"，只有王琼"终不肯与"，结果王琼"以此久见抑屈"⑦。《洛阳伽蓝记》卷一《城内》描述刘腾的住宅云："屋宇奢侈，梁栋逾制，一里之间，廊庑充溢，堂比宣光殿，门匹乾明门，博敞弘丽，诸王莫及也。在西阳门内御道北，所谓延年里刘腾宅。"薛裔生活在宣武帝时期，"性豪爽，盛营园宅，宾客声伎，以恣嬉游"⑧。社会的长期稳定引发了社会上层的奢靡之风，当时还发生了官员

① 《晋书》卷四十九《阮咸传》，第 1362 页。
② 《晋书》卷四十九《嵇康传》，第 1372 页。
③ 《晋书》卷四十二《王濬传》，第 1207 页。
④ 《魏书》卷二十一上《献文六王传·北海王元详》，第 561 页。
⑤ 《魏书》卷六十二《李彪传》，第 1383 页。
⑥ 《魏书》卷九十三《恩幸传·赵修》，第 1999 页。
⑦ 《魏书》卷三十八《王琼传》，第 878 页。
⑧ 《魏书》卷四十二《薛胤传》，第 943 页。

"窃官材瓦起立私宅"① 的现象。虽然受到舆论的鄙视，但也说明当时有的官员之贪得无厌。宣武帝时，王椿"僮仆千余，园宅华广，声妓自适，无乏于时"。又说王椿"于宅构起厅事，极为高壮"。寇猛也是"宅宇高华，妾隶充溢"②。高阳王元雍的"居止第宅，匹于帝宫"，"白殿丹槛，窈窕连亘；飞檐反宇，轇轕周通"，"其竹林鱼池，侔于禁苑，芳草如积，珍木连阴"，极尽奢华。③ 而清河王元怿的住宅，"第宅丰大，逾于高阳"，"西北有楼，出凌云台，俯临朝市，目极京师，古诗所谓：'西北有高楼，上与浮云齐'者也。楼下有儒林馆、延宾堂，形制并如清暑殿，土山钓台，冠于当世。斜峰入牖，曲沼环堂。树响飞嘤，阶丛花药"④。从北魏官员在洛阳所建宅第来看，其奢华与幽美并存，在喧嚣中透露出都市的幽静。有些官员的奢靡行为引起正直官员的反感，以杨椿为代表的官员就诫勉子孙清正廉洁。杨椿说："吾今日不为贫贱，然居住舍宅不作壮丽华饰者，正虑汝等后世不贤，不能保守之，方为势家作夺。"⑤ 但据《洛阳伽蓝记》卷二《城东》记载其住宅"制饰甚美，绮柱朱帘"⑥，似乎并非如杨氏自己所言。

隋代官员在河洛地区的住宅也非常豪华。杨素"东、西二京，居宅侈丽，朝毁夕复，营缮无已。爰及诸方都会处，邸店、水硙并利田宅以千百数，时议以此鄙之"⑦。唐中宗女儿"长宁公主，韦庶人所生，下嫁杨慎交。造第东都，使杨务廉营总。第成，府财几竭，乃擢务廉将作大匠"，"东都废永昌县，主丐其治为府，以地濒洛，筑鄣之，崇台、蜚观相联属。无虑费二十万。魏王泰故第，东西尽一坊，潴沼三百亩，泰薨，以与民。至是，主丐得之，亭

---

① 《魏书》卷四十五《杜铨传》，第1019页。
② 《魏书》卷九十三《恩幸传》，第1992—1998页。
③ （魏）杨衒之撰，周祖谟校释：《洛阳伽蓝记校释》卷三《城南》，第138页。
④ （魏）杨衒之撰，周祖谟校释：《洛阳伽蓝记校释》卷四《城西》，第143—144页。
⑤ 《魏书》卷五十八《杨椿传》，第1289页。
⑥ （魏）杨衒之撰，周祖谟校释：《洛阳伽蓝记校释》卷二《城东》，第103页。
⑦ 《隋书》卷四十八《杨素传》，第1292页。

阁华诡垮西京。"① 长宁公主凭借独特的政治地位，在东都洛阳建起奢华府第，占有了一坊之地，因靠近洛水，修建堤坝防止水淹，正因为靠近洛水的便利条件，其府第中有三百亩的水域面积，崇台、蜚观、亭阁奢华程度远超长安的达官贵人宅第。张弘靖在东都思顺里的住宅"盛丽甲当时，历五世无所增葺，时号'三相张家'"②。因为张嘉贞相玄宗，张延赏相德宗，张弘靖相宪宗，数代人在洛阳居住，住宅"盛丽甲当时"，也是一时无两的豪华宅邸。裴度在东都的别墅盛极一时，《旧唐书》卷一百七十《裴度传》云：

> 自是，中官用事，衣冠道丧。度以年及悬舆，王纲版荡，不复以出处为意。东都立第于集贤里，筑山穿池，竹木丛萃，有风亭水榭，梯桥架阁，岛屿回环，极都城之胜概。又于午桥创别墅，花木万株；中起凉台暑馆，名曰"绿野堂"。引甘水贯其中，酾引脉分，映带左右。

裴度在洛阳集贤里所建的宅第，有假山水池，竹木掩映，足以看出当时裴度住宅之奢华。

从汉唐时期河洛地区权贵"宅第"的基本情况来分析，可以看出其鲜明的历史特点，即不稳定性。在皇帝宠信其家族的时候，利用皇帝的权威，某些家族形成了盘根错节的势力，趁机大建豪宅，有时甚至侵吞百姓的土地，逼迫小民拆除住宅而为其建宅。而当政治风云发生变化之时，某些家族就会面临失势的可能，有的家族不得不让出宅第，有的家被查抄，宅第不保。再次显现出封建政治的残酷无情。

三、田庄—园林—庄园风貌

作为达官贵人休闲与居住的场所，汉唐时期河洛地区的庄园值得关注。

---

① 《新唐书》卷八十三《中宗八女传·长宁公主》，第3653页。
② 《新唐书》卷一百二十七《张延赏传》，第4449页。《旧唐书》卷一百二十九《张延赏传》云："亭馆之丽，甲于都城。"第3613页。

作为在中国中世纪出现的一种新的住宅形式，秦汉魏晋南北朝到隋唐时期，发展迅速，由开始时期的个别现象，发展到后来成为一种趋势。

（一）汉晋时期的初步形成

西汉时期洛阳近郊就有富人的庄园存在。《西京杂记》卷三《袁广汉移园亭之侈》云：

> 茂陵富人袁广汉，藏镪巨万，家僮八九百人。于北邙山下筑园，东西四里，南北五里，激流水注其内，构石为山，高十余丈，连延数里，养白鹦鹉、紫鸳鸯、牦牛、青兕，奇兽怪禽，委积其间。积沙为洲屿，激水为波潮。其中致江鸥海鹤，孕雏产鷇，延蔓林池，奇树异草，靡不具植。屋皆徘徊连属，重阁修廊，行之移晷，不能遍也。广汉后有罪诛，没入为官园，鸟兽草木，皆移植上林苑中。①

关于袁广汉在北邙山下筑园的情况，学术界的认识有所差异，陈直先生认为："自咸阳北面高原起，至兴平一带，农民皆称之为北邙坂，而《西京杂记》正用口头语，与洛阳'北邙山'名同实异。"② 何清谷先引用姜开任的观点："袁广汉园林遗址在今陕西兴平县城北门外。"③ 日本人冈大路认为："《陕西通志》也有这样的描述，说是在北邙山下筑园，一定是在洛阳，因为这个没收入官后将鸟兽草木移入上林苑，大概由于这个缘故所以记入《陕西通志》一书中。"④ 果如冈大路所言，在洛阳近郊是有私人园林存在的。在河南境内梁孝王修建的园林别具一格。梁孝王"筑东苑，方三百余里"。梁孝王又有兔苑，《括地志》云："兔园在宋州宋城县东南十里。"⑤ 《西京杂记》卷二云："梁孝王好营宫室苑囿之乐，作曜华之宫，筑兔园。园中有百灵山，山有肤寸

---

① （晋）葛洪：《西京杂记》，第 18 页。
② 陈直：《三辅黄图校证》卷四《苑囿》，陕西人民出版社 1980 年版，第 85 页。
③ 何清谷：《三辅黄图校释》卷四《苑囿》，中华书局 2005 年版，第 234 页。
④ ［日］冈大路著：《中国宫苑园林史考》，常瀛生译，农业出版社 1988 年版，第 46 页。
⑤ 《史记》卷五十八《梁孝王世家》，第 2083 页。

石，落猿岩、栖龙岫。又有雁池，池间有鹤洲凫渚，其诸宫观相连，延亘数十里，奇果异树，瑰禽怪兽毕备，王日与宫人宾客弋钓其中。"① 梁孝王修建的苑囿是权贵在河洛地区修建园林的典型代表。汉武帝时，灌夫在其故乡颍阴占据了大量田产，"陂池田园，宗族宾客为权利，横于颍川"②。灌夫在颍川所占据的土地修建田园，可能就是类似后来的田庄。

东汉时期，河洛地区达官贵人所建的园林建筑更为可观，特别是外戚等权贵所建的园林建筑风靡一时。如梁冀不仅建筑规模宏大的住宅，而且修建园林，"广开园圃，采土筑山，十里九坂，以像二崤，深林绝涧，有若自然，奇禽驯兽，飞走其间"。为了体验这种优裕的生活，梁冀与妻子"共乘辇车，张羽盖，饰以金银，游观第内，多从倡伎，鸣钟吹管，酣讴竟路。或连继日夜，以骋娱恣"。梁冀不仅在洛阳城内大规模修建宅园，而且在河洛地区广建其他类型的园林，"又多拓林苑，禁同王家，西至弘农，东界荥阳，南极鲁阳，北达河、淇，包含山薮，远带丘荒，周旋封域，殆将千里。又起菟苑于河南城西，经亘数十里，发属县卒徒，缮修楼观，数年乃成"。而这一切完全是梁冀倚仗权势霸占民田而修建起来的，所以梁冀败亡后，朝廷"散其苑囿，以业穷民"③。《四民月令》关于东汉时期河洛地区地主田庄的整体情况的记述，对于认识东汉地主田庄的园林有重要的参考价值。

魏晋时期，庄园建设值得称道的是西晋时期洛阳达官贵人的庄园。如石崇在洛阳建有金谷园，"有别馆在河阳之金谷，一名梓泽"④，中有凉台、清流等美景。石崇《金谷诗序》云："有别庐在河南县界金谷涧中，去城十里，或高或下，有清泉茂林、众果竹柏、药草之属，金田十顷、羊二百口，鸡猪鹅鸭之类，莫不毕备。又有水碓、鱼池、土窟，其为娱目欢心之物备矣。"金谷

---

① （晋）葛洪：《西京杂记》，第 15 页。
② 《史记》卷一百七《魏其武安侯列传》，第 2847 页。
③ 《后汉书》卷三十四《梁冀传》，第 1186 页。
④ 《晋书》卷三十三《石崇传》，第 1006 页。

园幽美的园林景致成为石崇流连忘返的休闲之地。一般情况下，石崇多在其中宴请宾客。① 石崇在《思归叹序》中记述自己五十岁时"以事去官。晚节更乐放逸，笃好林薮，遂肥遁于河阳别业。其制宅也，却阻长堤，前临清渠。百木几于万株，流水周于舍下。有观阁池沼，多养鱼鸟"②。现存金谷诗会的诗对石崇金谷园赞美有加，潘岳《金谷集作诗》云："王生和鼎实，石子镇海沂。亲友各言迈，中心怅有违。保以叙离思，携手游郊畿。朝发晋京阳，夕次金谷湄。回溪萦曲阻，峻阪路威夷。绿池泛淡淡，青柳何依依。滥泉龙鳞澜，激波连珠挥。前庭树沙棠，后园植乌萌。灵囿繁石榴，茂林列芳梨。饮至临华沼，迁坐登隆坻。玄醴染朱颜，但愬杯行迟。扬桴抚灵鼓，箫管清且悲。春荣谁不慕？岁寒良独希。投分寄石友，白首同所归。"③ 在表达依依不舍的离别心境时，对金谷园的景致进行了浓墨重彩的描绘，使人有身临其境的感觉。而在西晋八王之乱中，石崇也是在这里被抓走后结束生命的。《晋书》卷三十三《石崇传》云：

> 时赵王伦专权，崇甥欧阳建与伦有隙。崇有妓曰绿珠，美而艳，善吹笛。孙秀使人求之。崇时在金谷别馆，方登凉台，临清流，妇人侍侧。使者以告。崇尽出其婢妾数十人以示之，皆蕴兰麝，被罗縠，曰："在所择。"使者曰："君侯服御丽则丽矣，然本受命指索绿珠，不识孰是？"崇勃然曰："绿珠吾所爱，不可得也。"使者曰："君侯博古通今，察远照迩，愿加三思。"崇曰："不然。"使者出而又反，崇竟不许。秀怒，乃劝伦诛崇、建。崇、建亦潜知其计，乃与黄门郎潘岳阴劝淮南王允、齐王冏以图伦、秀。秀觉之，遂矫诏收崇及潘岳、欧阳建等。崇正宴于楼上，介士到门。崇谓绿珠曰："我今为尔得罪。"绿珠泣曰："当效死于官前。"因自投于楼下而死。

---

① （清）严可均校辑：《全晋文》卷三十三，中华书局 1958 年版，第 1651 页。
② （清）严可均校辑：《全晋文》卷三十三，第 1650 页。
③ 王增文校注：《潘黄门集校注》，第 270 页。

250

　　崇曰："吾不过流徙交、广耳。"及车载诣东市。

通过这件事情可以看出，在复杂的政治斗争中，即使达官贵人也难以保护自己的园林。又如《世说新语·俭啬》记述王戎，"既贵且富，区宅、僮牧，膏田水碓之属，洛下无比。契书鞅掌，每与夫人烛下散筹算计"，"王戎有好李，卖之，恐人得其种，恒钻其核"。再如"和峤性至俭，家有好李，王武子求之，与不过数十。王武子因其上直，率将少年能食之者，持斧诣园，饱共啖毕，伐之，送一车枝与和公"①。这些权贵们利用所掌握的财富，建成园林与住宅合为一体的园林建筑，是魏晋时期河洛地区住宅园林化的体现。

　　魏晋时期，河洛地区复杂的政治斗争形势使更多的文人开始思考人生的意义，特别是魏晋名士以独有的避世态度来傲视权贵。在生活态度上，以放荡不羁、个性张扬而自立于社会。为了修身养性的需要，修建了集园林、住宅、生产等于一体的庄园性的园林建筑。毕竟因个人的财力有限，不可能一如皇家园林那样奢华大气，园林建筑者只有在园林内部进行雕琢，经过精心设计，使其具备了既有皇家园林的风格，也有私家园林的隽永秀美，再融入文化的因素，使其更加具备了风雅的文化意蕴。

（二）北魏时期的融合发展

　　北魏迁都洛阳以后，河洛地区的私家园林更具特色。以《洛阳伽蓝记》为例，出现了许多权贵舍宅为寺的情况，寺院园林大多是由权贵的园林转变而来，对其考察可以看出私家园林发展的特色，亦可以看出佛教对居民生活的影响。

1. 寺院园林的植物

　　寺院园林作为寺院的组成部分，在寺院中具有举足轻重的地位，寺院因之而具备了高雅、圣洁的氛围，葱郁的园林风光进一步衬托出了寺院的静谧

---

① 徐震堮:《世说新语校笺》，第 466 页。

与神圣，这一切都与寺院园林的植物是密不可分的。中国园林发生突变的时代是在唐代，在此之前，中国园林大多属于达官贵人所兴建，这些园林所呈现出的是奢靡的特色，树种也无后期的庞杂，但由于南北交流的逐步进行，南方的一些植物开始在北方栽培，园林中树种驳杂的迹象业已出现。当时的寺院园林植物分为两大类，即树木和花草，兹分别考述如下。

其一，树木类

栝树：栝树实际上是指桧树，亦称刺柏。这是一种常绿乔木，幼树的叶子像针，大树的叶子像鳞片，雌雄异株，果实呈球形。因常年成绿色，故而常常被用作绿化环境。《尔雅》曰："桧，柏叶松身。"《尚书》卷二《夏书·禹贡》云："杶干栝柏。"蔡沈注云："栝木，柏叶松身。"《诗经·国风·鄘风·竹竿》中有"桧楫松舟"之句，朱熹注云："桧，木名，似柏。"由此可知，自先秦以来栝树已经被人们所重视。北魏时洛阳的永宁寺就植有栝树，"栝柏椿松"即其谓也。

柏树：柏树属于常青乔木，叶片鳞状，果实球形。《尔雅》曰："柏，椈也。"《诗经·国风·邶风·柏舟》言："泛彼柏舟，亦泛其流。"《鄘风·柏舟》亦言："泛彼柏舟，在彼中河。"言柏之用。柏树作为坚硬的木材，常常被用来作舟楫。在陵寝上多有栽种，取其长久之意，寄托人们对先人的长久思念。北魏洛阳的寺院园林中除了永宁寺以外，凝玄寺也"竹柏成林"。

松树：松树的栽培与柏树一样除了具有长久之意外，因松树具有常青的特点，在北魏的园林中也多有栽种，永宁寺中即栽有松树，正始寺中"青松绿桱，连枝交映。"景明寺中"松竹兰芷"。宝光寺中有一水池，"青松翠竹，罗生其旁"。永明寺"檐拂高松"。

桱树：桱树即桱柳，亦称三春柳或红柳。《尔雅》曰："桱，河柳。"正始寺中即栽有"绿桱"。

椿树：椿树属于落叶乔木，花白色，嫩叶可食。永宁寺中"栝柏椿松，扶疏檐溜。"

桑树：桑树在北方地区种植广泛，主要与当时北方地区桑蚕业的发达有关。北魏洛阳寺院中所栽培的桑树可以说是北方地区种桑的反映，如愿会寺"佛堂前生桑树一株，直上五尺，枝条横绕，柯叶傍布，形如羽盖。复高五尺，又然。凡为五重，每重叶椹各异，京师道俗谓之神桑"①。

枳树：《周礼·考工记》云："橘逾淮而北为枳……地气然也。"正始寺中"多有枳树，而不中食"。此即说明在洛阳寺院中所种植的枳树是用来观赏的。

其二，果树类

北魏洛阳作为都城之所在，果树类的种植相当广泛，如昭仪尼寺"堂前有酒树面木"，这也是当时的一奇异树种。② 关于酒树，梁代西南的顿逊国"又有酒树，似安石榴，采其花汁停瓮中，数日成酒"③。在交州地区的椰子树的果实也可以酿酒，《交州记》云："椰子有浆。截花，以竹筒承其汁，作酒饮之，亦醉也。"④ 所谓的面树，史籍多有记载，《后汉书》卷八十六《西南夷传·夜郎》记载牂柯郡"句町县有桄桹木，可以为面，百姓资之"。李贤注引《临海异物志》曰："桄桹木外皮有毛，似栟榈而散生。……皮中有似捣稻米片，有似麦面，中作饼饵。"《广志》曰："桄桹树大四五围，长五六丈，洪直，旁无枝条，其颠生叶不过数十，似棕叶，破其木肌坚难伤，入数寸得面，赤黄密致，可食。"⑤《博物志》云："蜀中有树名桄榔，皮里出屑如面，用作饼，食之，谓之桄榔面。"⑥《交州记》曰："都勾树，似栟榈。木中出屑如面，可啖。"同卷引《吴录·地理志》曰："交趾有穰木，其皮中有如白米屑者，干，捣之，以水淋之，似面，可作饼。"⑦ 至于洛阳寺院园林中的酒树面

---

① （魏）杨衒之撰，周祖谟校释：《洛阳伽蓝记校释》卷一《城内》，第61页。
② （魏）杨衒之撰，周祖谟校释：《洛阳伽蓝记校释》卷一《城内》，第60页。
③ 《梁书》卷五十四《海南诸国·扶南国传》，第787页。
④ 缪启愉、缪桂龙：《齐民要术译注》卷十《五谷、果蓏、菜茹非中国物产者》，第738页。
⑤ 《后汉书》卷八十六《西南夷·夜郎传》，第2845页。
⑥ （宋）李昉等：《太平御览》卷九百六十《木部九·桄榔》，第4261页。
⑦ 缪启愉、缪桂龙：《齐民要术译注》卷十《五谷、果蓏、菜茹非中国物产者》，第841、835页。

木为哪一种树木，则无法确知，不过可以断定这类树种是南方地区移栽于北方的。

除了南方地区的树种之外，在北魏洛阳的寺院园林中所栽培的果树多是可食用的。如景林寺"寺西有园，多饶奇果"①。又如灵应寺"时园中果菜丰蔚，树木扶疏"②。再如劝学里"里内有大觉、三宝、宁远三寺。周回有园，珍果出焉，有大谷梨承光之奈。承光寺亦多果木，奈味甚美，冠于京师"③。白马寺"浮图前柰林蒲萄异于余处，枝叶繁衍，子实甚大。柰林实重七斤，蒲萄实伟于枣，味并殊美，冠于中京。帝至熟时，常诣取之。或复赐宫人，宫人得之，转饷亲戚，以为奇味。得者不敢辄食，乃历数家。京师语曰：'白马甜榴，一实直牛。'"④ 史书中所记载的"京师寺皆种杂果"，"伽蓝之内，花果蔚茂"，概非虚言。

其三，花草类

北魏洛阳寺院园林中所种植的花草，是用来美化环境的。所种植的花草有竹子、香草、合欢、鸡头鸭脚之草、蓷蒲菱藕、兰、菊、萍。如永宁寺中有"蓷竹香草，布护阶墀"。瑶光寺的"珍木香草，不可胜言。牛筋狗骨之木，鸡头鸭脚之草，亦悉备焉。"景林寺"芳杜匝阶"⑤。高阳王寺"芳草如积，珍木连阴"⑥。宝光寺"葭菼被岸，菱荷覆水，青松翠竹，罗生其旁"。大觉寺"兰开紫叶，秋霜降草，则菊吐黄花"。永明寺"庭列修竹，檐拂高松，奇花异草，骈阗阶砌"⑦。在东阳门外的御道北晖文里，"中有五层浮图一所"，可与永宁寺相匹配，"诵室禅堂，周流重迭，花林芳草，遍满阶墀"⑧。

---

① （魏）杨衒之撰，周祖谟校释：《洛阳伽蓝记校释》卷一《城内》，第 65 页。
② （魏）杨衒之撰，周祖谟校释：《洛阳伽蓝记校释》卷二《城东》，第 81 页。
③ （魏）杨衒之撰，周祖谟校释：《洛阳伽蓝记校释》卷三《城南》，第 124 页。
④ （魏）杨衒之撰，周祖谟校释：《洛阳伽蓝记校释》卷四《城西》，第 151 页。
⑤ （魏）杨衒之撰，周祖谟校释：《洛阳伽蓝记校释》卷一《城内》，第 21、55、65 页。
⑥ （魏）杨衒之撰，周祖谟校释：《洛阳伽蓝记校释》卷三《城南》，第 138 页。
⑦ （魏）杨衒之撰，周祖谟校释：《洛阳伽蓝记校释》卷四《城西》，第 153、172—173 页。
⑧ （魏）杨衒之撰，周祖谟校释：《洛阳伽蓝记校释》卷二《城东》，第 85 页。

在洛阳城西的法云寺，"伽蓝之内，花果蔚茂，芳草蔓合，嘉木被庭"①。这些花草的种植使洛阳的寺院园林具有了修身养性的功能，可以说开创了唐代以后园林的某些功能。

北魏洛阳的寺院园林是中国园林史上的重要组成部分，这里所种植的树种，既有北方地区长期以来广为种植的，也有南方地区移栽于北方的，由所栽培的树种可以看出南北经济文化交流之一斑。寺院园林中的花草大多是达官贵人原来宅院中的花草，所以寺院园林显现出更多庭院的色彩。正因为寺院园林由达官贵人宅院转化而来，所以具有了奢华的气象。在中国园林史上，开启了隋唐园林树种驳杂的特色。

2. 寺院园林的构成

作为中国寺院园林的重要组成部分，北魏时期洛阳的寺院园林在中国园林史上具有较高的地位，而这一切除了寺院园林的树种特色之外，也与北魏洛阳寺院园林的构成有很大关系，探讨洛阳寺院园林的构成特色，对于明了洛阳寺院园林的地位具有重要意义。

北魏洛阳寺院园林的构成有两种形式。其一，园林与寺庙建筑融为一体，成为寺院的一部分，构成了独有的艺术特色。如永宁寺内有佛殿一所，其内有"僧房楼观，一千余间，雕梁粉壁，青璅绮疏，难得而言"。与这些宗教建筑相匹配的，是"栝柏椿松，扶疏檐溜，藂竹香草，布护阶墀"。雕梁画栋的佛教楼观与松柏、香草等交相映衬，显现出永宁寺的壮观景象。在永宁寺门外的路途设计上也显现出寺院园林整体构建的特色，"其四门外，皆树以青槐，亘以绿水，京邑行人，多庇其下。路断飞尘，不由澪云之润；清风送凉，岂藉合欢之发？"② 可以看出，永宁寺的门内门外都是景色宜人的园林特色。洛阳瑶光寺的"千秋门内道北有西游园，园中有凌云台，即是魏文帝所筑者。台上有八角井，高祖于井北造凉风观，登之远望，目极洛川。台下有碧海曲

---

① （魏）杨衒之撰，周祖谟校释：《洛阳伽蓝记校释》卷四《城西》，第154页。
② （魏）杨衒之撰，周祖谟校释：《洛阳伽蓝记校释》卷一《城内》，第21、24页。

池。台东有宣慈观，去地十丈。观东有灵芝钓台，累木为之，出于海中，去地二十丈。风生户牖，云起梁栋，丹楹刻桷，图写列仙。刻石为鲸鱼，背负钓台；既如从地踊出，又似空中飞下。钓台南有宣光殿，北有嘉福殿，西有九龙殿。殿前九龙吐水成一海。凡四殿，皆有飞阁向灵芝往来。三伏之月，皇帝在灵芝台以避暑"。这一西游园与当时的瑶光寺遥相对应，成为洛都的一处美景。在瑶光寺内有"讲殿尼房，五百余间"。在花木的点缀下，显得幽静典雅，"绮疏连亘，户牖相通，珍木香草，不可胜言。牛筋狗骨之木，鸡头鸭脚之草，亦悉备焉"①。可见这种寺院与园林是浑然一体，达到了和谐和统一。再如景林寺"寺西有园，多饶奇果。春鸟秋蝉，鸣声相续。中有禅房一所，内置祇洹精舍，形制虽小，巧构难比。加以禅阁虚静，隐室凝邃，嘉树夹牖，芳杜匝阶，虽云朝市，想同岩谷"②。果树、春鸟、秋蝉、芳草、禅室水乳交融，构成了一幅清静的幽僻景色。景明寺"其寺东西南北方五百步，前望嵩山少室，却负帝城，青林垂影，绿水为文，形胜之地，爽垲独美，山悬堂光观盛，一千余间，复殿重房，交疏对霤，青台紫阁，浮道相通。虽外有四时，而内无寒暑，房檐之外，皆是山池。松竹兰芷，垂列堵堭，含风团露，流香吐馥。""寺有三池，萑蒲菱藕，水物生焉。或黄甲紫鳞，出没于繁藻，或青凫白雁，沉浮于绿水。碾硙春簸，皆用水功，伽蓝之妙，最为称首。"③ 独特的地理位置、巧夺天工的布局，造就了景明寺在洛阳园林中"最为称首"的地位。这些寺院与园林构成一体的都市盛景可以说是洛阳城市的一大景观。

其二，北魏时期佛教盛行，达官贵人在弥漫着氤氲佛教空气的环境下，处处以佛法为至上，常以各种不同的原因将住宅舍给寺院，"庶士豪家，舍资财若遗迹"。这种舍宅为寺的现象在北魏社会极为普遍。当豪门贵族将宅院捐献出来作为寺院的时候，原来他们在宅院中所建的风景园林自然而然地成为

---

① （魏）杨衒之撰，周祖谟校释：《洛阳伽蓝记校释》卷一《城内》，第54—55页。
② （魏）杨衒之撰，周祖谟校释：《洛阳伽蓝记校释》卷一《城内》，第65页。
③ （魏）杨衒之撰，周祖谟校释：《洛阳伽蓝记校释》卷三《城南》，第113—114页。

寺院园林的一部分，从而使寺院园林也具有了达官贵人园林的特色，即奢侈豪华，胜概一时。

《广弘明集》卷六云："阳衒之，北平人，元魏末为秘书监。见寺宇壮丽，损费金碧，王公将相竞侵渔百姓，乃撰《洛阳伽蓝记》，言不恤众庶也。"① 杨衒之所撰的《洛阳伽蓝记》本意是要反映洛阳佛教的兴衰，但从中亦可看出洛阳寺院园林有相当一部分是达官贵人所建的府第捐建而成。正始寺，百官等所立也，寺内"檐宇清静，众僧房前，高林对牖，青松绿柽，连枝交映。多有枳树，而不中食"②。正因为是百官所建，正始寺具有了豪华超群的景色。"景乐寺，太傅清河文献王怿所立也。"在这所尼寺内，"有佛殿一所"，"堂庑周环，曲房连接，轻条拂户，花蕊被庭。""轻条拂户，花蕊被庭"更适合于寺尼的修禅礼佛。"愿会寺，中书侍郎王翊舍宅所立也。佛堂前生桑树一株，直上五尺，枝条横绕，柯叶傍布，形如羽盖。复高五尺，又然。凡为五重，每重叶椹各异，京师道俗谓之神桑。"③ 一株桑树增添了愿会寺的独有特色。北魏洛阳城东的崇义里，里内有京兆人杜子休宅，因杜子休听信赵逸言此处是原西晋太康寺，故而"舍宅为灵应寺"，"时园中果菜丰蔚，树木扶疏"④。因为此寺本为杜子修宅，故而庭院中广种果树、蔬菜。"平等寺，广平武穆王怀舍宅所立也。在青阳门外二里御道北，所谓孝敬里也。堂宇宏美，树木萧森，平台复道，独显当世。"⑤ 因为"堂宇宏美"，再加上"树木萧森"，因而使其成为洛阳寺院中的精品，并"独显当世"。"秦太上公二寺，在景明寺南一里。西寺，太后所立；东寺，皇姨所建。并为父追福，因以名之，时人号为双女寺。并门邻洛水，林木扶疏，布叶垂阴。各有五层浮图一所，高五十

---

① （唐）释道宣：《广弘明集》卷六《辩惑篇》，上海古籍出版社1991年版，第133页。
② （魏）杨衒之撰，周祖谟校释：《洛阳伽蓝记校释》卷二《城东》，第89页。
③ （魏）杨衒之撰，周祖谟校释：《洛阳伽蓝记校释》卷一《城内》，第58、61页。
④ （魏）杨衒之撰，周祖谟校释：《洛阳伽蓝记校释》卷二《城东》，第81页。
⑤ （魏）杨衒之撰，周祖谟校释：《洛阳伽蓝记校释》卷二《城东》，第95页。

丈，素彩画工，比于景明。"① 因是皇太后为父追福所建，所以这两个寺院工程浩大，《魏书》卷十九中《任城王传》云："灵太后锐于缮兴，在京师则起永宁、太上公等佛寺，功费不少，外州各造五级佛图，百姓疲于土木之功。"因为耗费大量人力、物力，因而其园林之美可堪与景明寺相媲美。"高阳王寺，高阳王雍之宅也。在津阳门外三里御道西。雍为尔朱荣所害也，舍宅以为寺。"此寺之中除了豪华的设施以外，尚有"其竹林鱼池，侔于禁苑，芳草如积，珍木连阴"②。贵为王子的宅院，因竹林、鱼池、芳草、珍木而增添了它的奢华，使其在作为寺院以后也因园林的盛景而独步京师。"龙华寺，广陵王所立也。追圣寺，北海王所立也。并在报德寺之东。法事僧房，比秦太上公。京师寺皆种杂果，而此三寺园林茂盛，莫与之争。"③ "冲觉寺，太傅清河王怿舍宅所立也。"其内有"土山钓池，冠于当世。斜峰入牖，曲沼环堂，树响飞嘤，堦丛花药"④。《河南志·后魏城阙古迹》亦云元怿"园中有土山、钓池。""大觉寺，广平王怀舍宅立也，在融觉寺西一里许。北瞻芒岭，南眺洛汭，东望宫阙，西顾旗亭，禅皋显敞，实为胜地。……怀所居之堂，上置七佛，林池飞阁，比之景明。至于春风动树，则兰开紫叶，秋霜降草，则菊吐黄花。名僧大德，寂以遣烦"⑤，广陵王、清河王、广平王三王的宅院所具有的"冠于当世""胜地"的地位，充分反映了达官贵人宅院舍宅为寺后寺院园林所具有的奢华景象。"凝玄寺，阉官济州刺史贾璨所立也，在广莫门外一里御道东，所谓永平里也……迁京之初，创居此里，值母亡，舍以为寺。地形高显，下临城阙，房庑精丽，竹柏成林，实是净行息心之所也。"⑥ 为纪念亡母而舍宅为寺，在满足孝心的同时，使原有的宅院豪华暴露无遗。"永明

① （魏）杨衒之撰，周祖谟校释：《洛阳伽蓝记校释》卷三《城南》，第 119 页。
② （魏）杨衒之撰，周祖谟校释：《洛阳伽蓝记校释》卷三《城南》，第 137—138 页。
③ （魏）杨衒之撰，周祖谟校释：《洛阳伽蓝记校释》卷三《城南》，第 128 页。
④ （魏）杨衒之撰，周祖谟校释：《洛阳伽蓝记校释》卷四《城西》，第 143—144 页。
⑤ （魏）杨衒之撰，周祖谟校释：《洛阳伽蓝记校释》卷四《城西》，第 172 页。
⑥ （魏）杨衒之撰，周祖谟校释：《洛阳伽蓝记校释》卷五《城北》，第 180—181 页。

寺，宣武皇帝所立也……房庑连亘，一千余间。庭列修竹，檐拂高松，奇花异草，骈阗堦砌。百国沙门，三千余人。"① 其规模之大，充分显现出皇帝的权威。

对于北魏时期达官贵人广修寺院园林的景况，《洛阳伽蓝记》卷四《城西》云："当时四海晏清，八荒率职，玉烛调辰。百姓殷阜，年登俗乐。鳏寡不闻犬豕之食，茕独不见牛马之衣。于是帝族王侯，外戚公主，擅山海之富，居川林之饶。争修园宅，互相夸竞。崇门丰室，洞户连房，飞馆生风，重楼起雾。高台芳榭，家家而筑；花林曲池，园园而有。莫不桃李夏绿，竹柏冬青。而河间王琛最为豪首。……经河阴之役，诸元歼尽，王侯第宅，多题为寺。……四月初八日，京师士女多至河间寺，观其廊庑绮丽，无不叹息，以为蓬莱仙室亦不是过。入其后园，见沟渎蹇产，朱荷出池，绿萍浮水，飞梁跨阁，高树出云，咸皆唧唧，虽梁王兔苑想之不如也。"② 可见北魏洛阳寺院园林特色的形成与达官贵人有很大关系，即达官贵人的佞佛是寺院园林兴盛的关键，而历史似乎是要进一步圆北魏达官贵人的佞佛之梦。到了北魏末年，"天下丧乱，加以河阴之酷，朝士死者，其家多舍居宅，以施僧尼，京邑第舍，略为寺矣。"③ 由此可见，住宅转化为寺院，正是社会动荡状态之下住宅园林转化为寺院园林的必然。

3. 寺院园林的文化特色

任何一种社会现象的出现都与社会的发展变化息息相关。寺院园林所反映的文化特色也与那个时代的精神风貌和价值取向密不可分，是那个时代精神的反映。探寻寺院园林的建筑风貌，洞悉寺院园林深邃的文化内涵，有助于真正理解文化对于建筑的影响。

北魏是鲜卑族拓跋部所建立的政权，自迁都洛阳以后，在汉族地主的影

---

① （魏）杨衒之撰，周祖谟校释：《洛阳伽蓝记校释》卷四《城西》，第173页。
② （魏）杨衒之撰，周祖谟校释：《洛阳伽蓝记校释》卷四《城西》，第163—167页。
③ 《魏书》卷一百一十四《释老志》，第3047页。

响下，在孝文帝的主持下，完成了封建化的历程。随着与汉族地主的接触日益紧密，汉族地主许多腐朽的生活习惯也逐渐被鲜卑族所接受。在掌握了大量的生产资料的基础上，凭借政权的强有力的支持，开始在社会上掀起奢靡之风，生活腐化堕落，对于钱财的无限追求使这些人演绎了人类历史上的一幕幕丑剧。比如，河间王元琛，在任秦州刺史时，"多无政绩"，却从西域求得名马十余匹，"以银为槽，金为环锁"。他以西晋的石崇为对象，处处要超过石崇，他在后园中所造的迎风馆，除了以金、银、玉等装饰外，还在庭院中种花养草，"素柰朱李，枝条入檐，伎女楼上，坐而摘食"。元琛还多次向诸王夸富，甚至说："不恨我不见石崇，恨石崇不见我。"① 而当河阴之变以后，洛阳的达官贵人的宅院多被舍为寺院。虽然宅舍为寺的原因千奇百怪，但是这些宅院在成为寺院的一部分之后，无疑保留了较多的宅院原来的设施及布局，因而从这个意义上来说，寺院的园林建筑在一定程度上也反映了当时达官贵人奢侈腐化的生活，是这一时代贵族奢靡生活的真实写照。

佛教所提倡的一个重要方面即注重来世，来世是今生生活的延续和反映，而今生的所作所为对来世必然要产生或多或少的影响，把握今生、期待来世的理念，在北魏时期洛阳寺院园林的建筑中也多有反映，因而众多达官贵人在力所能及的情况下，往往出资修建佛教寺院。如"景乐寺，太傅清河文献王怿所立也"。正始寺"百官等所立也"。"秦太上公二寺，在景明寺南一里。西寺，太后所立；东寺，皇姨所建。并为父追福，因以名之，时人号为双女寺。""龙华寺，广陵王所立也。追圣寺，北海王所立也。并在报德寺东。""景明寺，宣武皇帝所立也。""永明寺，宣武皇帝所立也。"② 社会上层统治者为了求得佛的庇护，不惜以钱财建寺院来企图免除今生的灾难，这也反映了人们的价值取向。奢华的生活与现实社会的尖锐矛盾使统治阶级需要寻求

---

① （魏）杨衒之撰，周祖谟校释：《洛阳伽蓝记校释》卷四《城西》，第164—165页。
② 魏）杨衒之撰，周祖谟校释：《洛阳伽蓝记校释》卷一，第57页；卷二《城东》，第88页；卷三《城南》，第119、128、113页；卷四《城西》，第173页。

一种精神的解脱，这种解脱在今天看来可能是微乎其微的，但在当时的社会背景下，祈求佛的庇护，最好的手段则是将所攫取的万贯家产施舍给寺院，而建设寺院则是其中重要的选择。再加之人们的从众心理，在社会上层的带动下，迅速掀起了大规模捐建寺院的行动。达官贵人在捐建寺院的过程中也如同建设自己的宅院一样，将其建设得富丽堂皇，并以树木、花草作点缀，使寺院也具有了园林的色彩。

寺院园林的建设既是佛教盛行的必然产物，也是促使佛教进一步光大的载体。众所周知，寺院园林的建设，是佛教发展到一定程度的产物，它所折射的是佛教兴盛的社会现象，这由北魏社会众多的人崇信佛教即可看出。而寺院园林的兴建，又使佛教的发展迎来了更为宽松的环境，这也是北魏时期人们的价值取向对佛教虚无思想的认同。另外，从人们的社会心理来分析，人们的从众心理也促使了洛阳佛教寺院的发达并因之带来了寺院园林的兴盛，当众多的人们将大量的钱财投入佛教信仰，并因此而获得所谓的人生警示后，这一能给众多信徒带来心灵震颤的信仰，必然吸引更多的人加入这一行列中来。这就是北魏时期洛阳佛教寺院极为繁多的重要原因，也是北魏时期洛阳寺院园林昌盛的重要原因。由此我们可以看出，佛教寺院园林的兴盛与人们的社会心理也有着密切的关系。

（三）隋唐时期的繁荣

隋唐时期是河洛地区园林发展的繁荣阶段，私家庄园遍布各地，有的甚至颇成规模。王绩《答冯子华处士书》记述了在黄河岸边所建庄园的情况，"吾河渚间，有先人故田十五六顷。河水四绕，东西趋岸，各数百步。古人云：'河济之滨宜黍。'况中州之腴乎？……近复都卢弃家，独坐河渚，结构茅屋，并厨厩，总十余间，奴婢数人，足以应役。用天之道，分地之利。耕耘穮蓘，黍秫而已。春秋岁时，以酒相续。兼多养凫雁，广牧鸡豚。黄精、白术，枸杞、薯蓣，朝夕采掇，以供服饵。……近复有人见赠五加地黄酒方，及种薯蓣、枸杞等法，用之有效，力省功倍。不能暇修浑沌，并常行之"①。
当时王绩隐居地在河津县东皋村，他虽不言自己所居地为庄园，但从他的所
居地内有十五六顷之多，且又有马厩、奴婢，主人还可以酿造和中药材的种
植等方面来分析，这是一个典型的地主庄园。河洛地区的地主庄园遍布，有
的颇具规模。《三水小牍》卷上《韦玭马祸》云："京兆韦玭，小逍遥公之裔，
世居孟州氾水县庄。性不喜书，好驰骋田弋。马有蹄啮不可羁勒者，则市
之。"② 韦玭在孟州氾水县有自己的庄园，可以驰骋射猎，是颇有野致可供休
闲的庄园。开元末年，屈突仲任在温县有一庄园，"父亦典郡，庄在温……父
卒时，家僮数十人，资数百万，庄第甚众。而仲任纵赏好色，荒饮博戏，卖
易且尽。数年后，唯温县庄存焉。即货易田畴，拆卖屋宇，又已尽矣，唯庄
内一堂岿然"③。屈突仲任在父亲亡后败坏家业，使父亲所积攒的家产荡涤皆
尽。梁肃《过旧园赋（并序）》展示了安史之乱前位于新安县庄园的盛况。
安史之乱爆发后，上元二年（761），安史叛军攻入洛阳，梁肃只身逃往吴越
地区，将近二十年。大历十四年（779）五月，唐德宗即位，梁肃"应诏诣京
师"，是年夏，梁肃被"除东宫校书郎"，他请求"告归觐于江南"。"八月，
过崤渑，次于新安。东南十数里，旧居在焉。"映入他眼帘的是："荆榛芜翳，
乔木苍然，三径莫辨。访邻老而已尽，晒庭柯以沾衣。"这是他在《序文》中
所描绘的故居废弃之后的苍然景象。在赋文中他生动地描述了故居的情况：
"且予发乎新安，历函关之旧丘。灌丛林以相属，披一径而可求。阒里巷之罕
人，辨原田而莫由。堂除既缺，衡宇亦折。树蔽户而稍稍，水冲隄而活活。
骇兽群起，颓墉四达。识旧井于庭隅，吊重萝于木末。"由此可以看出庄园昔
日的辉煌。这里曾有行人往来的"里巷"，也有曾经耕作的"原田"，还有防
止水堙滥的"堤"，而原来旧居房屋的"堂除""衡宇"或丢失、或折断，庭

---

① （清）董诰编，孙映逵等点校：《全唐文》，第795页。
② （唐）皇甫枚撰，中华书局上海编辑所编辑：《三水小牍》，第6页。
③ （宋）李昉等：《太平广记》卷一百《释证二·屈突仲任》引《纪闻》，第668页。

院之中的井也被荆棘所掩盖。梁肃又忆起庄园兴盛时期的状况，"其始也，桑柘接连，蔬果芳滋。彼茅轩与瓮牖，亦寒燠之攸宜"①。很显然，"桑柘接连，蔬果芳滋"的景象是这一庄园兴盛时期的真实写照，这绝不是一般的农户可以拥有的。再者，从梁肃所描述的有"寒燠之攸宜"的住处来看，这只能说明安史之乱前梁肃家族是新安当地有名的地主。由梁肃所描绘的新安庄园的兴废情况也可以看出封建社会政局的动荡对于人们生活影响的剧烈程度，没有一成不变的地主，也没有可以永久居住的家园。随着政局的变化，原来拥有温暖家园的地主可能一夜之间变成不名一文的穷光蛋。因为战争已经使其失去了赖以生存的土地和家园，也由此反映出封建时代地主庄园的兴衰变化。

在唐代河洛地区的地主庄园值得称道的是唐代中后期大批文人雅士云集洛阳，先后建起了一大批带有别墅性质的庄园，这与前面所说的梁肃的庄园又有所不同。

在唐代诗歌中有许多关于洛阳附近达官贵人别墅的记载。刘宪《奉和幸安乐公主山庄应制》："主家别墅帝城隈，无劳海上觅蓬莱。沓石悬流平地起，危楼曲阁半天开。庭莎作荐舞行出，浦树相将歌棹回。此日风光与形胜，只言作伴圣词来。"②通过刘宪对于洛阳近郊安乐公主山庄景致的描述可以看出，这种景致应当是当时河洛地区最为精致的。天宝初年河南尹裴敦在别业宴请李颀，李颀作《裴尹东溪别业》虽然更多的是对分别的眷恋，但也涉及裴敦别墅的描述，诗句中的"别墅临都门，惊湍激前后"。"岸雪清城阴，水光远林首。　闲观野人筏，或饮川上酒。幽云淡徘徊，白鹭飞左右。庭竹垂卧内，村烟隔南阜。始知物外情，簪绂同刍狗"③ 等，都使我们对达官贵人的别墅有了更多的了解。究其实，在《全唐诗》中提到"别墅"一词数量可观，据统计有 51 处；在《全唐文》中有 28 卷都涉及"别墅"。虽然有许多并非是河洛

---

① （清）董诰编，孙映逵等点校：《全唐文》卷五百十七，第 3107 页。

② （清）彭定求等奉敕编，中华书局编辑部点校：《全唐诗》卷七十一，第 780 页。

③ 刘宝和：《李颀诗评注》，山西教育出版社 1990 年版，第 95 页。

地区的"别墅",但由之亦可以反映出包括河洛地区在内全国的情况。与此相类似的"别业",在《全唐诗》中有106处,在《全唐文》中有39处。以"庄园"一词出现的有10处。这些记载无疑从不同的方面展示了别墅在全国的存在情况。以洛阳有名的白居易园为例,从中可以看出建筑别墅的构建设施。《旧唐书》卷一百六十六《白居易传》引白居易《池上篇》记载了他在洛阳履道里别墅的风貌。这里的基本情况是"地方十七亩,屋室三之一,水五之一,竹九之一,而岛树桥道间之"。在水池东有粟廪,水池北有书库。这一园林式的建筑是白居易多年辛苦所兴建起来的。他自"罢杭州刺史,得天竺石一、华亭鹤二以归。始作西平桥,开环池路。罢苏州刺史时,得太湖石五、白莲、折腰菱、青板舫以归,又作中高桥,通三岛迳。罢刑部侍郎时,有粟千斛,书一车,洎臧获之习管磬弦歌者指百以归"。不仅有物质财富的积累,而且还有供其修身养性的酒、琴、乐、石等。"颍川陈孝仙与酿酒法,味甚佳;博陵崔晦叔与琴,韵甚清;蜀客姜发授《秋思》,声甚淡;弘农杨贞一与青石三,方长平滑,可以坐卧。"大和三年,白居易为太子宾客,任职洛阳,将这些全部摆放在园林中,他欣然自得地在《池上篇》中展示了庄园生活:

> 十亩之宅,五亩之园,有水一池,有竹千竿。勿谓土狭,勿谓地偏,足以容膝,足以息肩。有堂有亭,有桥有船,有书有酒,有歌有弦。有叟在中,白须飒然,识分知足,外无求焉。如鸟择木,姑务巢安;如蛙作坎,不知海宽。灵鹊怪石,紫菱白莲,皆吾所好,尽在我前。时引一杯,或吟一篇。妻孥熙熙,鸡犬闲闲。优哉游哉,吾将老乎其间。[①]

通过白居易的《池上篇》可以看出,唐代河洛地区地主庄园的文化色彩是很明显的。由此也可以看出庄园的构成,既有房屋,也有水池,还有美景。这

---

① 《旧唐书》卷一百六十六《白居易传》,第4354—4355页。

是一个文人休闲的场所。到了白居易 71 岁时，他甚至有变卖田产的想法，"先卖南坊十亩园，次卖东都五顷田。然后兼卖所居宅，仿佛获缗二三千"①。究其实在晚唐时期河洛地区的庄园仍然存在其特色明显。如司空图在中条山的别墅因远离繁华之地而备受关注，"图有先人别墅在中条山之王官谷，泉石林亭，颇称幽栖之趣。自考槃高卧，日与名僧高士游咏其中。"他曾模仿白居易《醉吟传》为《休休亭记》曰："司空氏祯贻溪之休休亭，本名濯缨亭，为陕军所焚。天复癸亥岁，复葺于坏垣之中，乃更名曰休休。休，休也，美也，既休而具美存焉。"②《南部新书》辛卷云："司空图侍郎旧隐三峰，天佑末移居中条山王官谷，周回十余里，泉石之美，冠于一山。北岩之上，有瀑泉流注谷中，溉良田数十顷。至今子孙犹存，为司空之庄耳。"③ 除了达官贵人的庄园外，当时一些寺院也有庄园。圣历三年（700），狄仁杰上书指出，洛阳附近的佛教的兴盛，使寺院所占的"膏腴美业，倍取其多。水碾庄园，数亦非少"④。如少林寺，在开皇年间，隋文帝下诏："其柏谷屯地一百顷，宜赐少林寺。"⑤ 贞观六年六月，唐太宗《少林寺准敕改正赐田牒》云："少林寺今得牒称：上件地往因寺庄翻城归国，有大殊勋，据格合得良田一百顷。去武德八年二月，蒙敕赐寺前件地为常住僧田，供养僧众，计勋仍少六十顷。至九年，为都维那故惠义不闲敕意，妄注赐地为口分田。僧等比来知此非理，每欲谘改。今既有敕普令改正，请依籍次附为赐田者。……至七年七月，蒙别敕，少林寺听依旧置立。至八年二月，又蒙别敕，少林寺赐地肆拾顷、水碾硙一具。"⑥ 这一庄园带有封建土地所有制的性质，与前述其他的官员的别墅性质的庄园又有所区别。

---

① （唐）白居易著，顾学颉校点：《白居易集》卷三十六《达哉乐天行》，第 827 页。
② 《旧唐书》卷一百九十下《文苑传下·司空图》，第 5083 页。
③ （宋）钱易撰，黄寿成点校：《南部新书》，第 133 页。
④ 《旧唐书》卷八十九《狄仁杰传》，第 2893 页。
⑤ （清）董诰编，孙映逵等点校：《全唐文》卷二百七十九裴漼《少林寺碑》，第 1686 页。
⑥ （清）董诰编，孙映逵等点校：《全唐文》卷九百八十六，第 6029 页。

唐代是中国园林发展的繁荣时期，在河洛地区存在着大量的私家园林。这些园林已经一改汉晋时期大而无趣的景象，开始向雅致、巧思方面转化，并因为文人雅士的参与，文化品位进一步提升，开启了宋代中国园林发展的极盛局面。

第三节　住宅结构与室内用品

文献记载和考古发掘证实，汉唐时期河洛地区的建筑基本上是以土木为主、间或有以砖木混合建成。汉唐时期河洛地区的地理环境使建筑风格与室内布局也有自己的特色。当然因为汉唐之间长达千余年时间，建筑风格的变化也是很明显的，这里仅仅选择具有共性的问题加以研究。

一、住宅与房屋结构

《尔雅·释宫》云："宫谓之室，室谓之宫。牖户之间谓之扆，其内谓之家。东西墙谓之序。西南隅谓之奥，西北隅谓之屋漏，东北隅谓之宦，东南隅谓之宎。枨谓之阈，柣谓之楔，楣谓之梁。枢谓之椳。枢达北方，谓之落时，落时谓之戺。垝谓之坫，墙谓之墉。镘谓之杇，椹谓之。地谓之黝，墙谓之垩。棳谓之棁，在墙者谓之楎，在地者谓之臬，大者谓之栱，长者谓之阁。阇谓之台，有木者谓之榭。鸡栖于弋为榤，凿垣而栖为埘。植谓之传，传谓之突。宔甋谓之梁，其上楹谓之棁。闬谓之樴。杗谓之窣。栋谓之桴，桷谓之榱。桷直而遂，谓之阅；直不受檐，谓之交；檐谓之樀。容谓之防，连谓之簃。屋上薄谓之筄。两阶间谓之乡，中庭之左右谓之位，门屏之间谓之宁，屏谓之树，闑谓之门，正门谓之应门，观谓之阙，宫中之门谓之闱，其小者谓之闺，小闺谓之阁。衖门谓之闳，门侧之堂谓之塾。橛谓之阒。阖谓之扉，所以止扉谓之闳。瓴甋谓之甓。宫中衖，谓之壸；庙中路，谓之唐。堂途谓之陈。……室有东西厢曰庙，无东西厢有室曰寝，无室曰榭。四方而高曰台，陕而修曲曰楼。"① 《尔雅》中的相关记载，有助于详细了解汉代住宅有关名词。

汉代的宅院基本上由院门、院墙、垣墙等构成。门作为住宅的重要组成部分，是住宅完整的标志，即是隔离家庭与外界的重要界限，也是与外界联络的重要通道。《释名》卷五《释宫室》曰："门，扪也，在外为扪摸也，幕障卫也。"② 东汉李尤《门铭》曰："门之设张，为宅表会，纳善闭恶，击邪防害。"③ 由此可见，门不仅是人们出入的通道，也具有防卫作用。门的构造有门阙（门观）、门阈（门限）、门楣（门户上横梁）、门枢等。王符指出："贵戚愿其宅吉而制为令名，欲其门坚而造作铁枢，卒其所以败者，非苦禁忌少而门枢朽也，常苦崇财货而行骄僭耳。"④ 可见在汉代人的心目中，门起着保护家庭安全的重任。如汉灵帝时，赵咨在故乡"躬率子孙耕农为养"，"盗尝夜往劫之，咨恐母惊惧，乃先至门迎盗，因请为设食"，后来强盗感觉到"干暴贤者"，乃离去。⑤ 这说明门在这里起着保卫家庭安全的作用。汉顺帝时，桥玄"少子十岁，独游门次，卒有三人持杖劫执之，入舍登楼，就玄求货，玄不与"。虽然后来"司隶校尉阳球率河南尹、洛阳令围守玄家。球等恐并杀其子，未欲迫之"，最后桥玄强令进攻，"促令兵进。于是攻之，玄子亦死"⑥。这是在门外劫质现象，门没有起到保护的作用。迎客、送客一般都到门口为止。如崔骃拜访窦宪，窦宪"屣履迎门"⑦。再如，蔡邕"才学显著，贵重朝廷，车骑填门，宾客盈坐"，当他"闻（王）粲在门，倒屣迎之"⑧。

---

① （晋）郭璞注，（宋）邢昺疏：《尔雅注疏》，李学勤主编《十三经注疏》整理本，第124—134页。

② （汉）刘熙撰，（清）毕沅疏证，王先谦补：《释名疏证补》，第190页。

③ （宋）李昉等：《太平御览》卷一百八十三《居处部十一·门下》，第891页。

④ 《后汉书》卷四十九《王符传》，第1632页。

⑤ 《后汉书》卷三十九《赵咨传》，第1313页。

⑥ 《后汉书》卷五十一《桥玄传》，第1696页。

⑦ 《后汉书》卷五十二《崔骃传》，第1719页。

⑧ 《后汉书》卷五十六《王畅传》李贤注，第1826页。

蔡邕至门迎接王粲是对有才之人敬重的表现。河东蒲坂人广文伯，夜半时出生，"适生，有人从门呼其父名。父出应之，不见人，有一木杖植其门侧，好善异于众。其父持杖入门以示人，人占曰：'吉'。"① 而庆贺他人时也是至门而停下来，所谓"贺者在门"即其谓也。拜访的人有时需要门童禀报主人才可进门。孔融十岁时跟随父亲到京师，"时河南尹李膺以简重自居，不妄接士宾客，敕外自非当世名人及与通家，皆不得白。融欲观其人，故造膺门。语门者曰：'我是李君通家子弟。'门者言之。膺请融"②。门有类似上述王符所说的豪门用铁枢的现象，也有贫穷或廉洁官员用柴门。如杨震被收走太尉印绶后，"于是柴门绝宾客"。周䌷因得罪窦氏家族，"䌷自谓无全，乃柴门自守，以待其祸"③。还有拒绝与他人来往者往往杜门。周勰"父故吏河南召夔为郡将，卑身降礼，致教于勰。勰耻交报之，因杜门自绝"④。从上述诸多材料可见门所蕴含的多重文化含义。作为具有多重文化意义的门，因不同的社会身份，其位置也不同。《魏王奏事》记载，"出不由里门，面大道者名曰第"⑤。这说明前文提及的诸侯王公贵族所建的府第，其不会在普通民众所在的里坊内，也不会与里坊共用一个门，而是单独开门，显示其与众不同的地方。

院墙是庐舍的重要标志，由此构成住宅。陈留考城人仇览在任蒲亭长期间，曾经有陈元母亲告其不孝，仇览感到意外，说"吾近日过舍，庐落整顿，耕耘以时"，最终弄清了真相。李贤注云："《广雅》曰：'落，居也。'案今人谓院为落也。"⑥ 垣墙具有封闭作用，可以保证家庭的安全，《盐铁论·禁耕》有"民人以垣墙为藏闭"之说；如果说院墙不坚固，就会受到威胁，《盐

---

① （汉）王充：《论衡》卷二《吉验篇》，第32页。
② 《后汉书》卷七十《孔融传》，第2261页。
③ 《后汉书》卷七十七《酷吏传·周䌷》，第2495页。
④ 《后汉书》卷六十一《周勰传》，第2031页。
⑤ （唐）徐坚等：《初学记》卷二十四《居处部·宅》，第579页。
⑥ 《后汉书》卷七十六《循吏传·仇览》，第2479页。

铁论·险固》亦有"家人不坚垣墙，狗吠夜惊，而暗昧妄行也"① 的说法。仲长统《昌言》云："梐落不坚，垣墙不牢，扫除不净，笞之可也，此督课之方也。"② 这是对垣墙修缮不完善的处罚。《四民月令》也说到在农历十月"培筑垣、墙"③ 以过冬。由此可知，院墙成为住宅的围墙，具有保护家庭安全的作用。

在传统庭院建筑中正对门的垣墙，即今天所说的照壁墙，从战国以来已经出现。《荀子·大略》云："天子外屏，诸侯内屏，礼也。外屏，不欲见外也；内屏，不欲见内也。"王先谦补注云："郝懿行曰：《释宫》但云'屏谓之树'，不言内外。郭璞注谓'小墙，当门中'，此说是也。"④ 由此可知，内外屏的区分是天子的照壁设在门外，而诸侯的照壁设在门内。《礼纬》云："天子外屏，诸侯内屏，大夫以帘，士以帷。"进而引申到大夫、士人阶层，这说明"屏"有遮蔽外人，保护隐私的作用。这种墙垣还有影壁、照墙、萧墙等不同的名称。章和元年，汉章帝下诏中有"朕闻人君正屏，有所不听"之语，李贤注引《白虎通》曰："所以设屏何？以自障也，示不极臣下之敬也。天子德大，故外屏。诸侯德小，故内屏。"⑤ 由此可见"屏"因社会身份的不同其名称也有内外之别。关于内屏、外屏言及帷、帘的区别在汉代逐渐明了。《礼记·郊特牲》有"台门而旅树"之语，郑玄注云："屏谓之树，树所以蔽行道。管氏树塞门，塞犹蔽也。礼：天子外屏，诸侯内屏，大夫以帘，士以帷。"⑥《礼记》郑玄注所述正是两汉以来形成的传统，在河洛地区从上自皇帝下至士人均有不同的用作照壁的物品。

汉唐时期河洛地区的建筑结构对先秦时期的建筑理念多有继承，建筑物

---

① 马非百注释：《盐铁论简注》，第37、356页。

② 缪启愉、缪桂龙：《齐民要术译注·齐民要术序》，第12页。

③ （汉）崔寔原著，石声汉校注：《四民月令校注》，第138页。

④ 王先谦撰，沈啸寰、王星贤点校：《荀子校注》，第485—486页。

⑤ 《后汉书》卷十四《宗室四王三侯传·齐武王刘縯》，第553页。

⑥ （汉）郑玄注，（唐）孔颖达疏：《礼记正义》，李学勤主编《十三经注疏》整理本，第782页。

的屋顶多由柱、梁、椽组成。《淮南子》卷九《主术训》云："巧工之制木也:大者以为舟航柱梁,小者以为楫楔,修者以为榱橑,短者以为朱儒枅栌:无小大修短,各得其所宜,规矩方圆,各有所施。"① 由此可以看出建筑物的柱、梁、椽都是由木头做成,而且当时黄河流域的许多建筑用木材多是来自江南地区。"伐梗枬豫樟而剖梨之,或为棺椁,或为柱梁,披断拨檖,所用万方,然一木之朴也。"因而当时人认为"故剞劂销锯陈,非良工不能以制木"②。当时建筑木材的消耗量很大。《盐铁论·散不足》:"宫室奢侈,林木之蠹。"③可见过分的修建宫室对木材的消费已经造成林木的大量砍伐,引起有识之士的高度重视。《论衡》卷二《幸偶篇》:"大连抱之木,工技之人,裁而用之……或梁于宫,或柱于桥。"④ 王充在这里描述了大木材使用的地方,应当是汉代建筑业兴盛的真实记录。汉顺帝阳嘉二年(133)正月,郎颛被征召到洛阳,在《对状尚书条便宜七事》中指出:"西苑之设,禽畜是处,离房别观,本不常居,而皆务精土木,营建无已,消功单贿,巨亿为计。……愿陛下校计缮修之费,永念百姓之劳,罢将作之官,减雕文之饰,损庖厨之馔,退宴私之乐。"⑤ 郎颛针对汉顺帝大兴土木,劳民伤财提出了批评,可见东汉中期建筑之奢华。汉顺帝时,梁冀夫妻二人争相建房,"殚极土木,互相夸竞。堂寝皆有阴阳奥室,连房洞户。柱壁雕镂,加以铜漆。窗牖皆有绮疏青琐,图以云气仙灵。台阁周通,更相临望"⑥。随着建筑业的发展,专门从事木工的人已经出现。"能斫削柱梁,谓之木匠。"⑦ 而对木构建筑危害最大的是

---

① 何宁:《淮南子集释》,第653页。
② 何宁:《淮南子集释》卷十一《齐俗训》,第799—800页。
③ 马非百注释:《盐铁论简注》,第247页。
④ (汉)王充:《论衡》,第16—17页。
⑤ 《后汉书》卷三十下《郎颛传》,第1058页。
⑥ 《后汉书》卷三十四《梁冀传》,第1182页。
⑦ (汉)王充:《论衡》卷十二《量知篇》,第195页。

"蠹蟓仆柱梁"①。建筑对木材的质量要求也很严格，所谓"腐木不可以为柱"② 即是指此。北周苏绰也曾说："若刀笔之中而得浇伪，是则饰画朽木，悦目一时，不可以充榱椽之用也。"③ 可见在建筑过程中，虫蛀、腐木、朽木均不能使用。孝文帝迁都洛阳时，任城王元澄说："今代迁之众，人怀恋本，细累相携，始就洛邑，居无一椽之室，家阙儋石之粮。"④ 就反映了鲜卑族对河洛地区的住宅的认识。北齐刘昼云："夫柽柏之断也，大者为之栋梁，小者为芝椽桁，直者中绳，曲者中钩，随材所施，未有可弃者。"⑤ 在《旧唐书》卷二十二《礼仪志二》中有关于皇家建筑物的所用木材的情况，不再罗列史料。其中，武则天在洛阳所建的一系列建筑都有相关木材的使用。

佛教建筑也多为木结构。东汉末年，丹杨人笮融"督广陵、彭城运漕"，但是他监守自盗，"坐断三郡委输以自入"。凭借断漕运所获物品，"乃大起浮图祠"，"下为重楼阁道"⑥。虽然这件事不是发生在河洛地区，但从其建的浮图祠有重楼阁道分析，其应当是木结构的。北魏迁都洛阳后，大兴佛教，有关佛教的建筑多为木结构。在洛阳城内的永宁寺，"中有九层浮图一所，架木为之，举高九十丈。有刹复高十丈，合去地一千尺"。因而有永宁寺的建设"殚土木之功"之说。因为是木结构，所以当永熙三年二月，"浮图为火所烧"时，虽然派遣了"羽林一千救赴火所"，但也无能为力。⑦ 在洛阳城东的平等寺，永熙元年（532）至三年二月五日所建的五层佛塔，也是北魏末年最为奢华的佛塔，亦由木结构建成。这两个事例可以从侧面反映出木结构房屋建筑的基本情况。

汉唐时期，河洛地区建筑中还有一种复壁现象。建筑物有复壁的情况起

① （汉）刘向撰，向宗鲁校正：《说苑校正》卷十六《谈丛》，第391页。
② 《汉书》卷七十七《刘辅传》，第3252页。
③ 《周书》卷二十三《苏绰传》，第386页。
④ 《魏书》卷十九中《景穆十二王传中·元澄》，第466页。
⑤ （北齐）刘昼撰，杨照明校注：《刘子校注·适才》，巴蜀书社1988年版，第128页。
⑥ 《三国志》卷四十九《吴书·刘繇传》，第1185页。
⑦ （魏）杨衒之撰，周祖谟校释：《洛阳伽蓝记校释》卷一《城内》，第19、47页。

源很早，是一种夹壁墙，可以用来贮存物品，也可以用来藏人。秦始皇焚书坑儒时，孔子第九代孙孔鲋以"秦非吾友，吾何危哉！吾将藏之，以待其求"①。孔子家族在建房时修建了复壁，以在战乱状态下将珍贵的物品收藏保护起来。关于壁藏图书，汉初有《尚书》"秦燔书禁学，济南伏生独壁藏之"之说，还有"《古文尚书》者，出孔子壁中"，师古曰："《家语》云孔腾字子襄，畏秦法峻急，藏《尚书》、《孝经》、《论语》于夫子旧堂壁中，而《汉记·尹敏传》云孔鲋所藏。二说不同，未知孰是。"到汉武帝末年，鲁恭王毁坏孔子宅，在其中"得《古文尚书》及《礼记》《论语》《孝经》凡数十篇"②。可见建筑物有夹壁最晚在战国时期已经出现。及至汉代，建筑物建复壁的现象更多。汉高祖八年（前199），刘邦从东垣返回长安途中，过赵国，"贯高等乃壁人柏人，要之置厕"。《索隐》文颖云："置人厕壁中，以伺高祖也。"张晏云："凿壁空之，令人止中也。"今按："云'置厕'者，置人于复壁中，谓之置厕，厕者隐侧之处，因以为言也。"③ 这是贯高在夹壁中藏人以图谋害刘邦。汉顺帝时，梁冀与友通期私通，生子伯玉。梁冀害怕其妻害伯玉，"常置复壁中"④。这是梁冀在房屋中建复壁的例证。汉和帝时，杜根的父亲杜安，"年十三入太学，号奇童。京师贵戚慕其名，或遗之书，安不发，悉壁藏之。及后捕案贵戚宾客，安开壁出书，印封如故，竟不离其患，时人贵之"⑤。复壁藏信竟成了杜安在政治斗争的环境中保身的举措。北魏末年，高欢掌权后，大杀尔朱氏家族的人，尔朱荣之族子尔朱敞陶出宫后，"遂入一村，见长孙氏妪踞胡床而坐。敞再拜求哀，长孙氏愍之，藏于复壁"，后来辗转得免。⑥ 唐代复壁现象仍然存在，史书中关于河洛地区的复壁的情况资料相

① 《资治通鉴》卷七《秦纪二·始皇帝下》，第244页。
② 《汉书》卷三十《艺文志》，第1706页。
③ 《史记》卷二十九《张耳列传》，第2583页。
④ 《后汉书》卷三十四《梁冀传》，第1180页。
⑤ 《后汉书》卷五十七《杜根传》，第1839页。
⑥ 《隋书》卷五十五《尔朱敞传》，第1375页。

对较少，兹不赘述。

　　窗作为房屋的重要组成部分，也构成了汉唐时期河洛地区房屋建筑的一个特色。不同的建筑其窗户、名称数量不一样。《说文》无窗字，有囪字。《说文》曰："囪，在墙曰牖，在屋曰窗。象形。凡囪之属皆从囪。"段注云："牖，穿壁以木为交窗也。"① 从《说文》所记述的不同说法，可以看出根据窗不同的朝向而有不同的称呼。而有关皇家建筑的窗户，因为建筑形制特殊，其窗户的较之于普通的建筑物要多。比如明堂就是这样。应劭曰："明堂所以正四时，出教化。明堂上圆下方，八窗四达，布政之宫，在国之阳。上八窗法八风。"② 刘宋时期鲍照《煌煌京洛行》曰："凤楼十二重，四户八绮窗。"③ 明堂的八个窗户各有讲究。贫民的窗户多是以瓮为之。早在战国时期，以瓮为牖已经见诸记载，《庄子·杂篇·让王》："原宪居鲁，环堵之室，茨以生草；蓬户不完，桑以为枢，而瓮牖二室，褐以为塞；上漏下湿，匡坐而弦。"④ 此后，"瓮牖"成为官员廉洁或贫穷之人的代名词。如陈胜乃"瓮牖绳枢之子"。服虔曰："以绳系户枢。"孟康曰："瓦瓮为窗也。"⑤《汉书》曰："陈平家贫，居瓮牖。"⑥ 石崇曾经向王敦表达了"士当身名俱泰，何至瓮牖哉"⑦ 的高远意向。达官贵人的窗户则要豪奢得多。如梁冀的窗户，"窗牖皆有绮疏青琐，图以云气仙灵"。李贤注云："牖，小窗也。绮疏谓镂为绮文。青琐谓

---

　　① （汉）许慎撰，（清）段玉裁注，许惟贤整理：《说文解字注》，第857页。
　　②《汉书》卷十二《平帝纪》，第357页。《续汉书·祭祀志中》"北郊明堂辟雍灵台条"刘昭注补云："《孝经援神契》曰：'明堂上圆下方，八窗四达，布政之宫，在国之阳。'"《新论》曰："天称明，故命曰明堂。上圆法天，下方法地，八窗法八风，四达法四时，九室法九州，十二坐法十二月，三十六户法三十六雨，七十二牖法七十二风。"《东京赋》曰："复庙重屋，八达九房。"薛综注曰："八达谓室有八窗也。堂后有九室，所以异于周制也。"第3177页。如果普通人包括官员的窗户超过八个，也要受到惩处。魏明帝时，"明帝禁浮华，而人白胜堂有四窗八达，各有主名。用是被收，以其所连引者多，故得原，禁锢数岁。"《三国志》卷九《魏书·桓范传》裴注引《魏略》，第288页。
　　③ 吴冠文、谈蓓芳、章培恒汇校：《玉台新咏汇校》卷四，第213页。
　　④ 王夫之著，王孝鱼点校：《庄子解》，中华书局1964年版，第255页。
　　⑤《汉书》卷三十一《项籍传》，第1824页。
　　⑥ （宋）李昉等：《太平御览》卷七百五十八《器物部三·瓮》引，这可能是《汉书》佚文，第3364页。
　　⑦《晋书》卷三十三《石崇传》，第1007页。

刻为琐文，而以青饰之也。"① 梁冀曾诬陷太尉李固曰："募求好马，临窗呈试。"② 这说明窗户具有观瞻的功能。再如《东观汉记》曰："明德马皇后，不喜出入游观，希常临御窗望。"③ 可以用来观望的窗户往往是较大的窗户，有的窗户可以容人穿过。《世说新语·规箴篇》云："王平子（王澄字——引者注）年十四五，见王夷甫（王衍字——引者注）妻郭氏贪欲，令婢路上儋粪。平子谏之，并言诸不可。郭大怒，谓平子曰：'昔夫人临终，以小郎嘱新妇，不以新妇嘱小郎。'急捉衣裾，将与杖。平子饶力，争得脱，逾窗而走。"④ 王澄可以翻窗逃走，说明窗的高度不高。

　　窗具有通风透光的作用，所以汉唐时期人们对房屋窗户的设计也很注意。张协《玄武馆赋》曰："阳扉南启，阴轩北达，春牖左开，秋窗右豁。"⑤ 道出了窗户的不同功能。潘岳《悼亡诗》云："皎皎窗中月，照我室南端。"⑥ 虽然潘岳这句诗所起的是兴的作用，但无疑透露了他所居室的窗的透光情况。正因为窗具有透光的功能，所以，出现了好学之人为了不干扰他人而在夜晚遮蔽窗户的现象。祖莹 12 岁时为中书学生，"好学耽书，以昼继夜，父母恐其成疾，禁之不能止，常密于灰中藏火，驱逐僮仆，父母寝睡之后，燃火读书，以衣被蔽塞窗户，恐漏光明，为家人所觉"⑦。窗还具有通风的功能。《世说新语·言语篇》云："满奋畏风，在晋武帝坐，北窗作琉璃屏，实密似疏，奋有难色。"晋武帝笑话他，满奋机智地回答曰："臣犹吴牛，见月而喘。"⑧ 窗的装饰一般多用窗纱，窗上用纱可以遮挡蚊蝇。庾信《荡子赋》有"纱窗

---

① 《后汉书》卷三十四《梁冀传》，第 1182 页。
② 《后汉书》卷六十三《李固传》，第 2084 页。
③ （唐）徐坚等：《初学记》卷十《中宫部·皇后第一》，第 222 页。
④ 徐震堮：《世说新语校笺》，第 307 页。
⑤ （唐）欧阳询撰，汪绍楹校：《艺文类聚》卷六十三《居处部三·馆》，第 1140 页。
⑥ 王增文校注：《潘黄门集校注》，第 286 页。
⑦ 《魏书》卷八十二《祖莹传》，第 1798 页。
⑧ 徐震堮：《世说新语校笺》，第 44 页。

独掩"① 之句。有的窗户还装饰有珠宝，陆机《洛阳地记》曰："宫中有临高、陵云、宣曲、广望、阆风、万世、修龄、总章、听讼，凡九观，皆高十六七丈，以云母著窗里，日曜之，炜炜有光辉。"② 窗户所具有的透光功能，是室内光线的重要来源。

在居室的窗户和门之间还有屏风。前文引《尔雅·释宫》云："牖户之间谓之扆，其内谓之家。"③《论衡》卷四《书虚篇》亦云："户牖之间曰扆，南面之坐位也。负南面乡坐，扆在后也。"④ 当然，在汉唐时期屏风的使用越来越普遍，超越了牖户之间所设的现象。光武帝刘秀宴请宋弘，"御坐新屏风，图画列女，帝数顾视之"，宋弘批评光武帝"未见好德如好色者"，光武帝随即撤去屏风。光武帝为了将自己寡居的姐姐湖阳公主嫁于宋弘，"帝令主坐屏风后"，试探宋弘的态度，被拒绝。⑤ 元和元年（178），郑弘代邓彪为太尉，"时举将第五伦为司空，班次在下，每正朔朝见，弘曲躬而自卑。帝问知其故，遂听置云母屏风，分隔其间，以云母饰屏风也。由此以为故事"⑥。这是一屏风阻隔二人以免矛盾。刘向《七略别录》曰："臣向与黄门侍郎歆所校《列女传》，种类相从为七篇，以著祸福荣辱之效，是非得失之分，画之于屏风四堵。"⑦ 其目的就是通过屏风作为宣传辅导的一种办法。到唐太宗灭窦建德后，"尝命写《列女传》以装屏风"⑧。《魏书》记载，曹操节俭，"帷帐屏风，坏则补纳"⑨。北魏时有"郑氏《礼图》说扆制曰：'纵广八尺，画斧文

---

① （北周）庾信撰，许逸民校点：《庾子山集注》，第 91 页。
② （唐）欧阳询撰，汪绍楹校：《艺文类聚》卷六十三《居处部·观》，第 1134 页。
③ （晋）郭璞注，（宋）邢昺疏：《尔雅注疏》，李学勤主编《十三经注疏》整理本，第 124 页。
④ （汉）王充：《论衡》，第 62 页。
⑤ 《后汉书》卷二十六《宋弘传》，第 905 页。
⑥ 《后汉书》卷三十三《郑弘传》，第 1156 页。
⑦ （汉）刘向、刘歆撰，（清）姚振宗辑录，邓骏捷校补：《七略别录佚文·七略佚文》，上海古籍出版社 2008 年版，第 48 页。
⑧ 《旧唐书》卷七十二《虞世南传》，第 2566 页。
⑨ 《三国志》卷一《魏书·武帝纪》裴注引，第 55 页。

于其上，今之屏风也。'"① 由此可见屏风的尺寸，其上有"斧文"。屏风作为一种装饰，在后来多于其上作画，还有竹屏风。房玄龄"尝诫诸子以骄奢沉溺，必不可以地望凌人，故集古今圣贤家诫，书于屏风，令各取一具"②。其目的是通过这种方式告诫子女廉洁自律。汉代刘安、芊胜都有《屏风赋》存世，北周庾信《咏屏风诗》、隋代萧悫《屏风诗》都对屏风进行了描述。

二、室内装饰

汉唐时期河洛地区的房屋内部装饰主要是指墙壁的装饰。《四民月令》记载，三月可以"葺治墙屋"。十月，"培筑垣墙，塞向墐户"③。说明墙壁起着房屋保暖作用，是冬季保暖的关键，作为支撑和保暖用的墙壁，与人们的生活密切相关，故而对其进行装饰，使其美观成为一时风尚。墙壁的装饰花样繁多，有的墙壁用丝织品装饰。贾谊《上疏陈政事》云："白縠之表，薄纨之里，緁以偏诸，美者黼绣，是古天子之服，今富人大贾嘉会召客者以被墙。……富民墙屋被文绣。""富者木土被文锦。"④ 东汉灵帝时，吕强上疏陈事指出："木土衣民之帛。"亦称达官贵人"狗马饰雕文，土木被缇绣"⑤。更有甚者以金银装饰墙壁。光武帝之子琅琊王刘京"好修宫室，穷极伎巧，殿馆壁带皆饰以金银"⑥。孝文帝迁都洛阳时，韩显宗也指出："在朝诸贵，受禄不轻，土木被锦绮，僮妾厌粱肉，而复厚赉屡加，动以千计。"⑦ 再如唐玄宗

---

① 《魏书》卷九十《逸士传·李谧》，第1936页。

② 《旧唐书》卷六十六《房玄龄传》，第2467页。

③ （汉）崔寔原著，石声汉校注：《四民月令校注》，第67页。

④ 《汉书》卷九十一《货殖传》，第3682页。

⑤ 《后汉书》卷七十八《宦者列传》，第2530、2510页。

⑥ 《后汉书》卷二十四《光武十王传·琅琊孝王刘京》，第1451页。（唐）徐坚等：《初学记》卷二十四《居处部·墙壁第十一》引华峤《后汉书》曰："琅琊王京都莒，好宫室，殿馆壁带，皆饰以金银。"第585页。

⑦ 《魏书》卷六十《韩显宗传》，第1341页。《魏书》卷六十二《李彪列传》也记载李彪说："今四人豪富之家，习华既深，敦朴情浅，夫识俭素之易长，而行奢靡之难久。壮制第宅，美饰车马，仆妾衣绫绮，土木被文绣，僭度违衷者众矣。"第1382页。

时，"（杨）贵妃姊虢国夫人，国忠与之私，于宣义里构连甲第，土木被绨绣，栋宇之盛，两都莫比，昼会夜集，无复礼度"①。从上述诸多材料可以看出，在汉唐时期对房屋墙壁用丝织品加以装饰已经成为一种风气，显现出社会上层奢靡之风的昌盛。

居室墙壁的装饰更多用涂料为之，因此刷涂料的墙本质要好。从孔子时代流传下来的"粪土之墙不可圬也"，就说明了这个道理。而上古时期则是"墙涂而不雕"。《盐铁论》卷六《散不足》云："今富者井干增梁，雕文槛修，垩垔壁饰。"② 这是对西汉中期黄河中下游地区富人装饰墙壁，形成奢侈腐化的生活方式的无情揭露。刘向《新序》亦云"诸侯墙有黑垩之色，无丹青之彩。"③ 这是对诸侯家庭墙壁装饰颜色的描述，只能涂成黑白相间颜色而没有涂成红青相间颜色，深色是厚重表现，是身份的象征。东汉末年，吕强指出："今外戚四姓贵幸之家，及中官公族无功德者，造起馆舍，凡有万数，楼阁连接，丹青素垩，雕刻之饰，不可单言。"④ "丹青素垩" 就是室内装饰的风格。当时的皇宫内的装饰也掺以胡粉，《汉官仪》曰："省中皆胡粉涂壁，画古烈士。"⑤ 这说明宫禁之中的墙壁不仅用胡粉掺杂进去涂抹，还要在其上进行装饰，画上人物图案。曹魏时应璩《百一诗》曰："室广致凝阴，台高来积阳。奈何季世人，侈靡在宫墙。饰巧无穷极，土木被朱光。征求倾四海，雅意犹未康。"⑥ 这里的宫墙是指室内墙壁，装饰得极为奢华，所谓"土木被朱光" 即是指此而言。西晋时期，在豪门贵族的推动下社会奢侈风俗更甚，房屋内壁装修得奢华无以复加。《世说新语·汰侈》云："石（崇）以椒为泥，

① 《旧唐书》卷一百六《杨国忠传》，第3245页。
② 马非百注释：《盐铁论简注》，第247页。
③ （宋）李昉等：《太平御览》卷一百八十七《居处部十五·墙壁》引，此为《新序》佚文，第907页。
④ 《后汉书》卷七十八《宦者传·吕强》，第2530页。
⑤ （宋）李昉等：《太平御览》卷一百八十七《居处部十五·墙壁》，第907页。
⑥ 逯钦立辑校：《先秦汉魏晋南北朝诗·魏诗》卷八，中华书局1983年版，第469页。

王（恺）以赤石脂泥壁。"① 这是选择不同原料作为涂墙的泥，从而涂出不同风格的墙壁，增加室内的品位与情趣。北魏时期永宁寺内有"僧房楼观一千余间，雕梁粉壁，青瑱绮疏，难得而言"。胡太后的从姑所建胡统寺，"洞房周匝，对户交疏。朱柱素壁，甚为佳丽"。修梵寺和嵩明寺"并雕墙峻宇，比屋连甍"②。可见在佛教昌盛的洛阳，佛寺建筑也多有室内装饰，使其显得更加接近生活色彩。唐代洛阳的居室内部装修更为豪华，特别是武则天以洛阳为神都后，奢靡之风非常盛行。《朝野金载》卷三云："宗楚客造一新宅成，皆是文柏为梁，沉香和红粉以泥壁，开门则香气蓬勃。磨文石为阶砌及地，着吉莫靴者，行则仰仆。"③ 宗楚客为武则天之侄，凭借权势所建造的住宅雕梁画栋、红粉泥壁。武则天的男宠张易之"初造一大堂甚壮丽，计用数百万。红粉泥壁，文柏帖柱，琉璃沉香为饰"④。可见室内的装饰极尽奢华。

上文所列举的主要史实说明河洛地区的屋内装饰早已存在，即使普通百姓的房屋室内也要进行简略的装饰，至少将墙壁涂抹光滑。富人以及权贵们则利用掌握社会财富的特权，对墙壁的装饰无所不用其极，用胡粉涂墙，在墙壁上画上图案，显现出独特的生活情趣。

三、室内用品

床作为室内重要的物品，在汉唐时期的使用非常普遍。《释名·释床帐》曰："人所坐卧曰床。床，装也，所以自装载也。长狭而卑曰榻，言其榻然近地也。小者曰独坐，主人无二，独所坐也。"⑤ 扬雄《方言》曰："齐鲁之间谓之箦，陈楚之间或谓之第。其杠，北燕、朝鲜之间谓之树。自关而西秦、晋之间谓之杠，南楚之间谓之赵，东齐海、岱之间谓之梓。其上版，卫之北

---

① 徐震堮：《世说新语校笺》，第469页。
② （魏）杨衒之撰，周祖谟校释：《洛阳伽蓝记校释》卷一《城内》，第21、63页。
③ （唐）张鷟撰，赵守俨点校：《朝野金载》，第70页。
④ （唐）张鷟撰，赵守俨点校：《朝野金载》卷六，第70、146页。
⑤ （汉）刘熙撰，（清）毕沅疏证，王先谦补：《释名疏证补》，第195页。

郊赵、魏之间谓之牒，或曰牑。"① 《广雅》曰："栖谓之床，浴床谓之招。"②
《说文》曰："床，身之安也；箦，床棱也；第，床簧也；杠，床前木也。" 服
虔《通俗文》曰："床，三尺五曰榻板，独坐曰枰，八尺曰床。"③ 从各地对
床的不同称呼可见全国范围内床使用的普遍。李尤《卧床铭》："体之所安，
寝处和欢，夕惕敬慎，崇德远奸。"④ 床作为人们日常生活须臾难离的物品，
已经深深融入人们的思维中了。

　　汉代因为"胡床"传入内地，古书中的床并非都是指供人睡觉的床，对
于有关床的史料应当辩证分析。汉唐时期，作为休息用床，往往与床上用品
的描述连在一起。应玚《愁霖赋》云："还空床而寝息，梦白日之余晖。"⑤
这里的空床显然是指人们寝息的床。崔骃《六安枕铭》曰："枕有规矩，恭壹
其德。承元宁躬，终始不贰。六安在床，匪邪匪仄。"⑥ 这里崔骃铭文中谈到
枕头、床等安卧用品。汉晋时期，文人在诗文中多有床上用品摆设的描述。
如蔡邕《协和婚赋》曰："长枕横施，大被竟床。莞蒻和软，茵褥调良。"⑦
徐幹《七喻》曰："蠤帱施于宴室，华蓐布乎象床。"⑧ 蔡邕与徐幹对床上用
品精美的描述，正反映了人们的生活情趣。陆云在《与兄平原书》中记述曹
操的遗物有"床荐席具、寒夏被七枚"⑨。泰始三年（267）九月，王祥致仕
时，晋武帝所赐物品有"绢五百匹，床帐簟褥"⑩。华表致仕时，晋武帝所赐
物品也有"床帐褥席"⑪。孙德施《南榴枕赋》："委之玟瑁席，停之象牙

①　（清）钱绎撰集，李发舜、黄建中点校：《方言笺疏》卷五，第205页。
②　（清）王念孙撰，张靖伟等点校：《广雅疏证》卷八上《释器》，第1359页。
③　（唐）徐坚等：《初学记》卷二十五《器物部·床》，第601页。
④　（宋）李昉等：《太平御览》卷七百六《服用部八·床》，第3147页。
⑤　费振刚、胡双宝、宗明华辑校：《全汉赋》，北京大学出版社1993年版，第733页。
⑥　（隋）虞世南：《北堂书钞》卷一百三十四《服饰部三·枕》，第580页。
⑦　（隋）虞世南：《北堂书钞》卷一百三十四《服饰部三·被》，第582页。
⑧　费振刚、胡双宝、宗明华辑校：《全汉赋》，第632页。
⑨　（晋）陆云撰，黄葵点校：《陆云集》卷八《书》，第134页。
⑩　《晋书》卷三十三《王祥传》，第988页。
⑪　《晋书》卷四十四《华表传》，第1260页。

床。"① 表明西晋时期已经有了较为高级的床上物品。在汉唐时期对退休的官员赏赐床上用品几乎已经成为惯例，在史书中多有记载，兹不赘述。

除了上述所提及的床上用品外，室内用品还有帘、帷帐等，以起到遮蔽作用。在汉唐时期帘的用途非常广，相关史料也很多。被褥作为床上用品几乎每一个人都难以离开。《释名·释衣服》曰："被，所以被覆人也。衾，广也。其下广大，如广受人也。"② 而在汉唐时期，河洛地区官员的"布被瓦器"常被视为廉洁的象征，相关事例可谓不胜枚举。祭遵"廉约小心，克己奉公，赏赐辄尽与士卒，家无私财，身衣韦绔，布被，夫人裳不加缘，帝以是重焉"③。宣秉"常服布被，蔬食瓦器"，王良"布被瓦器"，张堪离职之时，"布被囊而已"，李恂"以清约率下，常席羊皮，服布被"，董宣去世后，"唯见布被覆尸"，戴良出嫁时，"疏裳布被，竹笥木屐以遣之"。④ 谢承《后汉书》曰："刘宠为司徒，卧粗布被。"⑤ 谢承《后汉书》曰："赵典道懿，尊为国师，位特进，七为列卿，寝布被，瓦器食也。"⑥ 谢承《后汉书》曰："朱宠字仲威，为太尉。家贫，食脱粟饭，卧布被。朝廷赐锦被、粱肉，皆不敢受。"⑦ 上述众多事例表明，汉代廉洁的官员往往使用的是布被，朱宠是因为朝廷赏赐才获得锦被，以此推论，普通百姓以使用布被为多。西晋杨骏征隐士孙登，"遗以布被，登截被于门"⑧，以示不受。隐士杨轲"常卧土床，覆以布被，裸寝其中，下无茵褥"⑨，也是用的布被。北魏宣武帝、灵太后曾

---

① （宋）李昉等：《太平御览》卷八百七《珍宝部六·玟瑶》，第 3587 页。
② （汉）刘熙撰，（清）毕沅疏证，王先谦补：《释名疏证补》，第 175 页。
③ 《后汉书》卷二十《祭遵传》，第 741 页。
④ 《后汉书》卷二十七《宣秉传》，第 927 页。《后汉书》卷三十一《张堪传》，第 1101 页。《后汉书》卷五十一《李恂传》，第 1683 页。《后汉书》卷七十七《酷吏·宣秉传》，第 2490 页。《后汉书》卷八十三《隐逸·戴良传》，第 2773 页。
⑤ （宋）李昉等：《太平御览》卷二百七《职官部五·司徒上》引，第 996 页。
⑥ （宋）李昉等：《太平御览》卷二百四十三《职官部四十一·特进》引，第 1150 页。
⑦ （宋）李昉等：《太平御览》卷四百三十一《人事部七十二·俭约》引，第 1986 页。
⑧ 《晋书》卷四十《杨骏传》，第 1180 页。
⑨ 《晋书》卷九十四《隐逸传·杨轲》，第 2450 页。

多次赏赐游明根、崔亮、曹世表、路邕等人"幄帐被褥"等物。天授元年（690）六月武则天曾先后赏赐给有功之臣"锦绣绮被褥、绫罗布帛有差"①。从上述所列材料可以看出被子的面料既有布，也有丝绸，不同的面料显现出使用者身份的差异。

与被子相连的是铺在床上的褥子，所以在史书中往往"床褥"相连在一起。在汉唐时期，朝廷中有专门管理"床褥"的官员。这在《隋书》和新、旧《唐书》中都有记载。《汉官仪》曰："尚书郎给青缣白绫被，以锦被，帷帐，毡褥，通中枕。"② 很显然尚书郎的被褥是由官府供给。光武帝即位后，思念早年的同学严光，"遣使聘之，三反而后至。舍于北军，给床褥，太官朝夕进膳"③。延平元年（106），张禹迁任太傅、录尚书事，当时殇帝刚出生，邓太后"欲令重臣居禁内，乃诏禹舍宫中，给帷帐床褥，太官朝夕进食，五日一归府"④。这是在特殊情况下令大臣居住在宫中，由朝廷提供"帷帐床褥"。魏武帝《与杨彪书》曰："今赠足下青毡床褥三具。"⑤ 这是用青毡做的床褥。隋炀帝时期，对于归附的启民可汗，朝廷也提供被褥。大业三年（607）八月，隋炀帝"赐启民及公主金瓮各一，并衣服被褥锦彩，特勒以下，受赐各有差"⑥。大业四年四月，突厥启民可汗率领部落，保附关塞，隋炀帝下诏在万寿戍置城造屋，"其帷帐床褥已上，随事量给，务从优厚"⑦。这是对少数民族的优容措施。唐太宗对魏徵颇为倚重，然而魏徵颇为清廉，其宅内并无正堂，在魏徵有病时，唐太宗花费五天时间为其营建了一座小殿，"遣中使赍素褥布被而赐之，以遂其所尚"⑧。正因为魏徵倡导俭约，所以唐太宗所

---

① （清）董诰编，孙映逵等点校：《全唐文》卷一千崔仁浣《诏谕八首》，第6134页。
② （宋）李昉等：《太平御览》卷二百一十五《职官部十三·总叙尚书郎》，第1026页。
③ 《后汉书》卷八十三《逸民传·严光》，第2763页。
④ 《后汉书》卷四十四《张禹传》，第1498页。
⑤ （宋）李昉等：《太平御览》卷七百八《服用部十·毡》，第3155页。
⑥ 《资治通鉴》卷一百八十《隋纪四·炀皇帝上之上》，第5634页。
⑦ 《隋书》卷三《炀帝纪上》，第71页。
⑧ （唐）吴兢编：《贞观政要》卷六《俭约》，第190页。

赏赐给魏徵的也是"素褥布被"。汉唐时期达官显贵的床上用品被褥之类往往非常奢华，如《语林》曰："刘植诣石崇，如厕，见有绛文帐大床，茵褥甚丽。不得行，乃更如他厕。"石崇的厕中尚有"绛文帐大床，茵褥甚丽"，其住所当更为奢侈。隋代柴子大《七折》曰："锦衾内设，罗帱缋帐也。"① 褥子作为普通的床上用品也是品种繁多，既有布做的面料，也有丝织品为之。

在床上用品还有枕头。枕头在日常生活中的使用很早。《诗经·蟋蟀》："角枕粲兮，锦衾烂兮。"《说文》曰："枕，卧为所荐首者也。"《释名·释床帐》曰："枕，检也，所以检项也。"② 枕头作为日常休息的卧具，所演绎出的历史故事往往给人以更多的启迪。西汉末年的战争中，更始帝杀害了刘秀的兄长刘縯，刘秀在兄长被害之后，表面上"饮食语笑如平常"以掩人耳目，在独居时，"辄不御酒肉，枕席有涕泣处"③。枕席承载了刘秀巨大的悲痛，为了不至于因悲痛而为人所察觉，而只能暗自悲伤。黄香在东汉时期为有名的孝子，虽然家庭贫穷，为了显示孝心，黄香"躬执勤苦，尽心供养，暑则扇床枕，寒则自温席"④。黄香为了孝敬长辈，"暑则扇床枕，寒则自温席"，颇为人称道，"床枕"展示的是孝子情怀。东汉李尤《枕铭》曰："听政理事，息则览书，倾倚偃息，随体兴居，瘳心起意，由愈宴娱。"⑤ 李尤的《枕铭》所展示的是枕头的供人休息的场景，但也体现出那个时代士人的情趣。此外，有关枕头的赋、箴、铭还有很多，如张纮《瑰材枕赋》、蔡邕《警枕铭》、苏彦《楠榴枕铭》、张纮《瑰材枕箴》、梁元帝《谢东宫赉宝枕启》、卞敬宗《无患枕赞》等。⑥ 张敞《晋东宫旧事》曰："皇太子有大漆枕，银花镶纽自

① 《后汉书》卷十七《冯异传》，第640页。（宋）李昉等：《太平御览》卷六百九十九《服用部一·帐》引《东观汉记》，第3120—3121页。
② （汉）刘熙撰，（清）毕沅疏证，王先谦补：《释名疏证补》，第197页。
③ （唐）欧阳询撰，汪绍楹校：《艺文类聚》卷三十五《人部十九·泣》，第624页。
④ （唐）欧阳询撰，汪绍楹校：《艺文类聚》卷六十九《服饰部上·荐席》引《东观汉记》，第1206页。
⑤ （唐）欧阳询撰，汪绍楹校：《艺文类聚》卷五十五《杂文部一·读书》，第991—992页。
⑥ （唐）欧阳询撰，汪绍楹校：《艺文类聚》卷七十《服饰部下·枕》，第1217—1218页。

副。"此为花枕。还有龙枕，《晋东宫旧事》曰："皇太子纳妃，有漆龙头支髻枕一，银花镮钮自副。"① 另有琉璃枕等。随着周边地区与河洛地区交往的增多，边远地区的枕头也流传到河洛地区。北魏时期，高昌地区的盐枕传入河洛地区，高昌的白盐，"其形如玉"，"高昌人取以为枕，贡之中国"②。高昌所贡的盐枕可能具有治病的功效。此外，来自异域颇具特色的枕头也传入河洛地区。《魏略》曰："大秦国出五色枕。"还有玉枕、琥珀枕、木枕、龟文枕、玉虎枕等。③ 还有根据功能而命名的枕头，陆云《与兄机书》曰："按行曹公器物，有奏案五枚。又作攲枕，以卧视书。"④ 攲枕类似今天流行的靠枕。唐玄宗的杨贵妃的姐姐虢国夫人有夜光枕⑤，也是当时有名的珍品。唐玄宗时，龟兹国进献游仙枕也是珍品。开元年间，"龟兹国进奉枕一枚，其色如玛瑙，温温如玉。其制作甚朴素。若枕之，则十洲三岛、四海五湖尽在梦中所见。帝因立名为'游仙枕'，后赐与杨国忠"⑥。由此可见，用于睡眠的极品枕为社会上层所享用。

　　灯作为照明所用，不仅出现在国家的重要夜事活动中，而且作为居民社会生活的重要用具，从先秦以来就为人们所重视。《说文》曰："锭，谓之灯。"吕静《韵集》曰："无足曰灯，有足曰锭。"⑦ 汉唐时期河洛地区等的品种非常繁杂。张敞《东宫旧事》记载晋朝太子仪礼风俗，其中有"宫有铜鸭头灯二，铜侍灯三，供户外用，夕供油七合，太子纳妃，有金涂四尺长灯一，金涂连盘短灯二，金涂连盘鸭灯一"的记载，可见晋朝太子纳妃所用等的品种。荀爽的女儿荀采早寡，曹爽逼她嫁给太原人郭弈，"采入郭氏室，暮乃去其帷帐，建四灯，敛色正坐，郭氏不敢逼"。在新婚夜婚房中竖四个灯，应当

① （唐）徐坚等：《初学记》卷十《储宫部·皇太子第三》，第230、229页。
② 《魏书》卷一百一《高昌传》，第2243页。
③ （宋）李昉等：《太平御览》卷七百七《服用部九·枕》，第3149页。
④ （宋）李昉等：《太平御览》卷七百一十《服用部十二·案》，第3164页。
⑤ （唐）郑处诲撰，田廷柱点校：《明皇杂录》卷下《唐玄宗华清宫汤池之豪奢》，第29页。
⑥ （五代）王仁裕撰，曾贻芬点校：《开元天宝遗事》卷上《开元·游仙枕》，第14—15页。
⑦ （唐）欧阳询撰，汪绍楹校：《艺文类聚》卷八十《火部·灯》，第1368页。

具有喜庆的意味。正因为灯与居民生活密切相关，所以汉魏时期留下了许多赞美灯的诗，如习凿齿《灯》诗、谢朓《咏灯诗》、梁简文帝《咏笼灯绝句诗》、纪少瑜《咏残灯绝句》、王筠《咏灯檠诗》、吴筠《灯诗》、范靖妻沈氏《咏灯诗》等。赋有刘子骏《灯赋》、魏殷臣《鲸鱼灯赋》、夏侯湛《棋灯赋》、孙惠《百枝灯赋》、范坚蟜《灯赋》、梁简文帝《列灯赋》、江淹《灯赋》、庾信《灯赋》等。① 再如，描述灯的作品如傅玄《元日朝会赋》曰："翼翼京邑，巍巍紫极，前三朝之夜中，庭燎晃以舒光，华灯若乎火树，炽百枝之煌煌，俯而察之，如亢烛龙而炤玄方，仰而观焉，若披丹霞而鉴九阳。"② 将洛阳城内的朝会灯光描述得异彩纷呈。隋江总《灯赞》曰："宝灯夜开，影遍花台，烟抽细焰，烬落轻灰，珠惭色并，月耻光来，一明暗室，若遣尘埃。"③ 从上述诸多关于灯的描述，说明灯在居民社会生活中所具有的重要地位。流传至今有关灯的记述，多与文人雅士的生活凝结在一起。如《语林》曰："嵇中散夜灯火下弹琴。"④ 而那些穷而智弥坚的人虽无灯而刻苦学习的精神也深得人们的敬仰。车胤"家贫不常得油，夏月则练囊盛数十萤火以照书，以夜继日焉"⑤。汉唐时期，灯具的形状及演变学术界多有论述，不再赘述。

在晋代出现用于照明的还有蜡烛。蜡烛一词最早出现在正史中是在《晋书》中。《晋书》卷六十九《周顗传》云：

> 顗性宽裕而友爱过人，弟嵩尝因酒瞋目谓顗曰："君才不及弟，何乃横得重名！"以所燃蜡烛投之。顗神色无忤，徐曰："阿奴火攻，固出下策耳。"⑥

虽然说东晋初年才出现蜡烛一词，但并不是说其实物出现得如此之晚。其实

---

① （唐）欧阳询撰，汪绍楹校：《艺文类聚》卷八十《火部·灯》，第1368—1370页。
② （唐）欧阳询撰，汪绍楹校：《艺文类聚》卷四《岁时中·元日》，第60页。
③ （唐）欧阳询撰，汪绍楹校：《艺文类聚》卷七十六《内典上·内典》，第1301页。
④ （唐）欧阳询撰，汪绍楹校：《艺文类聚》卷四十四《乐部四·琴》，第782页。
⑤ 《晋书》卷八十三《车胤传》，第2177页。
⑥ 《晋书》卷六十九《周顗传》，第1851页。

在此之前，早已经有了蜡烛的使用。《论衡》卷七《语增篇》曰："案周取殷之时，太公阴谋之书，食小儿丹，教云亡殷，兵到牧野，晨举脂烛。"① 如果《论衡》所载不误，那么殷周之际已经有了蜡烛的使用。孔子曰："嫁女之家，三夜不息烛，思离亲也。"② 在亲人离别之后，蜡烛寄托了无限的情感。师旷语晋平公曰："臣闻老而学者，如执烛之明，执烛之明，孰与昧行。"③ 以蜡烛照明比喻学习的重要性，蜡烛被赋予了勤奋求学的思想情感。在战国时期，有一贫人女与富人女一起纺绩，贫人女曰："我无以买烛，而子之烛光幸有余，子可分我余光，无损子明而得一斯便焉。"④ 这说明在战国时期蜡烛已经在普通民众中使用，其逐步大众化的使用正是社会生活丰富多彩的表现。秦始皇死后，其墓室中"以人鱼膏为烛，度不灭者久之"。《正义》引《异物志》云："人鱼似人形，长尺余。不堪食。皮利于鲛鱼，锯材木入。项上有小穿，气从中出。秦始皇冢中以人鱼膏为烛，即此鱼也。出东海中，今台州有之。"⑤ 这是以鱼油作为灯油的。

蜡烛作为照明所用在汉唐时期的河洛地区非常普遍。扶风人孔奋非常重视兄弟之情，其弟孔奇"在雒阳为诸生，分禄俸以供给其粮用。四时送衣，下至脂烛，每有所食甘美，辄分减以遗奇"⑥。孔奋不仅供给其弟孔奇衣食，而且也送上"脂烛"，供其学习所用。汉和帝的邓皇后在入宫之前，因爱好学习，"暮夜私买脂烛读经传，宗族内外皆号曰诸生"⑦。这仍然是买"脂烛"刻苦学习。《潜夫论·遏利》云："知脂蜡可以明镫也，而不知其甚多则冥

----

① （汉）王充：《论衡》，第 116 页。
② （汉）郑玄注，（唐）孔颖达疏：《礼记正义》，李学勤主编《十三经注疏》整理本，第 583 页。
③ （汉）伏胜撰，（汉）郑玄注，（清）陈寿祺辑校：《尚书大传》卷三，中华书局 1985 年版，第 128 页。
④ 《史记》卷七十一《甘茂列传》，第 2316 页。
⑤ 《史记》卷六《秦始皇本纪》，第 265 页。
⑥ （唐）徐坚等：《初学记》卷十七《人部上·友悌》引《东观汉记》，第 426 页。
⑦ （宋）李昉等：《太平御览》卷一百三十七《皇亲部三·孝和邓皇后》引，第 667 页。

之。"① 蜡烛的照明作用成为人们日常习惯，但对人来讲如果从过亮的地方则会显得周围的黑暗，这无疑是通过蜡烛来说明事物都具有两方面的道理。蜡烛作为河洛地区居民日常生活所用在魏晋时期则显现出其所蕴含的文化风貌。《世说新语·俭啬篇》云："司徒王戎既贵且富，区宅、僮牧、膏田、水碓之属，洛下无比。契疏鞅掌，每与夫人烛下散筹算计。"贵为司徒的王戎因为贪财每晚用蜡烛作为照明在灯下算账，从一个侧面反映了王戎的俭啬。还出现了奢侈者用燃蜡烛作为燃料的现象。《世说新语·汰侈篇》曰："王君夫以粕糒澳釜，石季伦用蜡烛作炊。"② 王恺与石崇斗富，使石崇居然用蜡烛作为燃料，足见其奢侈程度。到唐代河洛地区所产的蜡烛作为贡品供给朝廷。晋州平阳郡、绛州绛郡等每年都以蜡烛供给朝廷。③ 白居易晚年居住在洛阳时，远方的友人曾寄蜡烛，白居易作《因梦得题公垂所寄蜡烛，因寄公垂》，白居易以"照梁初日光相似，出水新莲艳不如"描述蜡烛光焰的魅力。在《全唐诗》中有许多关于蜡烛的描述，反映了唐代蜡烛的使用。

四、屋内家具

汉唐时期河洛地区屋中摆设的家具品种繁多。兹分别考证如下。

匮：匮是藏东西的柜子，主要是藏珍贵的物品。《说文》曰："匮，匣也。"段注云匮"俗作柜"④。《淮南子》卷七《精神训》云："夫有夏后氏之璜者，匣匮而藏之，宝之至也。"⑤《论衡》卷十三《别通篇》云："富人之宅，以一丈之地为内。内中所有，柙匮所赢，缣布丝帛也。贫人之宅，亦以一丈为内。内中空虚，徒四壁立，故名曰贫。"⑥ 从匮中所藏的物品有"璜"

---

① （汉）王符撰，（清）汪继培笺：《潜夫论》，第27页。
② 徐震堮：《世说新语校笺》，第466、469页。
③ 《新唐书》卷三十九《地理志三》，第1001—1002页。
④ （汉）许慎撰，（清）段玉裁注，许惟贤整理：《说文解字注》，第1105页。
⑤ 何宁：《淮南子集释》，第520页。
⑥ （汉）王充：《论衡》，第205页。

和"缣布丝帛"来分析，只有富有人家才具备匮。另外，《论衡》也向我们展示了一般房屋的面积。匮是体积较大的家具，因而又有"天子以四海为匣匮"的说法。① 《韩诗外传》云："王者藏于天下，诸侯藏于百姓，农夫藏于困庚，商贾藏于箧匮。"② 这正是以匮藏物的形象描述。李尤《匮匣铭》曰："国有都邑，家有匣匮，货贿之用，我之利器。"③ 这种大型家具在河洛地区也主要是富贵人家所用。如北魏末年，崔光韶住宅中，"绫绢钱布，匮箧充积"④。这正是富人家中匮箧藏富的典型例证。正因为匮箧的藏物作用，匮箧的安全就显得尤为重要，在陕县刘家渠东汉墓葬中出土的随葬品皿器陶器顶部有可以开启的盖子，还装有暗锁。⑤ 这一考古发现以实物的方式证实了匮箧有暗锁，安全性颇高。

箧：《说文》曰："箧，竹高箧也。"《通俗文》曰："箧谓之匮箧。"箧为竹编的盛器，其体积较大，可以用来藏人。《世语》曰："（杨）修年二十五，以名公子有才能，为太祖所器。与丁仪兄弟，皆欲以植为嗣。太子患之，以车载废箧，内朝歌长吴质与谋。修以白太祖，未及推验。太子惧，告质，质曰：'何患？明日复以箧受绢车内以惑之，修必复重白，重白必推，而无验，则彼受罪矣。'世子从之，修果白，而无人，太祖由是疑焉。"⑥ 这是发生在箧这种竹器的真实故事，其中所蕴含的政治谋略，正显现出箧使用中所具有的政治特色。这一现象在西晋时期也曾发生过，《晋书》卷三十一《后妃上·惠贾皇后传》云：

> 洛南有盗尉部小吏，端丽美容止，既给厮役，忽有非常衣服，
> 众咸疑其窃盗，尉嫌而辩之。贾后疏亲欲求盗物，往听对辞。小吏

① 马非百注释：《盐铁论简注·禁耕第五》，第37页。
② （汉）韩婴撰，许维遹校释：《韩诗外传集释》卷十，中华书局1980年版，第361页。
③ （宋）李昉等：《太平御览》卷七百一十三《服用部十五·匮》，第3172页。
④ 《魏书》卷六十六《崔光韶传》，第1483页。
⑤ 黄河水库考古队：《河南陕县刘家渠汉墓》，《考古学报》1965年第1期。
⑥ 《三国志》卷十九《魏书·陈思王曹植传》裴注引，第558页。

云："先行逢一老妪，说家有疾病，师卜云宜得城南少年厌之，欲暂相烦，必有重报。于是随去，上车下帷，内篼箱中，行可十余里，过六七门限，开篼箱，忽见楼阙好屋。问此是何处，云是天上，即以香汤见浴，好衣美食将入。见一妇人，年可三十五六，短形青黑色，眉后有疵。见留数夕，共寝欢宴，临出赠此众众物。"听者闻其形状，知是贾后，惭笑而去，尉亦解意。时他人入者多死，惟此小吏，以后爱之，得全而出。①

不论贾后如此淫乱的影响如何，但从此可以看出篼是可以藏人的，其体积之大是不言而喻的。

篋：小箱子，藏物之具。大曰箱，小曰篋。篋一般用来放置衣物和书籍。贾谊曾经给汉文帝上书中说："俗吏之所务，在于刀笔筐箧，而不知大体。"②师古曰："刀所以削书札。筐箧所以盛书。"此乃篋盛书之明证也。汉武帝曾经在河东"尝亡书三篋"③，亦明篋是藏书所用。嘉平二年（250）荆州刺史胡质死后，"家无余财，惟有赐衣书篋而已"④。张华虽然位居高位，但"雅爱书籍，身死之日，家无余财，惟有文史溢于机篋"。他在搬家时，"载书三十乘"⑤。显然是用篋来装。除了装书所用外，丧服也多装在篋中。光武帝死后，汉明帝追思父亲，"永平元年，乃率诸侯王、公卿，正月朝于原陵，亲奉先后阴氏妆奁篋笥悲恸，左右侍臣，莫不鸣咽"⑥。汉明帝孝心可鉴，其子汉章帝也是如此。建初三年（78），汉章帝看到阴太后的遗物，"怆然动容，乃命留五时衣各一袭，及常所御衣合五十篋，余悉分布诸王主及子孙在京师者各有差"。又特地"送光烈皇后假紒帛巾各一，及衣一篋"给东平王刘苍及琅

---

① 《晋书》卷三十一《后妃传上·惠贾皇后》，第964页。
② 《汉书》卷四十八《贾谊传》，第2245页。
③ 《汉书》卷五十九《张安世传》，第2647页。
④ 《三国志》卷二十七《魏书·胡质传》，第743页。
⑤ 《晋书》卷三十六《张华传》，第1074页。
⑥ 《旧唐书》卷二十五《礼仪志五》，第972页。

琊王刘京，让他们"可时奉瞻"①。将箧中装上阴太后的衣物，使后人有了缅怀先人的寄托。东汉时期皇帝参加大丧典礼时，"太史奉哀策苇箧诣陵"；参加合葬仪式时，"五时朝服各一袭在陵寝，其余及宴服皆封以箧笥，藏宫殿后阁室"②。这里出现了"苇箧"一词，表明箧是用芦苇织成。"箧笥"连用表明两种物品为同一种用途，或者就如同李贤所认为的那样"笥，箧也"。曹操曾针对奢侈葬俗，"自制送终衣服四箧，题识其上，春秋冬夏，日有不讳，随时以敛"③。曹操确定了送终的衣服四箧，是为了显示自己的清廉。

箧还可以用来装珠宝。汉和帝死后，有宫人趁乱偷窃，"宫中亡大珠一箧"，邓太后"乃亲阅宫人，观察颜色，即时首服"④。这里的箧是用来装首饰的。前文云北魏永安末年，洛阳城内崔光韶同里人王蔓的二子被害，"孝庄诏黄门高道穆令加检捕，一坊之内，家别搜索。至光韶宅，绫绢钱布，匮箧充积。议者讥其矫啬"⑤。匮、箧装满了丝织品和钱币。隋文帝时，"突厥尝与中国交市，有明珠一箧，价值八百万"⑥。此明黄河流域多以箧来衡量珠宝的价值。箧作为藏物的器具社会各阶层都在使用。

笥：箧的一种。《说文》曰："箪，笥，饭及衣之器也。"《尚书》曰："惟衣裳在笥。"《楚辞》曰："萧艾于箧笥，谓蕙芷而不香。"⑦ 由此可知，笥是一种盛饭或衣物的方形竹器。西汉末年，邓禹在赤眉军的追赶下，众将领都不愿意在后面作为掩护，邓禹只好"乃书诸将名于竹简，署其前后，乱著笥中，令各探之"，以决定掩护者。李贤云："笥以竹为之。郑玄注《礼记》

---

① 《后汉书》卷四十二《光武十王传·东平宪王刘苍》，第1438页。

② （晋）司马彪撰，刘昭注补：《续汉书·礼仪志下》"大丧条"，第3152页。

③ 《晋书》卷二十《礼志中》，第632页。

④ 《后汉书》卷十上《皇后纪上·和熹邓皇后》，第422页。

⑤ 《魏书》卷六十六《崔韶传》，第1483页。

⑥ 《隋书》卷三十六《后妃传·文献独孤皇后》，第1108页。

⑦ （唐）欧阳询撰，汪绍楹校：《艺文类聚》卷八十二《草部下·艾》，第1314页。这条材料今本《楚辞》未载，应是佚文。

云：'圆曰箪，方曰笥。'"① 通过郑玄的注释可知笥是与箪都是竹器，只是形状有圆形与方形的差异。《续汉志》曰："建宁中，京都长者皆以苇方笥为装具，时有识者窃言，苇笥郡国谶篚也。后党人禁锢，会赦，有疑者皆谶廷尉，人名悉入方笥中。"② 这是将谶书装在苇笥中作为传送的工具，这里又出现了苇笥这种用苇草编成的方形器具，成为存放狱案材料的用具。篚笥作为竹编器具，在汉唐人的诗文中多有记录。汉成帝的妃子班婕妤《怨歌行》曰："新裂齐纨素，皎絜如霜雪，裁为合欢扇，团团似明月，出入君怀袖，动摇微风发，常恐秋节至，凉风夺炎热，弃捐篚笥中，恩情中道绝。"③ 魏文帝《代刘勋出妻王氏作》曰："翩翩床前帐，可以蔽光辉。昔将尔同去，今将尔共归。缄藏篚笥里，当复何时披。"④ 笥是一种较小的箱子或盒子，用来放置衣物等生活用品，在汉唐时期河洛地区诗人的笔下被赋予了更多的思想情感。

笈：多竹、藤编织，常用以放置书籍、衣巾、药物等。《风俗记》曰："笈，学士所以负书，箱如冠籍箱也。"⑤ 所以有负笈一说。建宁二年正月，郭太去世后，"自弘农函谷关以西，河内汤阴以北，二千里负笈荷担弥路，柴车苇装塞涂，盖有万数来赴"⑥。郭太作为文化名人培育了众多人才，所以才有京畿之外的士人千里奔丧，这些奔丧之人为了学问却"负笈"而行。河内武德人王奂"明《五经》"，又特立独行，"负笈追业，常赁灌园，耻交势利"⑦，从而塑造了其独立的士人形象。从汉至唐史书流传下来的多是文人负笈求学的事例，具体例证不再列举。

值得一提的是来自周边地区的"胡床"进入河洛地区后很快被人们所喜爱，成为河洛地区较为流行的坐器。《后汉书志·五行志一》"服妖条"云：

---

① 《后汉书》卷三十八《张宗传》，第 1275 页。
② 《后汉书》卷八《孝灵帝纪》李贤注引，第 331 页。
③ （梁）萧统编，（唐）李善注：《文选》卷二十七《乐府上·燕歌行》，第 1280 页。
④ 魏宏灿校注：《曹丕集校注》，第 75 页。
⑤ （宋）李昉等：《太平御览》卷七百一十一《服用部十三·笈》，第 3168 页。
⑥ 《后汉书》卷六十八《郭太传》李贤注引《谢承书》，第 2227 页。
⑦ 《后汉书》卷八十一《独行传·范冉》李贤注引《谢承书》，第 2688 页。

"灵帝好胡服、胡帐、胡床、胡坐、胡饭、胡空侯、胡笛、胡舞，京都贵戚皆竞为之。"① 胡床因为汉灵帝的喜爱所起的表率作用，使其跟快为百姓所接受，迅速风靡起来。建安十六年（213）七月，曹操征关中时，从潼关北渡黄河，而此时马超的军队突然而至，曹操镇定自若，"犹坐胡床不起"②。曹操在行军途中还带着胡床，足见其使用的便捷。魏文帝在打猎时也随带胡床，苏则"从行猎，槎桎拔，失鹿，帝大怒，踞胡床拔刀，悉收督吏，将斩之"③。苏则尽力劝解方才使魏文帝免怒。晋武帝即位后，胡床在河洛地区再次流行，故有"泰始之后，中国相尚用胡床貊盘，及为羌煮貊炙，贵人富室，必畜其器，吉享嘉会，皆以为先"④ 的说法。《搜神记》卷七《翟器翟食》亦云："胡床、貊盘，翟之器也。"⑤ 关于西晋时期河洛地区胡床的使用相关记载颇多。《晋书》卷四十二《王浑传附子济传》云：

> 王恺以帝舅奢豪，有牛名"八百里驳"，常莹其蹄角。济请以钱千万与牛对射而赌之。恺亦自恃其能，令济先射。一发破的，因据胡床，叱左右速探牛心来，须臾而至，一割便去。⑥

贵为当时王公，在打赌时也带着胡床坐用，足见胡床为社会各阶层喜爱的程度。陆机在赴洛阳途中，带了满船的东西，戴若思"遂与其徒掠之。若思登岸，据胡床，指麾同旅，皆得其宜"⑦。戴若思作为强盗在外出时也带着胡床。在隋唐时期，胡床依然为社会各阶层所喜爱，外出多带有胡床。庾肩吾《赋胡床诗》曰："传名乃外域，入用信中京。足欹形已正，文邪体自平。临堂对远客，命旅誓初征。"⑧《诗含神雾》曰："四方蛮貊，制作器物多与中国反。

---

① （晋）司马彪撰，刘昭注补：《续汉书·五行志一》，第3272页。
② 《三国志》卷一《魏书·武帝纪》裴注引《曹瞒传》，第34页。
③ 《三国志》卷十六《魏书·苏则传》，第493页。
④ 《晋书》卷二十七《五行志上》，第823页。
⑤ （晋）干宝撰，汪绍楹校注：《搜神记》，第94页。
⑥ 《晋书》卷四十二《王济传》，第1206页。
⑦ 《晋书》卷六十九《戴若思传》，第1846页。
⑧ （宋）李昉等：《太平御览》卷七百六《服用部八·胡床》，第3148页。

书则横行，食则合和，伏则交脚，鼓则细腰，如此之类甚众。中国之所效者，貂蝉、胡床、胡饭。"① 很明显地指出了胡床为中原地区所接受的事实。据杜宝《大业拾遗录》曰："四年，改胡床为交床。"但在隋唐以后的史书中仍然多有胡床的记载，可见隋炀帝改胡床为交床并没有被社会所接受。

在传统农业社会环境中，人们安土重迁，居住问题成为人们最为关注的问题。作为首善之区的河洛地区，地理环境颇为复杂，既有山地，也有丘陵与平原，形成了居住环境的千差万别。以山地而论，这里既有贫穷山民居住，也有达官贵人所修建的别墅，也有隐士隐居其间，还有山贼出没其中。平原地区是人口最为集中的地方，为了选择良好的居住地，从先秦以来已经形成了通过占卜选择住宅地点的传统，甚而国家都成选址亦是如此。民间住宅的选择，也多以背山面水为良宅，其目的是为了庇荫后代，家族兴旺。汉唐时期的农耕传统下形成的比屋而居的现象，使乡里之间形成了代代相传的良好邻里关系。由于社会身份的不同，平民与权贵的住宅往往有很大差异，特别是在洛阳城里坊内的分布往往很不均匀，有的达官显贵占有一坊之地，而普通的里坊中民户往往达到二三千户之多。权贵的住宅因为其所拥有的政治地位，或为官府出资修建，或为利用职权修建，建筑往往富丽堂皇，形成都市最为奢华的住宅区。随着时代的发展，从两汉的田庄发展到北魏颇有特色的住宅与园林相伴的建筑风格，并在隋唐出现了庄园式的住宅风格。汉唐时期，河洛地区的建筑已经具备了完全成熟的布局，从中轴线的出现到室内装修，乃至宅院的垣墙、门户、窗户以及屏风等设施都体现出农耕社会的风貌与文化内涵。家具摆设，家具的功能都显现出适应家庭规模的基本水平。

---

① （宋）李昉等：《太平御览》卷七百九十九《四夷部二十·北狄一》，第3549页。

第四章　交通与社会

汉唐时期，河洛地区拥有了"天下之中"的核心地位，其社会发展与交通环境的改善紧密联系在一起，所以研究汉唐时期河洛地区居民社会生活不能不涉及交通环境。正是因为交通环境的改善，使河洛地区成为天下人文荟萃的中心，给社会发展带来了无限活力。

第一节　交通工具

河洛地区交通工具的变化是与河洛地区的社会发展联系在一起的。从徒步行走到马匹的应用乃至后来的车的发明，无不体现着社会经济的发展在交通工具进步方面的变化。在这一进程中，河洛地区走在了全国的前列。

一、马牛驴骡用于交通

大型牲畜用作交通工具是社会生产力发展的标志。随着河洛地区社会经济的发展，交通成为人们生产与生活密不可分的组成部分。作为交通工具除了车辆之外，马牛驴骡等大型牲畜被用作动力，或供人骑乘，或拉车远行，体现了交通工具的多样化。

（一）秦汉时期

马作为交通工具是与马的驯化紧密地联系在一起。马何时被驯化，目前学术界还没有定论，但至少在商代已有马匹的使用。秦汉以后马匹用于交通的事件史书记载颇多。秦王嬴政八年（前239），"河鱼大上，轻车重马东就食"。《索隐》："言河鱼大上，秦人皆轻车重马，并就食于东。言往河旁食鱼也。一云，河鱼大上为灾，人遂东就食，皆轻车重马而去。"无论哪一种解释马匹都是作为交通工具使用的。与此同时，朝廷内部使用马匹者也见诸史书的记载，"嫪毐封为长信侯。予之山阳地，令毐居之。宫室车马衣服苑囿驰猎恣毐"。《正义》引《括地志》云："山阳故城在怀州修武县西北太行山东南。"山阳作为嫪毐的封地，位于今河南省修武县，正在河洛地区范围之内。嫪毐可以在封地内骑马狩猎，正说明马匹使用的普遍性。秦始皇称帝后，也继承了周礼天子"乘六马"乘舆制度，这里的六马既是交通工具，更是权力、等级的象征，被赋予了特殊的政治内涵。作为象征意义的牛马还被用作显示皇恩浩荡，秦始皇二十八年琅琊石刻中有"功盖五帝，泽及牛马"之说。三十二年碣石石刻中有"惠论功劳，赏及牛马，恩肥土域"[1] 之语。到秦末汉初的战争中，马匹被更多地用于战争。

西汉初年，因为战争造成了马匹的大量死亡，所以西汉初年马匹作为交通工具受到种种限制，"自天子不能具钧驷，而将相或乘牛车，齐民无藏盖"。《索隐》："天子驾驷马，其色宜齐同。今言国家贫，天子不能具钧色之驷马。"[2] 战争造成了马匹的大量短缺，也引起了马匹价格的急剧上涨，"马一匹则百金"。汉高祖还下诏："令贾人不得衣丝乘车，重租税以困辱之。"[3] 虽有贱商的因素在内，但马匹紧张则是不争的事实。因此之故，文景之治的一个

---

[1] 《史记》卷六《秦始皇本纪》，第225—252页。

[2] 《史记》卷三十《平准书》，第1417页。

[3] 《史记》卷三十《平准书》，第1418页。

重要举措就是大力饲养马匹。孝景帝时，"益造苑马以广用，而宫室列观舆马益增修矣"。到了汉武帝即位时，社会经济得到了全面恢复，马匹被大量应用于交通工具，"众庶街巷有马，阡陌之间成群，而乘字牝者傧而不得聚会"。汉武帝时期，因为对匈奴作战的需要，马匹饲养规模逐渐扩大，"天子为伐胡，盛养马，马之来食长安者数万匹，卒牵掌者关中不足，乃调旁近郡。而胡降者皆衣食县官，县官不给，天子乃损膳，解乘舆驷，出御府禁藏以赡之"①。可见这个时候，马匹不仅用于普通民众的交通所需，而且更多地用于战争骑兵的骑乘。

随着社会的稳定，河洛地区的马匹被更多地用于交通。褚先生曰："马不必骐骥，要之善走。"② 大概就反映了人们对马匹在日常生活中的认识。马车从先秦以来多为贵族所用，而普通的民众只能乘牛车。当时皇室中专设太仆一官。"太仆，秦官，舆马，有两丞。属官有大厩、未央、家马三令，各五丞一尉。又车府、路軨、骑马、骏马四令丞。又龙马、闲驹、橐泉、騊駼、承华五监长丞。又边郡六牧师菀令，各三丞。又牧橐、昆蹄令丞皆属焉。中太仆掌皇太后舆马，不常置也。武帝太初元年更名家马为挏马，初置路軨。"③ 太仆一职就是主管朝廷内部对马匹的使用的。汉武帝派人迎接朱买臣，"长安厩史乘驷马车来迎，买臣遂乘传去"。张晏曰："故事，大夫乘官车驾驷，如今州牧刺史矣。"④ 正因为皇家马车是身份的标志，汉武帝时，城父令公孙勇谋反时，"衣绣衣，乘驷马车至圉"，结果被发现处死。⑤ 正因为马车成为身份的象征，所以不仅汉高祖禁止商人乘马车，汉景帝中元五年（前145）明令"贾人不得乘马车"⑥。然而到东汉中期，河洛地区的商业发展已经冲破这一禁

① 《史记》卷三十《平准书》，第1425页。
② 《史记》卷四十九《外戚世家》，第1984页。
③ 《汉书》卷十九上《百官公卿表上》，第729页。
④ 《汉书》卷六十四《朱买臣传》，第2793页。
⑤ 《汉书》卷九十《酷吏传·田广明》，第3664页。
⑥ （晋）司马彪撰，刘昭注补：《续汉书·舆服志上》，第3646页。

令，王符曾经说："今举俗舍本农，趋商贾，牛马车舆，填塞道路，游手为巧，充盈都邑。"① 显示马匹运输的繁忙景象。东汉时期，达官贵人以拥有马匹而成为身份的象征，汉明帝马皇后的弟弟，"车如流水，马如游龙"②。因当时马匹使用的广泛，还多次发生马匹受惊而出车祸的事件。《续汉书·五行志五》"马祸条"记载："更始二年二月，发洛阳，欲入长安，司直李松奉引，车奔，触北宫铁柱门，三马皆死。马祸也。""光和中，洛阳水西桥民马逸走，遂啮杀人。""桓帝延熹五年四月，惊马与逸象突入宫殿。近马祸也。"③ 东汉时期洛阳发生诸多因马匹受惊而出的车祸，反映出马匹惊厥非常危险。

牛车大多是普通百姓所乘坐，西汉初年，因缺少马匹，将相只能坐牛车。在汉武帝遴夺诸侯王的权力后，"其后诸侯唯得衣食租税，贫者或乘牛车"④。一些退休的官员也乘坐牛车，朱云因劝谏汉成帝远离佞臣，激怒了汉成帝，"自是之后不复仕，常居鄠田，时出乘牛车从诸生，所过皆敬事焉"⑤。地节三年（前67），汉宣帝"求得外祖母王媪，媪男无故，无故弟武皆随使者诣阙。时乘黄牛车，故百姓谓之黄牛妪"⑥。这是因为贫穷而乘牛车。廉洁的官员在死后也以牛车载棺而传为美谈。张汤死后，因廉洁贫穷，"载以牛车，有棺而无椁"⑦。祭遵在建武九年死前，"临死遗诫牛车载丧，薄葬洛阳"⑧。这些以牛车载尸的官员成为廉洁的楷模。如同西汉初年将相乘坐牛车的现象一样，光武帝即位后，"自宗室诸王、外家后亲，皆奉遵绳墨，无党势之名。至或乘牛车，齐于编人。斯固法令整齐，下无作威者也"⑨。董卓之乱时，汉献帝逃

---

① 《后汉书》卷四十九《王符传》，第1633页。
② 《后汉书》卷十上《皇后纪上·明德马皇后》，第411页。
③ （晋）司马彪撰，刘昭注补：《续汉书·五行志五》，第3345页。
④ 《汉书》卷三十八《高五王传·燕灵王刘建》，第2002页。
⑤ 《汉书》卷六十七《朱云传》，第2916页。
⑥ 《汉书》卷九十七上《外戚传上》，第3961页。
⑦ 《汉书》卷五十九《张汤传》，第2646页。
⑧ 《后汉书》卷二十《祭遵传》，第742页。
⑨ 《后汉书》卷三十三《朱浮传》，第1143页。

出长安后，"百官饥饿，河内太守张杨使数千人负米贡饷。帝乃御牛车，因都安邑"①。贵为天子也乘坐牛车是战乱状态下的特例。

两汉时期，驴骡等牲畜也传入中原地区，开始被人们用作交通工具。汉武帝讨伐大宛时，动用了"牛十万，马三万匹，驴橐驼以万数赍粮，兵弩甚设"②。《盐铁论》卷一《力耕》记载，始元六年大夫与文学争论盐铁官营或私营时，桑弘羊曾说："是以骡驴馲驼，衔尾入塞，驒騱騵马，尽为我畜。"贤良文学之士则认为："今骡驴之用，不中牛马之功。"贤良文学所论是站在从事农业耕作方面而论的。即便如此，在这时河洛地区此类牲畜仍然较少，贤良文学曰："骡驴馲驼，北狄之常畜也。中国所鲜，外国贱之。"③ 王莽天凤年间，刘秀"乃之长安，受《尚书》，略通大义"。李贤注引《东观记》曰："受《尚书》于中大夫庐江许子威。资用乏，与同舍生韩子合钱买驴，令从者僦，以给诸公费。"④ 张霸之子张楷为了逃避"黄门及贵戚之家，皆起舍巷次，以候过客往来之利"，"辄徙避之。家贫无以为业，常乘驴车至县卖药，足给食者，辄还乡里"⑤。张楷所居之地应当离洛阳不远，故而乘坐驴车外出。李固为司徒李郃之子，"少好学，常步行寻师，不远千里。遂究览坟籍，结交英贤。四方有志之士，多慕其风而来学。京师咸叹：'是复为李公矣。'"李贤注引《谢承书》曰："固改易姓名，杖策驱驴，负笈追师三辅，学《五经》，积十余年。博览古今，明于风角、星筭、《河图》、谶纬，仰察俯占，窃神知变。每到太学，密入公府，定省父母，不令同业诸生知是郃子。"⑥ 李固不顾路途遥远，乘坐驴车到关中去求学，说明当时驴车还是使用较多的交通工具。河内朝歌人向栩弟子众多，"或骑驴入市，乞匄于人"⑦。这是特立独行者以驴

① 《后汉书》卷七十二《董卓传》，第2340页。
② 《汉书》卷六十一《李广利传》，第2700页。
③ 马非百注释：《盐铁论简注·崇礼第三十七》，第281页。
④ 《后汉书》卷一上《光武帝纪上》，第1页。
⑤ 《后汉书》卷三十六《张楷传》，第1243页。
⑥ 《后汉书》卷六十三《李固传》，第2073页。
⑦ 《后汉书》卷八十一《独行传·向栩》，第2693页。

代步，显现出与众不同的风格。汉灵帝不仅养有数量庞大的驴群，而且常常外出骑行。《金楼子》卷一《箴戒篇》亦云："汉灵帝时，养驴数百，帝自骑之，驱驰遍京师。有时驾四驴入市里。"① 又有汉灵帝"驾四驴，帝躬自操辔，驱驰周旋，京师转相仿效"。对于汉灵帝骑驴的行为，李贤注引《续汉志》曰："驴者乃服重致远，上下山谷，野人之所用耳，何有帝王君子而骖驾之乎。天意若曰，国且大乱，贤愚倒植，凡执政者皆如驴也。"② 这其实是对汉灵帝玩物丧志的抨击，但也说明驴作为交通所用的牲畜因为汉灵帝的带头骑行而得到社会各阶层的喜爱。随着驴骡进入内地，人们对这种牲畜的认识越来越深刻。颜师古曰："骡者，驴种马子，坚忍。单于自乘善走骡，而壮骑随之也。"③《说文》曰："驴，似马，长耳；骡，驴子也。" 东汉时期马匹仍然被作为骑兵使用的主要工具，《东观汉记》曰："段颍起于徒中，为并州刺史，有功征还京师。颍乘轻车，介士鼓吹，曲盖朱旗，骑马拂天蔽日，铮铎金鼓，雷振动地，连骑继迹，弥数十里。"④ 这种马匹是作为战马使用的。

（二）魏晋南北朝时期

魏晋北朝时期，河洛地区马匹、驴骡被用于交通的更加普遍。前引《晋阳秋》记载，胡威从洛阳前往荆州探望父亲，"自驱驴单行"，"每至客舍，自放驴"，且"往还如是"。⑤ 虽然胡威的父亲为荆州刺史，但因家庭贫穷，只能骑驴探望父亲，且在途中尚需独自放驴。《世说新语·伤逝》曰："王仲宣好驴鸣，既葬，文帝临其丧，顾语同游曰：'王好驴鸣，可各作一声以送之。'

---

① （南朝梁）萧绎撰，陈志平、熊清元疏证：《金楼子疏证校注》，上海古籍出版社2014年版，第212页。

② 《后汉书》卷八《孝灵帝纪》，第346页。（晋）司马彪撰，刘昭注补《续汉书·五行志一》云："灵帝于宫中西园驾四白驴，躬自操辔，驱驰周旋，以为大乐。于是公卿贵戚转相仿效，至乘辎辖以为骑从，互相侵夺，贾与马齐。"第3272页。

③ 《汉书》卷五十五《卫青传》，第2484页。

④ （宋）李昉等：《太平御览》卷三百三十八《兵部六十九·金鼓》，第1551页。

⑤ 《三国志》卷二十七《魏书·胡威传》裴注引，第743页。

赴客皆作驴鸣。"① 王粲因为喜爱驴鸣，在死后众人以驴鸣相送，表达了文人之间的情感。司马昭与阮籍私交甚好，常常与其在一起谈笑游戏，随其所欲，不让阮籍担任具体职务，阮籍曾对司马昭说非常喜欢东平的风俗，愿意到东平为官，司马昭非常高兴，顺其意任命他为东平相，阮籍"乘驴到郡，坏府舍屏鄣，使内外相望，法令清简，旬日而还"②。骑驴到东平任职，符合阮籍放荡不羁的性格，而为政从简则展现了为政风格。还有骑驴牧羊的现象，《陈武别传》曰："武本休屠胡人，常骑驴牧羊，诸家牧竖十数人，或有和歌者，武遂学太山《梁甫吟》之属。"③ 这些史料都说明驴成为普通民众喜爱的骑乘工具。王济"有才艺，尝从武帝校猎北芒下，与侍中王济俱著布裤褶，骑马执角弓在辇前。猛兽突出，帝命王济射之，应弦而倒。须臾复一出，济受诏又射杀之，六军大叫称快"④。这里王济与晋武帝等人所骑之马不是作为交通工具，而是狩猎所用。《幽明录》曰："弘农徐俭家有一远来客寄宿。有马一匹，中夜惊跳，客不安，骑马而去。一物长丈余，来逐马后。客射之，闻如中木声。明日，寻昨路，见箭着一碓栅。"⑤ 客人所骑之马显然是作为交通工具来用的。

北魏迁都洛阳后，牲畜被用于交通工具的现象更为普遍。孝文帝迁都洛阳时，"代民至洛，始欲向尽，资产罄于迁移，牛畜毙于辇运。陵太行之险，越长津之难。辛勤备经，得达京阙"⑥。跟随孝文帝从代京迁往洛阳的鲜卑民众，以牛作为运输工具。孝文帝的太子元恂"不好书学，体貌肥大，深忌河

---

① 徐震堮：《世说新语校笺》，第 347 页。

② 《晋书》卷四十九《阮籍传》，第 1360 页。(唐) 欧阳询撰，汪绍楹校《艺文类聚》卷九十四《兽部中·驴》引《文士传》曰："晋文帝大亲阮籍，恒与谈戏，任其所欲，不迫以职事，籍从容常言：'平生曾游东平，乐其土风，原得为东平太守，文帝大悦'即从其意，籍便骑驴，径到郡，至皆坏府舍诸壁鄣，使内外相望，然教令清当，十余日，便乘驴去。"第 1692 页。

③ (唐) 欧阳询撰，汪绍楹校：《艺文类聚》卷九十四《兽部中·驴》，第 1629 页。

④ 《晋书》卷四十《杨济传》，第 1181 页。

⑤ (宋) 李昉等：《太平御览》卷七百六十二《器物部七·碓》，第 3385 页。

⑥ 《魏书》卷六十五《李平传》，第 1451 页。

洛暑热，意每追乐北方"。当孝文帝行幸嵩岳时，元恂留守金庸城，"于西掖门内与左右谋，欲召牧马轻骑奔代，手刃（高）道悦于禁中"①。作为一个骑马民族，元恂虽然跟随其父迁居河洛地区，但因不适应河洛地区的炎热气候，欲利用牧马逃回代京。王琼曾经拜访尚书令李崇，但他不知礼节，"骑马至其黄阁"，见到李崇的儿子后，"直问继伯（李崇字——引者注）在否"，当李崇出来后，王琼才从马上下来。② 王琼作为南朝逃往北方的王慧龙之孙，已经习惯了骑马，可见社会环境的影响之大。王肃之子王衍在任西兖州刺史时，尔朱仲远进攻河洛地区，俘虏了王衍，"以其名望不害也，令其骑牛从军，久乃见释"③。以王肃的声望以及王衍的刺史身份，尔朱仲远让王衍骑牛从军，其实是为了羞辱他。永平元年（508）九月，元勰入宫，"入东掖门，度一小桥，牛不肯进，遂击之。良久，更有使者责勰来迟，乃令去牛，人挽而进，宴于禁中"，后被外戚高肇鸩杀。④ 这是以牛作为代步工具。胡叟"不治产业，常苦饥贫，然不以为耻"，"每至贵胜之门，恒乘一牸牛，弊韦袴褶而已"⑤。胡叟乘坐母牛以示其放荡不羁的性格。裴谭"粗险好杀，所乘牛马为小惊逸，手自杀之"⑥，极为残忍。河内太守田怗家奴告诉尔朱世隆的省门亭长云："今且为令王借车牛一乘，终日于洛滨游观。至晚，王还省，将军出东门，始觉车上无褥，请为记识。"⑦ 当时尔朱世隆封王，故呼为令王，借牛车供其乘坐，可见北魏时期乘坐牛车成为一种惯例，王公大臣也不例外。天平初年，高欢迫使北魏王公大臣迁都邺城，"是时诏下三日，户四十万狼狈就道，收百官马，尚书丞郎已下非陪从者尽乘驴。齐献武王以（常）景清贫，特给车牛四

① 《魏书》卷二十二《孝文五王传·废太子元恂》，第 588 页。
② 《魏书》卷三十八《王琼传》，第 878 页。
③ 《魏书》卷六十三《王衍传》，第 1413 页。
④ 《魏书》卷二十一下《献文六王传·彭城王元勰》，第 582 页。
⑤ 《魏书》卷五十二《胡叟传》，第 1151 页。
⑥ 《魏书》卷七十一《裴谭传》，第 1567 页。
⑦ 《魏书》卷七十五《尔朱世隆传》，第 1670 页。

乘，妻孥方得达邺"①。这样看来，长途跋涉还是马车较快，驴车与牛车都相对较慢，而高欢给常景牛车四辆无疑是对他的照顾。北魏时期，洛阳城内牲畜被用于交通的事实在《洛阳伽蓝记》中有较多披露。洛阳昭德里的司农张伦住宅，"最为豪侈，斋宇光丽，服玩精奇，车马出入，逾于邦君"②。洛阳大市的商人，"有刘宝者，最为富室。州郡都会之处，皆立一宅，各养马一疋，至于盐粟贵贱，市价高下，所在一例。舟车所通，足迹所履，莫不商贩焉。是以海内之货，咸萃其庭，产匹铜山，家藏金穴。宅宇逾制，楼观出云，车马服饰，拟于王者"。甚而有的王公贵族还利用权势从西域地区引进良种马匹。元琛在任秦州刺史，"多无政绩，遣使向西域求名马，远至波斯国，得千里马，号曰'追风赤骥'。次有七百里者十余匹，皆有名字。以银为槽，金为锁环，诸王服其豪富"③。他还多次"陈女乐及诸名马"向其他王子展示其富有。

（三）隋唐时期

隋唐时期，河洛地区将牲畜用作交通工具涉及社会各个阶层。在唐诗中有许多关于骑马的诗句，其中有些描述的就是河洛地区的情况。高峤《晦日宴高氏林亭》云："飞观写春望，开宴坐汀沙。积溜含苔色，晴空荡日华。歌入平阳第，舞对石崇家。莫虑能骑马，投辖自停车。"④关于高峤目前仅知其为司门郎中，其他情况无考，但从诗文所描述的"舞对石崇家"来看，可能与洛阳有联系。李颀《送刘方平》中有"洛阳草色犹自春，游子东归喜拜亲。漳水桥头值鸣雁，朝歌县北少行人。别离斗酒心相许，落日青郊半微雨。请君骑马望西陵，为我殷勤吊魏武"⑤。从李颀这首送别诗可知，刘方平东出洛

---

① 《魏书》卷八十二《常景传》，第 1806 页。
② （魏）杨衒之撰，周祖谟校释：《洛阳伽蓝记校释》卷二《城东》，第 90 页。
③ （魏）杨衒之撰，周祖谟校释：《洛阳伽蓝记校释》卷四《城西》，第 157、164 页。
④ （清）彭定求等奉敕编，中华书局编辑部点校：《全唐诗》卷七十二，第 792 页。
⑤ 刘宝和：《李颀诗评注》，第 210 页。

阳骑马回乡拜亲，通过从河洛地区到燕赵地区一路见闻的描述，表达怀才不遇的伤感。元稹《送刘太白》云："洛阳大底居人少，从善坊西最寂寥。想得刘君独骑马，古堤愁树隔中桥。"① 贞元末年，元稹在长安送别刘敦质，想象刘敦质在洛阳出行骑马的生活场景，展现了洛阳城里坊居民日常生活。白居易晚年寓居洛阳时也有诗句提到骑马。白居易《绝句代书赠钱员外》："欲寻秋景闲行去，君病多慵我兴孤。可惜今朝山最好，强能骑马出来无。"② 骑马成为文人交往的一道独特风景。白居易《早春晚归》有云："晚归骑马过天津，沙白桥红返照新。草色连延多隙地，鼓声闲缓少忙人。还如南国饶沟水，不似西京足路尘。金谷风光依旧在，无人管领石家春。"③ 他的另一首《晚春寄微之并崔湖》："洛阳陌上少交亲，履道城边欲暮春。崔在吴兴元在越，出门骑马觅何人。"④ 其《不出》："檐前新叶覆残花，席上余杯对早茶。好是老身销日处，谁能骑马傍人家。"⑤ 《自问》："依仁台废悲风晚，履信池荒宿草春。自问老身骑马出，洛阳城里觅何人。"⑥ 《喜小楼西新柳抽条》："一行弱柳前年种，数尺柔条今日新。渐欲拂他骑马客，未多遮得上楼人。"⑦ 《池畔逐凉》："风清泉冷竹修修，三伏炎天凉似秋。黄犬引迎骑马客，青衣扶下钓鱼舟。"⑧ 从白居易在洛阳定居以后所写的诗歌中提到的骑马事实，可以反映出在中晚唐时期的河洛地区，骑马已经成为文人雅士日常交往的一种方式。

在传统史书中也有关于河洛地区以马匹作为交通工具的记载。《旧唐书》卷四十五《舆服志》记载，"有唐已来，三公已下车辂，皆太仆官造贮掌。若受制行册命及二时巡陵、婚葬则给之。自此之后，皆骑马而已。""武德、贞

① （唐）元稹撰，冀勤点校：《元稹集》，中华书局 1982 年版，第 188 页。
② （唐）白居易著，顾学颉校点：《白居易集》卷十三《绝句代书赠钱员外》，第 272 页。
③ （唐）白居易著，顾学颉校点：《白居易集》卷二十三《早春晚归》，第 523 页。
④ （唐）白居易著，顾学颉校点：《白居易集》卷二十三《晚春寄微之并崔湖州》，第 527 页。
⑤ （唐）白居易著，顾学颉校点：《白居易集》卷二十六《不出》，第 600 页。
⑥ （唐）白居易著，顾学颉校点：《白居易集》卷三十一《自问》，第 703 页。
⑦ （唐）白居易著，顾学颉校点：《白居易集》卷三十三《喜小楼西新柳抽条》，第 758 页。
⑧ （唐）白居易著，顾学颉校点：《白居易集》卷三十六《池畔逐凉》，第 838 页。

观之时，宫人骑马者，依齐、隋旧制，多著幂䍦，虽发自戎夷，而全身障蔽，不欲途路窥之。王公之家，亦同此制。""开元初，从驾宫人骑马者，皆著胡帽，靓妆露面，无复障蔽。"① 武则天朝曾有"间知微骑马，马吉甫骑驴"的可笑事流传。②

从上述相关资料的引证可以看出，先秦以来河洛地区牲畜作为重要的交通工具被广泛使用，无论是日常骑乘，拉车远行，还是狩猎作战，牲畜作为交通工具已经深入人们的生活中去，特别是到唐代文人雅士骑马已经成为一种习尚，展现出牲畜作为交通工具的普适性。

二、车辆用于交通

车辆作为交通工具在河洛地区也有一个发展过程。关于车在河洛地区的使用，曾有记载大禹治水时，"陆行载车，水行载舟，泥行蹈毳，山行即桥"③。这大概反映了河洛地区早期车作为交通工具的应用情况。到后来正史中记载的车多为战车，及至春秋战国时期车应用于交通运输往往有之，如秦穆公时采纳百里傒、公孙支的建议，救济晋国的粮荒，"以船漕车转，自雍相望至绛"。秦景公母弟之子针逃奔晋国时，"车重千乘"。秦武王曾对甘茂说："寡人欲容车通三川，窥周室，死不恨矣。"④ 因此开始了对河洛地区的军事进

---

① （唐）刘肃撰，许德楠、李鼎霞点校：《大唐新语》卷十《厘革》云："武德、贞观之代，宫人骑马者，依《周礼》旧仪，多着幂䍦，虽发自戎夷，而全身障蔽。永徽之后，皆用帷帽施裙，到颈为浅露。显庆中，诏曰：'百家家口，咸厕士流。至于衢路之间，岂可全无障蔽。比来多着帷帽，遂弃幂䍦；曾不乘车，只坐檐子。过于轻率，深失礼容。自今已后，勿使如此。'神龙之末，幂䍦始绝。开元初，宫人马上始着胡帽，就妆露面，士庶咸效之。天宝中，士流之妻，或衣丈夫服，靴衫鞭帽，内外一贯矣。"第151页。

② （唐）张鷟撰，赵守俨点校：《朝野金载》卷四，第87页。（唐）刘肃撰，许德楠、李鼎霞点校《大唐新语》卷十三《谐谑》："则天朝，蕃客上封事，多获官赏，有为右台御史者。则天尝问张元一曰：'近日在外，有何可笑事？'元一对曰：'朱前宜着绿，录仁杰着朱。间知微骑马，马吉甫骑驴。将名作姓李千里，将姓作名吴扬吾。左台胡御史，右台御史胡。'胡御史，元礼也；御史胡，蕃人为御史者。寻授别敕。"第189页。

③ 《史记》卷二十九《河渠书》，第1405页。

④ 《史记》卷五《秦本纪》，第209页。

攻。车后来也成为身份的象征，如秦始皇时，"幸梁山宫，从山上见丞相车骑众，弗善也。中人或告丞相，丞相后损车骑"①，秦始皇因此杀跟随自己的人。丞相车骑过度，因周围的人告诉了李斯，就遭受杀身之祸，可见车骑的等级表明车辆所蕴含的政治意义。秦始皇在统一天下后，曾经规定"车同轨"。这为全国的制度统一奠定了基础。

汉代车辆多为两轮，有的是用来载重的，有的是用来坐人的。前者要求速度要快，后者则追求的是舒适。此外，还有独轮车和四轮车，表明汉代车制的成熟。汉代车制复杂，体现出封建社会的等级性，不同的社会身份乘坐不同的车辆。

汉三年（前204）五月，刘邦被项羽包围在荥阳，纪信为了使刘邦脱离项羽的包围，假装刘邦从东门出降项羽，"纪信乃乘王车，黄屋左纛"，以蒙蔽项羽，使刘邦从西门逃走。李斐曰："天子车以黄缯为盖里。纛，毛羽幢也，在乘舆车衡左方上注之。蔡邕曰以犛牛尾为之，如斗，或在骖头，或在衡。"②从刘邦的车舆可以看出其所乘之车已经具备了皇帝乘车的制度。因为皇帝特殊的政治身份，其乘舆往往以"车驾"称之，刘邦迁都长安时，史书云："车驾西都长安。"师古曰："凡言车驾者，谓天子乘车而行，不敢指斥也。"③天子乘车还有骖乘相伴。汉文帝从代至京师长安就任皇帝时，令宋昌骖乘。师古曰："乘车之法，尊者居左，御者居中，又有一人处车之右，以备倾侧。是以戎事则称车右，其余则曰骖乘。骖者，三也，盖取三人为名义耳。"④从史书所流传下来的资料可以看出，皇帝乘车制度颇为严格。

传车制度在汉初也已具备，并在河洛地区得到运用。刘邦灭项羽后，强征"亡入海"的田横，"横惧，乘传诣洛阳，未至三十里，自杀"。如淳曰：

① 《史记》卷六《秦始皇本纪》第257页。
② 《汉书》卷一《高帝纪上》，第40页。
③ 《汉书》卷一《高帝纪下》，第58页。
④ 《汉书》卷四《文帝纪》，第106页。

"律，四马高足为置传，四马中足为驰传，四马下足为乘传，一马二马为轺传。急者乘一乘传。"师古曰："传者，若今之驿，古者以车，谓之传车，其后又单置马，谓之驿骑。"① 汉文帝被拥立为帝后，为了防止意外变故，令"张武等六人乘六乘传诣长安。至高陵止，而使宋昌先之长安观变"。张晏曰："传车六乘也。"汉文帝即位仪式上，还有皇帝的法驾，"使太仆婴、东牟侯兴居先清宫，奉天子法驾迎代邸。皇帝即日夕入未央宫"。如淳曰："法驾者，侍中骖乘，奉车郎御，属车三十六乘。"② 建立如此严格的乘车制度，其目的是为了维护业已形成的等级制度。

汉代对于商人车船也颁行了一些政策。汉八年（前 199）三月，刘邦"行如洛阳"，看到街上的商人驾车骑马，穿戴奢侈，下诏："贾人毋得衣锦绣绮縠䋧纻罽，操兵，乘骑马。"师古曰："贾人，坐贩卖者也。绮，文缯也，即今之细绫也。绤，细葛也。纻，织纻为布及疏也。罽，织毛若今毾𱲧及氍毹之类也。操，持也。兵，凡兵器也。乘，驾车也。骑，单骑也。"③ 这是在西汉初年严禁商人驾车骑马。元光六年（前 129）冬，为了打击与中央政府对抗的工商业奴隶主，汉武帝下诏："初算商车。"李奇曰："始税商贾车船，令出算。"④ 这是针对商贾的专门政策，即通过车船税的征收来遏制商人，足见汉武帝的决心。

有关军队的车辆在汉代也有严格的规定。汉惠帝七年（前 188）十月，"发车骑、材官诣荥阳"。师古曰："车，常拟军兴者，若近代之戍车也。骑，常所养马，并其人使行充骑，若今武马及所养者主也。"⑤ 汉文帝十四年（前 166），为了抵抗匈奴的进攻，"遣三将军军陇西、北地、上郡，中尉周舍为卫

① 《汉书》卷一《高帝纪下》，第 57 页。
② 《汉书》卷四《文帝纪》，第 106—108 页。
③ 《汉书》卷一《高帝纪下》，第 65 页。
④ 《汉书》卷六《武帝纪下》，第 165 页。
⑤ 《汉书》卷二《惠帝纪》，第 91 页。

将军,郎中令张武为车骑将军,军渭北,车千乘,骑卒十万人"①。这说明军车的数量是很大的,十万骑兵加上千余辆战车构成了强大的防御体系。

官员的车辆两侧轓的颜色也有严格的等级规定。汉景帝前六年(前151)五月,诏曰:"夫吏者,民之师也。车驾、衣服宜称。……令长吏二千石车朱两轓;千石至六百石朱左轓。"之所以有此规定是因为"先是,吏多军功,车、服尚轻,故为设禁"。何谓"轓",其在车辆中什么位置,起什么作用?应劭曰:"车耳反出,所以为之藩屏,翳尘泥也。二千石双朱,其次乃偏其左。軶以簟为之,或用革。"如淳曰:"轓音反,小车两屏也。"师古曰:"据许慎、李登说,轓,车之蔽也。《左氏传》云'以藩载栾盈',即是有鄣蔽之车也。言车耳反出,非矣。"② 这说明此类车辆所体现的等级是很明显的,不同的官员乘坐不同轓的车辆,正因为有如此严格的规定,人们从车轓的数量、谓之、颜色等即可分辨出官员的等级。

下面以安车为例作一考证。《礼记》卷一《曲礼》云:"大夫七十而致事。若不得谢,则必赐之几杖,行役以妇人,适四方,乘安车,自称曰'老夫',于其国则称名。越国而问焉,必告之以其制。"郑玄注:"几杖、妇人、安车,所以养其身体也。安车,坐乘,若今小车也。老夫,老人称也。亦明君贪贤。"孔颖达疏:"乘安车,安车,小车也,亦老人所宜。然此养老之具,在国及出,皆得用之。"③ 可见安车是一种适合老年人乘坐的舒适的车辆,主要是给年老的官员乘坐。刘邦欲废太子(汉惠帝),吕后为了避免太子被废,乃接受张良的建议,"卑辞安车"请园公、绮里季、夏黄公、角里等"商山四皓"辅佐太子,使刘邦断绝了废太子的想法。④ 吕后专政时,陆贾"自度不能

---

① 《汉书》卷四《文帝纪》,第125页。
② 《汉书》卷五《景帝纪》,第149页。
③ (汉)郑玄注,(唐)孔颖达疏:《礼记正义》,李学勤主编《十三经注疏》整理本,第20—23页。
④ 《汉书》卷四十《张良传》,第2034页。

争之"，乃经营田地，曾经"乘安车驷马"至其子处教育其子。① 甘露二年
（前52），杜延年病重，汉宣帝"赐安车驷马，罢就第"。师古曰："安车，坐
乘之车也。《后汉舆服志》云'公列侯安车，朱斑轮，倚鹿较，伏熊轼，皂
盖'。倚鹿较者，画立鹿于车之前两藩外也，伏熊轼者，车前横轼为伏熊之形
也。"② 根据颜师古的解释，安车的轮子是红色的，在车前两輢外画鹿图案，
以示老年人健康长寿；车前横轼为伏熊的形象，以示随时可以出击。汉武帝
即位后，建元元年（前140）七月，"遣使者安车蒲轮，束帛加璧，征鲁申
公"。师古曰："以蒲裹轮，取其安也。"③ 在安车的轮子上裹上蒲草使其行路
时不颠簸。再如，汉武帝在为太子时就听闻枚乘的名声，即位后，"乃以安车
蒲轮征乘，道死"。师古曰："蒲轮，以蒲裹轮。"④ 安车的车轮之外又用蒲草
包裹起来，是为了减轻震动，使乘坐者感到更加舒服。汉代征年老的臣民至
京师多用蒲轮车。

东汉时期对于老人更加重视，老人特别是政治地位较高的老人，如三老、
五更都有可能乘坐安车。永平二年（59）十月，"幸辟雍，初行养老"，下诏：
"尊事三老，兄事五更，安车软轮，供绥执授。"李贤注云："安车，坐乘之
车。软轮，以蒲裹轮。"⑤ 关于安车的乘坐东汉朝有一系列的规定。《续汉书·
舆服志上》中有乘坐安车的人员类别，这些人分别为皇太子、皇子、公、列
侯和公、列侯、中二千石、二千石夫人。该书还记载汉代所流行的车的类型：
玉辂、乘舆、金根、安车、立车、耕车、戎车、猎车、輼车、青盖车、绿车、
皂盖车、夫人安车、大驾、法驾、小驾等，这些车主要是社会上层乘坐的车
辆。此外，还有作为普通运输工具的牛车、马车、革车等。革车是一种战车，
外蒙皮革，先秦时期已经开始出现，武王伐纣时即有"革车三百乘"。秦武王

---

① 《汉书》卷四十三《陆贾传》，第2114页。
② 《汉书》卷六十《杜延年传》，第2666页。
③ 《汉书》卷六《武帝纪》，第157页。
④ 《汉书》卷五十一《枚乘传》，第2365页。
⑤ 《后汉书》卷二《显宗孝明帝纪》，第102页。

元年（前329），曾"乃具革车三十乘，入（张）仪之梁"①。作为游说之士，在三十乘革车的护送下，浩浩荡荡地驶入大梁城，是多么威风。两汉时期，革车多有使用，如《司马法》云："百亩为夫，夫三为屋，屋三为井，井十为通，通十为成。成出革车一乘，七十二人也。"② 张良曾赞美周武王灭商后，"偃革为轩，倒置干戈，覆以虎皮，以示天下不复用兵"。《集解》如淳曰："革者，革车也。轩者，赤黮乘轩也。偃武备而治礼乐也。"《索隐》苏林云："革者，兵车也。轩者，朱轩皮轩也。谓废兵车而用乘车也。"③ 用于制造革车的钱均是征自民间。

魏晋十六国北朝时期车辆作为交通工具的使用涉及社会生活的各个方面，主要体现在人际交往和社会经济活动中。

运粮车：在汉魏之际，往来于河洛地区的军事运输中车辆的使用非常普遍。官渡之战时，曹操就是因为多次截获袁绍的运粮车使曹操军心大乱。建安五年（200），"袁绍运谷车数千乘至"，曹操采纳荀攸的计谋，"遣徐晃、史涣邀击，大破之，尽烧其车"。十月，曹操又截获袁绍军队的"辎重有万余乘"④。这些车辆均为运送粮食的车辆。

追锋车：在邮传中有一种追锋车。魏高贵乡公曹髦复命讲《礼记》，傅畅《晋诸公赞》曰："帝性急，请召欲速。秀等在内职，到得及时，以望在外，特给追锋车，虎贲卒五人，每有集会，望辄奔驰而至。"⑤《晋书·舆服志》云："追锋车，去小平盖，加通幰，如轺车，驾二。追锋之名，盖取其迅速也，施于戎阵之间，是为传乘。"⑥ 这种车以速度快而用于军事或邮传制度。

露车：这是一种无帷盖的车子。汉灵帝死后，中平六年（189）八月，中

---

① 《史记》卷七十《张仪列传》，第2299页。
② 《史记》卷四十三《赵世家》，第1845页。
③ 《史记》卷五十五《留侯世家》，第2040—2041页。
④ 《三国志》卷一《魏书·武帝纪》裴注引《曹瞒传》，第21页。
⑤ 《三国志》卷四《魏书·三少帝纪·高贵乡公曹髦》，第138页。
⑥ 《晋书》卷二十五《舆服志》，第762页。

常侍张让、段珪挟持汉少帝、陈留王逃奔小平津，后卢植追杀二宦官，"与陈留王协夜步逐萤光行数里，得民家露车，共乘之"①。胡三省注曰："露车者，上无巾盖，四旁无帷裳，盖民家以载物者耳。"西晋时，司马懿的儿子平原王司马榦，虽贵为王子，但生活不拘小节，"阴雨则出犊车而内露车，或问其故，对曰：'露者宜内也。'"②露车因为简陋，有时用来载尸体。永宁二年（302），徐苗临死前，"遗命濯巾浣衣，榆棺杂砖，露车载尸，苇席瓦器而已"③。唐高宗乾封二年（667），李勣遗言："惟以布装露车，载我棺柩，棺中敛以常服"④。可见露车因为无盖与帷帐的遮盖，常常被用来运载尸体。

鹿车：一种小推车，即独轮车。应劭《风俗通》："鹿车，窄小裁容一鹿也。"⑤ 这正说明鹿车的体积较小。更始失败后，赵憙与友人韩仲伯等数十人逃出武关，韩仲伯"以妇色美，虑有强暴者，而己受其害，欲弃之于道"。赵憙不同意韩仲伯弃妻，"因以泥涂仲伯妇面，载以鹿车，身自推之。每道逢贼，或欲逼略，憙辄言其病状，以此得免"⑥。《东观记》曰："（邓）训故吏最贫羸者举国，念训常所服药北州少乏，又知训好青泥封书，从黎阳步推鹿车于洛阳市药，还过赵国易阳，并载青泥一璞，至上谷遗训。其得人心如是。"⑦ 再如蜀郡繁人任末，"少习《齐诗》，游京师，教授十余年。友人董奉德于洛阳病亡，末乃躬推鹿车，载奉德丧致其墓所，由是知名"⑧。东汉末年，党锢之祸发生后，"遭党人禁锢，遂推鹿车，载妻子，捃拾自资或寓息客庐，或依宿树荫"⑨。可见这是当时贫穷之人所使用的最为简便的交通工具。鹿车

---

① 《后汉书》卷八《孝灵帝纪》，第 358 页。
② 《晋书》卷三十八《宣五王传·平原王司马榦》，第 1120 页。
③ 《晋书》卷九十一《儒林传·徐苗》，第 2352 页。
④ 《旧唐书》卷六十七《李勣传》，第 2489 页。
⑤ （汉）应劭撰，王利器校注：《风俗通义校注·佚文·嘉号》，第 614 页。
⑥ 《后汉书》卷六十二《赵憙传》，第 913 页。
⑦ 《后汉书》卷十六《邓训传》李贤注引，第 608 页。
⑧ 《后汉书》卷七十九下《儒林传下·任末》，第 2572 页。
⑨ 《后汉书》卷八十一《独行传·范冉》，第 2689 页。

作为一种交通工具所承载的文化因素，也成为魏晋时期社会的吉祥反映。东平须昌人刘卞为兵家之子，受到县令的重视，"从令至洛，得入太学，试《经》为台四品吏。访问令写黄纸一鹿车"，被刘卞所拒绝，"访问知怒，言于中正，退为尚书令史"①。鹿车在这里已经具有政治的意蕴在内。在魏晋名士大行其道的时代，乘坐鹿车也成为名士风范的表现形式。《晋书》卷四十九《刘伶传》：

> 刘伶，字伯伦，沛国人也。身长六尺，容貌甚陋。放情肆志，常以细宇宙齐万物为心。澹默少言，不妄交游，与阮籍、嵇康相遇，欣然神解，携手入林。初不以家产有无介意。常乘鹿车，携一壶酒，使人荷锸而随之，谓曰："死便埋我。"其遗形骸如此。

乘坐鹿车成为刘伶展示名士风采的用具。

关于车的称谓，《晋书》卷二十五《舆服志》记述当时天子所乘的车名称：

> 车，坐乘者谓之安车，倚乘者谓之立车，亦谓之高车。案《周礼》，惟王后有安车也，王亦无之。自汉以来制乘舆，乃有之。有青立车、青安车、赤立车、赤安车、黄立车、黄安车、白立车、白安车、黑立车、黑安车，合十乘，名为五时车，俗谓之五帝车。天子所御则驾六，其余并驾四。建旂十二，各如车色。立车则正竖其旂，安车则邪注。驾马，马亦各随五时之色，白马则朱其鬣尾，左右骖骧，金镂锡，黄屋左纛，如金根之制，行则从后。五牛旗，平吴后所造，以五牛建旗，车设五牛，青赤在左，黄在中，白黑在右。竖旗于牛背，行则使人舆之。牛之为义，盖取其负重致远而安稳也。旗常缠不舒，所谓德车结旌也。天子亲戎则舒，谓武车绥旌也。

关于西晋时期皇帝所乘坐的车主要有金根车、耕根车、辇、戎车、猎车、游

---

① 《晋书》卷三十六《刘卞传》，第1078页。

车、云罕车、皮轩车、鸾旗车、建华车、轻车、司南车、记里鼓车、羊车（一名辇车）、画轮车、属车、法驾、御衣车、御书车、御辎车、御药车、象车、先象车、五时车、黄钺车等，还有"次青立车，次青安车，次赤立车，次赤安车，次黄立车，次黄安车，次白立车，次白安车，次黑立车，次黑安车"。还有次蹋猪车、载鼓车、云母车、皂轮车、油幢车、通幰车等。至于说大臣等都有乘车的规定。不同的政治地位的人乘坐不同的车辆。到了北魏隋唐时期，社会上层所乘坐的车辆变化不大，兹略而不论。

第二节　道路开拓

汉唐时期，河洛地区的交通发展很快，得益于交通道路的修建，从先秦到汉唐时期逐渐形成了以洛阳为中心的交通网络。比如，从洛阳北行可抵达太原，形成了河洛地区北行的重要道路。从晋阳南行可以直达洛邑（今河南省洛阳市）。从洛邑过黄河，有一地名曰阳樊（今河南省济源市东南），周襄王十二年（前640），王子带发动叛乱，周襄王求救于晋，时晋文公刚刚周游列国后急于取得威望，听从了谋臣赵衰的建议，"三月甲辰，晋乃发兵至阳樊，围温，入襄王于周。四月，杀王弟带。周襄王赐晋河内阳樊之地"。《集解》服虔曰："阳樊，周地。阳，邑名也，樊仲山之所居，故曰阳樊。"[1] 关于阳樊具体地点，《正义》贾逵云："晋有功，赏之以地，杨樊、温、原、攒茅之田也。"[2] 从晋阳可以直接发兵洛邑，说明其间的道路是畅通的，这些被赏赐给晋国的土地正处在洛邑北行道路沿线，对于维护道路的畅通提供了便利。《左传·闵公二年》："晋侯使大子申生伐东山皋落氏。"东山皋落氏在今山西垣曲县东南，说明有从晋阳到皋落的道路。从皋落到绛，然后沿汾河河

---

① 《史记》卷三十九《晋世家》，第1663页。
② 《史记》卷四《周本纪》，第154页。

谷经昆都（今山西省临汾市）、兾、中都、祁、魏榆直达晋阳。① 晋人在这一线路上活动的史料史书中时有披露。如《左传·僖公十六年》云："秋，狄侵晋，取狐、厨、受铎，涉汾，及昆都，因晋败也。"狐厨、受铎、昆都是晋国城邑。杜预注云："狐厨、受铎、昆都，晋三邑。平阳临汾县西北有狐谷亭。汾水出大原，南入河。"孔颖达疏云："汾水从平阳南流折而西入于河。临汾县在汾水北。狐谷疑是狐厨，乃在县之西北，则狐厨、受铎皆在汾北。狄自北而侵，南涉汾水至于昆都昆都在汾南也。"这说明在春秋中期晋南地区已经形成了以三个地方都邑为中心的地方交通网络。《左传·昭公二年》云："夏四月，韩须如齐逆女。齐陈无宇送女，致少姜。少姜有宠于晋侯，晋侯谓之少齐。谓陈无宇非卿，执诸中都。"② 从齐国都城临淄到晋国中都也有道路相通。由此可见，先秦时期河洛地区北部已经形成通往洛阳的交通线路，在晋南也出现了东西通达的交通网络，道路建设颇有成效。

一、秦代交通网络的形成

秦汉时期河洛地区的交通网络发展与河洛地区政治地位的提升和经济水平的提高联系在一起。经过先秦时期的发展，河洛地区已经形成了完整的交通网络。

秦始皇统一天下后，建立了统一的多民族国家，以河洛地区为中心的交通线的建设主要服务于巩固国家政权的需要。秦时交通运输业的发展伴随着秦统一天下的实现而呈现出新的态势。秦始皇灭六国统一天下，结束了战国时期诸侯国纷争的局面。军事的统一虽然因秦的强力而实现，但要想从根本上实现天下的一体化，经济上的协调和发展就显得很重要，而交通运输业作

---

① 中国古代交通史编审委员会编：《中国古代道路交通史》，人民交通出版社 1994 年版，第16 页。

② （汉）孔安国传，（唐）孔颖达疏：《春秋左传正义》，李学勤主编《十三经注疏》整理本，第 161、1175 页。

为经济的重要门类之一，在实现经济一体化的进程中将发挥重要作用。再加上控制东方广大地区的军事政治需要，秦朝发展交通运输业亦可便利军队的快速调动。河南作为秦朝控制东方广大地区的战略要地，其交通经济的发展就显得格外重要。

秦王朝在河南境内修筑的道路主要是驰道。秦始皇二十七年（前220），"治驰道"。《集解》应劭曰："驰道，天子道也，道若今之中道然。"① 汉文帝时，贾山《至言》云："为驰道于天下，东穷燕、齐，南极吴、楚，江湖之上，濒海之观毕至。道广五十步，三丈而树，厚筑其外，隐以金椎，树以青松。为驰道之丽至于此，使其后世曾不得邪径而托足焉。"② 贾山所描述的秦始皇修建的驰道，是横贯河洛地区的东西大道。李斯在狱中自述七大罪状之一为"治驰道，兴游观，以见主之得意"。其实，秦始皇通过驰道巡视东方广大地区虽然有游玩的因素在内，但更多的是通过巡游展示秦的实力以实现对东方广大地区的有效统治。秦驰道的修建用时很短，大约就是一年时间，因为到了秦始皇二十八年封禅泰山到达山东可能就走的是驰道，可见秦始皇动用了沿途无数的民众参与了驰道的修筑。因此有秦始皇"作阿房之宫，治直、驰道，赋敛愈重，戍徭无已"的说法。③ 从上述贾山的话也可以看出，秦朝所修筑的驰道大约以咸阳为中心向东分北、中、南三条路，其中横贯河洛地区的是中路。

中路从咸阳进入河南境内后至洛阳，再由洛阳分北、中、南三个方向通达原燕赵、魏齐鲁和荆楚等地。其中从洛阳至陕西的走向据胡德经先生考察，西出洛阳，经汉函谷关（今新安县城东）、铁门、石河（项羽坑秦族处）、塔泥（汉新安县城）、俱利城（今渑池县城西，秦赵会盟处）、观音堂、干豪（唐石豪，杜甫投宿处）、硖石（唐在此设硖石县，后废为驿），抵陕州，与

① 《史记》卷七《秦始皇本纪》，第241页。
② 《汉书》卷五十一《贾山传》，第2328页。
③ 《史记》卷八十七《李斯列传》，第2561、2553页。

"南北二崤道"合轨，再西经桥头沟（汉献帝东迁次于此）、原店（今三门峡西站）、五原崤、沙坡头，至函谷关。然后继续西行，出稠桑，经东西古驿、杨家湾、阌底（隋阌乡县），进入陕西省的沙坡，十里铺，抵达潼关。这条驰道上至今仍然留存一些驰道遗迹，如灵宝函谷关遗址在灵宝市王垛村，村北关口遗址一片瓦砾，经鉴定是秦汉时期的瓦当和瓦片。关口内的古道槽悬崖壁立，如同一条大河直通稠桑原（周武王伐纣后放马之处）。这条道槽现深20余米，底宽10余米，上宽60余米。由关口沿弘农河西岸向北2公里左右又有一处古道槽穿稠桑原向西。① 函谷关现存的具体情况据相关报告，故关的关城及丹凤楼早已倾圮，现存一土门洞和一段石头坡。近年初步探出了关城城基走向为不规则的长方形，城墙基宽10—15米，由长、圆平方夯夯打而成，东城墙沿弘农河蜿蜒起伏，长1800多米；西城墙沿衡岭西原而筑，长1300多米；南城墙长900多米；北面为深沟，沟深300米。据探测，关门南北长60米，东西宽50米，呈"凹"形。② 从灵宝向西至潼关桃林塞驰道尚留有遗迹。道路宽窄不一，窄处仅5—8米，宽处可达45米。③ 从现存遗迹可以看出秦驰道修筑工程量是非常浩大的，质量要求也很高，如"厚筑其外，隐以金椎"，服虔曰："作壁如甬道。隐筑也，以铁椎筑之。"师古曰："筑令坚实而使隆高耳，不为甬壁也。"④ 其目的是使路基更为稳固。驰道的兴建将东方广大地区原六国的占领区纳入秦王朝的控制之下。

到达洛阳的驰道分为北、中、南三个方向。北路从洛阳过黄河，经河内郡（今武陟县）、邯郸郡、恒山郡、广阳郡至渔阳郡。中路由洛阳出发，经阳武（今原阳县）东北行至东郡（今濮阳）、定陶、薛郡、济北郡、齐郡（临

---

① 胡德经：《洛阳——长安两京"古道"考察》，载洛阳市地方史志编纂委员会编：《洛阳——丝绸之路的起点》，中州古籍出版社1992年版，第460—461页。

② 邹学德、刘炎主编：《河南古代建筑史》，中州古籍出版社2001年版，第63—64页。

③ 洛阳市地方史志编纂委员会编：《洛阳市志》（第3卷），中州古籍出版社1997年版，第321页。

④ 《汉书》卷五十一《贾山传》，第2328页。

淄）。经阳武东南行至大梁（今开封）、砀郡、彭城（今徐州），然后折东南行至九江郡（今安徽寿县）。南路由洛阳东南行至颍川郡（禹州）、陈郡（淮阳）到达九江郡，与中路南行的一条道会合。从禹州南行到达南阳郡宛县（今南阳）、邓县（襄樊），然后至南郡（江陵）。从咸阳出发的南路，经由蓝田（临潼），出武关（今陕南商洛丹凤县），到达南阳郡宛县，与中路南行至宛县会合。① 从秦朝在河南境内的交通线的分布可以看出，洛阳作为当时连接秦都咸阳与关东地区的交通枢纽，由此可以到达今山东、河北、湖北、安徽等地，而这里正是东方六国残余势力活动最为频繁的地区。秦始皇在驰道修成之后的几次东巡都是沿着这一重要的交通线而行，驰道沿线的重要城市也成为秦代商业经济发达的地方中心，如陈留、宛等地就是因为交通便利而进入当时人们视野的。

二、西汉交通网络的日趋完善

汉代河洛地区交通网络的完善与河洛地区政治中心地位的确立紧密联系在一起。无论西汉时期以河洛地区作为控制东方广大地区的政治据点，抑或是东汉时期河洛地区成为全国的政治中心，都为河洛地区的交通发展提出了更高更多的要求。在这样一种社会需求的前提之下，两汉的统治者在力所能及的条件下大力发展河洛地区的交通，构建起了以河洛地区为中心的交通网络。

两汉时期，洛阳的交通建设体现着政府的指导思想，即建设成东方地区的交通中心。洛阳作为东方地区的交通中心的形成，以及在两汉时期的发展是建立在先秦的基础之上的。楚汉之争中洛阳已经成为当时的一个战略交通中心。楚汉战争期间，项羽对诸侯王进行了分封，"徙魏王豹为西魏王，王河东，都平阳。瑕丘申阳者，张耳嬖臣也，先下河南，迎楚河上，故立申阳为

---

① 中国公路交通史编审委员会编：《中国古代道路交通史》，第82页。

河南王，都雒阳。韩王成因故都，都阳翟。赵将司马卬定河内，数有功，故立卬为殷王，王河内，都朝歌"①。由此可见，从洛阳可以通往上述东西南北各地，两汉时期由洛阳开始形成了通往各个方向的交通线路。洛阳在交通上的战略地位在西汉时期表现为帝王不将洛阳假予他人，封给王子。汉武帝的王夫人在临死之前，请求汉武帝将其子封在洛阳，汉武帝说："不可。洛阳有武库、敖仓，当关口，天下咽喉。自先帝以来，传不为置王。"② 最终将王夫人之子封为齐王。可见即使在此时，汉武帝也没有因对王夫人的宠幸将洛阳拱手送人，就是因为洛阳特殊的交通战略地位。司马迁总结洛阳战略地位时说："洛阳东贾齐、鲁，南贾梁、楚。"③ 可以说高度概括了洛阳所具有的交通战略优势。

向东方向的交通线路成为西汉时期控制东方广大地区的重要战略线路。当刘邦进入河洛地区后，"汉王军荥阳南"，又"汉王之出荥阳入关，收兵欲复东"。这说明从洛阳至荥阳的道路畅通。刘邦称帝后，"田横惧诛，而与其徒属五百余人入海，居岛中"。刘邦"乃复使使持节具告以诏商状"，在此情况下，田横不得不"乃与其客二人乘传诣洛阳"。在距洛阳三十里的尸乡厩置田横自杀，他在临死前曾经说："今陛下在洛阳，今斩吾头，驰三十里间，形容尚未能败，犹可观也。"④ 此事发生在汉高祖五年（前202）五月，从齐地可以乘传车至洛阳，从尸乡厩置至洛阳间可以在驿道上"驰"行，说明从洛阳至齐地之间的道路畅通。再如项羽的大将曾经多次围困季布，所以在刘邦称帝后"购求布千金，敢有舍匿，罪及三族"，濮阳周氏将其辗转卖到鲁地朱氏家族，"朱家乃乘轺车之洛阳，见汝阴侯滕公"为季布辩解，最后刘邦赦免

---

① 《史记》卷七《项羽本纪》，第316页。
② 《史记》卷一百二十六《滑稽列传》，第3209页。《史记》卷六十《三王世家》载汉武帝言："洛阳有武库敖仓，天下冲阸，汉国之大都也。先帝以来，无子王于洛阳者。去洛阳，余尽可。"第2115页。
③ 《史记》卷一百二十九《货殖列传》，第3265页。
④ 《史记》卷九十四《田儋列传》，第2648页。

了季布。① 由此也可以再次证明鲁地到洛阳道路的畅通，其所走的路可能也是田横至洛阳所走之路。汉武帝在汾阴脽上拜祭结束后，"礼毕，天子遂至荥阳而还。过洛阳"。汉六年在平定韩信之乱后，刘邦的军队"遂会诸侯于陈，尽定楚地。还至洛阳"②。可见从楚至洛阳交通的便利。汉景帝前三年（前154），七国之乱时，周亚夫"会兵荥阳"。占据荥阳后，控制了东方的战略要地，而桓将军就曾劝说吴王"愿大王所过城邑不下，直弃去，疾西据洛阳武库，食敖仓粟，阻山河之险以令诸侯，虽毋入关，天下固已定矣"③。可见从荥阳到洛阳的交通便利，控制了洛阳也就控制了天下大势。

洛阳向西的道路大概沿用了秦朝的驰道。汉五年初，刘邦定都洛阳后，在齐人刘敬的劝说下以及留侯张良劝说下，刘邦"入都关中，高祖是日驾，入都关中"。在七年二月，刘邦在平城之围解除后，"自平城过赵、洛阳，至长安"④。可见洛阳通往关中地区道路的畅通，而且从洛阳至关中地区水上交通也已经出现。张良在评述关中的战略优势时曾说："夫关中左殽函，右陇蜀，沃野千里，南有巴蜀之饶，北有胡苑之利，阻三面而守，独以一面东制诸侯。诸侯安定，河渭漕挽天下，西给京师；诸侯有变，顺流而下，足以委输。"⑤ 黄河水道即是由河洛地区通往关中的漕运通道，也是关中地区制衡河洛地区的战略水道。

由洛阳至南阳在秦汉之际已经畅通。秦二世三年（前207），"当是时，赵别将司马卬方欲渡河入关，沛公乃北攻平阴，绝河津。南，战洛阳东，军不利，还至阳城，收军中马骑，与南阳守齮战犨东，破之。略南阳郡，南阳守齮走，保城守宛。沛公引兵过而西。"⑥ "沛公之从雒阳南出轘辕，良引兵从

① 《史记》卷一百《季布列传》，第 2729 页。
② 《史记》卷五十六《陈丞相世家》，第 2057 页。
③ 《史记》卷一百六《吴王濞列传》，第 2832 页。
④ 《史记》卷八《高祖本纪》，第 381、385 页。
⑤ 《史记》卷五十五《留侯世家》，第 2044 页。
⑥ 《史记》卷八《高祖本纪》，第 359 页。

沛公，下韩十余城，击破杨熊军。沛公乃令韩王成留守阳翟，与良俱南，攻下宛，西入武关。"① 可见从平阴（今河南省洛阳市孟津区东）—洛阳—阳城（今河南省登封市告成镇）—南阳的线路的战略意义。

由洛阳北行渡过黄河可以达到黄河北岸的许多地方。汉二年（前205）三月，"汉王从临晋渡，魏王豹将兵从。下河内，虏殷王，置河内郡。南渡平阴津，至洛阳"。平阴津，又名小平津，今河南孟津东北，为古代黄河重要渡口。② 可以说从洛阳渡过黄河可以直通河内，这其中临津渡、平阴津是重要的渡口。

仅从《史记》记载的西汉初年的道路情况即可以看出，以洛阳为中心的河洛地区道路的畅通情况。这表明河洛地区在西汉初年已经构建了通往全国各地的交通线。

三、东汉河洛地区的交通形势

东汉定都洛阳，洛阳成为全国的政治、经济、文化中心，也因而形成了河洛地区在全国交通网络中的重要地位。关于洛阳在交通网络中的地位，当时人有不少论述。仲长统《昌言·理乱篇》云："豪人之室，连栋数百，膏田满野，奴婢千群，徒附万计。船车贾贩，周于四方；废居积贮，满于都城。琦赂宝货，巨室不能容；马牛羊豕，山谷不能受。"③ 王符亦云："今察洛阳，资末业者什于农夫，虚伪游手什于末业。"④ 反映了洛阳便利的商业交通形势。为了更加全面地展示河洛地区的交通成就，兹按照不同的方向加以研究。

西行方向：从洛阳西行就是历史上所说的崤函道，经由谷城、函谷关（新安县东）、新安、渑池、陕县、弘农、湖县至华阴，继续西行到达长安。

---

① 《史记》卷五十五《留侯世家》，第 2037 页。
② 《史记》卷八《高祖本纪》，第 370 页。
③ 《后汉书》卷四十九《仲长统传》，第 1648 页。
④ 《后汉书》卷四十九《王符传》，第 1633 页。

东汉时期，由洛阳向西道路的畅通可以说延续了西汉时期的历史传统。两京之间的道路通达顺畅，首先成为政界人士必行的官道。更始元年（23）八月，更始帝派军分别进攻洛阳与长安，在攻占洛阳后，定都洛阳，申屠建、李松等人攻占长安后，"自长安传送乘舆服御，又遣中黄门从官奉迎迁都"。更始二年二月，"更始自洛阳而西"①。长安到洛阳运送乘舆的便捷以及更始帝从洛阳到长安均说明两京之间道路是畅通的。建武十年，光武帝从洛阳入关，亲征占据陇器的残余势力高峻，寇恂劝谏之词有"长安道里居中，应接近便"语，李贤注云："从洛阳至高平，长安为中。"② 由此可知，从洛阳到长安道路的畅通使光武帝能够快速到长安，长安正处在洛阳与高平之间的必经之地。此后，汉明帝、汉章帝、汉和帝、汉安帝、汉顺帝、汉桓帝等，均有从洛阳到长安巡幸之举。董卓之乱时，洛阳与长安之间道路仍然通畅，皇甫嵩被董卓羁押后，皇甫嵩之子皇甫坚寿与董卓私交甚好，"自长安亡走洛阳，归投于卓"，最终使皇甫嵩获免。③ 在关东地区诸军阀的压迫下，董卓迁都长安，"于是尽徙洛阳人数百万口于长安"④。从东汉时期，洛阳通往长安道路的交通状况可知，洛阳西行道路连通了两京，使洛阳的交通形势更加便利。

北行方向：北行方向是指由洛阳北行渡过黄河进入河内的道路。邓禹曾经说："今河内带河为固，户口殷实，北通上党，南迫洛阳。"由河内至洛阳乃便捷之路，刘秀攻入洛阳时就是由河内渡过黄河实现其战略意图的，故而有"帝将攻洛阳，先至河内"⑤ 的说法。由孟津渡过黄河后，沿太行山东麓行经野王（沁阳）、怀（武陟）、汲县（卫辉）到达朝歌。由野王西行，经由轵县（济源）出轵关、箕关，抵邵亭，通往安邑。从野王北行出天井关，抵达高都（晋城），通往并州北部。这条道上的天井关是重要的关隘，上党郡内分

---

① 《后汉书》卷十一《刘玄传》，第470页。
② 《后汉书》卷十六《寇恂传》，第625页。
③ 《后汉书》卷七十一《皇甫嵩传》，第2307页。
④ 《后汉书》卷七十二《董卓传》，第2327页。
⑤ 《后汉书》卷十六《邓禹传》，第621—622页。

布着多个关隘，"有上党关、壶口关、石研关，天井关"。其中天井关在高都县境内。① 建武元年（25）四月，冯异"北攻天井关，拔上党两城，又南下河南成皋以东十三县，降者十余万"②。建武元年十二月，野王令王梁"与河内太守寇恂南拒洛阳，北守天井关，朱鲔等不敢出兵"③。光武帝还派遣宗正刘延"攻天井关"，与更始帝的大将田邑"连战十余合，延不得进"。当更始帝失败后，田邑才投降光武帝，随即被任命为上党太守。④ 从建武元年关于天井关的争夺即可以看出其所具有的战略地位。元和二年（85）三月乙未，汉章帝"幸东阿，北登太行山，至天井关"。李贤注云："在今泽州晋城县南，今太行山上，关南有天井泉三所也。"⑤ 天井关是从洛阳北行所经过太行山上的重要关口，显示了作为交通要道的重要性。

由洛阳东行的道路，经过偃师、巩县、洛水，出旋门关、抵达成皋。从成皋东行，经由荥阳、管城、中牟、浚仪、陈留、雍丘、襄邑、宁陵，抵达睢阳。从成皋东北行，经广武、卷县、原武、酸枣、长垣、濮阳，到达泰山等地。⑥

由洛阳东南行，即所谓的辕辕道。辕辕道在秦汉时期就是有名的交通要道。辕辕作为险要之地，在秦汉时期就已经出现在史书中。刘邦曾经"因张良遂略韩地辕辕"。《集解》文颖曰："河南新郑南至颍川南北，皆韩地也。以良累世相韩，故因之。"瓒曰："辕辕，险道名，在缑氏东南。"《索隐》按："《十三州志》云河南缑氏县，以山为名。一云辕辕凡九十二曲，是险道

---

① 《汉书》卷二十八上《地理志上》，第1553页。
② 《后汉书》卷十七《冯异传》，第643页。
③ 《后汉书》卷二十二《王梁传》，第774页。
④ 《后汉书》卷二十八《冯衍传》，第969页。
⑤ 《后汉书》卷三《肃宗孝章帝纪》，第150页。
⑥ 河南省交通史志编纂委员会编：《河南公路史》第1册，人民交通出版社1992年版，第49—52页。

也。"① 以此而论，辘辕关是从洛阳西南行的第一个关隘。曹参、樊哙、张良等都曾跟随刘邦"从攻阳武，下辘辕、缑氏，绝河津，还击赵贲军尸北，破之。从南攻犨，与南阳守齮战阳城郭东，陷陈，取宛，虏齮，尽定南阳郡"②。由此可见，当时从洛阳东南行可直达南阳等地。汉武帝时，淮南王刘安对伍被说："今我令楼缓先要成皋之口，周被下颍川兵塞辘辕、伊阙之道，陈定发南阳兵守武关。河南太守独有洛阳耳，何足忧。"③ 反映了辘辕关战略地位的重要性。东汉建立后，建武九年（33）六月，光武帝"幸缑氏，登辘辕"，李贤注云："缑氏县有缑氏山，辘辕山有辘辕坂并在洛阳之东南。"④ 说明辘辕是通往缑氏的重要关口。光和七年（184）三月，因农民起义爆发，汉灵帝为了保障京师的安全，"置八关都尉官"。李贤注云："都亭在洛阳。八关谓函谷、广城、伊阙、大谷、辘辕、旋门、小平津、孟津也。"⑤ 关于八关都尉的设立情况，汉灵帝"诏敕州郡修理攻守，简练器械，自函谷、大谷、广城、伊阙、辘辕、旋门、孟津、小平津诸关，并置都尉"。李贤注云："大谷、辘辕在洛阳东南，旋门在汜水之西。"⑥ 董卓之乱发生后，卢植"以老病求归，惧不免祸，乃诡道从辘辕出。卓果使人追之，到怀，不及。遂隐于上谷，不交人事"⑦。建安元年（196）九月，汉献帝从长安逃回洛阳后，"曹操以洛阳残荒，遂移帝幸许。杨奉、韩暹欲要遮车驾，不及，曹操击之，奉、暹奔袁术，遂纵暴杨、徐间"。李贤注引《献帝春秋》曰："车驾出洛阳，自辘辕而东，杨奉、韩暹引军追之。轻骑既至，操设伏兵要于阳城山峡中，大败之。"⑧

---

①　《史记》卷八《高祖本纪》，第358页。《史记》卷五十五《留侯世家》云："沛公之从洛阳南出辘辕，良引兵从沛公，下韩十余城，击破杨熊军。"第2037页。

②　《史记》卷五十四《曹相国世家》，第2023页。《史记》卷九十五《樊哙列传》，第2652页。《史记》卷五十五《留侯世家》，第2037页。

③　《史记》卷一百一十八《淮南列传》，第3089页。

④　《后汉书》卷一下《光武帝纪》，第55页。

⑤　《后汉书》卷八《孝灵帝纪》，第348页。

⑥　《后汉书》卷七十一《皇甫嵩传》，第2300页。

⑦　《后汉书》卷六十四《卢植传》，第2119页。

⑧　《后汉书》卷七十二《董卓传》，第2342页。

辕辕关作为洛阳南的重要关口，成为南北交通的必经之地。

从东汉时期河洛地区的交通形势来看，因为洛阳为都的特殊政治原因，河洛地区成为全国最重要的交通中心之一，不仅有来自本土的各方人士云集洛阳，也有来自域外的客商、使节会聚洛阳，这也无形中促进了洛阳交通业的发展，使洛阳成为河洛地区乃至当时的国际大都市。

四、魏晋南北朝河洛地区的交通变迁

魏晋时期河洛地区的交通形势与当时的环境变化紧密联系在一起。魏晋南北朝中国社会的动荡使经济与社会环境变得更为恶劣，对交通网络也产生了一定影响。不过在曹魏、西晋和北魏的和平时期河洛地区的交通网络也呈现出逐步完善的迹象。

（一）魏晋时期

魏晋时期，河洛地区趋于稳定后，因为曹魏和西晋都以洛阳为都城，以河洛地区为中心的交通网络也逐步形成了。黄初二年（221）正月，魏文帝立五都。《魏略》曰：“改长安、谯、许昌、邺、洛阳为五都；立石表，西界宜阳，北循太行，东北界阳平，南循鲁阳，东界郯，为中都之地。令天下听内徙，复五年，后又增其复。”① 因五都的设立，曹魏建立起了连接五都的交通网络。

洛阳通往长安的交通线是东汉交通线的延续。董卓挟持汉献帝西迁长安时就走的是这条线。到建安十六年（211）七月，曹操率领大军西征马超，双方在潼关相持，“与超等夹关而军”。曹操“潜遣徐晃、朱灵等夜渡蒲阪津，据河西为营。公自潼关北渡”。然后又进军渭南，最终赶走马超。② 可见这时因为战争的原因，原来的道路已经毁坏。此后，建安十七年、十八年，曹操

① 《三国志》卷二《魏书·文帝纪》裴注引，第77页。
② 《三国志》卷一《魏书·武帝纪》，第34页。

入关征讨马超、韩遂、张鲁和刘备都是沿着已经得到整修的道路进行的，包括后来司马懿、邓艾入关进攻蜀汉政权都是沿着洛阳通往关中地区的道路进入关中。

洛阳向东通往谯县的道路，既是曹魏政权所建立的通往曹操故乡的道路，也是曹魏政权所建立的控制东方广大地区并进攻孙吴政权的军事运输线。董卓之乱发生后，曹操的祖父曹嵩感到洛阳非久留之地，"去官后还谯"，说明这条道路在汉代已经畅通。曹操后来多次利用这条道路到达故乡，以谯为据点，既可以平息黄河流域的诸军阀，也可以进攻江南的孙吴。建安七年正月，"公军谯"，随后由谯"遂至浚仪，治睢阳渠"。到了次年四月，曹操歼灭了袁绍的残余势力。四月，曹操进军邺。五月还许，留贾信屯黎阳。曹操军队所移动的地方大多在后来曹丕所定的五都进行。建安十四年，曹操"军至谯，作轻舟，治水军。秋七月，自涡入淮，出肥水，军合肥"。并且"置扬州郡县长吏，开芍陂屯田。十二月，军还谯"。建安十八年正月，曹操"进军濡须口，攻破权江西营，获权都督公孙阳，乃引军还"。建安十九年秋七月，"公征孙权"。十月，"公自合肥还"。建安二十年八月，"孙权围合肥，张辽、李典击破之"。建安二十一年冬十月，"治兵，遂征孙权，十一月至谯"。建安二十二年春正月，"王军居巢，二月，进军屯江西郝谿。权在濡须口筑城拒守，遂逼攻之，权退走。三月，王引军还，留夏侯惇、曹仁、张辽等屯居巢"①。从上述曹操多次进入故乡，并以此作为根据地进攻孙权政权，可见从洛阳到谯的交通路线之便捷。曹丕即位后，对谯更加重视，因为曹丕本人"中平四年冬，生于谯"，故对故乡情有独钟。延康元年（220）七月，曹丕"军次于谯，大飨六军及谯父老百姓于邑东"。即位之后，于次年正月设立了五都。黄初六年二月，曹丕"遣使者循行许昌以东尽沛郡，问民所疾苦，贫者振贷之。三月，行幸召陵，通讨虏渠。乙巳，还许昌宫。并州刺史梁习讨鲜卑轲比能，

---

① 《三国志》卷一《魏书·武帝纪》，第22—49页。

大破之。辛未，帝为舟师东征。五月戊申，幸谯。……八月，帝遂以舟师自谯循涡入淮，从陆道幸徐。九月，筑东巡台。冬十月，行幸广陵故城，临江观兵，戎卒十余万，旌旗数百里。是岁大寒，水道冰，舟不得入江，乃引还。十一月，东武阳王鉴薨。十二月，行自谯过梁"①。关于曹魏时期在以谯为中心所建立的经济和军事防御体系，《晋书》卷二十六《食货志》有颇多记载，如"以沛国刘馥为扬州刺史，镇合肥，广屯田，修芍陂、茹陂、七门、吴塘诸堨，以溉稻田，公私有蓄，历代为利"。"正始四年，宣帝又督诸军伐吴将诸葛恪，焚其积聚，恪弃城遁走。帝因欲广田积谷，为兼并之计，乃使邓艾行陈、项以东，至寿春地。""北临淮水，自钟离而南横石以西，尽沘水四百余里，五里置一营，营六十人，且佃且守。兼修广淮阳、百尺二渠，上引河流，下通淮颍，大治诸陂于颍南、颍北，穿渠三百余里，溉田二万顷，淮南、淮北皆相连接。自寿春到京师，农官兵田，鸡犬之声，阡陌相属。每东南有事，大军出征，泛舟而下，达于江淮，资食有储，而无水害。"② 由此可见，魏晋时期已经建起了由洛阳通往谯郡等地发达的交通网络，谯郡成为与孙吴政权交战的战略桥头堡。

洛阳与邺城之间的道路是曹魏时期巩固北方占领区的重要军事交通线。曹操以邺城起家，对这条线路非常重视。建安八年（203）四月，曹操进军邺城。五月还许，留贾信屯黎阳（今河南省浚县）。从建安九年正月至八月，曹操频繁攻邺，最终占领邺城。此后，曹操多次以邺城为根据地向北进攻。建安十二月春二月，"公自淳于还邺"。建安十三年春正月，"公还邺，作玄武池以肄舟师。汉罢三公官，置丞相、御史大夫。夏六月，以公为丞相"。建安十七年春正月，"公还邺。天子命公赞拜不名，入朝不趋，剑履上殿，如萧何故事。马超余众梁兴等屯蓝田，使夏侯渊击平之。割河内之荡阴、朝歌、林虑，东郡之卫国、顿丘、东武阳、发干，钜鹿之瘿陶、曲周、南和，广平之任城，

---

① 《三国志》卷二《魏书·文帝纪》，第61—85页。
② 《晋书》卷二十六《食货志》，第784—785页。

赵之襄国、邯郸、易阳以益魏郡"。建安十八年四月，曹操至邺城，五月，"天子使御史大夫郗虑持节策命公为魏公"，汉献帝的诏书中称："今以冀州之河东、河内、魏郡、赵国、中山、常山、钜鹿、安平、甘陵、平原凡十郡，封君为魏公。"秋七月，"始建魏社稷宗庙"。九月，"作金虎台，凿渠引漳水入白沟以通河。冬十月，分魏郡为东西部，置都尉。十一月，初置尚书、侍中、六卿"。建安二十一年，曹操从关中前线回到邺城后，三月壬寅，公亲耕籍田。夏五月，天子进公爵为魏王。① 可见从邺城至洛阳线路的便捷。

洛阳至许昌的道路是曹魏时期开辟的重要道路。建安元年（196）九月，汉献帝从长安逃回洛阳后，"曹操以洛阳残荒，遂移帝幸许。杨奉、韩暹欲要遮车驾，不及，曹操击之，奉、暹奔袁术，遂纵暴杨、徐间。"李贤注引《献帝春秋》曰："车驾出洛阳，自辕辕而东，杨奉、韩暹引军追之。轻骑既至，操设伏兵要于阳城山峡中，大败之。"② 魏文帝多次到达许昌，并以此为南征孙权政权的中心。魏文帝黄初二年（221）正月，"改许县为许昌县"。十二月，魏文帝"行东巡"，三年正月，"行幸许昌宫"。三月甲午，"行幸襄邑"。四月癸亥，"行还许昌宫"。十月，"帝自许昌南征，诸军兵并进，权临江拒守。十一月辛丑，行幸宛"。四年三月丙申，"行自宛还洛阳宫"。八月辛未，"校猎于荥阳，遂东巡。论征孙权功，诸将已下进爵增户各有差"。九月甲辰，"行幸许昌宫"。五年三月，"行自许昌还洛阳宫"。秋七月，"行东巡，幸许昌宫。八月，为水军，亲御龙舟，循蔡、颍，浮淮，幸寿春。扬州界将吏士民，犯五岁刑已下，皆原除之"。九月，"遂至广陵，赦青、徐二州，改易诸将守"。冬十月乙卯，"行还许昌宫"。六年春二月，"遣使者循行许昌以东尽沛郡，问民所疾苦，贫者振贷之"。三月，"行幸召陵，通讨虏渠。乙巳，还许昌宫。辛未，帝为舟师东征"。五月戊申，"幸谯"。八月，"帝遂以舟师自谯循涡入淮，从陆道幸徐"。九月，筑东巡台。冬十月，"行幸广陵故城，临江

---

① 《三国志》卷一《魏书·武帝纪》，第23—47页。
② 《后汉书》卷七十二《董卓传》，第2342页。

观兵，戎卒十余万，旌旗数百里"。七年春正月，"将幸许昌，许昌城南门无故自崩，帝心恶之，遂不入。壬子，行还洛阳宫"①。从上述魏文帝与许昌之间的密切关系可以看出许昌作为曹魏时期的重要政治中心，成为曹魏对东方广大地区特别是对孙吴政权作战的指挥中心。由此可见，从洛阳经辕辕关东南行可直达许昌，而由许昌可通谯、徐、陈留。由许昌北行经中牟、官渡、乌巢，由此渡过黄河，到达汲县（今河南省卫辉市），然后抵达邺城。从河洛地区的交通情况可以看出，以洛阳为中心的交通网络已经形成，在西晋时期随着黄河流域的稳定和西晋统一天下后，以洛阳为中心的河洛地区的交通线路更加便利和畅达。

（二）北魏时期

西晋灭亡后，河洛地区虽然陷于战乱，但到鲜卑族进入河洛地区以后，河洛地区的交通形势迅速恢复。鲜卑族进入河洛地区所经由的就是前代原有的道路。泰常八年（423）夏四月丁卯，明元帝"幸成皋城，观虎牢。而城内乏水，悬绠汲河。帝令连舰上施轒辒，绝其汲路，又穿地道以夺其井。遂至洛阳，观《石经》"②。由此可以看出，北魏泰常八年（423）鲜卑族进入中原就是走的原有的道路。神麚三年（430）冬十月庚申，"到彦之、王仲德沿河置守，还保东平。乙亥，冠军将军安颉济河，攻洛阳，丙子，拔之，擒义隆将二十人，斩首五千级。时河北诸军会于七女津，彦之恐军南度，遣将王蟠龙溯流欲盗官船，征南大将军杜超等击破，斩之。辛巳，安颉平虎牢，义隆司州刺史尹冲坠城死"③。北魏的军队能够在黄河南北两岸纵横穿梭，除了强悍的战斗力外，便捷的交通形势也是取得胜利的关键。

北魏占领河洛地区后，河洛地区的交通形势迅速改观，并成为进攻江南

---

① 《三国志》卷二《魏书·文帝纪》，第77—86页。
② 《魏书》卷三《太宗纪》，第63页。
③ 《魏书》卷四上《世祖纪》，第77页。

地区刘宋政权又一重要的战略根据地。太平真君十一年（450）春正月乙酉，太武帝"行幸洛阳，所过郡国，皆亲对高年，存恤孤寡"。二月，"车驾遂征悬瓠"，悬瓠即今河南省汝南县。四月，太武帝回到代京。十月癸亥，太武帝进至枋头（今河南省浚县西东枋城、西枋城）。随后进至东平，命令诸将分道并进："使征西大将军、永昌王仁自洛阳出寿春，尚书长孙真趋马头，楚王建趋钟离，高凉王那自青州趋下邳。"① 可见从洛阳到寿春的道路仍然是畅通的，可以用来调集军队。

北魏孝文帝在太和十七年（493）迁都洛阳的线路可以看作从代京至洛阳的道路。是年六月，"帝将南伐，诏造河桥"。八月己丑，"车驾发京师，南伐，步骑百余万"。壬寅，"车驾至肆州"。戊申，"幸并州"。九月戊辰，"济河"。庚午，"幸洛阳，周巡故宫基址"。壬申，"观洛桥，幸太学，观《石经》"。丙子，"诏六军发轸。丁丑，戎服执鞭，御马而出。群臣稽颡于马前，请停南伐。帝乃止。仍定迁都之计"②。从八月己丑到九月庚午，前后共 42 天。当时北魏迁都的路线已经畅通无阻，行动理应迅速，却花费了 42 天时间，只能说明行动迟缓。

孝文帝迁都洛阳以后，洛阳不仅成为北魏的政治中心，也成为北魏南征的出发点。太和十八年十二月初一，"遣行征南将军薛真度督四将出襄阳，大将军刘昶出义阳，徐州刺史元衍出钟离，平南将军刘藻出南郑"。戊辰，"车驾至悬瓠"。太和十九年正月初一，"朝飨群臣于悬瓠"。随后，孝文帝先后经过"汝水之西"，渡过淮水，到达八公山，又"淮而东"，至钟离，将临江水。三月戊寅，幸邵阳，幸下邳。四月，幸彭城，幸小沛，幸瑕丘，幸鲁城，幸碻磝。五月，行幸滑台。丙子，次于石济。癸未，车驾至自南伐，告于太庙。太和二十一年七月庚辰，"车驾南讨"。"辛丑，帝留诸将攻赭阳，引师而南。癸卯，至宛城，夜袭其郛，克之。丁未，车驾发南阳，留太尉咸阳王禧、前

① 《魏书》卷四下《世祖纪》，第 104 页。
② 《魏书》卷七下《高祖纪》，第 172—173 页。

将军元英攻之。己酉，车驾至新野。""二十有二年春正月癸未朔，朝飨群臣于新野行宫。丁亥，拔新野，获萧鸾辅国将军、新野太守刘忌，斩之于宛。""庚戌，行幸南阳。二月乙卯，进攻宛北城。""庚午，车驾幸新野。"三月，"庚寅，行幸樊城，观兵襄沔，耀武而还。""辛丑，行幸湖阳。乙未，次比阳。""辛亥，行幸悬瓠。"九月，"丙午，车驾发悬瓠。"最后回到洛阳。[①] 孝文帝多次南伐萧齐，都是以洛阳作为出发点，而且在南方前线各地督战，可见不仅洛阳通往长江流域的道路交通已经形成，而且长江沿线以北的道路也非常便利。

五、隋唐时期河洛地区的交通网络

关于隋唐时期河洛地区交通网络的构成，学术界多有论述，主要集中在两京之间的道路、洛阳通往襄阳的道路，洛阳通往其他地区的道路，著名交通史专家严耕望先生在其《唐代交通图考》中也已有较深入的研究，再加上近年来学术界关于隋唐时期河洛地区交通网络建设研究所取得的一系列成果，这里不再赘述，仅就目前学术界关注不多的由洛阳往北的交通道路考述如下。

洛阳向北至太原、代州的交通道路的开凿与维护是唐代对北方边地有效控制的重要交通线路。学术界曾认为"由洛阳至太原道的走向是：从洛阳出发，渡河东北行至怀州河内，过天井关（今山西晋城市西南）经泽州（治晋城，今山西晋城市）、高平（今山西高平县）至潞州（治上党，今山西长治市）。由此分为两路：一路经铜鞮（今山西沁县西南旧县）；一路经乡县（今山西武乡县），过石会关（今山西太谷县南昌源河上源东岸）至太谷（今山西太谷县）。两路在祁县北汇合，入长安至太原道。"[②] 这一叙述基本上反映了洛阳向北道路的概况，但还有些问题需要进一步探索。

关于夷仪山路的开凿。开成元年（836）五月丙寅，"昭义奏开夷仪山路，

---

① 《魏书》卷七下《高祖纪》，第 175—184 页。
② 中国公路交通史编审委员会编：《中国古代道路交通史》，第 225 页。

通太原、晋州，从之"①。关于仪山路开凿的时间，《唐会要》卷八十六《道路》云："开成元年四月，昭义节度使奏，请开夷仪山路，通太原、晋州，从之。"② 之所以会出现这样的差异，或许是因为夷仪山路开凿与开通的差异。夷仪山在冀州，唐代仪州东有东夷仪岭，在邢州龙冈县的"夷仪岭，在县西百五十七里"，"夷仪故城，在县西一百四十里。今俗谓之随宜城，盖语讹也"③。这条道路是华北平原通往晋南地区的重要通道，与洛阳北行的道路在晋南相会合。

从洛阳北行的重要节点是跨越黄河的河阳桥。黄河桥最早可以追溯到晋武帝时期。泰始十年（274）九月，"立河桥于富平津"④。关于富平津的修建过程，《晋书》卷三十四《杜预传》云：

> 预又以孟津渡险，有覆没之患，请建河桥于富平津。议者以为殷周所都，历圣贤而不作者，必不可立故也。预曰："'造舟为梁'，则河桥之谓也。"及桥成，帝从百僚临会，举觞属预曰："非君，此桥不立也。"对曰："非陛下之明，臣亦不得施其微巧。"⑤

杜预从《诗经·大雅·大明》"造舟为梁"诗句中受到启发，建造河桥，可知这座桥属于浮桥。《晋阳秋》曰："杜预造河桥于富平津，所谓造舟为梁也。"⑥ 再次证明了这座桥是浮桥。这座桥至少在西晋末年仍然在使用，太安二年（303）八月，河间王司马颙与成都王司马颖争夺洛阳，司马颖的军队"列军自朝歌至于河桥，鼓声闻数百里，汉魏以来，出师之盛未尝有也"⑦。从朝歌至河桥数百里的距离都是司马颖的军队，亦明朝歌到河桥有着畅通的道

---

① 《旧唐书》卷十七下《文宗纪下》，第565页。
② （宋）王溥：《唐会要》，第1574页。
③ （唐）李吉甫撰，贺次君点校：《元和郡县图志》卷十五《河东道四·邢州》，中华书局1983年版，第427页。
④ 《晋书》卷三《武帝纪》，第64页。
⑤ 《晋书》卷三十四《杜预传》，第1028页。
⑥ （北魏）郦道元原注，陈桥驿注释：《水经注》卷五《河水五》，第69页。
⑦ 《晋书》卷五十四《陆机传》，第1480页。

路。河桥在八王之乱时多次被烧断，刘琨为了阻挡赵王司马伦的军队进攻，"烧断河桥"①。这应当是西晋时期河桥的损毁。

北魏黄河桥的修建与南伐洛阳有关，亦与迁都洛阳有关。泰常八年（423）三月，于栗䃅占据洛阳，明元帝率领大军到达盟津后，询问是否可以在黄河上建造一座桥梁，以便大军渡河。于栗䃅按照杜预的造桥传统，"乃编次大船，构桥于冶坂。六军既济，太宗深叹美之"②，说明这座桥也是浮桥，亦有可能是临时性的浮桥。孝文帝迁都洛阳前也有建桥的举措。太和十七年（493）六月丙戌，"帝将南伐，诏造河桥"③，"欲以济师"④。这是不同于于栗䃅所建的河桥，此后对于此桥多次修葺，宣武帝时，元苌以北中郎将身份兼任河内太守，"苌以河桥船缆路狭，不便行旅，又秋水泛涨，年常破坏，乃为船路，遂广募空车从京出者，率令输石一双，累以为岸。桥阔，来往便利，近桥诸郡，无复劳扰，公私赖之"⑤。河阴之变前后，黄河桥成为维护洛阳城是安全的重要屏障，朝廷与尔朱荣的势力在此展开了多次绞杀。永安三年（530）八月，面对尔朱氏逼近的态势，通直散骑常侍李苗建议孝庄帝"径断河桥"，李苗"乃募人于马渚上流以舟师夜下，去桥数里便放火船，河流既驶，倏忽而至。贼于南岸望见火下，相蹑争桥，俄然桥绝，没水死者甚众"⑥，黄河桥至此断绝。

隋唐时期，黄河桥作为洛阳通往黄河以北地区的重要交通咽喉，其所具有的重要性更加明确。隋文帝开皇六年（586），梁士彦等人图谋造反，"欲于蒲州起事。即断河桥，捉黎阳之关，塞河阳之路，劫调布以为牟甲，募盗贼

---

① 《晋书》卷五十九《赵王伦传》，第1603页。《晋书》卷六十二《刘琨传》云："三王之讨伦也，以琨为冠军、假节，与孙秀子会率宿卫兵三万距成都王颖，战于黄桥，琨大败而还，焚河桥以自固。"第1679页。

② 《魏书》卷三十一《于栗䃅传》，第736页。

③ 《魏书》卷七下《高祖纪下》，第172页。

④ 《资治通鉴》卷一百三十八《齐纪四·世祖武皇帝下》，第4331页。

⑤ 《魏书》卷十四《元苌传》，第351页。

⑥ 《魏书》卷七十一《李苗传》，第1596页。

而为战士，就食之人，亦云易集"①。可见在当时人们的心目中河阳桥连着河阳路，是南北交通的咽喉之地。隋炀帝即位之初，其同母弟杨谅试图动员跟随自己的势力，占据各有利的战略地位与隋炀帝抗衡，"遣所署大将军余公理出太谷，以趣河阳。大将军綦良出滏口，以趣黎阳。大将军刘建出井陉，以略燕、赵。柱国乔钟葵出雁门"。"令纥单贵断河桥，守蒲州"②。杨谅的布局再次昭示着河阳路与河阳桥所谓重要性。安史之乱爆发后，为了阻挡安史叛军进攻的势头，天宝十四载（755）十一月，封常清请求"走马赴东京，开府库，募骁勇，挑马棰渡河"，讨伐叛贼。唐玄宗随即任命封常清为范阳节度使，封常清"乘驿赴东京召募，旬日得兵六万，皆佣保市井之流。乃斫断河阳桥，于东京为固守之备"③。虽然封常清节节抵抗，但难以阻挡安史叛军进攻的步伐。杜甫《后出塞五首》有云"朝进东门营，暮上河阳桥"④，描述的正是封常清出兵河阳桥的情景。而当时的东京留守李憕、中丞卢奕、采访使判官蒋清等共同决定"烧绝河阳桥"⑤ 以阻断叛军，故而当安史叛军攻占洛阳后，将三人杀死泄愤。至德二年（757）三月初六日，相州行营郭子仪等与史思明作战失利，九节度兵溃，郭子仪"断河阳桥，以余众保东京"⑥。可见河阳桥是洛阳的北门户，郭子仪截断河阳桥是为了东京洛阳的安全，但也未能阻挡住安史叛军。建中二年（781），孟郊拜访河阳三城守将李梵，在《上河阳李大夫》有"河桥纽地机"⑦，赞美河阳桥的重要性。河阳桥的重要性在唐末继续得以展现，中和二年（882）八月，"魏博节度韩简自率军三万攻河阳，

---

① 《隋书》卷三十八《刘昉传》，第 1133 页。
② 《隋书》卷四十五《文四子传·庶人杨谅》，第 1245 页。
③ 《旧唐书》卷一百四《封常清传》，第 3209 页。
④ （唐）杜甫著，（清）仇兆鳌注：《杜诗详注》卷四，第 244 页。
⑤ 《旧唐书》卷二百上《安禄山传》，第 5370 页。
⑥ 《旧唐书》卷十《肃宗纪》，第 255 页。
⑦ 华忱之、喻学才校注：《孟郊诗集校注》卷六《纪赠》，人民文学出版社 1995 年版，第 260 页。

伪署节度使诸葛爽弃城而去，简遣大将守河桥而还"①。广明年间（880—881），李磎"分司洛下"，黄巢起义爆发后，"逃于河桥"②。这些与军事有关的史实表明河桥是洛阳通往河北的重要战略要道。

作为沟通黄河南北沟通的交通要道，河阳桥与河阳路在唐人社会生活中有着丰富多彩的表达。陈子良《游侠篇》云："洛阳丽春色，游侠骋轻肥。水逐车轮转，尘随马足飞。云影遥临盖，花气近薰衣。东郊斗鸡罢，南皮射雉归。日暮河桥上，扬鞭惜晚晖。"③可以说陈子良的《游侠篇》展示了游侠的快意人生，通过日落河桥上，表达"扬鞭惜晚晖"的感悟。陈嘉言《上元夜效小庾体》云："今夜可怜春，河桥多丽人。"④陈嘉言将上元夜河桥美女云集的热闹场景展示出来，正是当时生活的写照。河桥也成为时人别离的场所。圣历元年（698），杜审言被贬为吉州司户参军，卧病在床的宋之问无法相送，在《送杜审言》中以"河桥不相送，江树远含情"⑤表达了惜别之情。柳中庸《河阳桥送别》云："黄河流出有浮桥，晋国归人此路遥。若傍阑干千里望，北风驱马雨萧萧。"⑥从柳中庸的送别诗中可见河阳桥是到达晋地的必经之路。

从黄河北到晋南的道路，由河阳北行的第一道关口为天井关。天井关位于泽州晋城县境内，晋城"南有天井关，一名太行关"⑦。这条道路多为山路，"河阳西北去天井关强百里"。天井关为重要的关口，易守难攻，"用万人为垒，窒其口，深壁勿与战"，甚至可以拖垮对方。⑧虽然战略位置重要，但如

①《旧唐书》卷十九下《僖宗纪下》，第713页。

②《旧唐书》卷一百五十七《李磎传》，第4149页。

③（清）彭定求等奉敕编，中华书局编辑部点校：《全唐诗》卷三十九，第501页。

④（清）彭定求等奉敕编，中华书局编辑部点校：《全唐诗》卷七十二，第791页。

⑤宋之问撰，陶敏、易淑琼校注：《宋之问集校注》卷一《诗·沈佺期宋之问诗校注》，中华书局2001年版，第398页。

⑥（清）彭定求等奉敕编，中华书局编辑部点校：《全唐诗》卷二百五十七，第2869页。

⑦《新唐书》卷三十九《地理志三》，第1008页。

⑧《新唐书》卷一百六十六《杜牧传》，第5097页。

果从晋西南直接进攻即抄后路的方式，这一险关的重要性就会大大降低。会昌年间，围绕天井关所进行的一系列战争显示了其所具有的战略地位。会昌三年（843）六月，"王茂元遣兵马使马继等将步骑二千军于天井关南科斗店，刘稹遣衙内十将薛茂卿将亲军二千拒之"。会昌四年九月，宰相李德裕向朝廷推荐了忠武军王宰，李德裕认为："河阳兵寡，以忠武为援，既以捍洛，则并制魏博。"唐武宗接受李德裕的建议，"诏宰以兵五千推锋，兼统河阳行营。进取天井关，贼党离沮"。在李德裕的催促之下，王宰"急攻陵川，破贼石会关，进攻泽州"，最后杀刘稹平定了叛乱。[①] 可见在唐末藩镇混战中，天井关再次成为藩镇必争之地。唐末农民战争爆发后，天井关亦成为黄巢与其他势力争夺的战略要地。

以洛阳为中心的交通网络建设在唐代已经非常成熟，有鉴于学术界对于东西通道的深入研究，向南至襄阳的道路也有学者涉及，而向北的道路，在这里仅选择了这条路上的三个点作为研究对象，其目的是为了展示以这三个点为重要核心的夷仪山路的开凿、天井关关隘天险之易守难攻，以及河阳桥南北相连的战略位置，借以明了洛阳向北通道的重要性。

第三节　交通习俗

交通禁忌与习俗是汉唐时期民众出行时约定成俗的习惯。这也是社会长期发展的产物，寄托了人们的美好理想，以及人们对远行之人的祝福。

一、拜祭路神

路神，又名道神，作为保护行人的神，是人们的一种保佑旅途顺利的希

---

① 《新唐书》卷一百七十二《王宰传》，第5204页。《新唐书》卷一百八十九《赵犨传》云："会昌中，从伐潞州，收天井关。"第5474页。《新唐书》卷二百十四《藩镇宣武彰义泽潞·刘稹传》，第6016页。

望。先秦时期即有祭拜路神的传统。《诗经·生民》云"取羝以䢃，载燔载烈"。郑玄笺引《说文》云："出必告道神，为坛而祭为䢃。"①《仪礼·聘礼》云："出祖，释䢃，祭酒脯，乃饮酒于其侧。"郑玄注云："祖，始也。既受聘享之礼，行出国门，止陈车骑，释酒脯之奠于䢃，为行始也。《诗传》曰：䢃，道祭也。谓祭道路之神。"贾公彦疏云："凡道路之神有二：在国内释币于行者，谓平适道路之神；出国门释奠于䢃者，谓山行道路之神；是以委土为山象，国中不得䢃名，国外即得䢃称。"②《礼记·曾子问》孔子曰："道而出，告者五日而遍，过是非礼也。"郑玄注释"道而出"云："祖道也。"孔颖达疏云："明诸侯将行，为祖祭道神而后出行。"③《公羊传·宣公十二年》云："郑伯肉祖，左执茅旌。"汉何休注："茅旌，祀宗庙所用迎道神，指护祭者。"④孔颖达疏云："是出行必为祖也……是祖与道为一，知祖是祭道神也。"⑤可见先秦以来"祖""道"均是祭拜路神的举措。

汉代关中地区的云阳就有路神。《汉书》卷二十五下《郊祀志》云："云阳有径路神祠，祭休屠王也。"《汉书》卷二十八上《地理志》亦云："云阳。有休屠、金人及径路神祠三所。"师古曰："休屠，匈奴王号也。径路神，本匈奴之祠也。"由此可见，河洛地区的路神是从少数民族匈奴族传过来的。东汉时期，出行祭拜路神已经成为河洛地区的文化传统，其目的仍然是对传统的继承。《四民月令》云："祖者，道神。黄帝之子曰累祖，好远游，死道路，

---

　　① （汉）郑玄笺，（唐）孔颖达疏：《毛诗正义》，李学勤主编《十三经注疏》整理本，第1073页。

　　② （汉）郑玄注，（唐）贾公彦疏：《仪礼注疏》，李学勤主编《十三经注疏》整理本，第452页。

　　③ （汉）郑玄注，（唐）孔颖达疏：《礼记正义》，李学勤主编《十三经注疏》整理本，第572—573页。

　　④ （汉）何休注，（唐）徐彦疏：《春秋公羊传注疏》，李学勤主编《十三经注疏》整理本，第350页。

　　⑤ （汉）孔安国传，（唐）孔颖达疏：《春秋左传正义》，李学勤主编《十三经注疏》整理本，第1240页。

故祀以为道神，以求道路之福。"① 西晋嵇含《祖赋序》云："祖之在于俗尚矣，自天子至于庶人，莫不咸用，有汉卜日丙午，魏氏择其丁未，至于大晋则祖孟月之酉日，各因其行运，三代固不同，虽其奉祖，而莫识祖之所由兴也，《说文》：祈请道神为之祖，有事于道者，吉凶皆名。"② 从汉、魏、晋延续下来的祖道仪式，正是对传统的继承。

拜祭路神习俗作为一种从秦汉时期延续下来的习俗，在汉唐时期河洛地区曾经流行过，因为当时人们或外出求学，或外出经商，或外出求官，离别成为人生的惯常行为，因而拜祭路神，求得庇护，是人们心理的真实反映。

二、逆旅饮食

行旅出行饮食问题，从先秦到隋唐发生了一些变化。秦汉魏晋南北朝行旅外出需要自带盘缠，自己做饭，而到了隋唐时期，随着道路两旁饭店的设立，许多外出的行旅不再自己携带粮食，自行做饭，而是在饭店解决。

秦二世即位后，继续修建阿房宫，又"尽征其材士五万人为屯卫咸阳，令教射狗马禽兽"。随着都城人口的增多，出现了"当食者多，度不足"的现象。为了解决粮食的不足，秦二世下令"下调郡县转输菽粟刍藁，皆令自赍粮食，咸阳三百里内不得食其谷"③。这些从全国各地运送"菽粟刍藁"等粮草到咸阳的运输人员，都需要自带粮食，咸阳周围三百里的人不能食用这些专供粮食。七国之乱时，"长安中列侯封君行从军旅，赍贷子钱家，子钱家以为关东成败未决，莫肯予"。师古曰："行者须赍粮而出，于子钱家贷猗出也。"④ 说明在传统视域中外出行旅需要自带粮食。东汉济北人戴封在洛阳太学求学时，其同窗石敬平因"温病"病亡，戴封"养视殡殓，以所赍粮市小

---

① 《宋书》卷十二《律历志中》，第260页。(梁) 萧统编，(唐) 李善注：《文选》卷二十《诗甲·祖饯》，第974页。
② (唐) 徐坚等：《初学记》卷十三《礼部上·祭祀》，第319页。
③ 《史记》卷六《秦始皇本纪》，第268页。
④ 《汉书》卷九十一《货值传》，第3693页。

棺，送丧到家"。这表明戴封从故乡到洛阳求学时携带粮食是作为路途以及日常食用的。戴封只是当时最为典型的事例。东汉时期洛阳太学兴盛，何休作为经学大家，深受当时学人的追捧，虽然有"郑康成蜂起而攻之"，但"求学者不远千里，赢粮而至，如细流之赴巨海"①。"赢粮而至"是求学者必自备粮食。东汉游学之风颇盛，"若乃经生所处，不远万里之路，精庐暂建，赢粮动有千百，其著名高义开门受徒者，编牒不下万人，皆专相传祖，莫或讹杂"②。这说明私学的发达，使求学之人赍粮远行成为一时的风尚。前文引述《晋阳秋》记载，魏晋时期，胡威自带盘缠看望父亲，沿途做饭的场景正是行旅必须自备粮食的证据。这一现象发生在从洛阳到荆州的沿途道路，正体现了当时具有普遍意义的携带盘缠行路的事实。西晋时期，还流传着"邓攸赢粮以述职"③的现象，表明远离京城的官员也需要携带粮食供自己沿途食用。

隋唐以后，随着社会经济的发展，交通要道的沿线大都设置有酒店，供来往行人歇脚、餐饮、住宿。隋末，李密被抓，须押往隋炀帝所在的河北高阳，出了关中后，"防禁渐弛，密请通市酒食，每宴饮喧哗竟夕，使者不以为意"④。这说明从河洛地区到高阳路途沿线遍布酒店，可以满足来往行人的住行需求，行旅不需携带粮食，只需带足盘缠购买食物即可。贞观四年（630），随着唐代社会经济的逐步恢复，物质财富逐步丰富，出现了"东至于海，南及五岭，皆外户不闭，行旅不赍粮，取给于道路焉"⑤，甚至出现了"入山东村落，行客经过者，必厚加供待，或发时有赠遗。此皆古昔未有也"⑥。关于这段行旅外出不赍粮的事实，在多部史书中都有记载。《隋唐嘉话》卷上云：

① （晋）王嘉撰，（梁）萧绮录，齐治平校注：《拾遗记》卷六《后汉》，第155页。

② 《后汉书》卷七十九下《儒林传》，第2588页。

③ 《晋书》卷九十《良吏传》，第2343页。

④ 《隋书》卷七十《李密传》，第1626页。

⑤ 《旧唐书》卷三《太宗纪下》，第41页。《新唐书》卷五十一《食货志一》云："（贞观）四年，米斗四五钱，外户不闭者数月，马牛被野，人行数千里不赍粮，民物蕃息，四夷降附者百二十万人。"第1344页。

⑥ （唐）吴兢编：《贞观政要》卷一《政体》，第24页。

"贞观四载，天下康安，断死刑至二十九人而已。户不夜闭，行旅不赍粮
也。"① 陆贽《均节赋税恤百姓六条》其二条亦云："贞观八年以后，米斗至
四五钱，俗阜休行，人知义让，行旅万里，或不赍粮。"② 这大概反映了贞观
之治后社会太平、政通人和的社会环境，行旅外出不赍粮成为一种标志。经
历了皇室长久的内部动荡之后，唐玄宗即位六七年，社会迅速复兴，将唐朝
推向另一个巅峰，后人对开元盛世亦有"路不拾遗，行不赍粮"③ 的赞誉。唐
诗中的"步履如风旋，天涯不赍粮"④ 和"登山自补屐，访友不赍粮"⑤。即
是当时太平盛世的写照。

三、行旅必备物

除了旅行沿途所需食物之外，一些日常生活必备品也需要提前准备携带。
由于沿途客舍可能不准备这些物品，有时需要远行之人自备这些物品，如布
被、布囊等。

用布囊装自身所携带的物品，从先秦开始就已经成为外出行旅的标配物。
《诗经·公刘》记载，公刘率领周人迁居邠地，出发之前部落民众"乃积乃
仓，乃裹糇粮，于橐于囊"，以供路途食用和迁居新地所用，在这些远行物资
准备完毕之后，"爰方启行"⑥。《孟子·梁惠王下》孟子解释云："故居者有
积仓，行者有裹囊也，然后可以爰方启行。"⑦ 虽然这是部落迁徙所携带的物
品，但囊作为远行的必备物则是事实。及至汉代，学人径直说："公刘好货，

① （唐）刘悚撰，程毅中点校：《隋唐嘉话》，中华书局 1979 年版，第 4 页。
② （清）董诰编，孙映逵等点校：《全唐文》卷四百六十五，第 2820 页。
③ （宋）王谠撰，周勋初校正：《唐语林校正》卷三《夙慧》，第 309 页。
④ （清）彭定求等奉敕编，中华书局编辑部点校：《全唐诗》卷七百四十五，第 8851 页。
⑤ （清）彭定求等奉敕编，中华书局编辑部点校：《全唐诗》卷二百五十，第 2810 页。
⑥ （汉）郑玄笺，（唐）孔颖达疏：《毛诗正义》，李学勤主编《十三经注疏》整理本，第
1111 页。
⑦ （汉）赵岐注，（宋）孙奭疏：《孟子注疏》，李学勤主编《十三经注疏》整理本，北京大学
出版社 1999 年版，第 45—46 页。

居者有积，行者有囊。"① 后世出现的行囊一词即可能与此有关。

秦汉以后，远行用囊装随身携带的物品已经成为惯例。从汉元帝到汉哀帝，王吉与其孙王骏由京城到地方先后担任刺史、郡守等官员，特别是王骏曾任河南太守，祖孙三人以清廉为官，却生活奢侈，"皆好车马衣服，其自奉养极为鲜明，而亡金银锦绣之物"。在每一官职离任时，"及迁徙去处，所载不过囊衣，不畜积余财"。即使"去位家居，亦布衣疏食"，以至于"天下服其廉而怪其奢"。何谓"囊衣"，师古曰："一囊之衣也。有底曰囊，无底曰橐。"② 这说明王骏在迁任途中都要用布囊装自己的衣物。张堪在离任时，"乘折辕车，布被囊而已"③。中平三年（186），羊续为南阳太守，"纸布被，败以纸糊补之"④。这应当是他从洛阳带过去的家当。有时布囊还被用来装随身物品。曹操"被服轻绡，身自佩小鞶囊，以盛手巾细物，时或冠帢帽以见宾客"⑤。鞶囊作为官员佩戴物品，汉代有较为严格的规定，"汉世著鞶囊者，侧在腰间，或谓之傍囊，或谓之绥囊，然则以紫囊盛绥也。或盛或散，各有其时"⑥。建安年间，巨鹿人时苗从京城到淮南任职，为官清廉，赴任途中，"乘薄耷车，黄牸牛，布被囊"⑦。这说明时苗用布做的行李袋放置被褥衣物。永兴元年（304）四月，晋惠帝从邺城返回洛阳途中，休息时"御中黄门布被"⑧，即所盖的是中黄门所携带的布被。

隋炀帝从洛阳南巡江都时，张虔威以谒者大夫身份随行，以本官兼任江都赞治，"尝在途见一遗囊，恐其主求失，因令左右负之而行。后数日，物主

① 马非百注释：《盐铁论简注·取下第四十一》，第303页。
② 《汉书》卷七十二《王崇传》，第3068页。
③ 《后汉书》卷三十一《张堪传》，第1100页。
④ （宋）苏易简撰，孙洪伟译注：《文房四谱今注今译》卷四《纸谱三·杂事》，浙江人民美术出版社2020年版，第281页。
⑤ 《三国志》卷一《魏书·武帝纪》裴注引《曹瞒传》，第54页。
⑥ 《晋书》卷二十五《舆服志》，第773页。
⑦ 《三国志》卷二十三《魏书·常林传》裴注引《魏略》，第662页。
⑧ 《晋书》卷四《孝惠帝纪》，第103页。

来认，悉以付之"①。很显然，张虔威捡拾到的囊是行人装东西的，最后物归原主，表现出高洁的品格。隋唐时期，曾经发生了官差行囊被盗窃现象。郑州原武人杨再思被派往京师公干，住在客舍，"会盗窃其囊装，再思邂逅遇之，盗者伏罪"。杨再思对盗窃者说："足下当苦贫匮，至此无行。速去勿作声，恐为他人所擒。幸留公文，余财尽以相遗。"杨再思将囊中财物留给盗窃者，自己"假贷以归"②。这是杨再思以宽容之心对待盗窃之人，赢得人们的称赞。开元年间，卢怀慎"赴东都掌选，奉身之具，止一布囊"，颇为清廉，受到时人的称颂。③ 甚至使节外出时也有以囊装物品的现象。唐代使节外出时，"使外国多赍金帛，贸举所无"。而到了大历年间，归崇敬出使新罗时，"囊橐惟衾衣，东夷传其清德"④。可见囊装随行物品已是常态。李贺作为宗室成员，不愿应科举考试，每日外出骑瘦马，小童跟随，"背古锦囊，遇所得，书投囊中"。有一次醉酒后，"母使婢探囊中，见所书多"⑤。可见李贺随身所带的锦囊是装苦吟出的诗句。后唐时期，冯道闻听父亲亡故后，从京城洛阳出发奔丧，"即徒步见星以行，家人从后持衣囊追及之"⑥。冯道因为仓促奔丧，没来得及携带行李，家人急忙将衣囊送给他以供其路途所用。刘轲《陈玄奘塔铭》："岁丁巳，开成纪年之明年，有具寿沙门曰令检，自上京抵洛，师以缥囊盛三藏遗文传记，访余柴门于行修里。"⑦ 缥囊即青色的书囊。令检从长安到达洛阳，所携带的缥囊装着玄奘的文章。

除了囊以外，外出行旅尚需准备遮风挡雨的斗笠、蓑衣和雨伞。当然，

---

① 《隋书》卷六十六《张虔威传》，第558页。
② 《旧唐书》卷九十《杨再思传》，第2918页。
③ 《新唐书》卷一百二十六《卢怀慎传》，第4417页。
④ 《新唐书》卷一百六十四《归崇敬传》，第5036页。
⑤ 《新唐书》卷二百三《文艺传下·李贺》，第5788页。
⑥ （宋）薛居正等：《旧五代史》卷一百二十六《周书·冯道传》，中华书局1976年版，第1655页。
⑦ （清）徐松撰，张穆校补，方严点校：《唐两京城坊考》卷五《东京·外郭城》，中华书局1985年版，第149页。

上述物品不会同时携带，只需携带一种即可。下面对上述物品的使用作一
考述。

《广雅》曰："草谓之蓑，篷谓之笠。"周代礼制中，大丧"槀车载蓑
笠"。本注云："蓑笠，备雨服也。"①《诗经·小雅·无羊》云："尔牧来思，
何蓑何笠，或负其餱。"郑玄笺："何，揭也。蓑所以备雨，笠所以御暑。"孔
颖达疏云："亦有蓑笠，注俱以为御雨。不以笠御暑者，以彼蓑笠同槀车所
载。"② 这说明从先秦时期开始外出均需携带蓑衣与斗笠以防备下雨与遮阳。
《管子·轻重己》强调不重视农业就会出现"蓑笠当袂橹"③ 的现象。战国时
期，楚丘先生"披蓑带索"拜见孟尝君时，为其辨析了何谓老、壮，使孟尝
君深受教育。孟尝君曾说齐景公"被蓑笠而立乎畎亩之中"④。这里韩婴虽然
记述的是战国齐国的情况，但其作为汉代人，蓑笠作为外出的必备物品，至
少在汉代是沿用的。刘安曾云："今之裘与蓑孰急？见雨则裘不用，升堂则蓑
不御，此代为常者也。"⑤ 这说明蓑衣的功效被深刻认识，蓑衣与裘衣在不同
的场合使用已是常态。蔡邕《释诲》有云："故当其有事也，则蓑笠并载，擐
甲扬锋，不给于务。"⑥ 显然也是外出携带斗笠的以避风雨。曹植《九咏》
曰："越江兮刈兰，暮秋兮薄寒。被蓑兮戴笠，置露兮践莤。"⑦ 开皇初年，卢
思道《劳生论》云："晨荷蓑笠，白屋黄冠之伍，夕谈谷稼，沾体涂足之
伦。"⑧"白屋"是平民住的茅草屋，"黄冠"是用草编成的斗笠，为农夫所
戴。这首诗描述了农民披戴着蓑衣、斗笠在农田辛苦劳作的场景。到了唐代，

---

① （唐）杜佑撰，王文锦等点校：《通典》卷八十六《礼四十六·沿革四十六·丧制之四·荐车马明器及饰棺》，第 2322 页。

② （汉）郑玄笺，（唐）孔颖达疏：《毛诗正义》，李学勤主编《十三经注疏》整理本，第693 页。

③ 姜涛：《管子新注》，齐鲁书社 2006 年版，第 582 页。

④ （汉）韩婴撰，许维遹校释：《韩诗外传集释》卷十，第 349—351 页。

⑤ 何宁：《淮南子集释》卷十一《齐俗训》，第 770 页。

⑥ 《后汉书》卷六十下《蔡邕传》，第 1984 页。

⑦ （魏）曹植著，赵幼文校注：《曹植集校注》，第 520 页。

⑧ 《隋书》卷五十七《卢思道传》，第 1041 页。

蓑笠的记述大多是江南的场景，可以说这种避雨工具简单方便，得到了更广范围的应用。

雨伞的出现应当是在先秦时期。《事物纪原》卷八《舟车帷屋部·雨伞》云："《六韬》曰：天雨不张盖幔，周初事也。《通俗文》曰：张帛避雨，谓之繖盖。即雨伞之用，三代已有也。繖伞字通。"① 可见雨伞的出现是在先秦时期。瞽叟为了害舜，"使舜上涂廪，瞽叟从下纵火焚廪。舜乃以两笠自扞而下，去，得不死"。《索隐》引皇甫谧《帝王世纪》云："雨伞，伞笠类。"② 似乎舜所处的时代已经有了雨伞，虽然有附会的因素，但先秦时期雨伞使用则是事实。北魏孝文帝准备巡幸代都，到达上党铜鞮山，看到路旁有大松树十数根，"时高祖进伞，遂行而赋诗"，并命元勰亦赋诗，传为一时美谈。③ 这是外出携带伞的典型例证。庾信《谢赵王赉马并伞启》云："奉教垂赉紫骝马并银钉乘具紫油伞一张。"④ 这里提到的"紫油伞一张"，说明当时油伞的珍贵。隋朝初年，岐州刺史梁彦光因"甚有惠政，嘉禾连理，出于州境"。开皇二年（582），隋炀帝到岐州巡视，"悦其能"，并且予以重赏，"赐粟五百斛，物三百段，御伞一枚"，"又赐钱五万"⑤。这里专门提到"御伞一枚"，足以显示雨伞的珍贵。唐诗中有多篇提及雨伞，显现出雨伞使用的广泛。

四、行路禁忌

行路禁忌已经成为中国古代远行必须关注的重要内容。古人重视远行，在古人看来，道路禁忌是保证其远行顺利遵循的重要法则。

首先，男女在路上行走的时候要相互避开，特别是女子在路上要避开男性。《淮南子》卷十一《齐俗训》云："帝颛顼之法，妇人不辟男子于路者，

① （宋）高承撰，（明）李果订，金圆、许沛藻点校：《事物纪原》，中华书局1989年版，第413页。
② 《史记》卷一《五帝本纪》，第34页。
③ 《魏书》卷二十一下《献文六王传·彭城王元勰》，第572页。
④ （北周）庾信撰，（清）倪璠注，许逸民点校：《庾子山集注》，第587页。
⑤ 《隋书》卷七十三《循吏传·梁彦光》，第1675页。

拂之于四达之衢。"在对上古先贤治理国家赞美的同时,刘安对当今男女路途亲昵现象描述道:"今之国都,男女切踦,肩摩于道",确认为"其于俗,一也"①。刘安对颛顼时代路上男女相互避开还是颇为看重的,故而加以强调。商末,周文王治理周地颇有成效,多行善事,诸侯有争议也找周文王评理,"于是虞、芮之人有狱不能决,乃如周"。虞、芮两国君入周后,看到"男女异路,班白不提挈"②。可见"男女异路"已经成为从先秦以来的一种风尚。黄霸在任颍川太守时,"善化,男女异路,耕者让畔"③,因而受到汉宣帝的嘉奖,并最终入朝为御史大夫和丞相。元始五年(5)秋天,王莽派往全国各地了解民风的使者八人返回长安后向王莽汇报见闻,其中有"又奏为市无二贾,官无狱讼,邑无盗贼,野无饥民,道不拾遗,男女异路之制,犯者象刑"④ 等蒙蔽王莽的话语,可见在统治者的心目中"男女异路之制"是社会稳定的标志之一。王充就认为"男女异路"是"太平瑞应"⑤ 的重要内容。这种强调男女大防的理念,到清代顺治皇帝时仍然加以强调,他认为"男女异路,车从中央,民乃知让矣"⑥。这说明在传统理念中男女异路已经成为一种风尚。

其次,道路行走有许多规定。道路行走遵从男右女左、车辆行走中央的成规。《礼记·王制》云:"道路,男子由右,妇人由左,车从中央。父之齿随行,兄之齿雁行,朋友不相逾。"在强调男右女左的行路规则外,还强调与老年人同行应遵守的规矩。《礼记·内则》亦云:"男子……夜行以烛,无烛则止。女子出门,必拥蔽其面;夜行以烛,无烛则止。道路,男子由右,女子由左。"这里又提到了男女夜行的规矩。除此之外,外出行走要礼让老年人,《礼记·祭义》云:"行,肩而不并,不错则随,见老者则车、徒辟。斑

① 何宁:《淮南子集释》卷十一《齐俗训》,第780—781页。
② 《史记》卷四《周本纪》,第117页。
③ 《史记》卷二十《建元以来侯者年表》,第1068页。
④ 《汉书》卷九十九上《王莽传上》,第4076页。
⑤ (汉)王充:《论衡》卷十七《是应篇》,第267页。
⑥ (清)爱新觉罗·福临编:《资政要览·三事忠告》,哈尔滨出版社2004年版,第31页。

白者不以其任行乎道路，而弟达乎道路矣。居乡以齿，而老穷不遗，强不犯弱，众不暴寡，而弟达乎州巷矣。"① 正因为有上述规定，所以司马相如针对汉武帝外出狩猎行为加以劝谏，司马相如《谏猎书》云："且夫清道而后行，中路而后驰，犹时有衔橛之变。"② 这其实是道出了即使中道驰行的车辆仍然有因马惊厥而发生危险的可能。

道路之上随从先生行走时一般不与人交谈。《礼记·曲礼》云："从于先生，不越路而与人言。遭先生于道，趋而进，正立拱手。先生与之言则对，不与之言则趋而退。"③ 这是教育年轻人行路时注意行为规范。周厉王三十四年（前846），"王益严，国人莫敢言，道路以目"。《集解》韦昭曰："以目相眄而已。"可见民间在路途交谈已经成为惯例。

最后，汉代开始，原则上禁止夜行，其目的是为了防止不稳定因素的出现。秦国乃至秦代虽然法令严苛，但似乎没有限制夜行的法令，所以才有齐湣王二十五年（前299）孟尝君到秦国国都后，"夜半至函谷关"。当孟尝君到达函谷关后，面对秦国"关法鸡鸣而出客"的窘境。适逢"客之居下坐者有能为鸡鸣，而鸡齐鸣，遂发传出"④。孟尝君脱险虽然有点不光彩，但可以看出秦国没有夜行的禁令，否则在函谷关就有可能被截获。刘邦在"以亭长为县送徒郦山"，因为中途逃亡太多，刘邦就释放了所送徒，并且借着酒劲，"夜径泽中，令一人行前"⑤。当行前者还报前有大蛇时，刘邦乃拔剑斩蛇，使道路畅通，可见这种夜行是被逼的结果。王充赞美刘邦"夜行斩蛇，蛇妪悲哭"⑥ 是义举。

项羽火烧秦宫室后，看到"秦宫皆以烧残破，又心怀思欲东归"，就说：

---

① （汉）郑玄注，（唐）孔颖达疏：《礼记正义》，李学勤主编《十三经注疏》整理本，第431、837、1388页。

② 《史记》卷一百十七《司马相如列传》，第3054页。

③ （汉）郑玄注，（唐）孔颖达疏：《礼记正义》，李学勤主编《十三经注疏》整理本，第35页。

④ 《史记》卷七十五《孟尝君列传》，第2354页。

⑤ 《史记》卷八《高祖本纪》，第347页。

⑥ （汉）王充：《论衡》卷二《吉验篇》，第31页。

"富贵不归故乡，如衣锦夜行，谁知之者。"① 项羽有此借口回归故乡，却从一个侧面反映了秦代夜行没有被禁止，夜行是外出的方式之一。汉代禁止夜行成为朝廷成规，甚至对社会上层也严格执行。《汉旧仪》云："宿卫郎官分五夜谁呵，呵夜行者谁也。"② 这应当是朝廷宿卫人员对夜行的管理。李广在蓝田南山中射猎晚归，被霸陵尉呵斥，李广的随从告知霸陵尉是"故李将军"，霸陵尉曰："今将军尚不得夜行，何乃故也。"李广不得不"止广宿亭下"，后来李广为右北平太守，借机除掉霸陵尉。③ 汉武帝时，梁孝王的儿子济东王彭离常常在夜晚截杀人财，"所杀发觉者百余人，国皆知之，莫敢夜行"④。可见夜行会带来人身的安全威胁。在特殊的动荡情况下，夜行作为交往方式往往会被中断。元狩四年（前119）九月，王温舒为河内太守，捕杀郡内豪猾之家，"尽十二月，郡中毋声，毋敢夜行，野无犬吠之盗"⑤。这是在严厉打击豪猾势力造成的夜晚禁行的现象。夜晚禁行的规定更多的是行之于城市之中，或者一些人口密集的地方。永宁元年（120），汉安帝颁行《禁夜行诏》，其中有"钟鸣漏尽，洛阳城中不得有行者"⑥ 的禁令。延熹九年（166），平原隰阴人襄楷从家中诣阙上疏，说到"今洛阳城中人夜无故叫呼，云有火光，人声正喧"的无故动荡，是违反宵禁的行为，属于"灾异尤数"⑦ 的表现。熹平三年（174），20岁的曹操被"举孝廉为郎，除洛阳北部尉"。裴注引《曹瞒传》曰："太祖初入尉廨，缮治四门。造五色棒，县门左右各十余枚，有犯禁者，不避豪强，皆棒杀之。后数月，灵帝爱幸小黄门蹇硕叔父夜行，即杀

---

① 《史记》卷七《项羽本纪》，第315页。《汉书》卷六十四上《朱买臣传》亦载，汉武帝对朱买臣说："富贵不归故乡，如衣绣夜行，今子何如？"第2792页。

② 《史记》卷六《秦始皇本纪》，第281页。

③ 《史记》卷一百九《李将军列传》，第2871页。

④ 《史记》卷五十八《梁孝王世家》，第2088页。

⑤ 《史记》卷一百二十二《酷吏列传》，第3148页。

⑥ （梁）萧统编，（唐）李善注：《文选》卷二十八《诗戊·乐府下·〔南朝宋〕鲍明远〈放歌行〉》李善注引崔明远《政论》，第1328页。

⑦ 《后汉书》卷三十下《襄楷传》，第1076页。

之。京师敛迹，莫敢犯者。近习宠臣咸疾之，然不能伤，于是共称荐之，故迁为顿丘令。"① 很显然，蹇硕的叔父因夜行犯禁而被曹操所杀。夜行作为日常交往的必然选择，在特殊的情况下仍然存在。董卓之乱发生后，汉献帝被迁往长安，颍川颍阴人刘翊辗转追随，"夜行昼伏，乃到长安"②。在社会动荡的状态之下，夜行禁令应该名存实亡。

魏晋以后，虽然也有夜行禁令，但夜行现象不断出现。魏文帝《芙蓉池作》诗曰："乘辇夜行邀，逍遥步西园。"③ 作为皇帝可以任意夜行，曹丕以此抒发夜游芙蓉池的欢快心境。普通百姓夜晚外出，有夜行遭遇危险的可能。黄初年间，"顿丘界有人骑马夜行，见道中有物，大如兔，两眼如镜，跳梁遮马，令不得前。人遂惊惧堕马，魅便就把捉，惊怖暴死。良久得苏，苏已，失魅不知所在"④。这是当时不主张夜行的重要原因。

唐代更是颁行了严格的夜行禁令，特别是针对京城的《犯夜》律规定的颇为详尽："诸犯夜者笞二十；有故者不坐。"何谓"犯夜"，本注云："闭门鼓后、开门鼓前行者，皆为犯夜。"何谓"有故"，本注云："谓公事急速及吉、凶、疾病之类。"关于上述规定，《唐律疏议》云：

> 【疏】议曰：《宫卫令》："五更三筹，顺天门击鼓，听人行。昼漏尽，顺天门击鼓四百槌讫，闭门。后更击六百槌，坊门皆闭，禁人行。"违者笞二十。故注云"闭门鼓后、开门鼓前，有行者，皆为犯夜"。故，谓公事急速。但公家之事须行，及私家吉、凶、疾病之类，皆须得本县或本坊文牒，然始合行。若不得公验，虽复无罪，街铺之人不合许过。既云闭门鼓后、开门鼓前禁行，明禁出坊外者。若坊内行者，不拘此律。

---

① 《三国志》卷一《魏书·武帝纪》，第 2 页。
② 《后汉书》卷八十一《独行传·刘翊》，第 2696 页。
③ 魏宏灿校注：《曹丕集校注》，第 61 页。
④ （唐）释道世著，周叔迦、苏晋仁校注：《法苑珠林》卷六《第四鬼神部·好丑部·感应缘·黄初有魅怪》，第 217 页。

通过《犯夜》律的规定可以看出，唐代京城内对禁止夜行执行颇为严格。不过从对特殊情况的灵活性处理，还是颇有人性的。与此同时，唐律对于守夜人员的职责作了明确的规定："其直宿坊街，若应听行而不听及不应听行而听者，笞三十；即所直时，有贼盗经过而不觉者，笞五十。"这是通过严格的法律加强值夜守卫，使相关人员切实负起责来。对上述规定，《唐律疏议》云：

> 【疏】议曰：谓诸坊应闭之门，诸街守卫之所，有当直宿，应合听行而不听，及不应听行而听者笞三十。若分更当直之时，有贼盗经过所直之处，而宿直者不觉笞五十。若觉而听行自当主司故纵之罪。①

从《唐律疏议》的详尽阐释可以明白值守肩负的责任之重。如果值守人员在"直宿"检查不严，造成"听行而不听"以及"不应听行而听者"就要处以鞭笞三十的处罚。如果因为疏忽造成盗贼通过，"宿直者不觉"要处以鞭笞五十的处罚。

隋唐时期，禁止夜行特别是都市中的禁令执行得较为严格，违反规定要被严惩。《启颜录·嘲诮·刘行敏》云：

> 唐有人姓崔，饮酒归，犯夜，被武候执缚，五更初，犹未解。长安令刘行敏，鼓声动向朝，至街道逢之，始与解缚。因咏之曰："崔生犯夜行，武候正严更。幞头拳下落，高髻掌中擎。杖迹胸前出，绳文腕后生。愁人不惜夜，随意晓参横。"②

虽然此事发生在都城长安，但洛阳作为东都，也应当执行了这一禁令。违反规定要被掌管巡夜的武候抓捕，甚至整夜未解。崔生由于长安令刘敏行上朝才得以解脱，表明此项禁令执行的严格。武则天在位期间，还流传着"张公吃酒李公醉"的笑谈。明人钱希言《戏瑕》卷三《张公吃酒李公醉》云："张公谓易之、昌宗兄弟也，李公谓中宗也，此即薛王沈醉寿王醒之意。一

---

① 刘俊文：《唐律疏议笺解》卷二十六《杂律·犯夜》，第 1825—1826 页。
② （隋）侯白撰，曹林娣、李泉辑注：《启颜录》，第 75 页。

日，士人有犯夜而非其罪者，举此为辞，官遂命赋其事，士人援笔立构数言，主者笑而释之，此语流传至宋。"① 虽然这是一则笑话，但可以反映出洛阳城中普通民众犯夜行之罪要被处罚的事实。神龙年间，长安令杜虚辖境"有百姓王丁犯夜，为吏所拘"。当王虚询问他原因时，答云："从师授书，不觉日暮。"王虚认为对其实施鞭笞刑罚显然不合理，"非政化之本。"然而御史却抓住此事不放，"御史弹金吾郎将不觉人犯夜"。金吾诉云："县令送归，非金吾之罪。"苏颋《对勤学犯夜判》对杜虚、王丁均作了赞扬，并建议对此类案件要"允符严简"区别对待。② 天宝十四载春，杜甫《陪李金吾花下饮》说到陪李嗣业饮酒，有"醉归应犯夜，可怕李金吾"③。李嗣业当时为左金吾大将军专管京城严查夜行，杜甫陪李嗣业饮酒后留下此诗，似乎有戏谑的味道。正如清人李调元《雨村诗话》卷下云："杜诗《陪李金吾花下饮》，题不曰'招饮'，而曰'陪饮'，滑稽之甚。末句云：'可怕李金吾'。谑浪之辞，似诃禁犯夜，直是面笑李金吾矣。"④ 唐宪宗元和三年（808）四月，"中使郭里旻酒醉犯夜，杖杀之"，中使作为皇帝身边的亲近犯夜被杀，唐宪宗颇为恼怒，对相关官员进行了严肃处理，"金吾薛伾、巡使韦缇皆贬逐"⑤。《唐六典》："金吾将军掌宫中昼夜巡警之法。"其实，郭里旻犯错在先，但也不能被杀，显然是相关人员处罚过当，故而唐宪宗对其采取贬逐的处理。咸通年间，温庭筠在逗留扬州期间，"乞索于杨子院，醉而犯夜，为虞候所击，败面折齿，方还扬州诉之。令狐绹捕虞候治之，极言庭筠狭邪丑迹，乃两释之"，温庭筠放荡不羁的生活在当时恶名远扬，"污行闻于京师"⑥。唐代还发生过官员早朝被武候抓获的现象，白居易针对"得甲夜行，所由执之，辞云：'有公

---

① （明）钱希言：《戏瑕》，中华书局 1985 年版，第 38 页。
② （清）董诰编，孙映逵等点校：《全唐文》卷二百五十六，第 1540 页。
③ （唐）杜甫撰，（清）仇兆鳌注：《杜诗详注》卷三，第 209 页。
④ （清）李调元著，詹杭伦、沈时蓉校正：《雨村诗话校正》，巴蜀书社 2006 年版，第 14 页。
⑤ 《旧唐书》卷十四上《宪宗纪上》，第 425 页。
⑥ 《旧唐书》卷一百九十《文苑传下·温庭筠》，第 5079 页。

事，欲早趋朝。'所由以犯禁不听"的案子，专门撰写状子表达见解。① 如果遇到特殊节日，朝廷往往会临时开放夜行，以便与民同乐。《大唐新语》卷八《文章》云：

> 神龙之际，京城正月望日，盛饰灯影之会。金吾弛禁，特许夜行。贵游戚属，及下隶工贾，无不夜游。车马骈阗，人不得顾。王主之家，马上作乐，以相夸竞。文士皆赋诗一章，以纪其事。作者数百人，惟中书侍郎苏味道、吏部员外郭利贞、殿中侍御史崔液三人为绝唱。②

这是为了满足全城百姓庆贺正月十五日元宵节而解除宵禁，以使官民同乐。鲍溶《夜寒吟》有"九衢金吾夜行行，上宫玉漏遥分明"③，描述执金吾夜行巡逻的情形。正因为禁止夜行，所以唐代留存至今的史料有夜晚投宿的记载。大历年间，有一士人，因"膂力过人"，故而"夜行一无所惧"。他"尝于京师暮行，鼓声向绝，主人尚远，将求宿，不知何诣"，最后寄宿"市中一衣冠家"，还凭借聪明与膂力过人的本领，保护了主人财产的安全。④ 虽然这是赞美韦滂智斗妖怪的壮举，但可以明确的是夜晚不能外出行走。天祐三年（906）闰十二月皇城使针对乱象，上奏唐昭宣帝曰："伏以皇城之内，咫尺禁闱，晨夜巡警，固须清肃。伏乞准敕条，漏鼓声绝后，禁断人行。今据军人、百姓，更点动后，尚恣夜行。特乞圣慈再下六军止绝。"⑤ 很显然这种强制的行政命令已经不适合社会经济发展与居民社会生活的需要，再加上处于风雨飘摇中的唐王朝，这一奏章不符合实情，恐怕也难以实行。

　　隋唐时期，河洛地区与全国一样禁止夜行，除了稳定社会的需要外，夜行者往往面临被劫道等危险，所以社会主流意识也不主张夜行。贞观二年

---

① （唐）白居易著，顾学颉校点：《白居易集》卷六十六《判》，第1398页。
② （唐）刘肃撰，许德楠、李鼎霞点校：《大唐新语》卷八《文章》，第127—128页。
③ （清）彭定求等奉敕编，中华书局编辑部点校：《全唐诗》卷四百八十六，第5563页。
④ （宋）李昉等：《太平广记》卷三百六十三《妖怪五·韦滂》引《原化记》，第2882页。
⑤ （清）董诰编，孙映逵等点校：《全唐文》卷九百六十八，第5943页。

（628）九月，唐太宗下《致仕朝参在见任本品之上诏》，其内有"至若筋力将尽，桑榆且迫，徒竭夙兴之勤，未悟夜行之罪"①。这足以说明唐朝初年对夜行的重视。贞观十六年，兖州邹县张人县尉在诣京赴选，途经泰山时，"张及同伴夜行，被贼劫掠，装具并壶"②。这次虽然抓住劫贼，但并非所有夜行者均有此好运。《大唐传载》云："苏给事岿，建中末，为太常博士。遇朱泚乱，将赴行在。夜行山谷，常有二烛前导，危险毕见。既过，烛然后灭。岂忠愤所感耶！"③这是苏岿从长安赴唐德宗巡幸地途中所遭遇的危险，应当是路途的险峻之处。李勉在为开封尉时，曾经私放罪犯，几年后离任，游历河北时，遇见曾经私放的罪犯，结果却被其追杀，逃到津店，店主老人曰："此多猛兽，何敢夜行？"④李勉如实相告，得到罪犯派出的追杀者的谅解。可见为了逃命，李勉不得不冒着猛兽出没而夜中仓皇逃命。开元年间，代国公郭元振落第后，"自晋之汾，夜行阴晦失道"，几乎为野猪所伤。⑤这也说明夜行处处面临危险。李峤《锦》有"不作夜行人"⑥之句，大体就反映了这种心态。天宝十四载十二月，"是月胡入洛"，卢纶"夜行登灞陵，惝恍靡所征"⑦，实属无奈之举。

而在唐代已经开始出现夜晚远行的习惯。元和十年（815），白居易从洛阳赴江州，途中作《微雨夜行》云："漠漠秋云起，稍稍夜寒生。但觉衣裳湿，无点亦无声。"⑧他的另一首《夜深行》云："百牢关外夜行客，三殿角

---

① 《旧唐书》卷二《太宗纪上》，第35—36页。
② （唐）唐临撰，方诗铭辑校：《冥报记·补遗·唐兖州人》，第86页。
③ （唐）佚名撰，恒鹤校点：《大唐传载》，载上海古籍出版社编《唐五代笔记小说大观》，上海古籍出版社2000年版，第891页。
④ （唐）李肇：《唐国史补》卷中，上海古籍出版社1979年版，第47页。（宋）王谠撰，周勋初校证：《唐语林校证》卷四《自新》，中华书局1987年版，第353页。
⑤ （唐）牛僧孺撰，程毅中点校：《玄怪录》卷一《郭代公》，第18—20页。
⑥ （唐）李峤著，徐定祥注：《李峤诗注》，上海古籍出版社1995年版，第197页。
⑦ （唐）卢纶著，刘初棠校注：《卢纶诗集校注》卷二，上海古籍出版社1989年版，第188页。
⑧ （唐）白居易著，顾学颉校点：《白居易集》卷十《微雨夜行》，第198页。

头宵直人。莫道近臣胜远使，其如同是不闲身。"① 白居易的这两首诗将夜行人的心理状态描述得栩栩如生。施肩吾《冲夜行》云："夜行无月时，古路多荒榛。山鬼遥把火，自照不照人。"② 所谓的"冲夜"，即犯禁夜行，施肩吾将犯禁之人夜行的孤寂、害怕的心境表露无遗，无一不是夜行之人的真实心理变化。许浑《早发寿安次永寿渡》云："东西车马尘，巩洛与咸秦。山月夜行客，水烟朝渡人。"③ 这首诗是许浑早年移居巩洛时赴京干禄所作，感叹从洛阳赴长安时在两京大道上作为夜行客昼夜兼程的辛劳。由此可见，唐代夜晚行路虽然有许多禁令，但已经不能阻挡人们夜行的脚步，因为随着时代的发展，交通条件的改善，夜行可以省却许多时间。

在传统农耕社会背景下，人们乐于在乡村狭小的圈子里生产与生活，面对的是更多的熟人社会，远行被视为畏途。然而，因为种种原因如战争、自然灾害、外出求学乃至为宦他乡，人们不得不背井离乡，这更多的是依赖交通来完成。从宏观的层面来看，国家的重大政治、军事行动乃至经济活动都离不开交通，需要通过运输战略物资来实现。通过对汉唐间河洛地区的交通与社会研究我们可以发现，交通与人们的社会生活密切相关，交通的发展，为人们交往提供了马牛骡以及车辆等远行的代步工具，而道路的开拓则使远行越来越便捷，河洛地区的交通网经过前秦秦汉的发展，到魏晋南北朝时期的继续拓展，到隋唐时期已经形成非常便捷的交通形势。为了保障外出远行的安全，除了采取相应的防护措施之外，拜祭路神成为外出行人求得心灵慰藉和情感寄托。经过秦汉魏晋南北朝时期的发展，河洛地区外出的行旅饮食已经发生了重要变化，从秦汉魏晋南北朝远行需要自带粮食和其他盘缠外，发展到唐代行旅外出不需自带粮食，而是通过道路沿线所设立的饭店得到解决，这说明到了唐代河洛地区的社会经济已经发展到了一个新的阶段，除了

---

①　（唐）白居易著，顾学颉校点：《白居易集》卷十四《夜深行》，第284页。

②　陈才智、王益庸编：《施肩吾集》，中国文联出版社2009年版，第26页。

③　（唐）许浑撰，罗时进笺证：《丁卯集笺证》，中华书局2012年版，第132页。

官府限制宽松外，主要是物质财富可以支撑起道路沿线饭店的设立，为行人提供方便。正因为远行在人们具有非常重要的地位，道路禁忌是道路行走必须遵循的准则。特别需要指出的是，夜行如同早期饭店设立一样，在秦汉时期也是严格禁止的，到唐代主要是实行城市宵禁，远行之人可以利用夜晚昼夜兼程到达目的地。

第五章　节日礼俗

河洛地区作为中华民族文化发展过程中的重要地区，经过数千年的历史传承，许多礼俗相沿不变，对这些礼俗进行考察无疑将有利于今天对节日文化精髓内涵的把握。

第一节　元　日

元日即农历每年的正月初一，又称作元旦、元正、岁日等。元日官员休假、家庭聚会、朝廷大典，都显示出一年内万象更新的气象。《南部新书》卷己云：“长安市里风俗，每至元日已后，递余食相邀，号为‘传座’矣。”① 钱易所记述的“传座”风俗，显现出民众通过这一传统节日增强彼此联系的强烈愿望。

作为每年的岁首，朝廷对这一节日非常重视，常常在这一天会聚朝臣举行重大活动予以庆祝。在元日早晨，官员朝会还要点火烛，有时还颇具规模形成仪仗。“每元日、冬至立仗，大官皆备珂伞、列烛，有至五六百炬者，谓之‘火城’。宰相火城将至，则众少皆扑灭以避之。”② 可见在每年元日朝会

---

① （宋）钱易撰，黄寿成点校：《南部新书》，第82页。
② （唐）李肇：《唐国史补》卷下，第49页。

时，官员点亮的火炬有五六百个之多，形成了长长的火城，当宰相的"火城"仪仗队到来后，因为其独特的政治身份，其他官员不得不将自己的火城扑灭以躲避宰相的火城。

武则天在洛阳定都期间，每年元日开始举办重大活动。永昌元年（689）正月元日，武则天"始亲享明堂，大赦改元"。正月四日，武则天又"御明堂布政，颁九条以训于百官"。"翌日，又御明堂，飨群臣，赐缯缬有差"。明堂建成后，武则天不仅在此宴享群臣，而且与民同乐，"自明堂成后，纵东都妇人及诸州父老入观，兼赐酒食，久之乃止"。在明堂建成后，借元日活动，"吐蕃及诸夷以明堂成，亦各遣使来贺"①。可见在武周时期，明堂是武则天举办元日活动的重要场所。武则天还在元日接见新进举人。长寿二年（693），拾遗刘承之上疏："请元日举人朝见，列于方物之前。"② 武则天采纳了他的建议，在元日接见新进举人以示对人才的重视。开元五年（717）正月到二月，唐玄宗到洛阳，"自是驾在东都，常以元日冬至于乾元殿受朝贺"③。天下朝集使也在考核结束后，"元日，陈其贡篚于殿廷"④，接受皇帝的会见。

唐代元日的礼仪很严格，如果官员不熟悉这一礼仪，就有可能被免官，先天二年（713），"礼官张星、王琇又以元日仪注乖失，诏免官归家学问"⑤。作为礼官，张星、王琇因为元日制度的差错被免官。唐宣宗大中年间朝贺礼仪因为领头的大臣说错话而受处罚。《东观奏记》卷下云：

> 大中十一年正月一日，上御含元殿受朝，太子太师卢钧年八十矣，自乐悬之南步而及殿墀，称贺上前，声容朗缓，举朝服之。至十二年元日，含元受贺，太子少师柳公权年亦八十矣，复为百官首，含元殿廷夐远，自乐悬南步至殿下，力已绵惫，称贺之后，上尊号

① 《旧唐书》卷二十二《礼仪志二》，第864页。
② （五代）王定保：《唐摭言》卷一《朝见》，第10页。
③ 《旧唐书》卷二十二《礼仪志二》，第875页。
④ 《旧唐书》卷四十三《职官志二》，第1826页。
⑤ 《旧唐书》卷二十一《礼仪志一》，第818页。

"圣敬文思和武光孝皇帝"，公权误曰："光武和孝。"御史弹出之，罚一季俸料。七十致仕，旧典也，公权不能克遵典礼，老而受辱，人多惜之。①

柳公权因为年老而言语失误被御史弹劾，遭到罚俸一季的处罚。

元日作为重要的节日，朝廷的礼仪也在不断发生变化。唐德宗即位后，"诏元日朝会不得奏祥瑞事"②。到了唐宪宗元和二年（807）八月，中书奏："其元日奏祥瑞，请依令式。"③ 唐宪宗采纳了这一建议，又恢复了"元日奏祥瑞"。可见"元日奏祥瑞"的变化正体现了唐代政治的复杂性。在元日仪式上，官员的站位也有讲究。唐武宗会昌二年（842）四月，中书奏："元日御含元殿，百官就列，唯宰相及两省官皆未开扇前立于栏槛之内，及扇开，便侍立于御前。三朝大庆，万邦称贺，唯宰相侍臣同介胄武夫，竟不拜至尊而退，酌于礼意，事未得中。臣等请御殿日昧爽，宰相、两省官斗班于香案前，俟扇开，通事赞两省官再拜，拜讫，升殿侍立。"④ 唐武宗又听从了这一建议。因为按照此前的礼仪，"宰相侍臣"在元日仅参与活动而不拜皇帝，经过这一改革后，所有参与的官员都要参拜皇帝，再次提升了皇帝的威严，故而唐武宗接受了这一建议。元日作为新年伊始，万象更新的日子，特别是唐代河洛地区的元日习俗颇有特色，除了社会上层的在元日庆祝之外，在民间也以各自的方式庆祝新年开始。

第二节　人　日

正月初七日作为人日，在汉代以前即有此节日，明代以后逐渐衰微，如

① （唐）裴廷裕撰，田廷柱点校：《东观奏记》，中华书局 1994 年版，第 132 页。
② 《旧唐书》卷十二《德宗纪上》，第 324 页。
③ 《旧唐书》卷十四《宪宗纪上》，第 422 页。
④ 《旧唐书》卷十八上《武宗纪》，第 590 页。

今已不再作为节日。《容斋三笔》卷十六《岁后八日》云：

> 《东方朔占书》，岁后八日，一为鸡，二为犬，三为豕，四为羊，五为牛，六为马，七为人，八为谷。谓其日晴，则所主之物育，阴则灾。杜诗云："元日到人日，未有不阴时。"用此也。八日为谷，所系尤重，而人罕知者，故书之。①

虽然这是假托东方朔之言，但至少说明汉代已经有了人日，应当与小农生活紧密相关。东魏孝静帝在宴请群臣时，向群臣询问"人日"的来由，魏收答云："晋议郎董勋《答问礼俗》云：正月一日为鸡，二日为狗，三日为猪，四日为羊，五日为牛，六日为马，七日为人。"② 按一说云："天地初开，以一日作鸡，七日作人也。"③ 即相传盘古开天辟地时，女娲第一天至第七天，分别造出了家禽、家畜和人。看来，人日的起源也与盘古开天辟地的传说有关。这一关于地球上生物诞生的创世神话，反映了中国古代先民对于人类诞生最为朴素的认知。

汉魏以后，人日发展成为包括庆贺、祭祀等活动内容的节日，精美的饮食成为人日标配。南朝梁人宗懔《荆楚岁时记》云："正月初七为人日，以七种菜为羹。"在黄河中游地区正月初七日饮食为，"北人此日食煎饼，于庭中作之，云薰火，未知所出。"④ 何谓"薰火"？《帝京岁时纪胜》二月云："都人用黍面、枣糕、麦米等物油煎为食，曰薰虫。"⑤ 可见"薰虫"即煎饼的俗称。家家户户要以七种蔬菜混合米粉制成七宝羹，全家人共食。据传，人日吃七宝羹，可以祛病辟邪。这可能是南方的饮食习惯，而在北方则食用煎饼。魏孝静帝"以人日登云龙门"，崔瞻的父亲崔㥄侍宴，孝静帝"又敕瞻令近御

① （宋）洪迈：《容斋随笔》，上海古籍出版社1978年版，第6—8页。

② 《北史》卷五十六《魏子建传》，第2028页。

③ （宋）李昉等：《太平御览》卷三十《时序部十五·人日》引《谈薮》，第140页。

④ （梁）宗懔原著，谭麟译注：《荆楚岁时记译注》，湖北人民出版社1999年版，第32—33页。

⑤ （清）富察敦崇撰，王碧滢、张勃标点：《燕京岁时记（外六种）》，北京出版社2018年版，第37页。

坐"①，以示优容。虽然这里没有说明孝静帝宴请的食品，但不外乎当时刚刚出现的七宝羹、煎饼之类。

隋唐时期，人日仍然受到重视，不仅用作祈祥祝安，又增添了一层思亲念友的气氛。朝廷人日于大明殿举办系列活动成为一时特色。隋阳休之《人日登高侍宴诗》曰："广殿丽年辉，上林起春色。风生拂雕辇，云回浮绮翼。"② 这是阳休之所做的侍宴诗，正月初七日这一天，上林苑中春光明媚，轻柔的春风拂过华美的车子，薄雾萦绕着鸳鸯美丽的翅膀。人们穿着华丽的衣服，登高赋诗游玩。人日虽近春节，但对漂泊在外的游子来说，思念故乡是心中永远的眷恋。隋代薛道衡《人日思归诗》曰："入春才七日，离家已二年。人归落雁后，思发在花前。"③ 这是开皇四年十一月薛道衡出使陈朝，当着陈朝君臣面所作的一首人日诗，这首诗也使陈君臣对他刮目相看。④ 上元元年（760），高适改任蜀州（今四川崇州）刺史，杜甫从成都前去看望之后，高适赋《人日寄杜二拾遗》诗云："人日题诗寄草堂，遥怜故人思故乡。柳条弄色不忍看，梅花满枝空断肠。身在南蕃无所遇，心怀百忧复千虑。今年人日空相忆，明年人日知何处？"⑤ 这是高适寄赠给杜甫的诗，表达了遥想杜甫，思念故乡的情怀。在诗开头，高适化用薛道衡《人日思归诗》诗意，借春日浓浓的春意撩动思乡情怀，而身处乱世，无法帮助怀才不遇的朋友，在诗人的心中留下了无尽的伤感。唐代温庭筠在《菩萨蛮》一词中写道："藕丝秋色浅，人胜参差剪。""人胜"或贴在屏风、帐子上，故人日因此亦名人胜节。在人日还流传着唐太宗与魏徵君臣交往的佳话，"郑公尝出行，以正月七日谒见太宗，太宗劳之曰：'卿今日至，可谓人日矣。'"⑥ 这是唐太宗对魏徵外

---

① （唐）李百药：《北齐书》卷二十三《崔瞻传》，第335页。
② （宋）李昉等：《太平御览》卷三十《时序部十五·人日》，第140页。
③ （唐）欧阳询撰，汪绍楹校：《艺文类聚》卷四《岁时中·人日》，第60页。
④ （唐）刘悚撰，程毅中点校：《隋唐嘉话》卷上，第1页。
⑤ 刘开扬：《高适诗集编年笺注》，中华书局1981年版，第317页。
⑥ （唐）刘悚撰，程毅中点校：《隋唐嘉话·补遗》，第58页。

出后于人日返回后的慰劳，体现了君臣之间关系之融洽。

唐代人日诗有数十首之多，其中有许多内容即是反映河洛地区的人日场景。景龙三年（709）正月初七日，唐中宗在清晖阁宴请群臣，适逢宗楚客、李峤、刘宪、李乂、赵彦昭、苏颋均有同题《奉和人日清晖阁宴群臣遇雪应制》，描述唐中宗在人日于清晖阁宴请群臣的场景。白居易从太子少傅致仕后，会昌六年正月立春日恰逢人日，与几位同好相聚，留下了《六年立春日人日作》，诗中有"乡园节岁应堪重，亲故欢游莫厌频"，又念想到往昔在循、潮、封三郡的好友，"试作循潮封眼想，何由得见洛阳春"①。人生晚年的白居易在人日中与亲故相聚欢宴的同时，对远在南方的故旧也是深深的思念。咸通十一年（870），罗隐从京城返回故乡，途经新安道，适逢人日，慨叹命运多舛，《人日新安道中见梅花》诗云："长途酒醒腊春寒，嫩蕊香英扑马鞍。不上寿阳公主面，怜君开得却无端。"② 可以说罗隐在人日的悲愤情怀，正反映了当时无法参加科考士子的心声。

人日作为正月里与居民生活密切相关的节日，起源于人类创始的传说，到汉代逐步演化成喜庆的节日，正因为与春节相近，庆贺成为节日的主要内容。到了唐代人日亲友聚宴，登高远望成为亲友相聚后的集体活动，并由此产生了流传千古的奉和类诗篇。人日也成为祈祥祝安、思亲念友情感表达的寄托所在。

第三节　上元节

上元节赏灯的习俗始于汉朝，灯会在汉朝只限于正月十五日一夜。元宵节的百戏表演出于汉代的傀儡戏，唐人段安节《乐府杂录·傀儡子》云：

自昔传云："起于汉祖，在平城，为冒顿所围，其城一面即冒顿

---

① （唐）白居易著、顾学颉校点：《白居易集》卷三十七《六年立春日人日作》，第856页。
② 雍文华校辑：《罗隐集》，中华书局1083年版，第175页。

妻阏氏，兵强于三面。垒中绝食。陈平访知阏氏妒忌，即造木偶人，运机关，舞于陴间。阏氏望见，谓是生人，虑下其城，冒顿必纳妓女，遂退军。史家但云陈平以秘计免，盖鄙其策下尔。"后乐家翻为戏。其引歌舞有郭郎者，发正秃，善优笑，闾里呼为"郭郎"，凡戏场必在俳儿之首也。①

由此可见，起于战争的傀儡，在后来被演艺者改变为杂戏，其间有歌舞相伴。《史记》曰："汉家以望日祀太一，从昏时到明。今夜游观灯是其遗迹。"② 这说明汉代在正月十五日祭祀天帝太一从天黑到天亮，到宋代的赏灯习俗是前人流传下来的传统。

北魏时期，元宵节夜晚流行打竹簇游戏，"魏氏旧俗，以正月十五日夜为打簇戏，能中者即时赏帛"③。这种游戏如何玩法，至今可能已经失传。天平四年（537）正月，"禁十五日相偷戏"④。这是特殊情况下的禁止正月十五日夜私下游艺活动。在孝静帝武定三年（545）正月十五日夜，任胄等人联合无赖之人，"乃阴图杀逆"，趁高欢"夜戏"，"谋将窃发"，被人告发后处死。⑤可见北魏时期正月十五日夜游艺活动成为社会生活的重要内容。开皇年间，这种游艺活动在河洛地区及周边依然存在。开皇年间，洛阳人长孙平先后担任汴州、许州、贝州、相州等州刺史。特别是在任相州刺史期间，面对"邺都俗薄，旧号难治，前后刺史多不称职"，长孙平到任后"甚有能名"，却因民众在游艺活动中的不当行为被免职，"会正月十五日，百姓大戏，画衣裳为

---

① 曾献飞疏证：《乐府杂录疏证》，江西教育出版社 2015 年版，第 114 页。
② （宋）洪迈：《容斋三笔》卷一《上元张灯》云："《太平御览》所载《史记·乐书》曰：'汉家祀太一，以昏时祠到明。'今人正月望日夜游观灯，是其遗事，而今《史记》无此文。"（宋）洪迈：《容斋随笔》，第 427 页。
③ 《北史》卷四十八《尔朱文畅传》，第 1763 页。
④ 《魏书》卷十二《孝静帝纪》，第 301 页。
⑤ 《北齐书》卷十九《任胄传》，第 252 页。《北史》卷六《齐本纪上·高祖神武帝》云："三年正月甲午，开府仪同三司尔朱文畅、开府司马任胄、都督郑仲礼、中府主簿李世林、前开府参军房子远等谋贼神武，因十五日夜打簇，怀刃而入。其党薛季孝以告，并伏诛。"第 229 页。

鍪甲之象，上怒而免之"①。在天下已经太平时，游艺活动中衣服上画有盔甲易于引起人们对往昔动荡的回忆，故而隋文帝将长孙平免职。河东解人柳彧"见近代以来，都邑百姓每至正月十五日，作角抵之戏，递相夸竞，至于糜费财力，上奏请禁绝之"，他在奏章中描述正月十五日夜的场景："窃见京邑，爰及外州，每以正月望夜，充街塞陌，聚戏朋游。鸣鼓聒天，燎炬照地，人戴兽面，男为女服，倡优杂技，诡状异形。以秽嫚为欢娱，用鄙亵为笑乐，内外共观，曾不相避。高棚跨路，广幕陵云，袨服靓妆，车马填噎。肴醑肆陈，丝竹繁会，竭赀破产，竞此一时。尽室并孥，无问贵贱，男女混杂，缁素不分。"② 这种宏大的杂戏场面正是社会太平之时正月十五日夜晚的欢庆景象。开皇年间，"尝正月十五日，帝与近臣登高"，元胄在宫中当直结束后，隋文帝"驰诏召之"，隋文帝开玩笑曰："公与外人登高，未若就朕也。"乃"赐宴极欢"③。这应当是禁止正月十五日游戏之后，隋文帝与近臣在正月十五日夜宴饮的记录。到隋炀帝即位后，开始在洛阳城举办的大型正月十五日百戏活动，这一活动起源于北齐时期，"始齐武平中，有鱼龙烂漫、俳优、朱儒、山车、巨象、拔井、种瓜、杀马、剥驴等，奇怪异端，百有余物，名为百戏"。北周灭北齐后，"郑译有宠于宣帝，奏征齐散乐人，并会京师为之。盖秦角抵之流者也"。开皇初年，隋文帝禁止正月十五日百戏表演后，将表演的艺人全部遣散。大业二年（606），突厥的染干可汗来朝，隋炀帝为了向其夸耀，"总追四方散乐，大集东都"，百戏的表演起初是小范围的，"初于芳华苑积翠池侧，帝帷宫女观之"。百戏表演颇具规模："有舍利先来，戏于场内，须臾跳跃，激水满衢，鼋鼍龟鳖，水人虫鱼，遍覆于地。又有大鲸鱼，喷雾翳日，倏忽化成黄龙，长七八丈，耸踊而出，名曰《黄龙变》。又以绳系两柱，相去十丈，遣二倡女对舞绳上，相逢切肩而过，歌舞不辍。又为夏育扛

---

① 《隋书》卷四十六《长孙平传》，第 1255 页。
② 《隋书》卷六十二《柳彧传》，第 1483 页。
③ 《隋书》卷四十《元胄传》，第 1177 页。

鼎，取车轮石臼大瓮器等，各于掌上而跳弄之。并二人戴竿，其上有舞，忽然腾透而换易之。又有神鳌负山，幻人吐火，千变万化，旷古莫俦。"染干看后大为震惊。此后，隋炀帝从此后"皆于太常教习"，让这些演艺人员长期排练，其目的是为了给外国使臣表演，"每岁正月，万国来朝，留至十五日，于端门外，建国门内，绵亘八里，列为戏场。百官起棚夹路，从昏达旦，以纵观之。至晦而罢"。在表演过程中，"伎人皆衣锦绣缯彩。其歌舞者，多为妇人服，鸣环佩，饰以花毦者，殆三万人"，因为参与表演的人员众多，需要大量丝绸，"初课京兆、河南制此衣服，而两京缯锦，为之中虚"。大业六年（610），"突厥启民以下，皆国主亲来朝贺"。隋炀帝"乃于天津街盛陈百戏，自海内凡有奇伎，无不总萃。崇侈器玩，盛饰衣服，皆用珠翠金银，锦罽絺绣。其营费钜亿万"。当时规模非常宏大，"关西以安德王雄总之，东都以齐王暕总之，金石匏革之声，闻数十里外。弹弦搦管以上，一万八千人。大列炬火，光烛天地，百戏之盛，振古无比"，这种国家出面举办的大规模百戏演出，因隋炀帝喜好，"自是每年以为常焉"①。可见隋炀帝时代是正月十五日元宵节百戏表演的兴盛时期，呈现出规模宏大的景象。

唐代正月十五日的元宵节已经改为三日赏灯。天宝三载（744）十一月癸丑，唐玄宗下诏"每载依旧取正月十四日、十五日、十六日开坊市门燃灯，永以为常式"②。《两京新记》云："正月十五日夜，敕金吾弛禁，前后各一日以看灯，光若昼日。"③ 这说明从唐玄宗天宝三载开始，全国范围内元宵节改为前后三天举行赏灯庆贺。后世也有描述唐代上元日赏灯习俗的盛况在历史中的记忆，"上元张灯莫盛于唐开元间。神龙以后，尤极严丽。士女阗塞，有浮行数十步者"④。其实，唐代元宵节赏灯习俗从唐中宗时期开始成为惯例。

---

① 《隋书》卷十五《音乐志下》，第 380 页。
② 《旧唐书》卷九《玄宗纪下》，第 218 页。
③ （宋）李昉等：《太平御览》卷三十《时序部十五·正月十五日》，第 141 页。
④ （明）张大复撰，阿英校点：《梅花草堂笔谈》卷一《张灯》，上海杂志公司 1935 年版，第 5 页。

在神龙初年，韦安石因深受唐中宗重视，"尝因正月十五日夜幸其第，赐赍不可胜数"①。这里仅有正月十五日夜的活动场景，尚未有连续三夜的赏灯习俗。

唐代河洛地区上元节灯会活动颇具特色，展示了多样化的社会风情。描述上元节灯会最为典型的诗文是苏味道《正月十五夜》，诗云："火树银花合，星桥铁锁开。暗尘随马去，明月逐人来。游伎皆秾李，行歌尽落梅。金吾不禁夜，玉漏莫相催。"关于此诗的创作地点有人认为是在长安城，但根据诗人的活动足迹，这首诗应当作于洛阳城。因为此时正处于武周王朝与唐王朝的交替时期，作为丞相的苏味道不可能在长安，故而诗文描述了神龙元年（707）洛阳城正月十五日夜晚的景况。② 神龙元年正月十五日夜，洛阳城内火树银花，王公大臣、平民百姓无不外出观赏灯展。关于此次灯会的情况，唐人刘肃云："神龙之际，京城正月望日，盛饰灯影之会。金吾弛禁，特许夜行。贵游戚属，及下隶工贾，无不夜游。车马骈阗，人不得顾。王主之家，马上作乐，以相夸竞。文士皆赋诗一章，以纪其事。作者数百人，惟中书侍郎苏味道、吏部员外郭利贞、殿中侍御史崔液三人为绝唱。"除了上述苏味道《正月十五夜》诗作外，郭利贞、崔液的诗文也描述了这一盛况，郭利贞诗曰："九陌连灯影，千门度月华。倾城出宝骑，匝路转香车。烂熳唯愁晓，周旋不问家。更逢清管发，处处落梅花。"崔液诗曰："今年春色胜常年，此夜风光正可怜。鳷鹊楼前新月满，凤凰台上宝灯燃。"③ 三人同题《正月十五夜》将正月十五日夜的灯会美景描绘得淋漓尽致。除了苏味道、郭利贞、崔液三人同题《正月十五夜》诗歌赞赏洛阳上元夜赏灯习俗，上元夜赏灯在其他唐代诗人的笔下也有所披露。韩仲宣《上元夜效小庾体》云："他乡月夜人，相伴看灯轮。光随九华出，影共百枝新。歌钟盛北里，车马沸南邻。今

---

① 《旧唐书》卷九十二《韦安石传》，第2956页。

② 张斌：《古都洛阳话味道》，载耿占信、杨梅山编《苏味道与三苏足迹考察万里行》，中央文献出版社2000年版，第159—160页。

③ （唐）刘肃撰，许德楠、李鼎霞点校：《大唐新语》卷八《文章》，第127—128页。

宵何处好，惟有洛城春。"韩仲宣的诗中，既有他乡观灯的心灵感应，也有洛阳城灯火喧嚣的赞美。与之同题的长孙正隐诗云："薄晚啸游人，车马乱驱尘。月光三五夜，灯焰一重春。烟云迷北阙，箫管识南邻。洛城终不闭，更出小平津。"陈嘉言的同题诗云："今夜可怜春，河桥多丽人。宝马金为络，香车玉作轮。连手窥潘掾，分头看洛神。重城自不掩，出向小平津。"① 此外崔知贤、高瑾、陈子昂等人均有同题诗。陈子昂的诗云："三五月华新，遨游逐上春。相邀洛城曲，追宴小平津。楼上看珠妓，车中见玉人。芳宵殊未极，随意守灯轮。"② 这些同题诗作都是观赏洛阳城灯会后的感想，具有真实的历史背景。刘禹锡《客有话汴州新政书事寄令狐相公》中描述"汴州忽复承平事，正月看灯户不扃"，赞扬汴州社会随之太平的景象。徐凝《奉酬元相公上元》云："出拥楼船千万人，入为台辅九霄身。如何更羡看灯夜，曾见宫花拂面春。"此外，韦蟾《上元三首》也是上元夜赏灯的场景描述。元稹《连昌宫词》有云"初过寒食一百六，店舍无烟宫树绿。夜半月高弦索鸣，贺老琵琶定场屋"③。这首乐府反映了洛阳城近郊连昌宫上元夜的情景。

这种正月十五日夜赏灯习俗唐中宗将其移植到了长安，最为典型的是景龙四年的上元夜灯展。景龙四年（710）正月上元夜，"帝与皇后微行观灯，因幸中书令萧至忠之第。是夜，放宫女数千人看灯，因此多有亡逸者。丁卯夜，又微行看灯"④。这里有先后两个夜晚唐中宗便服赏灯的场景，并且将宫女数千人放出看灯。唐玄宗即位后，先天二年（713）正月，"上元日夜，上皇御安福门观灯，出内人连袂踏歌，纵百僚观之，一夜方罢"⑤。《叶净能诗》云："至（开元）十四年，皇帝大赦天下，一任百姓点灯供养。诸官看灯，非

---

① （清）彭定求等奉敕编，中华书局编辑部点校：《全唐诗》卷七十二，第785—791页。

② 徐鹏校点：《陈子昂集》，中华书局1962年版，第234页。

③ （唐）元稹撰，冀勤点校：《元稹集》卷二十四《乐府》，第270页。

④ 《旧唐书》卷七《中宗纪》，第149页。（宋）王溥：《唐会要》卷二十七《行幸》云："（景龙）四年五月，上微行，与后观灯部邑，因幸中书令萧至中宅，令宫女数千人看灯，多有逃逸。"第519页。

⑤ 《旧唐书》卷七《睿宗纪》，第161页。

常作乐。又有敕令：坊市百姓，一任点灯，勿令禁夜。"① 这是唐玄宗即位后的首个上元节，不仅登上安福门赏灯，而且让宫人"连袂踏歌"，百官欣赏，展现了当时京城最为奢华的上元节。虽然上述两个事例均发生在长安城内，但从神龙元年洛阳城上元节的赏灯盛况来看，后两个上元节赏灯无疑是传统的延续。《影灯记》曾记述："洛阳人家上元以影灯多者为上。其相胜之辞曰：'千影万影。'又各家造芋郎君食之，宜男女。仍互送鸡肉酒，用六寸瓶贮之，于亲知门前，留地而去。"② 在安史之乱后，河洛地区的上元节赏灯习俗曾经停止过。元和四年（809），王承宗反叛，唐宪宗"诏河东、河中、振武三镇之师，合义武军，为恒州北道招讨"，张茂昭"创廪厩，开道路，以待西军"。适逢"正月望夜"，在军事情势危急的情况下，军吏请求曰："旧例，上元前后三夜，不止行人，不闭里门。今外道军戎方集，请如军令。"张茂昭曰："三镇兵马，官军也，安得言外道！放灯一如常岁。"③ 正月上元日放灯庆贺照常举行，河洛地区的上元节赏灯得以继续进行。这说明在河洛地区的北部河东、河中一带仍然沿袭了上元夜前后三夜赏灯的习俗。所以明人郎瑛指出，元宵节看灯"则是始于睿宗，成于玄宗无疑"④。这是对唐代元宵节灯会流变的总结。

元宵节作为传统节日，在黄河中下游地区已经有数千年的历史。早期的元宵节是从汉代开始，北魏时期出现打簇戏，北齐时期，"百戏"开始在正月十五日夜表演，隋炀帝将元宵节的游艺活动推向高潮。唐中宗在洛阳最后一个元宵节期间，将上元灯会的文化意味发挥到了极致。唐代元宵节的赏灯习俗开始改为三日，并夹杂着游艺活动，成为河洛地区颇为流行的民间风俗。

---

① 王重民、王庆菽、向达等编：《敦煌变文集》卷二，人民文学出版社 1957 年版，第 223 页。
② （唐）冯贽编，张力伟点校：《云仙散录·芋郎君》，第 86 页。
③ 《旧唐书》卷一百四十一《张茂昭传》，第 3859 页。
④ （明）郎瑛：《七修类稿》卷二十七《辩证类·元宵灯》，第 291 页。

第四节　中和节

中和节是唐德宗时期开始设立的节日，始于唐德宗贞元年间。贞元五年（789）正月，唐德宗在与群臣讨论节日设置时说："前世上巳、九日，皆大宴集，而寒食多与上巳同时，欲以二月名节，自我为古，若何而可？"李泌建议："废正月晦，以二月朔为中和节，因赐大臣戚里尺，谓之裁度。民间以青囊盛百谷瓜果种相问遗，号为献生子。里闾酿宜春酒，以祭勾芒神，祈丰年。百官进农书，以示务本。"① 唐德宗随即颁下诏书："自今宜以二月一日为中和节，以代正月晦日，备三令节数，内外官司休假一日。"对于李泌的建议，唐德宗几乎全部采纳，且诏令更加详细："先敕百僚，以三令节集会，今宜吉制嘉节以征之，更晦日于往月之终，揆明辰于来月之始。请令文武百寮，以是日进农书，司农献种稑之种，王公戚里上春服，士庶以尺刀相遗，村社作中和酒，祭勾芒神，聚会宴乐，名为飨勾芒祈年谷。仍望各下州府，所在颁行。"② 在这一诏令中可以看出唐德宗对农业的重视，对乡邻关系的重视，这正是传统农业社会的价值导向。唐德宗确定的中和节至今仍然存在，不过已经演变为二月初二日，与传统的农历二月二日"龙抬头"同祭。此后，唐德宗多次在中和节举行宴会，以示对农业的重视。如贞元六年（790）二月初一日，"百僚会宴于曲江亭，上赋《中和节群臣赐宴》七韵。是日，百僚进《兆

---

① 《新唐书》卷六十四《李泌传》，第 4637 页。《旧唐书》卷十三《德宗纪下》云："宰臣李泌请中和节日令百官进农书，司农献种稑之种，王公戚里上春服，士庶以刀尺相问遗，村社作中和酒，祭勾芒以祈年谷，从之。"第 367 页。（唐）李繁《邺侯外传》云："五年春，德宗以二月一日为中和节。泌奏令有司上农书，献种稑之种，王公戚里上春服，士庶往来相问，村落作中和酒，祭勾芒神以祈年谷。至今行之。"中华书局 1991 年版，第 4 页。

② （宋）王溥：《唐会要》卷二十九《节日》，第 544 页。

人本业》三卷，司农献黍粟各一斗"①。为了使社会各界在中和节之时能够有足够的肉食，在中和节之前，贞元六年正月二十八日，唐德宗敕："每年中和节，及九月九日，自今以后，逼节放三日开屠。"② 为了使中和节百官能够有足够的宴会资金，贞元八年正月，唐德宗诏曰："在京宗室，每年三节，宜集百官列宴会。若大选集，赐钱一百千。非大选集，钱三分减一。"又诏："三节宴集，先已赐诸卫将军钱，其率府已下，可赐钱百千。"针对宴会举办成为府县的负担，贞元九年二月初一，"先是宰相以三节赐宴，府县有供帐之弊，请以宴钱分给，各令诸司选胜宴会，从之。是日中和节，宰相宴于曲江亭，诸司随便，自是分宴焉"③。在贞元十四年二月初一日，因为雨雪天气，到了初七日，在麟德殿宴请群臣时，才演奏唐德宗为中和节创作的《中和乐舞曲》，"是日奏之，日晏方罢"。到了次年二月又因"年凶故也"乃"罢中和节宴会"。贞元十七年二月初一日，"赐群臣宴于曲江亭，上赋《中和节赐宴曲江诗》六韵赐之"④。可以看出唐德宗在位期间也有特殊的年份如暴雪、歉收等停止举办中和节宴会。从上述所披露的材料来看，似乎中和节与都城长安紧密相连，与河洛地区关系不大，但因为目前直接资料的欠缺，我们可以推测中和节作为全国仅次于长安的政治中心洛阳周边地区也会因此而享受这一节日。试举例说明，当贞元六年中和节，"上以中和节宴百僚于曲江，上赋诗以赐之，百官皆和焉"，当时"戴叔伦为容州刺史，素有诗名，上乃令录其

---

① 《旧唐书》卷十三《德宗纪下》，第 369 页。《唐会要》卷二十九《节日》云："六年二月，百官以中和节，晏于曲江亭上，赋诗以锡之。其年，以中和节，始令百官进太后所撰《兆人本业记》三卷，司农献黍粟种各一斗。"第 544 页。

② （宋）王溥：《唐会要》卷四十一《断屠钓》，第 733 页。

③ 《旧唐书》卷十三《德宗纪下》，第 387 页。《唐会要》卷二十九《节日》云："九年二月，中书门下奏状：'以中和节初赐宴钱，给百官宰臣以下，于曲江合宴，供办为府县之弊，请分给是钱，令诸司各会于他所。'"第 544 页。

④ 《旧唐书》卷十三《德宗纪下》，第 387、389、394 页。

诗以赐之"①。容州为今广西容县，远离京城的容州都因沐浴到了中和节的风俗，作为两京之一的洛阳享受中和节应当是应有之义。

唐德宗及其群臣，在确定以及庆祝节日的同时，留下了大量有关中和节的诗文，显现出中和节所蕴含的文化意义。唐德宗留存下来的关于中和节诗歌有《中和节日宴百僚赐诗》《中和节赐百官燕集因示所怀》《中和节赐群臣宴赋七韵》等三首，在诗歌中唐德宗表达了确定中和节的心情，有"肇兹中和节，式庆天地春"，"中和纪月令，方与天地长"等美句。建议唐德宗将中和节的日期定在农历二月初一日的李泌，在《奉和圣制中和节曲江宴百僚》中有"风俗时有变，中和节惟新"，都对中和节的设立看作万象更新的创举。奉和唐德宗的中和节诗歌，唐代还留下了吕渭《皇帝移晦日为中和节》、李观与陆复礼均有同题《试中和节诏赐公卿尺诗》、权德舆《奉和圣制中和节赐百官宴集因示所怀》、裴度《中和节诏赐公卿尺》、王季友《皇帝移晦日为中和节》等诗歌，都对唐德宗改晦日的节庆为二月初一日的中和节大加赞美，虽然只有一天之差，但在二月没有节日的情况得到改变，无疑不具有积极的意义。唐德宗还乐意将自己所创作的中和节诗歌赠予臣下，让其欣赏。除了上文所提及的赠予戴叔伦外，王纬《谢赐中和节御制诗序表》、马总《为戴中丞谢赐中和节诗序表》、权德舆《中书门下谢御制中和节赐百官宴集因示所怀诗状》与《中书门下进奉和圣制中和节赐百官宴集因示所怀诗状》均是对唐德宗中和节宴请感谢的诗歌表达。梁肃《中和节奉陪杜尚书宴集序》、符载《中和节陪何大夫会宴序》是为中和节宴会的唱和诗与奉和诗编辑后所作的序言。另有胡直钧、贾悚与侯喜同题《中和节百辟献农书赋》、白居易《中和节颂》均是对设立中和节的赞美之文。

---

① （宋）李昉等：《太平御览》卷三十《时序部十五·中和节》引《唐书》，第141页。《新唐书》卷一百四十三《戴叔伦传》云："德宗尝赋《中和节诗》，遣使者宠赐。"第4691页。（唐）李肇《唐国史补》卷下云："贞元五年，初置中和节。御制诗，朝臣奉和，诏写本赐戴叔伦于容州，天下荣之。"第55页。

　　唐代之后以每年二月初一日为中和节记载的仅有数例。梁太祖在乾化二年（912），"二月庚戌，中和节，御崇勋殿，召丞相、大学士、河南尹，略对讫，于万春门外庑赐以酒食"①。此后，中和节在史书中记载颇少。宋代中和节已经不作为重大节日，《武林旧事》卷二《挑菜》云："二月一日，谓之中和节，唐人最重，今惟作假，及进单罗御服，百官服单罗公裳而已。二日，宫中排办挑菜御宴。"② 这说明宋代已经没有唐代对中和节的重视，仅仅在这一天放假，且以社会上层人士为主。宋代甚至出现了以中和节为题的考试，《独醒杂志》卷二云："绍兴甲戌，省试别院以《中和节》为诗题。举人上请，主司答云：'元宵已过，寒食未来。'盖谓此二月节也。"③ 可见宋代中和节仅存与人们的记忆之中。在民间也有中和节的记录，"二月朔，谓之中和节，民间向以青囊盛百谷、瓜、果子种，互相遗送，为献生子。禁中宫女，以百草斗戏。百官进农书，以示务本"④。这里提到民间百姓在中和节彼此交往的情形。辽道宗大康十年（1084）"二月一日为中和节，国舅族萧氏设宴，以延国族耶律氏，岁以为常"⑤。到了后代，中和节演变为"二月二日龙抬头"，清末民初徐珂编撰《清稗类钞·时令类》云："二月二日，古之中和节也，都人呼为龙抬头。有食饼者，谓之龙鳞饼；有食面者，谓之龙须面。妇女亦停止针线，意恐伤龙目也。"⑥ 这应当是中和节的遗存，至今在黄河中下游地区仍然留存着二月二日龙抬头习俗。

---

① 《旧五代史》卷七《梁书·太祖纪》，第104页。
② （宋）四水潜夫辑：《武林旧事》，浙江人民出版社1984年版，第35页。（宋）金盈之《新编醉翁谈录》卷三《京城风俗记》"二月"条云："一日，名中和节，自唐以来，以是日为中和节，今唯作朝假，亦不休务。然朝士自是日著单衣公服，唯政事老臣犹衣夹袍入宫，见上御单袍，即讴易之。"（宋）金盈之撰，周晓薇校点：《新编醉翁谈录》，辽宁教育出版社1998年版，第11页。
③ （宋）曾敏行：《独醒杂志》，上海古籍出版社1986年版，第10页。
④ （宋）吴自牧：《梦粱录》卷一《二月》，浙江人民出版社1980年版，第6页。
⑤ 《辽史》卷五十三《礼志六·嘉仪条下》，第878页。
⑥ 蔡省吾《北京岁时记·二月》"龙抬头"条云："二月二日，古之中和节也。是日食饼为龙鳞饼，食面为龙须面。闺中停针，恐伤龙目。又以祭余素烛遍照壁间，有'二月二照房梁，蝎子蜈蚣无处藏'之语。"（清）富察敦崇撰，王碧滢、张勃标点：《燕京岁时记》（外六种），第219页。

由上述资料可以看出，自从唐德宗将每年的二月初一日定位中和节之后，这一节日主要流行于唐德宗时期，此后虽然在后梁和辽代偶尔出现过，但已经不是主要的节日。唐代中和节的庆祝活动主要是在社会上层，也许因为资料的欠缺所致，不过从当时社会生产力发展的水平来看，民间对这一节日的重视程度远远低于社会上层。

第五节　上巳节

古代以三月上旬的巳日为"上巳"，亦称为"三巳"。关于三月上巳节的起源有多种说法，应劭《风俗通》卷八《祀典·禊》曰："谨按《周礼》：'……女巫掌岁时，以被除衅浴。'禊者，洁也。……疗生疾之时，故于水上衅洁之也。巳者，祉也。邪疾已去，祈介祉也。"① 据此可知，周代已经有了在三月上巳水边被禊的风俗。另一说是在汉代开始流行。《宋书》卷十五《礼志二》云：

> 旧说后汉有郭虞者，有三女。以三月上辰产二女，上巳产一女。二日之中，而三女并亡，俗以为大忌。至此月此日，不敢止家，皆于东流水上为祈禳，自洁濯，谓之禊祠。分流行觞，遂成曲水。史臣案《周礼》，女巫掌岁时被除衅浴，如今三月上巳如水上之类也。衅浴谓以香薰草药沐浴也。《韩诗》曰："郑国之俗，三月上巳，之溱、洧两水之上，招魂续魄，秉兰草，拂不祥。"此则其来甚久，非起郭虞之遗风、今世之度水也。②

可见上巳节起源甚早，大约在春秋战国时期已经在河洛地区的郑国开始出现。《史记》卷六《秦始皇本纪》裴骃《集解》苏林曰："陈留俗，三月上巳水上

---

① （汉）应劭撰，王利器校注：《风俗通义校注》，第382页。
② （梁）沈约：《宋书》卷十五《礼志二》，第385—386页。

饮食为酺。"① 可见在陈留一带三月上巳节河水边饮食狂欢已经成为一种风俗。从先秦开始，已经出现了在都城附近水边祓禊的传统。汉武帝曾"祓霸上"，孟康曰："祓，除也。于霸水上自祓除，今三月上巳祓禊也。"② 王莽当政后，其姑王政君在每年春天"率皇后列侯夫人桑，遵霸水而祓除"③。可见西汉时期太后带领后宫妃嫔和命妇在灞水岸边举行祓禊仪式，是从上至下的提倡。东汉则在洛水边举行祓禊仪式，采取的是就近的原则。《续汉书·礼仪志上》云："是月上巳，官民皆絜于东流水上，曰洗濯祓除，去宿垢痰，为大絜。"刘昭注补引杜笃《祓禊赋》有"巫咸之徒，秉火祈福"④ 之句，大概就是反映了洛阳民众祈福的场景。后来则变成了每到三月三日人们到水边游玩饮宴的习俗。关于其详细情况，杜笃《祓禊赋》云：

> 王侯公主，暨乎富商，用事伊雒，帷幔玄黄。于是旨酒嘉肴，
> 方丈盈前，浮枣绛水，酎酒釀川。若乃窈窕淑女美媵艳姝，戴翡翠，
> 珥明珠，曳离袿，立水涯，微风掩壒，纤縠低回，兰苏肶鱼，感动
> 情魂。若乃隐逸未用，鸿生俊儒，冠高冕，曳长裾，坐沙渚，谈
> 《诗》《书》，咏伊、吕，歌唐、虞。⑤

蔡邕《祓禊文》："洋洋暮春，厥日除巳。尊卑烟骛，惟女与士。自求多福，在洛之涘。"⑥ 也向后世展示时人在洛水之滨祈福的景况。汉顺帝永和六年（141），"三月上巳日，（梁）商大会宾客，宴于洛水，（周）举时称疾不往。商与亲昵酣饮极欢，及酒阑倡罢，继以《薤露》之歌，坐中闻者，皆为掩涕。太仆张种时亦在焉，会还，以事告举"。李贤注云："崔豹《古今注·〈薤露歌〉》曰：'《薤上露何易晞。露晞明朝还复落，人死一去何时归？'"⑦ 上巳节

① 《史记》卷六《秦始皇本纪》，第234页。
② 《汉书》卷九十七上《外戚传上·孝武卫皇后》，第3949页。
③ 《汉书》卷九十八《元后传》，第4030页。
④ （晋）司马彪撰，刘昭注补：《续汉书·礼仪志上》，第3110页。
⑤ （唐）欧阳询撰，汪绍楹校：《艺文类聚》卷四《岁时中·三月三日》，第69页。
⑥ （唐）徐坚等：《初学记》卷三《岁时部·春》，第46页。
⑦ 《后汉书》卷六十一《周举传》，第2028页。

梁商在洛水边大会宾客设宴饮酒，但因唱挽歌故而引起人们的不快。这种习俗很快流传到北方广大地区。汉献帝初平四年（193）三月上巳，袁绍"大会宾徒于薄落津"。薄落津的地望，李贤注引郦道元《水经注》曰："漳水经钜鹿故城西，谓之薄落津。"① 虽然薄落津不在河洛地区，但上巳节大会宾客的习俗影响到周边地区，显示了河洛文化的强大影响力。

曹魏时期，"自魏不复用三日水宴者焉"②。这应当是遭受物资短缺之后，人们不再于水滨举行祓禊游宴活动。西晋时期，随着社会的逐渐太平，恢复了在洛水岸边举办游宴活动。晋武帝时，"朝贤尝上巳禊洛"，有人问王济曰："昨游有何言谈？"王济曰："张华善说《史》《汉》。裴颀论前言往行，衮衮可听。王戎谈子房、季札之间，超然玄著。"③ 可见西晋时期洛水边的祓禊活动已经变成踏春活动，上巳日群贤聚会谈史论文，可见这也是一种利用节令交往的方式。因为这是每年最为舒心的日子，王公大臣云集洛阳桥，成为当时的一道风景。会稽人夏统为了给母亲治病，"乃诣洛市药"，"会三月上巳，洛中王公已下并至浮桥，士女骈填，车服烛路"，当时"诸贵人车乘来者如云"，并遇见太尉贾充带领的王公贵族，为众贵族演唱了其父亲所作的《慕歌》，"统于是以足叩船，引声喉啭，清激慷慨，大风应至，含水嗽天，云雨响集，叱咤欢呼，雷电昼冥，集气长啸，沙尘烟起。王公已下皆恐，止之乃已"。贾充为了显示官威，"欲耀以文武卤簿，觊其来观，因而谢之，遂命建朱旗，举幡校，分羽骑为队，军伍肃然。须臾，鼓吹乱作，胡葭长鸣，车乘纷错，纵横驰道，又使妓女之徒服袿襡，炫金翠，绕其船三匝"，然而夏统不为所动，"危坐如故，若无所闻"。贾充自讨没趣，自嘲说："此吴儿是木人石心也。"夏统演唱的《慕歌》，给上巳节游玩的人留下了很深的印象。人们都

---

① 《后汉书》卷七十四上《袁绍传》，第2381页。
② （晋）司马彪撰，刘昭注补：《续汉书·礼仪志上》，第3011页。
③ 《晋书》卷四十三《王戎传》，第1231页。《竹林七贤论》曰："王济尝解禊洛水，明日，或问王曰：昨游有何语议，济曰：张华善说史汉，裴逸民叙前言往行，衮衮可听。"另见（唐）欧阳询撰，汪绍楹校：《艺文类聚》卷四《岁时中·三月三》，第63页。

说："若不游洛水，安见是人！听《慕歌》之声，便仿佛见大禹之容。闻《河女》之音，不觉涕泪交流，即谓伯姬高行在目前也。聆《小海》之唱，谓子胥、屈平立吾左右矣。"① 上巳节洛水岸边的游艺活动为后人留下了千古美谈。

关于西晋洛阳上巳节被除的状况，《晋书》卷二十一《礼志下》云：

> 汉仪，季春上巳，官及百姓皆禊于东流水上，洗濯被除去宿垢。而自魏以后，但用三日，不以上巳也。晋中朝公卿以下至于庶人，皆禊洛水之侧。赵王伦篡位，三日会天泉池，诛张林。怀帝亦会天泉池，赋诗。陆机云："天泉池南石沟引御沟水，池西积石为禊堂。"本水流杯饮酒，亦不言曲水。②

可见在上巳日不仅洛阳城居民于洛水岸边举行被禊活动，而且在上巳日皇室也多举行被禊活动。程咸《华林园诗序》云："平原后三月三日，从华林园作坛，宣宫张朱幕，有诏乃延群臣。"③ 由此可见，三月三日上巳节晋武帝也聚集群臣作诗。司马懿的第四子汝南王司马亮之母伏妃，咸宁初年"尝有小疾，被于洛水，亮兄弟三人侍从，并持节鼓吹，震耀洛滨。武帝登陵云台望见，曰：'伏妃可谓富贵矣。'"④ 伏妃在洛水边举办的被禊活动规模非常大，是欲通过被禊活动免除灾难而已。

曹魏以后，把上巳节固定在三月初三，一直沿袭至今。西晋时期，三月三日上巳活动在文人笔下留下了许多诗歌，张华《三月三日后园会诗》与《上巳篇》、潘尼《三日洛水作诗》与《巳日诗》、王济《平吴后三月三日华

---

① 《晋书》卷九十四《隐逸传·夏统》，第 2429 页。关于此次上巳节的被禊盛况，《夏仲御别传》曰："夏仲御诣洛，到三月三日，洛中王公以下，莫不方轨连轸并南浮桥边禊，男则朱服耀路，女则锦绮粲烂。"另见《太平御览》卷三十《时序部十五·三月三日》，第 143 页。

② 《晋书》卷二十一《礼志下》，第 671 页。《南齐书》卷九《礼志上》记载，陆机云："天渊池南石沟，引御沟水，池西积石为禊堂，跨水，流杯饮酒。"第 149 页。

③ （隋）虞世南：《北堂书钞》卷一百三十二《服饰部一·幕》，第 564 页。严可均云："旧写本如此，讹脱无从校正。"对于《北堂书钞》陈禹谟本所云："平原邑三月三日，从华林园作坛，建仙宫，张朱幕，诏延群臣作诗以颂之。"严可均指出："《书钞》陈禹谟本如此，盖臆改。"《全晋文》卷四十四，第 1709—1710 页。

④ 《晋书》卷五十九《汝南王司马亮传》，第 1591 页。

林园诗》、闾丘冲《三月三日应诏诗》、王赞《三月三日诗》、阮修《上巳会诗》等，还有一些赋作，如成公绥《洛禊赋》、张协《洛禊赋》、夏侯湛《禊赋》、阮瞻《上巳会赋》①等，均对河洛地区三月三日上巳活动进行了形象描写。

十六国北朝时期，少数民族政权对于河洛地区流行已久的上巳习俗加以继承，也举办了一系列活动。后赵时期，在邺城东二里华林园御沟，"石虎三月三日临水会，公主、妃嫔、名家妇女无不毕出，临水施帐幔、车服灿烂，走马、步射，饮宴终日"，"三月三日，石季龙及皇后、百官，临水宴赏"②。北魏时期，上巳节依然流行。神䴥三年（430）三月上巳日，太武帝"幸白虎殿，命百僚赋诗"，赵逸"制诗序，时称为善"③。这里虽然没有河洛地区流行已久的祓禊仪式，但百官赋诗无疑是高雅的娱乐活动。这虽然是北魏平城时代发生的事情，但也可以看出上巳节在草原民族中仍然有影响。太和二十二年（498）三月，北魏军队大破南齐崔慧景、萧衍的军队于邓城，"时车驾耀威沔水，上巳设宴"，孝文帝与彭城王元勰等人举行了赌射。④ 这时的宴庆活动已经不同于汉晋时期的祈福，带有娱乐性质。北魏熙平初年，夏侯夬死，"及夬亡后，三月上巳，诸人相率至夬灵前酌饮。时日晚天阴，室中微暗，咸见夬在坐，衣服形容不异平昔，时执杯酒，似若献酬，但无语耳。时夬家客雍僧明心有畏恐，披帷欲出，便即僵仆，状若被殴。夬从兄欣宗云：'今是节日，诸人忆弟畴昔之言，故来共饮，僧明何罪而被瞋责？'僧明便瘥。而欣宗鬼语如夬平生，并怒家人皆得其罪，又发摘阴私窃盗，咸有次绪。"⑤ 可见当时上巳节已不见早期的祈福意义。庾信《三月三日华林园马射赋》云："虽行

---

① （唐）欧阳询撰，汪绍楹校：《艺文类聚》卷四《岁时中·三月三》，第64—65页。
② 许作民辑校注：《邺都佚志辑校注》，第46、60页。
③ 《魏书》卷五十二《赵逸传》，第1145页。
④ 《魏书》卷五十八《杨播传》，第1280页。
⑤ 《魏书》卷七十一《夏侯夬传》，第1585页。

被禊之饮，即用春搜之仪。"① 反映了黄河中游地区被禊的宴饮，却用了先秦的"春搜"仪式。

武则天定都洛阳时，万岁通天年间上巳日，来俊臣"与其党集龙门，题搢绅名于石"②。这是唐代洛阳酷吏来俊臣等人于上巳日在龙门石窟刻石祈福。留存至今的上巳日的祈福活动多在京城河边举行。三月三日，在唐代长安民间常常在曲江举行被禊仪式，"京城士女咸即此被禊，帟幕云布，车马填塞，词人乐饮歌诗"③。曲江池开凿于开元年间，"遂为胜境"，在其南分布着紫云楼、芙蓉苑、杏园、慈恩寺等，花卉环绕，烟水明媚，"都人游玩，盛于中和、上巳之节"，在此节日中，"彩幄翠帱，匝于堤岸，鲜车健马，比肩击毂"，热闹异常。这里也是皇帝游玩之处，"上巳即赐宴臣僚，京兆府大陈筵席。长安、万年两县，以雄盛相较，锦绣珍玩，无所不施。百辟会于山亭，恩赐太常及教坊声乐，池中备彩舟数只，唯宰相、三使、北省官与翰林学士登焉。每岁倾动皇州，以为盛观"④。由此可见，唐代曲江池周边地区仍然是被禊、游玩的重要场所，不仅普通民众至此欣赏美景，即使王公大臣、府县官员都在此大摆宴席，成为一时盛观。杜甫《丽人行》有云："三月三日天气新，长安水边多丽人。"⑤ 就是描述长安城上巳节水边游玩的场景。唐睿宗景云之后，"公卿百官上巳、九日废射礼"⑥。正如前文"寒食节"所云，唐德宗以后，在上巳节朝廷举办宴会以示庆祝，成为一时的风尚。特别是贞元三年（787），唐德宗将上巳节、寒食节、中和节定为二月的三大节日，成为影响及于后世的节日。到了第二年九月，唐德宗下诏每年正月晦日、三月三日、九月九日三节日，"宜任文武百僚选胜地追赏为乐"。贞元五年三月庚子，"百

---

① （北周）庾信撰，（清）倪璠注，许逸民校注：《庾子山集注》卷一，第5页。
② 《新唐书》卷二百九《酷吏传·来俊臣》，第5907页。
③ （宋）程大昌撰，黄永年点校：《雍录》卷六《唐曲江》引《两京新记》，中华书局2002年版，第132页。
④ （唐）康骈：《剧谈录》卷下《曲江》，第57页。
⑤ （唐）杜甫撰，（清）仇兆鳌注：《杜诗详注》卷二，第136页。
⑥ 《新唐书》卷一百二十七《源乾曜传》，第4450页。

僚宴于曲江亭，上赋《上巳诗》一篇赐之"①。贞元十四年上巳日，唐德宗"赐宰臣百僚宴于曲江亭，特令（张）建封与宰相同座而食"②。唐德宗在上巳日宴请百官，以显示与百官同乐的情感。曲江赐宴在唐代后期仍然不时举办。唐敬宗宝历二年（826）、唐文宗大和八年（834）与九年、开成四年均在曲江宴请群臣。③ 一旦遇到特殊情况，曲江赐宴就会停办。元和二年（807）正月二十八日，唐宪宗"停中和、重阳二节赐宴；其上巳宴，仍旧赐之"④。元和七年三月，"以惠昭太子葬，罢曲江上巳宴"⑤。开成二年八月："庆成节宜令京兆尹准上巳，重阳例，于曲江会文武百僚。延英奉觞宜权停。"⑥ 会昌六年（846）二月，"以旱，停上巳曲江赐宴"⑦。这些因葬礼、旱灾等特殊情况下停办上巳宴的情形，正反映了上巳日活动并非每年都举办。

因为上巳节宴会已经成为皇帝与官员之间以及官员之间联络情感的重要交往纽带，所以因为不合礼节之事的发生往往具有较大的影响。大和九年（835）上巳日，唐文宗"诏百官会曲江"，不遵守规则的御史大夫贾𫗧因此丢掉官职。按照唐代的"故事，尹自门步入，揖御史"。贾𫗧"自矜大，不彻扇盖，骑而入。御史杨俭、苏特固争"，贾𫗧曰："黄面儿敢尔！"杨俭曰："公为御史，能嘿嘿耶？"大夫温造将此事汇报给唐文宗，贾𫗧被免官。⑧ 这说明曲江宴会仍然有很强的等级性，即使官员也应当遵守规则，否则极有可能官位不保。还有大臣因特殊情况不参加曲江宴的情形。开成元年（836）上巳日，"赐百僚曲江亭宴"。令狐楚"以新诛大臣，不宜赏宴，独称疾不赴，论

① 《旧唐书》卷十三《德宗纪下》，第366—369页。《旧唐书》卷一百三十七《刘太真传》，第3763页。

② 《旧唐书》卷一百四十《张建封传》，第3831页。

③ 《旧唐书》卷十七上《敬宗纪》，第519页，《新唐书》卷一百七十九《贾𫗧传》，第5320页。《旧唐书》卷十七下《文宗纪下》，第553、570、577页。

④ 《旧唐书》卷十四《宪宗纪上》，第420页。

⑤ 《旧唐书》卷十五《宪宗纪下》，第442页。

⑥ 《旧唐书》卷十七下《文宗纪下》，第553、570、577页。

⑦ 《旧唐书》卷十八上《武宗纪》，第609页。

⑧ 《新唐书》卷一百七十九《贾𫗧传》，第5320页。

者美之"①。令狐楚虽未参加曲江宴，却以特立独行的品格赢得良好声誉。裴度则因病重不参加曲江宴。开成二年五月，裴度兼任太原尹、北都留守、河东节度使，次年冬病重，请求回到东都养病。贞元四年（788）正月，诏许还京，拜中书令。所以"属上巳曲江赐宴，群臣赋诗，度以疾不能赴"，唐文宗因此赐诗裴度，裴度已经病逝。② 唐代曲江赐宴是京师长安的三月上巳日的朝廷活动。洛阳及其周边地区是否也有上巳日宴饮活动，因史料缺乏不得而知。

上巳日作为春游活动之一，从先秦时期已经出现在河洛地区的郑国溱水、洧水岸边，并通过洗涤以祈福。西汉关中地区流行在灞水祓除活动。东汉魏晋建都洛阳，在洛水岸边举行祓禊活动已经成为春游的一部分，并且开始出现了在洛水岸边举办宴会活动。唐代延续了这一传统，曲江宴饮成为风靡唐代的时尚。河洛地区受此影响，或者延续前代的传统继续在洛水岸边举办祓禊活动。

第六节　社　日

《说文》云："社，地主也。"《礼记·郊特牲》云："社，祭土。"社中有房屋，名曰"社宫"，贾逵曰："社宫，社也。"郑众曰："社宫，中有室屋者。"③ 汉代平均25里设立一社，《索隐》云："古者二十五家为里，里则各立社。"④ 在二十五家之外，还有十五家立社现象，臣瓒曰："旧制二十五家为一社，而民或十家五家共为田社，是私社。"⑤ 社由社宰管理，陈平曾为社宰，"里中社，平为宰，分肉食甚均"，得到社中老人的赞扬，陈平则感叹曰："嗟

---

① 《旧唐书》卷一百七十二《令狐楚传》，第4464页。
② 《旧唐书》卷一百七十《裴度传》，第4432页。
③ 《史记》卷三十五《管蔡世家》，第1573页。
④ 《史记》卷四十七《孔子世家》，第1932页。
⑤ 《汉书》卷二十七中之下《五行志中之下》，第1413页。

乎，使平得宰天下，亦如是肉矣。"① 社日是古代祭祀土地之神的日子。社神出现在先秦时期，学术界已经做过深入的研究，兹不赘。② 汉代社日分为春秋两个。在立春后第五个戊日（春分前后），这是春社；在秋季八月的社日为秋社。兹对汉唐间河洛地区的社日活动作一缕述。

社日举办集会以表达对土地神的敬仰，是农业社会颇为重视的节日。汉高祖十年（前195），"有司请令县常以春二月及腊祠稷以羊彘，民里社各自裁以祠"，这是建议各里居民在每年的春二月与腊月在社中祭拜社神，得到汉高祖的允准。③ 东汉末年董卓之乱时，董卓"尝遣军到阳城。时适二月社，民各在其社下，悉就断其男子头，驾其车牛，载其妇女财物，以所断头系车辕轴，连轸而还洛，云攻贼大获，称万岁"④。民众聚集在社之下共同祭拜，却被董卓军队杀死和抢劫。《荆楚岁时记》曰："社日，四邻并结综会社，牲醪，为屋于树下，先祭神，然后飨其胙。按：郑氏云：'百家共一社。'今百家所社综，即共立之社也。"⑤ 在社日社周围的居民要举行集会祭祀社神，然后共同享用祭祀用过牲畜肉与酒。社日祭拜的对象为皋陶。到晋代社日改为秋社进行，"故事，祀以社日，新礼改以孟秋之月，以应秋政"⑥。曹魏时期，王修七岁时母亲亡故，"母以社日亡，来岁邻里社，修感念母，哀甚。邻里闻之，为之罢社"⑦。因为母亲在社日亡故，王修哭声甚哀，邻里听到哭声，乃停止了社日祭祀。明人程登吉《幼学琼林》卷三《疾病死丧》云："王修哭母之亡，邻里遂停桑柘社。"⑧ 也是赞扬王修的孝心可嘉。阮籍的从子阮修曾因砍伐社

---

① 《史记》卷五十六《陈丞相世家》，第2052页。
② 萧放：《社日与中国古代乡村社会》，《北京师范大学学报》（社会科学版）1998年第6期；曹书杰：《稷祀与民间社日研究》，《山西大学学报》（哲学社会科学版）2007年第2期。
③ 《汉书》卷二十五上《郊祀志上》，第1212页。
④ 《三国志》卷六《魏书·董卓传》，第174页。
⑤ （梁）宗懔著，谭麟译注：《荆楚岁时记译注》，第54页。
⑥ 《晋书》卷十九《礼志上》，第600页。
⑦ 《三国志》卷十一《魏书·王修传》，第345页。
⑧ （明）程登吉撰，（清）曾圣脉增补，刘哲注：《幼学琼林》，黄山书社2007年版，第146页。

树而昭显个性，阮修"伐社树"，有人劝阻他，阮修曰："若社而为树，伐树则社移。树而为社，伐树则社亡矣。"① 阮修此举是为了证明世上无鬼神。社日举办宴会以示庆贺是社日的重要活动。《邺中记》曰："石虎太子宣，与母弟蔡公韬迭秉政事。宣嫌终有代己之势，八月社日韬登东门观游，暮还，酣宴，作女妓罢。宣遣力士巨鹿杨材等十余人，夜缘梯入韬第，斫杀之。"② 在社日游玩并且欢宴，成为社会上层的重要活动。

社日作为社交活动的重要时日，在隋唐时期颇为引人注目。唐诗中有多首诗歌描述社日活动的情况。苏颋《秋社日崇让园宴得新字》、韦应物《社日寄崔都水及诸弟群属》、杜甫《社日两篇》、刘言史《嘉兴社日》、殷尧藩《郊行逢社日》、裴夷直《将发循州社日于所居馆宴送》、薛逢《社日游开元观》、赵嘏《将发循州社日于所居馆宴送》、张蠙《社日村居》等，均是关于社日活动的诗意描写。白居易《社日关路作》："晚景函关路，凉风社日天。青岩新有燕，红树欲无蝉。愁立驿楼上，厌行官堠前。萧条秋兴苦，渐近二毛年。"③ 从唐诗中可以看出，在社日人们也要举行宴会以示庆祝，有许多就发生在河洛地区。

河洛地区的社日活动还有许多值得关注的文化传统，特别是皇帝在社日赏赐大臣食品，甚至包括药品。常衮《谢社日赐羊酒等表》《社日谢赐羊酒海味及茶等状》说到社日受赐的物品，"以社日赐臣羊酒、脯腊、海味、油面、粳米等，仍特赐药饮者"④。元和二年至元和六年（807—811），白居易在长安期为翰林学士，受赐酒与面饼等，乃作《社日谢赐酒饼状》云："今日蒙恩，赐臣等酒及蒸饼、环饼等。伏以时维秋社，庆属年丰，颁上尊之酒浆，赐大臣之饼饵，既非旧例，特表新恩。"⑤ 这是白居易在秋社日获赐酒及蒸饼、环

---

① 《晋书》卷四十九《阮修传》，第1366页。
② 许作民辑校注：《邺都佚志辑校注》，第54页。
③ （唐）白居易著，顾学颉校点：《白居易集》卷十三《社日关路作》，第259页。
④ （清）董诰编，孙映逵等点校：《全唐文》卷四百一十八，第2535页。
⑤ （唐）白居易著，顾学颉校点：《白居易集》卷五十九《社日谢赐酒饼状》，第1263页。

饼等，说明面食在唐代饮食中仍然有较高的地位。社日赐酒及饼很快成为传统，据洪遵《翰苑遗事》记载，唐代制度，"翰林学士初入院"，官府在不同节日有许多赏赐物品，其中"社日赐酒、茶、蒸饼、馓饼等事"①。这足以说明唐代已经形成了定制，社日的赏赐物品固定了下来。

在社日还有一些禁忌存在，体现了时人的认识。在社日男女均要停止劳作，否则就会使人不聪。张籍《吴楚歌词》云："庭前春鸟啄林声，红夹罗襦缝未成。今朝社日停针线，起向朱樱树下行。"② 这里作者所述虽然是吴楚地区，但这种现象可能是全国性的。明人谢肇淛《五杂组》卷二《天部二》云：

> 唐、宋以前，皆以社日停针线，而不知其所从起。余按吕公忌云："社日男女辍业一日，否则令人不聪。"始知俗传社日饮酒治耳聋者为此，而停针线者亦以此也。③

这种社日停止劳作的传统在后世仍然有广泛的影响。关于社日饮酒治疗耳聋的现象，后人也曾怀疑其合理性。叶梦得《石林诗话》卷上曾说："世言社日饮酒治聋，不知其何据。"④

从汉代开始，社作为居民聚居的基层单位，与农耕社会联系在一起。社日作为祭祀土地神的日子，也与民众生活紧密相连。汉代社日分为春秋两个社日，民众在社日要举行祭拜活动。晋代社日改为秋祭。社日举办游玩欢宴成为社日活动的重要内容。

第七节　寒食节

有关民间寒食习俗的记载，几乎是突然出现于东汉的文献中，它们主要

---

① （宋）洪遵编：《翰苑群书》卷十二《翰苑遗事》，中国书店出版社 2018 年版，第 270 页。
② （唐）张籍著，李冬生注：《张籍集注》，第 278 页。
③ （明）谢肇淛：《五杂组》，上海书店出版社 2001 年版，第 22 页。
④ （宋）叶梦得撰，逯铭昕校注：《石林诗话校注》，人民文学出版社 2011 年版，第 62 页。

集中于今山西地区，与介子推传说相关联。根据前人的考述，禁火习俗在周代已经存在。《古今艺术图》云："五月五日，与今有异，皆因流俗所传。据《左传》及《史记》，并无介子推被焚之事。按《周礼》'司烜氏仲春以木铎修火禁于国中。'注云：'为季春将出火也。'今寒食准节气是仲春之末，清明是三月之初，然则禁火，盖周之旧制。"① 这说明禁火习俗在周代已经有了，但并未与介子推的事情联系起来，也未与寒食节发生联系。桓谭《新论·杂事》写道："太原郡民以隆冬不火食五日，虽有病缓急，犹不敢犯，为介之推故也。""太原咸奉介君之灵，至三月断火寒食。"② 东汉中期，太原一带寒食颇为盛行，"太原一郡，旧俗以介子推焚骸，有龙忌之禁。至其亡月，咸言神灵不乐举火，由是士民每冬中辄一月寒食，莫敢烟爨，老小不堪，岁多死者。"这里说到"旧俗"显然是"寒食"流行较长时间，已经成为风俗了。汉顺帝永建初年，周举迁任并州刺史，"举既到州，乃作吊书以置子推之庙，言盛冬去火，残损民命，非贤者之意，以宣示愚民，使还温食。于是众惑稍解，风俗颇革"③。可以说这种落后的风俗对民众生活产生了很大的影响，以致出现了"盛冬去火"，造成冷食或生食现象，周举废除这种习俗，"使还温食"，才使民众不至于因过分崇信而影响到生活。《续汉书·郡国志五》"太原"条云："介休有界山，有绵上聚。"刘昭注补云："《左传》曰晋文公以绵上为介之推田。界山，推焚死之山，故太原俗有寒食。"④ 由刘昭注补可知太原境内的界山是介子推焚死之山，故而太原流行寒食习俗。曹操《明罚令》更明确地指明了这种风俗的分布范围，"闻太原、上党、西河、雁门，冬至后百五日皆绝火食，云为介子推"。上述四地，上党郡属于河洛地区的北部，其他太原郡、西河郡为河洛地区毗邻郡。针对这一现象，曹操下令："且北方沍

① （宋）李昉等：《太平御览》卷三十《时序部十五·寒食》，第142页。
② （汉）桓谭著，吴则虞辑校：《桓谭〈新论〉》，社会科学文献出版社2014年版，第108—109页。
③ 《后汉书》卷六十一《周举传》，第2024页。
④ （晋）司马彪撰，刘昭注补：《续汉书·郡国志五》，第3522页。

寒之地，老少羸弱，将有不堪之患，令到，人不得寒食，若犯者，家长半岁刑，主吏百日刑，令长夺一月俸。"① 通过法律严惩隆冬寒食现象，不能不说这一饮食习惯对健康的影响已经引起统治者的高度重视。因为在当时人口锐减的情况下，因"寒食"进一步造成人口的减少是统治者不愿再发生的事情，故而曹操以法律的形势严禁"寒食"，以保持人口数量的持续稳定。晋人陆翙《邺中记》记载寒食起源云：

> 旧云寒食断火起于介子推，《左氏》《史记》不见子推被焚之事。按《周礼·司炬》"仲春以木铎修火禁于国中"注，谓"季春将出火"。今寒食推节气是仲春末，清明是三月初，然则禁火盖周之旧制。后汉周举迁并州，太原旧俗，以介子推焚骸，有龙忌之禁。至其月，咸言神灵不乐举火。一月寒食，莫敢烟爨。岁多死者。举作吊书，置子推之庙，言盛寒去火，寒食一月老小不堪，残损民命，非贤者意。今则三日而已。宣示愚民，使还温食，风俗颇革。②

晋国子助教陆翙所记载的寒食节习俗的演变正是汉晋时期风俗变化的真实写照，并且对周举禁止寒食节的原因作了进一步申述，即"一月寒食，莫敢烟爨。岁多死者"。在寒冬季节一个月内不动烟火，造成民众大量死亡，这也是周举禁止寒食节的重要原因，并因此引起人们关注的重点。尚秉和指出："惟至后汉末，忽为介子推而有寒食之节，乡民无知，演为风俗。政府迭禁之，而其风至唐宋仍不已。禁火三日，甚无谓也。"③ 可见寒食节的风俗出现颇为突然，但也反映了这个时代的饮食文化风尚。

十六国后赵石勒在位时又恢复了寒食节。后赵建平四年（333），从西河经太原、乐平、武乡、赵郡、广平、钜鹿千余里遭受冰雹灾害，"平地三尺，

---

① 中华书局编辑：《曹操集·文集》卷二，中华书局 1959 年版，第 35 页。
② 许作民辑校注：《邺都佚志辑校注》，中州古籍出版社 1996 年版，第 48—49 页。
③ 尚秉和著，母庚才、刘瑞玲点校：《历代社会风俗事物考》，中国书店出版社 2001 年版，第 415 页。

洿下丈余，行人禽兽死者万数"，"树木摧折，禾稼荡然"。石勒的大臣徐光认为是"去年禁寒食"的原因，因为"介推，帝乡之神也，历代所尊，或者以为未宜替也。一人吁嗟，王道尚为之亏，况群神怨憾而不怒动上帝乎"。因而他建议"纵不能令天下同尔，介山左右，晋文之所封也，宜任百姓奉之"。石勒下诏曰："寒食既并州之旧风，朕生其俗，不能异也。前者外议以子推诸侯之臣，王者不应为忌，故从其议，傥或由之而致斯灾乎。子推虽朕乡之神，非法食者亦不得乱也，尚书其促检旧典定议以闻。"有关官员建议："请普复寒食，更为植嘉树，立祠堂，给户奉祀。"被黄门郎韦謏驳斥，石勒采纳了有关官员的意见，"并州复寒食如初"①。虽然官方仅仅允许并州恢复对介子推的祭祀，但当时危及北方黄河流域的自然灾害，河洛地区的其他民众必然会私下恢复寒食节祭祀，以求得介子推的庇护。之所以有此推测是因为在后来北魏孝文帝时期也曾禁止过北方地区普遍流行的寒食节。延兴四年（474）正月，孝文帝曾下诏"禁断寒食"②。可能因为各地执行不力，在太和十六年二月辛卯，又"罢寒食飨"。迁都洛阳后，太和二十年二月癸丑，"诏介山之邑，听为寒食，自余禁断"③。孝文帝反复发布诏书禁止各地的寒食节，其中重要的原因可能是其他各地屡禁不止，因为寒食节的存在危害到民众的生命健康，所以才多次下诏予以禁止，仅仅允许介子推的故乡过寒食节。十六国北魏以来，寒食节的习俗产生了与此有关的食品，晋人陆翙《邺中记》曰："并州之俗，以冬至后百五日，为介子推断火，冷食三日，作乾粥，今之糗是也。中国以为寒食。又作醴酪，醴，煮粳米或大麦作之；酪，捣杏子仁煮作粥。"④这里提到的食品有糗、醴、酪，都是用黄河中下游地区粮食加工而成。这种特殊的食品正是民众通过这一节日对介子推敬仰的情感表达。

---

① 《晋书》卷一百五《石勒载记下》，第2749—2750页。
② 《魏书》卷七上《高祖纪》，第140页。
③ 《魏书》卷七下《高祖纪》，第169、179页。
④ 许作民辑校注：《邺都佚志辑校注》，第47页。

唐代寒食节纪念介子推的意义逐步减弱，已经演变成为社会上层的集体欢宴。唐代高层在寒食节宴饮、娱乐成风，显示出社会生活的奢侈风尚。"唐制，寒食日内宴，群臣赐酻醿酒。"① 大历五年（770），因为鱼朝恩飞扬跋扈，唐代宗借寒食节宴请鱼朝恩，"方寒食，宴禁中，既罢，将还营，有诏留议事"，最后将其缢杀。② 唐代宗利用寒食节在禁中宴饮铲除异己。贞元四年正月甲寅，唐德宗"宴群臣于麟德殿，设《九部乐》，内出舞马，上赋诗一章，群臣属和"③。唐德宗在寒食节宴请群臣，丝毫没有纪念介子推的意思，反而成为宫中的狂欢季。此后，麟德殿成为唐代皇帝于寒食节宴请群臣的重要场所，元和二年（807）、长庆元年（821）、宝历二年（826）、大和六年（832）、开成四年（839）唐宪宗、唐穆宗、唐敬宗、唐文宗等在寒食节分别在麟德殿与群臣欢宴。从唐代诸帝在寒食节大宴群臣可以看出，寒食节到唐代已经变成一种社会上层的欢宴，说明寒食节的娱乐性渐强，纪念意义渐弱。

除了宴请群臣外，民间也以游玩度过节日。大和六年（832）二月二十六日，寒食节期间发生了"杂戏人弄孔子"的丑闻，唐文宗只得说："孔子，古今之师，安得侮渎"，命人将"杂戏人"赶走。开成四年（839）二月二十四日，唐文宗在寒食节"御通化门以观游人"④。唐文宗显然是在通化门上观察民众游玩的场景。在洛阳城内寒食节中宴饮游玩最具典型意义的是白居易，他在《六年寒食洛下宴游赠冯李二少尹》云："丰年寒食节，美景洛阳城。三尹皆强健，七日尽晴明。东郊蹋青草，南园攀紫荆。风拆海榴艳，露坠木兰

---

① 唐圭璋编纂，王仲闻参订，孔凡礼补辑：《全宋词》卷二百二十姚述尧《水调歌头·酻醿》，中华书局1999年版，第2008页。

② 《新唐书》卷二百七《宦者传上·鱼朝恩》，第5866页。《旧唐书》卷一百八十四《宦官传·鱼朝恩》云："会寒食宴近臣，朝恩入谒。先是，每宴罢，必出还营，是日有诏留之。朝恩始惧，言颇悖慢，上亦以旧恩不之责。是日朝恩还第，缢而卒。"第4765页。

③ 《旧唐书》卷十三《德宗纪下》，第364页。《旧唐书》卷十五《宪宗纪上》，第420页。《旧唐书》卷十六《穆宗纪》，第486页。《旧唐书》卷十七《敬宗纪上》，第518页。《旧唐书》卷十七下《文宗纪下》，第577页。

④ 《旧唐书》卷十七下《文宗纪下》，第577页。

英。假开春未老，宴合日屡倾。珠翠混花影，管弦藏水声。佳会不易得，良辰亦难并。听吟歌暂辍，看舞杯徐行。米价贱如土，酒味浓于饧。此时不尽醉，但恐负平生。殷勤二曹长，各捧一银觥。"① 大和六年，寒食节假日七天都是晴朗的天气，白居易与原来担任过少尹的冯（定）李二人在东郊踏青，南园赏花，听曲宴饮，享受着惬意人生。

　　作为重大节日，寒食节在押的犯人也有享受休息的权利，凡在官府服役的"居作者著钳若校，京师隶将作，女子隶少府缝作"等人员，"旬给假一日，腊、寒食二日，毋出役院"②。这些犯人虽然不能离开服役场所，但有休息的权利。唐代寒食节民间有赠送鸡蛋的习俗，开元二十六年二月甲辰，"禁大寒食以鸡卵相馈送"③。这说明此前民间在寒食节有互赠鸡卵的习俗，对其加以禁止显示了适应时令的理念。④

　　在唐代，寒食节除了游乐活动外，时人开始祭祀先祖。贞观二十一年（647），高俭病亡，"方寒食，敕尚宫以食四辇往祭，帝自为文"⑤。开元二十年（732）五月癸卯日，唐玄宗下诏："寒食上墓，宜编入五礼，永为恒式。"⑥ 在"寒食上墓"显然具有祭祀先人的意味，并纳入"五礼"的范畴。唐代的"国陵之制"享受祭祀的是"皇祖以上至太祖陵"，祭拜的日期为"皆朔、望上食，元日、冬至、寒食、伏、腊、社各一祭"。景龙二年（708），右台侍御史唐绍上书曰："礼不祭墓，唐家之制，春、秋仲月以使具卤簿衣冠巡陵。天授之后，乃有起居，遂为故事。夫起居者，参候动止，事生之道，非陵寝法。请停四季及生日、忌日、节日起居，准式二时巡陵。"唐中宗手敕曰："乾陵岁冬至、寒食以外使，二忌以内使朝奉。它陵如绍奏。""至是又

　　① （唐）白居易著，顾学颉校点：《白居易集》卷二十二《六年寒食洛下宴游赠冯李二少尹》，第498页。

　　② 《新唐书》卷五十六《刑法志》，第1411页。

　　③ 《旧唐书》卷九下《玄宗纪》，第209页。

　　④ 贾鸿源、邓宁：《唐代寒食禁鸡卵之风探源》，《寻根》2015年第2期。

　　⑤ 《新唐书》卷九十五《高俭传》，第3841页。

　　⑥ 《旧唐书》卷八上《玄宗纪》，第198页。

献、昭、乾陵皆日祭。"开元二十三年（735），唐玄宗"诏献、昭、乾、定、桥五陵，朔、望上食，岁冬至、寒食各日设一祭"。至此，寒食节祭祖已经成为定制。天宝二年（743），"始以九月朔荐衣于诸陵。又常以寒食荐饧粥、鸡球、雷车，五月荐衣、扇"。大历十四年（779），唐代宗又遵从礼仪使颜真卿的建议："泰陵惟朔、望、岁冬至、寒食、伏、腊、社一祭，而罢日食。"① 唐代朝廷于寒食节对先祖的祭拜一方面是缅怀先祖，另一方面显示祭祀先祖的食物为饧粥。元和元年（806）三月初四日，唐宪宗"诏常参官寒食拜墓，在畿内听假日往还，他州府奏取进止"②。柳宗元被贬到永州后，"每遇寒食，则北向长号，以首顿地"③。柳宗元为河东人，远离故乡，依然继承传统在寒食节表达对亡故亲人的思念。

随着寒食节的逐步定型，出现了名为"子推"的食品，宋人高承云："故俗，每寒食前一日谓之炊熟。则以面为蒸饼样，团枣附之，名为子推。穿以柳条，插户牖间。相传云介子推逃禄，晋文公焚山求之，子推焚死。文公为之寒食断火，故民徒此物祀之，而名子推。相传之谬，至于如此。"④ 这其实是至今仍然在黄河中游地区流传的枣糕。

寒食节作为东汉时期兴起的节日，起初是为了纪念介子推。因为在农历正月百姓不动火制作食物，冷食往往造成百姓因病而亡的现象。这一现象虽然仅仅存在以太原为中心的部分地区，但在东汉末年人口因战乱而迅速减少的背景下，又增添了减少人口因素。正因为如此，汉魏晋北朝时期的朝廷多次颁布诏令予以禁止。然而作为一种社会风俗，寒食节俗在黄河中下游地区大范围流行已经成为一种趋势。到了唐代以后，寒食节纪念介子推的文化意味减弱，代之以祭拜先祖、欢聚饮宴、观赏蹴鞠的游艺活动，这与唐代社会

① 《新唐书》卷十四《礼乐志四》，第362—365页。
② 《旧唐书》卷十五《宪宗纪上》，第420页。
③ 《新唐书》卷一百六十八《柳宗元传》，第5134页。
④ （宋）高承传，（明）李果订，金圆、许沛藻点校：《事物纪原》卷八，第432页。

经济的繁荣、生活的丰富多彩有着密切的关系。河洛地区的民众通过众多的节日来释放自己的激情，展现出高扬的精神风貌。随着寒食节的持续存在，适应这一习俗的食物也成为流传至今的典型食品。

第八节　清明节

清明节作为传统节日，在中国具有悠久的历史。《逸周书·周月解》记述，每年有四季，四季中各有孟、仲、季称名十二个月，每月有中气，其中春季有三中气："惊蛰、春分、清明。"① 《汉书》卷二十一下《律历志下》云："大梁，初胃七度，谷雨。"本注云："今曰清明。"《律历志下》又云："中昴八度，清明。"本注云："今曰谷雨，于夏为三月，商为四月，周为五月。"这说明汉代清明节已经成为固定的节日，不过从夏、商、周不同月份的记载，可以看出清明节历史的悠久。《淮南子·天文训》亦云春分"加十五日指乙则清明风至"②。说明汉代是在冬至后九十天为清明节。《白虎通》记载，在冬至有条风、庶风，共有 90 日，庶风之后，"四十五日清明风至。清明者，青芒也"③。《续汉书·律历志下》亦记载了清明、谷雨等节日，刘昭注补云："清明，晷长六尺二寸八分。当至不至，菽豆不熟，多病嚏、振寒、洞泄。未当至而至，多温病、暴死。谷雨，晷长五尺三寸六分。当至不至，水物杂稻等不为，多病疾疟、振寒、霍乱。未当至而至，老人多病气肿。"④ 通过清明节晷长的变化，预测庄稼的收成，以及异性的情况，应当是长期观测的结果。

西晋、北魏乃至隋朝，均继承了夏代的传统，以三月为清明节，有"清

① 黄怀信：《逸周书校补注译》，第 272 页。
② 何宁：《淮南子集释》，第 215 页。
③ （清）陈立撰，吴则虞点校：《白虎通疏证》卷七《八风》，中华书局 1994 年版，第 342 页。
④ （晋）司马彪撰，刘昭注补：《续汉书·律历志下》，第 3079 页。

明三月节"① 的说法。孙楚《祭介子推文》云："太原咸奉介君之灵，至三月清明，断火寒食，甚若，先后一月，府君侨耳。"② 已经明显确定了三月清明的传统。张华《太康六年三月三日后园会诗》诗首云："暮春元日，阳气清明。"描述了春季伊始的喜人景象。这是一组四章的组诗，张华通过景物的描写将清明节后万物繁盛的景象展示了出来，具有写实意义。唐代清明节成为社会生活的重要内容，清明节是祭祀祖先的重要节日。永徽二年（651），有司建议："先帝时，献陵既三年，惟朔、望、冬至、夏伏、腊、清明、社上食，今昭陵丧期毕，请上食如献陵。"被唐高宗采纳。③ 唐代清明节开始放假，开元二十四年（736）二月十一日敕："寒食、清明，四日为假。"至大历十三年（778）二月十五日，敕："自今已后，寒食通清明休假五日。"至贞元六年（790）三月九日，敕："寒食、清明，宜准元日节，前后各给三日。"④ 可见唐代前后休假的时间有三、四、五天时间的差异，特别需要关注的是"寒食通清明休假五日"的规定，是两个节日连续放假的真实记录。唐代"内外官吏则有假宁之节"对相关官员的休假日期做了规范，其中"寒食通清明四日"⑤。到了五代后梁时期，开平二年（908）二月，"寒食假，诸道节度使、郡守、勋臣竞以春服贺。又连清明宴，以鞍辔马及金银器、罗锦进者迨千万，乃御宣威殿，宴宰臣及文武官四品已上"⑥。王鸣盛总结云："《大戴礼·夏小正》篇、《逸周书·时令解》俱先惊蛰后雨水，先谷雨后清明，与《汉志》

---

① 《晋书》卷十八《律历志下》，第 550 页。《魏书》卷一百七《律历志上》，第 2666 页。《隋书》卷十七《律历志中》，第 438 页。

② （隋）虞世南：《北堂书钞》卷一百四十三《酒食部二·惣篇一》，第 641 页。

③ 《新唐书》卷十四《礼乐志四》，第 362 页。（宋）王溥《唐会要》卷二十一《缘陵礼物》云："永徽二年七月二十九日，有司言：'谨按献陵三年之后，每朔、望上食，冬、夏至伏、腊、清明、社节等日，亦准朔望上食。来月之后始复平常。昭陵所司上食，请依献陵故事。'从之。"第 405 页。（唐）杜佑撰，王文锦等点校《通典》卷五十二《礼十二·沿革十二·丧废祭议》云："高宗永徽二年，有司言：'谨按献陵三年之后，每朔及月半上食，其冬夏至、伏、腊、清明、社等节日，亦上食。其昭陵请依献陵故事。'上从之。"第 1449 页。

④ （宋）王溥：《唐会要》卷八十二《休假》，第 1518 页。

⑤ （唐）李林甫撰，陈仲夫点校：《唐六典》卷二《尚书吏部》，第 35 页。

⑥ 《旧五代史》卷五《梁书太祖纪》，第 82 页。

同。《新》《旧唐书》先启蛰后雨水，亦同，而改谷雨在清明之后。至《宋史》始先雨水后惊蛰，先清明后谷雨，则与唐同，《元史》亦然。"① 可见隋唐五代时期清明节已经成为重要的节日。

清明节作为河洛地区重要的节日，从祭拜先祖演绎出许多趣闻。《马癖记》关于魏晋时期众多节日中就有清明节的情况，"王武子好马，非马不行。正旦则柳叶金障泥，上元则满月鞯，清明则剪水鞭，重午则笼娇鞯，八月中秋则玉珑璁络头，重阳则蝉儿鞯，春秋社则涂金鞍，冬至则嘶风鞍，除日则药玉鞍。每节日则喂马以明纱豆、蔷薇草"②。王济对不同节日马匹的装扮与喜好马有关，在清明节的时候驱马则用剪水鞭。《东城老父传》记载，唐玄宗在为藩王时，"乐民间清明节斗鸡戏，及即位，治鸡坊于两宫间"，为了迎合唐玄宗清明节斗鸡的喜好，"上之好之，民风尤甚"，甚而出现了"诸王世家、外戚家、贵主家、侯家倾赀破产市鸡，以偿鸡直。都中男女以弄鸡为事，贫者弄假鸡"的现象。③ 唐诗有《宫词》云："寒食清明小殿旁，彩楼双夹斗鸡场。内人对御分明看，先赌红罗被十床。"④ 大约也是描述斗鸡的场景。唐玄宗为了满足母亲的喜好，"岁或酺于洛。元会与清明节，率皆在骊山"⑤。可见唐玄宗时期黄河中下游地区均有斗鸡的习俗。唐懿宗咸通年间，长葛县令严郜罢任之后，"于县西北境上陉山阳，置别业良田万顷"。在这环境优美的地方，他修建了一座高台，"引泉成沼，即阜为台，尽登临之志矣"。他曾携带小女上山祭祀郑大王祠，"时清明节，严公尽室登陉山"，"乃于祠中荐酒馔，令诸女纵观，日晚方归"⑥。这是在清明节祭祀山神郑大王。乾符初年，卢渥

① （清）王鸣盛撰，黄曙辉点校：《十七史商榷》卷十一《汉书五·惊蛰雨水谷雨清明》，上海古籍出版社2013年版，第118页。

② （后唐）冯贽编，张力伟点校：《云仙散录·柳叶彰泥》，第127页。

③ （宋）李昉等：《太平广记》卷四百八十五《杂传记二》，第3992页。

④ （清）彭定求等奉敕撰，中华书局编辑部点校：《全唐诗》卷七百九十八，第9072页。

⑤ （宋）李昉等：《太平广记》卷四百八十五《杂传记二》，第3993页。

⑥ （唐）皇甫枚撰，中华书局上海编辑所编辑：《三水小牍》卷下《郑大王聘严郜女为子妇》，第27页。

从洛阳赴陕州任职，当时送行的人非常多，"洛城自居守分司朝臣以下，互设祖筵，遮于行路，洛城为之一空"。史家将之比作"都人观者架肩望击毂，盛于清明洒扫之日"①。这从一个侧面展示出洛阳城内的居民在清明节外出祭拜先人的非常多。

唐代清明节还流行着戴柳圈发饰去毒辟邪的风俗，民间以戴柳圈最为普遍。韦庄《浣溪沙》之一云："清晓妆成寒食天，柳毬斜袅间花钿"②。这里的柳毬即柳圈。关于清明节戴柳圈的习俗，其始说法不一。其一为唐高宗时期。《燕京岁时记·清明》云："至清明戴柳者，乃唐高宗三月三日祓禊于渭阳，赐群臣柳圈各一，谓戴之可免虿毒。"③ 其二为唐中宗时期。唐中宗景龙二年（705）开始，在每年的四季"凡天子飨会游豫，唯宰相及学士得从"，其中"春幸梨园，并渭水被除，则赐细柳圈辟疠"④。这是春季至梨园，赏赐给随从细柳圈以避疫。在景龙四年三月甲寅日，唐中宗"幸临渭亭修禊饮，赐群官柳桊以辟恶"⑤。《酉阳杂俎》卷一《忠志》亦云："三月三日，赐侍臣细柳圈，言带之免虿毒。"⑥ 这种清明节戴柳圈的习俗在北宋仍有留存，张炎《庆春宫》词序云："都下寒食，游人甚盛，水边花外，多丽环集，各以柳圈被禊而去，亦京洛旧事也。"元代陆友仁《砚北杂志》卷下云："都下寒食，游人于水边，以柳圈被禊。张叔夏《赋庆春宫词》，以道其事，甚佳。"⑦ 这说明北宋时期开封、洛阳均留有戴柳圈辟邪的习俗。

清明节作为寄托人们哀思的最为悲情的节日，在唐人笔下多有悲情诗歌

---

① （唐）高彦休撰，阳羡生校点：《唐阙史》卷下《卢左丞赴陕郊诗》，载上海古籍出版社编《唐五代笔记小说大观》，第 1362 页。

② （唐）韦庄著，聂安福笺注：《韦庄集笺注》，上海古籍出版社 2002 年版，第 403 页。

③ （清）富察敦崇撰，王碧莹、张勃标点：《燕京岁时记》（外六种），第 79 页。

④ 《新唐书》卷二百二《文艺传中·李适》，第 5748 页。（宋）尤袤《全唐诗话》卷一《李适》亦记此事。

⑤ 《旧唐书》卷七《中宗纪》，第 149 页。

⑥ （唐）段成式撰，许逸民校笺：《酉阳杂俎校笺》，第 17 页。

⑦ （元）陆友仁：《砚北杂志》，景印《文渊阁四库全书》第 866 册，台湾商务印书馆 1984 年版，第 603 页。

留存。以"清明"检索《全唐诗》有129卷，除了个别卷的"清明"一词非指清明节，大多与清明节有关，且描述清明节的场景遍及全国各地，其中以洛阳为中心的河洛地区清明诗歌更是展示了河洛地区的民情风俗。借助景色的描写，抒发心中愁苦的情感，是河洛地清明诗歌的显著特色，其中最为有名的是杜牧的《清明》诗。诗人以"清明时节雨纷纷，路上行人欲断魂"表达了对故去亲人的思念，而以"借问酒家何处有，牧童遥指杏花村"①，写出了如何排遣这种低落的情绪。白居易《清明日登老君阁望洛城赠韩道士》云："风光烟火清明日，歌哭悲欢城市间。何事不随东洛水，谁家又葬北邙山。中桥车马长无已，下渡舟航亦不闲。冢墓累累人扰扰，辽东怅望鹤飞还。"② 这首诗通过对洛阳城清明节悲伤情绪的描述，表达了自己的思想情感。除了上述愁苦的情感表达外，在清明外出踏青是文人雅士的情感释放。李峤《清明日龙门游泛》云："晴晓国门通，都门蔼将发。纷纷洛阳道，南望伊川阙。衍漾乘和风，清明送芬月。林窥二山动，水见千龛越。罗袂冒杨丝，香桡犯苔发。"③ 李峤的诗通过畅游龙门，表达了"群心行乐未，唯恐流芳歇"的心中快乐。唐玄宗从洛阳至长安途中恰逢清明节，心情大好，在《初入秦川路逢寒食》中，唐玄宗有"直为经过行处乐，不知虚度两京春。去年余闰今春早，曙色和风著花草"，除了自然美景外，两京官道上熙熙攘攘的行客，与沿途游玩的人们，成为唐玄宗笔下最为喜欢的景象，"自从关路入秦川，争道何人不戏鞭。公子途中妨蹴鞠，佳人马上废秋千"。与之相应的张说《奉和初入秦川路寒食应制》，在描述从洛阳到长安沿途见闻后，张说再通过对景色的描写，表达了舒畅的心情，"渭桥南渡花如扑，麦陇青青断人目。汉家行树直新丰，秦地骊山抱温谷。香池春溜水初平，预欢浴日照京城"④。如果说王公大臣的

---

① 吴在庆：《杜牧集系年校注》，中华书局 2008 年版，第 1433 页。
② （唐）白居易著，顾学颉校点：《白居易集》卷三十三《清明日登老君阁望洛城赠韩道士》，第 741 页。
③ （唐）李峤著，徐定祥注：《李峤诗注》，上海古籍出版社 1995 年版，第 83 页。
④ （唐）张说著，熊飞校注：《张说集校注》，中华书局 2013 年版，第 108 页。

清明诗情感表达尚属隐晦，那么普通诗人的诗文则欢快明畅，将清明节外出踏青的喜悦心情表露无遗。李嘉祐《春日淇上作》云："淇上春风涨，鸳鸯逐浪飞。清明桑叶小，度雨杏花稀。卫女红妆薄，王孙白马肥。相将踏青去，不解惜罗衣。"① 李嘉祐的诗清新明亮，将春光明媚的清明时节的红男绿女的踏青场景展现的一览无余。再如永贞元年（805），韩愈《梨花下赠刘师命》云："洛阳城外清明节，百花寥落梨花发。今日相逢瘴海头，共惊烂漫开正月。"② 这首诗作虽然没有人物的出现，但从清明节景色的描写，展现了诗人开敞的胸怀。此类描述河洛地区清明节的诗歌颇多，都是以诗人的眼光，对河洛地区的清明节加以形象化的描述，如陈润《东都所居寒食下作》、权德舆《送杜尹赴东都》、羊士谔《寒食宴城北山池，即故郡守荣阳郑钢目为折柳亭》、杨巨源《送绛州卢使君》、李正封《洛阳清明日雨霁》、司空图《杨柳枝寿杯词十八首》等都是从不同的角度对河洛地区清明节的见闻的形象描写。

第九节　端午节

关于端午节的起源，大多将其归于纪念屈原。除此之外，还有纪念伍子胥、曹娥、介子推等多种说法，但无论哪种说法都表达了人们对先贤尊崇的思想情感。不同时代、不同地域，端午节有不同的名称，如端阳节、龙舟节、重午节、天中节、重午节、龙舟节、草药节、龙节、浴兰节、上日、菖蒲节、艾节、躲午节、地腊节、当五汛等。关于端午节名称问题，唐人李匡乂《资暇集》卷中《端午》云：

> 端五者，案：周处《风土记》："仲夏端五，烹鹜角黍"。端，始也。谓五月初五日也。今人多书"午"字，其义无取焉。余家元和中端五诏书，并无作"午"字处。而近见醴泉县尉厅壁，有故光

---

① （清）彭定求等奉敕编，中华书局编辑部点校：《全唐诗》卷二百六，第2158页。
② 屈守元、常思春主编：《韩愈全集校注》，第169页。

福王相题郑泉记处云："端五日。"岂三十年，端五之义别有见耶？①
根据李匡文所言，端午节应当为"端五"，"端午"是后来的误用，千百年来
延续至今。

《事物纪原》云："齐景公始置重阳、端午。"汉代继承先秦时期的传统，
已有在农历五月五日"难止恶气"的礼仪，"故以五月五日，朱索五色印为门
户饰，以难止恶气。日夏至，禁举大火，止炭鼓铸，消石冶皆绝止"②。这表
明在先秦时期已有了端午的习俗，汉代不过是继承而已。西晋时期，周处
《风土记》曰："仲夏端午，烹鹜角黍，进筒粽，一名角黍，一名粽。"③ 这里
提到了仲夏端午进献粽子的事实。北魏时期，虽然没有端午的记述，但有五
月五日聚会的现象。崔巨伦任冀州长史、北道别将时，被葛荣俘虏，"葛荣闻
其才名，欲用为黄门侍郎"，但崔巨伦心中非常厌恶葛荣，"至五月五日，会
集官僚，令巨伦赋诗"，为了活命崔巨伦自我隐忍，对葛荣说："五月五日时，
天气已大热。狗便呀欲死，牛复吐出舌。"④ 崔巨伦通过自我隐忍而获免，但
可以看出五月五日有聚会现象。隋炀帝末年，荥阳、汜水一带的农民起义军
威胁东都的安全，苏威劝谏隋炀帝却未被采纳，"寻属五月五日，百僚上馈，
多以珍玩。威献《尚书》一部，微以讽帝，帝弥不平"⑤。群臣在五月五日进
献"珍玩"，而苏威进献了一部《尚书》，隋炀帝不高兴，免除苏威的官职。
五月五日会聚群臣显然与节日有关。贞元八年至十六年（792—800），卢征先
后担任同州、华州刺史，"故事，同、华以近地人贫，每正至端午降诞，所献
甚薄"，卢征到任后，"途竭其财赋，每有所进献，辄加常数"，因为百姓负担
加重，"人不堪命"⑥，可见地方进献已经成为沉重负担。开元年间，李元纮在

① （唐）李匡乂撰，张丙戌校点：《资暇集》，第 19 页。
② （晋）司马彪撰，刘昭注补：《续汉书·礼仪志中》，第 3122 页。
③ （唐）徐坚等：《初学记》卷四《岁时部下·五月五日》，第 73 页。
④ 《魏书》卷五十六《崔巨伦传》，第 1251 页。
⑤ 《隋书》卷四十一《苏威传》，第 1189 页。
⑥ 《旧唐书》卷一百四十六《卢征传》，第 3966 页。

"当国"期间，"务峻涯检，抑奔竞，夸进者惮之"，所以当"五月五日，宴武成殿，赐群臣袭衣，特以紫服、金鱼锡元纮及萧嵩，群臣无与比"①。在唐高宗时，曾经下《停诸节进献诏》，其文云："朕抚育黎庶，思求政道，欲俭以训俗，礼以移风，菲食卑宫，庶几前轨。比至五月五日及寒食等诸节日，并有欢庆事。诸王、妃、主及诸亲等，营造衣物、雕镂鸡子，竞作奇技，以将进献。巧丽过度、靡费极多，皆由不识朕心，遂至于此。又贞观年中，已有约束。自今以去，并宜停断。所司明加禁察，随事纠闻。"② 从此诏书可以看出，五月五日等节日，诸皇室成员都要进献奢侈品给皇帝，结果却造成了浪费，所以唐高宗下诏予以禁止。《唐语林》卷八《补遗》云："唐以来，此日皆有宴会。开元十七年，丞相张说奏：以八月端午降诞日为千秋节，又改为天长节。肃宗因之，诞日为地平天成节。代宗虽不为节，犹受四方进献。"③ 地方政府进献特产供给皇室的特产消费，在五代时期仍然存在。后唐同光三年五月初一日，"淮南杨溥贡端午节物"④，天成元年四月丙，"天下节度、防御使，除正、至、端午、降诞四节量事进奉，达情而已，自于州府圆融，不得科敛百姓"⑤ 天福六年正月诏："应诸州无属州钱处，今后冬至、寒食、端午、天和节及诸色谢贺，不得进贡。"⑥ 仍然是传统的延续。

唐代洛阳端午节的习俗颇有特色，唐人冯贽指出"洛阳人家"，"端午，术羹、艾酒，以花丝楼阁插鬓，赠遗辟瘟扇"⑦。这其中既有食品，还有装饰品以及躲避瘟疫的扇子。端午节一般人都要回到故乡，"裴孝廉璡者，家在洛京。仲夏自郑西归，及端午以觐亲焉"⑧，说明端午节也有省亲的传统。亲友

---

① 《新唐书》卷一百二十六《李元纮传》，第4419页。
② （清）董诰编，孙映逵等点校：《全唐文》卷十二，第86页。
③ （宋）王谠撰，周勋初校证：《唐语林校证》，第703—704页。
④ 《旧五代史》卷三十二《唐书·庄宗纪》，第448页。
⑤ 《旧五代史》卷三十六《唐书·明宗纪》，第496页。
⑥ 《旧五代史》卷七十九《晋书·高祖纪》，第1044页。
⑦ （唐）冯贽编，张力伟点校：《云仙散录·脂花饺》，第26—27页。
⑧ （唐）薛用弱：《集异记》卷一《裴璡》，中华书局1980年版，第4页。

之间则可以馈赠物品，王璿早年"仪貌甚美"，有一"自称新妇"的女子钟情于他，"每至端午及佳节，悉有赠仪相送"。《天咫偶闻》卷十《琐记》云："《文昌杂录》记唐人岁时食物甚详，今惟端午粽，重阳糕尚存，余者竟无一在。"①

皇家则在五月五日举办多种活动，如张鷟《五月五日，洛水竞渡，船十只，请差使于扬州修造，须钱五千贯，请速分付》② 说明洛水在每年的五月五日要举办水上竞渡的比赛，这种赛事的船只需要从扬州修造。唐代宫中在端午节常常举行"射团"游戏赢得食物，"宫中每到端午节，造粉团角黍，贮于金盘中。以小角造弓子，纤妙可爱，架箭射篮中粉团，中者得食。盖粉团滑腻而难射也。都中盛于此戏"③。皇室在端午节可以赏赐群臣，《中华古今注》卷上《文武品阶腰带》云："汉中兴，每以端午赐百僚乌犀腰带。魏武帝赐宫人金隐起师子铸腰带，以助将军之勇也。高祖贞观中，端午赐文官黑玳瑁腰带，武官黑银腰带，示色不改更故也。"隋炀帝也曾将钗子赏赐给群臣，同书卷中《钗子》云："至隋炀帝，宫人插钿头钗子，常以端午日赐百僚玳瑁钗冠。"④ 上述这些均属于装饰品。唐玄宗在端午节则将珍贵的"钟乳"赏赐给臣下，"端午日，玄宗赐宰臣钟乳。宋璟既拜赐，而命医人炼之"⑤。这可以看出社会上层端午活动的基本情况。

端午节所具有的文化意义是很明显的。端午节在唐代所受的重视引人注目。在唐代诗人笔下描述端午节的诗歌很多。唐代唐玄宗、杜甫、殷尧藩、权得舆、杨巨源、窦叔向、张说、徐夤、文秀等人都作有关于端午节的诗。殷尧藩的《端午日》中有"不效艾符趋习俗，但祈蒲酒话升平"之句。唐玄宗《端午三殿宴群臣探得神字》的"小序"说："正当召儒雅，宴高明。广

---

① （清）震钧：《天咫偶闻》，北京古籍出版社 1982 年版，第 215 页。
② （清）董诰编，孙映逵等点校：《全唐文》卷一百七十三，第 1055 页。
③ （五代）王仁裕撰，曾贻芬点校：《开元天宝遗事》卷上《射团》，第 29 页。
④ （五代）马缟撰，李成甲校点：《中华古今注》，第 15—16、21 页。
⑤ （唐）刘肃撰，许德楠、李鼎霞点校：《大唐新语》卷七《容恕》，第 109 页。

殿肃而清气生，列树深而长风至。厨人尝散热之馔，酒正行逃暑之饮。庖捐恶鸟，俎献肥龟。新筒裹练，香芦角黍。"说明端午节宴饮之丰厚。诗句中有"九子粽争新""圆宫宴雅臣"之句。① 从上述诸人端午节的欢宴诗，可知端午节的饮食丰富多彩。

端午节从先秦出现以后，在汉晋时期延续下来，北魏时期，虽然没有端午节之名，但仍然有在五月五日聚会的传统。隋唐时期，端午节成为重要的节日，地方要向朝廷进贡土特产。特别是唐代端午节饮艾酒、吃粽子，聚会宴饮成为传统，体现了端午节礼俗的变迁历程。

第十节　伏　日

伏日的设立在秦德公二年（前676）。《史记》卷五《秦本纪》记载，秦德公二年，"初伏"。《集解》孟康曰："六月伏日初也。周时无，至此乃有之。"《正义》："六月三伏之节起秦德公为之，故云初伏。伏者，隐伏避盛暑也。"② 为了在伏日有固定的举行仪式场所，《史记》卷二十八《封禅书》云："秦德公作伏祠。"这就出现了专门用于伏日祭祀的场所。

汉武帝时，最典型的事例是东方朔伏日受赐肉过程。《汉书》卷六十五《东方朔传》云：

> 久之，伏日，诏赐从官肉。大官丞日晏下来，朔独拔剑割肉，谓其同官曰："伏日当蚤归，请受赐。"即怀肉去。大官奏之。朔入，上曰："昨赐肉，不待诏，以剑割肉而去之，何也？"朔免冠谢。上曰："先生起，自责也！"朔再拜曰："朔来！朔来！受赐不待诏，何无礼也！拔剑割肉，一何壮也！割之不多，又何廉也！归遗细君，又何仁也！"上笑曰："使先生自责，乃反自誉！"复赐酒一石，肉百

---

① （清）彭定求等奉敕编，中华书局编辑部点校：《全唐诗》卷三，第28页。
② 《史记》卷五《秦本纪》，第184页。

斤，归遗细君。

虽然这里所记述的过程展现了东方朔的精明善辩，东方朔以自己的睿智赢得了肉百斤的赏赐，但在伏日赏赐从官肉则显现出朝廷对伏日的重视，汉代有在伏日赏赐百官肉的惯例。杨恽《闲居》云："养羊酤酪，以供伏腊之费。"这是西汉末年杨恽通过"养羊酤酪"来获取"伏腊之费"，正说明伏日与腊日均需花费一定钱财。杨恽《报孙会宗书》曰："田家作苦，岁时伏腊，烹羊炰羔，斗酒自劳。"① 杨恽所描述的正是基层民众三伏天的日常生活场景。

东汉时期，永元六年（94）六月，汉和帝"初令伏闭尽日"。李贤注引《汉官旧仪》曰："伏日万鬼行，故尽日闭，不干它事。"② 伏日因为万鬼横行，故而全天候休假不干事，并因此形成了"汉魏日有饮食之会"聚会传统。为了避恶，《荆楚岁时记》曰："六月伏日，并作汤饼，名为辟恶。"这种在伏日食用汤饼在魏晋时期已经成为传统。《魏氏春秋》："何晏以伏日食汤饼，取巾拭汗，面色皎然，乃知非傅粉。"何晏是汉魏时期的名士，其在伏日食汤饼显然是当时社会的主要风俗，故而宗懔云："则伏日汤饼，自魏已来有之。"③汉末，曹操挟持汉献帝定都许，"袁绍军与绍子弟日共宴饮，常以三伏之际，昼夜酣饮极醉，至于无知，云以避一时之暑。故河朔有避暑饮"④。袁绍与子弟在三伏天饮酒作乐，以躲避酷暑。曹魏时期，伏日也固定下来，"改诸郡不得自择伏日，所以齐风俗也"⑤。将全国伏日的日期确定下来，是为了"齐风俗"。到了唐代规定："内外官吏则有假宁之节。"⑥ 其中三伏日休假一天。正因为伏日与居民社会生活密切相关，所以伏日的异常天气往往会引起人们的

---

① 《汉书》卷六十六《杨恽传》，第2896页。潘岳《闲居赋》亦云："牧羊酤酪，以俟伏腊之费。"见王增文校注《潘黄门集校注》，第74页。
② 《后汉书》卷四《孝和帝纪》，第179页。
③ （梁）宗懔著，谭麟译注：《荆楚岁时记译注》，第92页。
④ （宋）李昉等：《太平御览》卷三十一《时序部十六·伏日》，第148页。
⑤ 《晋书》卷三十《刑法志》，第925页。
⑥ 《旧唐书》卷三十三《职官志二》，第1819页。

注意，如大历四年（769）六月伏日，"寒"作为异常的天气情况被记录下来。① 唐代在日常生活中还积累了伏日的生活常识，如六月"伏日进汤饼"，"伏日切不可迎妇；妇死已不还家"②。伏日作为农耕背景下的节日，时值盛夏，如何度过漫漫长夏，在这种环境下的休息，正是休养生息的重要内容，伏日的休养生息有助于生活的恢复。

自秦汉以来，伏日与腊日相连，在古书中常常以"伏腊"一词出现，主要是在伏日与腊日祭祀先辈。张良去世前，将在榖城山下获得的黄石随葬，后人"每上冢伏腊，祠黄石"③。建武年间，虞延在任细阳县令期间，"每至岁时伏腊，辄休遣徒系，各使归家，并感其恩德，应期而还"④，在伏腊日将囚徒放回，使其能够祭拜先人，虞延行仁政感动罪犯，按照约定的日期按时返回。汉明帝下诏指出当时社会上奢侈成风："今百姓送终之制，竞为奢靡。生者无担石之储，而财力尽于坟土。伏腊无糟糠，而牲牢兼于一奠。糜破积世之业，以供终朝之费，子孙饥寒，绝命于此，岂祖考之意哉！"⑤ 可见作为祭祀先人的特殊日子，耗费了大量的财富。东汉末年，"自洛阳诸陵至灵帝，皆以晦望二十四气伏腊及四时祠"⑥。这是对帝王陵墓的特殊祭祀。也有伏腊日特指节日的现象，北周时期，早年宇文护与母亲失联，后来与家人团聚后，"凡所资奉，穷极华盛"，"每四时伏腊，高祖率诸亲戚，行家人之礼，称觞上寿。荣贵之极，振古未闻。"⑦ 裴宽去世后，其弟裴汉"遂断绝游从，不听琴瑟，岁时伏腊，哀恸而已"⑧。这种现象在唐代也非常普遍。贞元十四年（798）正月十三日，针对金吾大将军李翰以及张建封都上奏唐德宗放宽大臣

① 《新唐书》卷三十六《五行志三》，第936页。
② （唐）韩鄂原编，缪启愉校释：《四时纂要校释》，第153—154页。
③ 《史记》卷五十五《留侯世家》，第2048页。
④ 《后汉书》卷三十三《虞延传》，第1150页。
⑤ 《后汉书》卷二《显宗孝明帝纪》，第114页。
⑥ （晋）司马彪撰，刘昭注补：《续汉书·祭祀志下》，第3199页。
⑦ 《周书》卷十一《晋公宇文护传》，第174页。
⑧ 《晋书》卷三十四《裴汉传》，第597页。

在伏腊日往来上报的规定，唐德宗下诏曰："比来朝官或诸处过从，金吾皆有上闻。其间如素是亲故，或曾同僚友，伏腊岁序，时有还往，亦是常礼，人情所通。自今以后，金吾不须闻。"[1] 这种放宽亲友之间在伏腊日的交往更有利于亲情的融洽。唐僖宗末年，唐王朝已经处于风雨飘摇之中，文人司空图在中条山之王官谷有别墅隐居，备受当时王重荣父子兄弟的重视，"伏腊馈遗，不绝于途"[2]。这里显然是在伏腊日为代表的节日馈赠物品，以示重视。司空图所隐居的王官谷正位于河洛地区的北部。

伏日作为入夏的重要节日，从秦德公设立后，延续下来成为农耕时代的重要节日，也标志着一年最热的季节的到来。汉代伏日要饮酒食肉，吃汤饼，全社会都处在休假状态，这既是习俗的传承，也是社会信仰的复杂表现。唐代将伏日设为三天休假日，并且因此出现了一些特殊的民俗成规，如伏日不能娶妻，妻子去世不能回家等，彰显了伏日与百姓生活息息相关。

第十一节　腊　日

秦惠文君十二年（前327），"初腊"。《正义》："腊，卢盍反，十二月腊日也。秦惠文王始效中国为之，故云初腊。猎禽兽以岁终祭先祖，因立此日也。《风俗通》云：'《礼传》云"夏曰嘉平，殷曰清祀，周曰蜡，汉改曰腊"。《礼》曰"天子大蜡八，伊耆氏始为蜡"。蜡者，索也。岁十二月合聚万物而索飨之。'"[3] 秦惠文王效法中原地区行腊日祭祀，说明中原地区腊日祭祖早已存在。秦始皇三十一年（前216）十二月，"更名腊曰'嘉平'"。秦二世二年（前208）腊月，"陈王之汝阴，还至下城父，其御庄贾杀以降秦"。

---

① 《旧唐书》卷一百四十《张建封传》，第3830页。《新唐书》卷十三《德宗纪下》载，贞元十四年正月甲午敕："比来朝官或相过从，金吾皆上闻。其间如是亲故，或尝同僚，伏腊岁时，须有还往，亦人伦常礼，今后不须奏闻。"之所以有此敕令，是"因张建封奏议也"。第387页。

② 《旧唐书》卷一百九十下《文苑传下·司空图》，第5084页。

③ 《史记》卷五《秦本纪》，第205页。

《集解》张晏曰："秦之腊月，夏之九月。"瓒曰："建丑之月也。"《索隐》臣瓒云："建丑之月也。"颜游秦云："按《史记》表'二世二年十月，诛葛婴，十一月，周文死，十二月，陈涉死'是也。"宗懔《荆楚记》云："腊节在十二月，故因是谓之腊月也。"①《史记》卷二十七《天官书》云："腊明日，人众卒岁，一会饮食，发阳气，故曰初岁。"高祖十年（前197）春，"有司请令县常以春二月及时腊祠社稷以羊豕，民里社各自财以祠"，得到汉高祖的应允。②王莽鸩杀汉平帝就是"因到腊日上椒酒，置药酒中"而将汉平帝鸩杀的。③杨恽曾说："臣之得罪，已三年矣。田家作苦，岁时伏腊，亨羊炰羔，斗酒自劳。"④严延年在任何南尹时，"延年母从东海来，欲从延年腊，到洛阳，适见报囚"。当正腊结束后，其母对他进行了教诲。师古曰："建丑之月为腊祭，因会饮，若今之节也。"⑤王莽篡权后，更多地更改汉朝原有的制度，"自莽篡位后，知太后怨恨，求所以媚太后无不为，然愈不说。莽更汉家黑貂，著黄貂，又改汉正朔伏腊日。太后令其官属黑貂，至汉家正腊日，独与其左右相对饮酒食。"⑥不仅元后仍然沿用汉朝腊日的习俗，就连普通的大臣也是如此。王莽篡位后，陈宠父子四人被解官后，"父子相与归乡里，闭门不出入，犹用汉家祖腊。"当人们问其缘故时，他们都说："我先人岂知王氏腊乎？"⑦这实际上是对王莽篡权的抵制。

东汉时期河洛地区的腊日习俗既有相聚饮酒，还有对先人的祭奠。建武二年（26）正月，光武帝立高庙于洛阳，"四时祫祀，高帝为太祖，文帝为太宗，武帝为世宗，如旧。余帝四时春以正月，夏以四月，秋以七月，冬以十月及腊，一岁五祀。"永平元年正月，"帝率公卿已下朝于原陵，如元会仪"。

① 《史记》卷四十八《陈涉世家》，第1958页。
② 《史记》卷二十八《封禅书》，第1380页。
③ 《汉书》卷十二《平帝纪》，第360页。
④ 《汉书》卷六十六《杨恽传》，第2896页。
⑤ 《汉书》卷九十《酷吏传·严延年》，第3671页。
⑥ 《汉书》卷九十八《元后传》，第4035页。
⑦ 《后汉书》卷四十六《陈宠传》，第1548页。

到了东汉末年，"自洛阳诸陵至灵帝，皆以晦望二十四气伏腊及四时祠。庙日上饭，太官送用物，园令、食监典省，其亲陵所宫人随鼓漏理被枕，具盥水，陈严具"。东汉时期在腊日祭祀帝陵已经成为传统。在东汉初年，对社稷也在腊日予以祭祀，"建武二年，立太社稷于洛阳，在宗庙之右，方坛，无屋，有墙门而已。二月八月及腊，一岁三祠，皆太牢具，使有司祠"①。《汉官仪》曰："古不墓祭。秦始皇起寝于墓侧，汉因而不改。诸陵寝皆以晦、望、二十四气、三伏、社、腊及四时上饭。其亲陵所宫人，随鼓漏理被枕，具盥水，陈庄具。"而随着社会的逐渐太平，祭奠先人的礼仪越来越奢华，出现了"伏腊无糟糠"的现象，汉明帝下诏予以禁止。②曹丕篡位后，依然允许汉献帝"以天子车服郊祀天地，宗庙、祖、腊皆如汉制"③。东汉时期，延续西汉时期伏腊日放假的传统。建武初年，虞延在任汝南郡细阳县令时，"每至岁时伏腊，辄休遣徒系，各使归家，并感其恩德，应期而还。有因于家被病，自载诣狱，既至而死，延率掾史，殡于门外，百姓感悦之"④。这与东方朔时代有相似的地方。腊日因与新年相连，人们盛装聚会也成为一种习俗。《郑玄别传》曰："玄年十一二，随母还家，正腊会同列十数人，皆美服盛饰，语言闲通，玄独漠然如不及，母私督数之，乃曰'此非我志，不在所愿'也。"⑤郑玄同辈十余人盛装相会，表明其喜庆习俗。蔡邕《独断》卷下曰："腊者，岁终大祭，纵吏民宴饮。非迎气，故但送不迎。正月岁首，亦如腊仪。冬至阳气起，君道衰，故贺。"⑥可见汉代腊日"纵吏民宴饮"，喜庆的意味颇浓。

东汉时期，每年朝廷要赏赐给群臣一些牲畜、粮食供伏腊日消费。《汉官名秩》曰："大将军、三公，腊赐钱各三十万，牛肉二百斤，粳米二百斛。特

---

① （晋）司马彪撰，刘昭注补：《续汉书·祭祀志下》，第3193—3200页。
② 《后汉书》卷二《显宗孝明帝纪》，第99页。
③ 《后汉书》卷九《孝献帝纪》，第390页。
④ 《后汉书》卷三十三《虞延传》，第1151页。
⑤ 《后汉书》卷三十五《郑玄传》李贤注引，第1207页。
⑥ （汉）蔡邕：《独断》，四库全书本，第16页。

侯十五万。卿十万。校尉五万。尚书丞、郎各万五千。千石、六百石各七千。侍御史、谒者、议郎、尚书令各五千。郎官、兰台令史三千。中黄门、羽林、虎贲士二人共三千：以为当祠门户直，各随多少受也。"①《东观记》曰："建武中每腊，诏书赐博士一羊。羊有大小肥瘦。时博士祭酒议欲杀羊分肉，又欲投钩，宇复耻之。宇因先自取其最瘦者，由是不复有争讼。后召会，问'瘦羊博士'所在，京师因以号之。"② 汉章帝即位后，第五伦上书指出外戚马氏的奢侈，其文云："窃闻卫尉廖以布三千匹，城门校尉防以钱三百万，私赡三辅衣冠，知与不知，莫不毕给。又闻腊日亦遗其在洛中者钱各五千，越骑校尉光，腊用羊三百头，米四百斛，肉五千斤。"③ 可见腊日权贵给其属下既有钱财赏赐，也有花费肉、米的记载。汉和帝时，"窦氏专政，外戚奢侈，赏赐过制，仓帑为虚"，何敞上奏云："中州内郡，公私屈竭，此实损膳节用之时。国恩覆载，赏赉过度，但闻腊赐，自郎官以上，公卿王侯以下，至于空竭帑藏，损耗国资。寻公家之用，皆百姓之力。明君赐赉，宜有品制，忠臣受赏，亦应有度。"李贤注云："腊赐大将军、三公钱各二十万，牛肉二百斤，粳米二百斛，特进、侯十五万，卿十万，校尉五万，尚书三万，侍中、将、大夫各二万，千石、六百石各七千，虎贲、羽林郎二人共三千，以为祀门户直。见《汉官仪》也。"④ 汉章帝之子清河王刘庆因其母"葬礼有阙，每窃感恨，至四节伏腊，辄祭于私室"⑤。这是对窦氏专权的不满。对于在腊日祭祀先人的行为，虽然有所不当之处，也能为人原谅。《袁山松书》曰："（韩）卓字子助。腊日，奴窃食祭其先，卓义其心，即日免之。"⑥ 这是韩卓对奴婢偷窃食品祭祀先人举措的宽宥，显示出良善之心。

---

① （晋）司马彪撰，刘昭注补：《续汉书·礼仪志中·大傩条》，第3128页。
② 《后汉书》卷七十九下《儒林传下·甄宇》，第2580页。
③ 《后汉书》卷四十一《第五伦传》，第1398页。
④ 《后汉书》卷四十三《何敞传》，第1482页。
⑤ 《后汉书》卷五十五《章帝八王传·清河孝王刘庆》，第1801页。
⑥ 《后汉书》卷六十八《符融传》李贤注引，第2233页。

　　从汉代河洛地区腊日习俗的变化，可以看出既有纪念先人的意思在内，也有借此机会聚会的意味，而朝廷为了腊日习俗的传承，给各级官员赏赐一定数量肉、粮食，更体现了政府对这一节令的重视。魏晋以后，因为佛教的传入，腊日的习俗在河洛地区的传播与佛教也有一定的联系。

　　汉唐时期河洛地区的节日作为与居民生活密切相关的日子，通过这些节日可以展示出社会生活万象。这些节日中既有对先祖的缅怀，也有对自然神灵的祭祀，成为人们表达思想情感重要媒介。这些节日有一个共同的特点，即进入隋唐之后，几乎所有的节日都与喜庆连接起来。从皇室来看，节日期间有皇帝与群臣欢宴的，有皇帝携带家人欣赏相关表演的。从民间来看，民众在节日通过观赏大型表演，或者参与大型活动，表达心中的喜悦。这都表明了随着民众的生活水平的逐步提高，人们更喜欢通过节日放飞自我。为了满足民众通过节日寻求快乐的意愿，唐德宗在无节日的二月增设中和节。从各个节日演变来看，唐代已经成为河洛地区节日最为盛行的地区之一，展现了人们的精神风貌。

第六章　游艺活动

汉唐时期是河洛地区社会经济的鼎盛时期，也是社会文化活动颇有影响的一个时期。丰富多彩的娱乐活动，构成了汉唐间河洛地区民间生活的亮丽风景。游艺活动作为居民游乐的生活方式，在河洛地区的发展经历了由小到大的过程，并因为洛阳的都城地位，迅速成为全国游艺活动的中心。包罗万象、品种繁多的游艺活动，是河洛地区先民在长期的生产与生活中总结提升出来的，因而更加贴近人们的生活，成为日常生活的组成部分。兹选取在汉唐间河洛地区颇有影响的游艺活动进行研究，以期较为全面地展示河洛地区社会生活的多彩画面。

第一节　蹴　鞠

蹴鞠起源于战国齐国都城临淄。在齐国都城临淄商业经济全面发展的大环境下，游艺活动风靡一时，"临菑甚富而实，其民无不吹竽鼓瑟，弹琴击筑，斗鸡走狗，六博蹋鞠者"。《集解》刘向《别录》曰："蹴鞠者，传言黄帝所作，或曰起战国之时。蹴鞠，兵势也，所以练武士，知有材也，皆因嬉戏而讲练之。"① 说蹴鞠起源于黄帝之时有推测的意味，而在战国时期有此项活动则应当是可靠的，且与训练军队有关。卫青在征讨匈奴时，"其在塞外，卒乏粮，或不能自振，而骠骑尚穿域蹋鞠"。《索隐》云："又以杖打，亦有限域也。今之鞠戏，以皮为之，中实以毛，蹴蹋为戏。"《正义》云："《蹴鞠书》有《域说篇》，即今之打球也。黄帝所作，起战国时。程武士，知其材力也，若讲武。"② 卫青在塞外率领的士兵以"蹋鞠"游戏明显带有军训的性质。可见蹴鞠起源于战国时代较为可靠，溯源到黄帝时代与黄帝作为人文始祖的情感寄托有关。

在内地特别是两汉都城，蹴鞠活动受到社会各阶层的喜爱。汉武帝时，董偃备受重用，"郡国狗马蹴鞠剑客辐辏董氏"③，成为当时纨绔子弟聚集的团体。汉武帝本人也是到处巡游，"弋猎射驭狗马蹴鞠刻镂"，汉武帝一有所感，随即令枚皋作赋颂扬，枚皋"为文疾，受诏辄成，故所赋者多"④。汉武帝一有蹴鞠游艺都要令枚皋作赋颂扬，足以看出其奢华的生活方式。汉成帝对蹴鞠活动也非常喜欢，甚至亲自下场参与到蹴鞠活动中去。《西京杂记》卷二云："成帝好蹴鞠，群臣以蹴鞠为劳体，非至尊所宜。帝曰：'朕好之，可择似而不劳者奏之。'家君作弹棋以献，帝大悦。赐青羔裘、紫丝履，服以朝觐。"⑤ 由于蹴鞠作为对抗运动颇费精力体力，故而汉成帝在群臣下劝说下，将蹴鞠换作弹棋游艺。随着蹴鞠的流行，西汉还出现了相关的理论总结。《汉书》卷三十《艺文志》云："《蹵鞠》二十五篇。"师古曰："蹴鞠以韦为之，实以物，蹋之以为戏也。蹴鞠，陈力之事，故附于兵法焉。"⑥ 能够将蹴鞠活

---

① 《史记》卷六十九《苏秦列传》，第 2257 页。

② 《史记》卷一百一十一《卫将军骠骑列传》，第 2939 页。《汉书》卷五十五《霍去病传》云："其在塞外，卒乏粮，或不能自振，而去病尚穿域蹋鞠也。"服虔曰："穿地作鞠室也。"师古曰："鞠，以皮为之，实以毛，蹴蹋而戏也。"第 2488 页。

③ 《汉书》卷六十五《东方朔传》，第 2855 页。

④ 《汉书》卷五十一《枚皋传》，第 2367 页。

⑤ （晋）葛洪：《西京杂记》，第 14 页。

⑥ 《汉书》卷三十《艺文志》，第 1761 页。

动上升到理论总结，足以显示出全社会对这项活动的重视程度。

东汉都城洛阳的蹴鞠活动也非常流行。汉顺帝时，身为外戚的梁冀，纨绔成性，"性嗜酒，能挽满、弹棋、格五、六博、蹴鞠、意钱之戏，又好臂鹰走狗，骋马斗鸡"①。可以说各种娱乐活动，梁冀都非常擅长。在洛阳的皇宫中以及城内其他地区都有鞠室，陆机《鞠歌行》序云："按《汉宫阁》有含章鞠室、灵芝鞠室，后汉马防第宅卜临道，连阁、通池、鞠城弥于街路。《鞠歌》将谓此也。又东阿王诗'连骑击壤'，或谓蹴鞠乎？三言七言，言虽奇宝名器，不遇知己，终不见重。愿逢知己，以托意焉。"② 这里提到的含章鞠室、灵芝鞠室应当属于皇宫中的鞠室，马防的府第靠近城内的鞠城，鞠城显然是普通百姓蹴鞠的活动场地。李尤《鞠室铭》曰："员鞠方墙，放象阴阳；法月冲对，二六相当。"③ 这是对汉代洛阳鞠室的位置、大小的记述。

魏晋时期洛阳城内有多处鞠室。《河南志·魏城阙古迹》记载，曹魏皇宫中有"鞠室"④。曹魏时期，皇宫中的鞠室位于景福殿，侯权《景福殿赋》有"乃造彼鞠室"⑤ 之句。建安初年，曹操喜好孔桂，以其为骑都尉，"性便辟，晓博弈、蹴鞠，故太祖爱之，每在左右，出入随从"⑥。孔桂擅长蹴鞠就得到曹操的喜爱。曹植《名都篇》有云"连翩击鞠壤，巧捷惟万端"⑦，就是洛阳城内的贵公子在鞠室进行蹴鞠活动的真实写照。魏明帝青龙元年（233）六月，就曾发生过"洛阳宫鞠室灾"⑧ 的火灾。晋武帝太康十年（274）十一月

---

① 《后汉书》卷三十四《梁冀传》，第1178页。
② 金涛声点校：《陆机集》卷七《乐府》，第77页。
③ （梁）萧统编，（唐）李善注：《文选》卷十一《赋己·游览·何晏〈景福殿赋〉》注引，第533页。
④ （清）徐松辑，高敏点校：《河南志》，第64页。
⑤ （梁）萧统编，（唐）李善注：《文选》卷十一《赋己·游览·何晏〈景福殿赋〉》注引，第533页。
⑥ 《三国志》卷三《魏书·明帝纪》裴注引《魏略》，第100页。
⑦ （魏）曹植著，赵幼文校注：《曹植集校注》，第484页。
⑧ 《三国志》卷三《魏书·明帝纪》，第99页。《晋书》卷二十七《五行志上》，第803页。

庚辰，"含章鞠室、修成堂前庑、景坊东屋、晖章殿南阁火"①。这次火灾烧毁了包括含章鞠室在内的建筑。《洛阳宫殿名》曰："洛阳有望舒凉室、含章鞠室、灵芝鞠室、清暑凉室。"② 通过上述描述可知，汉魏以来蹴鞠作为传统游艺活动，首先在宫中流行，宫中有专门供蹴鞠的鞠室，洛阳城内也有供百姓蹴鞠的鞠室。

唐代蹴鞠活动已经非常流行，并出现了最为通俗的名称，"打毬，古之蹴鞠也"。《封氏闻见记》曾有蹴鞠游艺活动的多项记载，反映了蹴鞠活动的普遍性。唐太宗曾经在安福门观看胡人打球，对侍臣说："闻西蕃人好为打毬，比令亦习，曾一度观之。昨升仙楼有群胡街里打毬，欲令朕见。此胡疑朕爱此，骋为之。以此思量，帝王举动，岂宜容易，朕已焚此毬以自戒。"③ 关于此事发生的时间，《资治通鉴》认为是在永徽三年二月。④ 果如此，则应发生在唐高宗时期。景云年间，吐蕃赞布派使节迎娶金城公主，唐"中宗于梨园亭子赐观打毬"，当时迎亲的队伍中"有善球者"，与唐朝的宫中的仪卫比赛，经过几轮比赛，"决数都，吐蕃皆胜"。作为泱泱大国的唐朝受此羞辱不甘心，唐中宗又令时为临淄王的唐玄宗"与嗣虢王邕、驸马杨慎交、武延秀等四人敌吐蕃十人"，在人数4/10的情况下，唐玄宗"东西驱突，风回电激，所向无前"，最后吐蕃"功不获施"，唐中宗非常高兴，"赐强明绢断百段"。唐玄宗以擅长踢球赢得了这场比赛。正因为从年轻时就养成的善于打球的技能，

---

①　《晋书》卷二十七《五行志上》，第 804 页。《晋书》卷三《武帝纪》记载，太康十年十一月，"含章殿鞠室火"。第 79 页。《宋书》卷三十二《五行志三》将火灾发生的时间系于"十月"，第 933 页。

②　（唐）欧阳询撰，汪绍楹校：《艺文类聚》卷六十四《居处部四·室》，第 1151 页。（宋）李昉等《太平御览》卷一百七十四《居处部二·室》引《洛阳宫室名》曰："洛阳有望舒凉室、含章鞠室、清暑凉室。"第 851 页。

③　（唐）封演撰，赵贞信校注：《封氏闻见记校注》卷六《打毬》，第 53 页。

④　《资治通鉴》卷一百九十九《唐纪十五·高宗天皇大圣大弘孝皇帝上之上》"永徽三年"条云："二月，甲寅，上御安福门楼，观百戏。乙卯，上谓侍臣曰：'昨登楼，欲以观人情及风谷奢俭，非为声乐。朕闻胡人善为击鞠之戏，尝一观。昨初升楼，即有群胡击鞠，意谓朕笃好之也。帝王所为，岂宜容易。朕已焚此鞠，冀杜胡人窥望之情，亦因以自诫。'"第 6278 页。

所以在开元天宝年间，朝廷经常举行打毬比赛，"数御接观打球为事，能者左
萦右拂，盘旋宛转，殊可观"。由于这是一种对抗运动，"然马或奔逸，时致
伤毙"。唐德宗贞元元年（785）二月初一日，"寒食节，上与诸将击鞠于内
殿"①。正因为这种对抗运动会造成人员伤亡，唐代宗永泰年间，苏门山人刘
钢，于邺下上书于刑部尚书薛公云："打球一则损人，二则损马。为乐之方甚
众，何必乘兹至危，以邀晷刻之懽耶！"薛公接受了这一建议。苏门山位于辉
县市，地处河洛地区的边缘。但由于这种对抗有助于训练军队的作战能力，
"然打球乃军州常戏，虽不能废，时复为耳"。后来又出现了一种专门适合女
性的"蹴球之戏"，"今乐人又有蹴毬之戏，作彩画木毬，高一二尺，妓女登
踢，毬转而行，萦回去来，无不如意，古蹴毬之遗事也"②。可以说唐代是蹴
鞠发展较快的一个时期，虽然只有一处苏门山人刘钢对其有深刻的认识，但
如果将蹴鞠活动放在更广的层面加以考察，可以看出河洛地区无疑是这一活
动的核心地带。开成四年（839）二月戊辰，唐文宗"幸勤政楼观角抵、蹴
鞠"③。李重俊被唐中宗立为皇太子后，因为年少多为不法之事，为了校正李
重俊的行为，唐中宗乃以秘书监杨璬、太常卿武崇训一同担任太子宾客。但
是杨璬等人"皆主婿年少，唯以蹴鞠猥戏取狎于重俊，竟无调护之意"④。这
说明在唐代蹴鞠作为社会上层青年人喜爱的娱乐活动仍然很流行。开元初年，
关中地区遭受旱灾，为了赈灾，唐玄宗征求大臣直言极谏，张廷珪说到前王
之书，有"场无蹴鞠之玩"⑤赞誉。会昌年间，唐武宗"好蹴鞠、角抵"，有
赖于崔铉出面劝谏，唐武宗"褒纳之"⑥。大中年间，唐宣宗"会寒食宴近

①《旧唐书》卷十二《德宗纪上》，第348页。
②（唐）封演撰，赵贞信校注：《封氏闻见记校注》卷六《打毬》，第53—54页。（宋）王谠
撰，周勋初校正《唐语林校正》卷五《打毬》所记述的内容来源于此。第473页。
③《旧唐书》卷十七《文宗纪》，第577页。
④《旧唐书》卷八十六《节愍太子李重俊传》，第2837页。
⑤《新唐书》卷一百一十八《张廷珪传》，第4263页。
⑥《新唐书》卷一百六十《崔铉传》，第4974页。

臣，帝自击球为乐，巡劳从臣"①。唐僖宗也"好蹴鞠、斗鸡，与诸王赌鹅，鹅一头至直五十缗。尤善击球"，他甚至对表演杂戏的石野猪说："朕若应击球进士举，须为状元。"② 可见唐代末期，社会上层沉湎于蹴鞠活动，已经成为朝政腐败的标志之一。

蹴鞠作为在中国具有悠久历史的竞技活动，在汉唐间黄河中下游地区风靡一时。从早期的军事训练为主的活动，演变为社会各阶层都喜爱的一项运动，社会上层的参与是重要原因之一，再加上汉唐时期两京地区商业经济发达，为这一娱乐活动的普及提供了便利条件。

第二节　弹　棋

弹棋作为棋类游戏，在汉代开始出现。关于弹棋在汉代出现的情况，《弹棋经序》曰：

> 弹棋者，仙家之戏也。昔汉武帝平西域，得胡人善蹴鞠者，盖炫其便捷跳跃，帝好而为之。群臣不能谏，侍臣东方朔因以此艺进之，帝就舍蹴鞠，而上弹棋焉。习之者多在宫禁中，故时人莫得而传。至王莽末，赤眉凌乱，西京倾覆，此艺因官人所传，故散落人间。及章帝御宇，好诸伎艺，此戏乃盛于当时。③

由《弹棋经序》所述可知，弹棋本是民间世外高人的游艺活动，有赖东方朔而为皇帝所喜欢，但多是在皇宫中流行。《西京杂记》卷二《弹棋代蹴鞠》云："成帝好蹴鞠，群臣以蹴鞠为劳体，非至尊所宜。帝曰：'朕好之，可择似而不劳者奏之。'家君作弹棋以献，帝大悦。"④ 这也是说明汉成帝因喜好弹

---

① 《新唐书》卷一百七十五《杨汉公传》，第5249页。
② 《资治通鉴》卷二百五十三《唐纪六十九·僖宗圣恭定孝皇帝上之下》"广明元年"条，第8221页。
③ （宋）李昉等：《太平御览》卷七百五十五《工艺部十二·弹棋》，第3350页。
④ （晋）葛洪：《西京杂记》，第14页。

棋而使其流传。《七修类稿》卷二十五《辩证类·原棋及苏王》云："弹棋始于刘向，因汉成帝恶蹴鞠之劳，作以献之，其制义则备于柳子厚《序棋》，今不传矣。"① 西汉灭亡后开始在民间流传。由于汉章帝的喜爱而在社会上流行开来。汉安帝曾经下诏曰："乐成王居谅暗，衰服在身，弹棋为戏，不肯谒陵。"② 前文云梁冀也能够弹棋，李贤注引《艺经》曰："弹棋，两人对局，白黑棋各六枚，先列棋相当，更先弹也。其局以石为之。"③ 东汉时期，弹棋的发展也经历了盛衰起伏的过程，《弹棋经后序》曰：

> 自后汉冲、质已后，此艺中绝。至献帝建安中，曹公执政，禁阑幽密，至于博弈之具，皆不得得妄置宫中。宫人因以金钗玉梳戏于妆奁之上，即取类于弹棋也。及魏文帝受禅，宫人所为，更习弹棋焉。当时朝臣名士，无不争能，故帝与吴季量书曰："弹棋，间设者也。"④

季量为吴质字，这说明汉冲帝、汉质帝以后，即桓灵二帝时期，弹棋消失了半个世纪之久。魏文帝即位后，弹棋才再次流行起来。《魏略》记载魏文帝与吴质书云："每念昔日南皮之游，诚不可忘。既妙思六经，逍遥百氏，弹棋闲设，终以博弈，高谈娱心，哀筝顺耳。"⑤ 这应当是建安年间曹丕与吴质从邺城出发到南皮游玩的回忆。曹丕即位后，在宫中以弹棋作为游玩的主要娱乐项目。《世说新语·巧艺》云："弹棋始自魏宫内用妆奁戏。文帝于此戏特妙，用手巾角拂之，无不中。有客自云能，帝使为之。客著葛巾角，低头拂棋，妙逾于帝。"⑥ 魏文帝《典论》也曾说："余于他戏弄之事，少所喜；惟弹棋略尽其功，乃为之赋。昔京师先工有马合乡侯、东方安世安、张公子，常恨

---

① （明）郎瑛：《七修类稿》，第 268 页。
② （宋）李昉等：《太平御览》卷七百五十五《工艺部十二·弹棋》引《东观汉记》，第3350 页。
③ 《后汉书》卷三十四《梁冀传》，第 1178 页。
④ （宋）李昉等：《太平御览》卷七百五十五《工艺部十二·弹棋》，第 3350 页。
⑤ 《三国志》卷二十一《魏书·吴质传》裴注引，第 610 页。
⑥ 徐震堮：《世说新语校笺》，第 384 页。

不得与彼数子者对。"① 可见弹棋并不是起源于曹魏宗室甚明。因为弹棋在娱乐中喜好者颇多,也留下了许多《弹棋赋》,如周王褒《弹棋诗》,蔡邕、魏文帝、丁廙、夏侯惇都有赋作流传,梁简文帝《弹棋论序》、梁元帝《谢东宫赐弹棋局启》等。② 葛洪在《抱朴子》中曾评价弹棋曰:"世之豪士,暑夏之日,露首袒身,惟在樗蒲弹棋,不离绮纨之侧也。"③ 从上述诸多材料可知,弹棋作为传自西域的娱乐活动,从西汉时期进入黄河流域后主要在社会上层传播,因为作为娱乐活动的重要组成部分,引起社会各阶层的喜爱,留下了描述弹棋的诗赋。特别需要指出的是,东晋时期,徐广《弹棋谱》一书应当是当时弹棋活动的理论总结。

在魏晋南北朝时期社会生活中有关弹棋娱乐的资料较少,但仍有一些留存,前文相关引述曾提及魏晋时期弹棋的基本状况。北齐时期,颜之推曾经说:"弹棋亦近世雅戏,消愁释愦,时可为之。"④ 这说明从北朝开始,弹棋又成为娱乐活动的重要内容。隋唐时期,作为延续魏晋传统的弹棋继续得以在社会生活中作为游艺而存在,且发生了一些变革。

隋唐时期,弹棋作为娱乐活动在正史中仅仅出现过一次。大约武则天时期,崔宽由于"通略",进入政坛是"以文词进,骑射、弹棋、投壶特妙"⑤。在民间娱乐活动中,包括弹棋在内的许多娱乐活动受到法律的限制,《唐律疏议·匿父母夫丧》规定:"诸闻父母若夫之丧匿不举哀者,流二千里;丧制未终释服从吉,若忘哀作乐,自作、遣人等。徒三年;杂戏,徒一年;即遇乐而听及参预吉席者,各杖一百。"这些杂戏在父母去世后都不能举行,如果贸然举行就会受到刑法惩罚。疏议曰:"若忘哀作乐,自作、遣人等,亦徒三

① (宋)李昉等:《太平御览》卷七百五十五《工艺部十二·弹棋》,第3350页。
② (唐)欧阳询撰,汪绍楹校:《艺文类聚》卷七十四《巧艺部·弹棋》,第1275页。
③ (宋)李昉等:《太平御览》卷二十二《时序部七·夏中》,第105页。
④ (北齐)颜之推撰,王利器集解:《颜氏家训集解》卷七《杂艺》,第530页。
⑤ 《旧唐书》卷一百《裴宽传》,第3129页。《新唐书》卷一百三十《裴宽传》云:"宽性通敏,工骑射、弹棋、投壶,略通书记。"第4488页。

年。杂戏，徒一年。乐，谓金石、丝竹、笙歌、鼓舞之类。杂戏，谓樗蒲、双陆、弹棋、象博之属。'即遇乐而听'，谓因逢奏乐而遂听者；'参预吉席'，谓遇逢礼宴之席参预其中者：各杖一百。"① 唐朝之所以有此严苛的法律规定，是与社会上过分的娱乐活动极为盛行有关。随着弹棋普遍化，唐代还流行着三部弹棋谱，其一为东晋时期徐广撰《弹棋谱》一卷，张柬之撰《弹棋经》一卷，另外一种《弹棋经》一卷。这些棋谱无疑有利于推动弹棋的普及化。

唐代河洛地区弹棋活动在唐诗中也有反映。天宝九载，王维《故人张諲工诗善易卜兼能丹青草隶顷以诗见赠聊获酬之》云："不逐城东游侠儿，隐囊纱帽坐弹棋。蜀中夫子时开卦，洛下书生解咏诗。"② 这应当是长安、洛阳两京弹棋活动的真实写照。李顾《弹棋歌》有云："崔侯善弹棋，巧妙尽于此。蓝田美玉清如砥，白黑相分十二子。联翩百中皆造微，魏文手巾不足比。缘边度陇未可嘉，鸟跂星悬危复斜。回飙转指速飞电，拂四取五旋风花。座中齐声称绝艺，仙人六博何能继。一别常山道路遥，为余更作三五势。"③ 李顾通过对崔侯弹棋的精妙描述展现出熟练的棋艺，由此亦可知弹棋黑白十二子组成，由两人对弈。韦应物《弹棋歌》也展现了当时弹棋的基本内容。高适《别韦参军》以"弹棋击筑白日晚，纵酒高歌杨柳春"，展示自己客居梁宋时期的苦闷心情。开元十九年，高适在北游前，为友人房敬叔写诗《苦雨寄房四昆季》，其中有"弹棋自多暇，饮酒更何如"④ 展露心迹。孙逖《和常州崔使君咏后庭梅二首》之二有"花落弹棋处，香来荐枕前"⑤，描写了幽静的庭院中的弹棋活动。常建《宿五度溪仙人得道处》描述秦岭深处"仙人弹棋处，石上青萝盘"⑥，再次展示了仙人弹棋的遗迹。天宝三载（744），岑参《沣头

① 刘俊文笺解：《唐律疏议》卷十《职制》，第 799 页。
② （唐）王维撰，陈铁民校注：《王维集校注》卷三《编年诗（天宝上）》，第 296 页。
③ 刘宝和：《李顾诗评注》，第 219 页。
④ 刘开扬：《高适诗集编年笺注》，第 10、56 页。
⑤ （清）彭定求等奉敕编，中华书局编辑部点校：《全唐诗》卷一百十八，第 1194 页。
⑥ （清）彭定求等奉敕编，中华书局编辑部点校：《全唐诗》卷一百四十四，第 1460 页。

送蒋侯》描述在隐居前于沣水送别时，有"饮酒溪雨过，弹棋山月低"的往昔生活。天宝五六载，岑参游览淇上，《敬酬杜华淇上见赠兼呈熊曜》诗中有"吾徒在舟中，纵酒兼弹棋"，重叙在汲县的饮酒与弹棋生活。天宝十五载岑参《与独孤渐道别长句兼呈严八侍御》描述在长安的生活场景中有"中酒朝眠日色高，弹棋夜半灯花落"①的佳句。宝应元年（762），作为虢州长史的岑参作《冬宵家会饯李郎司兵赴同州》描述"多暇或自公，读书复弹棋"生活方式，可以说弹棋在岑参的生活中居于重要的地位。到了唐代后期，弹棋在两京更是广泛流行。大和三年（829），白居易在长安逗留，留下《和春深二十首》之十七云："何处春深好，春深博弈家。一先争破眼，六聚斗成花。鼓应投壶马，兵冲象戏车。弹棋局上事，最妙是长斜。"②在这首诗中白居易将围棋、投壶、象棋、弹棋、博戏等多种游艺活动的游玩方法都作了描写。开成元年（836），李商隐科考不第，东归途中，在洛阳相遇柳枝故旧，《柳枝五首》有云"玉作弹棋局，中心亦不平"③，描述心中的情感，亦是棋局的反映。唐代弹棋游艺颇为盛行。张廷珪、卢谕均有《弹棋赋》，阎伯玙有《弹棋局赋》，对弹棋对弈进行了形象描写。更有童子因弹棋展示卓异的才华。华阴杨牢是一个六岁孤儿，从学校回家时，误入其父亲友人的家，适逢"二丈人弹棋次"，见是友人之子，戏曰："尔能为丈人咏此局否？"杨牢登时叉手咏曰："魁形下方天顶凸，二十四寸窗中月。"其父友人对其才华赞不绝口。④这种幼童即擅长弹棋，足见弹棋之盛行。

弹棋作为一种高雅的娱乐活动，从汉武帝时期出现后，经历东汉初年的发展，曾经沉寂过一段时间，到魏晋时期为社会上层所喜爱而得以再度恢复。唐代因为社会的全面开放，弹棋活动风靡一时，无论社会上层抑或是普通百

① （唐）岑参著，陈铁民、侯忠义校注：《岑参集校注》，上海古籍出版社1981年版，第51、64、273、176页。

② （唐）白居易著，顾学颉校点：《白居易集》卷二十六《和春深二十首》，第596页。

③ 刘学锴、余恕诚：《李商隐诗歌集解》，中华书局2004年版，第113页。

④ （宋）王谠撰，周勋初校正：《唐语林校正》，第317页。

姓均可进行弹棋游戏，甚而六岁幼童都熟悉棋局布设。

第三节　角　抵

角抵游戏起源于战国末年。角抵原名觳抵，秦代改为角抵。《汉书》卷二十三《刑法志》云："春秋之后，灭弱吞小，并为战国，稍增讲武之礼，以为戏乐，用相夸视。而秦更名角抵，先王之礼没于淫乐中矣。"秦二世时，"在甘泉，方作觳抵优俳之观"。《集解》应劭曰："战国之时，稍增讲武之礼，以为戏乐，用相夸示，而秦更名曰角抵。角者，角材也。抵者，相抵触也。"文颖曰："案：秦名此乐为角抵，两两相当，角力，角伎蓺射御，故曰角抵也。"裴骃案："觳抵即角抵也。"① 可见角抵游戏是两人之间的角力游戏。

汉代角抵游戏更加普及。元封三年（前108）春，汉武帝"作角抵戏，三百里内皆观"。应劭曰："角者，角技也。抵者，相抵触也。"文颖曰："名此乐为角抵者，两两相当角力，角技艺射御，故名角抵，盖杂技乐也。巴俞戏、鱼龙蔓延之属也。汉后更名平乐观。"师古曰："抵者，当也。非谓抵触。文说是也。"元封五年夏，"京师民观角抵于上林平乐馆"②。由此可见西汉时期长安的平乐观是皇家游乐的场所。汉元帝初元五年（前44）四月，因自然灾害频仍，"罢角抵"游戏。③ 由此可见，西汉时期的角抵游戏主要是在皇宫中进行。

东汉时期，角抵这一流行于上层的游戏继续在东汉皇宫盛行。仲长统《昌言·理乱篇》批评继任的君主："彼后嗣之愚主，见天下莫敢与之违，自

---

① 《史记》卷八十七《李斯列传》，第 2559 页。
② 《汉书》卷六《武帝纪》，第 194、198 页。
③ 《汉书》卷九《元帝纪》，第 285 页。《汉书》卷二十三《刑法志》云："至元帝时，以贡禹议，始罢角抵，而未正治兵振旅之事也。"第 1090 页。《汉书》卷七十二《贡禹传》云："天子纳善其忠，乃下诏令太仆减食谷马，水衡减食肉兽，省宜春下苑以与贫民，又罢角抵诸戏及齐三服官。迁禹为光禄大夫。"第 3073 页。《汉书》卷二十四上《食货志上》云："又罢建章、甘泉宫卫，角抵，齐三服官，省禁苑以予贫民，减诸侯王庙卫卒半。"第 1141 页。

谓若天地之不可亡也，乃奔其私嗜，骋其邪欲，君臣宣淫，上下同恶。目极角抵之观，耳穷郑卫之声。"李贤注云："武帝元封三年，作角抵戏。《音义》云：'两两相当角力，角伎蓺射御，故名角抵，盖杂伎乐也，巴俞戏鱼龙蔓延之属也。后更名平乐观。'"① 东汉时期角抵这种角力游戏常常被用来向外国使者进行展示。汉顺帝永和元年（136），"（夫余）其王来朝京师，帝作黄门鼓吹、角抵戏以遣之"②。汉安二年（143），汉顺帝立南匈奴呼兰若尸逐就单于兜楼储，并且遣行中郎将持节护送单于归南庭，在送行时，汉顺帝"诏太常、大鸿胪与诸国侍子于广阳城门外祖会，飨赐作乐，角抵百戏。顺帝幸胡桃宫临观之"③。李贤注云："角抵之戏则鱼龙爵马之属。言两两相当，亦角而为抵对，即今之斗朋，古之角抵也。"由此可见，角抵游戏即是角力的展现，也有一定的技巧，属于两人之间的游戏。除了在送行少数民族首领时作角抵之戏以示戏乐外，在朝廷举行的大型活动中也有角抵的展示。《续汉书·礼仪志中》"遣卫士条"云："飨遣故卫士仪：百官会，位定，谒者持节引故卫士入自端门。卫司马执幡钲护行。行定，侍御史持节慰劳，以诏恩问所疾苦，受其章奏所欲言。毕飨，赐作乐，观以角抵。乐阕罢遣，劝以农桑。"角抵戏作为从战国时期就流传下来的戏乐与战争演练有着密切的关系。对于汉魏之际角抵的流传过程，《南齐书》卷十一《乐志》云："角抵、像形、杂伎，历代相承有也。其增损源起，事不可详，大略汉世张衡《西京赋》是其始也。魏世则事见陈思王乐府《宴乐篇》，晋世则见傅玄《元正篇》、《朝会赋》。"④《南齐书》不仅梳理了角抵的流传过程，而且说明角抵在演变过程中多有变化。

北魏时期也延续了汉晋以来少数民族地区的娱乐活动。角抵游戏在北魏

① 《后汉书》卷四十九《仲长统传》，第1647页。
② 《后汉书》卷八十五《东夷传·夫余》，第2812页。
③ 《后汉书》卷八十九《南匈奴传》，第2963页。
④ 《南齐书》卷十一《乐志》，第195页。

隋唐仍然盛极一时，这与北魏少数民族风俗有关。天兴六年（409）冬，北魏道武帝"诏太乐、总章、鼓吹增修杂伎，造五兵、角抵、麒麟、凤皇、仙人、长蛇、白象、白虎及诸畏兽、鱼龙、辟邪、鹿马仙车、高絚百尺、长趫、缘橦、跳丸、五案以备百戏。大飨设之于殿庭，如汉晋之旧也。太宗初，又增修之，撰合大曲，更为钟鼓之节"[①]。这说明角抵游戏是众多游戏活动的重要组成部分，并且在明元帝时期提升了一个档次。北魏迁都洛阳后，常常在禅虚寺前阅武场举行角抵比赛，朝廷利用"岁终农隙，甲士习战，千乘万骑，常在于此"。其中角抵戏是两人之间的力量较量，"有羽林马僧相善角牴戏，掷戟与百尺树齐等。虎贲张车渠，掷刀出楼一丈。帝亦观戏在楼，恒令二人对为角戏"[②]。由此可知，角抵也是一种军事训练。西魏大统五年（539），当时"太庙初成"，所以在"四时祭祀，犹设俳优角抵之戏"[③]。到北周宣帝即位后，因为角抵游戏而玩物丧志的现象，使贤臣深感忧虑，乐运批评周宣帝，朝廷"朝夕征求，唯供鱼龙烂漫，士民从役，只为俳优角抵"，结果造成"纷纷不已，财力俱竭，业业相顾，无复聊生"。因此他建议"凡此无益之事，请并停罢"[④]。虽然周宣帝最后赦免了耿直的乐运，但并未废除这种游艺活动，故有"郑译有宠于宣帝，奏征齐散乐人，并会京师为之。盖秦角抵之流者也"，到了"开皇初，并放遣之"[⑤]。可见这种游艺活动在黄河中下游地区流行的广泛，随着都城的变迁而皇室多有此活动。

隋唐时期，角抵活动更是风靡一时，作为力量对抗性的游戏，既是力量的体现，还有军事训练的因素。隋炀帝在洛阳多次举办大型游乐活动，其中角抵戏湿气重的重要活动。大业三年（607），"帝至东都，矩以蛮夷朝贡者

---

① 《魏书》卷一百九《乐志》，第2828页。
② （魏）杨衒之撰，周祖谟校释：《洛阳伽蓝记校释》卷五《城北》，第179—180页。
③ 《周书》卷三十五《崔猷传》，第615页。
④ 《周书》卷四十《乐运传》，第723页。
⑤ 《隋书》卷十五《音乐志下》，第380—381页。《隋书》卷六十二《柳彧传》云："近代以来，都邑百姓每至正月十五日，作角抵之戏，递相夸竞，至于糜费财力，上奏请禁绝之"。最后，隋文帝"诏可其奏"。第1483—1484页。

多，讽帝大征四方奇技，作鱼龙曼延角抵于洛邑，以夸诸戎狄，终月而罢"①。
大业六年正月十五日，"角抵大戏于端门街，天下奇伎异艺毕集，终月而罢。
帝数微服往观之"②。这是隋炀帝利用正月十五日元宵节的节日，在洛阳端门
街连续半月举办游艺活动，并曾多次微服观看。前文所引资料已经显示唐文
宗、唐武宗均喜好角抵游戏。唐玄宗在洛阳期间，于五凤楼下举办大型游乐
活动，还曾登上勤政楼观赏，"府县教坊，大陈山车旱船，寻橦走索，丸剑角
抵，戏马斗鸡"③。可见角抵活动时游戏活动的有机组成部分。陆龟蒙《开元
杂题七首·杂技》云："拜象驯犀角抵豪，星丸霜剑出花高。六宫争近乘舆
望，珠翠三千拥赭袍。"④ 这是对包括角抵游戏在内的游艺活动的形象描写，
从围观者身份之高可见其颇受朝廷的重视。唐懿宗咸通年间还出现《角抵赋》
以描述角抵游戏，赋云："前冲后敌，无非有力之人；左攫右拿，尽是用拳之
手。"⑤ 赋文对角抵游戏中力量的展示进行了形象描述，塑造了角抵力士的勇
猛形象。

通观角抵活动的演变可以看出，这种游戏活动起源于战国末年，在秦汉
时期多在社会上层流行。作为两人之间的角力竞赛，角抵常常被用来向外国
使者展示的游艺活动。隋唐时期，洛阳的角抵比赛由于隋炀帝的喜好而大放
异彩。唐玄宗因喜爱而观赏更是助推了这一活动的盛行。

第四节　秋千与拔河

秋千是一种来自北方少数民族的游艺活动，在进入中原后，很快为百姓
所喜爱而成为都可参与的一项活动。拔河作为群体项目，是集体力量的展现，

---

①　《旧唐书》卷六十三《裴矩传》，第 2407 页。

②　《隋书》卷三《炀帝纪上》，第 74 页。

③　（唐）郑处诲撰，田廷柱点校：《明皇杂录》卷下，第 26 页。

④　何锡光校注：《陆龟蒙全集校注》，第 755 页。

⑤　（五代）王定保：《唐摭言》卷十，第 113 页。

在唐代更是流行于河洛地区，成为人人均可参与的娱乐项目。

一、秋千

秋千是一种古老的民间游艺活动，在中国有着悠久的历史。河洛地区应当说是秋千活动最早的地区之一。关于秋千的渊源，《事物纪原》卷八《秋千》云：

> 《古今艺术图》曰：北方戎狄，爱习轻趫之态，每至寒食为之。后中国女子学之，乃以彩绳悬树立架，谓之秋千。或曰本山戎之戏也，自齐桓公北伐山戎，此戏始传中国。一云正作千秋字，为秋千非也，本出自汉宫祝寿辞也，后世语倒为秋千耳。[①]

从《事物纪原》所述，秋千出自春秋时期齐桓公北伐山戎时，将这一游戏传入中原，本名千秋，后来名称演变为秋千。《订讹类编》则更为详细地考释了秋千的古今流变。

> 《坚瓠集》云："罥索，秋千也。见《涅槃经》。僛縭，今之软索。见《三国志》。"秋千云自齐桓公伐山戎，传其戏入中国。今燕齐之间，清明前后，此戏盛行。《文苑英华》载高无际《秋千赋序》云：汉武帝后庭戏。本云千秋，祝寿之词也，语讹转为秋千。字讹传为秋千。杨升菴《词品》有"秋千两绣旗"句。明董退周《春情诗》云："杂佩明珰竟可怜，春风渐短画楼前。千秋戏罢莺同坐，百草赢来柳共眠。"差埒正误。[②]

《荆楚岁时记》论及"秋千"之时引《古今艺术图》云："秋千，北方山戎之戏，以习轻趫者。"谈到"施钩之戏"时说："施钩之戏，以绠作篾缆相冒，绵亘数里，鸣鼓牵之。求诸外典，未有前事。公输子游楚为舟战。其退则钩之，进则强之，名曰钩强遂以时越。以钩为戏，意起于此。《涅槃经》曰：斗

---

① （宋）高承传，（明）李果订，金圆、许沛藻点校：《事物纪原》卷八，第 432 页。
② （清）杭世骏撰，陈抗点校：《订讹类编·续编》卷三《字讹·千秋》，第 101 页。

轮骨轮索。其秋千之戏乎？秋千亦施钩之类也。"① 可见在六朝人的心目中，秋千与公输般舟战联系在一起，又与北方地区的山戎传入内地有关。汉武帝时期秋千出现也是一种说法。王延寿《千秋赋序》："古人谓千秋，出汉宫后庭之戏，祝寿辞也。后人妄易其字，旁加以'革'，而语复颠倒。"② 高无际《汉武帝后庭秋千赋序》亦云："况秋千者，千秋也。汉武祈千秋之寿，故后宫多秋千之乐。"③ 这说明秋千所具有的悠久历史。

唐代河洛地区的秋千游戏非常普遍，无论唐人的笔记小说抑或是诗歌都有秋千游艺的颇多记载。唐玄宗时，宫中流行着荡秋千为"半仙之戏"的说法。《开元天宝遗事》卷下《半仙之戏》云："天宝宫中至寒食节，竞树秋千，令宫嫔辈戏笑以为宴乐，帝呼为半仙之戏，都中士民因而呼之。"④ 这说明宫中的秋千游戏已经传播到民间。《全唐诗》中有关秋千的诗歌颇多，张仲素《春游曲三首》之一云："柳飞轻絮，风榆落小钱。濛濛百花里，罗绮竞秋千。"⑤ 这首诗将春天美景描绘得栩栩如生，柳絮从如烟的柳林中飞出，微风吹落榆钱，在萌萌的百花丛中，少女在荡秋千，如画的美景正是唐人生活的写照。王维《寒食城东即事》诗云："蹴鞠屡过飞鸟上，秋千竞出垂杨里。"⑥ 虽然描写的是长安城东荡秋千的场景，但也是春天的寒食节荡秋千习俗的真实写照。王建《秋千词》云："长长丝绳紫复碧，袅袅横枝高百尺。少年儿女重秋千，盘巾结带分两边。身轻裙薄易生力，双手向空如鸟翼。下来立定重系衣，复畏斜风高不得。傍人送上那足贵，终赌鸣珰斗自起。回回若与高树齐，头上宝钗从堕地。眼前争胜难为休，足踏平地看始愁。"⑦ 王建的《秋千

---

① （梁）宗懔原著，谭麟译注：《荆楚岁时记译注》，第65页。
② （元）俞希鲁编纂，杨积庆、贾秀英、蒋文野等校点：《至顺镇江志》卷三《风俗》，江苏古籍出版社1990年版，第76页。
③ （清）董诰编，孙映逵等点校：《全唐文》卷九百五十，第5822页。
④ （五代）王仁裕撰，曾贻芬点校：《开元天宝遗事》，第41页。
⑤ （清）彭定求等奉敕编，中华书局编辑部点校：《全唐诗》卷三百六十七，第4149页。
⑥ 王维撰，陈铁民校注：《王维集校注》，第589页。
⑦ （唐）王建著，尹占华校注：《王建诗集校注》卷一，第17页。

词》将少女荡秋千的形象描述再现了民众生活的日常。刘禹锡《同乐天和微之深春二十首》之十六有"秋千争次第,牵拽彩绳斜"①,将少年争秋千的现象展示出来。白居易晚年曾回忆早年荡秋千的经历,有《寒食夜》诗云:"四十九年身老日,一百五夜月明天。抱膝思量何事在?痴男騃女唤秋千。"② 他的另一首《病中多雨逢寒食》有云:"薄暮何人吹觱篥,新晴几处缚秋千。彩绳芳树长如旧,唯是年年换少年!"③《和春深二十首》之十六"秋千细腰女,摇曳逐风斜"④,都是对往昔生活的追忆。李商隐《评事翁寄赐饧粥走笔为答》有云:"粥香饧白杏花天,省对流莺坐绮筵。今日寄来春已老,凤楼迢递忆秋千。"⑤ 也是对荡秋千往事的追忆。郑谷《旅寓洛南村舍》云:"村落清明近,秋千稚女夸。"⑥ 洛南位于两京之间,这是他对洛南乡野生活的记述。韦庄《浣溪沙》之二"欲上秋千四体慵,拟交人送又心忪"⑦。又如韩偓《夜深(一作寒食夜)》云:"恻恻轻寒翦翦风,小梅飘雪杏花红。夜深斜搭秋千索,楼阁朦胧烟雨中。"⑧ 通过写寒食夜的景,将秋千、楼阁在细雨中的春景做了细致的描述,展示了作者的心境。韩偓《秋千》云:"池塘夜歇清明雨,绕院无尘近花坞。五丝绳系出墙迟,力尽才瞵见邻圃。下来娇喘未能调,斜倚朱阑久无语。无语兼动所思愁,转眼看天一长吐。"⑨ 这首诗将幼女在五色绳的秋千上游荡,用尽力气才看过隔墙的邻家园圃,从秋千上下来累得气息未定,靠在栏杆上不愿言语。韩偓形象描写使幼女荡秋千描述的使人如身临

---

① (唐)刘禹锡撰,《刘禹锡集》整理组点校,卞孝萱校订:《刘禹锡集》,中华书局1990年版,第436页。

② (唐)白居易著、顾学颉校点:《白居易集》卷十八《寒食夜》,第393页。

③ (唐)白居易著、顾学颉校点:《白居易集》卷二十四《病中多雨逢寒食》,第542页。

④ (唐)白居易著、顾学颉校点:《白居易集》卷二十六《和春深二十首》,第596页。

⑤ 刘学锴、余恕诚:《李商隐诗歌集解》,第565页。

⑥ (唐)郑谷著,严寿澂、黄明、赵昌平笺注:《郑谷诗集笺注》,上海古籍出版社2009年版,第123页。

⑦ (唐)韦庄著,聂安福笺注:《韦庄集笺注》,第404页。

⑧ (唐)韩偓著,陈继龙注:《韩偓诗注》卷四,第354页。

⑨ (唐)韩偓著,陈继龙注:《韩偓诗注》卷四,第433页。

其境。秋千作为民众生活的部分，与河洛地区同时存在的国家大食也"有打球节、秋千节"。秋千作为千百年来沿袭的传统，后人曾经作过总结，《五杂组》卷五《人部一》云：

> 南方好傀儡，北方好秋千，然皆胡戏也。……秋千云自齐桓公
> 伐山戎，传其戏入中国。今燕、齐之间，清明前后此戏盛行。所谓
> 北方戎狄爱习轻趫之能者，其说信矣。①

秋千这种古老的游艺活动，从北方少数民族地区传入中原后，在每年的清明前后盛行，保留了少数民族轻捷矫健的动感风貌。

秋千作为来自北方少数民族的游艺活动，在进入河洛地区后很快被民众所喜爱，成为人们都喜欢的一项活动，特别是进入唐代以后，秋千遍布河洛地区。在春光明媚的季节，少女荡秋千的场景无疑是非常和谐的画面。

二、拔河

拔河游艺活动是唐代游艺活动的重要特色。大约起源于先秦楚国，与战争紧密联系在一起。《封氏闻见记》卷六《拔河》云：

> 拔河，古谓之牵钩。襄、汉风俗，常以正月望日为之。相传楚
> 将伐吴，以为教战。梁简文临雍部，禁之而不能绝。古用篾缆，今
> 民则以大麻絚长四五十丈，两头分系小索数百条挂于胸前。分二朋，
> 两向齐挽，当大絚之中立大旗为界，震鼓叫噪，使相牵引，以却者
> 为胜，就者为输，名曰"拔河"。②

从封演的追述可知，拔河游戏起源于楚国伐吴的作战中，中经梁简文帝禁绝，到唐代中期再次流行。景龙三年（709）二月己丑，唐中宗"及皇后幸玄武

---

① （明）谢肇淛：《五杂组》，第101页。
② （唐）封演撰，赵贞信校注：《封氏闻见记校注》，第54页。（宋）王谠撰，周勋初校正：《唐语林校正》卷五《补遗》所引也是源自《封氏闻见记》，（宋）王谠撰，周勋初校正：《唐语林校正》，第475页。

门，观宫女拔河，为宫市以嬉"①。景龙四年二月庚戌，唐中宗"令中书门下供奉官五品已上、文武三品已上并诸学士等，自芳林门入集于梨园球场，分朋拔河，帝与皇后、公主亲往观之"②。《封氏闻见记》卷六《拔河》云："中宗曾以清明日御梨园毬场，命侍臣为拔河之戏。时七宰相二驸马为东朋，三宰相五将军为西朋。东朋贵人多，西朋奏输胜不平，请重定。不为改。西朋竟输。仆射韦巨源、少师康休璟，年老，随縆而蹐，久不能兴。上大笑，令左右扶起。"③ 可见唐中宗景龙四年的这次拔河游戏是朝中大臣均参与其中，笑料迭出。《资治通鉴》卷二百九《睿宗玄真大圣大兴孝皇帝上》"景云元年"条云："（二月）庚戌，上御梨园毬场，命文武三品以上抛毬及分朋拔河，韦巨源、唐休璟衰老，随縆蹐地，久之不能兴；上及皇后、妃、主临观，大笑。"④ 这次拔河游戏应当是将民间流传已久的游艺活动引入宫中，故而引起重视。关于此次拔河的具体情况，《五杂组》卷二《天部二》云：

> 唐时清明有拔河之戏，其法以大麻縆，两头各系十余小索，数人执之，对挽，以强弱为胜负。时中宗幸梨园，命侍臣为之，七宰相、二驸马为东朋，三相、五将为西朋。仆射韦巨源、少师唐休璟年老无力，随縆蹐地，久不能起，上以为笑。⑤

进而评价曰："夫此戏乃市井儿童之乐，壮夫为之，已自不雅，而况以将相贵戚之臣，使之角力仆地，毁冠裂裳，不亦甚乎？"唐中宗景龙四年的拔河游戏

---

① 《新唐书》卷四《中宗纪》，第 111 页。
② 《旧唐书》卷七《中宗纪》，第 149 页。《新唐书》卷四《中宗纪》云："（景龙四年二月）庚戌，及后、妃、公主观三品以上拔河。"第 112 页。（宋）程大昌撰，黄永年点校《雍录》卷九《梨园》云："中宗令学士自芳林门入，集于梨园，分朋拔河，则梨园在太极宫西，禁苑之内矣。"第 197 页。
③ （唐）封演撰，赵贞信校注：《封氏闻见记校注》，第 54—55 页。
④ （宋）司马光编著，（元）胡三省音注，标点资治通鉴小组校点：《资治通鉴》，第 6639—6640 页。
⑤ （明）谢肇淛：《五杂组》，第 22 页。

在当时有很大的影响。① 唐中宗在清明节流行的拔河游戏，后人做了详细的考述。② 可见这种娱乐活动已经成为宫中的常态，时值唐中宗在位期间，这里所记述的是宫中的拔河，其实在黄河中下游地区拔河早已在民间流行。

唐玄宗时期宫中仍然留存着拔河游戏。唐玄宗《观拔河俗传此戏必致年丰故命北军以求岁稔》云："壮徒恒贾勇，拔拒抵长河。欲练英雄志，须明胜负多。噪齐山岌嶪，气作水腾波。预期年岁稔，先此乐时和。"唐玄宗的诗作完成后，张说作诗奉和，张说《奉和圣制观拔河俗戏应制》云："今岁好拖钩，横街敞御楼。长绳系日住，贯索挽河流。斗力频催鼓，争都更上筹。春来百种戏，天意在宜秋。"③ 河东人薛胜作《拔河赋》予以赞美，"词致浏亮，为时所称"④。《拔河赋》云："皇帝大夸胡人，以八方平泰。百戏繁会，令壮士千人，分为二队，名拔河于内，实耀武于外。"《封氏闻见记》卷六《拔河》云："玄宗数御楼设此戏，挽者至千余人，喧呼动地，蕃客士庶观者，莫不震骇。进士河东薛胜为《拔河赋》，其词甚美，时人竞传之。"⑤ 自唐天宝后期，朝政腐败，甚至影响到了军队的构成，"六军宿卫皆市人，富者贩缯彩、食粱肉，壮者为角觝、拔河、翘木、扛铁之戏，及禄山反，皆不能受甲矣"⑥。这虽然从一个侧面展现了军队的腐败，但军人从事拔河等游戏，说明此种游艺活动的普及。《全唐诗话》卷一《李适》亦云："三月一日，清明，幸梨园，

---

① （宋）尤袤：《全唐诗话》，中华书局1985年版，第12页。冯梦龙《古今谈概·杂志部》"拔河戏"条亦云："唐时，清明有拔河之戏。其法以大麻絚两头各系十余小索，数人执之对挽，以强弱为胜负。时中宗幸梨园，命侍臣为之。七宰相、二驸马为东朋；三相五将为西朋。仆射韦巨源、少师唐休璟年老无力，随絚蹭地，久不能起。上以为笑。"

② 《景龙文馆集·扳絚之戏》云："清明节命侍臣为扳红之戏，以大麻絚两头系十余小绳，每绳数人执之争絚，以力弱者为输。时十宰相二驸马为东朋，三相五将为西朋，仆射韦巨源，少师唐休璟以年老随絚而蹭，久不能起，帝以为笑乐。"（宋）曾慥编纂，王汝涛等校注：《类说》卷六，福建人民出版社1996年版，第187页。

③ （唐）张说著，熊飞校注：《张说集校注》卷二《杂诗》，第54页。

④ 《旧唐书》卷一百五十三《薛存诚传》，第4089页。

⑤ （唐）封演撰，赵贞信校注：《封氏闻见记校注》，第55页。

⑥ 《新唐书》卷五十《兵志》，第1327页。（宋）王溥：《唐会要》卷七十二《军杂录》云："六军诸卫之士，皆市人白徒。富者贩缯采，食粱肉，壮者角抵拔河，翘木扛铁，日以寝斗，有事乃股栗不能授甲。其后盗乘而反，非不幸也。"第1300页。

命侍臣为拔河之戏。"拔河习俗在清代北京地区小儿游戏中颇为流行,《日下旧闻考》卷一百四十七《风俗》云:"今小儿两头曳索而对挽之,力强者牵弱者而仆,以为胜负笑乐,此唐清明节拔河之戏也。《留青日札》。"① 可以这样认为,作为黄河中下游地区的传统娱乐项目,历经数千年的历史演变,至今仍然是人们喜闻乐见的体育项目。

拔河游戏作为起源于战国时代的游戏活动,是力量与强大的象征。在唐代拔河活动勃兴之后,成为社会各阶层都喜爱的游戏活动,再加上皇帝的多次亲临观赏,很快风靡起来,并对后世产生了深远的影响。

三、击壤

击壤是一种古老的游戏,《释名·释乐器》曰:"击壤,野老之戏也。"② 相传起源于尧所处的时代,《尚书大传》云:"民击壤而歌,凿井而饮,耕田而食,帝力何有?"③ 根据皮锡瑞的疏证,《论衡》《帝王世纪》《风土记》等书中均有尧所处的时代击壤出现在社会生活领域的记载,是社会太平的象征。

关于击壤的具体玩法,应劭《风俗通》云:"壤,木为之,前广后锐,长尺四寸,阔三寸,未戏先侧一壤于地,远三四十步,以手中壤击之,故曰击壤。"④ 周处《风土记》云:"击壤者,以木作之,前广后锐,长四尺三寸,其形如履。将戏,先侧一壤于地,遥于三四十步,以手中壤击之,中者为上部。"⑤《风土记》又云:"击壤者,以木作之,前广后锐,长可尺三四寸,其形如履。腊节,僮少以为戏,分部如摛博也。"⑥ 由此可见,击壤是一种简单而众人皆可参与的游戏。到了清代鄂尔泰《授时通考》在梳理其渊源的同时,

---

① (清)于敏中等编纂:《日下旧闻考》,北京古籍出版社1983年版,第2351页。
② (宋)李昉等:《太平御览》卷七百五十五《工艺部十二·击壤》,第3351页。
③ (汉)郑玄注,(唐)孔颖达疏:《礼记正义》,李学勤主编《十三经注疏》整理本,第1370页。
④ (汉)应劭撰,王利器校注:《风俗通义校注·佚文·声音》,第485页。
⑤ (梁)萧统编,(唐)李善注:《文选》卷二十六《诗丁·行旅上》,第1244—1245页。
⑥ (宋)李昉等:《太平御览》卷七百五十五《工艺部十二·击壤》,第3351页。

专门绘制了"击壤图"，使人弄清了这种游戏的玩法。①

因为击壤游戏简单易玩，故而成为汉唐间河洛地区民众喜爱的游艺活动，由于这种游戏多在民间，故而史书所留存下来的典型事例不多，更多的是通过这种游戏颂扬先君的圣明。

第五节　百　戏

百戏是指汉唐间河洛地区流行的各种表演活动。百戏作为演艺性质的表演，植根于长期的生产与生活中，并由此升华为艺术表演形式。由于各个朝代表演的形式的差异，这里以百戏为名对汉唐间河洛地区的演艺活动作一考察。

一、汉代戏车

汉文帝时，卫绾"以戏车为郎，事文帝"。《集解》应劭曰："能左右超乘也。"如淳曰："栎机轊之类。"《索隐》按："应劭云'能左右超乘'。案今亦有弄车之戏。"② 对于上述两种说法，师古曰："二说皆非也。戏车，若今之弄车之技。"卫绾曾对汉景帝说："臣代戏车士，幸得功次迁，待罪中郎将，不知也。"③ 东方朔指出汉武帝"设戏车，教驰逐，饰文采，鐻珍怪"④，可见这种游戏活动为汉武帝所喜爱，从而得以广泛流传。故而《盐铁论·除狭》贤良云："戏车鼎跃，咸出补史。累功积日，或至卿相。"⑤ 这其实是批评汉代政治的负面性。韩延寿在任东郡太守时，"使骑士戏车弄马盗骖"。孟康曰：

---

① 马宗申校注，姜义安参校：《授时通考校注》第三册，农业出版社1993年版，第53页。
② 《史记》卷一百三《万石张叔列传》，第2768页。
③ 《汉书》卷六十四《卫绾传》，第2200—2201页。
④ 《汉书》卷六十五《东方朔传》，第2858页。
⑤ 马非百注释：《盐铁论》，第258页。

"戏车弄马之技也。弛盗解骖马，御者不见也。"① 蔡质《汉仪》曰："宫中诸有劾奏罪，左都候执戟戏车缚送付诏狱，在官大小各付所属。以马皮覆。见尚书令、尚书仆射、尚书皆执板拜，见丞、郎皆揖。"② 这就看出从事戏车游戏活动者地位很低。东汉李尤《平乐观赋》曰："戏车高橦，驰骋百马，连翩九仞，离合上下，或以驰骋，覆车颠倒，乌获扛鼎，千钧若羽。"③ 描述了东汉洛阳平乐观戏车游戏的盛况。平乐观是东汉向远方归附者展示国力的重要场所，张衡《东京赋》云："平乐都场，示远之观。"李善云："平乐，观名也。都，谓聚会也。为大场于上以作乐，使远观之，谓之平乐。在城西也。"④ 这可以说在平乐观的戏车之技表演具有怀远的政治意义。

二、汉代倡优

倡优是以表演乐舞技艺为特色的艺术表演者。倡优在中国有悠久的历史，至少在春秋战国时期进入人们的生活视野。

《孔子家语》卷一《相鲁》记载，鲁定公与齐景公在夹谷会盟，孔子担任为定公相礼的任务，在会盟过程中，"齐奏宫中之乐，俳优侏儒戏于前"。孔子向前曰："匹夫荧侮诸侯者，罪应诛，请右司马速加刑焉。"在孔子的要求下，"于是斩侏儒，手足异处"⑤。这种在不适合的场合让倡优表演而被当作非礼的举动。秦昭王说："吾闻楚之铁剑利而倡优拙。夫铁剑利则士勇，倡优拙则思虑远。"⑥ 优孟就是楚国最为有名的倡优，"多辩，常以谈笑讽谏"⑦，他以楚人不追求佚乐，以致艺人的演技都差，楚人必将深谋远虑。司马迁还评说赵地"丈夫相聚游戏，悲歌慷慨，起则相随椎剽，休则掘冢作巧奸冶，多

① 《汉书》卷七十六《韩延寿传》，第 3214 页。
② （晋）司马彪撰，刘昭注补：《续汉书·百官志二》，第 3578 页。
③ （唐）欧阳询撰，汪绍楹校：《艺文类聚》卷六十三《居处部三·观》，第 1134 页。
④ （梁）萧统编，（唐）李善注：《文选》卷三《赋乙·京都中》，第 105 页。
⑤ 杨朝明、宋立林主编：《孔子家语通解》，齐鲁书社 2009 年版，第 4 页。
⑥ 《史记》卷七十九《范雎列传》，第 2418 页。
⑦ 《史记》卷一百二十六《滑稽列传》，第 3200 页。

美物，为倡优"①。这是商业经济发展所带来的必然结果，在战国时期的邺城、邯郸、临淄、洛阳等大都市中都有田蚡曾自称"所爱倡优巧匠之属"②。

汉代倡优进入人们的生活与社会上层喜好有关，倡优活动的场所多为达官显贵的府第。贾谊指出："今庶人屋壁得为帝服，倡优下贱得为后饰，然而天下不屈者，殆未有也。"③ 贾谊所言应当是指全国普遍的情况，如广川王刘去"好文辞、方技、博弈、倡优"④。燕王刘旦"为人辩略，博学经书杂说，好星历数术倡优射猎之事，招致游士"⑤。司马迁曾说："仆之先人非有剖符丹书之功，文史星历近乎卜祝之间，固主上所戏弄，倡优畜之，流俗之所轻也。"⑥ 司马迁此言说出了倡优所居的卑微地位。汉武帝时，"时有幸倡郭舍人，滑稽不穷，常侍左右"⑦。班固在叙述作《东方朔传》的原因时说："东方赡辞，诙谐倡优。"郭舍人、东方朔都是汉武帝身旁的倡优或因诙谐而具有倡优行为而引人注意。汉宣帝即位后，改葬汉武帝卫皇后，"置园邑三百家，长丞周卫奉守焉"。师古曰："葬在杜门外大道东，以倡优杂伎千人乐其园，故号千人聚。其地在今长安城内金城坊西北隅是。"⑧ 在墓园中"以倡优杂伎千人乐其园"显然是不合时宜的，故而班固专门记载此事。汉宣帝多次跟随王褒外出打猎，外界"议者多以为淫靡不急"。汉宣帝认为外出狩猎，"贤于倡优博弈远矣"⑨。汉元帝景宁年间，召信臣"奏请上林诸离远宫馆稀幸御者，勿复缮治共张，又奏省乐府黄门倡优诸戏，及宫馆兵弩什器减过泰半"⑩。这

---

① 《史记》卷一百二十九《货殖列传》，第 3263 页。《汉书》卷二十八下《地理志下》云："赵、中山地薄人众，犹有沙丘纣淫乱余民。丈夫相聚游戏，悲歌忼慨，起则椎剽掘冢，作奸巧，多弄物，为倡优。" 第 1655 页。

② 《史记》卷一百七《魏其武安侯列传》，第 1655 页。

③ 《汉书》卷四十八《贾谊传》，第 2242 页。

④ 《汉书》卷二十三《景十三王传·广川惠王刘越》，第 2428 页。

⑤ 《汉书》卷六十三《武五子传·燕剌王刘旦》，第 2751 页。

⑥ 《汉书》卷六十二《司马迁传》，第 2732 页。

⑦ 《汉书》卷六十五《东方朔传》，第 2844 页。

⑧ 《汉书》卷九十七上《外戚传上·孝武卫皇后》，第 3951 页。

⑨ 《汉书》卷六十四《王褒传》，第 2829 页。

⑩ 《汉书》卷八十九《循吏传·召信臣》，第 3642 页。

是针对乐府中"倡优诸戏"人数太多而提出的裁撤建议。建始三年（前30）冬，因自然灾害频繁发生，谷永以待诏公车身份答对汉成帝："放去淫溺之乐，罢归倡优之关。"① 这仍然是减少倡优人数的建议。汉成帝时，张禹致仕后，"性习知音声，内奢淫，身居大第，后堂理丝竹管弦"，可以说致仕后欣赏倡优表演成为其生活日常。"禹成就弟子尤著者，淮阳彭宣至大司空，沛郡戴崇至少府九卿。宣为人恭俭有法度，而崇恺弟多智，二人异行，禹心亲爱崇，敬宣而疏之。崇每候禹，常责师宜置酒设乐与弟子相娱。禹将崇入后堂饮食，妇女相对，优人管弦铿锵极乐，昏夜乃罢。而宣之来也，禹见之于便坐，讲论经义，日晏赐食，不过一肉卮酒相对。宣未尝得至后堂。及两人皆闻知，各自得也。"② 张禹的奢华生活中，欣赏倡优的表演成为其生活的重要内容。王凤掌权后，"五侯群弟，争为奢侈，赂遗珍宝，四面而至。后庭姬妾，各数十人，僮奴以千百数，罗钟磬，舞郑女，作倡优，狗马驰逐"③。再如桓谭"父成帝时为太乐令。谭以父任为郎，因好音律，善鼓琴。博学多通，遍习《五经》，皆诂训大义，不为章句。能文章，尤好古学，数从刘歆、扬雄辩析疑异。性嗜倡乐，简易不修威仪，而憙非毁俗儒，由是多见排抵"④。这些官僚群体以其优越的政治地位，享受倡优所带来的乐趣，正体现了朝政的腐败。

东汉时期倡优活动仍然是社会上层最为喜爱的娱乐活动，在多种场合都有倡优表演。永和六年（141）三月上巳日，梁商"大会宾客，宴于洛水，（周）举时称疾不往。商与亲昵酣饮极欢，及酒阑倡罢，继以《薤露》之歌，座中闻者，皆为掩涕"⑤。梁商的儿子梁冀生活更是奢侈腐化，梁冀与妻子孙寿"共乘辇车，张羽盖，饰以金银，游观第内，多从倡伎，鸣钟吹管，酣讴

---

① 《汉书》卷八十五《谷永传》，第3445页。
② 《汉书》卷八十一《张禹传》，第3349页。
③ 《汉书》卷九十八《元后传》，第4023页。
④ 《后汉书》卷二十八上《桓谭传》，第955页。
⑤ 《后汉书》卷六十一《周举传》，第2028页。

竟路"①。对于这种现象，仲长统《昌言·理乱篇》云："豪人之室，连栋数百……倡讴伎乐，列乎深堂。宾客待见而不敢去，车骑交错而不敢进。"② 马融"外戚豪家，多列女倡歌舞于前"③。蔡质《汉仪》记载，正月初一，皇宫举行的庆贺大典中有"以两大丝绳系两柱间，相去数丈，两倡女对舞，行于绳上，对面道逢，切肩不倾，又踢局出身，藏形于斗中。钟磬并作，倡乐毕，作鱼龙曼延"④ 的礼乐。倡优的表演活动，可以说是起源甚早的一种娱乐方式，多是男性作为优人，到东汉时期出现了女性优人的现象。

三、北魏杂戏

北朝社会崇信佛教，与佛教有关的杂戏在当时颇为盛行。在《洛阳伽蓝记》中有许多记述表演杂戏的历史场景。洛阳城内有两处因为寺院而兴的杂戏场所。其一为长秋寺，每年"四月四日，此像常出，辟邪师子导引其前。吞刀吐火，腾骧一面；彩幢上索，诡谲不常。奇伎异服，冠于都市。像停之处，观者如堵，迭相践跃，常有死人"。其二为景乐寺，"至于六斋，常设女乐，歌声绕梁，舞袖徐转，丝管寥亮，谐妙入神。以是尼寺，丈夫不得入。得往观者，以为至天堂。及文献王薨，寺禁稍宽，百姓出入，无复限碍。后汝南王悦复修之。悦是文献之弟。召诸音乐，逞伎寺内。奇禽怪兽，舞抃殿庭。飞空幻惑，世所未睹。异端奇术，总萃其中。剥驴投井，植枣种瓜，须臾之间，皆得食之。士女观者，目乱精迷。自建义已后，京师频有大兵，此戏遂隐也"⑤。在洛阳城东宗圣寺也因佛事活动有杂戏表演。"宗圣寺有像一躯，举高三丈八尺，端严殊特，相好毕备，士庶瞻仰，目不暂瞬。此像一出，市井皆空，炎光腾辉，赫赫独绝世表。妙伎杂乐，亚于刘腾，城东士女多来

① 《后汉书》卷三十四《梁冀传》，第1182页。
② 《后汉书》卷四十九《仲长统传》，第1648页。
③ 《后汉书》卷六十四《卢植传》，第2113页。
④ （晋）司马彪撰，刘昭注补：《续汉书·礼仪志中》引，第3130页。
⑤ （魏）杨衒之撰，周祖谟校释：《洛阳伽蓝记校释》卷一《城内》，第51—53、58—59页。

此寺观看也。"① 在洛阳城南的景明寺也因佛事活动而使杂戏大放异彩，"四月七日，京师诸像皆来此寺。尚书祠曹录像凡有一千余躯。至八日，以次入宣阳门，向阊阖宫前受皇帝散花。于时金花映日，宝盖浮云，幡幢若林，香烟似雾，梵乐法音，聒动天地。百戏腾骧，所在骈比。名僧德众，负锡为群；信徒法侣，持花成薮。车骑填咽，繁衍相倾。时有西域胡沙门见此，唱言佛国"。在津阳门外三里御道西的高阳王寺，本为高阳王雍之宅，高阳王元雍在正光年间为丞相，"僮仆六千，妓女五百，隋珠照日，罗衣从风，自汉、晋以来，诸王豪侈未之有也。出则鸣驺御道，文物成行，铙吹响发，笳声哀转；入则歌姬舞女，击筑吹笙，丝管迭奏，连宵尽日"②。在洛阳城西的法云寺，为西域乌场国胡沙门昙摩罗所立。"京师沙门好胡法者，皆就摩罗受持之，戒行真苦，难可揄扬。秘咒神验，阎浮所无。咒枯树能生枝叶，咒人变为驴马，见之莫不忻怖。"随着杂戏的发展，还出现了专门经营音乐的市场，在洛阳大市就有这种乐器行，"市南有调音、乐律二里。里内之人，丝竹讴歌，天下妙伎出焉"③。通过《洛阳伽蓝记》所记述的洛阳都城的百姓活动，可以看出北魏时期的杂戏已经普及到全社会，成为居民的主要娱乐方式。

四、北齐隋唐百戏

"百戏"的演出在北齐、北周时曾经风靡一时，融合了戏剧、舞蹈、杂技等艺术门类。《隋书》卷十五《音乐志下》云："始齐武平中，有鱼龙烂漫、俳优、朱儒、山车、巨象、拔井、种瓜、杀马、剥驴等，奇怪异端，百有余物，名为百戏。周时，郑译有宠于宣帝，奏征齐散乐人，并会京师为之。盖秦角抵之流者也。"④ 关于北周时期"百戏"的盛况，《隋书》卷十四《音乐

---

① （魏）杨衒之撰，周祖谟校释：《洛阳伽蓝记校释》卷二《城东》，第 75 页。
② （魏）杨衒之撰，周祖谟校释：《洛阳伽蓝记校释》卷三《城南》，第 114、137—138 页。
③ （魏）杨衒之撰，周祖谟校释：《洛阳伽蓝记校释》卷四《城西》，第 154、158 页。
④ 《隋书》卷十五《音乐志下》，第 580 页。

志中》云："明帝武成二年正月朔旦，会群臣于紫极殿，始用百戏。武帝保定元年，诏罢之。及宣帝即位，而广召杂伎，增修百戏。鱼龙漫衍之伎，常陈殿前，累日继夜，不知休息。好令城市少年有容貌者，妇人服而歌舞相随，引入后庭，与宫人观听。戏乐过度，游幸无节焉。"① 北齐、北周时百戏的盛行，使社会上层沉湎其中，成为生活腐化的标志。

鉴于"百戏"有亡国的历史鉴戒，所以隋建国后，柳彧"见近代以来，都邑百姓每至正月十五日，作角抵之戏，递相夸竞，至于糜费财力"，上奏请求隋文帝"禁绝之"。他描述当时"百戏"的景况时说："窃见京邑，爰及外州，每以正月望夜，充街塞陌，聚戏朋游。鸣鼓聒天，燎炬照地，人戴兽面，男为女服，倡优杂技，诡状异形。以秽嫚为欢娱，用鄙亵为笑乐，内外共观，曾不相避。高棚跨路，广幕陵云，袨袍服靓妆，车马填噎。肴醑肆陈，丝竹繁会，竭赀破产，竞此一时。尽室并孥，无问贵贱，男女混杂，缁素不分。"他认为"百戏"的存在，"秽行因此而生，盗贼由斯而起。浸以成俗，实有由来，因循敝风，曾无先觉"，因此建议隋文帝"非益于化，实损于民，请颁行天下，并即禁断"，隋文帝准其奏。② 所以开皇元年（581）四月，隋文帝下令"太常散乐并放为百姓。禁杂乐百戏"③。隋文帝对百戏采取禁止的态度是因为当时天下刚刚统一，物质财富短缺的原因。到了隋炀帝即位后，随着天下统一，社会经济的恢复与发展，则恢复了百戏表演。大业二年（606），"突厥染干来朝，炀帝欲夸之，总追四方散乐，大集东都。初于芳华苑积翠池侧，帝帷宫女观之。有舍利先来，戏于场内，须臾跳跃，激水满衢，鼋鼍龟鳖，水人虫鱼，遍覆于地。又有大鲸鱼，喷雾翳日，倏忽化成黄龙，长七八丈，耸踊而出，名曰《黄龙变》。又以绳系两柱，相去十丈，遣二倡女对舞绳上，相逢切肩而过，歌舞不辍。又为夏育扛鼎，取车轮石臼大瓮器等，各于掌上而

① 《隋书》卷十四《音乐志中》，第342页。
② 《隋书》卷六十二《柳彧传》，第1483页。
③ 《隋书》卷一《高祖纪》，第15页。

跳弄之。并二人戴竿，其上有舞，忽然腾透而换易之。又有神鳌负山，幻人吐火，千变万化，旷古莫俦"。使染干大为惊奇。对于从各地征召到洛阳的艺人，隋政府"自是皆于太常教习"。隋政府还于每年的"每岁正月，万国来朝，留至十五日，于端门外，建国门内，绵亘八里，列为戏场。百官起棚夹路，从昏达旦，以纵观之。至晦而罢。伎人皆衣锦绣缯彩。其歌舞者，多为妇人服，鸣环佩，饰以花毦者，殆三万人"。大业六年，突厥启民可汗到洛阳朝贡，"乃于天津街盛陈百戏，自海内凡有奇伎，无不总萃。崇侈器玩，盛饰衣服，皆用珠翠金银，锦罽绤绣。其营费钜亿万。关西以安德王雄总之，东都以齐王暕总之，金石匏革之声，闻数十里外。弹弦擪管以上，一万八千人。大列炬火，光烛天地，百戏之盛，振古无比"。不仅仅是这一年有此举动，"自是每年以为常焉"①。

薛道衡《和许给事善心戏场转韵诗》对洛阳所举行百戏的盛况给予了形象描写。其文云：

> 京洛重新年，复属月轮圆。云间璧独转，空里镜孤悬。万方皆集会，百戏尽来前。临衢车不绝，夹道阁相连。惊鸿出洛水，翔鹤下伊川。艳质回风雪，笙歌韵管弦。佳丽俨成行，相携入戏场。衣类何平叔，人同张子房。高高城里髻，峨峨楼上妆。罗裙飞孔雀，绮带垂鸳鸯。月映班姬扇，风飘韩寿香。竟夕鱼负灯，彻夜龙衔烛。欢笑无穷已，歌咏还相续。羌笛陇头吟，胡舞龟兹曲。假面饰金银，盛服摇珠玉。宵深戏未阑，兢为人所难。卧驱飞玉勒，立骑转银鞍。纵横既跃剑，挥霍复跳丸。抑扬百兽舞，盘跚五禽戏。狻猊弄斑足，巨象垂长鼻。青羊跪复跳，白马回旋骑。忽睹罗浮起，俄看郁昌至。峰岭既崔嵬，林丛亦青翠。麋鹿下腾倚，猴猿或蹲跂。金徒列旧刻，玉律动新灰。甲荚垂陌柳，残花散苑梅。繁星渐寥落，斜月尚徘徊。

---

① 《隋书》卷十五《音乐志下》，第381页。

王孙犹劳戏，公子未归来。共酌琼酥酒，同倾鹦鹉杯。普天逢圣日，

兆庶喜康哉。①

从上述材料可以看出，"百戏"的出现和流行既是社会太平的象征，也是在当时情况下社会腐败迹象的再现，正因为隋炀帝在这一方面过分的铺排和夸张，使得隋王朝耗费了巨额的财富，加剧了社会矛盾。是后，在东都洛阳举行的"百戏"活动不时见诸史书记载，如大业六年（610）正月，"角抵大戏于端门街，天下奇伎异艺毕集，终月而罢。帝数微服往观之"。隋末在河内一带还产生了一种叫作《踏摇娘》的歌舞戏："《踏摇娘》，生于隋末。隋末河内有人貌恶而嗜酒，常自号郎中，醉归必殴其妻。其妻美色善歌，为怨苦之辞。河朔演其曲而被之弦管，因写其妻之容。妻悲诉，每摇顿其身，故号《踏摇娘》。近代优人颇改其制度，非旧旨也。"② 可见《踏摇娘》是一种来源于生活同时又经过艺术创新的百戏艺术。

杂技作为一种民间游艺起源很早，早在战国时期即在中原地区流行。到了隋唐时期，河洛地区的杂技艺术因为引入了来自异域的艺术形式，其所包含的内容更加丰富。唐太宗长子恒山王李承乾，"常命户奴数十百人专习伎乐，学胡人椎髻，翦彩为舞衣，寻橦跳剑，昼夜不绝，鼓角之声，日闻于外"③。这时距唐高祖颁行禁止杂技的诏令不久，随着社会经济的逐步稳定，社会上层的奢靡之风又使杂技表演获得了发展的外部环境。在唐诗中反映河洛地区竿伎的诗作也有不少。张祜《大酺乐》云："车驾东来值太平，大酺三日洛阳城。小儿一伎竿头绝，天下传呼万岁声。紫陌酺归日欲斜，红尘开路薛王家。双鬟前说楼前鼓，两伎争轮好落花。"④ 可以看出竿伎娱乐的盛况。张说《东都酺宴五首》之二至之五则向世人展现了东都洛阳城的伎乐盛况。

---

① （唐）徐坚等：《初学记》十五《乐部上·雅乐第一》，第374页。

② 《旧唐书》卷二十九《音乐志二》，第1074页。

③ 《旧唐书》卷七十六《太宗诸子传·恒山王李承乾》，第2648页。

④ （清）彭定求等奉敕编，中华书局编辑部点校：《全唐诗》卷五百一十一，第5877页。

诗文云：

重华升宝历，轩帝眇闲居。政成天子孝，俗返上皇初。

忘味因观乐，欢心寄合酺。自怜疲马意，恋恋主恩余。

朱城尘暗灭，翠幕景情开。震震灵鼍起，翔翔云舞来。

雕盘装草树，绮乘结楼台。共喜光华日，酣歌捧玉杯。

晓月调金阙，朝暾对玉盘。争驰群鸟散，斗伎百花团。

遇圣人知幸，承恩物自欢。洛桥将举烛，醉舞拂归鞍。

恺宴惟今席，余欢殊未穷。入云歌袅袅，向日伎丛丛。

驻管催酣兴，留关待曲终。长安若为乐，应与万方同。①

通过诗文的笔触我们可以看出酺宴观看伎乐已经成为一种社会习尚。元稹的诗歌还描述了少数民族地区伎乐传入内地的情况："自从胡骑起烟尘，毛毳腥膻满咸洛。女为胡妇学胡妆，伎进胡音务胡乐。火凤声沉多咽绝，春莺啭罢长萧索。胡音胡骑与胡妆，五十年来竞纷泊。"② 这种表演在早期被称作杂戏，"按《文献通考》，杂戏起于秦、汉，门类甚多，不可枚举"③。这其实说出了杂戏内包含了多种类型的表演艺术。

第六节　舞　蹈

舞蹈在中国有着悠久的历史。汉唐间河洛地区的舞蹈，既有本土所有的

---

① （唐）张说著，熊飞校注：《张说集校注》，第170—173页。

② （唐）元稹撰，冀勤点校：《元稹集》卷二十四《和李校书新题乐府十二首》之《法曲》，第282页。

③ （清）钱泳撰，张伟点校：《履园丛话·丛话十二·艺能·杂戏》，中华书局1979年版，第333页。

传统舞蹈，也有来自少数民族的舞蹈形式。

一、胡舞

胡舞是传自少数民族地区的舞蹈，传入河洛地区后迅速风靡开来。汉灵帝就"好胡服、胡帐、胡床、胡坐、胡饭、胡空侯、胡笛、胡舞"，结果引起"京都贵戚皆竞为之"[1]。可见胡舞传入河洛地区首先在社会上层流行。曹植在会见邯郸淳时，因"时天暑热，植因呼常从取水自澡讫，傅粉。遂科头拍袒，胡舞五椎锻，跳丸击剑，诵俳优小说数千言讫"[2]。史书之所以会专门记载曹植喜好胡舞是带有警示意义，因为其不符合汉族传统的价值观。北魏孝明帝正光二年（521）三月，"肃宗朝灵太后于西林园，文武侍坐，酒酣迭舞。次至康生，康生乃为力士舞，及于折旋，每顾视太后，举手、蹈足、瞋目、颔首为杀缚之势"[3]。奚康生所跳胡舞具有明显的"杀缚"之意，其目的是提醒胡太后有政变发生。北齐时，魏收"好声乐，善胡舞"[4]。武成帝即位后，破格提拔祖珽中书待郎，"帝于后园使珽弹琵琶，和士开胡舞，各赏物百段"[5]。和士开本是少数民族，会跳胡舞不足为奇。胡舞盛行应是北魏时期胡风盛行的重要内容。正如杜佑所云："自宣武已后，始爱胡声，洎于迁都。屈茨，琵琶，五弦，箜篌，胡筚，胡鼓，铜钹，打沙罗，胡舞铿锵镗鎝，洪心骇耳，抚筝新靡绝丽，歌响全似吟哭，听之者无不凄怆。"[6] 武德元年（618）六月二十四日，万年县法曹孙伏伽针对胡舞盛行的不利影响，特别是"先令胡舞，致位五品，鸣玉曳组，趋驰廊庙"的现象，指出这一现象"恐非创规模，贻子孙之道也"[7]。胡舞传入河洛地区之后，对本土音乐造成了较大冲击，"自胡

---

① （晋）司马彪撰，刘昭注补：《续汉书·五行志一》，第 3272 页。

② 《三国志》卷二十一《魏书·邯郸淳传》裴注引《魏略》，第 602 页。

③ 《魏书》卷七十三《奚康生传》，第 1632 页。

④ 《北齐书》卷三十七《魏收传》，第 495 页。

⑤ 《北齐书》卷三十九《祖珽传》，第 516 页。

⑥ （唐）杜佑撰，王文锦等点校：《通典》卷一百四十二《乐二·历代沿革下》，第 3615 页。

⑦ （宋）王溥：《唐会要》卷三十四《论乐》，第 623 页。

舞入中国，《大曲》《柘枝》之类是也，古舞亡矣"①。

隋唐时期，随着少数民族进入河洛地区以及中外文化交流的繁盛，胡舞在河洛地区进一步流行。薛道衡《和许给事善心戏场转韵诗》描述了"京洛重新年，复属月轮圆"里乐舞表演的宏大场景，其中有"羌笛陇头吟，胡舞龟兹曲"等来自域外的胡曲胡舞。乾元二年秋，杜甫至秦州，在《秦州杂诗二十首》之三有云："马骄珠汗落，胡舞白蹄斜。"② 正因为胡舞在黄灰色下游地区的流行，就连留存下来的文艺作品对胡风流行也有所反映。元代王伯成《天宝遗事诸宫调·禄山谋反》中有"动无喘息行无汗，坐也昏沉睡不安。两行泪道渍成斑。每日家做伴的胡友胡儿，胡舞胡歌，胡吹胡弹，知他是甚风范？偏恁一曲《霓裳》宠玉环，羯鼓声干"③。这说明胡舞已经融入汉民族生活习惯。

北魏时期，胡鼓开始传入内地，"后魏有曹婆罗门，受龟兹琵琶于商人，世传其业，至孙妙达，尤为北齐高洋所重，常自击胡鼓以和之"④。北齐文宣帝在位时，荒淫奢侈，"街坐巷宿，处处游行。多使刘桃枝、崔季舒负之而行。或担胡鼓而拍之。亲戚贵臣，左右近习，侍从错杂，无复差等"⑤。所以当他死后，高阳王湜"兼司徒，导引梓宫，吹笛……又击胡鼓为乐"⑥。这也是少数民族的娱乐传入内地并为民众所接受的现象。这些乐器往往要配以其他乐器，"后魏有曹婆罗门，受龟兹琵琶于商人，世传其业，至孙妙达，尤为北齐高洋所重，常自击胡鼓以和之"。胡鼓进入河洛地区之后，演变成为腰鼓，"腰鼓，大者瓦，小者木，皆广首而纤腹，本胡鼓也"⑦。

---

① （宋）赵彦卫撰，傅根清点校：《云麓漫钞》卷十二《十二律图》，中华书局1996年版，第222页。

② （唐）杜甫撰，（清）仇兆鳌注：《杜诗详注》，第478页。

③ （元）王伯成原著，朱禧辑：《天宝遗事诸宫调》，天津古籍出版社1986年版，第56页。

④ 《旧唐书》卷二十九《音乐志二》，第1069页。

⑤ 《北史》卷七《显祖文宣帝纪》，第259页。

⑥ 《北齐书》卷十《高祖十一王传·高阳王高湜》，第135页。

⑦ 《旧唐书》卷二十九《音乐志二》，第1069、1078页。

二、舞剑

舞剑作为一项娱乐活动，是随着战争演变而来的一项娱乐活动。人们所熟知的"项庄舞剑意在沛公"的典故，虽然剑拔弩张，但作为一项娱乐活动在战争的夹缝中延续下来。再比如荆轲刺秦王过程中，就是有舞剑的娱乐活动。在唐代以公孙氏的舞剑最为有名。开元三年（715），还是幼童的杜甫在"郾城观公孙氏舞剑器浑脱"，杜甫《观公孙大娘弟子舞剑器行》云："昔有佳人公孙氏，一舞剑器动四方。观者如山色沮丧，天地为之久低昂。"公孙氏舞剑在杜甫的少年时代给他留下了深刻的印象，这种女性舞剑的现象，极有可能是北朝时期鲜卑族文化的遗留。即使唐玄宗在安史之乱中逃往蜀地，跟随的乐人中就有公孙大娘，"伶官张野狐觱栗，雷海清琵琶，李龟年唱歌，公孙大娘舞剑"①。到了大历二年（767）十月十九日，"夔府别驾元持宅，见临颍李十二娘舞剑器，壮其蔚跂"。当杜甫询"问其所师"时，李十二娘曰："余公孙大娘弟子也。"② 可见公孙氏作为朝廷的乐人也有传承者。公孙大娘舞剑的舞姿，在书法界也有影响。沈亚之《叙草书送山人王传义》："余闻之学者曰：'昔张旭善草书，出见公孙大娘舞剑器浑脱，鼓吹既作，言能使孤蓬自振，惊沙坐飞，而旭归为之书，则非常矣。'斯意气之感欤！"③《唐国史补》卷上亦云："张旭草书得笔法，后传崔邈、颜真卿。旭言：'始吾见公主担夫争路，而得笔法之意。后见公孙氏舞剑器，而得其神。'"④ 由这些记载可知，草圣张旭就是从剑器舞中找到了充满张力又飘忽多变的狂草神韵，使草书从此摆脱了实用的羁绊，成为一种纯抒情的艺术。受舞剑的启发，吴道子的绘画技艺也因此而颇有成就。《独异志》卷中《吴道子》云：

---

① （唐）范摅撰，唐雯校笺：《云溪友议校笺》卷中《云中命》，中华书局 2017 年版，第 112 页。
② （唐）杜甫撰，（清）仇兆鳌注：《杜诗详注》卷二十，第 1815 页。
③ （清）董诰编，孙映逵等点校：《全唐文》卷七百三十五，第 4479 页。
④ （唐）李肇：《唐国史补》，第 17 页。

吴道子善画神怪奇状，开元中，将军裴旻居母丧，诣道子，请于东都天宫寺图神鬼数壁，以资冥助。答曰："废画已久。若将军有意，为吾缠结舞剑一曲，庶因猛励，获通幽冥。"旻于是脱去衰服，若常时妆饰，走马如飞，左旋右抽，掷剑入云，高数十丈，若电光下射，旻引手执鞘承之，剑透空而下。观者数千人，无不悚慄。道子于是援毫图壁，俄顷之际，魔魅化出，飒然风起，为天下之壮观。道子平生所画，得意无出于是。①

这一故事本是称颂吴道子绘画技艺的高超，但将军裴旻善于舞剑则是事实，从"观者数千人"来分析，娱乐性质还是很明显的。

三、跳丸

跳丸是从秦汉延续下来的娱乐活动。张衡《西京赋》有云"跳丸剑之挥霍，走索上而相逢"②。东汉时期，"永宁元年，掸国王雍由调复遣使者诣阙朝贺，献乐及幻人，能变化吐火，自支解，易牛马头。又善跳丸，数乃至千"③。这是汉安帝永宁元年从掸国传到洛阳的。建安年间，荆州内附之后，邯郸淳归附曹操，曹操让其拜见曹植，为了见邯郸淳，曹植沐浴更衣，"遂科头拍袒，胡舞五椎锻，跳丸击剑，诵俳优小说数千言讫"④。可见这种娱乐活动为社会各阶层所喜好，即使贵为王子的曹植也喜好这一活动。傅玄《正都赋》描述当时都城洛阳的杂技戏乐，赋云：

抚琴瑟，陈钟虞。吹鸣箫，击灵鼓。奏新声，理秘舞。乃有材童妙妓，都卢迅足。缘修竿而上下，形既变而景属。忽跟挂而倒绝，若将坠而复续。虬萦龙蜒，委随纤曲。杪竿首而腹旋，承严节之繁

---

① （唐）李冗：《独异志》，中华书局1983年版，第42—43页。
② （汉）张衡著，张震泽校注：《张衡诗文集校注》，第77页。
③ 《后汉书》卷八十六《西南夷传·哀牢》，第2851页。
④ 《三国志》卷二十一《魏书·邯郸淳传》裴注引《魏略》，第602页。

促。手戏绝倒，凌虚寄身，跳丸掷堀，飞剑舞轮。于是神岳双立，
冈岩岑崟，灵草蔽崖，嘉木成林。东父翳青盖而退望，西母使三足
之灵禽。丹蛟吹笙，文豹鼓琴。素女抚瑟而安歌，声可意而入心。
偓佺起而鹤立，和清响而哀吟。①

通过傅玄的描述可以看出当时都城杂技活动水平很高，这里有在杆上表演的
一系列杂技，堪称一时绝响。

北魏道武帝天兴六年（403），道武帝"诏太乐、总章、鼓吹增修杂伎，
造五兵、角抵、麒麟、凤皇、仙人、长蛇、白象、白虎及诸畏兽、鱼龙、辟
邪、鹿马仙车、高絙百尺、长趫、缘橦、跳丸、五案以备百戏。大飨设之于
殿庭，如汉晋之旧也。太宗初，又增修之，撰合大曲，更为钟鼓之节"②。这
说明北魏从开国伊始即继承了前代延续的传统。

前文引薛道衡诗中提及跳丸的娱乐活动。跳丸的速度很快，元和元年
（806），韩愈《秋怀诗十一首》之九有"日月如跳丸"③描述时光流逝的迅
速。这类描述在唐诗中还有不少。白居易《立部伎——刺雅乐之替也》中有
"立部伎，鼓笛喧。舞双剑，跳七丸。袅巨索，掉长竿"④的名句，展示了杂
技艺术的独特风貌。唐玄宗作为太上皇曾经"南省视事，使武士戎装夹道，
陈跳丸舞剑，百骑前驱，御府设食，太常备乐，宰相群臣毕会。既得志，乃
厌然骄忕"⑤。这是唐玄宗远赴蜀地避难而军人沿途表演。在唐代宫廷内部有
专管宫廷乐舞和百戏演出的鼓架部。《乐府杂录》云：

乐有笛、拍板、答鼓，即腰鼓也，两杖鼓。戏有《代面》，始自
北齐神武弟有胆勇，善斗战，以其颜貌无威，每入阵即著面具，后
乃百战百胜。戏者衣紫，腰金，执鞭也。《钵头》。昔有人父为虎所

① （唐）欧阳询撰，汪绍楹校：《艺文类聚》卷六十一《居住部一·总载居处》，第1120页。
② 《魏书》卷一百九《乐志》，第2828页。
③ 屈守元、常思春主编：《韩愈全集校注》，第366页。
④ （唐）白居易著，顾学颉校点：《白居易集》卷三《立部伎》，第57页。
⑤ 《新唐书》卷二百八《宦者传下·李辅国》，第5881页。

伤，遂上山寻其父尸。山有八折，故曲八叠。戏者被发，素衣，面作啼，盖遭丧之状也。《苏中郎》。后周士人苏葩，嗜酒落魄，自号"中郎"，每有歌场，辄入独舞。今为戏者，著绯，戴帽；面正赤，盖状其醉也。即有《踏摇娘》、《羊头浑脱》《九头狮子》《弄白马益钱》，以至寻橦、跳丸、吐火、吞刀、旋盘、觔斗，悉属此部。① 这是作为宫廷鼓架部表演《代面》《钵头》《苏中郎》等戏的来源，以及包含的其他杂戏。

第七节　魔　术

魔术这一类别的娱乐表演在汉唐时期风靡一时，在河洛地区也别具特色。各种类型的魔术表演成为都市生活的消遣内容，展现了更为丰富的生活气息。

一、吞刀吐火

吞刀吐火魔术项目是从西域传入河洛地区的。《史记》记载，条枝"善眩"。《正义》颜云："今吞刀、吐火、殖瓜、种树、屠人、截马之术皆是也。"② 张骞通西域后，"大宛诸国发使随汉使来，观汉广大，以大鸟卵及犁靬眩人献于汉，天子大说。"师古曰："即今吞刀吐火，植瓜种树，屠人截马之术皆是也。本从西域来。"③ 扬雄《校猎赋》云："辟历列缺，吐火施鞭。"师古曰："言猎火之燿，及驰骑奋鞭，如电吐光，及象其疾。"④ 到了东汉安帝永宁元年（120）十二月，"西南夷掸国王献乐及幻人，能吐火，自支解，易牛

---

① 曾献飞疏证：《乐府杂录疏证》，第 23 页。
② 《史记》卷一百二十三《大宛列传》，第 3163 页。
③ 《汉书》卷六十一《张骞传》，第 2696 页。
④ 《汉书》卷八十七《扬雄传上》，第 3546 页。

马头。明年元会，作之于庭，安帝与群臣共观，大奇之"①。张衡《西京赋》有"吞刀吐火，云雾杳冥"的描述。这一类带有魔术的娱乐项目在后世河洛地区颇为流行。如北魏至隋唐这一魔术再次流行，"后魏、北齐，亦有《鱼龙辟邪》《鹿马仙车》《吞刀吐火》《剥车剥驴》《种瓜拔井》之戏。周宣帝征齐乐并会关中。开皇初，散遣之。大业二年，突厥单于来朝洛阳宫，炀帝为之大合乐，尽通汉、晋、周、齐之术，胡人大骇。帝命乐署肄习，常以岁首纵观端门内"②。对于这一魔术，时人评价曰："以吐火吞刀之戏，乍观而便以为神。安可正之以《咸韶》，律之以章甫。"③ 这其实反映了时人试图以内地的文化规范来自的域外魔术。

二、激水成雾

《西京杂记》卷三《篆术制蛇御虎》曰："余所知有鞠道龙善为幻术，向余说古时事：有东海人黄公，少时为术，能刺龙御虎，佩赤金刀，以绛缯束发，立兴云雾，坐成山河。"兴云雾也是魔术的一种。同卷又云："淮南王好方士，方士皆以术见，遂后画地成江河，摄土为山岩，嘘吸为寒暑，喷嗽为雨露。王亦卒与诸方士俱去。"④ 这说明激水成雾的魔术从西汉时期已经出现。汉安帝即位后当年十二月乙酉，"罢鱼龙曼延百戏"。李贤注引《汉官典职》曰："作九宾乐。舍利之兽从西方来，戏于庭，入前殿，激水化成比目鱼，嗽水作雾，化成黄龙，长八丈，出水遨戏于庭，炫耀日光。"所谓"曼延者，兽名也"。张衡《西京赋》所云"巨兽百寻，是为曼延"⑤。由激水成雾到幻术的出现，标志着魔术的进一步升华。桓谭《新论》曰："方士董仲君犯事系

① 《后汉书》卷五十一《陈禅传》，第 1685 页。《后汉书》卷八十六《西南夷传·哀牢》："永宁元年，掸国王雍由调复遣使者诣阙朝贺，献乐及幻人，能变化吐火，自支解，易牛马头。"第 2851 页。

② 《旧唐书》卷二十九《音乐志二》，第 1072 页。

③ 《旧唐书》卷十八上《武宗纪》，第 610 页。

④ （晋）葛洪：《西京杂记》，第 16 页。

⑤ 《后汉书》卷五《孝安帝纪》。第 205 页。

狱，佯死，目陷虫烂，故知幻术靡所不有。又能鼻吹口歌，耸眉动目。"孔伟《七引》曰："弄幻之士，因时而作。殖苽种菜，立起寻尺。投芳送臭，卖黄售白。麾天兴云雾，画地成江海。"① 桓谭与孔伟将魔术所带来的奇幻描绘得惟妙惟肖，体现出来自域外娱乐活动在河洛地区受欢迎的程度。

三、鱼龙蔓延

隋唐时期，河洛地区前代曾有的鱼龙蔓延、吞刀吐火等魔术仍然流行。鱼龙蔓延之戏从废除到被隋炀帝恢复，就展示了这一表演的奢华性。隋文帝开皇九年（589）十二月下诏："郑卫淫声，鱼龙杂戏，乐府之内，尽以除之。"② 而到了隋炀帝迁都洛阳之后，曾在洛阳等地多次表演这种游戏。大业五年（609）五月到九月，隋炀帝巡视河右地区，在高昌王归附之后，隋炀帝"奏九部乐，设鱼龙曼延，宴高昌王、吐屯设于殿上，以宠异之"③。隋炀帝外出巡游时都带着这些表演艺人，足以说明这些游艺的奇特性。到了大业十一年正月初二，隋炀帝"大会蛮夷，设鱼龙曼延之乐，颁赐各有差"④。裴矩曾经劝说隋炀帝"大征四方奇技，作鱼龙曼延角觝于洛邑，以夸诸戎狄，终月而罢"⑤。唐代，鱼龙蔓延在宫中成为每年的常规表演，旧制："三二岁，必于春时内殿赐宴宰辅及百官，备太常诸乐，设鱼龙曼衍之戏，连三日，抵暮方罢"⑥。可见隋唐时期能够举办这些游艺活动的都是朝廷来承担。至于说吞刀吐火的游艺也有记载，开成年间，"以吐火吞刀之戏，乍观而便以为神"⑦。王仁裕《玉堂闲话》云："唐朝有轻薄士流，出刺一郡，郡人集其歌乐百戏以迓

① （宋）李昉等：《太平御览》卷七百三十七《方术部十八·幻》，第3270页。
② 《隋书》卷二《文帝纪下》，第34页。
③ 《隋书》卷三《炀帝纪上》，第73页。
④ 《隋书》卷四《炀帝纪下》，第88页。
⑤ 《旧唐书》卷六十三《裴矩传》，第2407页。
⑥ （宋）王谠撰，周勋初校正：《唐语林校正》，第656页。
⑦ 《旧唐书》卷十八上《武宗纪》，第611页。

之。至有吞刀吐刀，吹竹按丝，走圆跳索，歌喉舞腰，殊似不见。"① 王棨
《吞刀吐火赋》② 对这种魔术进行了全面而形象的描述。李颀《王母歌》有
云："为看青玉五枝灯，蟠螭吐火光欲绝。"③ 这也应当是吐火魔术的再现。现
在所流行的空手变钱、瓦器种瓜、刺肚割舌等魔术在那个时代都已经出现了。

第八节 赌 博

赌博游戏作为商业经济发展到一定水平，从战国以来，河洛地区以洛阳
为代表的商业中心的出现，显现出商业无限的活力。

一、斗鸡

斗鸡游戏起源很早，早在春秋时期已经流行于各个商业都会之中。在鲁
国，鲁昭公二十五年（前 510），"季氏与郈氏斗鸡，季氏芥鸡羽，郈氏金
距"④。季氏与郈氏因为是邻居却因斗鸡引发矛盾并引发政权动荡，故而西晋
时期刘毅有"斗鸡之变，难兴鲁邦"⑤ 之说。苏秦描述齐国临淄，"临菑甚富
而实，其民无不吹竽鼓瑟，弹琴击筑，斗鸡走狗，六博蹋鞠者"⑥。这一现象
是当时洛阳、邯郸等都市中普遍存在的现象。

秦汉时期，斗鸡博戏颇为流行。《括地志》记载，西汉初年，刘邦的父亲
被接到关中后，心中闷闷不乐，当询问原因时，"答以平生所好皆屠贩少年，

---

① 蒲向明：《玉堂闲话评注》，中国社会出版社 2007 年版，第 158 页。

② （清）董诰编，孙映逵等点校：《全唐文》卷七百七十，第 4725 页。

③ 刘宝和：《李颀诗评注》，第 129 页。

④ 《史记》卷三十三《鲁周公世家》，第 1540 页。《史记》卷四十七《孔子世家》云："孔子年
三十五，而季平子与郈昭伯以斗鸡故得罪鲁昭公，昭公率师击平子，平子与孟氏、叔孙氏三家共攻昭
公，昭公师败，奔于齐，齐处昭公乾侯。"第 1910 页。

⑤ 《晋书》卷四十五《刘毅传》，第 1275 页。

⑥ 《史记》卷六十九《苏秦列传》，第 2257 页。

酤酒卖饼，斗鸡蹴鞠，以此为欢，今皆无此，故不乐"①。这足以反映出斗鸡已经成为黄河中下游地区颇为流行的娱乐活动。七国之乱后，"袁盎病免居家，与闾里浮沈，相随行，斗鸡走狗"②。司马迁曾评说："博戏驰逐，斗鸡走狗，作色相矜，必争胜者，重失负也。"③董仲舒指出"司农为奸"，"不劝田事，博戏斗鸡，走狗弄马"，就会被"司徒诛之"④。所忠针对社会上斗鸡博戏已经严重影响到了社会的稳定指出："世家子弟富人或斗鸡走狗马，弋猎博戏，乱齐民。"鉴于这种混乱情况，朝廷"乃征诸犯令，相引数千人"，并命之曰"株送徒"⑤。这是对斗鸡造成危害的严加治理。汉宣帝早年沉寂民间，"喜游侠，斗鸡走马，具知闾里奸邪，吏治得失"⑥。所以，汉宣帝即位后，对于早年有恩于己的张贺颇为感激，虽然张贺已经去世，但仍然为其设三十户守冢，并将其安置在其早年居住的里内，位置"居冢西斗鸡翁舍南，上少时所尝游处也"⑦。在长安城中有名为斗鸡翁者，正说明有专门的从事斗鸡的人。汉宣帝王皇后的父亲王奉光，"少时好斗鸡，宣帝在民间数与奉光会，相识"⑧。到了鸿嘉年间，张放与汉成帝经常外出游玩，"常从为微行出游"，"斗鸡走马长安中，积数年"⑨。皇帝参与斗鸡活动，说明在都城长安民间博戏之风非常盛行。鲁国蕃人眭弘"少时好侠，斗鸡走马，长乃变节，从嬴公受《春秋》"⑩。梁冀也曾喜好斗鸡。马钧在洛阳所造的"百官行署，春磨斗鸡，变巧百端"⑪。斗鸡作为民间游艺活动在黄河中下游地区普遍存在，正反映了

---

① 《史记》卷八《高祖本纪》，第387页。

② 《史记》卷一百一《袁盎列传》，第2744页。

③ 《史记》卷一百二十九《货殖列传》，第3271页。

④ 苏舆撰，钟哲点校：《春秋繁露义证》卷十三《五行相胜》，第367页。

⑤ 《史记》卷三十《平准书》，第1437页。

⑥ 《汉书》卷八《宣帝纪》，第237页。

⑦ 《汉书》卷五十九《张安世传》，第2651页。

⑧ 《汉书》卷九十七上《外戚传上·孝宣王皇后》，第3969页。

⑨ 《汉书》卷五十九《张延寿传》，第2654页。

⑩ 《汉书》卷七十五《眭弘传》，第3153页。

⑪ 《三国志》卷三十《魏书·方技传·杜夔》裴注，第808页。

汉代社会的基本风貌。

魏晋南北朝时期，河洛地区的斗鸡活动并未因战乱而受到影响，社会上斗鸡之风依然盛行。魏晋时期，因为斗鸡在文人群体产生共鸣，留下了许多文学作品，如曹植与刘桢、应玚均有《斗鸡诗》流传，曹植《名都篇》描述京洛少年，"斗鸡东郊道"① 的快意人生。北周时，王褒《游侠篇》亦有京洛豪侠"斗鸡横大道"的豪爽气势，在《看斗鸡诗》将斗鸡的场景描述得绘声绘色。庾信《斗鸡》诗也展示了当时斗鸡激烈场景。

隋唐时期，河洛地区的斗鸡活动依然非常盛行。隋末，宇文化及的弟弟宇文士及常常与顽劣之徒聚集在一起，"相聚斗鸡，习放鹰狗"②。唐代留存至今的史料，显现出长安的斗鸡活动异常盛行。河洛地区的斗鸡活动虽然资料较少，但在唐诗中仍然有蛛丝马迹可寻。陈子良《游侠篇》记述："洛阳丽春色，游侠骋轻肥。""东郊斗鸡罢，南皮射雉归。"这里所反映的游侠斗鸡情形，与曹植《名都篇》所描述的景象何其相似。孟浩然《上巳洛中寄王九迥》云："洛成周地，浮杯上巳筵。斗鸡寒食下，走马射堂前。"③ 孟浩然通过寒食节斗鸡展现了娱乐活动的社会风情。皮日休《洛中寒食二首》之一云："击鞠王孙如锦地，斗鸡公子似花衣。"④ 这也是反映了洛阳民间斗鸡的真实情况。刘禹锡《和乐天洛城春齐梁体八韵》的"楼前戏马地，树下斗鸡场"⑤，将楼前戏马、树下斗鸡的情形展示得非常形象。

斗鸡作为民间博戏活动，在河洛地区民间自古及今都存在着，由于斗鸡活动的趣味性较浓，所以得到了社会各阶层的喜爱，从社会上层到普通民众都参与其中，从而展示了社会的多彩风貌，是河洛地区民众社会生活的真实体现。

---

① （魏）曹植著，赵幼文校注：《曹植集校注》，第 484 页。
② 《隋书》卷八十五《宇文智及传》，第 1892 页。
③ （唐）孟浩然著，佟培基笺注：《孟浩然集笺注》，上海古籍出版社 2013 年版，第 162 页。
④ （清）彭定求等奉敕编，中华书局编辑部点校：《全唐诗》卷六百十三，第 7118 页。
⑤ （唐）刘禹锡撰，《刘禹锡集》整理组点校，卞孝萱校订：《刘禹锡集》，第 486 页。

二、搏拚

这是一种以博戏取人财物的赌博，在汉代赌博作为娱乐活动主要流行于社会的上层。前文引苏秦曾经对齐宣王说："临菑甚富而实，其民无不吹竽鼓瑟，弹琴击筑，斗鸡走狗，六博蹋鞠者。"这应当是对战国时期齐都临淄商业经济发展之后的社会现象真实描述。关于"六博"，《索隐》按：王逸注《楚辞》云"博，著也。行六棋，故曰六博"①。蔡泽曾经说："君独不观夫博者乎？或欲大投，或欲分功，此皆君之所明知也。"《集解》云："班固《弈指》曰：'博县于投，不必在行。'骃谓投，投琼也。"《索隐》云："言夫博弈，或欲大投其琼以致胜，或欲分功者，谓观其势弱，则投地而分功以远救也，事具《小尔雅》也。按：《方言》云'所以投博谓之枰'。音平，局也。"② 六博即陆博，是古代一种掷采行棋的博戏类游戏。《说苑》卷九《正谏》曰："（嫪毐）与侍中左右贵臣博弈饮酒醉，争言而斗，瞋目大叱曰：'吾乃皇帝之假父也，窭人子何敢乃与我亢！'所与斗者走行白皇帝。"③ 嫪毐凭借独特的政治地位为虎作伥，公然"博弈饮酒"，并引发了争斗，结果秦始皇大怒，决心除掉嫪毐。孝文帝时，"吴太子入见，得侍皇太子饮博。吴太子师傅皆楚人，轻悍，又素骄，博，争道，不恭，皇太子引博局提吴太子，杀之"④。因赌博而导致杀人。薄昭自杀表面是因为与汉文帝赌博输了以后自杀，其实尚有更深层次争夺权力的原因。七国之乱后，"安陵富人有谓（袁）盎曰：'吾闻剧孟博徒，将军何自通之？'盎曰：'剧孟虽博徒，然母死，客送葬车千余乘，

---

① 《史记》卷六十九《苏秦列传》，第 2257 页。
② 《史记》卷七十九《蔡泽列传》，第 2423 页。
③ （汉）刘向撰，向宗鲁校正：《说苑校正》，第 215 页。
④ 《史记》卷一百六《吴王濞传》，第 2823 页。《汉书》卷三十五《吴王刘濞传》云："孝文时，吴太子入见，得侍皇太子饮博。吴太子师傅皆楚人，轻悍，又素骄。博争道，不恭，皇太子引博局提吴太子，杀之。"第 1904 页。

此亦有过人者。'"① 洛阳人剧孟作为游侠，"剧孟行大类朱家，而好博，多少年之戏"②。剧孟作为游侠又好赌博，成为当时的社会普通民众赌博的典型例证。在汉武帝削藩政策之下，有一些侯就因为赌博而失去侯位，元鼎四年（前113），安丘侯张拾"坐入上林谋盗鹿，又搏揜，完为城旦"。樊侯蔡辟方也因"坐搏揜，完为城旦"。师古曰："搏揜，谓搏击揜袭人而夺其物也。搏字或作博。一曰博，六博也。揜，意钱之属也，皆谓戏而取人财也。"③ 汉景帝的孙子常山王刘勃"饮酒，博戏，击筑，与女子载驰，环城过市，入牢视囚"，被汉武帝夺去王位。④ 汉景帝重孙广川王刘去"好文辞、方技、博弈、倡优"。刘去与夫人昭信"从十余奴博饮游敖"⑤。因赌博而失去侯位足见社会上此风之盛行已经威胁政治的稳定。因为赌博之风颇为流行，甚而出现了"世家子弟富人或斗鸡走狗马，弋猎博戏，乱齐民"的现象。汉武帝"乃征诸犯令，相引数千人，命曰'株送徒'。入财者得补郎，郎选衰矣"。应劭曰："株，根本也。送，致也。"如淳曰："株，带也。诸坐博戏事决为徒者，能入钱，得补郎。"⑥ 这显现出因赌博游戏受牵连的人之多。汉代赌博现象的出现除了社会长期太平，社会风气逐步宽松外，汉代皇帝喜好赌博也助长了这一风气的流行，如汉武帝时吾丘寿王"以善格五召待诏"⑦。著名的游侠陈遵，"宣帝微时与有故，相随博弈，数负进"，及宣帝即位后，帝后诏云："制诏太原太守：官尊禄厚，可以偿博进矣。妻君宁时在旁，知状。"师古曰："史皇孙名进而此诏不讳之，盖史家追书故有其字耳。君宁，遵妻名也。云妻知负

---

　　① 《史记》卷一百一《袁盎列传》，第2744页。《汉书》卷四十九《爰盎传》云："安陵富人有谓盎曰：'吾闻剧孟博徒，将军何自通之？'盎曰：'剧孟虽博徒，然母死，客送丧车千余乘，此亦有过人者。'"第2275页。

　　② 《史记》卷一百二十四《游侠列传》，第3184页。

　　③ 《汉书》卷十六《高惠高后文功臣表》，第592、625页。

　　④ 《史记》卷五十九《五宗世家》，第2103页。

　　⑤ 《汉书》卷五十三《景十三王传·常山宪王刘舜》，第2434页。

　　⑥ 《汉书》卷二十四《食货志下》，第1171页。

　　⑦ 《汉书》卷六十四《吾丘寿王传》，第2794页。

博之状者，著旧恩之深也。"① 陈遵因在汉宣帝早年与其赌博而被关注。哀帝建平四年（前3），"京师郡国民聚会里巷仟佰，设张博具，歌舞祠西王母"。师古曰："博戏之具。"由此可见，赌博已经成为全国范围内的现象，以至于有"博弈，男子之事"② 的说法。

三、握槊

这是一种类似双陆的赌博游戏，是源于少数民族的一种游戏，大约在北魏时期开始传入河洛地区并盛行。孝文帝迁都洛阳后，"有范宁儿者善围棋。曾与李彪使萧赜，赜令江南上品王抗与宁儿。制胜而还。又有浮阳高光宗善樗蒲。赵国李幼序、洛阳丘何奴并工握槊。此盖胡戏，进入中国，云胡王有弟一人遇罪，将杀之，弟从狱中为此戏以上之，意言孤则易死也"。宣武帝以后，"大盛于时"③。河阴之变后，尔朱荣攻入洛阳，"世隆曾与吏部尚书元世俊握槊，忽闻局上欻然有声，一局之子尽皆倒立"，对于握槊中发生的意外，尔朱世隆"甚恶之"④。北齐时期，握槊游戏因为统治者沉湎其中，已经给统治阶级的政权稳定带来不可估量的危害。天平四年（537）九月，高欢"以司空侯景为西道大行台，与敖曹及行台任祥、御史中尉刘贵、豫州刺史尧雄、冀州刺史万俟洛同治兵于虎牢"。在战争的间歇，"敖曹与北豫州刺史郑严祖握槊，贵召严祖，敖曹不时遣，枷其使者"⑤。虽然这里是为了显示高敖曹在轻视汉人的环境中具有较高的地位，但也显示出握槊游戏是一种简单的两人游戏。北齐武成帝因奢侈，其胡皇后，因"武成宠幸和士开，每与后握槊，

---

① 《汉书》卷九十二《游侠传·陈遵》，第3709页。
② 《汉书》卷二十七下之上《五行志下之上》，第1476页。
③ 《魏书》卷九十一《术艺传·范宁儿》，第1972页。
④ 《魏书》卷七十五《尔朱世隆传》，第1670页。
⑤ 《资治通鉴》卷一百五十七《梁纪十三》，第4882页。

因此与后奸通"①。北齐末年，寿阳被攻占后，韩凤"与穆提婆闻告败，握槊不辍"。在国家危难之时，置之不顾，甚至说："他家物，从他去。"② 足以显示出北齐社会上层玩物丧志的现象是多么严重。这种游戏后来传到东部的百济和倭国。③

唐代随着河洛地区社会的逐步稳定，握槊这种赌博游戏仍然盛行。关于握槊的玩法，刘禹锡《观博》云："客有以博戏自任者，速余观焉。初，主人执握槊之器置于庀下，曰：主进者要约之。既揖让即次，有博齿二，异乎古之齿。其制用骨，觚棱四均，镂以朱墨，耦而合数，取应期月。视其转止，依以争道。是制也通行之久矣，莫详所祖。以其用必投掷，故以博投诏之。"④ 这应当是最为全面的握槊的玩法。《新唐书》卷八十三《高祖十九女传》云："丹阳公主，下嫁薛万彻。万彻恚甚，公主羞，不与同席者数月。太宗闻，笑焉，为置酒，悉召它婿与万彻从容语，握槊赌所佩刀，阳不胜，遂解赐之。主喜，命同载以归。"⑤ 唐太宗通过握槊成就了一段美好姻缘。开元三年，张说被贬岳州，崔日知被贬歙县丞，张说《赠崔二安平公乐世词》云："十五红妆侍绮楼，朝承握槊夜藏钩。"⑥ 这是张说通过追忆往昔的生活慨叹今日的落魄。陆龟蒙《江南秋怀寄华阳山人》有云："舳舻寻远近，握槊斗输赢。"⑦ 也说明了握槊是一种赌博活动。

唐代还流行着一种名为"长行"的赌博游戏，李肇云："今之博戏，有长

① 《北齐书》卷九《武成胡后传》，第126页。《北齐书》卷十一《文襄六王传·河南王高孝瑜》云："武成常使和土开与胡后对坐握槊，孝瑜谏曰：'皇后天下之母，不可与臣下接手。'帝深纳之。"第144页。《北齐书》卷五十《恩幸传·和士开》云："士开幼而聪慧，选为国子学生，解悟捷疾，为同业所尚。天保初，世祖封长广王，辟士开府行参军。世祖性好握槊，士开善于此戏，由是遂有斯举。加以倾巧便僻，又能弹胡琵琶，因此亲狎。""世祖时，恒令士开与太后握槊，又出入卧内无复期限，遂与太后为乱。"第686页。

② 《北齐书》卷五十《恩幸传·韩凤》，第692页。

③ 《隋书》卷八十一《东夷传》，第1818、1827页。

④ （唐）刘禹锡撰，《刘禹锡集》整理组点校，卞孝萱校订：《刘禹锡集》，第245—246页。

⑤ 《新唐书》卷八十三《高祖十九女传》，第3644页。

⑥ （唐）张说著，熊飞校注：《张说集校注》卷十《诗》，第544页。

⑦ 何锡光校注：《陆龟蒙全集校注》，第330页。

行最盛。其具有局、有子，子有黄黑各十五，掷采之骰有二。其法生于握槊，变于双陆。天后梦双陆而不胜，召狄梁公说之。梁公对曰：'宫中无子之象是也。'后人新意，长行出焉。"可见长行游戏是来源于握槊，并变通双陆游戏，经过狄仁杰的改良而流行。对于沉迷于长行游戏所带来的危害，李肇进一步指出："王公大臣，颇或耽玩，至于废庆吊、忘寝休、辍饮食者。及博徒是强名争胜。谓之撩零，假借分画谓之囊家，囊家什一而取谓之乞头。有通宵而战者，有破产而输者。"他还指出当时玩家最为有名的人，"其工者近有浑镐、崔师本首出"。这一赌博游戏危害颇为广泛。除了长行游戏有玩家出名外，"围棋次于长行，其工者近有韦延祐、杨芃首出。如弹棋之戏甚古，法虽设，鲜有为之；其工者，近有吉逵、高越首出焉"①。唐肃宗时，户部员外郎邢宇《握槊赋》序文云："握槊，今人谓之长行，斯博弈之徒与？观其进退迟速，虽存于大体，因时适变，必务于权舆。"② 可见由握槊演变而来的长行赌博的盛行。

四、樗蒲

樗蒲是一种赌博游戏，用于掷采的投子最初是用樗木制成，故称樗蒲。又由于这种木制掷具系五枚一组，所以又叫五木之戏，或简称五木。有传说称樗蒲是老子入胡后所创制。《博物志》曰："老子入胡，作樗蒲。"③ 东汉马融《樗蒲赋》曰：

> 昔有玄通先生，游于京都。道德既备，好此樗蒲。伯阳入戎，以斯消忧。枰则素斿紫蠋，出乎西邻。缘以缋绣，紩以绮文。杯则摇木之干，出自昆山。矢则蓝田之石，卞和所工，含精玉润，不细不洪。马则玄犀象牙，是磋是砻。杯为上将，木为君副，齿为号令，

---

① （唐）李肇：《唐国史补》，第 61 页。
② （清）董诰编，孙映逵等点校：《全唐文》卷四百三十六，第 2634—2635 页。
③ （唐）欧阳询撰，汪绍楹校：《艺文类聚》卷七十四《巧艺部·樗蒲》，第 1278 页。

马为翼距，筹为策动，矢法卒数。于是芬葩贵戚，公侯之俦，坐华榱之高殿，临激水之清流。排五木，散九齿，勒良马，取道里，是以战无常胜，时有逼遂。临敌攘围，事在将帅，见利电发，纷纶滂沸，精诚一叫，入卢九雉。磊落踕踖，并来猥至，先名所射，应声粉溃，胜贵欢悦，负者沉悴。①

马融将樗蒲的器具、参与者的竞技状态以及心理变化描绘得入木三分，展现了樗蒲游戏的赌博色彩。《抱朴子》云："世之豪士，暑夏之日，露首袒身，惟在樗蒲弹棋，不离绮纨之侧也。"② 张既之子张楚不喜好"学问"，而最为擅长的是"游遨音乐"，为此，张楚"乃畜歌者，琵琶、筝、箫，每行来将以自随"，常常外出，"所在樗蒲、投壶，欢欣自娱"③。这是一个到处游玩赌博的纨绔子弟。王昶《戏论》曰："樗蒲弹棋，既不益人，又国有禁，皆不得为也。"④ 王昶《戏论》反映了樗蒲赌博游戏不仅与人没有好处，也是国家明令禁止的。但社会上这种游戏仍然存在。晋武帝的贵嫔胡芳因"最蒙爱幸，殆有专房之宠焉，侍御服饰亚于皇后"，"帝尝与之摴蒲，争矢，遂伤上指"⑤。这是因为赌博而受伤的案例。摴蒲在江南地区也曾广泛流传。诸葛瑾之子在驻扎公安时，"疆外无事，秋冬则射猎讲武，春夏则延宾高会，休吏假卒，或不远千里而造焉。每会辄历问宾客，各言其能，乃合榻促席，量敌选对，或有博弈，或有摴蒲，投壶弓弹，部别类分，于是甘果继进，清酒徐行，融周流观览，终日不倦"⑥。诸葛瑾在驻防前线可以聚众饮酒、赌博，再次表明这种游戏的普遍性。王献之"尝观门生摴蒲"⑦。《晋书》卷八十五《刘毅传》云：

① 费振刚、胡双宝、宗明华辑校：《全汉赋》，第507页。
② （宋）李昉等：《太平御览》卷二十二《时序部七·夏中》，第105页。
③ 《三国志》卷十五《魏书·张既传》裴注引《魏略》，第474页。
④ （宋）李昉等：《太平御览》卷七百四十六《工艺部三·射下》，第3311页。
⑤ 《晋书》卷三十一《后妃传上·胡贵嫔》，第962页。
⑥ 《三国志》卷五十二《吴书·诸葛融传》，第1235页。
⑦ 《晋书》卷八十《王献之传》，第2104页。

后于东府聚摴蒲大掷，一判应至数百万，余人并黑犊以还，唯
刘裕及毅在后。毅次掷得雉，大喜，褰衣绕床，叫谓同坐曰："非不
能卢，不事此耳。"裕恶之，因援五木久之，曰："老兄试为卿答。"
既而四子俱黑，其一子转跃未定，裕厉声喝之，即成卢焉。毅意殊
不快，然素黑，其面如铁色焉，而乃和言曰："亦知公不能以此
见借。"

《刘毅传》将摴蒲赌博中详细的过程记述了出来，可以看出两者之间争强好胜
的细节。《江蘉别传》曰："江蘉字世林，年十一始知摴蒲，数以为游。祖母
费为说往事，有以博弈破业废身者。于是即弃五木，终身不以为戏。"① 江蘉
在祖母的劝说下放弃摴蒲，终生不再玩这一赌戏。《晋中兴书》曰："安帝义
熙元年，禁绢扇及摴蒲。"② 晋安帝禁止摴蒲游戏，可能是赌博害人匪浅。摴
蒲不仅流传至江南，在黄河流域可以说受到各方人的喜欢，慕容宝在长安期
间就喜欢玩摴蒲游戏，"初，宝在长安，与韩黄、李根等因宴摴蒲，宝危坐整
容，誓之曰：'世云摴蒲有神，岂虚也哉。若富贵可期，频得三卢。'于是三
掷尽卢，宝拜而受赐，故云五木之祥。"③《北史》卷三十六《薛端传》云：

梁主萧察曾献马瑙钟，周文帝执之顾丞郎曰："能掷摴蒲头得卢
者，便与钟。"已经数人不得。顷至端，乃执摴蒲头而言曰："非为
此钟可贵，但思露其诚耳。"便掷之，五子皆黑。文帝大悦，即以
赐之。④

在北齐祖珽"又自解弹琵琶，能为新曲，招城市年少，歌舞为娱，游集诸倡
家，与陈元康、穆子容、任冑、元士亮等为声色之游。诸人尝就珽宿，出山
东大文绫并连珠孔雀罗等百余匹，令诸姬掷摴蒲赌之，以为戏乐"。他曾"以

---

① （宋）李昉等：《太平御览》卷三百八十五《人事部二十六·幼知下》，第1781页。
② （宋）李昉等：《太平御览》卷七百二《服用部四·扇》，第3131页。
③ 《晋书》卷一百二十三《慕容垂载记》，第3080页。
④ 《北史》卷三十六《薛端传》，第1328页。

《遍略》数帙质钱摴蒱"，被"文襄杖之四十"①。《周书》卷十八《王思政传》曰：

> 太祖曾在同州，与群公宴集，出锦罽及杂绫绢数段，命诸将摴蒱取之。物既尽，太祖又解所服金带，令诸人遍掷，曰："先得卢者，即与之。"群公将遍，莫有得者。次至思政，乃敛容跪坐而自誓曰："王思政羁旅归朝，蒙宰相国士之遇，方愿尽心效命，上报知己。若此诚有实，令宰相赐知者，愿掷即为卢。若内怀不尽，神灵亦当明之，使不作也，便当杀身以谢所奉。"辞气慷慨，一坐尽惊。即拔所佩刀，横于膝上，揽摴蒱，拊髀掷之。比太祖止之，已掷为卢矣。徐乃拜而受。②

由此可见，以摴蒱作为游戏在社会各阶层的普遍性，而且从上述材料也可以看出这种游戏的赌博性质是很明显的。

郑樵《通志二十略·昆虫草木略》云："樗，似椿……叶脱处有痕如摴蒱子。"③ 有人据此认为摴蒱之得名，系由樗叶脱处所留痕迹而来，所以五木投子又被简称为"齿"，掷得采名称为"齿采"。"今六博，齿采妓乘，'乘'字去声呼，无齿曰乘。据《博塞经》云：'无齿为绳，三齿为杂绳。'今摴蒱塞行十一字。"④ 这其实点出了摴蒱在唐代的演变。

到了隋代，甚至有官员因为沉溺摴蒱游戏，不务正业而被惩处。《隋书》卷二十五《刑法志》云：

> 时杨素正被委任。素又禀性高下，公卿股栗，不敢措言。素于鸿胪少卿陈延不平，经蕃客馆，庭中有马屎，又庶仆毡上摴蒱。旋以白帝，帝大怒曰："主客令不洒扫庭内，掌国以私戏污败官毡，罪

---

① 《北史》卷四十七《祖珽传》，第 1737 页。
② 《周书》卷十八《王思政传》，第 294 页。
③ （宋）郑樵撰，王树民点校：《通志二十略》，中华书局 1995 年版，第 2022 页。
④ （唐）段成式撰，许逸民校笺：《酉阳杂俎校笺·续集》卷四《贬误》，第 1728 页。

伏何以加此。"皆于西市棒杀，而榜棰陈延，殆至于毙。①
虽然这件事情有杨素飞扬跋扈的因素在内，但由此亦可以看出樗蒲游戏已经
成为一种危害。

唐代的军令也规定樗蒲游戏导致的纷争和恶骂，要处斩。《神机制敌太白
阴经》卷三《杂仪类·军令》云："以强凌弱，樗蒲忿争，酗酒喧竞，恶骂无
礼，于理不顺者斩。"② 虽然有此规定，但并没有制止住军人樗蒲游戏，有的
还因为樗蒲游戏而免除性命之忧。《朝野佥载》卷一云："开元八年，契丹叛，
关中兵救营府，至渑池缺门，营于谷水侧。夜半水涨，漂二万余人，惟行网
夜樗蒲不睡，据高获免，村店并没尽。"③ 在这场突然暴发的山洪到来之际，
只有樗蒲的士兵因耽于游戏未睡，得以逃到高处而获免。这次灾害影响非常
大，二万余人被淹死。

唐代樗蒲游戏仍然很盛行，甚至朝中以此为乐。久视元年，武则天"改
控鹤府为奉宸府"，又让张易之为奉宸令。张易之"引辞人阎朝隐、薛稷、员
半千并为奉宸供奉"。此后，"每因宴集，则令嘲戏公卿以为笑乐"。如果在内
殿举办的小型宴会，"则二张、诸武侍坐，樗蒲笑谑，赐与无算"④。樗蒲赌博
成为登上朝堂的游戏，而且因为武则天的喜好在朝廷内部颇为盛行。再如，
崔敬嗣"好樗蒲饮酒"，武则天初年任房州刺史。⑤ 还有因赌博输妻的现象。
来俊臣的父亲来操是一个"博徒"，与同乡蔡本为友人，却与其妻私通。来操
"因樗蒲赢本钱数十万，本无以酬，操遂纳本妻"。来操通过樗蒲赢得数十万

---

① 《隋书》卷二十五《刑法志》，第 715 页。
② （唐）李筌著，王军译：《李筌的军事智慧：神机制敌太白阴经》，第 77 页。
③ （唐）张𬸚撰，赵守俨点校：《朝野佥载》，第 21 页。（宋）钱易撰，黄寿成点校：《南部新书》庚卷云："开元八年，谷水夜半涨。时伐契丹，兵营于彼，漂没二万人。唯行网夜樗蒲不睡，接高获免。"第 109 页。《旧唐书》卷三十七《五行志》云："（开元）八年夏，契丹寇营州，发关中卒援之。军次渑池县之阙门，野营谷水上。夜半，山水暴至，二万余人皆溺死，唯行网役夫樗蒲，觉水至，获免逆旅之家，溺死死人漂入苑中如积。"第 1357 页。
④ 《旧唐书》卷八十七《张易之传》，第 2706 页。
⑤ 《旧唐书》卷一百一十一《崔光远传》，第 3317 页。

钱，其赌博的性质非常明显。蔡本的妻子"入操门时，先已有娠，而生俊臣"①。虽然是指出来俊臣身世复杂，但也反映了赌博的危害性。

关于樗蒲的游戏方法，洛阳令崔师本最为擅长，《唐国史补》卷下云：

> 洛阳令崔师本，又好为古之摴蒱。其法：三分其子三百六十，限以二关，人执六马，其骰五枚，分上为黑，下为白。黑者刻二为犊，白者刻二为雉。掷之全黑者为卢，其采十六；二雉三黑为雉，其采十四；二犊三白为犊，其采十；全白为白，其采八：四者贵采也。开为十二，塞为十一，塔为五，秃为四，撅为三，枭为二：六者杂采也。贵采得连掷，得打马，得过关，余采则否。新加进九退六两采。②

这种较为详细的游戏方法，应当是真实的总结。樗蒲游戏的盛行，还出现了总结樗蒲游戏的著作。《四库全书总目》卷一百十四《子部二十四·艺术类存目》著录有《五木经》，云：

> 唐李翱撰。记樗蒱之戏，元革为之注。其法有图有例。考陈氏《书录解题》，载《五木经》一卷并图例，今图例已佚，非全书矣。程大昌《演繁露》疑所述与史语不合，然谓樗蒱久废不传，赖有此文而五木之形制齿数粗亦可考。顾大韶作《五木经辨》，则谓按以古六博格五之法，殊相缪戾。知此经是翱所戏作，借古樗蒱卢白雉犊之名以行打马之法，实非古之五木。所引《后汉书·梁冀传注》及《列子·杨朱篇注》，考证甚详。合二人所论观之，则是书为翱自出新意明矣。

由此可知，在唐代河洛地区樗蒲游戏已经进入了鼎盛时期，标志着唐代社会生活的丰富多彩。

综观汉唐间的娱乐活动可以得出这样的认识。首先，河洛地区独特的地

---

① 《旧唐书》卷一百八十六上《酷吏传上·来俊臣》，第4837页。
② （唐）李肇：《唐国史补》，第61—62页。

理位置、便利的交通形势，使以洛阳为中心的核心城市云集了来自全国各地的群体，为了满足其娱乐需求，各种娱乐活动都呈现出快速发展的态势。其次，汉唐时期娱乐活动项目的增多与延续，与太平盛世的大环境紧密联系在一起。娱乐活动之所以引起全社会的关注，与封建帝王和达官显贵的倡导是分不开的，有时封建帝王甚至亲自参与期间，起到了带头和表率作用，从而使全社会对娱乐活动关注有加。再次，少数民族进入河洛地区之后，不仅带来了其当地的土特产，也将本地区的娱乐项目传入内地，这也就是我们看到许多娱乐项目都是出自少数民族，再经过本地民众的吸收、改良，最终成为本土的娱乐项目。又次，娱乐活动作为人们修身养性的重要内容之一，随着时代的发展而在不断地发生着变化，有的延续了下来，有的则随着时代的变化被淘汰掉了，有的是随着社会的变化呈现出断断续续的发展态势。最后，对上述众多娱乐项目的认识也应当区别对待，有的是积极向上的，具有引导全社会向善的娱乐项目；有的则是危害家庭与社会的娱乐项目。在享有上述娱乐项目所带的欢娱的同时，可以发现，如果过分沉溺其中，无论河洛地区社会的社会群体还是全国百姓都深受其害。过分沉溺于娱乐，会造成一系列社会问题，不能不引起人们的深思。

第七章 社会信仰与民间宗教

汉唐间河洛地区作为中国的首善之区，是各方民众会聚之地，也是信仰多样化的地区，所以研究河洛地区的社会生活，对民间信仰的考察有助于对民间社会生活的情感认同。民间信仰具有多重色彩，具体包括自然神、民间俗神、宗教诸神、冥界鬼神、行业祖师神等崇拜。

第一节 五帝信仰

五帝信仰是从先秦时期延续下来的社会信仰，主要是按照方位东、南、西、北、中来确定不同的神仙。《周礼》中多次提到"祀五帝"问题。唐代贾公彦疏释曰："五帝者，东方青帝灵威仰，南方赤帝赤熛怒，中央黄帝含枢纽，西方白帝白招拒，北方黑帝汁光纪。"① 这是掌管不同方位的天帝，即五方上帝。西汉时期，对五帝的祭拜从汉高祖时期就已列入朝廷的日常大事。汉二年（前205），刘邦东击项羽，返回关内后，问"秦时上帝祠何帝"，随从答曰："四帝，有白、青、黄、赤帝之祠。"当汉高祖问为何秦仅有四帝，属下却对答不上来，刘邦随即说："吾知之矣，乃待我而具五也。"于是立黑

---

① （汉）郑玄注，（唐）贾公彦疏：《周礼注疏》，李学勤主编《十三经注疏》整理本，第47页。

帝祠，名曰北畤。① 西汉时期，五帝畤均在关中渭阳。

东汉时期，光武帝在洛阳南郊立五帝祭坛。建武二年（26）正月壬子，"起高庙，建社稷于洛阳，立郊兆于城南，始正火德，色尚赤"。李贤注引《续汉书》曰："制郊兆于洛阳城南七里，为坛，八陛，中又为重坛，天地位皆在坛上。其外坛上为五帝位，青帝位在甲寅，赤帝位在丙巳，黄帝位在丁未，白帝位在庚申，黑帝位在壬亥。其外为壝，重营皆紫，以象紫宫。营有通道以为门，日月在营内南道，日在东，月在西。北斗在北道之西。外营、中营凡千五百一十四神，高皇帝配食焉。"② 这是国家层面祭拜五帝。是后，对于五帝的祭拜与皇权紧密切合在一起，永平二年（59）正月，汉明帝使尚书令持节诏骠骑将军、三公曰："今令月吉日，宗祀光武皇帝于明堂，以配五帝。"李贤注引《五经通义》曰："苍帝灵威仰，赤帝赤熛怒，黄帝含枢纽，白帝白招矩，黑帝叶光纪。牲币及玉，各依方色。"③ 这可以说将光武帝上升到与五帝同等的地位加以祭拜。汉章帝、汉和帝、汉安帝均有祭拜五帝的活动，体现出五帝的崇高信仰，其中汉章帝与汉安帝均在汶上明堂祭拜五帝。

魏晋北魏时期，对于五帝的祭拜仍然体现出国家的意志。泰始二年（266）正月，群臣议论："五帝即天也，王气时异，故殊其号，虽名有五，其实一神。明堂南郊，宜除五帝之坐，五郊改五精之号，皆同称昊天上帝，各设一坐而已。"群臣建议将五帝祭拜改为昊天上帝，晋武帝听从了这一建议。太康十年（289）十月，晋武帝又下诏"其复明堂及南郊五帝位"④。再次恢复了洛阳南郊的五帝祭拜。孝文帝迁都洛阳后，太和十九年（495）十一月，孝文帝针对圜丘祭祀牲畜颜色不一的现象，要求群臣讨论，秘书令李彪曰："臣谓宜用玄。至于五帝，各象其方色，亦有其义。"最后孝文帝认为："天何

① 《史记》卷二十八《封禅书》，第1378页。
② 《后汉书》卷一下《光武帝纪下》，第27页。（晋）司马彪撰，刘昭注补：《续汉书·祭祀志上》，第3159页。
③ 《后汉书》卷二《显宗孝明帝纪》，第100页。
④ 《晋书》卷十九《礼志上》，第583—584页。

时不玄，地何时不黄，意欲从玄。"① 最终选择黑色的牲畜用来祭祀。

隋代五帝祭拜仍在明堂进行，并且有五帝登歌演奏。武则天称帝后，在洛阳南郊也举行了祭天仪式，垂拱元年（685）七月，群臣"议圆丘、方丘及南郊、明堂严配之礼"。最后武则天采纳了元万顷、范履冰等人建议，"高高祖神尧皇帝、太宗文武圣皇帝，今既先配五祠，理当依旧无改"，用唐高宗"历配五祠"②。可以说武则天在洛阳祭拜五帝的举动，是对历代祭拜五帝传统的沿袭。

汉唐时期对五帝的祭拜体现了国家意志，是对上天的崇拜，也是社会上层对五帝的信仰。虽然从现存史料中看不出民间对五帝的崇拜，但正因为统治者的信仰与敬崇，民间也无形中形成了这样的一种认识。

第二节　五祀的民众性

因为社会信仰的复杂性，汉唐时期河洛地区与其他地区的信仰差异不大，更多的是体现了民众对生存环境的自然信仰。关于汉代对于自然神的崇拜，彭卫先生曾经做过系统研究，兹选择与河洛地区与民众生活紧密相关的内容再作考述。

五祀的起源在中国有着悠久的历史，《世本》云：

> 汤作五祀《路史·余论四》。户、井、灶、中溜、行。至周而
> 七，曰门、行、厉、户、灶、司命、中溜《事物纪原二》。

微作禓五祀

根据《世本》所记述五祀起源于商汤时期，并且在周代扩大到七祀。

周代五祀祭拜开始于西周初年，周成王时期制定了一系列的社会规范，通过"制礼作乐"又规范了社会不同等级的祭拜对象。《汉书》卷二十五

---

① 《魏书》卷一百八之一《礼志一》，第2752页。
② 《旧唐书》卷二十一《礼仪志一》，第830页。

《郊祀志上》云：

> 周公相成王，王道大洽，制礼作乐，天子曰明堂、辟雍，诸侯曰泮宫。郊祀后稷以配天，宗祀文王于明堂以配上帝。四海之内各以其职来助祭。天子祭天下名山、大川，怀柔百神，咸秩无文。五岳视三公，四渎视诸侯。而诸侯祭其疆内名山、大川，大夫祭门、户、井、灶、中霤五祀，士、庶人祖考而已。各有典礼，而淫祀有禁。①

《郊祀志》所记述的从天子、诸侯、大夫、士、庶人都有不同的祭拜对象，而其中"大夫祭门、户、井、灶、中霤五祀"到汉魏以后逐渐泛化为社会民众的普遍祭拜对象，体现出社会信仰的多样化趋势。《礼记·祭法》云："王为群姓立七祀，曰司命，曰中霤，曰国门，曰国行，曰泰厉，曰户，曰灶。王自为立七祀。诸侯为国立五祀，曰司命，曰中霤，曰国门，曰国行，曰公厉。诸侯自为立五祀。大夫立三祀，曰族厉，曰门，曰行。适士立二祀，曰门，曰行。庶士、庶人，立一祀，或立户，或立灶。"② 可见从汉代祭祀有不同的标准，有七祀、五祀、三祀、二祀、一祀的不同的，其中最为基本的是户、灶。这说明户、灶与生活生存有最为紧密的关联，是社会各阶层都要祭祀的对象。

汉代五祀呈现出更为大众化的现象，民间普遍有五祀现象。班固《白虎通义》卷二《五祀》云：

> 五祀者，何谓也？谓门、户、井、灶、中霤也。所以祭何？人之所处出入、所饮食，故为神而祭之。何以知五祀谓门、户、井、灶、中霤也？《月令》曰："其祀户。"又曰："其祀灶。""其祀中霤。""其祀门。""其祀井。"

这是对户神、灶神、中霤神、门神、井神等祭祀，属于大夫以上阶层的专祭，

---

① 《汉书》卷二十五《郊祀志上》，第1193页。
② （汉）郑玄注，（唐）孔颖达疏：《礼记正义》，李学勤主编《十三经注疏》整理本，第1305页。

其下的士因"位卑禄薄"，无法对五神进行祭祀，并与庶人"祭其先祖耳"，如果祭祀不当，即超越地位于财力进行祭拜则属于淫祭，"非所当祭而祭之名曰淫祀"。淫祭最为明显的后果是"淫祀无福"。一年内各项祭祀时令的分配，按照"顺五行也"进行，即金木水火土五行次序。"故春即祭户。户者，人所出入，亦春万物始触户而出也。夏祭灶。灶者，火之主，人所以自养也。夏亦火王，长养万物。秋祭门。门以闭藏自固也。秋亦万物成熟，内备自守也。冬祭井。井者，水之生藏在地中。冬亦水王，万物伏藏。六月祭中霤。中霤者，象土在中央也。六月亦土王也。"正如《礼记·月令》对五祀的形象比喻："春言其祀户，祭先脾。夏言其祀灶，祭先肺。秋言其祀门，祭先肝。冬言其祀井，祭先肾。中央言其祀中霤，祭先心。"① 至于在春季先祭户"祭所以时先脾者何"，这其中的原因是因为"脾者，土也，春木王煞土，故以所胜祭之也；是冬肾，六月心，非所胜也，以祭何？以为土位在中央，至尊，故祭以心。心者，藏之尊者。水最卑，不得食其所胜"。祭祀所用牲畜因为社会等级的不同也有所差异，"祭五祀，天子、诸侯以牛，卿、大夫以羊，因四时祭牲也。一说：户以羊，灶以鸡，中霤以豚，门以犬，井以豕。或曰：中霤用牛，余不得用豚，井以鱼"②。班固所总结的不同社会等级举行五祀的差异，对于认识汉代社会生活具有重要的学术意义。汉代朝廷还为了官员祭祀门户赏赐给各级官员数量不等的钱物，《汉官仪》云："腊赐大将军三公钱各二十万，牛肉二百斤，粳米二百斛，特进侯五十万，卿十万，校尉五万，尚书二万，侍中将大夫各二万，千石六百石各七千，虎贲羽林郎二人共三千，以为祀门户直。"③ 这说明朝野对祭祀门户的重要性有深刻的认识。

汉代举行五祀祭拜成为朝廷重要的活动，民间对于祭拜门、户、井、灶、中霤也非常重视。汉武帝时，"李少君亦以祠灶"。《索隐》如淳云："祠灶可

① （清）陈立撰，吴则虞点校：《白虎通疏证》，第77—78页。
② （清）陈立撰，吴则虞点校：《白虎通疏证》，第79—81页。
③ （宋）孔平仲：《珩璜新论》卷一，中华书局1985年版，第10页。

以致福。"司马贞案："礼灶者，老妇之祭，盛于盆，尊于瓶。"司马贞对唐代以前关于灶神的多种说法进行了总结，《索隐》云："《说文·周礼》以灶祠祝融。《淮南子》炎帝作火官，死为灶神。司马彪注《庄子》云髻，灶神也，如美女，衣赤。李弘范音诘。"① 司马贞关于灶神多种传说的记述，使我们明白后世所祭拜的灶神是多样化的，这或许与汉代社会的不同价值观有关。李少君祠灶未有具体的时令，应当不是汉代的夏至日，可能更加随意。董仲舒强调在"春旱求雨"时，"令县邑以水日令民祷社，家人祀户"。"夏求雨亦以水日，家人祠灶"。在"祠灶"过程中，"无举土功，浚井，曝釜鬲杵臼于街七日，为四通坛于邑南门外，方七尺，植赤缯七，其神蚩尤，祭以赤雄鸡七"② 。这应当是全国范围内祀户、祀灶的基本程序。刘安曾经对汉代五祀的情况作了系统描述，其中在孟春、仲春、季春均可进行"其祀户"的活动，在孟夏、仲夏可进行"其祀灶"的活动，季夏可进行"其祀中霤"的活动，在孟秋、仲秋、季秋可举行"其祀门"的活动，在孟冬、仲冬、季冬可举行"其祀井"的活动。③ 刘安所述汉代五祀的现象其实是对先秦五祀活动的继承，吕不韦就曾在《吕氏春秋》中对先秦五祀活动作了系统的记述。汉宣帝时，有"阴子方者，至孝有仁恩，腊日晨炊而灶神形见，子方再拜受庆。家有黄羊，因以祀之。自是已后，暴至巨富，田有七百余顷，舆马仆隶，比于邦君。子方常言'我子孙必将强大'，至识三世而遂繁昌，故后常以腊日祀灶，而荐黄羊焉。"关于灶神的名字，李贤注引《杂五行书》曰："灶神名禅，字子郭，衣

---

① 《史记》卷十二《孝武本纪》，第453页。《周礼》说："颛顼氏有子曰黎，为祝融，祀以为灶神。"《晋书》卷十九上《礼志上》云："及武帝，以李少君故，始祠灶。"汉代流行"立夏祭灶"。第596页。

② （宋）李昉等：《太平御览》卷三十五《时序部二十·旱》，第168页。

③ 何宁：《淮南子集释》卷五《时则训》，第380—430页。

黄衣，夜被发从灶中出，知其名呼之，可除凶恶。宜市猪肝泥灶，令妇孝。"①
这是汉代民间祭祀灶神得福报的典型例证，从这条材料亦可以看出灶神已经
有了名及字，人们称呼其名即可免除凶恶之事。汉代灶神的来源是炎帝时期
的火官，不过此时的祀灶是在腊日进行，不同于夏至日祭灶。桓谭《新论·
·谴非》记载，"诸府县社膢祠祭灶，不但进熟食，皆复多肉米酒脯腊，诸奇珍
益盛，是故诸郡府至杀牛数头"②。由此可见民间腊月祭灶的习俗之奢侈。在
汉代还流传着灶神属于老妇祭拜的对象。《礼器记》曰："臧文仲安知礼？燔
柴于灶。灶者，老妇之祭也。故盛于盆，尊于瓶。"针对这种说法，应劭云：
"谨按《明堂月令》：'孟冬之月，其祀灶也。'五祀之神，王者所祭，古之神
圣有功德于民，非老妇也。"③可见灶神应当是与王者有关，而非普通民众所
祭拜。但从这里也可以看出民间祭祀灶神，五祀祭拜已经普及到了民间。颍
川鄢陵人孙宝被御史大夫张忠署为主簿，孙宝入住后，"祭灶请比邻"④。孙宝
祭灶并未严格按照节令祭灶，而是入住即祭，显示出民间祭灶的即时性。既
然孙宝来自河洛地区其故乡当亦如此。究其实祭灶的随时性是从上古先秦延
续下来的传统，相传"尧、舜、禹、汤、文、武"在位期间，"馨鼓而食，奏
雍而彻，已饭而祭灶"⑤。可见上古时期祭灶并未有后世那样严格在立夏日进
行，而是在饭后即祭，孙宝祭灶请邻居应当说是这一现象的回归。汉哀帝元

---

① 《后汉书》卷三十二《阴兴传》，第1133页。《汉记》云："南阳阴子方积恩好施，喜祀灶，
腊日晨炊而灶神见，再拜受神，时有黄羊，因以祀之。"《搜神记》卷四《阴子方》曰："汉宣帝时，
南阳阴子方者，性至孝，积恩好施，喜祀灶。腊日晨炊，而灶神形见。子方再拜受庆。家有黄羊，因
以祀之。自是已后，暴至巨富，田七百余顷，舆马仆隶，比于邦君。子方尝言：'我子孙必将强大。'
至识三世，而遂繁昌。家凡四侯，牧守数十。故后子孙尝以腊日祀灶，而荐黄羊焉。"（晋）干宝撰，
汪绍楹校注：《搜神记》，第94页。《东观汉记》曰："初阴氏世奉管仲之祀于邑，谓之相君子，至子
方，以累积恩德，为神所飨，膢日，晨炊于灶，神见，再拜受庆，时有黄羊，因以祠之，自是富殖百
万，田至七百顷，后世子孙，常以膢日，奉祠灶神以黄羊。"（唐）欧阳询撰，汪绍楹校：《艺文类聚》
卷八十《火部·灶》，第1374页。
② （汉）桓谭撰，朱谦之校辑：《新辑本桓谭新论》卷六《谴非篇》，第25页。
③ （汉）应劭撰，王利器校注：《风俗通义校注》卷八《灶神》，第360—361页。
④ 《汉书》卷七十七《孙宝传》，第3257页。
⑤ 何宁：《淮南子集释》卷九《主术训》，第692页。

寿元年（前2）正月，董贤以日食为借口，诋毁近臣河内河阳人息夫躬，息夫躬被免官，后被羁押在雒阳诏狱拷打而死，息夫躬的母亲，"坐祠灶祝诅上，大逆不道"，被弃市。① 很显然，息夫躬的母亲所祠灶祸不是传统的祭灶，而是利用这一形式诅咒皇帝，故被判弃市。汉桓帝延熹九年（166）正月，"沛国戴异得黄金印，无文字，遂与广陵人龙尚等共祭井，作符书，称太上皇，伏诛"②。这件事虽然不是发生在河洛地区，但应当是借助于季冬之月祭井的习俗，图谋造反的举动，故而被诛。对于五祀的传统，刘安曾经指出其弊病："今世之祭井灶门户箕帚臼杵者，非以其神为能飨之也；恃赖其德，烦苦之无已也，是故以时见其德，所以不忘其功也。"③ 这种看法可能是对社会上过分注重五祀的一种反思。

魏晋时期，关于五祀的认识呈现出多样化的现象。《魏名臣奏》记述了秦静与高堂隆关于五祀的不同认识。秦静议云："祭法七祀有国行，今《月令》谓行为井，是以俗废行而祀井。武帝始定天下，兴复旧祀，造祭祀门、户、井、灶、中霤。文帝称诏。静按：凡诸祠祀，所以尊敬神灵，不宜称诏。"从先秦两汉的七祀到曹操定下来的五祀，并且将"行"改为井，表明井与社会生活紧密相关。高堂隆议曰："国、中霤、门、井、灶多不遍，惟祀在者，故曰祭。五祀在于庙，今每门、户辄祭之，自汉以来，非旧典也。祭井自汉，从水类，不列五祀，宜除井祀行。"高堂隆表达了与秦静不同的观点，认为井不应当祭祀。西晋傅玄《五祀议》曰："《礼大记》云：室中央中霤，谓四霤之中也。祭于漏井，盖失之矣。七祀之文，皆云祀行而无井，祭灶而不祭井，于事则阙。夫设祀者，非惟报功而已，亦神道设教，使民慎之幽冥也。臣以为帝之都城，宜祭一门，正宫一门，正室一户，井、灶、中霤，亦各择其一

---

① 《汉书》卷四十五《息夫躬传》，第 2180 页。
② 《后汉书》卷七《孝桓帝纪》，第 316 页。
③ 何宁：《淮南子集释》卷十三《氾论训》，第 984 页。

正者祭之。"① 很显然，在傅玄的认识中井并未被祭，属于漏掉了。特别是在都城洛阳中门、户均要选择正宫、正室的门、户进行祭祀，井、灶、中霤都要选择正者祭祀。这不仅适合于皇室，也适用于普通百姓。傅咸《议立二社表》云："案祭五祀。国之大祀，七者小祀。"② 《抱朴子·内篇·微旨》曰："月晦之夜，灶神亦上天白人罪状。大者夺纪。纪者，三百日也。小者夺算。算者，三日也。"③ 晋代关于灶神的祭祀关乎人的寿命长短，故而葛洪反复强调祭祀灶神的重要性。北魏前期，五祀内涵逐渐模糊，太和十三年（489），高间曾经说："自晋已来，逮于圣世，以为论者虽多，皆有所阙，莫能评究。"经过两年时间的考察，到太和十五年八月，孝文帝下诏曰："明堂祭门、户、井、灶、中霤，每神皆有。"④ 这说明至少从太和十五年之后，关于五祀的情况逐步明了，迁都洛阳之后，应当也继承了在明堂举行五祀活动的传统。北周甄鸾《笑道论·事邪求道》云："三张之法，春秋二分，祭祀祠灶，冬夏两至，同俗祠祀。"⑤ 这说明到北周时期祭祀灶神的习俗出现了四次的现象，即春分、秋分与冬至、夏至等。隋代，五祀属于中祀，举行五祀时，从天子到五品官员所戴鷩冕均不相同，"天子五旒，用玉百二十。孤卿服以助祭，四旒，用玉三十二。新制依此。服三章。五品及子男助祭则服之"⑥。唐代五祀沿用《周礼》。随着祠灶现象的增多，相关理论著作也出现了。梁简文帝有《灶经》十四卷，梁代还有《祠灶书》一卷，《六甲祀书》二卷。⑦ 唐代有《祠灶经》一卷。⑧ 祭门户在六朝隋唐时期开始成为传统。宗懔云："正月十五日，作豆糜，加油膏其上，以祠门户。先以杨枝插门，随杨枝所指，仍以

① （宋）李昉等：《太平御览》卷五百二十九《礼仪部八·五祀》，第2399页。
② 《晋书》卷十九上《礼志上》，第592页。
③ 王明：《抱朴子内篇校释》（增订本），中华书局1986年版，第125页。
④ 《魏书》卷一百八之一《礼志一》，第2743—2749页。
⑤ （唐）释道宣：《广弘明集》卷九《辨惑篇第二之五·以酒脯事邪求道者》，第154页。
⑥ 《隋书》卷十二《礼仪志七》，第270页。
⑦ 《隋书》卷三十四《经籍志三》，第1038页。
⑧ 《旧唐书》卷四十七《经籍志下》，第2044页。

酒脯饮食及豆粥插箸而祭之。"① 唐代《玉烛宝典》记载："正月十五日，作膏粥以祠门户。"② 这说明民间已经流行五祀的传统。

关于五祀，宋人有较为系统的梳理，如《云麓漫钞》卷二云：

> 五祀见于《周礼》、《礼记》、《仪礼》，杂出于史传多矣。《特牲》《祭法》，加司命、泰厉为七祀；《左传家语》，五祀，《月令》以门、行、户、灶、中霤；《白虎通》、刘昕、范晔、高堂隆以五祀：门、井、户、灶、中霤。郑氏释《太宗伯》五祀，则用左氏《家语》说；释《小祀》之五祀，用《月令》说；释《王制》五祀，用祭法；七祀不见于它经，郑氏谓周制，五祀为商制。《仪礼》虽士亦祷五祀，门户，人所资以出入；中霤，人所资以居；灶，人所资以饮食。两汉晋魏五祀，井预焉。隋用《月令》祭法，李林甫本《月令》祀行而不祀井。五祀切于人者，今人不祀，而广祀天神、地祇，人鬼之不当祀者，皆不为怪。③

通过《云麓漫钞》的记述可知，历代五祀的内容随着时代的推移在不断地变化，这应当是随着生产力的发展，其内涵在不断变化。如井祀进入祭祀的行列就是如此。对于井进入祭祀的行列，明人陈全之认为这和井与人们的生活密切相关联系在一起。陈全之认为《礼记》记录的"大夫祭五祀，岁遍"，五祀"训者以户、灶、中霤、门、井为五"。而《月令》却"言行不及井"，《祭法》中的五祀，"亦言'国行'而无井"。只是从《白虎通》后用井代替

---

① （梁）宗懔原著，谭麟译注：《荆楚岁时记译注》，第40页。
② （唐）徐坚等：《初学记》卷四《岁时部下》引，第65页。
③ （宋）赵彦卫撰，傅根清点校：《云麓漫钞》，第32页。（明）顾起元《客座赘语》卷四《五祀》云："商制五祀，一曰户，二曰灶，三曰中霤，四曰门，五曰行，天子与诸侯大夫同。门、户主出入，灶主饮食，中霤主堂室、居处，行主道路也。周制，王为群姓立七祀，曰司命，曰中霤，曰国门，曰国行，曰泰厉，曰户，曰灶。诸侯立五祀，曰司命，曰中霤，曰国门，曰国行，曰公厉。大夫立三祀，曰族厉，曰门，曰行。嫡士立二祀，曰门，曰行。庶人立一祀，或立霤、灶，或立户。汉立五祀，《白虎通》云：户以春祭，灶以夏祭，门以秋祭，井以冬祭，中霤以六月祭。其后人家祀山神、门户，山即厉也。"中华书局1987年版，第115页。

行，并且在后世延续下去。"故汉、魏、晋以来五祀皆以井居一，至今为然"。他认为"学者以《祭法》《月令》为古典可据而疑井非"是不恰当的。井取代行完全是因为井与人们的生活密切相关，"以今观之，先王之所以兴祀者，凡以报其功德而已，门、户资以出入，中霤资以居处，灶、井资以养生，是井较之行于人尤切，似宜常祀，行于出行时举之，义各当矣"①。可以说陈全之的认识抓住了问题的实质，道出了井作为五祀之一的合理性。

综上所述，五祀作为从先秦时期延续下来的传统，在汉唐时期从社会上层逐步拓展到了民间，并在全社会得以盛行，五祀活动正体现了社会信仰的多样化色彩。至于说五祀举行时令的变迁，应当说农业社会紧密联系在一起，是适应农业发展的社会需求而发生变化，特别是井祭取代国行，说明与生活密切相关的井进入人们的社会信仰之中。

第三节　宗教信仰

汉唐时期河洛地区的佛教信仰颇为盛行，这与佛教在两汉之际传入河洛地区后社会环境有关，特别是魏晋南北朝时期，随着南北分裂，东西对峙，使佛教有了适宜的发展环境，呈现出南北佛教信仰盛行的现象，并且以洛阳、建邺为核心全面发展起来。关于佛教信仰因为学术界研究颇多，这里不再赘述。仅选取小的宗教信仰作一考察。

一、城隍信仰

城隍本指城墙与护城河，道教将其演化成城池的守护神。班固《两都赋序》："京师修起宫室，浚缮城隍。"② 很显然这里的城隍是指城墙与护城河。南北朝时期，城隍信仰开始出现。南齐豫章王萧嶷为荆州刺史，南阳淯阳人

---

① （明）陈全之著，顾静标校：《蓬窗日录》卷五《事纪一》，上海书店出版社2009年版，第246页。
② 《后汉书》卷四十上《班固传》，第1335页。

乐蔼为骠骑行参军，领州主簿，参知州事。萧嶷"尝问蔼城隍风俗、山川险易"，乐蔼"随问立对，若案图牒"①。这说明荆州已经有了城隍信仰的习俗。有了城隍信仰，城隍庙也进入人们的视野。梁代郢州，"城中先有神祠一所，俗号城隍神，公私每有祈祷"。慕容俨攻占郢州后，"顺士卒之心，乃相率祈请，冀获冥祐"。慕容俨曾因沿江易守难攻，"还共祈请，风浪夜惊，复以断绝，如此者再三。城人大喜，以为神功"②。可见在慕容俨等人的心目中，城隍神具有超人的力量，故而多次进行祭拜。此事虽然不发生在河洛地区，但其所透露出的信息说明由此开始的城隍神的出现，是南北文化交流进一步深入的结果。梁代祭拜城隍神已经颇具规模。大宝元年（550），梁武帝萧衍的第六子萧纶到郢州，郢州刺史南平王萧恪主动让位，萧纶不接受，"乃上纶为假黄钺、都督中外诸军事"。萧纶趁机"于是置百官，改听事为正阳殿，内外斋省悉题署焉"。这种带有僭越性的举动，造成"数有变怪"出现，为了禳灾，萧纶"祭城隍神"，却又出现了"将烹牛，有赤蛇绕牛口出"③的异象。按照唐代魏徵的认识："梁武陵王纪祭城隍神，将烹牛，忽有赤蛇绕牛口，牛祸也。"④无论时人或后人的不同认识，在梁代郢州开始有了城隍信仰。五代后汉隐帝乾祐八月辛亥，"以蒙州城隍神为灵感王，从湖南请也"⑤。城隍信仰有向南拓张的趋势。唐代穀城也有城隍神庙，鲍至南《雍州记》云："城内见有萧相国庙，相传谓为城隍神。"⑥

唐代河洛地区的城隍信仰也有遗迹留存，清代钱杜云："生平所见唐人真迹，在山右平阳城隍庙观吴道子《地狱变相》，楼阁云彩皆粗笔，人物衣褶如篆籀、如狂草，奇奇怪怪，不能见其笔墨痕迹。"⑦钱壮所云的山右平阳在今

---

① 《南史》卷五十六《乐蔼传》，第 1397 页。
② 《北齐书》卷二十一《慕容俨传》，第 281 页。
③ 《南史》卷五十三《梁武帝诸子传·邵陵携王萧纶》，第 1324 页。
④ 《隋书》卷二十三《五行志下》，第 658 页。
⑤ 《旧五代史》卷一百三《汉书·隐帝纪下》，第 1367 页，
⑥ （唐）杜佑撰，王文锦等点校：《通典》卷一百七十七《州郡七·襄阳郡》，第 4676 页。
⑦ （清）钱杜著，赵辉校注：《松壶画忆》卷下，西泠印社出版社 2008 年版，第 81 页。

山西永济蒲州，是河洛地区的范围之内。在这里城隍庙留下的吴道子所画的地狱变相正是唐代社会生活的真实写照。元和年间，僧人释自在居住洛阳香山，"初被黑衣使者追摄入歧府城隍庙，庙神峨冠大袖，与一金甲武士晤坐"①。城隍神已经成为城隍庙的神灵。随着河洛地区的社会逐步稳定，祭拜城隍神成为一时风尚，李商隐《为怀州李使君祭城隍神文》对怀州的城隍神进行了讴歌。除此之外，李商隐还有多篇祭城隍神文，涉及全国多个地区。陈致雍对全国各州祭拜城隍神提出过反对意见，《议废淫祀状》指出："诸州城隍神封为公侯，合行典礼。载详其事，甚黩彝伦。且城隍之神，实土地之祇。光寿州奏封其祠，甚违典制。"他进一步指出："若城隍神无封侯之礼，实见乱于秩宗，等威岳渎。"② 由此可见，在后世颇有影响的城隍神信仰在六朝隋唐时期开始出现，且以江南地区最为盛行，虽然河洛地区不占主流，但无疑开启了这种信仰的先河，使后世在北方地区开始盛行这种信仰。

二、火祆教、大秦教、摩尼教

清代梁廷枏《耶稣教难入中国说》云："于是而大秦教、末尼教、祆神（波斯）教，杂出于隋唐之间。"③ 这说明隋唐时期是来自西方的诸多宗教传入中国的开始。这些宗教传入中国后，在隋唐时期逐步成为一种社会信仰。

琐罗亚斯德教又称祆教、火祆教、拜火教、波斯教，是流行在古代波斯地区的宗教，该教产生于公元前六世纪，最初传入中国是在南北朝时期。首先，北魏时期对波斯社会的信仰有了了解，波斯的社会信仰即"俗事火神、天神"④。火祆教逐步影响到了靠近中原的西域国家，在西域的康国，"有胡

---

① （宋）释赞宁撰，范祥雍点校：《宋高僧传》卷十一《习禅篇第三之四·唐洛京伏牛山自在传》，第245页。

② （清）董诰编，孙映逵等点校：《全唐文》卷八百七十三陈致雍《议废淫祀状》，第5385页。

③ （清）梁廷枏著，骆宾善、刘路生校点：《海国四说》，中华书局1993年版，第37页。

④ 《魏书》卷一百二《西域传》，第2271页。

律，置于祆祠，将决罚，则取而断之。重者族，次罪者死，贼盗截其足"①。疏勒国"俗事祆神"；于阗国"好事祆神，崇佛教"②。北魏时期，车师的一支滑国先后征服波斯周边地区的国家，随着与中原地区的交往，其社会风俗也逐步为内地所知，"事天神、火神，每日则出户祀神而后食。其跪一拜而止"③。这里的供奉天神、火神即是火祆教已经传入滑国的事实。火祆教也是唐朝北部突厥信奉的宗教，"突厥事祆神，无祠庙，刻毡为形，盛于皮袋。行动之处，以脂苏涂之，或系之竿上，四时祀之"④。可见火祆教在突厥成为民众信仰的宗教，而且具有本民族的特色。火祆教不仅向东传播，还向北传播。《酉阳杂俎·前集》卷十《物异》载：

> 铜马，俱德建国乌浒河中，滩派中有火祆祠。相传祆神本自波
> 斯国乘神通来此，常见灵异，因立祆祠。内无像，于大屋下置大小
> 炉，舍檐向西，人向东礼。有一铜马，大如次马，国人言自天下，
> 屈前脚在空中而对神立，后脚入土。自古数有穿视者，深数十丈，
> 竟不及其蹄。西域以五月为岁，每岁日，乌浒河中有马出，其色如
> 金，与此铜马嘶相应，俄复入水。近有大食王不信，入祆祠，将坏
> 之，忽有火烧其兵，遂不敢毁。⑤

俱德建国即久越德建国，位于今乌兹别克斯坦卡菲尔尼甘河下游库巴迪安一带。由此可见，拜火教又传到其以北地区。拜火教又向西传播到孝义国，"举俗事祆，不识佛法，有祆祠三百余所"⑥。孝义国在今埃及南部，说明火祆教

---

① 《魏书》卷一百二《西域传》，第2281页。《隋书》卷八十三《西域传》，第1848页。《北史》卷九十七《西域传·康国》，第3234页。上述关于康国的内容，《魏书》因本卷"阙"，文字多录于《北史》且与《隋书》内容相同，为了进一步说明北魏已有了火祆教传入，故而将三种出处均列出。

② 《旧唐书》卷一百九十八《西域传》，第5305页。《新唐书》卷二百二十一《西域传上》记载，疏勒"俗祠祆神"；于阗"喜事祆神、浮屠法"。第6233、6235页。

③ 《梁书》卷四十八《西北诸戎传·滑》，第812页。

④ （唐）段成式撰，许逸民校笺：《酉阳杂俎校笺·前集》卷四《境异》，第429页。

⑤ （唐）段成式撰，许逸民校笺：《酉阳杂俎校笺》，第777页。

⑥ （唐）段成式撰，许逸民校笺：《酉阳杂俎校笺·前集》卷四《境异》，第441页。

西传到尼罗河流域。

北魏孝文帝时期，拜火教已经传入洛阳，孝文帝的幽皇后冯氏，在孝文帝南征时，冯氏与高菩萨私通。因为害怕孝文帝治罪，乃与其母用女巫诅咒孝文帝，"又取三牲，宫中祆祠，假言祈福，专为左道"①。可见此时火祆教已经在北魏社会上层传播，不过是被作为旁门左道来看待。

唐代火祆教在两京地区开始流传。唐代"两京及碛西诸州火祆，岁再祀，而禁民祈祭"。由祠部所辖官员负责祭祀，禁止民间祭祀。② 唐代在官僚机构中专设萨宝一职，为"视正五品"，萨宝府有祆正，为"视从七品"。虽然萨宝府有第五品的待遇，但开元初年废除"流内九品三十阶之内，又有视流内起居，五品至从九品"的官员待遇，却留下了"今唯有萨宝、祆正二官而已"③。关于唐代两京地区对火祆教的管理。《通典》卷四十《职官二十二·秩品五·大唐官品》本注云："祆者，西域国天神，佛经所谓摩醯首罗也。武德四年，置祆祠及官，常有群胡奉事，取火祝诅。"④ 通过杜佑的记述可以看出从唐朝初年即对火祆教进行管理，《唐两京城坊考》云："雒水之北，东城之东，第一南北街，北当徽安门西街，承福坊之北，从南第一曰立德坊。"其内有胡祆祠，张穆校补云："《四库提要·西学》下引宋敏求《东京记》载，宁远坊有祆神庙。注曰：《四夷朝贡图》云：康国有神名祆，毕国有火祆祠，或曰石勒时立此。按东京无宁远坊，而《会要》与此皆有祆祠，未识所引《东京记》见于何书，俟考。"⑤《朝野佥载》卷三云："河南府立德坊及南市西坊皆有胡祆神庙。每岁商胡酬神祈福，每岁商胡祈福，烹猪羊，琵琶鼓笛，酣歌醉舞。酹神之后，募一胡为祆主，看者施钱并与之。其祆主取一横刀，利同霜雪，吹毛不过，以刀刺腹，刃出于背，仍乱扰肠肚流血。食顷，喷水咒之，平复

---

① 《北史》卷十三《后妃传上·魏孝文幽皇后冯氏》，第500页。
② 《新唐书》卷四十六《百官志一》，第1195页。
③ 《旧唐书》卷四十二《职官志一》，第1803页。
④ （唐）杜佑撰，王文锦等点校：《通典》卷四十《职官典二十二·秩品五》，第1103页。
⑤ （清）徐松撰，张穆校补，方严点校：《唐两京城坊考》卷五《东京》，第171页。

如故。此盖西域之幻法也。"① 根据《朝野佥载》所载，立德坊与南市西坊均建有胡祆祠，是胡商祈福的重要场所，其中还披露出祈福的程序，即"烹猪羊，琵琶鼓笛，酣歌醉舞"。在祈福结束后，还有来自西域的魔术表演。

会昌五年（845）八月，唐武宗针对佛教给社会、经济造成的严重影响，下诏灭佛，火祆教因为"隶僧尼属主客，显明外国之教"。所以，唐武宗强调"勒大秦穆护、祆三千余人还俗，不杂中华之风"②。可见在唐武宗灭佛的大背景下，火祆教也受到了影响。北宋时期，火祆教在东西两京颇为盛行，张邦基云："东京城北有祆庙，祆神本出西域，盖胡神也。与大秦穆护同入中国，俗以火神祠之。京师人畏其威灵，甚重之。"汴京附近的火祆教盛行与唐代影响有关，"自唐以来，祆神已祀于汴矣"③。

大秦教即景教，是从希腊正教（东正教）分裂出来的基督教教派，是聂斯脱里于公元5世纪创立的基督教教派。贞观二年（628），置波斯寺。贞观十二年七月，唐太宗诏曰："道无常名，圣无常体，随方设教，密济群生。波斯僧阿罗本，远将经教，来献上京，详其教旨，元妙无为，生成立要，济物利人，宜行天下所司。即于义宁坊建寺一所，度僧廿一人。"在义宁坊十字街东之北，有"波斯胡寺"，此波斯寺为"贞观十二年，太宗为大秦国胡僧阿罗斯立"④。程鸿诏补注云："西洋艾儒略作《西学凡》一卷，末附唐碑，称贞观十二年，大秦国阿罗木将经卷来献，即于义宁坊建大秦寺，度僧二十一人。"至天宝四载（745）九月，唐玄宗下诏曰："波斯经教，出自大秦，传习而来，久行中国，爰初建寺，因以为名。将欲示人，必修其本，其两京波斯

---

① （唐）张鷟撰，赵守俨点校：《朝野佥载》，第64—65页。

② 《旧唐书》卷十八《武宗纪》，第606页。

③ （宋）张邦基撰，孔凡礼点校：《墨庄漫录》卷四《祆庙庙祝及英济王祠祠祝类代相继》，中华书局2002年版，第110页。《张舜民集》云："汴京城北有祆庙。祆神出西域，自秦入中国，俗以火神祠之，在唐已血食宣武矣。"载（元）俞希鲁编纂，杨积庆、贾秀英、蒋文野等校点《至顺镇江志》卷八《庙》，第330页。

④ （清）徐松撰，张穆校补，方严点校：《唐两京城坊考》卷四《西京·外郭城》，第123页。

寺，宜改为大秦寺，天下诸府郡置者，亦准此。"① 唐代在贞观十二年在两京设波斯寺，天宝四载七月，将波斯寺改为大秦寺，并且将其推广到全国各州郡。建中二年（781）吐火罗人伊斯出资于长安义宁坊大秦寺立《大秦景教流行中国碑》。在长安外郭城京兆府万年、长安二县，分布着一百八坊。韦述《两京记》云："其中有折冲府四，僧寺六十四，尼寺二十七，道士观十，女观六，波斯寺二，胡祆祠四。"② 在西京朱雀门西第四街，西南隅十字街南之东有旧波斯胡寺，"仪凤二年，波斯王毕路斯奏请于此置波斯寺。景龙中，宗楚客筑此，寺地人其宅，遂移寺于布政坊之西南隅祆祠之西"。正因为来自西方的宗教的相似性，波斯胡寺在醴泉坊西南隅的西南，还有"祆祠"③。在东京外郭城长厦门之东第一街之修善坊内有波斯胡寺。④

　　关于摩尼教传入中国的情形，王国维《摩尼教流行中国考》有过详细的考证。法国伯希和、沙畹也有同题论著。⑤ 这些论著对于研究摩尼教在中国流行的过程均作了系统的论述，兹据之对摩尼教在河洛地区的流行作一考述。

　　摩尼教传入河洛地区是在武则天时期。延载元年（694），"波斯国人拂多诞西海大秦国人。持《二宗伪经》来朝"⑥。王国维按："《二宗》，摩尼教经名，见《佛祖统纪》卷四十八。拂多诞，摩尼教僧侣之一级，见摩尼教残经。是为摩尼经入中国之始。"

　　摩尼教作为传入中国的异国宗教，唐王朝多次加以禁止。开元二十年（732）七月，唐玄宗敕："末摩尼法，本是邪见，妄称佛教，诳惑黎元，宜严

---

①　（宋）王溥：《唐会要》卷四十九《大秦寺》，第 864 页。
②　（清）徐松撰，张穆校补，方严点校：《唐两京城坊考》卷二《西京·外郭城》，第 34 页。
③　（清）徐松撰，张穆校补，方严点校：《唐两京城坊考》卷四《西京·外郭城》，第 117 页。
④　（清）徐松撰，张穆校补，方严点校：《唐两京城坊考》卷五《东京·外郭城》，第 156 页。
⑤　王国维：《摩尼教流行中国考》，载《王国维先生全集·初编》（四），大通书局 1976 年版，第 1285—1308 页。［法］伯希和、［法］沙畹撰：《摩尼教流行中国考》，冯承钧译，上海古籍出版社 2014 年版，第 37—82 页。
⑥　（宋）释志磐撰，释道法校注：《佛祖统纪校注》卷四十《法运通塞志》，上海古籍出版社 2012 年版，第 931 页。

加禁断。以其西胡等既是乡法，当身自行，不须科罪者。"① 之所以有此敕令，是由于唐玄宗时期摩尼教势力大增的缘故。元和二年（807）正月十二日，"回纥请于河南府、太原府置摩尼寺"，唐宪宗"许之"。在此唐宪宗应允了回纥的请求。元和八年十二月二日，唐宪宗"宴归国回鹘摩尼八人，令至中书见宰臣"。唐宪宗让宰臣陪宴，是由于"先是，回鹘请和亲，宪宗使有司计之。礼费约五百万贯，方内有诛讨，未任其亲，以摩尼为回鹘信奉，故使宰臣言其不可"②。会昌三年（843）二月，在打败回纥后，唐武宗下诏："其回纥及摩尼寺庄宅、钱物等，并委功德使与御史台及京兆府各差官点检收抽，不得容诸色人影占。如犯者并处极法，钱物纳官。摩尼寺僧委中书门下条疏闻奏。"③ 但是，随着中原地区摩尼教的大范围传播，甚至传到江南地区，造成较为严重的影响，为此，李德裕代唐武宗《赐回鹘可汗书意》云："摩尼教天宝以前，中国禁断。自累朝缘回鹘敬信，始许兴行。江淮数镇，皆令阐教。近各得本道申奏，缘自闻回鹘破亡，奉法因兹懈怠。蕃僧在彼，稍似无依。吴楚水乡，人性嚣薄，信心既去，翕习至难。且佛是大师，尚随缘行教；与苍生缘尽，终不力为。朕深念异国远僧，欲其安堵，且令于两都及太原信向处行教，其江淮诸寺权停，待回鹘本土安宁，即却令如旧。"④ 这种处理方式还是比较温和的，却也从一个侧面反映了回纥信仰摩尼教的事实。

河洛地区的社会信仰和民间宗教多样化，加之有部分传自异域的宗教，其信奉者大多是来自异域的外国人或少数民族。正因如此，其信众数量较少，不占社会的主流。又因为信奉者多非本土人，所以其所作所为有的时候可能违反隋唐王朝的法律规定，故而出现了多次被禁止的现象。

---

① （唐）杜佑撰，王文锦等点校：《通典》卷四十《职官二十二·视流内》，第1103页。
② 《旧唐书》卷一百九十五《回纥传》，第5210页。
③ 《旧唐书》卷十八上《武宗纪》，第594页。
④ （清）董诰编，孙映逵等点校：《全唐文》卷六百九十九李德裕《赐回鹘可汗书意》，第4237页。

余　论

汉唐间河洛地区的社会生活是中国历史时期社会生活的一个缩影。通过
对汉唐间河洛地区社会生活的综合考察，我们可以发现其鲜明的历史特征。
河洛地区作为中国历史上的首善之区，其社会经济在历史上长期处于领先地
位。正是建立在社会经济发展基础之上的社会生活呈现出丰富多彩的风貌。

众所周知，河洛地区处于天下之中的交通位置，使其成为历史时期人文
荟萃之地，各种生产方式、生活方式、社交方式乃至社会风俗在河洛地区经
过交融，使河洛地区融汇了不同地域的社会生活方方面面，从而形成了海纳
百川的社会生活风格。这不仅表现在河洛地区的社会生活的重要内容，而且
展现出河洛地区不同于其他地区又有其他地区的社会生活痕迹。同时由于河
洛地区的中心地位，社会生活的一些重要内容也传播甚至影响到其他地区的
社会生活，昭示出河洛地区在中国社会生活史上具有重要的地位。

就饮食文化而言，河洛地区的饮食结构以传统的五谷为主食，一些名品
粮食不断被培育出来，成为人们日常饮食的主要食物，如"新城之粳"的培
育就凝结了当地民众的汗水与智慧，从而使"新城之粳"成为当地名贵的珍
品。从饮食器具来看，河洛地区以其核心地位，成为箸与匕、碗与盂、釜与
锅等与饮食有关器具最早使用的地区之一，一些精美的饮食器具也在河洛地
区使用，这些精美的饮食器具主要局限在社会上层使用，也体现出社会的等

级化色彩。就饮食活动最为能够体现社会风情的宴会来讲，作为人际交往的重要场合与方式，宴会在不同的场合有不同的作用，汉唐王朝的皇帝举办的宴会往往具有政治作用，且与政治生活紧密地联系在一起，是贯彻其政治意图的方式方法。有的是为了与群臣讨论国家大事，有的是为了通过宴请外国使者彰显其政治目的，有时是为了笼络亲近或归附的人员。为了显示政治意图，汉唐时期封建皇帝举办的宴会非常讲究仪式感，从而使皇家宴会盛大而隆重，政治意味大于真正的饮食意味。除了皇帝举办的宴会之外，王公大臣以及权贵的宴会要较皇帝的宴会无论在规模上或是饮食品种上要稍微逊色一些，似乎也不受朝廷禁止民间聚会宴饮的限制，可以随时举办。特别是魏晋以后，随着门阀世族的兴起，宴会的举办更为频繁，通过宴会，名士们可以通过饮酒赋诗的交往方式展现自己的特立独行。然而，在汉唐时期每一个王朝后期权贵们举办的宴会往往呈现出奢侈腐化的迹象，山珍海味、名品佳肴层出不穷，彰显出社会的分化和矛盾的激化。至于说民间的聚会也是以宴饮为主，但会受到多重限制，首先，朝廷往往不允许甚至禁止民间相聚宴饮，只有在特殊的时期，如皇帝即位、得到宝物、天降祥瑞、实现统一等，皇帝都会与民同乐，允许民间三天、五天等不同时间放开百姓聚会。其次，随着中国社会的全面发展，到了隋唐时期，河洛地区的经济社会呈现出新的风貌，官府似乎不再像秦汉时期那样严格禁止民间聚会宴饮，表现为路边店开始出现，甚至晚间的聚会也开始出现，显现出社会进步在宴饮方式方面的改变。汉唐时期长达千余年的时间，河洛地区的饮食也发生着历史的演变，但作为调味品的酱、醋酿造在不断进步，花色品种也在持续增多，蒜、姜、葱、韭等配菜使饮食增添了不同的风味。肉食作为居民的主要食物，多种动物肉都进入人们的饮食。面食以饼、粥为主。北魏时期，随着鲜卑族南迁以及南北文化交流的频繁，来自草原地区以及江南地区的生活方式传入河洛地区，丰富了河洛地区的饮食品种与饮食方式。

汉唐时期河洛地区纺织业迅速发展，形成了以丝织品和麻织品两种不同质地的布料。丝织品从先秦以来就是社会上层最为喜爱的纺织品，被广泛用于消费，从而留下来许多丝织品的文化遗物。汉代所实行的重农抑商政策，对工商业者在丝绸织品的消费方面实行禁止穿用的措施，但到了王朝中后期，随着商业经济的畸形发展，精美纺织品的消费群体主要还是这些人。再加上上层统治者对丝织品消费的过量，造成了社会消耗量较大的现象。绸缎消费已经引起人们的重视，有识之士不断发出警告，以减少社会财富的浪费。魏晋时期，经过建安年间曹操采取的一系列措施最终实现了丝绸纺织业的快速复兴，一些精美丝织品开始出现，并且超越蜀汉的丝织品质量，使其成为当时最为社会上层最为喜爱的纺织品。在丝织品极大丰富之后，曹魏统治者开始用丝绸织品赏赐群臣、百姓乃至域外国家和地区的使臣。由于纺织品自身的价值所在，在自然经济盛行的魏晋南北朝时期，丝绸作为等价交换物使其又被赋予了货币的功能，进一步提升了丝绸织品的价值。正因为有此功能，将丝绸织品赏赐给大臣，其实就是赏赐货币给大臣一样，有时赏赐的数量非常庞大。这在晋武帝灭吴之后，对有功之臣的赏赐表现得非常明显。魏晋时期的服饰制作过程中，丝绸织品使用非常广泛，如帽饰、禅衣、袴褶、襜褕、裲裆、幂䍦等均有用丝绸织品制作的现象。女性的发髻在魏晋时期既有对前代的延续，也有创新，体现出装饰演变的历史进程。北魏进入河洛地区之后，迅速继承了河洛地区纺织业的传统，丝织业仍然是主要产业，纺织品的种类达数十种之多。纺织品成为财富的象征，也引起了统治阶级对其无尽的追逐。河洛地区的服饰进一步融合进了少数民族的服饰因素，使服饰的内涵更加丰富多彩。隋唐时期河洛地区的纺织业达到较高的水平，为服饰提供了重要的原产品，而隋唐开放的政治文化格局，使河洛地区的服饰也融合了多方文化风貌，呈现出独有的文化特色。需要提及的是，河洛地区从战国时期开始，不断有来自北方草原地区的少数民族进入，少数民族的服饰开始影响到汉族服饰的样式，使河洛地区的服饰融入了许多少数民族的服饰因素，并以其文化的影响力使新的服饰样式传播到全国其他地区。

河洛地区的居住条件与河洛地区的客观环境有着密切的关系，山地、丘陵、平原相间的地形风貌，使河洛地区的居住环境千差万别，既有普通民众在山地居住的艰苦状况，也有隐逸士人隐居山林，甚或有山贼盘踞险要的山地，而其中值得关注的是达官贵人利用山地环境优美的地方所建的山间别墅成为河洛地区山地居住最为舒心的地方。从总体来看，平原地区是人口最为集中的地方，因而学术界对传统的住宅建设大多关注的是平原地区住宅建设。在平原地区住宅建设的重要方面是关注住宅位置的选择，由此产生了在中国古代颇为盛行的相宅术，从严格意义上来讲，相宅术从都城选址，到普通民宅的选址大多选择依山傍水，面向朝阳的地理位置，有的还从住宅选择宜子孙方面考量，体现了古人兴家族的长久考虑。住宅类型的出现与家庭的人口规模有一定的关系，如汉代所流行的一室二屋就是应对着小农的五口之家。普通民众因为多在村落或城市的居住，为了便于管理，在城市中所兴起的坊里制度，住宅往往呈现出集中居住的现象，形成了"比屋"而居的现象，使民众住宅往往很拥挤。在乡村以村庄为单位，村民的集中居住所形成的联排居住的现象，乡野居住的房屋往往以庐舍称之，对庐舍毁坏的因素非常多。权贵的住宅有的也分布在里坊中，但与普通民众的住宅不同的是，有的住宅甚至占有一里之地，即使与民众同住一里之中，但其宅门往往临街而开，不走里门，明显与普通民众有所区别。特别需要关注的是，汉唐间出现的田庄—园林—庄园所构成休闲、居住与生产合为一体的生活方式，体现出达官贵人的住宅园林化的风貌，并成为汉唐时期逐步形成达官贵人的私家园林的发展方向，而且愈往后愈加丰富多彩。从汉唐时期逐步形成与发展的建筑风格与当时的家庭规模有很大的关系，汉代盛行的五口之家，住宅都有中轴线，建筑物的屋顶多由柱、梁、椽组成。庭院中多流行一堂二内的住宅，再加上庭院构成了单门独户的居住风格。住宅的修建，从墙壁的装饰、涂料的运用都体现出独有的特色，住宅中的复壁现象颇为值得关注。此外，与住宅有关的门、照壁、窗户、屏风、床以及室内装饰的用品逐步体现出适合农耕生活的特色，床上用品被子、褥子、枕头都被广泛应用。室内装饰中的灯、蜡烛也说明当时的家庭生活场景，家具有匮、篚、筐、筲、笈等。由此可见，居住条件影响所形成的居住风格构成了河洛地区的住宅风貌。

出行在中国古代社会是一个非常重要的行为，如何在社会大环境下形成良好的交通形势，是汉唐时期河洛地区交通值得人们关注的重要内容。为了实现交通的便利，交通工具的逐步演进，马匹驯化之后进入交通领域，使先秦之后河洛地区的交通得到很大改善。从周武王利用华山之南的牧场的马匹成功灭商，马匹成为便捷的代步工具。西汉初年，因为战争造成马匹的稀缺，牛车进入交通领域，但仅仅在西汉初年出现过。到了西汉中期，开始出现了骡驴被用于交通的现象。魏晋北朝时期，河洛地区马匹、驴骡被用于交通的更加普遍。隋唐时期，牲畜成为社会各阶层作为交通工具的使用的。车辆作为交通工具开始被使用是社会进步的表现，随着车辆应被社会广泛使用的出现，车辆的种类开始增多，因为身份的不同，使用车辆者的等级开始出现。交通形势的逐步拓展是以洛阳为中心交通道路的开辟联系在一起，从而形成了四通八达的交通格局，而且随着时代的推移，道路更加通畅。在长期的出行过程中，人们形成了拜祭路神的习俗，以求得到神灵的庇佑。为了出行的方便，在道路沿途设有逆旅，有供往来行人食宿的便利，客人可以在逆旅自我做饭，到了隋唐时期路旁开始出现了设有饭店的现象。为了路途的便利，行旅要准备一些必备的物品，如布被、行囊。在路途行走时一些禁忌开始出现，男女走路时要相互避开，遵从男右女左，车辆行走中央的规定。从汉代开始，出现了禁止夜行的规定，不过到了隋唐时期夜行的禁令开始松动，除了都城之外，夜行似乎逐步普遍起来。

中国是一个传统节日丰富的国家，传统节日所显现出来的礼俗已经融合进了河洛地区的民俗活动中，从流传下来的寒食节、上元节、上巳节、端午节、伏日、腊日、元日、中和节、清明节等节日习俗来看，都已成为民俗活动的重要内容，这些节日虽然在早期有纪念的意味，但到隋唐时期已经呈现出更多的欢乐场景，体现出社会环境对节日的影响。这与隋唐时期社会积极向上的社会导向有着密切的联系。

游艺活动体现出一个民族的精神风貌。汉唐时期河洛地区的民间游艺活动所反映的正是河洛地区社会生活的重要内容。蹴鞠、弹棋、角抵、秋千、拔河等众人喜爱的游艺活动展现出全社会参与的景象。作为娱乐活动汉代戏车、倡优到北魏杂戏以及北齐隋唐百戏的多样化色彩正表现出随着社会的进步，娱乐活动的不断演变并呈现出丰富多彩的发展模式。随着少数民族进入河洛地区，少数民族的娱乐活动也成为河洛地区娱乐活动的重要内容，如胡舞、跳丸等都成为河洛地区民众喜爱的娱乐活动。随着对外交往的加深，来自异域的魔术也成为民众喜闻乐见的娱乐项目，如吞刀吐火、积水成雾、鱼龙蔓延都引起人们的极大兴趣，从而成为后世颇有影响娱乐节目。而伴随着商业经济的发展，赌博也进入人们的生活。正是游艺活动的多样化的色彩，构成了河洛地区社会生活的基本内容。

民间信仰包括自然神、民间俗神、宗教诸神、冥界鬼神、行业祖师神，如五帝信仰所体现的内容正是对先祖的敬仰，五祀所祭拜的户、井、灶、中溜、行等神灵都与民众生活密切相关。随着佛教传入河洛地区，除了原有的城隍信仰，佛教对民众社会生活产生了深远影响，并在北魏时期到达鼎盛。此外，火祆教、大秦教、摩尼教也传入河洛地区。由于统治阶级相对宽松的宗教政策，使各种宗教在河洛地区都有适合各自发展的外部环境。

汉唐间河洛地区丰富多彩的社会生活，展现出河洛地区的社会风貌，使河洛地区处于引领全国社会生活的先导地位。对河洛地区先民社会生活的全面认识，有助于我们继承历史上先民积极向上的社会生活态度，从而谱写新时代社会生活的新篇章。

参考文献

一、古代典籍

（汉）司马迁：《史记》，中华书局 1982 年版。

（汉）班固：《汉书》，中华书局 1962 年版。

（南朝宋）范晔：《后汉书》，中华书局 1965 年版。

（晋）陈寿撰，（南朝宋）裴松之注：《三国志》，中华书局 1982 年版。

（唐）房玄龄等：《晋书》，中华书局 1974 年版。

（北齐）魏收：《魏书》，中华书局 1974 年版。

（唐）令狐德棻等：《周书》，中华书局 1971 年版。

（唐）李百药：《北齐书》，中华书局 1972 年版。

（唐）魏徵等：《隋书》，中华书局 1973 年版。

（唐）李延寿：《北史》，中华书局 1974 年版。

（梁）沈约：《宋书》，中华书局 1974 年版。

（梁）萧子显：《南齐书》，中华书局 1972 年版。

（唐）姚思廉：《梁书》，中华书局 1973 年版。

（后晋）刘昫等：《旧唐书》，中华书局 1975 年版。

（宋）欧阳修、宋祁：《新唐书》，中华书局 1975 年版。

（宋）薛居正等：《旧五代史》，中华书局 1976 年版。

（元）脱脱等：《宋史》，中华书局 1977 年版。

（汉）刘珍等，吴树平校注：《东观汉记校注》，中华书局 2008 年版。

（汉）袁宏撰，张烈点校：《后汉纪》，中华书局 2017 年版。

（宋）司马光编著，（元）胡三省音注，标点资治通鉴小组校点：《资治通鉴》，中华书局 1956 年版。

（魏）王弼等注，（唐）孔颖达疏：《周易正义》，李学勤主编《十三经注疏》整理本，北京大学出版社 1999 年版。

（汉）郑玄注，（唐）贾公彦疏：《周礼注疏》，李学勤主编《十三经注疏》整理本，北京大学出版社 1999 年版。

（汉）郑玄注，（唐）孔颖达疏：《礼记正义》，《十三经注疏》整理本，北京大学出版社 1999 年版。

（晋）范宁集解，（唐）杨士勋疏：《春秋穀梁传注疏》，李学勤主编《十三经注疏》整理本，北京大学出版社 1999 年版。

（晋）郭璞注，（宋）邢昺疏：《尔雅注疏》，李学勤主编《十三经注疏》整理本，北京大学出版社 1999 年版。

（汉）郑玄笺，（唐）孔颖达疏：《毛诗正义》，李学勤主编《十三经注疏》整理本，北京大学出版社 1999 年版。

（魏）何晏等注，（宋）邢昺疏：《论语注疏》，李学勤主编《十三经注疏》整理本，北京大学出版社 1999 年版。

（汉）孔安国传，（唐）孔颖达疏：《尚书正义》，李学勤主编《十三经注疏》整理本，北京大学出版社 1999 年版。

（汉）孔安国传，（唐）孔颖达疏：《春秋左传正义》，李学勤主编《十三经注疏》整理本，北京大学出版社 1999 年版。

（汉）何休注，（唐）徐彦疏：《春秋公羊传注疏》，李学勤主编《十三经注疏》整理本，北京大学出版社 1999 年版。

（汉）赵岐注，（宋）孙奭疏：《孟子注疏》，李学勤主编：《十三经注疏》整理本，北京大学出版社 1999 年版。

（汉）郑玄注，（唐）贾公彦疏：《仪礼注疏》，李学勤主编：《十三经注疏》整理本，北京大学出版社 1999 年版。

李民、杨择令、孙顺霖等：《古本竹书纪年译注》，中州古籍出版社 1990 年版。

黄怀信：《逸周书校补注译》，西北大学出版社 1996 年版。

姜涛：《管子新注》，齐鲁书社 2006 年版。

王夫之著，王孝鱼点校：《庄子解》，中华书局 1964 年版。

吴毓江撰，孙启治点校：《墨子校注》，中华书局 1993 年版。

王先谦撰，沈啸寰、王星贤点校：《荀子校注》，中华书局 1988 年版。

王先谦撰，钟哲点校：《韩非子集解》，中华书局 1993 年版。

李定生、徐慧君校释：《文子校释》，上海古籍出版社 2004 年版。

袁珂校注：《山海经校注》，巴蜀书社 1996 年版。

徐元诰撰，王树民、陈长云点校：《国语集解》，中华书局 2002 年版。

缪文远：《战国策新校注》，巴蜀书社 1998 年版。

程毅中点校：《燕丹子》，中华书局 1985 年版。

（汉）伏胜撰，（汉）郑玄注，（清）陈寿祺辑校：《尚书大传》，中华书局 1985 年版。

（汉）韩婴撰，许维遹校释：《韩诗外传集释》，中华书局 1980 年版。

王洲明、徐超校注：《贾谊集校注》，人民文学出版社 1996 年版。

何宁：《淮南子集释》，中华书局 1998 年版。

苏舆撰，钟哲点校：《春秋繁露义证》，中华书局 1992 年版。

马非百注释：《盐铁论简注》，中华书局 1984 年版。

（汉）蔡邕：《独断》，四库全书本。

（清）陈立撰，吴则虞点校：《白虎通疏证》，中华书局 1994 年版。

（汉）刘向撰，向宗鲁校正：《说苑校正》，中华书局 1987 年版。

（汉）刘向、刘歆撰，（清）姚振宗辑录，邓骏捷校补：《七略别录佚文·七略佚文》，上海古籍出版社 2008 年版。

（汉）刘向辑，王逸注，（宋）洪兴祖补注，孙雪霄校点：《楚辞》，上海古籍出版社 2015 年版。

（汉）张衡著，张震泽校注：《张衡诗文集校注》，上海古籍出版社 1986 年版。

（汉）王符撰，（清）汪继培笺：《潜夫论》，上海古籍出版社 1978 年版。

（汉）应劭撰，王利器校注：《风俗通义校注》，中华书局 2010 年版。

（汉）许慎撰，（清）段玉裁注，许惟贤整理：《说文解字注》，凤凰出版社 2015 年版。

（汉）刘熙撰，（清）毕沅疏证，王先谦补：《释名疏证补》，中华书局 2008 年版。

（清）钱绎撰集，李发舜、黄建中点校：《方言笺疏》，中华书局 1991 年版。

（汉）桓谭著，吴则虞辑校：《桓谭〈新论〉》，社会科学文献出版社 2014 年版。

（汉）王充：《论衡》，上海人民出版社 1974 年版。

（汉）桓谭撰，朱谦之校辑：《新辑本桓谭新论》，中华书局 2009 年版。

（汉）崔寔原著，石声汉校注：《四民月令校注》，中华书局 1965 年版。

陈直：《三辅黄图校证》，陕西人民出版社 1980 年版。

何清谷：《三辅黄图校释》，中华书局 2005 年版。

费振刚、胡双宝、宗明华辑校：《全汉赋》，北京大学出版社 1993 年版。

谢桂华、李均明、朱国炤：《居延汉简释文合校》，文物出版社 1987 年版。

（魏）吴普等述，（清）孙星衍、孙冯翼辑：《神农本草经》，科学技术文献出版社 1996 年版。

中华书局编辑：《曹操集》，中华书局 1959 年版。

魏宏灿校注：《曹丕集校注》，安徽大学出版社 2009 年版。

（魏）曹植著，赵幼文校注：《曹植集校注》，人民文学出版社 1984 年版。

郁贤皓、张采民笺注：《建安七子诗笺注》，巴蜀书社 1988 年版。

吴云、唐绍忠校注：《王粲集校注》，中州书画社 1984 年版。

杨朝明、宋立林主编：《孔子家语通解》，齐鲁书社 2009 年版。

王增文校注：《潘黄门集校注》，中州古籍出版社 2002 年版。

（晋）陆云撰，黄葵点校：《陆云集》，中华书局 1988 年版。

金涛声点校：《陆机集》，中华书局 1982 年版。

（晋）陆机、陆云著：《陆机文集·陆云文集》，上海社会科学院出版社 2000 年版。

蒋洪冰：《潘尼集校注》，东北师范大学 2004 年硕士论文。

戴明扬校注：《嵇康集校注》，人民文学出版社 1962 年版。

（晋）崔豹撰，牟华林校笺：《〈古今注〉校笺》，线装书局 2015 年版。

（晋）葛洪：《西京杂记》，中华书局 1985 年版。

（晋）王嘉撰，（梁）萧绮录，齐治平校注：《拾遗记》，中华书局 1981 年版。

（晋）张华撰，范宁校证：《博物志校正》，中华书局 1980 年版。

（晋）干宝撰，汪绍楹校注：《搜神记》，中华书局 1979 年版。

王明：《抱朴子内篇校释》（增订本），中华书局 1986 年版。

汤球：《十六国春秋辑补》，中华书局 1985 年版。

许作民辑校注：《邺都佚志辑校注》，中州古籍出版社 1996 年版。

徐震堮：《世说新语校笺》，中华书局 1984 年版。

（刘宋）刘敬叔撰，范宁校点：《异苑》，中华书局 1996 年版。

（南朝梁）萧绎撰，陈志平、熊清元疏证：《金楼子疏证校注》，上海古籍出版社 2014 年版。

（梁）宗懔原著，谭麟译注：《荆楚岁时记译注》，湖北人民出版社 1999 年版。

（南朝梁）萧统编，（唐）李善注：《文选》，上海古籍出版社 1986 年版。

吴冠文、谭蓓芳、章培恒汇校：《玉台新咏》，上海古籍出版社 2014 年版。

（北魏）郦道元原注，陈桥驿注释：《水经注》，浙江古籍出版社 2001 年版。

（北魏）贾思勰著，缪启愉、缪桂龙译注：《齐民要术译注》，上海古籍出版社 2006 年版。

（魏）杨衒之撰，周祖谟校释：《洛阳伽蓝记校释》，中华书局 1963 年版。

（北齐）刘昼撰，杨照明校注：《刘子校注》，巴蜀书社 1988 年版。

（北周）庾信撰，许逸民校点：《庾子山集注》，中华书局 1980 年版。

（北齐）颜之推撰，王利器集解：《颜氏家训集解》，上海古籍出版社 1980 年版。

（隋）虞世南：《北堂书钞》，天津古籍出版社 1988 年版。

（隋）侯白撰，曹林娣、李泉辑注：《启颜录》，上海古籍出版社 1990 年版。

（清）严可均辑：《全上古三代秦汉三国六朝文》，中华书局 1958 年版。

逯钦立辑校：《先秦汉魏晋南北朝诗》，中华书局 1983 年版。

（清）董诰编，孙映逵等点校：《全唐文》，山西教育出版社 2002 年版。

（清）彭定求等奉敕编，中华书局编辑部点校：《全唐诗》，中华书局 1999 年版。

（唐）吴兢编：《贞观政要》，上海古籍出版社 1973 年版。

（唐）刘肃撰，许德楠、李鼎霞点校：《大唐新语》，中华书局 1984 年版。

（唐）裴廷裕撰，田廷柱点校：《东观奏记》，中华书局 1994 年版。

（唐）王方庆集：《魏郑公谏录》，中华书局 1985 年版。

（唐）温大雅撰，李季平、李锡厚点校：《大唐创业起居注》，上海古籍出版社 1983 年版。

（唐）李繁：《邺侯外传》，中华书局 1991 年版。

（唐）李肇：《唐国史补》，上海古籍出版社 1979 年版。

（唐）李冗：《独异志》，中华书局 1983 年版。

（唐）郑处诲撰，田廷柱点校：《明皇杂录》，中华书局 1994 年版。

（唐）唐临撰，方诗铭辑校：《冥报记》，中华书局 1992 年版。

（唐）李商隐：《义山杂纂》，岳麓书社 2005 年版。

（唐）杜审言著，徐定祥注：《杜审言诗注》，上海古籍出版社 1982 年版。

（唐）杜甫撰，（清）仇兆鳌注：《杜诗详注》，中华书局 2015 年版。

郁贤皓校注：《李太白全集校注》，凤凰出版社 2015 年版。

华忱之、喻学才校注：《孟郊诗集校注》，人民文学出版社 1995 年版。

（唐）宋之问撰，陶敏、易淑琼校注：《沈佺期宋之问诗校注》，中华书局 2001 年版。

（唐）孟浩然著，佟培基笺注《孟浩然集笺注》，上海古籍出版社 2013 年版。

刘学锴：《温庭筠全集校注》，中华书局 2007 年版。

（唐）王建著，尹占华校注：《王建诗集校注》，巴蜀书社 2006 年版。

（唐）韦庄著，聂安福笺注：《韦庄集笺注》，上海古籍出版社 2002 年版。

（唐）张说著，熊飞校注：《张说集校注》，中华书局 2013 年版。

（唐）韦应物著，陶敏、王胜友校注：《韦应物集校注》，上海古籍出版社 1998 年版。

（唐）刘禹锡撰，《刘禹锡集》整理组点校，卞孝萱校订：《刘禹锡集》，中华书局 1990 年版。

（唐）郑谷著，严寿澂、黄明、赵昌平笺注：《郑谷诗集笺注》，上海古籍出版社 2009 年版。

何庆善、杨应芹注：《罗邺诗注》，上海古籍出版社 1990 年版。

（唐）姚合著，刘衍校：《姚合诗集校考》，岳麓书社 1997 年版。

刘宝和：《李颀诗评注》，山西教育出版社 1990 年版。

蒲向明：《玉堂闲话评注》，中国社会出版社 2007 年版。

刘开扬：《高适诗集编年笺注》，中华书局 1981 年版。

（唐）元稹撰，冀勤点校：《元稹集》，中华书局 1982 年版。

（唐）白居易著，顾学颉校点：《白居易集》，中华书局 1979 年版。

（唐）张籍著，李冬生注：《张籍集注》，黄山书社 1989 年版。

王维撰，陈铁民校注：《王维集校注》，中华书局 1997 年版。

（唐）岑参著，陈铁民、侯忠义校注：《岑参集校注》，上海古籍出版社 1981 年版。

刘学锴、余恕诚：《李商隐诗歌集解》，中华书局 2004 年版。

刘学锴、余恕诚：《李商隐文编年校注》，中华书局 2002 年版。

何锡光校注：《陆龟蒙全集校注》，凤凰出版社 2015 年版。

徐鹏校点：《陈子昂集》，中华书局 1960 年版。

雍文华校辑：《罗隐集》，中华书局 1983 年版。

（唐）韩偓著，陈继龙注：《韩偓诗注》，学林出版社 2000 年版。

屈守元、常思春主编：《韩愈全集校注》，四川大学出版社 1996 年版。

（唐）沈佺期、宋之问撰，陶敏、易淑琼校注：《沈佺期宋之问集校注》，中华书局 2001 年版。

（唐）李峤著，徐定祥注：《李峤诗注》，上海古籍出版社 1995 年版。

（唐）李贺著，（清）王琦注，王步高、刘林辑校汇评：《李贺全集》，珠海出版社 2002 年版。

（唐）权德舆撰，郭广伟校点：《权德舆诗文集》，上海古籍出版社 2008 年版。

（唐）卢纶著，刘初棠校注：《卢纶诗集校注》，上海古籍出版社 1989
年版。

（唐）许浑撰，罗时进笺证：《丁卯集笺证》，中华书局 2012 年版。

陈才智、王益庸编：《施肩吾集》，中国文联出版社 2009 年版。

（唐）段成式著，元锋、烟照编注：《段成式诗文辑注》，济南出版社
1995 年版。

王定璋校注：《钱起诗集校注》，浙江古籍出版社 1992 年版。

吴在庆：《杜牧集系年校注》，中华书局 2008 年版。

臧维熙注：《戎昱诗注》，上海古籍出版社 1982 年版。

（唐）刘𫗧撰，程毅中点校：《隋唐嘉话》，中华书局 1979 年版。

（唐）范摅撰，唐雯校笺：《云溪友议校笺》，中华书局 2017 年版。

（五代）孙光宪撰，贾二强点校：《北梦琐言》，中华书局 2002 年版。

（唐）皇甫枚撰，中华书局上海编辑所编辑：《三水小牍》，中华书局
1958 年版。

（唐）封演撰，赵贞信校注：《封氏闻见记校注》，中华书局 2005 年版。

曾献飞疏证：《乐府杂录疏证》，江西教育出版社 2015 年版。

（唐）康骈：《剧谈录》，古典文学出版社 1958 年版。

（唐）李匡乂撰，张丙戌校点：《资暇集》，辽宁教育出版社 1998 年版。

（唐）薛用弱：《集异记》，中华书局 1980 年版。

（唐）张鷟撰，赵守俨点校：《朝野佥载》，中华书局 1979 年版。

（唐）戴孚撰，方诗铭辑校：《广异记》，中华书局 1992 年版。

（唐）段成式撰，许逸民校笺：《酉阳杂俎校笺》，中华书局 2015 年版。

（唐）牛僧孺撰，程毅中点校：《玄怪录》，中华书局 1982 年版。

（唐）张文成撰，李时人、詹绪左校注：《游仙窟》，中华书局 2010 年版。

（唐）赵蕤著，刘建国注译：《长短经》，长春出版社 2001 年版。

（唐）张彦远著，俞剑华注释：《历代名画记》，上海人民美术出版社

1964 年版。

（唐）释道宣：《广弘明集》，上海古籍出版社 1991 年版。

（唐）释道世撰，周叔迦、苏晋仁校注：《法苑珠林》，中华书局 2003 年版。

（唐）韩鄂原编，缪启愉校释：《四时纂要校释》，农业出版社 1981 年版。

（唐）李荃著，王军译：《李筌的军事智慧：神机制敌太白阴经》，东北师范大学出版社 2012 年版。

（唐）李林甫，陈仲夫点校：《唐六典》，中华书局 1992 年版。

（唐）杜佑撰，王文锦、王永兴、刘俊文等点校：《通典》，中华书局 1988 年版。

（唐）刘知幾撰，（清）浦起龙释：《史通》，上海古籍出版社 1978 年版。

（唐）李吉甫撰，贺次君点校：《元和郡县图志》，中华书局 1983 年版。

（唐）欧阳询撰，汪绍楹校：《艺文类聚》，中华书局 1982 年版。

（唐）徐坚等：《初学记》，中华书局 1962 年版。

（宋）李昉等：《太平御览》，中华书局 1960 年版。

（宋）李昉等：《太平广记》，中华书局 1961 年版。

刘俊文：《唐律疏议笺解》，中华书局 1996 年版。

（五代）王定保：《唐摭言》，中华书局 1959 年版。

（五代）王仁裕撰，曾贻芬点校：《开元天宝遗事》，中华书局 2006 年版。

（五代）马缟撰，李成甲校点《中华古今注》，辽宁教育出版社 1998 年版。

（后唐）冯挚编，张力伟点校：《云仙散录》，中华书局 2008 年版。

（后晋）李翰撰，徐子光补注：《蒙求集注》，中华书局 1985 年版。

（宋）王谠撰，周勋初校正：《唐语林校正》，中华书局 1987 年版。

（宋）王溥：《唐会要》，中华书局 1955 年版。

（宋）郑樵撰，王树民点校：《通志二十略》，中华书局 1995 年版。

（宋）王钦若等编纂，周勋初等校订：《册府元龟》，凤凰出版社 2006 年版。

上海古籍出版社编：《唐五代笔记小说大观》，上海古籍出版社 2000 年版。

上海古籍出版社编：《宋元笔记小说大观》，上海古籍出版社 2001 年版。

唐圭璋编纂，王仲闻参订，孔凡礼补辑：《全宋词》，中华书局 1999 年版。

朱易安、傅璇琮、周常林主编：《全宋笔记》，大象出版社 2018 年版。

（宋）钱易撰，黄寿成点校：《南部新书》，中华书局 2002 年版。

（宋）郭茂倩编：《乐府诗集》，中华书局 1979 年版。

（宋）沈括：《梦溪笔谈》，时代文艺出版社 2001 年版。

（宋）高承传，（明）李果订，金圆、许沛藻点校：《事物纪原》，中华书局 1989 年版。

（宋）张君房纂辑，蒋力生等校注：《云笈七签》，华夏出版社 1996 年版。

（宋）叶梦得撰，逯铭昕校注：《石林诗话校注》，人民文学出版社 2011 年版。

（宋）程大昌撰，黄永年点校：《雍录》，中华书局 2002 年版。

（宋）洪迈：《容斋随笔》，上海古籍出版社 1978 年版。

（宋）苏易简撰，孙洪伟译注：《文房四谱今注今译》卷四《纸谱·三之杂事》，浙江人民美术出版社 2020 年版。

（宋）释赞宁撰，范祥雍校注：《宋高僧传》，中华书局 1987 年版。

（宋）朱熹注，王华宝整理：《诗集传》，凤凰出版社 2007 年版。

（宋）金盈之撰，周晓薇校点：《新编醉翁谈录》，辽宁教育出版社 1998 年版。

（宋）尤袤：《全唐诗话》，中华书局 1985 年版。

（宋）曾慥编纂，王汝涛等校注：《类说》，福建人民出版社 1996 年版。

（宋）曾敏行：《独醒杂志》，上海古籍出版社 1986 年版。

（宋）四水潜夫辑：《武林旧事》，浙江人民出版社 1984 年版。

（宋）吴自牧：《梦粱录》，浙江人民出版社 1980 年版。

（宋）孔平仲：《珩璜新论》，中华书局 1985 年版。

（宋）张邦基撰，孔凡礼点校：《墨庄漫录》，中华书局 2002 年版。

（宋）释志磐撰，释道法校注：《佛祖统纪校注》，上海古籍出版社 2012 年版。

（宋）赵彦卫撰，傅根清点校：《云麓漫钞》，中华书局 1996 年版。

（宋）洪遵编：《翰苑群书》，中国书店出版社 2018 年版。

（元）俞希鲁编纂，杨积庆、贾秀英、蒋文野等校点：《至顺镇江志》，江苏古籍出版社 1990 年版。

（元）王伯成原著，朱禧辑：《天宝遗事诸宫调》，天津古籍出版社 1986 年版。

（元）俞希鲁编纂，杨积庆、贾秀英、蒋文野等校点：《至顺镇江志》，江苏古籍出版社 1990 年版。

（明）张大复撰，阿英校点：《梅花草堂笔谈》，上海杂志公司 1935 年版。

王重民、王庆菽、向达等编：《敦煌变文集》，人民文学出版社 1957 年版。

（明）郎瑛：《七修类稿》，上海书店出版社 2009 年版。

孙映逵校注：《唐才子传校注》，中国社会科学出版社 1991 年版。

（明）谢肇淛：《五杂组》，上海书店出版社 2001 年版。

（明）顾起元：《客座赘语》，中华书局 1987 年版。

（明）陈全之著，顾静标校：《蓬窗日录》，上海书店出版社 2009 年版。

（明）钱希言：《戏瑕》，中华书局 1985 年版。

（明）刘元卿编：《贤弈编》，商务印书馆 1936 年版。

（明）徐炬辑：《新镌古今事物原始全书》，《续修四库全书》编纂委员会编：《续修四库全书》（一二三八）《子部·类书类》，上海古籍出版社 2002年版。

（明）程登吉撰，（清）曾圣脉增补，刘哲注：《幼学琼林》，黄山书社 2007 年版。

（清）震钧：《天咫偶闻》，北京古籍出版社 1982 年版。

（清）爱新觉罗·福临编：《资政要览》，哈尔滨出版社 2004 年版。

（清）王士禛：《香祖笔记》，商务印书馆 1934 年版。

（清）李调元著，詹杭伦、沈时蓉校正：《雨村诗话校正》，巴蜀书社 2006 年版。

（清）富察敦崇撰，王碧滢、张勃标点：《燕京岁时记》（外六种），北京出版社 2018 年版。

景印《文渊阁四库全书》，台湾商务印书馆 1984 年版。

（清）钱泳撰，张伟点校：《履园丛话》，中华书局 1979 年版。

（清）于敏中等编纂：《日下旧闻考》，北京古籍出版社 1983 年版。

（清）钱杜著，赵辉校注：《松壶画忆》，西泠印社出版社 2008 年版。

（清）梁廷枏著，骆宾善、刘路生校点：《海国四说》，中华书局 1993 年版。

（清）胡渭著，邹逸麟整理：《禹贡锥指》，上海古籍出版社 2006 年版。

（清）杭世骏撰，陈抗点校：《订讹类编·续编》，中华书局 1997 年版。

（清）王念孙撰，张靖伟等点校：《广雅疏证》，上海古籍出版社 2018 年版。

（清）徐松撰，张穆校补，方严点校：《唐两京城坊考》，中华书局 1985 年版。

（清）徐松辑，高敏点校：《河南志》，中华书局 1994 年版。

（清）章学诚撰，吕思勉评，李永圻、张耕华导读整理：《文史通义》，上海古籍出版社 2008 年版。

（清）王鸣盛撰，黄曙辉点校：《十七史商榷》，上海古籍出版社 2013
年版。

《王国维先生全集·初编》（四），大通书局 1976 年版。

二、今人著作

程民生：《河南经济简史》，中国社会科学出版社 2005 年版。

耿占信、杨梅山编：《苏味道与三苏足迹考察万里行》，中央文献出版社
2000 年版。

河南省交通史志编纂委员会编：《河南公路史》第 1 册，人民交通出版社
1992 年版。

河南省嵩县志编纂委员会编：《嵩县志》，河南人民出版社 1990 年版。

李琢光编：《文史辞源》，天成出版社 1984 年版。

刘景龙、李玉昆主编：《龙门石窟碑刻题记汇录》，中国大百科全书出版
社 1998 年版。

洛阳市地方史志编纂委员会编：《洛阳——丝绸之路的起点》，中州古籍
出版社 1992 年版。

洛阳市地方史志编纂委员会编：《洛阳市志》（第 3 卷），中州古籍出版社
1997 年版。

尚秉和著，母庚才、刘瑞玲点校：《历代社会风俗事物考》，中国书店出
版社 2001 年版。

邬学德、刘炎主编：《河南古代建筑史》，中州古籍出版社 2001 年版。

薛瑞泽：《汉唐间河洛地区经济研究》，陕西人民出版社 2001 年版。

薛瑞泽、许智银：《河洛文化研究》，民族出版社 2007 年版。

中国古代交通史编审委员会编：《中国古代道路交通史》，人民交通出版
社 1994 年版。

［法］伯希和、［法］沙畹撰：《摩尼教流行中国考》，冯承钧译，上海古

籍出版社 2014 年版。

[日] 冈大路著：《中国宫苑园林史考》，常瀛生译，农业出版社 1988年版。

三、文章

安阳师范学院历史与文博学院、河南省文物局南水北调文物保护办公室、温县文物管理所：《河南温县南张羌西晋墓发掘简报》，《考古与文物》2020年第 6 期。

曹书杰：《稷祀与民间社日研究》，《山西大学学报》（哲学社会科学版）2007 年第 2 期。

郭宝钧、林寿晋：《一九五二年秋季洛阳东郊发掘报告》，《考古学报》1955 年，第九册。

河南省文化局文物工作队第二队：《洛阳晋墓的发掘》，《考古学报》1957年第 1 期。

河南省文物研究所、平顶山市文管会：《平顶山市北滍村两周墓地一号墓发掘简报》，《华夏考古》1988 年第 1 期。

河南省文物研究所、平顶山市文物管理委员会：《平顶山应国墓地九十五号墓的发掘》，《华夏考古》1992 年第 3 期。

河南省文物研究所、三门峡市文物工作队：《三门峡上村岭虢国墓地M2001 发掘简报》，《华夏考古》1992 年第 3 期。

黄河水库考古队：《河南陕县刘家渠汉墓》，《考古学报》1965 年第 1 期。

侯俊杰、王建明：《三门峡虢国墓地 2009 号墓获重大考古成果》，《光明日报》1999 年 11 月 2 日第 2 版。

贾鸿源、邓宁：《唐代寒食禁断鸡卵之风探源》，《寻根》2015 年第 2 期。

李广新：《浅析荥阳北周村东魏造像碑》，《中原文物》2017 年第 4 期。

刘继刚：《北魏孝文帝迁都环境因素考论》，《中州学刊》2018 年第

10 期。

洛阳博物馆：《洛阳北魏元邵墓》，《考古》1973 年第 4 期。

洛阳博物馆：《洛阳中州路战国车马坑》，《考古》1974 年第 3 期。

洛阳博物馆：《洛阳涧西七里河东汉墓发掘简报》，《考古》1975 年第 2 期。

洛阳市文物工作队：《洛阳东周王城内的古窑址》，《考古与文物》1983 年第 3 期。

洛阳市文物工作队：《洛阳西郊四号战国墓发掘简报》，《文物资料丛刊》(9)，文物出版社 1985 年版。

洛阳市文物工作队：《洛阳北郊西晋墓》，《文物》1992 年第 3 期。

洛阳市文物工作队：《洛阳林校西周车马坑》，《文物》1999 年第 3 期。

洛阳市文物工作队：《洛阳东郊西周墓》，《文物》1999 年第 9 期。

洛阳市文物工作队：《洛阳针织厂东周墓（C1M5269）的清理》，《文物》2001 年第 12 期。

洛阳市第二文物工作队：《洛阳谷水晋墓（FM38）发掘简报》，《文物》2002 年第 9 期。

洛阳市第二文物工作队：《洛阳孟津大汉冢曹魏贵族墓》，《文物》2011 年第 9 期。

洛阳市第二文物工作队：《洛阳纱厂西路北魏 HM555 发掘简报》，《文物》2002 年第 9 期。

洛阳市文物考古研究院：《洛阳孟津朱仓北魏墓》，《文物》2012 年第 12 期。

洛阳市文物考古研究院：《洛阳涧西衡山路北魏墓发掘简报》，《文物》2016 年第 7 期。

洛阳市文物考古研究院：《洛阳孟津卅里铺东汉墓发掘简报》，《文物》2016 年第 11 期。

河南省博物馆：《灵宝张湾汉墓》，《文物》1975 年第 11 期。

王玲：《〈齐民要术〉与北朝胡汉饮食文化的融合》，《中国农史》2005 年第 4 期。

萧放：《社日与中国古代乡村社会》，《北京师范大学学报》（社会科学版）1998 年第 6 期。

徐殿魁：《洛阳地区隋唐墓的分期》，《考古学报》1989 年第 3 期。

偃师商城博物馆：《河南偃师两座北魏墓发掘简报》，《考古》1993 年第 5 期。

郑州市文物考古研究院、登封市文物保护管理局：《河南郑州登封金东村东汉墓发掘简报》，《考古与文物》2019 年第 1 期。

郑州市文物考古研究院、登封市文物保护管理局：《郑州登封袁村东汉墓（2014ZDYM2）发掘简报》，《洛阳考古》2015 年第 2 期。

郑州市文物考古研究院、巩义市文物管理局：《河南巩义王沟新村唐墓 M5 发掘简报》，《文物春秋》2016 年第 3 期。

中国社会科学院考古研究所洛阳工作队：《北魏永宁寺塔基发掘简报》，《考古》1981 年第 3 期。

后　记

本书是在河南省教育厅人文社会科学规划项目"汉唐间河洛地区社会生活研究"成果的基础之上修改而成的，该项目于2009年6月结项，此后不时予以修改，直至此次出版较之原来的字数已经增加了一倍。

作为"60"后，我的学术追求和时代机遇息息相关，自从研究生毕业来到洛阳工作，对这块热土由陌生到熟稔，对其历史景况进行研究，贯穿了我的学术生涯。回想1993年师从高敏先生攻读博士学位时，选择"汉唐间河洛地区经济研究"作为学位论文，我就和河洛文化结下了不解之缘，先后出版了《河洛文化研究》《河洛文化的对外传播与交流》《河洛文化研究三十年》等与河洛地区有关的学术著作。其间还承担了河南大学李玉洁教授主持的"黄河文明的历史变迁"部分内容，出版了《秦汉魏晋南北朝黄河文化与草原文化的交融》一书。继之又承担了程民生教授主持的"河南经济通史"先秦秦汉魏晋南北朝的部分内容，最后以《古代河南经济史》（上）出版。这两本书的撰写使我对河洛地区的研究有了进一步的认识，我深深地感到，研究区域历史不能只就仅有的材料来进行，应当放宽视野，将河洛地区放在中国历史的大环境中加以考察，否则就无法弄清河洛地区在中国历史上的作用，所以在后来的研究中我尽量以宏观的视野考察河洛地区以及河洛文化，至今依然在坚持努力。

后　记

本课题在研究过程中，鉴于河洛地区史料相对较少，这也是所有区域史研究中存在的共性问题，为了还原事物的历史脉络，不可避免地使用了相邻区域的材料，有的内容研究同时利用了考古资料，其目的是为了全面展示相关事物的发展过程。本书出版过程中，得到了责任编辑邵永忠先生的厚爱支持，借此表示衷心的感谢。

薛瑞泽

2021 年 12 月 22 日凌晨

河南科技大学德园